I0048160

Complet en un Vol.

Donné par Monsieur Charrautal Conseiller
et ancien Avocat le 14 Mars 1850
Le Bâtonnier de l'Ordre
Charbonnel Salle

Inventaire N° 390

Don Wohl

ARRESTS
DE LA COUR
DU PARLEMENT
DE TOULOUSE,
RECUËILLIS
PAR FEU Me JEAN ALBERT,
Docteur & Avocat audit Parlement.

NOUVELLE ÉDITION,
Revûë , corrigée & augmentée.

BIBLIOTHEQUE GRENOBLE DES AVOCATS

A TOULOUSE,

Chez GASPARD HENAULT, Imprimeur & Marchand
Libraire, Ruë des Cordeliers de la grande Observance.

M. DCC. XXXI.
AVEC PRIVILEGE DU ROT.

BU
F.
13498

DON
73-00752
(54)

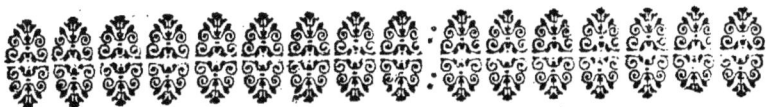

AVIS.

PRESQUE tous les Auteurs mettent une Préface à la tête de leurs Ouvrages ; & parmi le grand nombre que ces derniers siécles nous ont fourni, il en est peu, qui se soient fixez à nous y découvrir les motifs de leur entreprise, & les moyens qu'ils ont mis en œuvre pour la conduire à sa fin. D'abord ils se hâtent de nous y prévenir sur les beautez qui doivent saisir notre admiration, & de nous dire combien il est difficile de courir dans une carriere, où les yeux même les plus perçans ont de la peine à découvrir les précipices. Enfin ils s'élevent contre leur propre témerité, & finissent en goûtant le plaisir du succès. Que penser d'une telle conduite ? Les accuserons-nous de croire que le goût du Public n'est pas assez seur, ou que ses connoissances sont trop bornées pour dévélopper le beau & l'excellent, qu'un art ingenieux peut avoir placé dans leurs Ouvrages ? ou plûtôt, n'est-ce pas un effet de l'amour propre, qui ne leur permet pas de laisser ignorer aux autres, qu'ils connoissent tout le merite de leurs productions ? Merite, qui peut-être ne seroit jamais apperçû, s'ils n'avoient soin d'en avertir le Lecteur. Peut-être n'est-ce ni l'une ni l'autre de ces deux raisons ; mais quoiqu'il en soit, on sera toûjours forcé de convenir, que c'est au Public de fixer le juste prix d'un Ouvrage : Comme c'est pour lui seul que l'on écrit, il n'appartient qu'à lui de décider en cette matiere.

Voilà pourquoi l'on n'entrera pas ici dans un détail, qui ne pourroit que devenir ennuyeux, n'étant pas fait par Monsieur Albert lui-même. Lui seul pourroit nous rendre un compte exact de son Ouvrage, en nous découvrant les routes cachées & difficiles qui conduisent à la perfection, & qu'il a si heureusément suivies. Nous ne devons aujourd'hui que rénouveller nos

régrets, & jetter des fleurs fur fon tombeau , pour laiffer à la
poiterité une marque éclatante de notre zéle, & de notre véné-
ration pour lui. Des Vertus folides , un Efprit profond , un
Cœur droit , des Mœurs douces & liantes , tel étoit fon Carac-
tére. Les interêts de chaque particulier lui devenoient propres;
il les foûtenoit de fes Confeils , qu'un travail affidu , fortifié
par une longue experience, faifoit regarder comme des Oracles.
Quoique fes occupations fuffent immenfes, il voulut bien nous
communiquer fes lumieres, & nous faire part de ce tréfor , où
il avoit trouvé de fi puiffantes reffources pour confeiller ceux qui
venoient le confulter. Ce fut en l'année 1686. que parût fon
Recuëil d'Arrêts. Perfonne n'ignore avec quel empreffement il
fut reçû du Public. C'eft ce Recuëil que l'on vient de réïm-
primer ; non, tel qu'il le fut la premiere fois, car on trouvera
dans cette nouvelle édition , non-feulement les mêmes Arrêts qui
ont déja parû ; mais encore une infinité d'autres , qui y ont été
ajoûtez fur toutes les Matieres,

'ARRESTS

ARRÊTS
DE LA COUR
DU PARLEMENT
DE TOULOUSE.

A.

A B B É.

CHAPITRE PREMIER.

Si un Abbé Commandataire peut agréger le Monaſtére duquel il eſt Abbé, à une Congregation reformée ſans aucune formalité.

E Sieur de Saint Jean, Abbé Commandataire du Monaſtére de Montolieu, paſſa au mois de Septembre 1647. une Concorde avec le P. Leſpinaſſe Superieur de la Daurade de Toulouſe, par laquelle il agrégea à la Congregation de S. Maur le Couvent de Montolieu, ſe reſervant les droits & les honneurs qui lui appartenoient en qualité d'Abbé,

A

avec cette claufe ; Sçavoir, qu'en cas que les. Novices qui fe trouveroient dans ce Couvent vouleuffent entrer dans cette Congregation, ils recommenceroient leur Noviciat ; & que les Profez qui voudroient demeurer dans leur Monaftére, fuivroient le Chant & les Cérémonies de la Reforme. Cette Concorde ayant été autorifée le lendemain par un Arrêt de la Cour, les Religieux de Montolieu furent oppofans, pour lefquels M. de Courtois plaida, & dit :

Qu'en fait d'Agrégation, il falloit le confentement des intereffez, de même qu'en matiere d'Union, fuivant le Concile de Trente, *feff. 25. de regul. cap.* **8.** où le Sacré Colége des Cardinaux qui dit, *Qui major pars requiritur ad Congregandum ;* & qu'ainfi cette Agrégation étoit contraire à ce Concile. Que cet Abbé étant uni à fon Monaftére, *nimis improbè folutionem querebat, cap. 4. de tranflat.* Que la tranflation des Benefices à la Congregation de S. Maur, eft refervée *foli Petro & Vicario fuo, fpeciali privilegio. dic. cap.* Que *non poteft fieri tranflatio, ceffio, difpofitio & dejectio fine auctoritate fummi Pontificis, cap. inter corporalia, de tranfl.* Que les Abbez Commandataires n'étant que dépofitaires, *arg. leg. Commendare* 186. *ff. de verb. fignif.* il ne pouvoit divertir ce dépôt, fur tout fans le confentement du Superieur. Que la Bulle du Pape touchant cette reforme, portoit qu'elle fe pourroit faire *inter volentes ;* au lieu qu'en ce cas elle avoit été faite *inter nolentes & non vocatos.* Que l'Abbé ne peut rien faire au préjudice des Religieux ; & qu'à l'exemple des tranfactions paffées par les Evêques, elles ne font point valables fans le confentement du Superieur, *cap. veniens, extra de tranfact.* (parce que *potiùs facta dicuntur inter perfonas quàm inter Ecclefias.*) Que cette Concorde entre l'Abbé & le P. Lefpinaffe, ne devoit avoir aucun effet ; Ajoûtant que c'eft pour cela que la Glofe fur la Clementine, *fi una Ecclefia de rebus Ecclefiæ non alienandis in verb. Epifcopum,* dit que, *Quamquàm ad Abbates Ecclefiæ fpectent pleno jure, non poffunt tamen illas unire, vel unam alteri fubjicere.* Ce qui fe confirme par le chapitre *ficut unire.* 8. *de excess. prælat.* où le Metropolitain voulant foumettre un Monaftére à un autre fous le confentement de l'Evêque, cette agrégation eft déclarée nulle.

Il reprefenta encore que cette agrégation étoit mal faite ;
parce que par un Arrêt de la Cour de 1607. le Monaftére de
Montolieu avoit été déja une fois uni à la Congregation reformée des Exempts , & qu'ainfi c'étoit renverfer cet Arrêt ; &
pour prouver cette union, il rapportoit quatre verbaux de vifite.
Que l'Abbé ne pouvoit point rompre cette fainte alliance ; &
qu'un Superieur peut bien *folus dare honorem , fed non poteft folus
auferre ; quia fortius eft vinculum fpirituale quàm carnale ,
cap. inter corporalia, de tranflat.* Que cette Concorde fermoit la
porte à quantité d'enfans de bonne maifon , qui ne pouvoient
pas fubir une Regle plus auftére : Qu'elle faifoit recommencer
le Noviciat pour gagner les places de ceux qu'ils rejetteroient ,
fous prétexte qu'ils ne manqueroient point de dire , qu'ils ne
feroient pas propres : Que l'Abbé en abandonnant les droits des
Religieux , avoit été foigneux de fe referrer fes biens, que *oneri
non honori renuntiaverat , dic. cap. inter corporalia.* Que ces
Regles les plus auftéres n'attiroient pas toûjours le plus d'ames.
à Dieu : Que S. Bernard dans une de fes Epîtres, ne les confeilloit
qu'à très-peu de gens : Qu'ils s'offroient de fe foumettre à l'Evêque Diocefain, plûtôt qu'à la Congregation de S. Maur : Que
le chapitre *quod Dei timorem , de ftatu Monacho.* ne défaprouve
pas ceux qui *Regulæ deferviunt laxiori* : Que le Provincial des
Exempts ne les avoit point refufez, comme difoient leurs Adverfaires ; qu'au contraire par une Ordonnance il enjoignit à cinq ,
qui avoient confenti à cette agrégation , de rentrer dans les
Regles des Exempts à peine d'excommunication ; & qu'enfin s'il
y en avoit cinq autres qui depuis l'avoient foufferte , c'étoit fur
la promeffe qu'on leur avoit faite , de les laiffer joüir de leurs
places pendant leur vie , & de la faire même fecularifer.

D'ailleurs en cette caufe deux Novices étoient intervenus ;
fçavoir, Frere Fons & Frere Saval, qui étoient pourvûs , l'un
d'un Prieuré , & l'autre d'une Précenterie avant cette Concorde.
par refignation admife en Cour de Rome ; & qu'ayant pris.
poffeffion de leurs Benefices , & l'habit dudit Monaftere, difoient
que la Congregation de S. Maur, fous de titres apparents , n'en
vouloit qu'à leurs Benefices ; & que leur penfée tendoit plus à.
cela qu'au falut des ames : Que le Prieur-Mage leur avoit refufé

leur Profeſſion par artifice , & de mauvaiſe foi ; & que comme
en matiere de Benefices le refus tient lieu de proviſion, celui de
l'Abbé tient lieu de Profeſſion quand ils ne ſeroient pas Profez ,
le Noviciat n'étant introduit que *in humanæ fragilitatis ſubſi-*
dium , cap. ad Apoſtolicam , de regul. Que nonobſtant ce reſus ,
ils avoient perſeveré un an entier dans leur vocation ; & qu'ayant
demandé d'être reçus , ils étoient Profez *voto & aⱥu.* Que
la Cour avoit ainſi jugé en faveur de M. Olivier Religieux de
Foix , qui par un Arrêt du mois de mai 1646. au rapport de
M. de Torreil , ſur le refus de recevoir ſa Profeſſion, avoit été
déclaré Profez , *profeſſione tacitâ* , & maintenu en la place Monacale dont il avoit été pourvû. Cet Arrêt étant fondé ſur la
Clementine *eos qui de regular.* qui dit que *qui gerunt habitum ,*
Profeſſi ſunt. & ſur le chapitre *vidua , eod. tit.* ou *ſi vidua in*
Eccleſia inter velatas oblationem Deo obtulerat , habitum veterius
debet habere. Et que le chapitre *ex parte cod.* dit que celui qui
a porté l'Habit un an eſt tellement Profez , qu'il peut être contraint *formam Ordinis ſervare.* Que cela eſt confirmé par le
Concile de Trente , & par la déclaration des Cardinaux , *ſeſſ.*
25. *de reg. cap.* 15. où celui qui a demeuré un an dans un Monaſtére comme Novice, eſt cenſé Profez : *Profeſſione tacitâ.* Cela
devant avoir lieu en eux , d'autant plus que le refus de les recevoir , provenoit de l'intelligence manifeſſe du Prieur Mage avec
la Congregation de S. Maur.

De plus , qu'ils ne pouvoient être obligez à une Régle plus
auſtére , *cap. licet , de regul.* où il n'eſt pas même permis de faire
ſans diſpenſe du Superieur , *Ne Angelus Satanæ in lucis Ange-*
lum ſe tranformet , & ne temeritate vel locitate in jaⱥuram &
injuriam ſui Ordinis , ſub pretextu majoris Religionis ad aliuu
ordinem tranſvolent. Que ſi on ne pouvoit conferer le Benefice
d'un homme qui eſt entré en Religion ſans ſon conſentement , à
plus forte raiſon on ne pouvoit le priver des leurs en les chaſſant
hors du Monaſtére , *Propter gravem offenſam , Religionis oppro-*
brium , & ſcandalum plurimorum , cap. periculoſo , de ſtatu Monac.
in 6. Que c'étoit pour cela que la Cour n'avoit pas voulu autori-
ſer la Concorde paſſée avec la Congregation de S. Maur en faveur
des Religieux du Maſgranier : Que cette Congregation avoit

plus de Convents que de perfonnes : Que c'étoit une chofe honteufe
qu'ils n'euflent qu'un feul Religieux dans ce Monaftére du Maf-
granier , où ils étoient entrez depuis ; & qu'enfin la Bulle de
Gregoire XIII. touchant telles agrégations , fur laquelle cette
Congregation fe fondoit, n'avoit lieu que *inter volentes & falvis
Prioratibus.* Si bien que Saval ne pouvoit être privé de fon
Prieuré.

Le Syndic des Benedictins au contraire difoit qu'aux termes
des Saints Decrets , le confentement des Religieux n'étoit pas
neceflaire pour l'agrégation , *cap. fi una Ecclefia de rebus Ecclefiæ
non alien. In Clement.* Que par l'Ordonnance de Blois, *art.*
27. tous les Monaftéres qui ne font pas fous des Chapitres Gene-
raux , & qui relevent immediatement du Saint Siége , feront
tenus de fe réduire dans un an à quelque Congregation de leur
Ordre dans le Royaume ; de forte que les Religieux de Montolieu n'étant fans aucun Chapitre general , puifque leur Provincial s'étoit retiré à la Cour pour faire faire le Noviciat aux
Religieux de S. Cever dans la Congregation de S. Maur , leur
Abbé avoit pu agréger leur Monaftére. Que par cette Bulle
de Gregoire XIII. ayant été permis aux Abbez Commandataires
de procurer la Reforme & de s'agréger , cette Bulle avoit été
fulminée par l'Official de Paris , tout le Clergé de France s'in-
tereflant à la faire executer fans appeller l'autorité du Confeil ;
allegant là-deflus un Arrêt de la Cour , par lequel la Reforme
du Monaftére de S. André les-Avignon ayant été demandée par un
feul Religieux ancien, fçavoir, Frere Aymar, fut autorifée : Que
c'étoit la caufe de Dieu de Procurer la Reforme : Qu'ils ne par-
loient pas des déportemens des Religieux anciens , voulant cou-
vrir l'honneur de leurs Freres de la même maniere que l'on
cacha autrefois le Livre de Daniël , parce qu'il faifoit la condamnation des Prêtres de l'ancienne Loi. Que ces Religieux
étoient comme les Cybârites, qui ne vouloient pas que parmi
leurs Citoyens il y en eut un plus homme de bien que les autres ,
fuivant le témoignage d'Ariftote. Que fi Fons & Saval n'avoient
pas été reçus Profez , c'étoit parce qu'on avoit fait des plaintes
contre Saval ; & que Fons n'avoit point de Noviciat. Que fi l'on
fouffroit les refignations des Dignitez dans l'Ordre de S. Benoît ;

il se trouveroit que *heri Neophitus , hodie Episcopus* ; & que *nondùm discipulus fieret Magister* , contre le Chapitre *cum in Magistrum de electione* ; & que Charlemagne ayant voulu reformer l'Abbaye de Montcassin, ne prit pas l'avis des Religieux, n'ayant fait autre chose que leur envoyer leur veritable Regle , & ces mésures de la pitence du pain & du vin qu'on devoit leur distribuer suivant cette Regle ; & qu'enfin la Bulle ayant été enregistrée par Arrêt du Conseil, & fulminée en France , & la Cour ayant approuvé & autorisé de semblables Reformes , il n'y avoit plus rien à dire.

L'Abbé Commandataire de son côté representoit les desordres du Monastére de Question , & disoit que les Abbez Commandataires étoient en ce genre de cause comme les vrais Titulaires ; c'est pourquoi *Perinde eis potest delegari causa à summo Pontifice ac vero Abbati titulario. Barbat. Consil. 2.* Et que Chassanée , *tit. de la succession des Bâtards* , est de cette même opinion , de même qu'Arnulphus Rufæus, *tract. Commendarum* , sur lesquelles il a écrit onze Questions. De plus, les Abbez *possunt sede vacante , commendare Beneficia. Archidiac. cap. 1. de inst. in 6.* Et Chopin , *lib. 2. de sacra polit. tit. 8. n. 13.* soutient formellement que les Abbez Commandataires sont comme les veritables Titulaires. Il auroit ensuite rapporté plusieurs Arrêts de la Cour qui avoient ordonné de pareilles Reformes sans le consentement des Religieux , comme touchant les Monastéres du Mas de Verdu & de S. Tiberi, & particulierement du 10. Decembre 1629. contre les Religieux de S. André les-Avignon , rendu sur le consentement d'un seul.

Enfin le sieur Evêque de Carcassonne qui étoit en cause , disoit que c'étoit en vain que les Religieux de Montolieu vouloient se soumettre à lui : que leurs offres étoient comme celles des Ephesiens , qui dans leur desastre consacrerent leur Ville à la Déesse Diane , *non voto , sed infortunio.* Que ces Enfans de S. Benoît, étoient comme des Esclaves fugitifs , qui vouloient faire un larcin d'eux-mêmes à leur Maître : Qu'il ne pouvoit les refugier contre la Reforme , lui qui étoit leur Partie pour les faire reformer ; puisque , quoiqu'ils fussent exempts par la negligence de leurs Superieurs , il avoit jurisdiction sur eux ; & qu'enfin il ne dépendoit

pas d'eux de s'offrir , & de changer leur Ordre ou leur Superieur, *cap. fi diligenti , de foro comp.* où il eft dit *Voluntarii
etiam non poffunt pacifci, quia beneficium illud collegium defpicit,
cui privatorum pactio non poteft derogare.*

Sur toutes ces raifons la Cour , après avoir oüi M. le Procureur General de Fieubet qui conclud au démis des Lettres des
Oppofans , rendit Arrêt en l'Audiance de la Grand Chambre le
21. Janvier 1649. par lequel elle jugea conformément aux conclufions dudit fieur Procureur General , & demit les anciens
Religieux de Montolieu de leurs Lettres ; & fur celles des Freres
Fons & Saval, elle ordonna que les Parties bailleroient par écrit ,
& cependant qu'ils joüiroient de leurs places Monacales fans
dépens.

Depuis la Cour l'a jugé en plus forts termes contre les Religieux anciens de l'Abbaye de la Grace , dont les raifons étoient,
que la Bulle de Sa Sainteté ne pouvoit renverfer les Fondations,
nifi vocatis vocandis ; & qu'ainfi le Roi Charlemagne ayant
fondé cette Abbaye en l'an 800. l'on ne pouvoit tranfporter les
Religieux d'un Ordre à un autre ; & que les Lettres qu'on avoit
obtenuës du Roi pour cela, ne pouvoient être qu'obreptices. Que
la Fondation par ce changement étoit renverfée , en ce qu'elle
portoit que c'étoit en faveur des Gentishommes pour y mettre
leurs enfans , & qu'on n'y en avoit jamais reçu d'autres. Que
le Chapitre *venerabilis , de conceffione Præbenda* , ne faifoit aucun
obftacle , lorfque contre une coûtume d'un Chapitre , par laquelle
on ne recevoit que des Nobles pour Chanoines , il eft dit que
J E S U S - C H R I S T *non Nobiles, fed Pauperes elegit* ; parce que
cette coûtume ne provenoit pas de la Fondation , & qu'ils en
étoient aux termes du chapitre *Abbati , de verb. fignif.* & du
chapitre *ad decorem , de inftit.* où les Benefices deftinez à certains
de certains lieux , ne peuvent être conferez à d'autres. Que par
l'Ordonnance de 1629. *art.* 14. les feuls Nobles font appellez à
l'Ordre de Chevalerie. Par l'article 199. les Dignitez affectées
par les Fondations aux perfonnes Nobles , leur font confacrées ;
de telle forte qu'aucun autre n'y peut être admis , & que c'eft
l'opinion de Rebuffe , *in tract. nom. quaft.* 15. *num.* 37.

Et enfin que leur Abbé Commandataire n'avoit pû difpofer

de la proprieté de leurs biens en les tranfportant en un autre
Ordre, *cap. cùm ad Monafterium, in fine, de Stat. Monachor.*
fur-tout la Tranfaction de cet Abbé n'étant pas homologuée en
Cour de Rome. Et enfuite ces Religieux ayant fait intervenir
le Syndic de la Nobleffe , la Cour néanmoins les démit de leur
oppofition , & confirma la Concorde par fon Arrêt du 25. Juin
1663.

CHAPITRE II.

Si un Abbé Commandataire a les mêmes droits qu'un Titulaire
pour aller feul après le Chanoine Officiant à la Proceffion ,
pour porter le Rochet & le Camail , préfuppofé que l'Abbé
anciennement ait eu tels droits.

LE plus ancien Chanoine de l'Eglife Collegiale de Saint
Aphrodife de Beziers , & qui à caufe de cette ancienneté
fe qualifioit Doyen de ce Chapitre , s'étant avifé de contefter à
l'Abbé Commandataire tous ces droits , & même lui conteftant
la qualité de Prélat , & le voulant priver des fruits affectez à
la préfence actuelle à l'Office , parce que cet Abbé avoit été reçu
en 1647. avec le Rochet & le Camail , que le Pape Innocent
avoit concedé à un de fes Prédeceffeurs , ayant de très bons titres
qui faifoient voir qu'il étoit fondé en jurifdiction fur les Chanoines le 23. Juillet 1663. en l'Audiance de la Grand'Chambre ;
l'Abbé fut maintenu à porter le Camail & le Rochet , & à aller le
dernier à la Proceffion , & feul après l'Officiant , finon lorfque
l'Officiant y porteroit le St. Sacrement ; & par le même Arrêt , il
fut fait défenfes à ce Chanoine de prendre la qualité de Doyen , &
enjoint de porter honneur & refpect à fon Abbé. Ce qui trom-
poit ce Chanoine , étoit qu'il croyoit que fon âge & fon ancienneté lui donneroient le nom de Doyen du Chapitre , comme
parmi les Officiers des Cours , ne fçachant pas quelle Dignité
c'eft que celle de Doyen dans une Eglife Collegiale ou Cathedrale.

ABSOLUTION.

A B S O L U T I O N.

CHAPITRE III.

Si on peut executer une absolution après la mort de l'Absous, qui s'étoit marié avec la cousine de sa premiere femme.

UN nommé Gramont se maria en l'année 1621. avec une nommée Gaston qui étoit Cousine germaine de sa premiere femme. Il y avoit un enfant du premier lit, & il y en eut deux du second. Comme Gramont sçavoit l'empêchement, il obtint en 1628. de Sa Sainteté l'absolution de l'inceste, à la charge que les Mariez se remarieroient de nouveau en face de l'Eglise ; & ce Rescrit fut adressé, à cause de la vacance de l'Evêché de Lombez, au plus prochain Evêque ou à son Official. Gramont mourut devant l'execution de ce Rescrit ; & sa femme six ans après s'étant adressée à l'Official de Lombez, il déclara ce mariage bon, & les enfans legitimes : & il les maintint aux biens de leur pere par sa Sentence. Ensuite dequoi les enfans s'étant pourvûs en maintenuë au Senêchal des biens de leur pere, ils l'obtinrent, & la Sentence du Senêchal fut confirmée par Arrêt ; ce qui obligea le fils du premier lit, qui n'avoit d'autre voye que l'appel comme d'abus de ladite Sentence de l'Official, d'y avoir recours ; & demanda aussi la cassation de la Sentence du Senêchal, comme une suite de celle qui confirmoit le mariage.

Ces moyens d'abus étoient que l'Official de Lombez n'avoit pas de pouvoir, le Rescrit étant adressé à un autre. Mais à cela l'on répondoit que l'adresse à un autre, n'étoit qu'à cause de la vacance, & que le Pape n'avoit pas entendu priver l'Ordinaire de sa Jurisdiction, *arg. cap. cam 7. de rescrip.* Le second, étoit que les enfans incestueux étoient illegitimes, *cap.*

B

cùm inhibitio, *de Cland. defp.* A ce moyen , il fut répondu que ce chapitre parloit contre ceux , *qui contra interdictum nupferant*, & que Gramont avoit épousé en face de l'Eglise : Que les Bans avoient été publiez , & qu'il n'y avoit point eu d'opposition.

Le troisiéme , que le Refcrit avoit été donné à la charge de celebrer de nouveau le mariage ; & qu'après la mort de l'un, cela ne pouvoit se faire , parce que c'est le propre de l'Eglise, *ligare & folvere fuper terram.* Mais il étoit répondu que la mort avoit empêché cette réiteration de celebration , & qu'il suffisoit qu'il eût demandé l'absolution pendant sa vie , & qu'il pouvoit être absous après sa mort , *cap. à nobis* , de Sent. excomm.

Le quatriéme étoit de ce que l'Official avoit parlé de maintenuë, lequel moyen étoit manifeste. Mais pour réponse , on dit qu'on ne s'étoit pas servi de ce chef , & qu'on avoit eu la maintenuë d'ailleurs par une Sentence du Senêchal confirmée par Arrêt ; & que l'Official n'avoit pas tant mis cela commuer en décidant de la maintenuë, que comme en expliquant la suite de la Sentence qui décidoit sur l'état du mariage; de sorte que la Cour prononça qu'il n'y avoit point d'abus , & confirma la maintenuë. Sur quoi il faut remarquer que la Cour ne prononça pas sans avoir égard à la clause de maintenuë , comme elle a accoûtumé de faire, Olive, *liv.* I. *chap.* 2. parce qu'elle auroit semblé emporter son Arrêt précedent de maintenuë , renduë sur l'appel de la Sentence du Senêchal.

A B V S.

CHAPITRE IV.

Si les moyens d'Abus doivent être libellez.

SUR la requisition verbale de M. de Maniban Avocat Gene-ral, la Cour par Arrêt donné en l'Audience de la Grand'-Chambre le 19. Novembre 1640. ne voulut pas souffrir qu'un appel comme d'abus fût plaidé, à cause que les moyens d'abus n'étoient point libellez dans les Lettres ; & fut ordonné qu'ils seroient libellez par d'autres Lettres ; avec défenses aux Procureurs de mettre des Lettres au Sceau sans libeller les moyens.

Et le 12. Juillet 1646. la Cour ordonna la même chose, avec cette circonstance que c'étoit une chose évoquée du Parlement de Bordeaux ; & que les Lettres y ayant été dressées, ce n'étoit pas la coûtume de libeller les moyens d'abus audit Parlement de Bordeaux. Mais la Cour ne renvoya pas la cause, & se contenta de dire à M. de Parisot, qui devoit plaider l'appel, quels moyens d'abus il avoit.

Et le 23. Mai 1650. en la cause de Lafont, Curé de Marabal, appellant d'une Ordonnance de l'Official de Mirepoix, contre un autre Lafont Prieur du même Lieu. La Cour en demétant l'Appellant de son appel, ordonna que l'on ne seroit plus reçu à plaider d'autres moyens que ceux qui seroient libellez par les lettres comme d'abus, neanmoins on est reçu quelquefois, & d'additionner par Requête d'autres moyens.

A C C A P T E S.

C H A P I T R E V.

Si les Accaptes & Arriere-captes sont dûs sans titre ou coûtume.

LA Cour par Arrêt donné en la seconde Chambre des Enquêtes au rapport de M. J. Dupuy, le 28. Mars 1678. entre le Commandeur de S. Felix, & la Communauté du Pont de Camarest, jugea que les Accaptes & Arriere-captes n'étoient pas dûs sans titre ou coûtume. Et c'est conforme à ce que M. de Maynard dit, *liv.* 4. *chap.* 45. & le Benedict. *in cap. Raynut. in verbo mortuo itaque testatore.* 2. *num.* 61. semble dire le contraire ; mais à bien examiner & considerer les termes dont il use, il est clair qu'ils ne sont dûs s'il n'y a titre ou coûtume.

Voici ce qu'il dit : *Patre mortuo , filii tenentur emphyteuſim à domino recognoſcere , qui licet non ſolvant Laudimia , ſolvunt tamen Acapita ſecundum quod fuit comventum aut conſuetum.*

A C H A T.

C H A P I T R E V I.

S'il eſt permis d'acheter le Bled en herbe.

IL y a une Ordonnance de Loüis X I. de l'an 1 4 8 2. qui défend aux Marchands & autres d'acheter le bled en herbe, comme Charlemagne l'avoit ordonné auparavant , *leg. congobard, tit. de prohib. alien. futur. fruct.* Et cela s'obſerve , comme il ſe peut voir, de pluſieurs Arrêts. Cluarent. *liv. 2. chap. 97.* Specul. *tit. de empt. vendit. Quia ita annonas flagellant mercatores. & Dardanarii , lib. 6. ff. de extraord. crim. alleg. 37. de pœnis ;* & parce que cela donneroit occaſion de ſe prévaloir de la neceſ-ſité des pauvres Laboureurs.

Mais il faut entendre cette Ordonnance ; car quoiqu'elle ſemble générale , néanmoins elle permet aux Marchands d'ache-ter du bled pour leur proviſion ; de ſorte qu'en ce cas, ſi l'achat n'eſt pas fait d'un homme pauvre qui vende par neceſſité , & que les Juges voyent que la raiſon de la Loi ne s'y puiſſe pas appliquer , ils ne s'en peuvent diſpenſer , comme il reſulte d'un Arrêt de la Cour du mois de Juillet 1 6 4 5. donné en la pre-miere Chambre des Enquêtes, au rapport de M. de Labroüe, dont le fait étoit tel.

Me. François Dalbarel, Juge criminel au Senêchal de Gourdon, avoit baillé par Ferme (ce qui ne pouvoit s'expliquer que d'une vente) ſçavoir , huit quartes de bled à Courtois Marchand de Cahors , à prendre ſur ſon Métayer l'année ſuivante ; & le fils Dalbarel ayant ratifié ce contrat après la mort de ſon pere , il en demandoit la caſſation , diſant , comme il étoit vrai , que c'étoit une pure vente ; & que le nom de Ferme qu'on lui avoit donné , ne pouvoit s'expliquer ni s'entendre autrement : si-bien que comme la vente du bled en herbe est défenduë , le Contrat devoit être cassé. Néanmoins la Cour fit partage là-dessus, M. de Madron Compartiteur ; & le Partage porté en la seconde Chambre , il fut jugé tout d'une voix que ce Contrat étoit valable ; parce que sans doute la Cour vit que l'on ne pouvoit pas dire que ce Contrat fût de vente de bled en herbe expressément , ni même tacitement , parce que toute la recolte n'étoit pas venduë ; & que ce Contrat étant fait par un homme riche , il ne choquoit point l'intention de cette Ordonnance , laquelle étant contre la disposition du Droit *in leg. nec emptis* 8. *& in leg. Si in emptione* ; *ff. de contrah. empt.* où il est dit que *fructus futuri vendi possunt.* Et au §. 3. *de inutil. stipul.* il est dit , *De re qua in rerum natura non est, dummodò futura sit , stipulatio fieri potest,* ne doit point être étenduë hors de son expression. Ces Capitulaires de Charlemagne , *liv.* 4. *append.* 2. *num.* 16 *&* 26. s'expliquent formellement de l'oppression seulement des pauvres & non des riches.

CHAPITRE VII.

Si l'Achat est valable quand il est fait sur la nouvelle de la cherté future.

BRUGERES Marchand de Laines de Toulouse , ayant appris d'un Commissionnaire que les Sucreries du Bresil avoient été brûlées par le desordre des guerres , & que le Sucre seroit cher , acheta quantité de Sucre de tous côtez , & entre autres d'Ayral Marchand Grossier de Toulouse , qui demanda à la Bourse la resolution de la vente , comme y ayant de la fraude de l'Acheteur ; & que c'étoit l'utilité publique que la Ville ne fût pas dépourvuë de Sucre. Sur quoi les Prieur & Consuls jugerent que la vente étoit pour non-avenuë. Dequoi Brugeres fut appellant en la Cour , où il allegua qu'il n'y avoit aucun dol , mais seulement de l'industrie & de la prudence :

qu'il avoit acheté & payé ; que *in emptionibus licet fe natura-*
liter circumvenire , leg. in caufa. 16. §. *Idem Pompon. ff. de min.*
& leg Item fi pretio. 22. *ff. loc.* qu'il y a une efpece de dol qui
s'appelle *dolus bonus , & qui confiftit in folertia , leg.* 1. §. 3. *ff.*
de dolo malo. & qu'ainfi la vente étoit bonne.

A quoi fut répondu par Ayral , que c'étoit un monopole
pour vendre par après le Sucre à fa volonté ; fi-bien que la
Cour jugeant qu'il y avoit de la mauvaife foi de Brugeres, par
Arrêt du premier Mars 1646. confirma l'Appointement de la
Bourfe.

Sur quoi je puis ici rapporter ce qui arriva autrefois dans la
ville de Rodez. Un Marchand portant du bled en l'Ifle de
Rodes en temps de famine , rencontra une Flote de bled en
chemin , fi-bien qu'il marcha jour & nuit pour arriver devant
la Flote ; & étant arrivé , il vendit tout fon bled fort cher.
Sur quoi deux Philofophes furent de contraire avis pour fçavoir
fi le Marchand devoit avertir de l'arrivée de cette Flotte. *Aliud ,*
dit Ciceron , *Diogoni Babilonis , aliud Antipatro ftoïco vifum eft.*
Mais le Legiflateur confidere toûjours l'utilité publique , plûtôt
que celle des Particuliers.

ACHETEUR.

CHAPITRE VIII.

Si l'Acheteur d'un fonds peut demander que le Vendeur foit tenu
de réprendre les biens vendus , fi partie lui ont été évincez,
& lui demander la reftitution du prix de la vente de tout le
fonds.

SUR QUOI la Cour par Arrêt donné en la feconde Chambre des Enquêtes , au rapport de M. J. Dupui, le 7. Août
1659. jugea que le Vendeur devoit réprendre les biens, & reftituer à l'Acquereur l'autre prix. Les Parties étoient les nommez Roy , Caumels & Robert.

Néanmoins pareille queſtion s'étant préſentée en la mé me Chambre, & le même Rapporteur, il y eut partage. M. Dupuy Rapporteur ſuivant ſon précedent Arrêt, dit , pour ſon avis , que l'intention de l'Acquereur avoit été d'acheter l'entier fonds , non une partie ; & qu'ainſi une partie lui ayant été évincé par un ſubſtitué, le Vendeur lui devoit la garantie pour le tout, ou le faire joüir de l'entier fonds acquis par un ſeul & même contrat, & à un ſeul prix ; & que s'il ne pouvoit le faire joüir de l'entier fonds, la vente devoit être entierement caſſée & Reſcindée, *leg. quod. Si uno, ff. de in diem addict. Poteſt enim , ut reſpondit Scævola* , *à toto contractu diſcedere quod partem empturus non eſſet, leg. Tutor 47. ff. de minorib.* Ce qui eſt confirmé par la réponſe de Modeſtinus, *leg. etiam ſi 29. eod. tit.*

Monſieur de Boutaric Compartiteur, répréſenta que l'Acquereur étoit très-mal fondé en ſa demande, attendu qu'il ne pouvoit avoir recours contre ſon Vendeur qu'à raiſon du fonds qui lui avoit été évincé , bien que la vente fût faite par un ſeul prix ; parce que Ulpien parle *de parte pro indiviſo evicta, leg.* 39. §. 2. *& leg.* 45. *ff. de evict.* & que le Vendeur devoit être relaxé, attendu l'offre qu'il faiſoit de garantir l'Acquereur du prix des biens évincez , avec les dommages & interêts.

Le ſieur Rapporteur repliquant dit, que ſi la vente avoit été faite à divers prix, & pour parties diviſées & ſéparées, l'offre du Vendeur auroit quelque apparence , *Quia tot videntur eſſe ſtipulationes, quot diverſis pretiis vendita , leg. cùm ejuſdem. ff. de adit. edict. leg. & ſi uno pratio, ff. de att. empt. & leg. cùm plures , ff. de evict.* Mais que la vente ayant été faite de tous les biens par un même Contrat, & à un ſeul prix, l'Acheteur ne pouvoit être mieux fondé qu'il étoit aux Lettres qu'il avoit impetrées en caſſation & reſciſion du Contrat de vente , *Ex leg. ſervus, §. ſi ſciens , dict. tit. de act. empt.* puiſque le Vendeur ne pouvoit nier qu'il ne ſçût lors de la vente que les biens évincez étoient ſubſiſtituez. Si-bien que la Cour jugeant le Partage en la premiere Chambre par Arrêt du dernier Juillet 1662. le Contrat de vente fut caſſé, & le vendeur condamné à la reſtitution de l'entier prix. Parties, Calmetes & Delmas.

ADULTERE.

CHAPITRE IX.

Si le mari peut tüer celui qu'il surprend en adultére avec sa femme.

ON peut dire qu'une Famille est un petit Royaume ; ou à mieux dire, un petit Monde ; & que les Elemens qui le composent, c'est le Mari & la Femme ; & que la Loi fondamentale qui doit le conserver, c'est la fidelité réciproque que les Mariez se doivent par les Loix divines & humaines, par lesquelles il n'est pas permis au Mari de penser à d'autres Femmes qu'à la sienne ; ni à la Femme de disposer de son corps en faveur d'autre que de son Mari ; ainsi à vrai dire, les Mariez 'ne sont point dans une pleine liberté, au contraire ils se doivent servitude l'un l'autre : *Debent sibi conjugati mutuam quadammodò servitutem*, dit Saint Augustin, *lib. de bono conjug. cap. 6.* Et si le Mari commet le crime d'adultére, la Femme n'est pas recevable à l'accuser, *leg. 1. cod. ad leg. Jul. de adult.* Ce qui s'observe en France par coûtume générale du Royaume, Papon en ses Arrêts, *liv. 24.* qui sont recevables à accuser *2. art. 6.* Mais le Mari peut accuser sa Femme, parce qu'elle peut lui donner des successeurs étrangers ; là même, qu'il peut la tüer, & à celui qui a affaire avec elle, s'il les surprend en crime flagrand, *Ex leg. Marito, ff. ad leg. Jul. de adult.* Ce qui arriva au sieur de Pibusque, lequel ayant été surpris par le sieur de Cambon, étant dans le Château de Cambon au lit avec la Femme dudit sieur de Cambon, il tüa le sieur de Pibusque, & blessa sa Femme qu'il vouloit tüer, si elle ne lui eût crié d'avoir pitié de son ame. Ensuite ledit sieur de Cambon eut de Sa Majesté des Lettres d'Abolition dressantes à la Cour, qui en ordonna le Registre par Arrêt prononcé en l'Audience de la Grand'Chambre le dernier jour de Mai 1660.

CHAPITRE

A V O C A T.

CHAPITRE X.

Si un Avocat peut faire la fonction de Procureur, & celle d'Avocat tout enfemble.

CETTE queſtion fut agitée le 11. Février 1647. M. Lacour Avocat de Carcaſſonne, acheta une Charge de Procureur au nouveau Senêchal de Limoux, pour l'exercer conjointement avec la fonction d'Avocat. Le Syndic des autres Procureurs s'étant oppoſé, le Senêchal avoit ordonné qu'il opteroit. La cauſe étant portée en la Cour, & ce Syndic ayant impetré des Lettres pour l'empêcher de faire ces deux fonctions, il repreſentoit, que comme dit la Loi, *Confulta. 23. cod. de teſtam. promiſcuis actibus rerum Officia perturbari non licet.* Qu'il n'étoit point permis aux Avocats, que *de jure reſpondere ; & orare, ne nimio labore Artes liberales confunderent.* Que ſi l'Ordonnance d'Orleans, **art. 58.** le permettoit, & quelques Declarations, c'étoit en faveur des ſix plus anciens Avocats, comme à Carcaſſonne. Et que Chenu rapporte que le Parlement de Paris ne voulut pas le ſouffrir aux Avocats de Tours & d'Angers ; & qu'à Nîmes cela avoit été aboli par le Roi, qui y avoit créé de Procureurs en Office formé, voyant qu'en un tel Senêchal ces fonctions étoient incompatibles.

L'Avocat-Procureur diſoit au contraire, que le nouveau Senêchal de Limoux étoit ſi petit, qu'un homme pourroit ſuffire à tout ſans ſe charger *nimio labore.* Qu'un homme pouvoit faire deux choſes à la fois, comme il eſt dit *in leg. Duorum , ff. de per. libert.* où un Affranchi Libraïre, où, pour mieux dire, Copiſte de Livres, en copiant pour l'un de ſes Patrons, gardoit la maiſon de l'autre : que l'Ordonnance d'Orleans, **art. 58.** étoit obſervée ; & que quand le Roi avoit créé des Offices de Procureurs, il n'avoit jamais entendu en exclurre les Avocats. Quelques jours après cette Audience, le Syndic des Procureurs de

C

Limoux fut démis de ſes Lettres , & permis à Lacoūr Avocat
de faire les deux fonctions,

Le principal motif de cet Arrêt, fut que le Senêchal nouveau
de Limoux eſt ſi petit, que l'un des emplois n'étant pas ſuffiſant
pour y occuper un homme tout entier (ce qui eſt le cas de cet
article 58. de l'Ordonnance d'Orleans, qui n'eſt que des Avocats
devant les Juges des Lieux, c'eſt-à-dire, les Ordinaires) il ne
falloit pas en uſer comme d'une Juriſdiction plus conſiderable ,
car autrement ces deux fonctions ſont incompatibles ; parce que,
comme dit l'Orateur, *Rerum forenſium infinitus eſt labor*, car il
faut ſçavoir le Droit Civil & le Droit Canon , auſquels la vie
d'un homme ne ſuffit pas.   Il faut s'étudier à l'éloquence , qui
entraîne avec ſoi la plûpart des Arts Liberaux, puiſqu'un Orateur doit ſçavoir parler de tout ſçavament & éloquemment : Il
faut ſçavoir les Ordonnances & les Coûtumes, à toutes leſquelles
choſes on ne pourroit s'appliquer ſi on exerçoit un Office de
Procureur ; & après une étude de vingt ans , ſi peu que l'on
travaille, ce ſeroit une choſe abſurde qu'un Avocat fût obligé
de faire un Inventaire, un Rolle de dépens, d'écrire une infinité
de Lettres, de dicter à pluſieurs Clercs , de ſuivre toutes les
Audiences, de battre le pavé pour inſtruire les Juges, & faire
pluſieurs autres choſes contraires au miniſtére d'un Avocat , &
à l'occupation d'un homme d'étude.   Outre que quand un Avocat
ou Procureur voudroit plaider , il faudroit , pour le faire cou-
vrir, que le Préſident l'interrogeât, s'il plaide en qualité d'A-
vocat ou de Procureur.

D'ailleurs cela ſeroit tort à un Avocat, en ce qu'on diroit de
lui ce que dit Ciceron, *Illos aulædos eſſe. qui Cytharedi fieri non
potuerint.* Et que ne ſe ſentant pas aſſez ſçavant pour le miniſtére d'Avocat, il avoit retrogradé : ce qui ne ſeroit pas fort à
ſon avantage.

Quant au public , cela lui préjudicieroit auſſi ; En ce que
pluſieurs Avocats (que le lucre & l'ignorance du Droit porte-
roient à cela ſi la porte en étoit ouverte) donneroient à tort &
à travers de longues écritures pour leurs Parties , ſans que ces
pauvres Parties euſſent la liberté d'en choiſir de plus habiles
qu'eux ; de ſorte que par ſucceſſion de temps les Avocats de

petit genie prenant cet expedient pour travailler, & les Charges de Procureur se remplissant de telles gens, la science se trouveroit à la fin banie du Barreau. Les Particuliers & les Villes mêmes se verroient dépourvûës de bon conseil ; Les Officiers seroient privez pour se rendre habiles, de ce qu'on appelle *Disputatio fori.* Et comme la venalité des Offices a ralanti parmi eux l'émulation de sçavoir quelque chose, il se trouveroit que cette émulation, & la necessité d'étudier pour réüssir, se perdant parmi les Avocats par une semblable venalité, la Jeunesse ne se piqueroit plus de s'adonner au travail. Si-bien que la France, qui est si florissante aujourd'hui, & pour les Armes & pour les Loix, perdroit malheureusement l'un de ces deux grands avantages. Ce qui est contraire à l'intention de tant de grands Rois, parmi lesquels ont excellé Charlemagne & François I. & principalement à celle de Sa Majesté, qui, en reformant les Universitez, n'a pas voulu apparemment que la Jeunesse s'en tînt à ce qu'elle a appris en trois ou quatre ans aux Universitez ; puisque c'est si peu de chose, qu'un jeune homme sortant de-là, ne sçait pas plus en droit, qu'un Ecolier qui sçait les quatre Regles d'Arithmétique aux Matématiques.

CHAPITRE XI.

Sçavoir, si un Avocat a une action pour l'honoraire de son travail.

IL semble d'abord qu'il doit avoir une action pour l'honoraire, *leg.* 1. §. 10. *de extraord. cog.* où il est dit que *In honorariis Advocatorum, ita versari judex debet, ut pro modo litis, proque Advocati facundia, & fori consuetudine, & judicii in quo erat acturus, æstimationem adhibeat.* Ce qui fait voir qu'on taxoit les Avocats, encore qu'ils n'eussent pas plaidé s'ils s'étoient préparez. Et au §. 12. ces Avocats pouvoient prendre jusqu'à cent pistoles, qui ne valoient qu'un peu plus de la moitié des nôtres. Il se trouve même une Ordonnance de Charles V. qui limitant le temps auquel les Avocats peuvent

C ij

demander leur honoraire , préfupofe qu'ils avoient action pour
cela. Or cette limitation dont parle Ulpien en ce §. 12. avoit été
faite pour temperer l'énormité à laquelle certains Avocats s'é-
toient portez du temps de Pline le jeune , qui dans fon Epître
5. *liv.* 5. dit qu'un certain Tufcillus Avocat, après avoir reçu
deux mille écus de ce temps-là , & encore exigé *mille denarios* ,
ne fe trouva pas à la caufe : Et pour temperer auffi la rigueur
de la Loi *Cincia* , qui ne permettoit pas que les Avocats prif-
fent rien. Elle eft rapportée par plufieurs Auteurs que Godefroi
nomme fur ce §. 10. Et le §. 12. adoucit auffi la dureté de ce
Senatufconfulte , dont fait mention le même Pline , *liv.*
5. *Epift. ult,* par lequel Senatufconfulte , le Jugo faifoit jurer
les Avocats qu'ils n'avoient rien reçu , devant que de fouffrir qu'ils plaidaffent , permettant toutefois de prendre ,
après la caufe jugée , jufqu'à deux mille fétiers , qui, fuivant
l'évaluation que Juftinien en a faite depuis , §. 3. *inftit.*
de fucceff. lib. n'eft pas uno taxe fort grande , fi la caufe étoit
longue & embaraffée , comme il s'en trouve , qui occupent les
mois entiers & plus.

Mais aujourd'hui la Cour ni les Ordonnances ne terminent
rien , & les Avocats peuvent prendre tout ce qu'on leur donne.
Néanmoins il eft certain qu'on ne doit pas exiger cet honoraire ;
ni intenter procès pour cela ; parce que *honor non pecuniâ æfti-*
matur , argum. leg. æftimationem 16. *ff. de munerib. & honi*
C'eft un plus honête parti que tous les Avocats doivent prendre ,
parce qu'autrement c'eft avilir la Profeffion : *Vilia funt quæ*
prætium habent. Et il eft indigne que *quæftu fiat quod gloria*
folebat. Plin. lib. 39. C'eft pourquoi la Cour le 13. Janvier
1648. en adjugeant en Audience certains fraix à un Avocat de
Carcaffonne , nommé Ducup , lui refufa l'action pour l'honoraire,
qui eft le mot dont la Cour fe fervit par l'Arrêt. Il eft vrai
qu'en cette affaire il y avoit cette circonftance , que Ducup étoit
oncle de fa Partie adverfe ; Mais cet Arrêt diftinguant l'honoraire du refte du compte de Ducup , fit voir que la parenté
ne fut pas le motif de la Cour : Ce qui fe confirme par le
confentement univerfel des Avocats de cette Cour, où l'un d'eux
depuis peu ayant préfenté une Requête pour demander cet hono-

raire , tous les autres le méprisèrent , & il passa pour ridicule
au Palais. En effet , la Cour nous donne un bel exemple en
elle-même , car elle n'exige point les épices ; ce que l'on fait
néanmoins en la plûpart des Cours du Royaume.

ALIÉNATION.

CHAPITRE XII.

Si les Bénéficiers peuvent aliéner l'usufruit de leurs Benefices
jusques à leur mort.

LEs Bénéficiers peuvent aliéner & vendre l'usufruit de leurs
Bénéfices jusques à leur mort, comme il a été jugé par Arrêt
de la Cour donné en l'Audience de la Grand'Chambre le 8. Avril
1655. en la cause du Prieur de l'Eglise de Beaumont ; & c'est
suivant le chapitre *Veniens, extra de transact. & leg. jubemus,*
§. *sanè ne omnis , cod. de sacros. Eccles.* Avocats, Messieurs de
Lagarrigue, de Chassant & de Rigui.

CHAPITRE XIII.

Si un Débiteur qui a obtenu le rabattement d'un décret , peut
aliéner les biens décretez avant d'avoir remboursé le Décretiste ;
Et si le Décretiste peut demander d'être preferé à l'Acquereur.

ME. Jean Castera, Prêtre & Prébandier de l'Eglise Saint
Estienne de Toulouse , s'étant pourvû en la Cour par
Lettres en rabattement d'un décret , la Cour l'auroit démis par
Arrêt desdites Lettres ; & l'auroit reçu à recouvrer les biens
décretez, à la charge de payer préalablement les sommes pour
lesquelles le décret avoit été adjugé, réparations, méliorations ,
loyaux-coûts. Après cet Arrêt, il fit vente des biens décretez

C iij

au nommé Roquier ; & les Décretiftes nemment Charrats freres ; & demanderent la caffation du Contrat de vente , difant que Caftera ne pouvoit avoir aliéné les biens décretez , que préala- blement ils ne fuffent rembourfez , fuivant l'Arrêt de la Cour qui le recevoit audit rècouvrement.

Ledit Caftera au contraire réprefenta que fuivant l'Arrêt de la Cour , il étoit devenu proprietaire des biens décretez en rem- bourfant le Décretifte ; & que pour le pouvoir faire , il avoit été dans la neceffité de faire ladite vente ; & que tant lui que l'Acquereur , ne prétendoient point joüir des biens , ni de le dépoffeder de la joüiffance d'iceux , qu'ils n'euffent été préala- blement rembourfez. Sur quoi la Cour auroit rendu Arrêt en l'Audience de la Grand'Chambre le 7. Mai 1660. par lequel Elle auroit confirmé la vente.

ALIMENTS.

CHAPITRE XIV.

Sçavoir fi le Pere du remarié peut être obligé de donner les Alimens à fes enfans du premier lit hors de fa maifon.

BOYER pere ayant reçu de fa premiere femme 5000. liv. de dot , & 3000. liv. de biens parafernaux , en avoit eu deux enfans ; fçavoir , Albert & Marie , après la mort de laquelle il avoit pris une feconde femme qui maltraitoit les enfans du premier lit de fon mari , & les faifoit encore maltraiter par leur pere ; de telle forte qu'ils furent obligez de s'en féparer , & de lui demander les Alimens au Senêchal de Roüergue , qui ne leur accorda que 50. liv. à chacun , bien qu'ils fuffent tous deux en âge d'être mariez. Mais étant Appellans en la Cour , & y ayant juftifié que *Noverca erat adeò injuriofa , ut commodè cum illa non poffent morari*, argum. leg. 14. *ff. pro focio.* Et étant évident qu'ils ne pouvoient pas vivre de 50. liv. chacun ; & que le pere doit donner les Alimens à fes enfans, *non molliter, nec remiſsè*, *ſed paternè*, *ne fame pereat*, *Novel.* 18. *cap.* 3. Nonobſtant l'acte d'offre que leur pere avoit fait de les nourrir, il fut ordonné par Arrêt du 31. Janvier 1675. que le pere leur donneroit à chacun la ſomme de 200. livres de penſion. Ils alleguerent dans la Plaidoirie un Arrêt par lequel la Cour adjugea 300. liv. de penſion à Me. Turle Avocat, contre ſon pere Avocat & ancien Capitoul.

Le Pere au contraire alleguoit un autre Arrêt de la Cour contraire, par lequel la Cour dénia une penſion à un fils nommé d'Albarel contre ſon pere ; mais le cas étoit different, comme il fut repreſenté. De ſorte que bien que la Loi *Mævia*, §. 2. *ff. de ann. leg.* & la Loi *Gaïo* 13. §. 2. ſemblent dire que *alimenta domi debentur*, néanmoins cela ne doit pas avoir lieu ; *arg. dic. leg. Gaïo in fin. ob graviorem ſervitutem*, en faveur d'un pere remarié contre ſes enfans, lorſqu'il apparoît de mauvais traitèmens d'une marâtre. Les principaux qu'on alleguoit, étoient que cette fille avoit été battuë en pleine ruë par ſa bellemere ; & que ſon pere l'ayant logée chez un Libraire, il ne lui donnoit que quinze deniers par jour, avec une piéce de pain bis. Et quant au fils, le principal étoit que ſon pere l'avoit contraint d'aller de Roüergue à Paris à pied, & ne lui avoit donné que douze livres pour tout ſon voyage.

※※※※※※※※※※※※※※※※※※※※※※

A L L O C A T I O N.

C H A P I T R E   X V.

De quel jour les Créanciers du Pere peuvent être alloüez ſur les biens du fils, heritier de ſon pere.

LEs Créanciers du fils heritier de ſon pere, qui a mis les biens en diſtribution, & la vente ſéparément ordonnée des patrimoines du pere & du fils, ne peuvent point être alloüez ſur les biens du pere qu'après ſes créanciers ; ni non-plus les créanciers du pere, qui peuvent toûjours demander ladite ſéparation, *leg.* 1. §. 10. *ff. de ſeparat. bon.* ne peuvent être alloüez

fer les biens du fils , fi ce n'eſt qu'ils ayent obtenū contre luị ,
& en ladite qualité d'heritier de ſon pere , la condamnation
de ce que le pere leur devoit ; car en ce cas ils ſont aſloüez
ſur les biens du fils depuis la condamnation tant ſeulement ,
parce qu'auparavant la condamnation , ils n'avoient contre le fils
que l'action perſonnelle , non hipothequaire ſur ſes biens. C'eſt
ainſi que la cauſe fut jugée par Arrêt de la Cour donné en là
ſeconde Chambre des Enquêtes , au rapport de M. J. Dupui le 26.
Juin 1660. Parties , Jean & Bernard Meſtré.

C H A P I T R X V I.

Si la Femme qui s'eſt conſtituée tous ſes biens préſens & à venir ,
doit être alloüée par préférence à tous les Créanciers de ſon
mari pour une ſomme provenant des interêts que ſon mari
devoit à une Demoiſelle ſa Créanciere qui les lui donna ; Et
ſon Mari après la liquidation faite , les avoit reconnus ſur les
biens de ſa Femme.

BERNARD Meſtré s'étant marié avec Paule Garrigues ,
elle ſe feroit conſtituée en dot tous ſes biens préſens & à
venir. Quelque - temps après ce mariage , la Demoiſelle de Vieu ,
qui avoit prêté une ſomme d'argent à Meſtré , fit donation à la
femme de ſon débiteur des interêts retardez qu'il lui devoit de
la ſomme qu'elle lui avoit prêtée , & qu'il lui devoit encore.
Après que ces interêts furent liquidez , Meſtré reconnoît à ſa
femme la ſomme à laquelle leſdits interêts furent liquidez. Quelque - temps après les biens de Meſtré furent généralement ſaiſis
à la requête de ſes créanciers : Alors Garrigues ſe pourvût en
oppoſition envers la ſaiſie , & demanda d'être alloüée par préference aux créanciers de ſon mari pour ſa dot. Alors les créanciers lui oppoſerent que la reconnoiſſance que ſon mari lui avoit
faite deſdits interêts , ne leur pouvoit point être oppoſée , &
qu'elle ne pouvoit être alloüée pour la ſomme à laquelle leſdits
interêts avoient été liquidez , du moins pour être preferée à
eux , puiſque la Demoiſelle de Vieu ne pouvoit pas lui avoir
donné

donné des interêts retardez qui ne lui étoient pas dûs, & qu'elle n'avoit pu demander, dautant que les interêts d'un fimple prêt ne font dûs, que depuis l'interpellation en caufe; & que quand même les interêts auroient été dûs, ce que non, la Demoifelle de Vieu ne pouvoit être alloüée qu'en dernier rang; ainfi Garrigues ne pouvoit pas avoir plus de droit, que celle qui lui avoit donné.

Garrigues réprefenta au contraire, qu'elle devoit être alloüée pour cette fomme par préference à tous les créanciers de fon mari, qui l'avoit reconnuë, comme étant dotale, en ce qu'elle fe feroit conftituée tous fes biens préfens & à venir; & que les allegations des créanciers ne pouvoient venir en aucune confideration, dautant que fi-bien les interêts ne font pas dûs au créancier d'un fimple prêt, que depuis l'interpellation : Néanmoins fi les interêts fe trouvent payez au créancier, ils ne peuvent être répetez, *Ex leg. Quamvis, cod. de ufur. & leg 26. cod. de condict. in deb.* Ainfi fon mari ayant avec fa créanciere liquidé les interêts qu'il lui devoit, & lui ayant été donnez & reconnus par fon mari, la fomme à laquelle lefdits interêts avoient été liquidez, ne pouvoit à fon égard être confiderée que comme une fomme capitale; & par confequent l'allocation par préference aux créanciers de fon mari, ne pouvoit point être déniée. Si-bien que par Arrêt de la Cour donné en la feconde Chambre des Enquêtes le 23. Mars 1660. ladite Garrigues auroit été alloüée par préference à tous les créanciers de fon mari.

CHAPITRE XVII.

Lorfqu'un Juge ordonne les allocations des créanciers, comment doit-on adapter les payemens que le débiteur a fait de partie des obligations à un de fes créanciers; fi c'eft fur les plus anciennes ou fur les dernieres obligations.

ANTOINE SOUQUES Boucher de Cordes, avoit emprunté certaine fomme à Jacques Lanaufe Bourgeois dudit Cordes; & avant que ledit Souques ne s'obligeât envers Lanaufe, il s'étoit obligé en diverfes fommes en faveur de Me. de Clari

Avocat en la Cour, envers lequel il fe feroit obligé encore pour autres fommes poſterieurement à l'obligation dudit Lanauſe. Après cela les biens de Souques auroient été mis en générale diſtribution d'autorité du Senêchal de Toulouſe, lequel auroit rendu Sentence d'allocation des créanciers, & auroit par icelle adapté les payemens faits audit Clari par ledit Souques aux obligations poſterieures à celle de Lanauſe, lequel par ce moyen fe trouvoit alloüé en rang utile ; ce qui l'obligea d'être appellant en la Cour de cette Sentence, où il repreſenta, que l'orſqu'il n'eſt point exprimé pour quelles fommes les payemens font faits, ils font pour lors adaptez aux obligations, plus dures & plus facheuſes, *Leg. in his verò in prim. ff. de folut.* Et que ſi les obligations ne font point plus dures ni plus facheuſes les unes que les autres, en ce cas la dette plus ancienne eſt cenſée avoir été payée, *Dic. leg. In his verò. & leg. ubi fidejuſſor & leg. creditor. §. Valerius, ff. dic. tit.* & principalement lorſqu'il s'agit de l'intereſt d'un tiers. Sur quoi la Cour rendit Arrêt en la feconde Chambre des Enquêtes, au rapport de M. de Pujet Sieur de Sapte, le premier Août 1675. par lequel la Sentence du Senêchal fut reformée, & les payemens faits audit Clari par Souques furent adaptez aux obligations anciennes ; & par ce moyen Lanauſe ſe trouva alloüé en rang utile, & ledit Clari en rang inutile pour les fommes par lui prêtées, poſterieurement à l'obligation de Lanauſe.

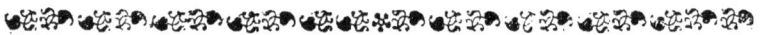

AMENDE.

CHAPITRE XVIII.

Si un Conſeil de Santé en temps de peſte a pû condamner un homme à 600. liv. d'amende pour être forti de fa maiſon contre la défenſe qui lui avoit été faite.

LE Conſeil de Santé de Carcaſſonne, compoſé de trois Magiſtrats Préſidiaux, du Procureur du Roi, & de trois Avocats, avoit condamné un Marchand, nommé Grillot, à 600. liv. d'amende, pour être forti de fa maifon contre la défenfe qui lui avoit été faite & réïterée : car après la premiere défenfe il étoit forti, & s'étoit montré au lieu le plus frequenté; & un jour comme on l'y vit entrer, il avoit été ordonné qu'on mettroit des barres de fer par dehors à fa porte. Néanmoins ayant un fils à la Campagne, il le fit venir de nuit pour ôter les barres de fer. Ce Marchand étant appellant en la Cour de l'Ordonnance, dit que ce Confeil étoit compofé de Perfonnes privées, & qu'il n'avoit point de Jurifdiction pour condamner à l'amende.

Ses Parties difoient au contraire, qu'il ne pouvoit nier que fa maifon ne fût infectée, puifqu'il avoit frequenté une ou plufieurs perfonnes qui étoient mortes de pefte : ayant même retiré chez lui la Servante qui les avoit fervies; & qu'ainfi les inhibitions de fortir de quarante jours étoient juftes, & que l'utilité publique & la neceffité autorifoient ce Confeil, & que *infirmitas unius non debet aliis effe periculofa, arg. leg. idem. 8. ff. ad leg. aquil.* Mais néanmoins cette Ordonnance fut caffée en la Cour, condamna ce Marchand à 50. liv. pour la contrevention, & défenfes furent faites aux Confuls de faire de telles Procedures fous les peines portées par les Ordonnances.

APPEL COMME D'ABUS.

CHAPITRE XIX.

En quel cas on peut être appellant comme d'Abus.

POUR l'expliquer en général, c'eft quand les Prélats, Abbez, Superieurs, Chapitres, & autres fortes d'Eccle-fiaftiques, ayant quelque efpece de Jurifdiction, ordonnent quelque chofe contre les Saints Décrets, & les Reglemens Généraux des Conciles : contre les Ordonnances Royaux, & les Arrêts des Cours Souveraines de France; ou lorfque telles perfonnes ont attenté fur la Jurifdiction féculiere.

Or avant que d'entrer en cette Matiére, il faut sçavoir ce que c'est que *Constitutio*, *Decretum*, *decretalis epistola*, *Dogma*, *Interdictum*, *Sanctio*, *Canon*.

Constitutio est, *quod Princeps statuit*, *Can. Constitutio*, *dist. 2. & leg. 1. ff. de Constitution.*

Decretum est, *quod summus Pontifex decrevit de Fratrum Consilio.*

Decretalis epistola est, *quando Pontifex despondet ad Consultationem alterius.*

Interdictum, *cùm pœna non adjicitur.*

Sanctio, *cùm aliquid prohibetur adjectâ pœnâ.*

Canon est, *illud quod in Concilio Generali vel Provinciali promulgatur.*

Dogma est, *circa Doctrinam Fidei*, comme le remarque Flam. Paris. *de consid. Benefic. quæst.* 7. *num.* 8. *& sequent.*

Il y a encore abus, quand on entréprend sur la Jurisdiction Royale, & quand le Juge d'Eglise ou autres Ecclesiastiques ordonnent quelque chose qui choque les Libertez de l'Eglise Gallicane. Ces Libertez sont *jura communia*, *quibus nullâ Patrum definitione est derogatum Ecclesiæ Gallicanæ*, comme disent les Peres *in Consilio mag. affric. in epist. ad Celestin. Pontif.* C'est pourquoi elles sont ainsi appellées; non pas *Privileges*, parce qu'elles sont un droit public, constant, naturel, & invariable; au lieu que les Priviléges sont changeans, suivant la volonté de celui qui les a concedez, *Cap. ex multiplici, de decim. & leg. ex facto, ff. de vulg. subst.* Elles consistent principalement en deux points. Le premier, que *Summus Pontifex non potest jubere vel generaliter, vel specialiter in temporalibus.* Le second est, que *in Gallia potestas ejus infinita non agnoscitur nisi secundum Canones, & antiqua Concilia.* C'est pourquoi toutes les Bulles qui viennent de Rome, sont examinées en France pour sçavoir s'il y à rien de contraire à ces Libertez, auquel cas on en appelle comme d'Abus : d'où vient qu'il se trouve une Ordonnance de Loüis XI. sur ce sujet.

Il se trouve aussi des Appellations de l'Université de Paris au prochain Concile, contre les Papes Boniface VIII. Benoît IX. Pie II. & Leon X. ou, comme l'on disoit pour lors,

Ad Papam meliùs informatum. Et fi les Expeditions de Rome
étoient contre les Edits du Roi, ou contre les Reglemens des
Cours Souveraines, on en appelloit *ad eum ad quem pertinebat.*
Néanmoins cela fait voir que les Appels comme d'Abus n'étoient
pas fréquens du temps de Loüis XI. En quoi Fevret en son
Traité de l'Abus, *liv.* 1. *chap.* 2. se trompe. Or ces Appellations font fondées même sur les Loix Ecclefiaftiques, *Can. si
in adjutorium, diſt.* 10. lequel eft tiré de Saint Auguftin en
ces termes : *Si in adjutorium veſtrum etiam terreni Imperii
leges aſſumendas putatis, non reprehendimus : Fecit enim hoc
Sanctus Paulus, cùm contra injurioſos dixit ſe eſſe civem Roma-
num ; & ideò Chriſtiani Imperatores indigent pro vita æterna
Pontificibus, & Pontifices pro curſu temporalium tantum modò
rerum Imperialibus legibus utuntur.* C'eft pour cela que Leon
III. écrivant à Lothaire, dit, *Præcepta Imperialia irrefragabi-
liter ſunt cuſtodienda, Chriſto propitio,* & protefte de les
garder, *Can. Quoniam,* & *Can. de Capitulis, diſt.* 10. Surquoi il faut voir le Concordat paſſé entre François I. & Leon X.

CHAPITRE XX.

*S'il faut ſe pourvoir par Appel comme d'Abus envers un Décret,
ou pour mieux dire, envers une déliberation de l'Univerſité.*

CETTE queftion fut agitée & jugée le 21. Novembre
1651. en la caufe d'un Curé du Diocefe de Comenge,
qui, difputant une Regence en l'Univerfité de Touloufe, étoit
accufé d'avoir mal parlé des Religieux dans l'une des Harangues
de fes ouvertures. C'eft pourquoi l'Univerfité par une déliberation l'exclut de la Difpute. La plus grande raifon qu'il y
avoit en faveur de l'Univerfité, c'étoit que cela ſe pratique à
l'égard des Déliberations ou Décrets de Sorbonne. Mais néanmoins il fut jugé qu'il falloit ſe pourvoir par la voye de caffation de cette déliberation, la Cour ayant droit de le faire par
forme de Reglement, & comme ayant connoiffance de l'exécu-
tion des Edits ; l'Univerfité d'ailleurs n'ayant aucune Jurifdic-

tion, n'en peut par consequent abuser ; Que s'il se pratique à l'égard des Décrets de Sorbonne , qu'on en appelle comme d'abus ; c'eſt par un privilége particulier , & une coûtume qui leur a établi une eſpece de Juriſdiction en certaines matieres ; & qui à cauſe de ſa Doctrine , eſt cenſée un Corps Eccleſiaſtique.

CHAPITRE XXI.

Si un Chanoine ou autre Prêtre d'un Chapitre peut être Appellant comme d'abus d'une Déliberation priſe par le Chapitre.

L'ORSQU'IL arrive quelque deſordre ou irreverence dans un Chapitre , commiſe par un Chanoine ou par autres Prêtres du Chapitre, les Chanoines prétendent être en droit par déliberation de les châtier, *Non contenſiosè , ſed correctionaliter* , & par forme de Juriſdiction, que les Canoniſtes appellent *Correctionalem non cognitionalem* , en privant ceux qui ſont négligens, contumaces , ou inſolens de leurs diſtributions , ou de l'entrée au Chœur & au Chapitre *ad tempus* , ou en les condamnant de demeurer pour certain temps aux bas Siége , ou autres peines legeres, ſelon que la faute le requiert , *cap. cùm contingat , de foro compet. cap. irrefrag. de offic. ordin.* ſans que ceux contre leſquels telles déliberations ont été priſes , puiſſent en être appellans comme d'abus ; mais ils peuvent en demander la caſſation par la voye de nullité. Auſſi la Cour par Arrêt donné en l'Audience de la Grand'Chambre le 6. Juillet 1662. démet un Chanoine du Chapitre Saint Juſt de Narbonne , d'un appel comme d'abus par lui rélevé d'une déliberation contre lui priſe par le Chapitre. Me. Pariſot plaida pour le Chapitre, & Me. de Chaſſan pour le Chanoine.

APPELLATIONS
comme d'Abus.

CHAPITRE XXII.

De l'origine des Appellations comme d'Abus.

MESSIEURS les Evêques n'ont pas sujet de se plaindre, car ils peuvent se tromper dans le choix qu'ils font de leurs Officiaux. D'ailleurs la plûpart s'étant plus appliquez à sçavoir la Philosophie que l'ordre judiciaire, ils ne doivent pas trouver mauvais qu'on corrige les erreurs, où eux & leurs Officiers peuvent tomber, puisque un grand Pape s'y est soumis dans le Canon *Nos si incompetenter dic. quæst.* 7. en ces termes : *Nos si incompetenter aliquid egimus, & in subditis justæ legis tramitem non conservavimus, vestro ac Missorum vestrorum cuncta volumus emendare judicio.* C'est ainsi qu'il parle à l'Empereur, *Yvo. indict. Can.* Et suivant le Concile d'Ephese, *act.* 2. & 3. on ne pouvoit former de plainte contre les Evêques, qu'elle n'eût été portée devant le Tribunal de l'Empereur. *Guenois sur l'Enchir. d'Imbert*, parle de certaines Lettres en forme de Pragmatique, qu'on impetroit avant, & suivant une Ordonnance de Charles VII. ausquelles succederent les Appellations comme d'abus qui commencerent sous le Regne de Loüis XII. Mais comme cette matiere est aujourd'hui triviale & traitée par nos meilleurs Auteurs, il n'est pas besoin d'en dire davantage.

APPEL EN COUR DE ROME.

CHAPITRE XXIII.

Si on peut être Appellant en Cour de Rome de la permission accordée par un Vicaire Général, de publier un Monitoire pour raison d'une cause pendente en la Cour.

AUTREFOIS les Juges Ecclesiastiques s'attribuoient la connoissance des oppositions formées par les personnes Laïques aux Monitoires, *idque ratione peccati*; de quoi, disoient-ils, *Solius Judicis Ecclesiastici notio est, cap. novit. de indit. cap. si Sacerdos de offic. ordin.* Mais à présent les oppositions à la publication des Monitoires concedez par les Juges Seculiers, ne peuvent être traitées en Cour Ecclesiastique sans abus, Chopin. *de Sacr. polit. lib. 2. cap. 3. & 4.* Et Fevret de l'Abus, *liv. 7. chap. 2. num. 23. & 24.*

En l'année 1655. Bernard Fauré ayant accusé Guillaume Permega Notaire, d'avoir fait fabriquer une donation fausse de tous ses biens en faveur de sa femme niéce de Fauré, cette instance étant pendente en la Cour, Faure eut permission d'un des Vicaires Généraux en l'Archevêché de Toulouse, de faire proceder à la publication d'un Monitoire. Alors Permega par un acte déclara à Fauré qu'il étoit opposant à la publication du Monitoire. Cela obligea Fauré de donner requête à la Cour, à ce que sans avoir égard à l'acte de Permega, il fût procedé à la publication du Monitoire. La cause plaidée en l'Audience Tournelle, M. Daudibert plaidant pour Fauré, Me. de Lagárrigue pour Permega, la Cour par Arrêt du 11. Août 1655. ordonna qu'il seroit procedé à la publication du Monitoire; La Cour ayant par-là jugé qu'on ne pouvoit être appellant en Cour de Rome, de la permission donnée pour la publication d'un Monitoire.

CHAPITRE

ARBITRES.

CHAPITRE XXIV.

Si un Arbitre peut retenir les Actes sous prétexte qu'il n'est pas payé de sa Partie.

LE 12. Avril 1650. il fut jugé en Audience que Me. Carriere Avocat au Senêchal de Toulouse, n'avoit point droit de retenir les Actes de celui qui l'avoit pris pour son Arbitre ; de sorte qu'il fut condamné à les rendre.

CHAPITRE XXV.

Si les Arbitres doivent être de Profession à juger le fait pour lequel ils sont pris par les Parties.

LA nommée Palaffe, veuve d'un Jardinier, pour retirer sa Dot & son Augment, s'étant mariée quatre mois après la mort de son Mari, paffe un Compromis avec Combartigue, heritiere du Mari, & prirent pour Arbitres un Jardinier & un Maître Chandelier, & pour tiers un Marêchal ; & par leur Sentence, ils déclarerent, suivant la Loi 1. & l'Auth. *Ejusdem pœnis, cod. de 2. nup.* Palaffe remariée dans l'an du deüil, indigne de tous les avantages & gains nuptiaux ; & ayant estimé les Harnois, les Chevaux, les Fruits & les Meubles délaiffez par son Mari, ils lui compenferent 1500. liv. de dot qu'elle avoit, & la rendirent reliquataire, & se taxerent vingt écus de rapport de trois livres cinq sols piéce qu'ils ne mirent point dans la Sentence, & qui leur furent payez.

De cette Sentence, quoique acquiescée & executée en partie par Combartigue, elle en releva appel en la Cour ; difant droit

E

auquel , elle impetra Lettres pour être rélevée de tous acquief-
cemens , & demanda de plus fort la caſſation par incompetence
de ladite Sentence , & la reſtitution du rapport ; & bien qu'on
ne puiſſe être Appellant de la cauſe jugée après y avoir acquieſcé ,
& l'avoir executée , *leg. ad Solutionem. cod. de re jud. & leg.*
ab eo , cod. quomod. & quand jud. néanmoins la Cour caſſa
ladite Sentence , condamna les Arbitres à la reſtitution du rapport , & renvoya les Parties devant le Viguier par Arrêt du 22.
Decembre 1674.

ARCHIDIACRE.

CHAPITRE XXVI.

Si l'Archidiacre eſt obligé de venir prendre à genoux de l'Evêque
ce qu'on appelle Oſculum , *& autres points de cerémonie : Et*
ſi l'on peut mettre un Prêtre contre ſon Evêque ſous la pro-
tection & ſauvegarde de la Juſtice.

M. L'Evêque de Rodez demandant que l'Archidiacre de ſon
Egliſe fût obligé de venir prendre de lui l'*Oſculum* à
genoux , ſuivant le Cérémonial Romain (lequel n'eſt pas reçu
comme Loi en France , ſur-tout en ce qu'il porte que les Magiſtrats iront avec le Chapitre chercher l'Evêque) l'Archidiacre
qui s'étoit fait mettre ſous la protection du Roi & de la Juſtice
par une Ordonnance , offroit d'aller prendre l'Evêque ſuivant la
Coûtume à Rodez ; & le Chapitre & l'Archidiacre demandoient
Reglement , & l'Evêque demandoit la caſſation de l'Ordonnance.
Mais la Cour par Arrêt du 12. Juillet 1640. qui ne caſſa point
l'Ordonnance de Sauvegarde , ſe déclara incompetente pour
le ſurplus , & renvoya devant le Métropolitain , avec dépens ;
enjoignant néanmoins aux Chanoines de porter honneur & reſ-
pect à leur Evêque.

Quelque-temps après M. l'Evêque d'Agde en pareil cas

demanda Reglement à la Cour, difant que les *Cérémonies* ayant été reglées par Charlemagne, c'étoit un fait qui dépendoit de la Juftice Seculiere, & que *Leges vadunt quò volunt Reges* : Que c'étoit un Reglement pour fçavoir fi le Concile Provincial de Narbonne de 1609. avoit lieu en France (car ce Concile recevoit le Cérémonial Romain) Nonobftant ces raifons, la Cour par Arrêt du 2. Mai 1645. renvoya devant le Métropolitain.

ARRERAGES.

CHAPITRE XXVII.

De combien de temps font dûs les Arrerages de la rente conftituée.

TELs arrerages ne font dûs que de cinq ans, fuivant l'Ordonnance de Loüis XII. de l'an 1512. *art.* 71. Dumoulin, *tit. de la diftinction des Rentes, liv.* 7. *chap.* 6. c'eft-à-dire, de cinq ans avant l'introduction de l'inftance, jugé par Arrêt de la Cour du mois d'Août 1649. Voyez Imbert en fes *Inftit. for. liv.* 4. *chap.* 34. *num.* 7. & Laroche au traité des Droits Seigneuriaux, *chap. des Arrerag. des Droits Seigneuriaux* 6. *art.* 6.

CHAPITRE XXVIII.

Si les Arrerages de la Dîme abonnée font dûs depuis trente ans.

L'A Dîme peut être abonnée en certaine quantité de fruits non en argent, ainfi jugé par Arrêt donné en l'Audience du Parlement de Paris du 10. Juillet 1623. Borion traité des Cures.

Mais ſçavoir ſi après que la Dîme , qui eſt querable de
ſa nature , a été abonnée & renduë portable , les Arrerages en
ſont dûs depuis trente ans ou de cinq ſeulement. Or tout ce
qui faiſoit la difficulté de cette queſtion , étoit cette portabilité
pour ainſi dire : car ſuivant le Droit commun, les arrerages de
la Dîme ne ſont dûs que depuis cinq ans , comme il fut jugé
par Arrêt d'Audience le 13. Juin 1661. Et c'eſt parce que la
Dîme étant querable , le Curé doit s'imputer s'il a négligé de
les prendre depuis plus de temps. Mais la Dîme abonnée étant
devenuë portable , c'eſt la faute à ceux qui la doivent s'ils ne
l'ont pas portée , & par conſequent il ſemble qu'ils en doivent
les arrerages depuis vingt-neuf ans ; parce qu'autrement , *Mora
iis eſſet lucroſa.* Sur cela , il y eut partage en la premiere des
Enquêtes , comme auſſi en la Seconde , & jugé en la Grand'-
Chambre, Rapporteur M. de Richard , Compartiteur M. de
Caſſan. Et par l'Arrêt, qui eſt du 28. Juillet 1642. les arrerages
ne furent adjugez que depuis cinq ans, la Cour ayant conſideré
deux choſes. La premiere , que l'abonnement ne faiſoit pas changer de nature à la Dîme ; Et pour la ſeconde , que la Dîme
abonnée reſſembloit plus au droit de Champart qu'à la rente
Fonciere ; parce que les Dîmes ne ſont point dûës ſur le fonds ,
mais ſur les fruits.

ARTISANS.

CHAPITRE XXIX.

*Si un Artiſan qui eſt Maître d'un Métier par Lettres , peut
aſſiſter en toutes les Aſſemblées & Viſites , comme un
Maître de Chef-d'œuvre.*

IL y a entre les Artiſans deux ſortes de Maîtres. Les uns ſont
Maîtres de Chef-d'œuvre ; les autres Maîtres par Lettres.
Ces derniers ſont ceux qui , aux Entrées & Mariages des Rois,
Naiſſance de Mr. le Dauphin de France , & Déclaration du pre-

mier Prince de Sang , obtiennent des Lettres pour être reçus
Maîtres dans des Métiers sans faire Chef-d'œuvre , ni aucuns
des fraix qui se font à la reception des autres Maîtres de Chef-
d'œuvre , desquels , avec les autres Maîtres par Lettres , il y avoit
autrefois une grande différence : car les Maîtres par Lettres
comme simples Codicillaires , n'étoient point appellez ni admis
aux Assemblées , ni enrôlez dans la Confrerie , ni par consequent élus aux Charges & Offices du Métier. Leurs veuves &
enfans ne joüissoient point après leur mort de l'exercice du Métier , comme les veuves & enfans des Maîtres de Chef-d'œuvre ,
ne voulant pas que l'argent eût autant de pouvoir que l'industrie.
Toutefois par les Edits modernes, ces differences ont été retran-
chées, & enlevées en faveur des Particuliers qui achetent telles
Lettres de Maîtrise pour les revendre ; de sorte que les Maîtres
par Lettres sont aujourd'hui égaux en tout & par tout à ceux
de Chef-d'œuvre ; car par Arrêt de la Cour donné en la seconde
Chambre des Enquêtes au rapport de M. de Castaing le 11.
Septembre 1654. il fut ordonné que les Maîtres par Lettres des
Tailleurs de la Ville de Montpellier , assisteroient en toutes les
Assemblées & visites qui se font par les Maîtres de Chef-d'œuvre
pour y avoir voix deliberative ; & qu'ils pourront être Consuls
du Métier , ce qu'on appelle Bailles dans Toulouse.

CHAPITRE XXX.

Les Monopoles entre Marchands & Artisans , sont défendües.

PAR les Ordonnances Royaux, & principalement par celle
de François I. de l'an 1539. *art.* I. & suivant encore la
disposition du Droit *in leg. unic. cod de Monopol. & conventu ,*
les monopoles entre Marchands & Artisans sont défendus , &
même par les Arrêts de la Cour. Car les Boulangers de Narbonne s'étant monopolez entr'eux pour ne vendre point du
pain, sur ce que les Consuls de ladite Ville , comme ayant la
Police, le leur auroit taxé , lesdits Consuls les condamnerent
par leur Ordonnance en cent livres d'amende ; de laquelle Or-

donnance les Boulangers réleverent appel en la Cour ; difant droit auquel, ils impetrerent Lettres Royaux pour demander de plus fort la caffation de l'Ordonnance, & d'être déchargez de faire du Pain.

M. Dayral plaidant pour les Boulangers, dit pour leur défenfe, que n'y ayant point de Maîtrife dans Narbonne, ils ne pouvoient point avoir été condamnez à l'amende, ni ne pouvoient être condamnez à faire ni exercer le Métier de Boulanger. M. de Vaiffe plaidant pour le Syndic & Confuls, dit que les Boulangers ayant toûjours tenu Boutique de Boulanger, & exercé ledit Métier jufques à ladite taxe, leur procedé, & ce refus qu'ils faifoient de continuer à faire du Pain, faifoit bien voir leur monopole, & qu'ainfi ils devoient être démis de leur Appel & Lettres. A quoi M. le Procureur Général ayant conclu, la Cour par Arrêt donné en l'Audience de la Grand'Chambre le 4. Mai 1655. les démit de leur Appel & Lettres, avec dépens, modérez à 23. liv.

CHAPITRE XXXI.

Si un Maître de Chef-d'œuvre de Paris eft obligé de faire Chef-d'œuvre dans une autre Ville où il veut habiter, & y exercer fon Métier.

CHRISTOPHLE ONALET, après avoir fait fon Chef-d'œuvre de Chapelier dans Paris, & y avoir paffé Maître, vint demeurer dans la ville de Montpellier où il ouvrit Boutique. Mais les Chapeliers de cette Ville voyant que ce Chapelier, quelques jours après qu'il eût ouvert Boutique, travailloit plus que ne faifoit aucun d'entre eux, fe monopolerent, & obtinrent une Ordonnance du Senêchal, portant inhibitions & défenfes à Onalet de tenir Boutique ouverte, ni de travailler de fon Métier, que préalablement il n'eût fait fon Chef-d'œuvre dans Montpellier, à peine de confifcation de la Marchandife. En vertu & en confequence de cette Ordonnance, les Chapeliers lui enleverent toute fa Marchandife, & divers Chapeaux de poil que plufieurs perfonnes de qualité lui avoient baillez pour les accommoder.

Ce procedé violant obligea Onalet d'être appellant en la Cour de cette Ordonnance du Senêchal, où il donna Requête pour, difant droit en fon appel, à ce que la récreance de tout ce qui lui avoit été pris & enlevé lui fut baillée, avec contrainte par corps contre tous détempteurs, & qu'il lui fût permis de tenir Boutique ouverte de Chapellier dans Montpellier, & d'y travailler de Chapeaux, & autres fins de cette Requête.

Cette caufe fut plaidée en l'Audience de la Grend'Chambre. M. Daudibert plaidant pour l'Appellant, dit entre autres chofes, que Onalet étant natif de Paris, & y ayant fait fon Chef-d'œuvre, & paffé Maître Chapellier, il ne pouvoit pas être obligé de faire Chef-d'œuvre dans Montpellier ; non-feulement parce qu'il ne pouvoit pas y être regardé comme Maître étranger, étant citoyen de Paris, qu'on pouvoit dire être la Rome de France ; Et que comme les Citoyens Romains étoient confiderez dans toutes les Villes de l'Empire (comme les Habitans n'étoient réputez étrangers en quelque part qu'ils y fuffent) qu'il en étoit de même des Citoyens de Paris, qu'on pouvoit dire encore être l'Alexandrie de France. Et que comme il fuffifoit à un homme d'avoir étudié dans cette Ville, ou d'y avoir appris un Métier, pour ne douter plus de fon fçavoir, de fon experience, de fa capacité & de fon merite ; qu'ainfi il fuffifoit à Onalet d'avoir fait fon Chef-d'œuvre de Chapelier, & d'être paffé Maître dans Paris, pour ne douter plus qu'il ne fût un excellent Maître. Auffi fes Parties connoiffoient bien qu'il en fçavoit plus qu'eux, puifque dans peu de temps il débitoit lui feul plus de Chapeaux que tous les autres Maîtres enfemble ; & que fi-bien ils vouloient l'obliger de faire Chef-d'œuvre dans Montpellier, ce n'étoit que pour le confommer en fraix, & pour enfuite le renvoyer, par ce moyen l'obliger de fe retirer.

Mais encore il fit voir que Onalet étant Maître de Chef-d'œuvre dans Paris, il ne pouvoit pas être obligé dans Montpellier de faire un Chef-d'œuvre pour une feconde fois, attendu que par l'Ordonnance d'Henri III. de l'année 1581. *art.* 7. il eft dit que les Artifans qui font paffez Maîtres dans une Ville où il y a un Parlement , pourront tenir Boutique dans toutes les autres Villes , sans être obligez de faire un nouveau Chef-d'œuvre ; & cette même Ordonnance porte par exprès , que ceux qui sont Maîtres de Chef-d'œuvre dans Paris , pourront tenir Boutique dans toutes les villes du Royaume. Ainsi il fit voir que ledit Onalet étoit bien fondé en son Appel & Requête.

De la part des Bailles Chapeliers, pour lesquels Me. de Baisse plaida, il ne fut dit autre chose, si ce n'est que dans Montpellier il y avoit Maîtrise ; & que par leurs Statuts, aucun ne pouvoit tenir Boutique sans passer Maître dans cette Ville , & y avoir fait son Chef-d'œuvre , & que c'étoit suivant l'Ordonnance de 1539. *art.* 189. & qu'ainsi l'Appellant devoit être démis de son Appel & de sa Requête. Sur quoi la Cour rendit Arrêt le mois de Janvier 1654. par lequel Elle cassa l'Ordonnance du Sénéchal : Permit à Onalet de tenir Boutique , & de faire le Métier de Chapelier à Montpellier , avec défenses à ses Parties de lui donner du trouble ni empêchement , à peine de mille livres , & des contreventions enquis ; lui bailla la récreance & main levée de tout ce qui lui avoit été pris , avec contrainte par corps contre les Détempteurs , & lui adjugea les dépens.

AUGMENT.

CHAPITRE XXXII.

Si la Mere est privée de l'usufruit de l'Augment , qui s'est remariée sans faire pourvoir de Tuteur à ses enfans , & sans rendre compte.

M D'Olive , *liv.* 3. *chap.* 6. sur la fin , rapporte un Arrêt de la Cour du 10. Août 1635. par lequel une Mere ne fut pas privée de l'usufruit de l'Augment pour s'être remariée sans rendre compte, & sans avoir prêté le reliqua. Et il y en avoit eu un auparavant rendu en Audience le 3. Decembre 1620. plaidant Me. de Marmiesse & Cambolives , lequel jugea que l'Auth. *Eisdem pænis ; cod. de* 2. *nupt.* n'avoit pas lieu. Néanmoins au mois

mois de Mars 1 6 4 3. le contraire fut jugé au rapport de M. de Marraſt, contre lequel Arrêt y ayant eu Requête civile, les Parties furent remiſes au premier état qu'elles étoient avant l'Arrêt. Mais enſuite il y eut un ſecond Arrêt en la Premiere des Enquêtes qui ordonne la premiere choſe : ce qui fait voir que cette déciſion n'eſt pas de droit certain.

CHAPITRE XXXIII.

Si la Mére âgée de vingt-cinq ans eſt privée de l'Augment, ſi elle ſe remarie ſans avoir fait pourvoir de Tuteur à ſon fils decedé en pupillarité.

UNE Mere en fut privée par Arrêt de la Cour donné en la premiere Chambre des Enquêtes le 1 7. Juin 1 6 6 0. après Partage jugé en la ſeconde Chambre, Rapporteur M. de Lafon, Compartiteur M. de Catelan. Voyez M. de Cambolas, *liv.* 4. *chap.* 46.

CHAPITRE XXXIV.

A qui appartient la portion virile de l'Augment gagnée par la Mere.

SI la Mere n'en diſpoſe point nommément & par exprès, l'Augment eſt entiérement diviſé entre les enfans, l'heritier ne pouvant point la prétendre, dautant que l'inſtitution d'heritier ne comprend pas tacitement cette portion virile, ainſi jugé par Arrêt donné en la cauſe de Me. Roaldes Avocat de Cahors, contre la Demoiſelle de Roaldes ſa ſœur. Et encore par autre Arrêt du 12. Septembre 1648. donné au Rapport de M. de Labroüe en la cauſe de la Demoiſelle de Rabaſtens veuve de Dardenne, contre le ſieur Molineri. Voyez M. de Cambolas, *liv.* 4. *chap* 16. & *liv.* 2. *chap.* 4. & M. d'Olive, *liv.* 3. *chap.* 19. ſur la fin, Fernand, *cap.* 6. *num.* 6. *De filiis ex matrim. ad Morgan*, exigent cette diſpoſition ſpeciale, & fût jugé par Arrêt du 3. Mars 1643. donné au Rapport de M. de Garibal, *Ex Auth. nunc autem niſi expreſſim, cod. de 2. nupt.*

F

B.

BAIL-A-FIEF.

CHAPITRE PREMIER.

La différence qu'il y a en baillant en Fief , de commencer par nombre ou par corps.

SI celui qui baille en Fief dit dans son contrat *Per modum quantitatis & mensuræ sic* : Je baille à Titius en Fief huit séterées de terre , limitées & confrontées à raison de tant de rente la séterée, s'il s'en trouve davantage, l'Emphiteote doit payer la rente du surplus. Et s'il commence par le corps , comme s'il baille une telle terre de telle contenance , alors l'Emphiteote peut garder le tout sous la rente que la terre lui a été baillée , bien qu'elle contienne plus qu'il n'a été dit dans le Contrat. C'est ainsi que la question fut jugée par Arrêt de la Cour, donné en l'Audience de la Grand'Chambre le 5. Juillet 1646. Avocats Mes. de Courtois & Parisot. Et le docte Loiseau au traité qu'il a fait du Déguerpissement , dit que lorsque le Seigneur commence par la contenance , si l'eau emporte une partie, l'Emphiteote ne doit point payer la rente de ce que l'eau a emporté ; Mais s'il commence par le corps , bien que l'eau emporte une partie , il doit payer néanmoins l'entiere rente, *Argum. leg. quidam testam. de leg.* 1. Voyez la Loi *Quod sæpè* 35. §. 5. *ff. de contrah. empt.* & Benedict. *in verbo portum* , *num.* 14. Et Maynard , *liv.* 4. *chap.* 28. où il parle amplement de la vente qui est faite *Per modum quantitatis & mensuræ* , & de celle qui est faite *Per modum corporis.*

BANC.

CHAPITRE II.

Si les Magistrats doivent avoir Banc dans l'Eglise de leur Jurisdiction.

VALERE MAXIME recite que le Peuple Romain avoit de toute ancienneté porté tel respect aux Magistrats, qu'avant qu'il y eût Loi qui commandât de leur ceder les premieres Places volontairement, & par grand respect, cela s'observoit. Aussi on ne peut pas contester aux Juges & Magistrats leur Rang & Séance ; & si on le fait, il n'y a point de doute qu'ils ne soient fondez d'en intenter leur action, comme ce droit étant dépendant de leur Office & de leur Charge. Témoin la Loi I. *cod. de Dignitatibus*, où l'Empereur dit, que ceux qui troublent les Officiers en leur Rang, sont coupables de sacrilege, parce qu'ils volent l'honneur qui est Divin ; & tellement attaché à l'Office, que l'Office même est appellé en Latin & en François, *l'honneur & Dignité.* Aussi la Cour, de même que les autres Parlemens de France, ont accordé par leurs Arrêts, non-seulement aux Juges Royaux, mais encore à leurs Lieutenans, & aux Substituts de M. le Procureur Général, droit de Banc dans les Eglises de leur Jurisdiction. La Cour l'a jugé ainsi par un Arrêt donné en l'Audience de la Grand'Chambre le dernier jour de Juin 1654. par lequel il fut ordonné que le Lieutenant du Juge d'Albigeois au Siége de Gaillac, & le Substitut de M. le Procureur Général, auroient un Banc dans l'Eglise de S. Michel de Gaillac, avec défenses au Syndic du Chapitre de ladite Eglise leur Partie adverse, & à tous autres qu'il appartiendroit, de leur donner aucun trouble ni empêchement audit droit de Banc. M. de Lagarrigue, Cayras & Chaslan, Avocats.

CHAPITRE III.

Si un Evêque peut ordonner, faisant sa Visite, qu'un Particulier aura un Banc dans l'Eglise.

LEs Habitans & Bientenans d'un Lieu ne peuvent point avoir un Banc dans l'Eglise sans la permission expresse des Marguilliers, Gagers ou Fabriciers, comme dit Loiseau, *chap.* 11. *des Seigneuries, num.* 65. Brodeau sur Loüet, *lettre E, chap. 9.* Chenu en sa premiere Centurie, *quæst* 85. Marêchal, *pag.* 421. Cambolas, *liv.* 1. *chap. dernier,* où il dit que l'argent qu'on donne pour avoir un Banc, doit être employé à la fabrique de l'Eglise. Et Fevret au traité de l'Abus, *liv.* 4. *chap.* 7. *num.* 24. dit que les differends qui arrivent pour le Banc & autres droits honorifiques, sont de la competence du Juge Laï. M. l'Evêque de Saint Pons ayant par une Ordonnance donnée en Visite, ordonné qu'Antoine Bessier habitant de Lonsac, auroit un Banc dans l'Eglise du Lieu immédiatement après celui des Consuls ; la Cour sur appel comme d'abus de cette Ordonnance, rendit Arrêt en l'Audience de la Grand'Chambre le 17. Juillet 1659. par lequel cette Ordonnance fut cassée, & le sieur Evêque condamné en cent sols d'amende, & ledit Bessier aux dépens envers le Syndic de la Communauté dudit Lonsac. Avocats Mes. de Chassan & de Lasesquiere.

CHAPITRE IV.

Si un Evêque a droit de faire ôter un Banc de l'Eglise lorsqu'il fait sa Visite.

TEL droit de faire ôter un Banc d'une Eglise, n'appartient point au Juge d'Eglise ni à l'Evêque, mais au Juge Seculier, comme dit formellement Bacquet au chapitre 20. *num.* 17. *Du traité des Droits de Justice,* & Marêchal au traité *des Droits honorifiques, pag.* 422. Et la Cour par Arrêt donné en l'Audience de la Grand'Chambre le dernier Juillet 1640. sur appel

comme d'abus d'une Ordonnance donnée en Visite par M. l'Evêque de Lodeve, qui ordonnoit que le Banc que le sieur Ladevese
avoit dans l'Eglise par la permission du Curé pour avoir donné
à l'Eglise quelques tableaux & quelques Ornemens, seroit ôté
& mis hors de l'Eglise, déclara à ladite Ordonnance y avoir
abus, avec dépens & l'amende.

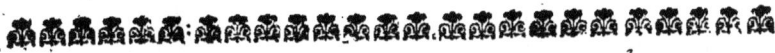

B A N A L I T É.

C H A P I T R E V.

Si celui qui a le droit de Four Banal, peut empêcher les Hôtes
de débiter de Pain cuit ailleurs que dans le Four Banal.

L E mot de Banalité vient du mot *Ban*, qui signifie Publication ou Proclamation sous certaine peine ; & il faut que
le Seigneur ait un titre par lequel les Vassaux se soient obligez de n'aller point ailleurs cuire leur Pain, ou qu'il ait joüi
du droit de Banalité l'espace de trente ou quarante années, du
jour que le Seigneur a prohibé & défendu à ses Vassaux d'aller
cuire le Pain que dans son Four, & que les Vassaux ont déféré
à ladite prohibition, Bacquet au traité *des Droits de Justice*,
chap. 29. *num.* 28. Boer. *decis.* 125. Guyd-Pape, *quæst.* 298.
& *ibid.* Ferrieres. Car si ledit Seigneur n'a point de titre ou
la susdite prescription, il ne pourroit avoir ledit droit, bien
que ses Vasseaux eussent fait cuire leur Pain dans son Four
pendant cent ans ou davantage ; parce qu'on présume que cela
avoit été fait par commodité, par voisinage, ou par familiarité,
arg. leg. Qui in jure familiaritatis, ff. de acquir. possess. & leg.
Viam publicam, ff. de via publi. D'ailleurs il peut se faire que
cela se fait *jure facultatis*, en faveur des Habitans des Lieux
où il n'y à de Bois que ceux du Seigneur, *non jure necessitatis*,
pour y rendre sujets les Habitans, comme dit Chassanée, *tit.*
des Forêts, & Patur. §. 2. *num.* 12. & 16. & Ferrieres, *indict.*

quæſt. 298. *Guyd. Papæ.* Joint à cela que ces ſervitudes ne ſe préſument pas , & qu'il faut les prouver , *leg. in tradendis ; ff. communia præd.* & *leg. Quid quid , venditor , ff. eod.* les nouveaux cens ou les ſurcharges étant odieuſes de leur nature , *cap. ſignificavit , de cenſib. & exact.* Mais quant à ce qui concerne l'étenduë de ce droit , en la ſeconde Chambre des Enquêtes au mois de Février 1656. la Demoiſelle de Bordaries , Engagiſte du Domaine du Roi , fit juger en conſequence d'un Arrêt de 1622. que les Hôtes du Lieu de Moulieres en Quercy , ne pourroient débiter du Pain cuit ailleurs que dans le Four Banal de ce même Lieu ; contre Marie de Beſſe , au Rapport de M. de Prohenques , après Partage , M. de Burta étant Compartiteur.

CHAPITRE VI.

Si le Seigneur qui a droit de Banalité , peut empêcher les Habitans d'acheter du Pain ailleurs pour leur nourriture.

CETTE queſtion ſe trouvoit au commencement du procès de la Demoiſelle Bordaries ; mais en la Cour , elle n'oſa point conteſter aux Habitans de pouvoir acheter du Pain pour leur nourriture ailleurs : mais au contraire , elle conſentit qu'ils en puſſent acheter ſans rien payer ; & ſi-bien elle le demanda au commencement de l'inſtance. Ce fut ſur le fondement d'un Arrêt de la Cour , rapporté par M. de Laroche au traité *des droits Seigneuriaux , chap.* 16. *art.* 3. Mais on conſidera que cet Arrêt avoit été donné ſans doute dans un cas auquel le titre portoit , que ſi les Habitans achetoient du Pain ailleurs pour leur nourriture , ils payeroient le droit de Fournage au dire d'Experts ; parce qu'autrement la Cour ne l'auroit point ordonné par ſon Arrêt (veu que c'eſt contre la liberté publique) conſideré que les Pauvres Habitans , qui vivent du jour à la journée , & qui ne peuvent acheter du bled , ſont obligez journellement d'acheter du Pain , qu'ils vont acheter où ils le trouvent à meilleur compte , ou qui eſt plus propre pour leur nourriture ; ou qui peut arriver que dans leur Lieu on ne vent pas du Pain.

Enfin ce droit doit s'entendre *ex bono & æquo.* Et ce droit, s'il n'eſt établi ſur cela par titre, il n'y doit pas être étendu. Auſſi ladite Demoiſelle, qui n'avoit pas titre pour obliger ceux qui achetoient du Pain de payer ce droit, n'oſa pas ſoutenir ſa demande en la Cour.

CHAPITRE VII.

Si la trop longue diſtance des Maiſons des Habitans d'un Lieu au Four Banal, doit obliger le Seigneur qui a la Banalité, d'y faire un Four exprès.

LE s Habitans de deux Hameaux appellez Caſelles & Pávignan, furent condamnez par Arrêt de la Cour à porter leur Pain au Four Banal de la Dame d'Aigueſvives. Contre cet Arrêt, ces Habitans ſe pourvûrent par Lettres de Requête civile, ſur ce qu'ils juſtifioient qu'il y avoit dans ces deux Hameaux des Fours particuliers de tout temps, & que le Four Banal étoit éloigné de trois quarts de lieuë de leur habitation : & que même il y avoit des Ruiſſeaux difficiles à paſſer en hyver ; de ſorte que cet éloignement faiſoit le plus ſouvent perdre le Pain : & qu'une ſervitude ſi rude eſt contre l'équité & la juſtice, & qu'ils devoient en être déchargez. Mais la Dame juſtifia que ces Fours particuliers qui étoient dans ces Lieux, lui payoient une redevence : & qu'elle leur offroit la même liberté en payant le même droit. Par cette offre la Cour rendit Arrêt le 26. Juin 1626. qui démit ces Habitans de leurs Lettres en forme de Requête civile.

Il eſt a conſiderer que lors du premier Arrêt, ces Habitans avoient prouvé cet éloignement ; néanmoins il les avoit ſoumis à cette Banalité, ſans que la Dame leur eût fait l'offre qu'elle fit lors de la Requête civile : Ce qui fait voir que ſon titre devoit être fort expreſſif, & que la Cour crut ſans doute que ces Hameaux avoient été bâtis depuis le titre Primordial ; Et que ſi tous les Païſans vouloient habiter aux extrêmitez des Seigneuries, le Seigneur perdroit ſon droit de Banalité. Mais néanmoins il eſt juſte que la Cour regle Elle-même le droit, où qu'Elle ordonne qu'il ſera reglé par Experts, afin qu'un Seigneur déraiſonnable ne vexe ſes Vaſſaux ſous ce prétexte, en leur impoſant une trop grande redevance. *Expedit enim Reipublicæ, ne quis de re ſuâ malè utatur.*

CHAPITRE VIII.

Sçavoir ſi un Seigneur qui n'a pas un titre univerſel ſur toute la Communauté, mais ſeulement des Titres particuliers, comme des condamnations contre pluſieurs Habitans, peut établir, & être maintenu au droit de Banalité.

LE droit de Banalité ne doit ſe conduire ni juger avec un Particulier, mais bien avec tout le corps des Habitans qui y ont interêt, *Ex leg. Municipes, ff. Quod cujuſque univerſit. leg. Quod major, ff. de municip. Et cap. Quod omnes, de reg. jur. in 6.* Et c'eſt ce que dit Bacquet, *tit. 29. num. 17.* du traité des droits de Juſtice. Néanmoins par Arrêt de la Cour, donné en la premiere Chambre des Enquêtes au Rapport de M. de Theron le 31. Mai 1657. le ſieur Fraiſſinet de St. Chamaran en Quercy, fut maintenu par proviſion contre le Syndic des Habitans de Fraiſſinet ſur tels titres, n'en ayant point de général ſur toute la Communauté. Il eſt vrai qu'ils étoient fort anciens; & d'ailleurs il avoit la poſſeſſion après une contradiction juſtifiée, qui établiſſoit ce droit, ſuivant la déciſion de Guyd-Pape en la queſtion 298. & de ſes Commentateurs ſur ladite queſtion; car le titre contre un Habitant en pareil cas, fait voir que le Seigneur prétendoit ce droit contre lui en vertu d'un droit général contre toute la Communauté. Néanmoins il arrive ſouvent que lorſque l'on veut établir tels droits, & dont on n'a point de titre, on attaque des Particuliers, & le plus ſouvent les plus pauvres, pour après quelque-temps le prétendre & le demander à tous les Habitans. C'eſt pourquoi tels droits doivent être reglez ſur les circonſtances par la prudence du Juge.

BATARDS.

CHAPITRE IX.

Sçavoir si le Bâtard d'un homme marié, peut avoir de son pere naturel quelque chose au-delà des alimens.

ARIBAT Bourgeois de Beziers étant marié, eut un enfant naturel pendant son Mariage, auquel il avoit legué la nourriture jusqu'à ce qu'il eût un Métier, & le Métier aussi. Mais ayant vêcu long-temps après son testament, il l'avoit nourri, & lui avoit fait apprendre un Métier lui-même ; Et en mourant laissant sa femme heritiere, il l'auroit priée de donner encore quelque chose à ce Bâtard pour l'amour de Dieu, & de lui. Ce Bâtard après le decès de son pere naturel, demanda à la Veuve heritiere, le prix de ce qu'il coûteroit pour passer Maître, en consequence de ce fideicommis.

Cette femme qui s'étoit remariée, ne se souvenant point de la priere de son Mari son bienfacteur, par une ingratitude sans exemple, contestoit à ce Bâtard sa demande, disant que son Mari l'avoit nourri jusqu'à l'âge de vingt-cinq ans, & que c'étoit assez, *Cùm esset ejus ætatis, ut exoperis posset se exhibere, argum. leg.* 11. §. 1. *ff. ad exib.* Et que ces paroles du Testateur n'étoient pas suffisantes pour faire valoir un fideicommis en faveur d'un incapable, puisque suivant la disposition du Droit Civil, les alimens ne sont pas même dûs aux Bâtards adulterins.

Ce Bâtard au contraire dit que le Droit Canon *in cap. Cùm haberet de eo qui duxit in matrim. quam polluit per adult.* suivi en France, Bacquet, *premiere partie du droit de Bâtardise, chap.* 3. *num.* 2. corrige la rigueur du Droit Civil en ce qu'il porte, que les Peres & Meres peuvent donner à leurs enfans Bâtards pour leur nourriture & alimens, *Sive filii sint naturales, sive nati ex soluto matrimonio sive adulterini, sive spurii, aut alterius generis ;*

G

& que les paroles d'Aribat fon pere naturel , étoient un fidei-commis , *arg. leg. cum pater* 77. §. *Rogo* 25. *ff. de leg.* 2. & que ce fideicommis étoit dû par charité , *Ex æquitate canonica.* Dautant plus que fon pere naturel lui ayant legué le Métier , ce legat devoit s'entendre auffi de la Maîtrife ; & qu'elle ne pouvoit interpréter la priere que fon Mari & fon bienfacteur lui avoit faite de lui donner quelque chofe au-delà , plus favo-rablement pour elle qu'en préfumant que cela s'entendoit de la Maîtrife. Et cela ne pouvoit être entendu autrement , puifqu'il ne fuffit pas au Pere & à la Mere de faire apprendre un Métier à leur enfant naturel , ils font obligez de le faire recevoir Maître ; & s'ils ne le font pas , leurs heritiers font tenus de fournir tout ce qui eft neceffaire pour cet effet ; parce que fans la Maîtrife , le Bâtard , quoiqu'il ait appris un Métier , ne peut point gagner fa vie , *arg. Stichus , lib.* 12. *de legat.* 3. *Peto ut ftichum heres arti-ficium doceat , quia genus artificii adjectum non eft , Prætor aut arbiter , & ex voluntate defuncti , & ætate , & conditione , & naturâ , ingenioque ejus cui relictum erit , ftatuet ; quod potif-fimum artificium heres docere cum fumptibus fuis debeat.* Ainfi jugé par Arrêt du Parlement de Paris le 12. Février 1619. rapporté par Brodeau fur Loüet , *lettre A , chap.* 4. Auffi la Cour par fon Arrêt du 8. Janvier 1657. condamna ladite Veuve d'Aribat , de payer les fraix de la Maîtrife audit Aribat bâtard. Avocats , Me. de Galien & de Moutret.

CHAPITRE X.

Les Enfans d'un Mariage entre deux proches Parens ne font pas bâtards , quoique la Difpenfe ne foit fulminée qu'après la mort du Pere.

IL eft à propos de dire ici en paffant qu'il y eut Partage en la Cour , les Chambres affemblées en 1650. en l'affaire de Madame de la Chatre ou de fa petite fille , & de M. de Rodez ; contre M. le Maréchal de Senetterre , M. d'Affezat Rapporteur ; & M. de Cambolas Compartiteur , lequel Partage ayant été porté au Parlement de Rennes , fut decidé en faveur de la Fille de ce mariage.

On dit qu'il y a un autre Arrêt en faveur des Enfans du second lit du sieur de Saint Paul, qui, ayant obtenu une dispense de parenté, avoit negligé de la faire fulminer pendant sa vie contre la Dame de Paüle Grandval. La raison de cette décision est, que *Rescripta gratiæ sunt perpetua,* Rebuf. *ad titul. de rescrip. Gratiæ enim debent esse mansura,* cap. *si cui,* 36. *de præb. in 6. & cap. decet. de reg. in 6.* Au lieu que *Rescripta justiciæ sunt annalia,* cap. *plerumque, de Rescriptis.* La difference de ces deux sortes de Rescrits, se voit dans le même Rebufe, *tit. de divisione & differ. Rescriptor. nec expirant Rescripta gratiæ rebus integris post mortem mandantis,* cap. 30. *de Rescrip. in 6.*

BENEFICIER.

CHAPITRE XI.

Si le Beneficier est obligé de tenir le Bail-à-ferme de son Prédecesseur ; & s'il en est de même des Baux des Commanderies de l'Ordre de Saint Jean.

M. R. de Cambolas, *liv. 6. chap.* 48. rapporte les raisons de Droit qu'il y a de part & d'autre ; c'est pourquoi je ne les redirai pas ici. Il se reduit à cette distinction, sçavoir, que le Successeur par resignation y est sujet, & que le Successeur par mort n'y est pas obligé. Néanmoins Charond. *liv.* 1. *resp.* 60. dit qu'en l'un & en l'autre cas, le Successeur doit entretenir le Bail fait par son dévancier. La difference dont parlent les Canonistes *inter cessum & decessum,* n'ayant pas lieu en cette these ; & en rapporte un Arrêt. Il excepte toutefois deux cas : sçavoir, lorsqu'il y a des distributions quotidiennes, auquel cas il n'y seroit pas tenu, à cause qu'il peut se faire que le Beneficier précedent pouvoit avoir des fruits d'ailleurs pour distribuer ; au lieu que le Successeur n'en auroit pas,

Gloss. in cap. ult. Ne probati vices suas vel Ecclef. sub ann. censu conced. Anch. conf. 16. soc. in Consil. 32. lib. 1. Et lorsqu'il s'agit de Dîmes affermées à longues années, Loüet, *let. S*, *num.* 11. dit que l'Abbé Commandataire est obligé de ce qu'à fait son Prédecesseur, & aux dépens des procès qu'il a repris après la mort de son devancier.

Suivant la distinction de M. de Cambolas, il fut jugé en l'Audience de la Grand'Chambre par Arrêt du 15. Février 1646. plaidant Me. Barthés Beloy & de Boyer, en la cause de Marambat, Vivés & Langlade, contre un Refignataire sous pension d'une Chapelle, quoique la Ferme fût de six ans, de laquelle il n'en avoit que deux à courre.

Mais à l'égard des Commanderies de S. Jean, la Cour rendit Arrêt en l'Audience de la Grand'Chambre le 3. Mars 1665. Avocats M. de Parifot & de Chaflan, par lequel la provision fut adjugée aux premiers Fermiers sur le fait suivant.

Le sieur Grand Prieür de Saint Gilles avoit baillé à Ferme pour cinq ans son grand Prieuré pour 32000. liv. par année à commencer au mois de Mai, suivant la coûtume de l'Ordre. Il faut remarquer que pour faire valoir les biens de cette Commanderie, il faut y mettre 10000. livres pour Bêtes à Laine, & deux ou trois cens paires de Bœufs pour le Labourage, ce qui fit que les Fermiers qui faifoient une si grande avance, voulurent prendre leurs sûretez, & obtinrent une Bulle Magistrale du Grand Maître de l'Ordre, pour confirmer leur Bail en cas que le sieur Prieur mourût. Mais leur Bail ne fut confirmé par cette Bulle que pour trois ans, suivant un Statut de l'Ordre de 1621. qui ne confirmoit tels Baux que pour trois ans.

Il arriva que le sieur Grand Prieur mourut au mois de Juillet après la Ferme. Si-bien que l'Ordre jouïffant, suivant leurs Statuts de l'année qu'ils appellent *mortuorum*, & de l'année du *Vacat*, pour me servir de leurs termes, par ce moyen la jouïffance étant entre les mains du Receveur de l'Ordre, il ne voulut pas entretenir le Bail ; & ayant mis la Ferme aux Encheres, Vincent & Martin furdirent de 2500. livres ; lefquels voulant jouïr, & offrant le remboursement du Bêtail aux premiers Fermiers, ces premiers Fermiers se pourvûrent ; & la cause ayant été portée en la Cour, les premiers offrirent de bailler de cautions, & même de payer par avance ; & alleguerent un Arrêt de 1625. rendu au Rapport de M. de Laterrasse en faveur d'un Fermier d'un Commandeur mort depuis, contre ce Receveur de l'Ordre. Les autres en alleguoient deux autres ; mais, il est vrai, que l'un ne faisoit rien à l'affaire. Le premier avoit été rendu au Rapport de M. de Beauregard ; & le second, au Rapport de M. de Viguerie ; & offroient aussi de payer par avance, & même de faire tenir l'argent à Malte ; si-bien que faisant la condition de l'Ordre meilleure, ils prétendoient l'emporter.

Mais la Cour ne jugea pas la cause en l'Audience, car les Parties furent reglées à bailler par écrit, à cause de diverses allegations de part & d'autre. Néanmoins elle adjugea la provision en faveur des premiers Fermiers, avec défenses aux seconds de leur donner aucun trouble ni empêchement, jusques à ce qu'il en fût ordonné autrement par la Cour. En quoi l'on voit que la cause des premiers Fermiers étoit la meilleure, nonobstant le Statut de trois ans ; parce que la Cour considera la grandeur de l'avance que ces premiers Fermiers avoient faite, joint à cela que ces Commanderies étant comme des dépôts que fait l'Ordre, qui prend des Commandeurs, est censé en quelque façon prendre de l'Ordre, à moins qu'il n'y eût de la fraude ; & le grand Prieuré étant d'une nature de revenus où il faut de si grandes avances, il est certain que c'est l'avantage de l'Ordre de trouver des Fermiers : ce qu'ils auroient de la peine de trouver si le Bail n'étoit à longues années. Mais en autre cas où cette circonstance ne se trouveroit pas, il y auroit de la difficulté si le Bail excedoit trois ans. Il faut remarquer que l'an du *Mortuorum* finit au mois de Mai qui suit la mort du Commandeur ; & qu'alors l'an du *Vacat* commence, pendant lequel temps c'est le Receveur de l'Ordre qui confere les Bénéfices vacans, à cause que *collatio est in fructu.*

BENEFICES.

CHAPITRE XII.

Sçavoir si les Bénéfices dépendans de l'Ordre de Saint Jean de Jerusalem, doivent être remplis par des Prêtres de l'Ordre.

QUOIQUE par le chapitre *Cùm & plantare*, §. *in Ecclesiis, de privil.* les Monaftéres n'ayent que le droit de préfenter aux Bénéfices qui dépendent de leur Ordre, & que par le Canon *Sanè* 16. *quæst.* 2. les Religieux ne puiffent tenir ces Cures, étant obligez de préfenter à l'Evêque un Prêtre feculier; néanmoins le Canon *Visis* de la même queftion fembleroit contraire, n'étoit qu'il ne s'entend que des Bénéfices qui n'ont pas charge d'ames; & ce §. *cùm in Ecclesiis*, quoiqu'il ne parle que des Bénéfices qui dépendent des Religieux, *non pleno jure*, fait néanmoins affez entendre par ces mots, *Ut eis de cura plebis respondeant* : Que toutes les fois qu'il s'agit de charge d'ames, c'eft à l'Evêque d'y pourvoir, & que les Religieux ne peuvent pas deffervir eux-mêmes les Cures.

Mais il eft dérogé au droit commun en faveur des Religieux de l'Ordre de Saint Jean, dont les Vicairies perpetuelles doivent être remplies par des Prêtres de leur Ordre, qui en foient actuellement, ou qui en entrant dans le Benefice promettent de prendre cet Ordre dans fix mois, fuivant la Bulle de Clement VII. & celle de Pie IV. en ces termes : *Presbyteri qui in dicta Religione professionem non emiserint ad deserviendum Parrochialibus & aliis Ecclesiis & Capellis ipsius Religionis, nullatenùs admittantur.* Cette Bulle ne donnant que fix mois de délai, à compter depuis leurs Provifions, aux Prêtres qui ne font point de l'Ordre pour y faire leurs Vœux, fi-bien que l'Evêque n'y a que le droit de Vifite, fuivant l'Ordonnance de Loüis XIII. *art.* 5. Et aucun Prêtre ne pourroit prefcrire ce droit contre le

Commandeur ; car cette Bulle eft enregiftrée dans les Parlemens du confentement de tous les Evêques de France , & en celui de Touloufe par Arrêt de 1526.

Sur quoi on peut voir le Concordat *in §. volumus* , & le Concile de Trente , *feff. 25. de regul. cap.* 21. Et il fut jugé conformément à cette Bulle par le Parlement de Bordeaux en faveur du Commandeur d'Arenis , contre un Vicaire perpetuel , le 3. Mai 1605. Par un Arrêt général du Parlement de Paris du 29. Mai 1639. en faveur du Commandeur d'Oyfemont , contre le Vicaire perpetuel du même Lieu. Et par Arrêt de la Cour rendu le 11. Janvier 1664. au Rapport de M. de Ca-telan en faveur de M. Delfoye , Prêtre & Religieux de Saint Jean, contre le nommé Jordane ; quoiqu'après avoir voulu être maintenu au Bénéfice fans être Religieux en premiere inf-tance, il offrit en caufe d'appel de faire profeffion dans fix mois ; mais fon offre étoit venuë trop tard , puifque ce droit étoit déja acquis à fon Adverfaire. Il eft vrai que long-temps auparavant par Arrêt de la même Cour , la Cure de Saint Jean de Kyrie Eleïfon près de Touloufe , fut laiffée à un Prêtre feculier , à la charge néanmoins de porter la Croix blanche *in fignum Patro-natûs* , & que l'Arrêt de 1526. eft conçu *fans préjudice des Libertez , Franchifes, & autoritez des Arrêts de la Cour.*

Mais depuis par Arrêt du 21. Juillet 1665. entre le fieur de Mendols Commandeur de Pezenas , un nommé Serres , Vicaire perpetuel de cette Commanderie , & le fieur Evêque d'Olone fubrogé par M. l'Evêque de Beziers pendant fon Ambaffade en Pologne il fut jugé , 1° Qu'après quatre ans de poffeffion , les Commandeurs font encore en droit de faire prendre l'Ordre à leurs Vicaires perpetuels. 2° Que l'Evêque peut fubftituer un autre Evê-que en fon abfence , & pour caufe legitime , fuivant le Canon *Conftitutum* 7. *quæft.* 1. où *interventor datur* , & le Canon *quali-ter, dic. quæft.* 1. 3° Que l'Evêque peut faire fa Vifite par autrui. 4° Que les Evêques ont droit de vifiter dans les Paroiffes qui dépendent de cet Ordre quant aux fonctions Curiales ; mais qu'ils ne peuvent prendre le droit de Vifite , fuivant une Bulle du Pape Pie V. de 1571. rapportée par Tournet , *lettre V* , *num.* 30. Or il faut remarquer que cet Auteur rapporte un

Arrêt du Parlement de Paris de 1629. qui porte que les Evêques doivent faire leur Visite en personne. Mais l'Ordonnance de Loüis XIII. *art.* 5. n'exigeant pas cela , il faut entendre cet Arrêt de Paris, des cas ausquels les Evêques n'ont pas une cause legitime pour s'en dispenser.

B E N E F I C E.

C H A P I T R E XIII.

Par quelles sortes de crimes le Bénéfice vâque ipso jure.

MORNAC *ad leg. 6. ff. de his qui not. infamiâ*, dit que les Bénéfices vâquent *ipso jure*, si le Bénéficier commet un de ces crimes qu'on appelle execrables. Et M. Maynard est de cet avis au livre 1. *chap.* 61. comme le parricide, la sodomie, l'assassinat , & l'heresie.

Quant au Parricide , la Cour le jugea par un Arrêt donné en l'Audience de la Grand'Chambre en une cause évoquée du Parlement de Provence. Le cas étoit qu'un Prêtre qu'on disoit avoir des intervales de fureur , avoit tüé sa Mere. Robert avoit impetré le Bénéfice que ce Prêtre joüissoit, & s'étoit mis en possession. Au contraire Cabessol sur une resignation du Criminel prétendoit être maintenu , puisqu'elle avoit été avant la condamnation : Ensuite ce Prêtre avoit été condamné au Parlement de Provence après six mois de prison : ce qu'on avoit differé à cause du soupçon de fureur ; & par ledit Arrêt Robert, pour lequel M. de Parisot plaida , fut maintenu au Bénéfice avec restitution des fruits ; & ledit Cabessol, pour lequel plaida M. de Pauliac, fut condamné aux dépens.

Dufrene, *liv.* 2. *chap.* 101. rapporte un Arrêt du Parlement de Paris du 5. Decembre 1625. Il fut jugé pour raison d'un assassinat, que le Bénéfice d'un Prêtre vâquoit *ipso jure* ; & un autre en matiére d'adultére , circonstancié d'un inceste spirituel.

La

Là Cour par Arrêt du 9. Avril 1658. le jugea aussi en matiere de sacrilege. Un Prébendier de Castelnaudarry, Sacristain, qui avoit derobé six boutons d'argent d'une Lampe, ayant fait une resignation en faveur de Robert, elle fut inutile contre un Impetrant nommé Vaissiere, suivant l'opinion de Mornac, *dic. loco*, quoiqu'il n'y ait aucun texte qui porte que le sacrilege perde son Bénéfice *ipso jure*. Il est vrai qu'il est excommunié *ipso jure*. Et ainsi quoique suivant la Loi *post contractum*, *ff. de donat.* & la Loi *aufertur* 46. §. 6. *ff. de jur. fisc.* le criminel après son crime puisse administrer ses biens; néanmoins après le crime de sacrilége, on a jugé qu'il ne pouvoit resigner; car, comme dit Quintilien, *declam.* 324. *Non est intuendum quo tempore aperuerit se culpa, sed quo tempore commissa sit. In cade spectanda est damnatio; in sacrilegio tempus ipsum intuendum est; statim ergo ut fecit sacrilegium, devotus huic pæna est & ante, ista bona ad Deum pertinere cæperunt, quam lex damnaret.* Ce crime étoit d'autant plus grand, que *noctu dona Templi abstulerat, leg. sacrilegii, ff. ad leg. Jul. pecul.* Et qu'il en avoit commis un autre dans l'Eglise de Saint Paul.

On peut en dire autant, avec raison, du crime de leze-Majesté: *Reus Majestatis sua conscientia prius de pæna certus est, quàm damnetur, & prius jus datæ libertatis amissum, leg. quæsitum* 15. *ff. Qui & à quibus manum. liberi non fiant.*

Quant à l'heresie, une grande cause fut plaidée en l'Audience de la Grand'Chambre le 27. Janvier 1656. entre Pierre Grezel, pour lequel M. de Requi plaidoit contre un autre appellé Antoine Grezel & Malibert. Avocat M. de Barthez; & le Chapitre de Montauban, M. Duperier Avocat.

Le cas étoit que Pierre Grezel jeune Prébendier de Montauban, avoit resigné son Bénéfice à Antoine Grezel son parent, dont la resignation étoit admise sans qu'il eût pris possession; & six mois après, il avoit abjuré la Religion Catholique solemnellement par trois diverses fois; l'une devant le Ministre, l'autre devant le Consistoire & les Anciens; & l'autre publiquement au Prêche, disant qu'il en reconnoissoit l'erreur: Ce qui fut cause que le Chapitre de Montauban, indigné de son impudence,

H

confera fa Prébende à Malibert , qui prit auffi-tôt poffeffion ; Antoine Grezel Réfignataire ne l'ayant prife qu'un mois après. Mais il arriva que Pierre Grezel connoiffant fa faute quatre jours après, il rentra dans l'Eglife Romaine , & abjura la Réligion de Calvin folemnellement auffi, l'abjuration ayant été reçûe par le Vicaire Général.

Après cela , il voulut rentrer dans fon Bénéfice ; & pour cet effet , il fut Appellant comme d'abus de la Collation faite par le Chapitre audit Malibert, alleguant pour moyens d'abus que la Collation étoit contraire à l'Edit de Nantes , *art.* 55. qui étoient des articles fecrets , dont on rapportoit l'Impreffion de Génève , par lequel ceux qui fe faifoient de la Réligion pré-tenduë Réformée , avoient fix mois pour réfigner ; & que Bengeus Profeffeur de Bourges , §. 2. *Quomod. vacet Benef. num. 6.* eft de cet avis. Que l'Arrêt rapporté par Papon, *liv. 3. tit. 6. art. 3.* contre Millot, ne pouvoit être tiré à confequence ; parce que ce Prêtre s'étant fait Miniftre , fon Bénéfice avoit vaqué *ipfo jure.* Mais pour lui , il étoit rentré dans la Communion de l'Eglife quatre jours après. Si-bien que fuivant le chapitre *Ad abolendam , de hæreticis ,* par lequel ceux qui étant trou-vez en héréfie, ne perdent pas leurs Bénéfices , *Si continuò poft deprehenfionem abjurent errorem :* ce qu'il avoit fait. Et qu'ainfi de même que la Femme qui a fait divorce , fuivant la difpofi-tion du Droit , *leg. 3. ff. de divort. non cenfetur divortiffe , quia brevi reverfa eft.* S'il y avoit eu de la faute , l'on devoit avoir égard à la penitence. Que pour les Réfignations qu'on lui oppofoit (car on lui en oppofoit plufieurs) elles étoient nulles ; à caufe que fon pere avoit fait rendre un Arrêt le 15. Février 1651. par lequel il lui étoit défendu de faire aucune Réfignation fans le confentement de fon pere ; & que fi fon pere avoit con-fenti à celle qu'il avoit faite en faveur de Debrez & fon coufin, fon pere l'avoit faite faire pour conferver le Bénéfice *Per inter-pofitam perfonam :* ce qui n'eft pas permis , puifque c'eft une efpece de confidence, Maynard , *liv. 1. chap. 62.* Et Antoine Grezel n'ayant pris poffeffion qu'un mois après qu'il avoit abjuré l'héréfie , cette Réfignation ne devoit point être confiderée.

Au contraire, on lui oppofoit que les Hérétiques font privez *ipso jure*, de leurs biens, *cap. cùm secundum verf. aut rerum de hæret. in 6.* ce chapitre le préſupoſant , en diſant que leurs biens ſont confiſquez *ipſo jure* : ce qui préſupoſe une condamnation *ipſo jure*, quoique l'execution de la confiſcation ne doive ſe faire que par une Sentence : Que ce chapitre *ad abolendam* ne parloit que de ceux qui n'étant pas hérétiques formels , & par une abjuration de la Foi, étoient ſurpris dans une erreur hérétique ; ce que ce Canon faiſoit entendre par le mot *deprehendere* dont il ſe ſert ; & qu'en ce cas ici, c'étoit une apoſtaſie, l'Adverſaire ayant quitté *habitum Clericalem* , & ayant abjuré trois fois ſolemnellement , & par conſequent ſon Bénéfice ; & qu'ainſi il vaquoit *ipſo jure* , comme dit M. Maynard ; *liv.* I. *cap.* 61. & Papon, *dic. loc.* L'Arrêt que rapporte cet Auteur n'ayant point conſideré la qualité de Miniſtre , puiſque Millot n'avoit pas été Miniſtre *ſtatim* ; & que l'Arrêt néanmoins avoit jugé que *ſtatim*, ſon Bénéfice étoit vaquant. Que par le Canon *Quicumque* , §. *ad hæc* , *de hæret. in 6.* le Pape déclare que ceux qui ont eu des Bénéfices par la médiation des Hérétiques, en doivent être privez *ex nunc* : Qu'il faut diſtinguer l'héréſie publique & avec ſcandale , de l'héreſie materielle , comme parlent les Théologiens.

Le Chapitre de Montauban ajoûtoit que le Canon *ſaluberrimum* I. *quæſt.* 7. par lequel les Diacres & les Prêtres qui ſont tombez dans l'héréſie, s'ils l'abjurent , conſervent leurs Ordres, ne devoit pas être tiré à conſequence , puiſque le caractere de l'Ordre eſt inéfaçable : qu'ils ne peuvent parvenir à des Ordres plus avancez ; & que ſi *iteratâ tinctione maculati ſint* , comme Grezel : ils ne ſont pas même admis à faire la fonction de l'Ordre qu'ils retiennent. Que Saint Marcellin , que les Hérétiques ont voulu dire être rentré en ſa Dignité , quoiqu'il eût quitté la Foi, ne l'avoit jamais quittée ſuivant Baronius ; & quoique le Breviaire Romain en faſſe mention , Saint Cyprien excuſe ceux qui par la rigueur des tourmens avoient ſuccombé , l'eſprit ne pouvant reſiſter à la chair ; parce qu'en effet , ils ne quittoient point l'Egliſe de cœur , quoiqu'ils pechaſſent en la quittant en apparence : ce qu'on ne pouvoit dire de Grezel, qui avoit abjuré la Réligion Catholique de ſon plein gré. Que le Canon *Si qui* , *dic. quæſt.* 7. dit que les Eccleſiaſtiques qui s'étoient faits Héré-

tiques, ne font reçûs en abjurant qu'à la Communion des Laïques ; & par confequent s'ils ont eu des Bénéfices, ils ont vaqué
ipfo jure. Que cet article fecret dont on parloit étoit fufpect,
n'en apparoiffant que par une impreffion de Généve ; & qu'il
n'étoit pas même probable, que le Roi eût donné fix mois à
ceux qui avoient publiquement apoftafié contre leur Ordre, &
que Bengeus s'étoit laiffé tromper à cette Impreffion : Que tous
les Docteurs étoient d'avis contraire, comme *Flamin Parif.*
Rebuf. & *Gregor. Tolofan. in inftit. Benefici. cap.* 26. *num.* 5.
Et qu'enfin cet Appellant comme d'abus étoît à l'Armée. Antoine
Grezel difoit qu'il étoit Réfignataire fix mois avant l'apoftafie,
& que fa réfignation étoit admife ; & que fi le pere du Bénéficier n'y avoit pas confenti fuivant l'Arrêt, il l'avoit depuis
approuvée : Qu'il avoit pris poffeffion dans le temps, puifqu'il
l'avoit prife un mois après l'apoftafie de Grezel ; & qu'ainfi fon
Bénéfice n'avoit pû vaquer *ipfo jure* par le crime de Grezel,
puifqu'il n'y avoit plus de droit alors, & qu'il étoit rempli
auparavant. Surquoi la Cour appointa au Confeil, veu les
piéces, par Arrêt du 16. Mars 1676.

C.

CAS FORTUIT.

CHAPITRE PREMIER.

Si un Fermier peut demander d'être relevé d'un cas fortuit, après la renonciation expresse qu'il en a fait dans le Contrat de Ferme.

UNE Communauté afferma, quelques mois avant la peste, certaines Isles qui étoient au Fleuve du Rhône à un Pont, & le Fermier renonça à tous cas fortuits, prévus & imprévus, opinez & inopinez. Mais la peste étant survenuë, la Communauté, ou à mieux dire les Consuls, défendirent de passer sur ce Pont ; & le Rhône ayant inondé, la rapidité de l'eau emporta des Isles entieres, & partie d'autres de celles qui avoient été affermées. Pour raison de quoi il y eut procès qui fut porté en la Cour, & départi en la seconde Chambre des Enquêtes.

Le Fermier disoit, que la Communauté ayant défendu de passer sur ce Pont, il étoit bien fondé de demander que les Consuls & Communauté fussent condamnez de demeurer à la Ferme, puisque ce cas fortuit venoit de leur fait. Et à l'égard des Isles, que nonobstant la renonciation à tous cas fortuits, ils ne pouvoient non-plus éviter de demeurer au cas fortuit ; parce que cette renonciation étoit contre le Droit commun, & qu'il falloit restraindre ce qui étoit contre ce Droit, & non pas lui donner une pleine étenduë ; & veu même que cette renonciation ne devoit ni ne pouvoit être entenduë que du cas fortuit qui pourroit arriver sur les fruits & revenus des biens affermez, & non fur le fonds ; & qu enfin un Propriétaire eſt tenu de faire joüir le Fermier ou Locataire de la choſe loüée ou affermée , Faber *in ſuo , cod. lib.* 4. *tit.* 42. *defin.* 47. & *Ex arg. leg. Ex conducto ,* §. *ſi vis , in fin , ff. locati ,* où il eſt dit , que lorſque par un tremblement de terre le fonds affermé s'eſt tellement eboulé qu'il n'eſt plus ; en ce cas , le Fermier n'eſt pas tenu de payer le prix du Loyer ou de la Ferme.

Le Syndic & Conſuls de la Communauté diſoient qu'après la renonciation que le Fermier avoit faite par le Contrat de Ferme , il étoit non-recevable en ſa demande , attendu que par le Droit il étoit dit que *Pacta & conventiones legem dant contractibus , leg.* 1 §. *Si convenerit , ff. depoſiti , & leg. contractus , de reg. juris.* Et Faber *in ſuo cod. lib.* 4. *tit.* 42. *defin.* 53. dit que *Conductor , qui caſuum omnium fortuitorum , tam incognitorum quàm cognitorum periculum apertâ conventione in ſe recipit , non eſt audiendus , &c* Sur cela il intervint Arrêt , par lequel leſdits Conſuls & Syndic furent condamnez au cas fortuit pour raiſon du Pont ; & pour raiſon des Iſles , il y eut Partage aux deux Chambres des Enquêtes , qui fut jugé en la Grand'Chambre en faveur du Fermier , le 28. Avril 1655. Rapporteur M. de Caulet-Roques. Compartiteur , M. de Boutaric ; & paſſa à l'avis dudit ſieur Rapporteur.

CHAPITRE II.

Si quand il y a renonciation au cas fortuit , le Fermier peut demander d'être déchargé de la Ferme , ou de la diminution du prix , lorſque le cas fortuit vient du fait du Locataire.

CAUBE ET BARRI affermerent aux Capitouls de Toulouſe le Droit de Quart de la Ville au prix de 33000. liv. pour un an. Après avoir joüi ſix mois dudit droit , la peſte étant ſurvenuë , les Capitouls défendirent eux-mêmes aux Hôtes par une Ordonnance , de recevoir perſonne : ce qui obligea les Fermiers de faire acte auſdits Sieurs Capitouls de leur canceller leur Contrat , ſur l'offre de rendre compte. Et la Cour par

'Arrêt du premier Juillet 1653. reçut lefdits Fermiers à rendre compte de Clerc-à-Maître (comme on dit) de ce qu'ils avoient reçu dudit Droit, & à rien autre chofe. Contre cet Arrêt, le Syndic & Capitouls fe pourvûrent par Requête civile, fondée fur quelques moyens de formalité. Mais la caufe fut jugée en faveur des Fermiers, par autre Arrêt donné après Partage.

CHAPITRE III.

Si le Fermier peut demander diminution du prix de la Ferme pour le Bled, qui étant dans le Champ coupé, non lié, & pour le Foin non-amaffé & mis en monceaux, que l'inondation a emportez.

LAFON & un autre, ayant pris à Ferme les Fruits de l'Archevêché de Touloufe, & y étant furvenu foudainement une inondation de la Riviere de Lers, elle auroit emporté le Bled en javelle, & celui qui étoit déja en gerbes ; & le foin qui n'étoit pas encore émoncelé, auffi-bien que celui qui l'étoit. Ces Fermiers ayant, à caufe de ce cas fortuit, demandé la diminution du prix de la Ferme, ils en auroient été démis par Arrêt de la Cour, contre lequel ils fe pourvûrent par Requête civile fondée fur acte nouveau : ce qui étoit pour lors reçu pour un moyen très-pertinent de Requête civile. Cet acte nouveau étoit le Statut de l'Archevêché de Touloufe, laquelle Requête civile fut interinée par Arrêt du 2. Mai 1653. & il fut ordonné que les Fermiers prouveroient le dommage : ce qui ayant été fait, il y eut difficulté ; parce que leur fieur Abbé Delfaget, Econome de l'Archevêché, difoit, que pour le Bled coupé & le Foin fauché, ils ne devoient pas prétendre de diminution, parce qu'ils étoient en faculté de l'avoir fait emporter. Sur quoi, après Partage, il fut jugé que quant à la perte du Bled en gerbe, & du Foin en monceaux, elle tomberoit fur les Fermiers ; & que quant à la perte du Bled en javelle, & du Foin qui n'étoit pas émoncelé, elle tomberoit fur l'Econome ou fur l'Archevêque.

CAS PRIVILEGIÉ.

CHAPITRE IV.

*Sçavoir si l'adultére, joint à des breuvages pour faire avorter,
est un cas privilegié pour refuser à un Prêtre son renvoi
devant le Juge d'Eglise.*

MR. Colomiez Prêtre, âgé, à ce qu'il disoit, de quatre-
vingts ans, avoit pour Servante une femme mariée,
dont le mari étoit en Espagne depuis six ans. Le Procureur
d'Office du Lieu de Montesquiéu, prétendoit non-seulement
que ce Prêtre l'avoit renduë enceinte, mais encore qu'il lui avoit
fait perdre son part par un breuvage qui en avoit anticipé les
accouches; & qu'ayant enterré l'enfant dans la chambre de ce
Prêtre, elle l'auroit ensuite transporté dans un coin du Jardin.
Ce Prêtre & cette femme, ayant été capturez par ce Procureur d'Office sans dénonce ni sans plainte, & les ayant faits
interroger, il prétendoit que cette femme, appellée Baliez,
avoit répondu qu'elle avoit malversé avec ce Prêtre : & que ce
Prêtre avoit dit, qu'il n'avoît pû à cause de son âge; & sur
cela, ils furent décretez par le Juge du Lieu, & menez en
prison dans le Château. Mais ce Prêtre étant appellant de
cette Procedure devant le Senêchal d'Auch, on ne voulut bailler
à un Huissier du Senêchal, ni la Procedure, ni les Prisonniers :
& l'on fit même rebellion contre un Commissaire que le Senêchal y envoya. Le Prêtre ayant demandé au Parlement qu'un
Commissaire de la Cour s'y transportât, ceux qui tenoient ces
Prisonniers, les avoient amenez par un autre chemin; &
pendant le voyage, ils avoient voulu persuader à ces Prisonniers
d'avoüer le crime, & qu'ils n'iroient pas en prison s'ils l'a-
voüoient. On prétendoit même que cette femme avoit avoüé
dans une audition le breuvage & l'avortement.

Surquoi

Surquoi, & après leur audition en la Cour , le fieur Comte de Carman Seigneur de Montefquieu , adherant à une Requête de fon Procureur Jurifdictionel , & fur la Requête en caffation de la Procedure , les Procedures des Ordinaires & du Senéchal furent évoquées , & le renvoi plaidé, ainfi que la caffation de la Procedure.

M. de Boyer qui plaida la caufe pour le Prêtre , reprefenta que quand ce prétendu adultére auroit été veritable , il ne feroit qu'un crime commun, fuivant le chapitre *Et fi Clerici in fin. de judic.* en ces termes : *De adulteriis autem quæ funt inter minora crimina ;* & qu'ainfi il devoit être renvoyé devant le Juge d'Eglife, *Can. Clericum , caufa* 11. *quæft.* 1. & rapporta un Préjugé rendu entre le Roi & Gommin , par lequel Gommin fut renvoyé devant l'Evêque d'Uzés , quoiqu'il s'agît d'un incefte avec fa parente , & ufé de potions pour faire avorter , dont Gommin ayant reclamé , il fut démis de fa Requête civile. Il en rapporta encore un autre du 7. Mai 1641. lui plaidant, & M. de Parifot en la caufe de Pujolié & Virvent mariez , contre un Prêtre oncle de l'un d'eux , plaidant M. de Tolofani Laffefquiere , où il s'agiffoit auffi de breuvages femblables.

Au contraire Me. Barthez plaidant pour le fieur Comte de Craman , difoit que *in omnibus peccatis gravius eft adulterium, cap. Quid in omnibus* 32. *quæft.* 7. Et que quant à l'homicide *funt quædam enormia flagitia quæ non per antiftites , fed per mundi judices vindicantur , Can. funt quædam , cauf.* 23. *quæft.* 5. Il alleguoit de plus le Canon, *Moïfes* 32. *quæft.* 2. qui porte , que celui qui procure l'avortement eft homicide ; & par confequent ce n'étoit pas ici un crime commun.

Mais fur ce que M. de Maniban Avocat Général , rapporta une ancienne Ordonnance de 1413. qui défend aux Juges Bannerets de connoître des caufes des Prêtres , la Cour , le 30. Janvier 1643. en la Chambre Tournelle , caffa la Procedure des Ordinaires , demeurant les inquifitions , & renvoya ce Prêtre devant le Juge d'Eglife , fauf les caufes de foupçon , le cas y écheant , lui baillant le chemin pour Prifon. Les Agents dudit fieur Comte s'étant pourvûs contre ledit Arrêt par Requête civile , ils en furent démis par Arrêt donné en l'Audience de la Grand'-Chambre le 12. Mars fuivant.

I

CHAPITRE V.

Lorsqu'un Prêtre a voulu forcer sa Penitente.

UN Prêtre fut accusé d'avoir voulu connoître une de ses Penitentes au pied du Tribunal de la Confession. Il demanda le renvoi devant le Juge d'Eglise. Mais par Arrêt de la Cour donné en l'Audience Tournelle le 16. Mars 1657. le renvoi lui fut denié. M. de Chassan plaidoit pour lui, & M. de Gauran pour le Pere de la fille. Et la Cour ensuite par autre Arrêt donné au Rapport de M. de Masnau, ce Prêtre fut condamné à être pendu & brûlé : ce qui fut fait. *Nota*, que l'Arrêt que l'Auteur rapporte sous le mot *Rapt*, qui est rapporté à l'article suivant du 27. Mars 1662. doit être celui-ci. Mais on a équivoqué, tant à la datte & à l'Avocat, qu'on suppose qui plaida, qu'à la Chambre où l'Arrêt fut donné ; car on dit qu'il fut donné en l'Audience de la Grand'Chambre, & néanmoins il fut rendu en la Chambre Tournelle, comme la cause ayant devant le premier Juge, commencé par informations.

CHAPITRE VI.

Si le Débiteur de la femme en la payant, peut exiger caution du mari quand la somme est dotale.

SUivant le Chapitre *Per vestras, de donat. inter vir. & uxor.* quand le Mari est pauvre, il faut mettre en dépôt la somme dotale, ou que le Mari baille caution. Mais cela est contraire au Droit Civil, *tot. tit. cod. Ne fidejus. dot. dent.* Si-bien que le Mari n'est point obligé d'en donner, ni autre assurance, sinon lorsque la Femme elle-même en demande, voyant que le Mari *Vergit ad inopiam, leg. si constante, ff. solut. matrim. leg. ubi adhuc, cod. de jur. dot.* & Authent. *Quod locum, cod. de Collat.* Et quoique la Femme foit mineure de vingt-cinq ans, fes Débiteurs font tenus de payer au Mari ; comme il fut jugé par Arrêt donné en l'Audience de la Grand'Chambre le 22. Decembre 1643. ayant ordonné qu'ils payeroient dans trois mois. fans caution, & qu'ils feroient valablement déchargez. La même chofe fut jugée le 26. Décembre 1646. en Audience ; & le 4. Juin de la même année auffi contre des Débiteurs des legats conftituez en dot ; & le 19. Juin 1646. en la caufe d'un nommé Lafont habitant de l'Ifle en Dodon, qui ayant fait la conftitution à fa fœur, au lieu de la lui faire faire par elle-même, demandoit, parce qu'il étoit mineur, d'être relevé de l'omiffion de n'avoir fait bailler des cautions par le Mari ; car fans avoir égard à fes Lettres, la Cour ordonna qu'il payeroit, & qu'il feroit valablement déchargé.

CHAPITRE VII.

Si la mere Tutrice de fes enfans, peut être obligée de donner caution au Débiteur de fes enfans, lorfqu'elle veut être payée de ce qui leur eft dû.

LE Débiteur d'un Pupille, payant à fon Tuteur pendant fa charge, eft valablement déchargé, *Leg. Lucius Titius*, §. *Tutelæ*, & §. *Tutoribus*, *ff. de admin. & peric. tut.* bien que le Tuteur foit infolvable, à caufe que le Débiteur ne peut pas obliger, fous prétexte d'infolvabilité, le Tuteur de donner caution, *leg. Tutor. cod. de adminiftr. Tutor.* Et la mere ayant été reçûë à la Tutelle de fes enfans, & même préferée à tous les Parens, de même l'ayeule, *Novella* 118. *cap. ex his autem.* & *Authent. Matri & aviæ*, *cod. quand. Mul. tut. off.* elle n'eft point obligée de bailler caution au Débiteur de fes enfans Pupilles, lorfqu'il veut payer ce qu'il leur doit. C'eft ainfi que la Cour le jugea par Arrêt donné en l'Audience de la Grand'-Chambre, le 4. Février 1659. entre Bouigens & Garfniez.

I ij

CHAPITRE VIII.

Si celui qui a cautionné d'une Rente constituée, peut obliger en certain cas le Débiteur principal de le sortir d'obligation.

SUR cette Question il y a eu procès en la Cour entre le nommé Vergé Maître Chandelier de Toulouse, & M. de Lautrec, Prêtre & Chanoine en l'Eglise Métropolitaine Saint Estienne dudit Toulouse ; Le cas étant que le sieur de Lautrec en 1652. fit donation de tous & chacuns ses biens presens & à venir, aux Peres Jesuites de Toulouse, sous la reüe de 7000. liv. pour en pouvoir disposer ; & en cas il n'en disposeroit pas, il vouloit que cette somme appartînt ausdits Peres Jesuites.

Quelque-temps après, qui fut en l'année 1676. ledit sieur de Lautrec ayant besoin de la somme de 700. liv. il la print à rente constituée, sous la caution solidaire dudit Vergé, des Religieuses Tierceretes dudit Toulouse : & promit verbalement audit Vergé, de le sortir d'obligation dans un an lors prochain ; & ne satisfaisant point à sa promesse, ledit Vergé ayant appris que ledit sieur de Lautrec avoit fait ladite donation ausdits Peres Jesuites, l'auroit fait assigner devant le Senêchal de Toulouse, pour se voir condamner à le sortir d'obligation suivant le relief qu'il lui auroit fait ; ce faisant, qu'il fût tenu de payer ladite somme de 700. liv. Si-bien que par Appointement donné par défaut, le sieur de Lautrec fut condamné de sortir Vergé de cautionnement dans certain délai ; autrement, & icelui passé, qu'il y seroit contraint par saisie de ses biens, avec dépens.

Après la signification de cet Appointement, Vergé voyant que le sieur de Lautrec n'y satisfaisoit point, il auroit payé aux Religieuses cette somme de 700. liv. qui l'auroient subrogé à leur lieu, droit, place & hipotheque. Ce qui étant venu à la connoissance dudit sieur de Lautrec, il auroit offert à Vergé, comme subrogé au lieu & place desdites Religieuses, la rente de cette somme de 700. liv. & sur ce que Vergé l'auroit refusée, le sieur de Lautrec se seroit pourvû par Requête en retractement de cet Appointement de défaut ; & les Parties ayant été

reçûës à bailler par écrit, le fieur de Lautrec auroit allegué
qu'il ne pouvoit être obligé de payer la fomme de 700. liv. en
payant la rente qu'il offroit de payer à Vergé, comme fubrogé
au droit defdites Religieufes.

Sur quoi le Senéchal auroit rendu Sentence, par laquelle il
auroit retracté l'Appointement de défaut, & relaxé le fieur de
Lautrec du payement des 700. liv. en payant la rente qu'il offroit
de payer annuellement à Vergé, avec dépens. De cette Sentence, Vergé releva appel en la Cour ; & pendant la pourfuite
de cet appel, il découvrit que le fieur de Lautrec, avant qu'il
ne prît ladite fomme de 700. liv. à rente conftituée, s'étoit
obligé en faveur des Peres Jefuites en la fomme de 10000. liv.
qu'il emprunta pofterieurement audit cautionnement pour payer
les Jefuites, des Religieux Chartreux de Touloufe, avec fubrogation à la priorité, place, lieu & privilege de l'hipotheque
defdits Peres Jefuites.

Ledit Vergé en la caufe d'appel, réprefenta, pour montrer
que la Sentence dont étoit l'appel étoit infoutenable ; Premierement, que s'il s'étoit obligé comme caution du fieur de Lautrec,
ce ne fut que fur ce qu'il lui promit verbalement de payer dans
un an cette fomme de 700. liv.

Pour un fecond, que la Caution peut demander que le Débiteur principal foit tenu de fortir d'obligation, *Si diù fteterit in
obligatione, aut fi debitor incipit bona fua diffipare,* dit *Guid.
Pap. quæft.* 117. De plus, il auroit reprefenté que le procedé
du fieur de Lautrec étoit un effet de fa mauvaife foi, en ce qu'il
l'auroit fait entrer dans le cautionnement, dans un temps auquel
il ignoroit non - feulement ladite donation, mais encore l'obligation de ladite fomme de 10000. liv. à caufe de quoi on pouvoit dire que le fieur de Lautrec n'avoit nuls biens ; & que fi la
Sentence dont étoit l'appel fubfiftoit, il ne pouvoit éviter de
perdre la fomme de 700. liv. & qu'ainfi il avoit fujet d'efperer
que la Cour la reformeroit, & qu'elle condamneroit le fieur de
Lautrec à la lui payer ; & que par le moyen de cette condamnation, il pouvoit faire faifir les fruits de fon Bénéfice.

Le fieur de Lautrec au contraire auroit dit de Vergé, qu'il
devoit être démis de fon appel ; car fi une caution peut

I iij

demânder d'être forti d'obligation : *Si diù fteterit in obligatione*, *autſi debitor incipit bona ſua diſſipare* , cela ne regarde pas une caution d'une conftitution de rente , veu que le débiteur ni la caution ne peuvent être jamais obligez au payement du capital , en payant la rente annuelle qu'il offroit de payer de ladite fomme de 7 0 0. liv. audit Vergé , comme fubrogé au lieu & place des Religieuſes , niant avoir jamais promis de payer dans un an ladite fomme , & que lors du cautionnement il n'étoit pas plus folvable qu'il étoit ; & que le Parlement de Grenoble avoit jugé par Arrêt du 1 4. Février 1 6 3 5. rapporté par Expilly en ſes Arrêts, *chap.* 228. que la caution d'une rente conftituée ne pouvoit même après trente ans, obliger le débiteur principal , à payer le prix de la rente , & le fortir d'obligation. Mais Vergé ayant fait voir que celui qui demandoit au Parlement de Grenoble , que le débiteur principal fût tenu de le fortir de l'obligation , ne faifoit pas voir que le débiteur fût infolvable , ni qu'il diffipât ſes biens , ni qu'il fût conftitué en mauvaiſe foi ; & que lui au contraire juftifiant de la fraude & mauvaiſe foi du fieur de Lautrec , & qui étoit entierement infolvable lors de ladite obligation de ladite fomme de 7 0 0. liv. il ne croyoit pas qu'il dût efperer d'obtenir un pareil Arrêt que celui du Parlement de Grenoble : auffi ne l'obtint-il pas ; car la Cour par fon Arrêt rendu en la premiere Chambre des Enquêtes, le premier Juillet 1 6 8 4. au Rapport de M. Duval , la Sentence du Senêchal fut reformée, & le fieur de Lautrec condanné de payer dans deux mois à Vergé la fomme de 7 0 0. livres ; autrement , & à faute de ce faire , & ledit délai paffé , qu'il y feroit contraint par faifie des fruits de fon Bénéfice , avec dépens.

CHAPITRE IX.

Si le Pere qui en matiere criminelle a cautionné de repreſenter ſon fils tant ſeulement , & le Mari de repreſenter ſa femme avec cette clauſe taxative , doivent être condamnez à payer le Juge.

IL a été jugé que quand cette clauſe taxative y eft, le Pere n'eft obligé que de repreſenter ſeulement ſon fils , non de payer le Juge. Cela a été jugé en la Grand'Chambre par Arrêt du 8. Mai 1645. & il en eft de même du Mari qui a cautionné pour fa Femme. Voyez Maynard, *liv. 8. chap.* 28. Loüet, *lettre C. num.* 45. La même chofe a été jugée par Arrêt donné en la Chambre Tournelle au Rapport de M. de Papus en 1644. Néanmoins l'on dit qu'on fait difference, fi le cautionnement eft fait en la Cour avec cette claufe ; auquel cas les Cautions ne font obligez que de reprefenter. Mais lorfqu'il eft fait au Senêchal, quoique cette claufe y foit, le Mari même eft obligé de payer tout ce à quoi fa Femme a été condamnée ; & il fe juge même à la Tournelle d'un fils qui cautionne pour fon Pere, de le reprefenter lorfque fon Pere meurt, devant que ce fils y foit interpellé. Voyez Bouguier. Arrêt, *lettre D, num.* 4.

CHAPITRE X.

Qui font ceux qui ne font pas reçus à faire ceffion des Biens.

Mr. Maynard, *liv. 4. chap.* 17. dit qu'un homme condamné par Arrêt, voulant lors de l'execution de cet Arrêt être reçu à faire ceffion de biens, n'y eft pas reçu. C'eft l'opinion de M. Cujas fur le titre *de ceff. bonor.* Il dit de plus, qu'un heritier, ni un dépofitaire, ni un homme qui eft comptable de deniers Publics, d'Hôpitaux ou de Maladeries, ni un Fermier, *Leg. fi fervus communis 6. ff. de furt. §. Locati 8. Quia fructus in furtivam caufam incidunt.* Ce qui s'enfuit auffi de la Loi *Utrum, in fin. ff. eod.* Et pour ce qui eft des Fermiers, cela eft fi trivial, qu'il n'eft pas befoin d'en rapporter des Arrêts. Imbert, *liv.* 1. *chap. 63.* dit auffi qu'on n'y eft pas reçu pour arrerages de Moiffons ; c'eft-à-dire, lorfqu'on a pris à Ferme pour payer en Bled, ni pour loüanges de Maifons, en expoliation des fruits, vente de Bled, de Vin, de Vaiffeaux à Genes qui en font commerce. Boërius, *decif.* 268.

A quoi l'on peut ajoûter les cas aufquels on peut fe retirer devant les Prieur & Confuls de la Bourfe, fuivant l'Ordonnance de 1673. *tit.* 12. *de la Jurifdiction des Confuls,* comme les Boulangers, ainfi qu'il fut jugé le 29. Mars 1626. contre un nommé Caffaignard. Les Bouchers non-plus, ni leurs cautions; comme il fut jugé contre Viguier Cautiry d'un Boucher le 26. Janvier 1666. à la Tourrelle. Il est vrai qu'on prétendoit que quelque arrêté de compte faisoit voir qu'il participoit en quelque chose au profit dans le Commerce.

Il en est de même d'un homme qui ayant sur une Procuration reçu de l'argent pour un autre, ne lui rend pas compte de ce qu'il a reçu : Ce qui fut jugé en Audience le 26. Mars 1648. parce que *Ex mandato apud eum qui mandatum suscepit nihil remanere debet, leg. Ex mandato, 20. ff. mandati. Dolo enim facere videtur qui non restituit quod restituere debeat, leg. 8. §. 9. ff. eod.*

Mais cela a lieu en l'action directe de Mandat, à cause qu'il peut y avoir du dol de la part du Procureur ; mais quant à l'action contraire de Mandat, cela n'a pas lieu ; car quoique Papon *de la cession des Biens, liv. 10. art. 14.* rapporte un Arrêt, par lequel le débiteur ne fut pas reçu à faire distribution des biens envers la caution, qui ayant prêté gratuitement, n'avoit point profité au commerce du débiteur principal, néanmoins les Notes sur cet article 19. rapportent plusieurs Préjugez contraires ; & cela fut jugé ainsi par la Cour par Arrêt d'Audience le 27. Juillet 1662. en la cause de Quinfac, caution pour un homme de Lanta de la somme de de 302. livres ; car cet homme étant prisonnier, la Cour eut égard à ses Lettres en distribution des biens, nonobstant les défenses de Quinfac. La raison est, que la caution est moins favorable que le créancier contre lequel on reçoit de telles Lettres, à cause que si ce Répondant a vû qu'on doutoit de la solvabilité du débiteur, puisqu'on lui a demandé une caution, il devoit pourvoir à sa sûreté. Il est vrai qu'en matiere d'execution des tailles, il fut jugé au contraire contre Pitorre Septuagenaire en faveur de M. de Tournier sa caution, le 15. Avril 1647. par Arrêt d'Audience.

Un Maquignon aussi ne fut pas reçu à faire cession des biens envers un nommé Laroque par Arrêt du 9. Juillet 1626. parce que c'est une espece de stellionat d'acheter un Cheval à credit, & en le revendant comptant de vouloir ainsi profiter de l'argent. Mais un condamné aux dépens, dommages & interêts,

nommé

hommé Boyer en matière Criminelle, envers Jeanne Bonpart, y fut reçu; parce que Boyer ayant été condamné aussi à une amende, il se trouva que les dépens & dommages ne la representoient point. L'Arrêt fut rendu à la Tournelle le 11. Avril 1642. Celui qui a commenté l'Ordonnance d'Henri II. de 1550. rapporte trois Arrêts qui y reçoivent même pour amende; mais cela est singulier.

CESSION DES DROITS.

CHAPITRE XI.

Si la Loi Ab Anastasio, *& la Loi* Per diversas, Cod. mandati, *qui regardent la cession, doivent être suivies.*

LEs Auteurs sont partagez sur ce sujet, rapportant des Arrêts pour & contre. Imbert *in Enchirid. tit. de pœnis pecuniar.* dit tout net, qu'elles sont abrogées en France. Brodeau sur Loüet, *litt.* C, *chap.* 4. rapporte plusieurs Arrêts, où le Parlement de Paris n'y a pas eu d'égard. Et Papon, *liv.* I. *art.* I. dit la même chose. Voyez M. Bouguier, *lit.* C, *num.* 2. qui après avoir rapporté un Arrêt contraire à ces Loix en matière de cession de rente, décide néanmoins qu'en autres cas elles doivent être suivies. Et Chenu, *quæst.* 99. est de son avis, ainsi que Charondas, *liv.* I. *chap.* 91. Et M. Maynard, *liv.* 7. *chap.* 90. dit que le débiteur est recevable à ne rembourser que ce qui a été payé précisément.

La raison qu'il y a contre ces décisions, est tout le titre, *ff. de hered vel act. vend.* où il est permis d'acheter une hérédité, & même une Action; & que si cela n'avoit pas lieu, il faudroit bannir le commerce de gagner ou de perdre. D'ailleurs, *leg.* 3. *ff. ad leg. falcid.* si l'Acheteur d'une hérédité a obtenu quelque faveur des Légataires ou des Créanciers de l'hérédité, il en profite, *Quia magis ex stultitia, & ex decisione habet, quàm ex hereditate:* d'où il semble qu'il n'est pas défendu de profiter de son adresse & de son industrie; & c'est pour cela que lorsqu'on cede une obligation qui n'est pas encore

K

litigieufe pour une moindre fomme , & que là claufe de donation du furplus y eft appofée , le débiteur n'eft pas recevable
à offrir ce qui a été feulement débourfé.

Néanmoins ces deux Loix font juftes , quand on en confidere
& qu'on en applique bien l'intention. De forte que toutes les
fois que les Juges remarquent que telles ceffions ont été recher-
chées par quelqu'un *vexandi causâ* , Cujas , *obf liv.* 10. *cap.* 3.
& pour profiter de fa chicane , fur-tout quand c'eft *contra*
miferabiles perfonnas , en matiere de décret , ou de perte de
tous leurs biens , les Cours ne le fouffrent pas. Voilà ce qui
fait la difference des Arrêts fur ce fujet ; de forte que cela
dépend des circonftances de la caufe. Il eft vrai que quand la
décifion d'un droit certain eft faite à moindre prix , & que la
claufe de donation du furplus y eft , pourveu que cette claufe
foit fans foupçon de fraude , & qu'il n'apparoiffe pas que c'eft
une claufe du ftile du Notaire (ce qui fe juge par la liaifon
des perfonnes , & par d'autres indices) alors ces Loix n'ont
pas lieu ; mais fi-tôt qu'il apparoît que le droit étoit douteux
ou litigieux , ou qu'il y a un interêt mal-fondé de la part de
l'Auteur du Droit , elles ont lieu.

C'eft pourquoi le 23. Février 1640. en la Grand'Chambre
en Audience , les Peres Chartreux ayant acheté une Directe
du fieur de Foffe fur certaines Maifons voifines de leur Char-
treufe de Touloufe pour cinquante livres , & leur Syndic
ayant d'abord intenté procès contre les Emphitéotes , la Cour
jugea qu'il y avoit de l'affectation à caufe du voifinage , & du
procès précipité , & reçut les Emphitéotes à rembourfer le Syndic
des cinquante livres. Et il eft certain qu'en faveur de la liberté ,
la caufe des Tenanciers de ces maifons étoit d'ailleurs favorable.

M. de Cambolas , *liv.* 5. *chap.* 39. rapporte un Arrêt en
matiere des vieux droits & des vieilles hipoteques achetées par
un tiers ; ce qui eft favorable auffi à l'égard des Gens qui pof-
fedent les biens de leur Maifon.

Le 14. Février 1647. un nommé Verdier s'étant fait fubroger
à un décret pour deux cens livres , quoique ce fût un Paifan
qui ne pouvoit point être foupçonné d'autre intention que de
celle de la bienféance , le nommé Fargou , à qui les biens avoient

été décretez , fut reçu à le rembourfer du prix de fon achat
d'action ; parce qu'il y alloit de la ruine de cet homme , & que
fon voifin n'en devoit pas profiter ; & ce par Arrêt donné en
la feconde Chambre des Enquêtes au Rapport de M. de Viguerie.

Mais lorfque l'achat n'eft pas fufpeci , & qu'il y a des raifons
qui ont pû faire la modicité du prix , la Cour ordonne de
rembourfer le tout , comme elle le jugea par Arrêt du 2 2.
Janvier 1 6 5 1. donné en la Grand'Chambre au Rapport de M.
de Maurel en faveur des Peres Feuillens de Toulouse , qui
avoient acheté pour 6 5. livres une hipotheque de 2 0 0. fur
une Maifon venant de leur Convent : ce qui n'étoit pas à couvert de la Loi *Per diverfas* ; mais mieux confeillez , ils s'aviferent de paffer un acte le lendemain , par lequel la Veuve
qui leur avoit cedé cette dette , les chargeoit de prier Dieu
pour fon Mari.   C'eft pourquoi comme ces Prieres étoient une
chofe , *Quæ pro contemplatione falutis non poteft æftimari*, *arg.*
leg. Si pater , *ff. de donat.* ce Subftitué à qui appartenoit cette
Maifon , fut condamné à rembourfer le prix entier de 200. liv.

Il arrive auffi quelquefois qu'il n'apparoît pas précifement
de ce que l'Acheteur a baillé de la dette , & alors la déclaration du Créancier ne fait pas pleine foi , lorfqu'il dit qu'il
en a donné moins que ne porte l'acte , parce que telles déclarations font fouvent fufpectes. La Cour le jugea ainfi le 3. Février
1 6 5 1. fur une Requête Civile impetrée par M. le Duc d'Uzés
contre le fieur de Saint Sulpice , qui difoit qu'il avoit payé
3 6 0 0. liv. pour une fomme de 5 0 0. liv. avec les interéts
depuis 1 6 1 0. quoique Lebrun créancier déclarât qu'il l'avoit
quitté pour 1 6 0 0. liv. M. le Duc d'Uzés qui avoit été condamné à rembourfer la fomme de 3 6 0 0. liv. par un Arrêt
précedent , fut démis de fa Requête civile envers cet Arrêt, &
fut condamné de payer la moitié de la fomme de 3 6 0 0. liv.
parce que depuis l'Arrêt qui le condamnoit à la payer toute ,
il avoit fait voir qu'originairement le fieur de Saint Sulpice en
devoit la moitié ; mais la déclaration de fon Emphiteote, fçavoir
du Créancier, ne fut pas reçuë pour faire déduire la datte à la
moitié.

K ij

CHAPITRE XII.

Si le Cessionaire , qui , au lieu de se faire payer du débiteur délegué . a reçu de plus les interêts , peut après recourir sur son Cédant , en cas d'insolvabilité du débiteur.

CETTE cause ayant été plaidée en la Grand'Chambre , il fut jugé par Arrêt du 14. Juillet 1638. que Perrin Bourgeois de Toulouse, après avoir pris les interêts de celui qu'on lui avoit délegué , ne pouvoit agir pour l'insolvabilité du débiteur sur son Cedant , devant s'imputer l'insolvabilité du débiteur. Et cela est fondé sur la Loi *Pupilli* , §. *soror* , *ff. de solut.*

CHAPITRE.

CHAPITRE XIII.

Si le Chapitre peut par ses déliberations subroger à un Théologal , sous prétexte qu'il n'a fait ni Lectures ni Prédications ; & si c'est au Chapitre de lui prescrire l'heure des Leçons.

LES Chanoines de Narbonne se trouvant en mauvaise humeur contre M. Mauri leur Théologal, prirent & firent une déliberation entre autres, par laquelle attendu, disoient-ils, l'incapacité de Mauri , qu'il seroit pourvû en sa place d'une personne capable, qui feroit les Leçons à l'heure que lui prescriroit le Chapitre , non à celle que ce Théologal avoit marquée ; desquelles déliberations Mauri ayant demandé la cassation en la Cour , elles furent cassées par Arrêt du 21. Juin 1654. Là raison de l'Arrêt fut que par le §. 1. *De col. in Concord*, la Théologal doit prêcher, *Aliàs privandus fructibus totius Hebdomadæ.* De sorte que les Chanoines avoient outre passé la rigueur de cette Loi-ci , le privant des fruits pour toûjours, & par consequent du Bénéfice. Quand à l'heure des Leçons, suivant la Glosse du Concordat *verb. Quippè his* , il dépend du Théologal de la donner , *Nisi dies & hora de consuetudine*

dentur ; parce que *eft Magifter Scholæ , cap. Quanto , de Magiftris , &c.* Il y a apparence que ces Chanoines ne fçavoient
pas l'article 8. de l'Ordonnance d'Orleans qu'on leur cita ,
qui enjoint aux Chanoines fous peine de privation de leur diftribution d'affifter aux Leçons & aux Prédications du Théogal,
cet article étant tiré du §. *Statuimus de Collat. in Concord.*
Voyez Concil. Trident. *feff.* 5. *cap.* 2.

CLAUSE DEROGATOIRE.

CHAPITRE XIV.

*Sçavoir fi la claufe dérogatoire peut être renduë inutile fans la
répeter dans le Teftament pofterieur , & fans exprimer le nom
de l'heritier du premier Teftament.*

DES grands Hommes ont appellé des claufes dérogatoires
commenta interpretum. Et en effet , c'eft une invention
qui n'eft pas de l'ancienne Jurifprudence , & qui eft un piége
à beaucoup de gens qui ne fçavent ce que c'eft. Car fi c'eft
un homme qui entende les affaires qui la mette dans fon teftament, qu'a-t-il a faire de fe lier fa volonté , de telle façon
qu'il puiffe fe faire que fon défaut de mémoire le prive de l'a-
vantage de changer de difpofition ? Cet avantage étant qu'on
peut fe retracter *Ufque ad extremum vitæ fpiritum.* Et fi c'eft
un homme qui ne fçache pas ce que c'eft qu'une telle claufe ,
n'eft-ce pas une fupercherie indigne de fe prévaloir de fon
ignorance pour faire qu'il ne puiffe changer de volonté, puifque s'il ne fçait pas l'effet d'une telle claufe , il ne s'avifera
jamais de la répeter.

C'eft pourquoi le 20. Mars 1641. en la premiere Chambre
des Enquêtes, il fut jugé que pourveu que le Teftateur dans fon
fecond teftament exprime fuffifamment qu'il revoque le premier , le premier eft fucceffivement revoqué. Le cas étoit qu'un
homme ayant fait un teftament en faveur d'un autre qu'il difoit
être fon parent , l'avoit inftitué fon heritier pour les bons &

agréables fervices qu'il lui rendoit , n'ayant mis dans ce teſtament pour clauſe dérogatoire ces mots : *Dieu ſoit à mon aide.*
Et dix mois après il avoit fait un ſecond teſtament , où ſans
repeter cette clauſe , il avoit fait heritier ſon néveu qui étoit auſſi
ſon filleul ; ayant dit ſeulement qu'il revoquoit ſes précedens teſtamens , & particulierement celui qui avoit été reçu par tel
Notaire , ſans dire le nom de l'heritier ; lequel teſtament étoit
celui où ce prétendu parent avoit été inſtitué.

Ce premier inſtitué diſoit entre autres choſes , que *illa quæ*
indigent ſpeciali notâ , non poſſunt per æquipollens revocari, leg.
Si quis 22. *in princip. ff. de legat.* 3. qui eſt la Loi ſur laquelle
ſe ſont fondez les Interpretes pour inventer un moyen de rendre
un teſtament irrevocable. Et néanmoins , outre que cette Loi
n'eſt pas formelle pour prouver cela , c'eſt qu'elle parle des Legats
qui ne faiſant pas le fondement du teſtament , ſont plus facilement
limitez que l'inſtitution , laquelle ne peut être revoquée qu'avec
une pareille ſolemnité , & qui prévaut lorſqu'elle eſt la derniere.

Il y eut pourtant beaucoup d'avis contraires à cet Arrêt , qui
fut rendu ſur l'opinion de Ferriere , *Nov. add. in quæſt.* 127.
Guid. Papæ. Et cet Auteur raiſonne fort-bien ſur ce ſujet
contre l'opinion commune de ſon temps. *Mantica de conjeĉt.*
lib. 12. *tit.* 8. *num.* 10. eſt de l'avis de l'Arrêt. Et Paul de
Caſtro , *conſil.* 408. paſſe encore plus avant que les autres ;
diſant que quand c'eſt une perſonne *indoĉta & ignara* , la revocation générale même ſuffit. Mais je n'oſerois être de ſon avis ;
puiſque l'opinion commune eſt qu'il faut du moins une démonſ-
tration qui faſſe comprendre que le Teſtateur parle du teſtament
où cette clauſe eſt inſerée. M. Maynard qui s'explique ſouvent
avec ambiguïté , ſemble vouloir que la clauſe ſoit repetée , *liv.* 5.
chap. 19. *num.* 6. & 7. *vide Guid. Pap.* & Ranchin *in dic.*
quæſt. 127. & 128. & Expilli , *arg. cap.* 79. rapporte un Arrêt ,
où la clauſe générale de revocation ſe trouva ſuffiſante. Mais
c'étoit en faveur de la fille du Teſtateur contre un étranger ;
ce qui étoit favorable. Il faut remarquer que M. de Cambolas ,
liv. 5. *chap.* 4. *num.* 1. *in fin.* rapporte un ſemblable Arrêt à
celui-ci, où il n'y avoit d'exprimé que le nom du Notaire , &
quelques autres cas.

CHAPITRE XV.

Si la claufe dérogatoire eft confiderée aux Teftamens des Femmes & des Artifans.

LE 21. Janvier 1644. il fut jugé que le teftament de la Demoifelle de Maffre n'étoit pas revoqué par un fecond, où la claufe dérogatoire n'étoit pas repetée. La même chofe fut jugée en la Seconde des Enquêtes au Rapport de M. de Vedelli en 1643. quant au teftament d'un Munier en faveur de la Femme d'un nommé Robert, par lequel il fut jugé que la claufe doit être revoquée *in individuo*, quoique le teftament fût fpecifié. Et le 30. Juillet 1661. il fut rendu autre Arrêt au Rapport de M. de Mua, par lequel il fut jugé de même contre un nommé Perié en faveur de Vezes Marchand, inftitué heritier dans le teftament de Jouve Paticier, & c'eft l'opinion de la plûpart des Docteurs. Quand à ce que l'Auteur parle d'une claufe appofée dans un teftament, rapportée par M. Duver, qui eft, *Mon Dieu la Femme que vous m'avez donnée, me l'a fait faire*, ce teftament fut fait par un Avocat.

Il eft vrai qu'il y a des cas aufquels la claufe dérogatoire, apofée dans quelque teftament que ce foit, n'a point d'effet, comme lorfqu'il y a long-temps que le teftament où elle fe trouve, a été fait, comme il fut jugé par Arrêt de la Cour du 7. Decembre 1651. donné au Rapport de M. d'Ouvrier en la Grand'Chambre, en la caufe de Pierre Peyre & Marciane Serin mariez, contre Cranfac ; par lequel il fut jugé que par l'efpace de vingt ans, la claufe dérogatoire perdoit fon effet. La raifon eft, qu'il eft difficile, après fi long-temps, de s'en fouvenir. *Guid. Pap. quæft.* 127.

Il y a auffi un Arrêt général de 1596. rendu en la caufe du fieur Soubiran, & la Demoifelle Delpech ; par lequel Arrêt, fans que la claufe fût revoquée *in individuo*, le dernier teftament prévalut ; parce que le premier étoit defigné par le nom du Notaire.

Il se presenta une autre question sur cette matiere en la Grand'-Chambre sur ce cas. M. l'Evêque du Puy ayant fait un testament olographe en 1633. avoit legué 6000. livres à Mademoiselle Jaqueline de Serres avec cette clause, *Qu'il cassoit tous les testamens posterieurs, au cas qu'ils ne fussent pas signez, & qu'il n'y eut à chaque page ces mots : Just de Serres, Evêque du Puy, Comte du Vellay.* Et en 1641. il en avoit fait un autre où il ne lui leguoit que cent écus, sans especifier la clause dérogatoire *in specie* ou *in individuo.* Il est vrai qu'il y avoit une clause au fond du testament, portant que le Testateur ne se souvenoit pas de la clause dérogatoire qu'il avoit inserée en son premier testament ; mais elle étoit signée par le Notaire seul sans témoins, & écrite separément du corps de l'acte.

L'heritier disoit que si cette dérogation avoit été omise dans le corps de l'acte, les témoins suppleoient à ce défaut ; car ils avoient déclaré qu'en effet elle avoit été lûë en relisant le testament, & que c'étoient des Gens de condition & de probité. Qu'il y a de trois sortes de clauses dérogatoires ; Sçavoir, *Potestatis, Solemnitatis & Voluntatis* : Que celles de Solemnité n'ont aucun effet, comme lorsque le Testateur dit, Qu'il ne veut pas que les testamens qu'il fera soient valables s'il n'y a vingt témoins ; parce que le droit de faire testament est public, & que les Particuliers n'ont pas droit de rien ajoûter à la forme prescrite par la Loi ; & aussi cette clause n'avoit pas besoin de revocation.

Que d'ailleurs *ex leg. ult. ff. de legat.* 2. la Loi que le Testateur s'étoit imposée (ce qu'on appelle *derogatoriam potestatis quid obsignatum mittere*) ne rendoit pas inutile la déclaration *non obsignatum* qu'il avoit faite ; parce que si cela avoit lieu, & qu'un Testateur ne pût signer, par exemple, à cause de sa maladie, il s'ensuivroit qu'une telle resolution, inutile d'ailleurs & superfluë, lui ôteroit la liberté de tester. De plus, en la Loi *Divi*, §. *Licet, ff. de jur. codicil.* la même necessité qu'un Testateur s'est imposée, n'empêche pas la validité d'un Codicille.

C'est quant à la derogatoire qu'on appelle *Voluntatis*, qui est celle que l'on considere, elle a été introduite contre les suggestions : ce qui n'avoit pas lieu en ce cas où le sieur Evêque a fait le même heritier.

De

De plus, que le Legat peut être revoqué *nudâ voluntate*, quelque clause dérogatoire qu'on y ait apoſée , *Leg.* 1. §. *qui in rationibus* , *leg. Paulus* , *ff. ad leg. Corn. de falſ.* Ce qui avoit d'autant plus de lieu en ce cas , que le ſieur Evêque avoit quitté 8000. liv. de lods au mari de l'Adverſaire depuis ſon premier teſtament.   C'eſt pourquoi on pouvoit dire qu'il l'a voit payée.

Au contraire Jacquette de Serres diſoit que les Guidons non ſignez n'ont point d'effet ; & que celui-ci étant d'autre ancre, c'étoit une marque de fauſſeté , *Arg. dic.* §. *qui in rationibus*, *& dic. leg. Paulus.*

De plus, cela ſuppoſé que le Teſtateur n'avoit point revoqué *in genere*, & nonobſtant toutes clauſes codicillaires ; ce qui ne ſerviroit de rien , *Julius Clarus* , §. *Teſtam. quæ penult. &* 99. ni *in ſpecie* , en diſant la datte ou le nom du Notaire, ni *in individuo* , en repetant la clauſe dérogatoire : ce qui étoit neceſſaire.

Que quoique les dérogatoires *Solemnitatis & poteſtatis* n'operent rien : Que celle-ci outre ces qualitez, avoit auſſi la qualité de *clauſula voluntatis* , puiſqu'on pouvoit ſe ſervir de toutes ſortes de mots , qui ne ſont pris que *Materialiter* ; Et qu'en diſant *Evêque du Puy & Comte du Vellay* , outre ſon nom, ils ne pouvoient ſervir que materiellement pour exprimer cette clauſe ; & que les Suggeſtions pouvoient auſſi-bien ſe pratiquer contre les Legats, que contre les Inſtitutions.

D'ailleurs, qu'au cas de la Loi derniere *de legat.* 2. c'étoit contre un fils ; & que c'eſt pour cela que la clauſe n'avoit pas lieu ſuivant l'opinion des Docteurs, *arg. Authent. Inter liberos*, *cod. de teſtam.* la revocation générale ayant autant d'effet que la particuliere en ce cas, Alex. *Conſ.* 146. Coüar *in dict. leg.* 2. Et Gloſſar. *in* §. *& ſi quidem* , *de teſtament. Imp. in Auth.* Que au cas de la Loi *divi*, les mêmes Docteurs tiennent que dans le Codicile il y avoit une clauſe ſpeciale, *arg. leg. Si quis in princ. ff. de leg.* 3.

Et quant à ce qu'on diſoit que *legatum nudâ voluntate adimitur*, que la Loi *ſi mihi & tibi*, §. *in legatis* , *ff. de legat.* 1. concerne auſſi-bien les Legats que les Inſtitutions. Néanmoins

L

par Arrêt donné en la Grand'Chambre au Rapport de M. de Mafnau, le 18. ou 19. Janvier 1645. la Demoiſelle de Serres perdit ſon Legat.

CLAUSE TESTAMENTAIRE.

CHAPITRE XVI.

Si la Clauſe teſtamentaire contenuë dans un teſtament d'un Pere, qui donne l'éducation de ſes enfans à ſa femme leur Mere, à la charge qu'elle reſidera à Carcaſſonne, doit être obſervée.

CE LA fut decidé par un Arrêt donné en l'Audience de la Grand'Chambre le 26. Janvier 1639. Avocats M. de Marmieſſe & de Pariſot. Le fait étoit qu'une Demoiſelle de la Province de Bearn, veuve d'un Mari qui étoit de Carcaſſonne, fut chargée par ſon Mari de l'éducation de ſes enfans à cette condition ſuſdite. Mais s'en voulant retourner à ſon païs, où elle avoit des biens conſiderables, & deſirant y mener ſes enfans; & voyant qu'au moyen de ladite clauſe & condition, elle ne pouvoit; c'eſt pourquoi elle demanda par Lettres la caſſation de cette clauſe, ſur ce que *Liberi non debent ſeparari à matre, arg. leg. Plerumque, ff. de ædil. edict.* & *leg. Amiciſſimos, 36. in fin. ff. de excuſ.* Elle ajoûtoit, que *aliquando præceptum patris negligitur* en fait d'éducation, *leg. 1. ff. ubi Pupill. educ. deb.* & *leg. ita autem, §. ita adeò 9. ff. de admin. tutor.* Que c'étoit l'utilité des enfans, à cauſe que le bien qu'ils pouvoient avoir d'elle ſe perdroit. Et que *in teſtamentis quædam ſcribuntur, quæ ad auctoritatem ſcribentis tantùm referuntur, neque pariunt obligationem, leg. Quintus mutius, 7. ff. de ann. leg. 114. §. 14. ff. de legat. 1.* & *leg. 93. ff. delegat. 3.* & d'ailleurs qu'elle n'étoit point ſubſtituée, mais leurs Tuteurs; néanmoins elle fut deboutée de ſes Lettres; & par autre Arrêt du 9. Janvier 1640. on lui donna trois mois pour mener ſes enfans aux Bains par avis des Medecins, à la charge de les ramener à Carcaſſonne.

CLERC.

CHAPITRE XVII.

Si un Clerc tonsuré peut joüir du privilege Clerical.

SUIVANT l'Ordonnance de Moulins, *art.* 40. le Clerc non constitué en Ordres Sacrez, & pour le moins Soudiacre, ou Clerc actuellement residant, & servant aux Offices, Ministeres & Bénéfices qu'il tient en l'Eglise, ne peut joüir du privilege de Clericature dans un cas même non-privilegié ; ainsi jugé par Arrêt de la Cour, donné en l'Audience Tournelle le 16. Juillet 1658. contre le nommé Claverie simple Clerc tonsuré.

COMPTES.

CHAPITR XVIII.

Si la reddition des comptes des Hôpitaux, qui ne sont pas de fondation Royale, doit être faite devant les Juges Royaux.

PAR l'article 66. de l'Ordonnance de Blois, il est enjoint aux Juges Royaux de faire un inventaire des Titres & Documens des biens des Hôpitaux, & une description des Revenus ; lequel article a été étendu avec juste raison à la reddition des comptes, parce qu'en effet le reliqua des comptes augmente les biens des Hôpitaux ; & cet article s'entend de toutes sortes d'Hôpitaux de fondation Royale ou non, parce qu'il ne distingue rien ; & que cela est de la Police générale du Royaume.

C'est pourquoi conformément à cet article, la Cour en l'Audience de la Grand'Chambre par Arrêt du 26. Novembre 1647. jugea que le Juge Royal de Saint Gaudens devoit assister à la

L ij

reddition des comptes, quoique les Conſuls ou la Communauté Parties, fuſſent Fondateurs de l'Hôpital de leur Ville, & qu'ils rapportaſſent beaucoup de clôtures où le Juge n'avoit pas aſſiſté.

CHAPITRE XIX.

Sçavoir ſi un compte particulier fait préjudice à une promeſſe antérieure.

IL ſemble qu'il ne doit jamais faire préjudice, ſuivant pluſieurs textes du Droit, ſçavoir la Loi *Emptor* 47. §. *Lucius Titius*, *ff. de pact.* où il eſt dit, que *Si tantùm ratio expenſi atque accepti eſt computata, cæteræ obligationes manent.* & dans la Loi *Ex pluribus* 89. *ff. de ſolut.* il eſt demandé, *utrum ex cæteris Chyrographis, quæ non ſticus cavit, ſed ipſe debitor integra manet actio? Reſpondit ſcævola eam ſolam obligationem diſſolutam, ex qua ſolutum proponeretur.* De plus, dans la Loi *Pluribus*, 6. *ff. de acceptil.* il eſt dit que *Pluribus factis ſtipulationibus, ſi appareat quid actum eſt, id ſolum ſublatum eſt per acceptilationem, ſi verò non appareat omnes obligationes ſolutæ ſunt*, & ſuivant la Loi *Lucio Titio* 29. *ff. de obligat. & Act.* où il eſt dit que *ſi ex duabus cauſis pecuniæ debeantur, integræ ſunt petitiones.* D'où il faut conclurre qu'un compte n'exclud pas toûjours une autre dette.

Néanmoins, & c'eſt ce qu'il faut remarquer, que lorſque un compte ou autre acte, porte quittance générale ſans rien ſe reſerver, il n'y a point de doute que toutes les dettes qui precedoient cet acte, ſont éteintes ; parce qu'alors on y peut appliquer ces termes : *Dic. leg. Pluribus, ff. de acceptil. ſi verò non appareat, omnes obligationes ſolutæ ſunt.*

Mais quelque fois, bien que cette quittance générale ne ſoit pàs exprimée, l'on préſume un compte, ou que la dette a été remiſe, ſuivant la Loi *Procula, ff. de probat.* ou qu'elle à été compenſée, comme lorſque ces trois circonſtances ſe trouvent ; ſçavoir, la parenté, la longueur du temps, & quand c'eſt un compte reciproque de pluſieurs affaires de diverſes natures ; car alors on préfume que tout a été compté ou remis, comme il fut jugé par Arrêt de la Cour donné en l'Audience de la Grand'Chambre le 4. Juillet 1644. en la caufe de Boufquet Marchand, & d'un autre Marchand : car il fut jugé qu'une promeffe de 1613. devoit être tenuë pour cancellée, à caufe qu'il y avoit long-temps, & qu'il y avoit eu un compte, quoique particulier, entre les Parties en 1624. Mais la qualité de Marchand fut encore une raifon de l'Arrêt ; parce qu'ayant accoûtumé de reduire fouvent en promeffes la valeur des Marchandifes qu'ils prennent les uns des autres, lorfqu'ils font compte de Marchandifes, l'on préfume que celles qui ont été reduites en promeffe y font comprifes, fi l'on fe referve pas le contenu dans telles promeffes ; & l'on l'avoit ainfi jugé à la Bourfe en cette caufe, la Cour en ayant confirmé l'Appointement.

Ce qui fut encore jugé au mois de Juin 1671. au Rapport de M. de Catelan en la caufe de Jean Lafont Marchand, & de Marie Jambert veuve d'un autre Marchand, laquelle fut démife de fa Requête, par laquelle elle demandoit 2500. liv. ou que Lafont vint à nouveau compte, à caufe qu'il fe trouva un compte de 1660. pofterieur à la dette prétenduë, par lequel le pere de Lafont ne devoit que 207. liv. 7. fols ; joint à cela que le pere étoit mort, fans qu'elle lui eût rien demandé.

Néanmoins cela n'eft pas fi univerfellement vrai, qu'il n'y puiffe avoir des circonftances qui faffent juger le contraire même entre Marchands, comme lorfque refultant du Livre de l'un que l'autre eft reliquataire une année, ils font chaque année après divers comptes, fans faire mention d'une fomme confiderable. Alors on ne préfume pas que cette fomme ait été comptée & imputée, comme il fut jugé en la Grand'Chambre au Rapport du même fieur de Catelan en 1669. contre Aziron Marchand en faveur de Claudine Boufquet, veuve de Vidal Lombard Marchand, pour raifon d'une fomme de 3871. liv. quoiqu'il y eût plufieurs comptes pofterieurs, parce que fans doute il apparoiffoit dequoi on avoit arrêté le compte les années pofte-rieures, fuivant la même Loi *Pluribus, de acceptilat. & argum. leg. Si de certa re, cod. de tranfact.*

CHAPITRE XX.

Si conceder eſt la même choſe que donner.

LE Seigneur de Cauſſimajouls par acte du 12. Mai 1330. auroit concedé un terroir appellé de Leſtilié à la Commu-nauté du Lieu, avec pacte qu'on ne pourroit y bâtir, s'étant le Seigneur reſervé le pouvoir d'y exploiter comme les Habitans du Lieu ; & qu'en cas ledit terroir viendroit à être laiſſé en débois, & que quelqu'un viendroit à couper des Chênes blancs ou verts, il ſeroit condamné au ban, les deux tiers duquel ap-partiendroient à la Communauté, & l'autre tiers au Seigneur, lequel ne pourroit permettre à aucun étranger de garder ſon bétail dans le débois & terroir de Leſtilié.

En vertu & en conſequence de cet acte, la Communauté avoit joüi du terroir ſans aucun trouble ni empêchement juſ-ques en l'année 1672. que le Conſul du Lieu, ſous prétexte d'une déliberation de la Communauté, ayant fait vente d'une petite partie de bois dudit débois & terroir, qui eſt de grande contenance, pour la ſomme de 350. livres pour ſubvenir aux affaires de la Communauté, le ſieur François de Gailhac Sei-gneur du Lieu, prétendant que les Conſuls ne pouvoient avoir fait ladite vente pour ledit terroir & débois lui appartenir, non à la Communauté, laquelle il vouloit, pour raiſon de cela, mettre en procès. Mais les Parties ayant remis leur differend au jugement d'Arbitres, ils rendirent leur Sentence Arbitrale le 12. Mai 1674. par laquelle ils firent inhibitions & défenſes, tant aux Conſuls, Communauté, & Habitans du Lieu, qu'à tous autres, de couper à pié ni ébrancher aucun Chêne blanc ni vert dans ledit terroir & débois, à peine de 500. liv. & les Conſuls condamnez de payer au Seigneur les dommages à lui cauſez au moyen de ladite vente & coupe de partie dudit débois, ſuivant l'eſtimation qui en ſeroit faite par Experts, avec dépens.

De cette Sentence Arbitrale les Conſuls releverent appel en

la Cour, difant droit auquel ils donnerent Requête, à ce qu'en reformant la Sentence dont étoit l'appel, ils fuſſent maintenus en la proprieté dudit terroir ; ce faifant, qu'ils fuſſent relaxez des demandes, fins & conclufions contre eux prifes. Et fur ce que le fieur de Gailhac avoit demandé l'autorifation & l'execution de la Sentence Arbitrale devant le Senêchal de Beziers lors de la Plaidoirie de l'appel en la Cour, la caufe fut reglée ; & néanmoins tout ce que le Senêchal avoit ordonné fut caſſé, dépens refervez : ce qui obligea les Confuls de demander la condamnation des dépens refervez, & audit fieur de Gailhac, de demander auſſi par Lettres d'être reçu à defavoüer le Procureur du Senêchal, qui avoit demandé l'autorifation & l'execution de la Sentence Arbitrale, & le relaxe des dépens refervez par l'Arrêt de claufion ; ce faifant, & en demettant les Confuls de leur Appel & Requête, il fût ordonné que la Sentence Arbitrale fortiroit fon plein & entier effet.

Or il fut reprefenté lors du jugement du Procès par les Confuls, que leur Appel & Requête ne recevoient point de difficulté ; & qu'au contraire les Lettres du Seigneur ne pouvoient être confiderées, attendu qu'ils avoient pû vendre du bois dudit terroir, comme la proprieté appartenant à leur Communauté en vertu de l'acte du 12. Mai 1330. bien qu'il ne porte pas nommément & par exprès, que le Seigneur ait donné la proprieté dudit terroir à la Communauté ; puifqu'il ne pouvoit être contefté que par le moyen de la Conceſſion le Seigneur ne lui ait donné la proprieté, dautant que *Concedere pro dare accipitur apud fcævolam, leg. uxorem,* §. 1. *ff. de legat.* 3.

Etant de plus à confiderer, pour faire voir encore que le Seigneur par cet acte donna la proprieté de ce terroir à la Communauté, & qu'il ne s'y referva autre chofe que d'y pouvoir exploiter que comme les Habitans du Lieu ; & que cet acte ne portoit ni ne contenoit pas des défenfes à la Communauté de couper des Chênes blancs & verds en cas ledit terroir feroit laiſſé en débois, mais feulement aux Habitans. Ainfi aux termes même de cet acte, les Confuls ont pû vendre du bois de ce terroir pour ladite fomme de 330. liv. qui a été employée pour les affaires de la Communauté, & par confequent auſſi-bien

pour le Seigneur que pour les Habitans , comme ledit Seigneur
y possedant des biens ruraux sujets à participer au payement des
dettes & impositions ordinaires & extraordinaires qui se font audit
Lieu ; & partant ils conclurrent qu'ils étoient bien fondez en
leur Appel & Requête , & que le Seigneur devoit être condamné
aux dépens reservez par l'Arrêt de Clausion , puisqu'il ne pouvoit être reçu à desavoüer son Procureur du Senéchal , attendu
que par les Arrêts que la Cour rend tous les jours suivant le
Droit *in leg. 3 cod. de error. advocat.* on ne peut être reçu à
desavoüer un Avocat ni un Procureur , lorsqu'ils ont fait quelque chose par l'ordre ou consentement de leurs Parties. Et le
sieur Seigneur ne peut pas dire que son Procureur du Senêchal
n'ait demandé l'execution & l'autorisation de la Sentence Arbitrale par son ordre , puisque ce fut lui-même qui lui envoya
la Sentence ; & ainsi si la Cour le reçevoit au desaveu , il seroit
vrai de dire qu'elle le recevroit à se desavoüer lui-même : ce qui
seroit contre le Droit , qui ne permet pas qu'aucun puisse venir
contra suum proprium factum.

De la part du sieur de Gailhac Seigneur , il fut representé
que par ledit acte du 12. Mai 1330. il se voyoit clairement que
son auteur ne donna pas la proprieté du terroir à la Communauté ; parce que s'il lui en eût donné la proprieté , il n'auroit
pas défendu aux Consuls & Habitans d'y pouvoir bâtir , puisque
par la donation de la proprieté la communauté en avoit eu la
proprieté ; & partant elle & les Habitans avoient pû y bâtir ,
puisque tout proprietaire d'un fonds peut y bâtir s'il veut. *leg.
ex hoc jure , ff. de just. & jur.* Et au contraire par l'acte le
Seigneur ne leur auroit donné que tant-seulement l'usage du
terroir , avec même défenses aux Habitans , en cas il seroit laissé
en débois , d'y couper aucun Chêne blanc ni vert , à peine
d'être condamnez au ban ; & l'on ne peut pas dire que telles
défenses ne regardent point les Consuls & Communauté , mais
seulement les Habitans ; puisqu'on ne peut pas nier que les Habitans ne composent la Communauté. Et le Seigneur passant
plus outre auroit dit , que quand bien la Communauté auroit
eu , ce que non , l'usage du débois pour y bâtir , elle n'auroit
pû couper aucun arbre sans la permission du Seigneur , suivant

les

les Arrêts des Cours Souveraines, Bonnot en ſes Arrêts, *tom.* 2. ſous le mot *Uſages, quæſt.* 2. Ainſi à plus forte raiſon la Communauté n'a pû vendre aucune partie du bois dudit débois, quand même encore elle auroit eu la permiſſion d'en couper ; car pour en poûvoir vendre, il auroit fallu que cela eût été permis par exprès, *Quia indigebat ſpeciali notâ* ; & partant les Conſuls doivent être démis de leur Appel & Requête.

Et à l'égard de ſes Lettres, il y demeuroit bien fondé, puiſqu'il n'avoit jamais donné l'ordre à ſon Procureur du Senêchal, d'y demander l'execution & l'autoriſation de la Sentence Arbitrale, & qu'il l'avoit fait ſans charge ; & que s'il lui envoya la Sentence Arbitrale, ce ne fut que pour la faire voir au Conſeil pour examiner ſi ces Arbitres lui avoient inſeré nul grief.

Sur quoi la Cour rendit Arrêt en la Grand'Chambre au Rapport de M. de Laroche le 8. Juillet 1677. par lequel les Conſuls furent démis de leur Appel ; & ordonné que la Sentence Arbitrale ſortiroit ſon plein & entier effet, avec la moitié des dépens, l'autre moitié compenſée avec les dépens reſervez par l'Arrêt de Clauſion.

Par cet Arrêt, la Cour a jugé 1° que le mot de *Conceſſion* n'étoit pas une donation, mais ſeulement un ſimple uſage.

2° Que les défenſes faites aux Habitans d'un Lieu, ſont cenſées faites à la Communauté.

3° Qu'il n'eſt pas permis à un Uſuraire de deteriorer la choſe ; mais d'en uſer en bon pere de famille, *leg. ſi cujus, §. de præteritis, ff. de uſufr. & quemadmod.*

4° Que les Senêchaux ne ſont pas competens de connoître de l'autoriſation & execution des Sentences Arbitrales.

CONCILE.

CHAPITRE XXI.

Les endroits principaux du Concile de Trente, qui font contraires aux Libertez de l'Eglife Gallicane.

LE Concile de Trente, tenu fous le Pape Pie III. en 1545. contient diverfes chofes qui choquent directement les Libertez de l'Eglife Gallicane ; c'eft pourquoi on n'a pas voûlu le recevoir en France, quant à ces chofes-là, à caufe qu'ils contiennent une difcipline qui entreprend fur la Jurifdiction Laïque, & qui deroge au Concordat. Et il me femble à propos de ramaffer ici les principaux endroits, pour la fatisfaction de ceux qui commencent à fuivre le Barreau.

Primò, La Seffion IV. n'eft point reçuë, par laquelle ceux qui font imprimer des Livres qui n'ont point été examinez & approuvez par l'Ordinaire, font non-feulement excommuniez, mais encore condamnez à l'amende. Cette Seffion n'eft point reçuë, fur-tout quant à l'amende ; parce que les Evêques n'ont pas *vocem legis*, qui confifte *in pæna pecuniæ vel gladii*, lefquelles deux chofes appartiennent au Juge Laïque ; car *pæna pecuniaria à judicibus infertur, tit. cod. de modo mult. quæ à judic. infli.* & *Can. fi incompetenter 2. quæft. 7.* David, *ex regali unctione Sacerdotibus & Prophetis præerat in caufis fæculi, fuberat in caufis Dei. Et fi ait Judex gladium portat, ita claves Ecclefiæ Sacerdotes accipiunt.* De forte que Meffieurs les Evêques *habent potentiam, non pænam ;* & par confequent ils ne peuvent condamner à des amendes.

2. La Seffion V. *chap.* 1. n'eft pas reçuë où les Juges peuvent punir par fouftraction de fruits ; car les fruits faifant partie des fonds, les Juges Seculiers en doivent feuls connoître.

3. La Seffion VI. de Reform. *chap.* 1. eft contraire au Concordat, en ce que le Pape peut pourvoir d'un autre Prélat une

Eglife ; fi l'Evêque ou l'Archevêque a manqué d'y refider pendant un an.

4. La Seffion VII. *chap.* 8. n'a pas été reçuë non-plus, parce qu'elle défend d'être appellant comme d'abus des Ordonnances des Prélats dans leurs Vifites, & de leurs autres Ordonnances : ce qui feroit donner la fouveraineté aux Evêques.

5. Le Chapitre XV. de la même Seffion, n'a pas été nonplus reçu, ni le Chapitre VIII. de la Seffion XXV. où les Evêques ont feuls la direction des Hôpitaux ; au lieu que par les Ordonnances, ils ne l'ont que conjointement avec le Juge Seculier. Et fi les Hôpitaux font de fondation Royale, les feuls Juges Royaux doivènt l'avoir ; parce que s'agiffant des fruits, cela regarde pûrement la Jurifdiction temporelle.

6. La Seffion XIII. *chap.* 8. n'eft pas non-plus reçuë, où les caufes criminelles des Evêques doivent être traitées devant Sa Sainteté.

7. Quant à ce que la Seffion XIV. *chapitre* 5. appelle *Litteræ confervatoria* ; en ce qu'elle les défend fans diftiction des Juges Royaux & autres, elle n'a pas été approuvée en France.

8. La Seffion XXI. *chap.* 4. & *chap.* 8. n'eft pas reçuë, qui porte, Que s'il n'y a pas des revenus fuffifans dans une Paroiffe pour nourrir le Prêtre qui la deffert, l'Evêque, comme délegué du Saint Siége, peut contraindre les Paroiffiens à lui en fournir ; ce qui n'apartient qu'aux Juges Royaux en France.

9. La Seffion XXI. *chap.* 6. où l'Evêque comme délegué du Pape, peut donner des Coadjuteurs ou des Vicaires aux Curez ignorans, quoique d'ailleurs ils foient de bonne vie, & leur peut attribuer une partie des fruits du Bénéfice, nonobftant exemption ou appellation, n'eft pas reçuë ; car en ce cas l'appellation comme d'abus feroit permife aux Curez.

10. La Seffion XXII. *chap.* 8. n'eft pas non-plus reçuë, où la direction des Colleges non-Royaux eft donnée aux Evêques comme déleguez du Saint Siége ; ce qui eft contraire aux Ordonnances qui attribuent cette direction aux Juges Royaux.

11. La Seffion XXII. *chap.* 10. où il eft permis aux Evêques d'interdire ou de fufpendre pour toûjours, ou pour un temps en matiere de caufes Ecclefiaftiques, les Notaires Apoftoliques,

Royaux ou Imperiaux, fans que l'appel puiffe fufpendre l'inter-
diction, n'a pas lieu ; car fi telles perfonnes font coupables,
c'eft au Juge Royal de les punir, & l'appel comme d'abus
feroit bien reçu, le cas y écheant.

12. La Seffion XXIII. *chap.* 6. n'eft pas reçuë non-plus ;
où il eft dit, fuivant la Conftitution de Boniface VIII. laquelle
fe trouve *in cap.* 1. *de Cleric. conjug. in 6.* qu'un Clerc quoique
marié (ce qui ne peut s'entendre que des quatre Mineurs)
pourveu qu'il ne foit point bigame, joüit du privilege de Clericature, & qu'il eft exemt de la Jurifdiction du Juge Laïque ;
car on compte pour rien en France ces Clers mariez.

13. La Seffion XXIV. *cap. de Reform.* n'eft pas approuvée ;
en ce qu'elle permet à l'Evêque de punir de peine Arbitraire
les Clercs qui fe marient, étant dans les Ordres Sacrez, les
témoins de tels mariages, & ceux qui contractent des Mariages
clandeftins, *cap. fin. de Clandeft. defpon.* Parce que les Evêques
en France ne connoiffant que *fuper fædere in Sacramento*, c'eft
äux Juges Laïques de punir les contrevenans, & l'Evêque ne
peut decerner contre eux que des peines Ecclefiaftiques.

14. Il en eft de même de ceux qui péchent publiquement avec
fcandale ; car quoique cette Seffion, *chap.* 8. permette à l'Evêque de les punir, il ne peut üfer que d'excommunication qui
font les armes de l'Eglife.

15. Le Chapitre V. de la même Seffion, n'eft pas reçu non
plus, où les caufes criminelles des Evêques, par exemple en
matiere d'herefies, doivent être jugées par le Pape feul : car en
France il donne des *Committimus*, parce que perfonne de France
ne paffe en Italie pour y être jugé ; c'eft pourquoi le Canon *Quo
jure*, *dift.* 8. fur la fin, parlant des Heretiques, dit que *Non
debent detineri leges Imperatorum.* Le chapitre *Ad abolendam*,
de hæret. verf. præfenti, Livre des Heretiques au bras Seculier,
& le chapitre *Excommunicamus* du même titre, *verf. damnati*,
les abandonne auffi *poteftatibus fæcularibus*, *& corum ballivis.*
Et en matiere de crime de leze-Majefté, les Juges Royaux
connoiffent feuls du crime de toutes fortes d'Ecclefiaftiques.

16. Le Chapitre XIII. de la même Seffion, par lequel l'Evêque
peut appliquer les fruits d'un Bénéfice à un autre, eft auffi rejetté,

parce que les fruits regardent le temporel ou le poſſeſſoire. Et en effet, ce Concile en cela eſt contraire au Canon *Unius*, 10. *quæſt.* 3. qui en parlant des Evêques & des Egliſes de leur Dioceſe, dit, *Nihilque de prædiis ipſarum Eccleſiarum cuiquam cauſâ ſpeciali dare præſumat.*

17. On rejette auſſi avec raiſon le Chapitre 19. de la Seſſion XXIV. qui abroge les Induls à quelques perſonnes qu'ils ayent été concedez, parce que cela eſt contraire aux privileges des Maîtres des Requêtes & des Parlemens.

18. La Seſſion XXV. 3. *de Regul.* qui permet à tous les Monaſtéres, excepté aux Capucins, de poſſeder des biens, étant contraire aux Ordonnances & aux Loix du Royaume qui le deffendent, n'eſt pas reçuë ; parce que le Roi étant Maître du Temporel dans ſon Royaume, les Eccleſiaſtiques n'ont pas droit de faire des Reglemens ſur ce ſujet. Et en effet, cela eſt contraire au Chapitre *Exiit qui ſeminat, de verb. ſignif. in 6.* où il eſt dit *Conducens eſt ei profeſſioni ; cujus ſpontè devovit, Chriſtum pauperem in tanta pubertate ſectari, omnium abdicare dominium, & rerum ſibi conceſſarum, neceſſario uſu, eſſe contentum.* Et un peu auparavant, il eſt dit, *In ipſos enim divina providentia committant, ut viam non contemnant proviſionis humanæ.*

19. Il en eſt de même du chapitre 3. de *Reform.* Seſſion XXV. où les Evêques peuvent contraindre par des amendes, & ſaiſir tant le corps que les biens des Eccleſiaſtiques & des Laïques, & faire executer leurs Jugemens par leurs Officiers, ou par ceux des autres ; ce qui choque entierement les droits du Roi, qui eſt le ſeul qui aye pouvoir ſur les corps de ſes Sujets, ſur leſquels eſt fondée la coûtume d'implorer le bras Seculier : ce qui eſt porté par l'Edit de Melun, *art.* 24.

Mais ce Chapitre paſſe plus avant, car il défend aux Evêques d'avoir égard aux Mandemens des Juges Seculiers en matiere des Cenſures Eccleſiaſtiques ; ce qui eſt contraire à la pratique & à l'uſage des Parlemens, qui, lorſqu'ils trouvent juſtes les chefs de Monitoire, enjoignent aux Officiaux de les Octroyer.

20. Le chapitre 9. de la même Seſſion eſt auſſi rejetté, en ce qu'il donne la connoiſſance aux Evêques des Patronats tant Laïques qu'Eccleſiaſtiques.

21. Le Chapitre 19. de la même Seſſion , ne pourroit non-plus être en uſage en France, préſuppoſé que l'ancienne coûtume durât , par laquelle les Princes Souverains & les Grands Seigneurs aſſignoient un Lieu pour ſe battre en duel , où ils aſſiſtoient quelquefois eux - mêmes : tels étant tollerez pour lors , comme une eſpece de preuve de la verité , lorſque la choſe s'étant paſſée entre deux perſonnes ſeules , on ne pouvoit ſçavoir qui avoit tort. Car le Concile excommuniant les Princes ſans diſtinction , & les privant de leurs privileges , ne peut uſer de ces peines envers nos Rois, *Qui à nemine mulĉtari poſſunt ;* parce qu'ils ne reconnoiſſent point de Superieur.

C'eſt une choſe extraordinaire que les Tournois ayent été ſi long - temps en uſage dans l'Europe depuis le Chriſtianiſme ; & que le Combat des Taureaux dure encore en Eſpagne , quoi-qu'il ne ſoit pas moins dangereux que les Tournois , & qu'il reſſemble à la condamnation *ab beſtias* , nonobſtant le titre *Extr. torneamentis* , où tels Combatans ſont privez de ſepulture.

Mais c'eſt encore une choſe plus ſurprenante , que tant de ſi grands Rois, nonobſtant un ſi grand nombre d'Edits, n'euſſent pû deraciner cette manie deteſtable de ſe batre en düel , où le danger étoit encore plus évident que dans les Tournois , dans leſquels ſi l'on étoit bleſſé , ce n'étoit que par malheur. C'eſt en quoi il faut admirer la prudence & la fermeté de notre Grand & invincible Monarque Loüis le Grand , qui les a tout-à-fait extirpez ; & c'eſt l'une des vertus qui lui a fait meriter le nom de Grand , d'avoir ſçû guerir de cette maladie l'eſprit de tant de braves Gens qu'il a dans ſon Royaume ; ce mal étant d'au-tant plus incurable qu'il étoit inveteré , ayant commencé en ce Païs , lorſque les Nations du Nort conquirent l'Empire d'Occi-dent , où l'on avoit gardé juſqu'à préſent ce reſte de leur ancienne barbarie.

Sur quoi je ne puis me tenir d'admirer la conduite & la poli-tique des Romains , qui , dans les premiers temps de la Repu-blique , prévoyant que les querelles pourroient leur faire perdre leurs plus braves Guerriers pour conſerver le ſang de leurs Citoyens , s'aviſerent d'un moyen facile pour empêcher les düels Ce fut de donner une Couronne qui ne leur coûtoit rien , à ceux qui auroient conſervé au combat la vie d'un Citoyen, laquelle ils appelloient *Cinique*, & qui étoit une de leurs plus grandes marques d'honneur ; afin que leurs Citoyens, voyant que la plus grande gloire conſiſtoit à ſauver la vie d'un Citoyen à eux ſemblable, ils compriſſent par-là que lui ôter la vie c'étoit pour lui la plus grande marque de deshonneur & d'infamie. Et pour nourrir dans la ſuite les eſprits dans cette preuve de généroſité, ils inventerent la condamnation *ad ferrum*, pour leur faire voir que cette peine n'appartenoit qu'à des Scelerats & à des Eſclaves, de ſe battre les uns contre les autres ; & pour leur faire comprendre en même-temps, quand ils verroient ces coupejarets ſi vaillans & ſi genereux, qu'il faut plûtôt meſurer les hommes moins par la force du corps que par les effets de leur prudence.

Mais pour revenir à notre matiere, le titre XXII. *chap.* 20. de cette nouvelle Seſſion, n'eſt pas reçuë, où il eſt dit, que tous les Canons & les Conſtitutions qui ſont en faveur des Eccleſiaſtiques ſeront gardées, & que l'on contraindra les Princes de les garder ; ce qui ne peut ſe dire, puiſqu'il y en a qui choquent les Loix temporelles des Potentats, & les Libertez de l'Egliſe Gallicane.

Et enfin le chapitre 21. de la Seſſion XXV. n'a pas été reçu non-plus, à cauſe d'une propoſition qui n'eſt pas reçuë en France. Or il faut remarquer que pendant les troubles & les Guerres civiles, le Duc du Maine avoit fait recevoir ce Concile ſans modification. Mais, comme dit M. Lemaître, cela fut ſagement reſervé du dépuis : ce Concile étant d'ailleurs reveré & ſuivi exactement quant au Dogme, & quant à pluſieurs autres ſaintes Inſtitutions, qui ſont en ſi grand nombre, que l'on peut dire que c'eſt le Concile des Conciles, puiſqu'il a plus determiné de Points que tous les autres enſemble.

CONDITION.

CHAPITRE XXII.

*Si les Enfans des secondes Nôces font ceffer le cas de la condition,
s'il decede fans Enfans.*

UN nommé Dupuy du Gevaudan, par fon teftament inftitua.
heritier Pierre Dupuy fon fils unique avec cette claufe,
Qu'en cas il decedât en bas âge, & fans enfans, il lui· fubftituoit Lafont fa mere ; & en cas qu'elle decedât, il lui fubftituoit Dupuy fon frere. Le Teftateur étant decedé dans cette.
volonté, le fils quelque temps après feroit decedé, & ladite
Lafont fa mere fe feroit remariée avec un nommé Carrere. De
ce fecond mariage, Lafont eut deux enfans, & feroit decedée
comme auffi ledit Carrere fon fecond mari. Après leur decès,
leurs deux enfans demanderent l'ouverture de ladite fubftitution
contre Dupuy frere du Teftateur qui fe trouvoit poffeder les
biens. Mais ces Parties ayant remis l'affaire à des Arbitres, ils
rendirent leur Sentence Arbitrale qui leur ouyroit la fubftitution.

Appel de cette Sentence par Dupuy en la Cour, difant que
dans le teftament de fon frere, il n'étoit point parlé d'enfans
lorfque le Teftateur fubftituoit fa femme ; & quand il en auroit
parlé, cela ne pouvoit jamais s'entendre des enfans d'un fecond
lit, fuivant la difpofition expreffe du Droit, *in leg. cùm vir.*
25. *ff. de condit. & demonftr.* Et parce que quand on parle de
Mariage, *Prima nuptiæ femper intelliguntur, leg. Boves* 89. §.
2. *ff. de verb. fignif.* D'ailleurs encore que cette femme n'eût
plus d'enfans lorfqu'elle s'étoit remariée, néanmoins *defunctè
animam contriftaverat, Novell.* 22. *cap.* 45. Et que c'étoit une
chofe naturelle d'avoir plûtôt de l'affection pour fa famille que
pour des étrangers ; & que quand quelqu'un n'a point d'enfans,
in fratrem judicium confere videtur, leg. 40. *in fin. ff. de pact.*

Au

Au contraire les enfans du fecond lit de cette femme, difoient que le Notaire ayant oublié le mot fans enfans après ceux-ci, íçavoir en cas qu'elle decederoit, *Minùs fcripferat, cum teftator plus vellet adfcribere, leg. quotiens, §. 2. ff. de hered. inftit.* & qu'autrement ces mots n'avoient pas un fens jufte ; car cette femme n'étoit pas immortelle, & qu'ainfi on ne pouvoit pas les entendre autrement, & que la Loi fuppléoit les mots défectueux : *Quamquam enim defit aliquid, tamen fub audito valebit verbo aliquo, leg. 1. in fin. ff. eod.* & *leg unum 67. §. fi omiffa, 9. ff. de legat. 2.*

De plus, ils difoient que Dupuy n'étoit fubftitué que *in cafum vulgarem* ; & que le Teftateur entendoit, ou au cas qu'elle decedât fans enfans, ou qu'elle decedât avant fon fils ou lui. Et qu'ainfi ayant recuëilli le fideicommis, elle fe tranfmettoit à fes heritiers, & que cette fubftitution n'avoit aucun effet, *leg. poft aditam, cod. de impub. & aliis fubftit.* D'ailleurs que le Teftateur ayant fubftitué à fon fils en cas qu'il n'eût point d'enfans, *Prior claufula femper influit in fequentes, leg. cum pater 77. §. cùm imperfecta 22. ff. de legat. 2.* Et que *in legato cenfetur repetita conditio, leg. Legatum 95. ff. de cond. & dem.* Ils citoient M. Cujas, *conful. 37.* ajoûtant qu'ils devoient fucceder à leur mere, *Ex quocumque matrimonio,* fur-tout les enfans du premier lit étant morts, & ne lui étant pas enjoint par le Teftateur de vivre viduellement. Mais la Cour jugeant que cette fubftitution qui avoit trait de temps, n'étoit pas une fubftitution vulgaire, reforma la Sentence Arbitrale, rouvrit la fubftitution en faveur de Dupuy par Arrêt donné en Audience le 3. Avril 1647.

CONGRUE.

CHAPITRE XXIII.

En quoi confifte la congruë portion des Vicaires Perpetuels.

SUR ce cas M. d'Olive, *lib. 1. cap. 2.* rapporte divers Arrêts; & notre Auteur dit qu'il y a des Arrêts, comme il fe voit, qui adjugent 300. liv. pour la Congruë, & d'autres qui n'en adjugent que 2 o o. liv. Cette différence vient fans doute du peu de revenu des Bénéfices , de la Coûtume des Dioceses , & du peu que coûtent les vivres deçà la Loire. Et en effet, autrefois cela étoit reglé à 3 o o. liv. delà la Loire , & à 2 o o. liv. en deçà. Et même quand l'Ordonnance de Loüis X l I I. *art.* **21.** adjuge 3 o o. liv. elle entend que le Curé entretienne un Chapelain ou un Vicaire. Mais aujourd'hui un Arrêt du Conseil d'Etat du 17. Mai 1669. leur adjugeant 3 o o. liv. indistinctement , il semble qu'il s'y faut regler ou abandonner les fruits.

CONDAMNATION.

CHAPITRE XXIV.

Si la condamnation d'abstenir d'entrer dans la Ville de Touloufe ,
est la même chofe que d'abstenir d'entrer dans Toulouse
fans parler de Ville.

LORSQU'UN homme a été condamné de n'entrer de fix mois dans la Ville de Touloufe , il peut entrer & habiter dans les Fauxbourgs & Gardiage, *leg. Urbis* **2.** *ff de verb. fignif.* Au contraire s'il a été condamné de s'abstenir d'entrer dans les fix mois dans Touloufe , fans parler de Ville, il ne peut entrer ni habiter dans les Fauxbourgs ni Gardiage , *Ex leg. qui in continentibus urbis , dic. tit. de verb. fignif.* Et c'eft ainfi que la Cour le jugea par un Arrêt donné en l'Audience de la Chambre Tournelle le 28. Juin 1658. donné en faveur du fieur de Galiard contre le nommé Combas , auquel il fut défendu d'entrer dans la Jurifdiction d'un Lieu, fur ce qu'il avoit été condamné de n'entrer point dans icelui pendant ledit temps de fix mois.

CHAPITRE XXV.

Si les condamnations civiles renduës hors du Royaume, peuvent être executées.

L'Article XXI. de l'Ordonnance de Loüis XIII. porte que non, & qu'il faut une nouvelle condamnation renduë en France. Avant cette Ordonnance, il fut jugé en Audience le 30. Avril 1647. plaidant M. de Parisot pour le sieur Commandeur de Grignon contre le sieur de Montbreton, qu'un Appointement des Officiers d'Avignon, portant aveu & condamnation contre ce Commandeur, d'une promesse de 400. liv. faite en l'année 1617. ne pouvoit être executée en France, quoique le Senêchal de Cahors eût baillé *Pareatis*, & que l'Appointement d'aveu fut de 1632. signifié à Avignon au sieur Grignon qui en étoit alors habitant. Et il est remarquable que par le même Arrêt, il fut défendu aux Senéchaux d'octroyer de semblables *Pareatis* pour l'execution des Sentences des Juges des Princes étrangers. Et il n'importeroit pas de dire que les Citoyens d'Avignon sont censez Regnicoles, comme dit M. Maynard, *liv.* 8. *chap.* 27. parce que cela s'entend des Successions, non de la Jurisdiction.

Or parce que le Débiteur avoit impetré des Lettres en cassation de cette promesse comme faite sans cause, fondé sur la Loi, *cùm de in debito : ff. de probat.& præsump.* par laquelle le Débiteur est obligé de prouver le fait, la Cour appointa à bailler par écrit.

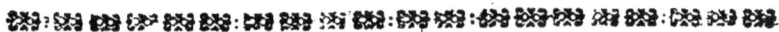

C O N S U L.

CHAPITRE XXVI.

Si un Magistrat Présidial peut être Consul dans le Lieu de son Siége.

L'A Cour rendit Arrêt en l'Audience de la Grand'Chambre le 9. Mars 1662. sur une appellation Consulaire de la ville d'Auch entre les Conseillers & Magistrats Présidiaux de cette

Ville , & le Syndic & Confuls , par lequel elle jugea que tels Magiftrats pouvoient être Confuls , en ce que par cet Arrêt la nomination & élection Confulaire qui avoit été faite de la perfonne d'un defdits Magiftrats , fut confirmée. Et lors de la Plaidoirie de la caufe , il fut reprefenté que la Charge de Conful n'étoit pas incompatible avec celle de Magiftrat , & qu'ainfi ces deux Charges pouvoient être exercées par une même perfonne , puifque du temps des Romains celui qui étoit Praticien pouvoit être Conful , jufques-là qu'il avoit même le Pas par-deffus ceux qui avoient été Confuls devant lui , *leg.* 1. *cod. de Confulib &* qu'il étoit important de recevoir dans les Charges Politiques les Magiftrats , lefquels fe trouvant déja honorez du caractere de la Magiftrature Royale , prendroient plus à cœur les interêts du Roi & du Public ; & veilleroient avec plus de foin que les perfonnes privées , que rien ne fût fait contre le fervice du Roi , de l'Etat , & du Public ; & que cela étoit fans doute le motif pour lequel nulle déliberation ne pouvoit être prife par les Communautez , fans la préfence & affiftance d'un Magiftrat.

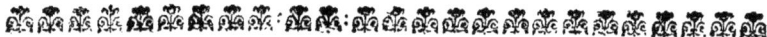

CONTRATS.

CHAPITRE XXVII.

Si les Contrats paffez hors du Royaume peuvent être executez en France.

IL y à un Arrêt de 1601. rendu par la Cour au Rapport de M. Maynard , qui porte que les Contrats paffez hors du Royaume , portent hipoteque en France du jour qu'ils font paffez , quoiqu'ils n'y puiffent être executez qu'après qu'ils ont été reconnus par un Juge Royal. Et M. Boug. en fes Arrêts , *lett.* C, *num.* 7. dit qu'à fon Rapport au Parlement en 1627. un Contrat paffé en Païs étranger fut alloüé en fon rang , quoiqu'il n'y eût ni aveu en France ni condamnation; parce que *Jus naturale peræquè apud omnes gentes cuftoditur* , §. 1. *Inftit. de*

jur. natur. gent. & civili. & que l'hipoteque est un Contrat
du droit des Gens, *leg. contractus, ff. de regul. jur.* sur le mot
pignori acceptum.

Néanmoins il y a des Auteurs contraires comme Loüet, qui
rapporte des Arrêts contraires. Et *ibi* Brodeau, *lett. H, chap.* 15.
où il dit, que les Contrats passez hors du Royaume, même les
Contrats de Mariage, quoique dépendans du droit des Gens,
ni les actes de Tutelle n'ont point d'hipoteque, soit expresse ou
tacite sur les biens situez en France. Et Godefroy *ad leg. ult.*
ff. de jurisdic. dit que tels Contrats *jus pignoris non tribuunt*
secundum, aliquos, nisi à die quo à judice in Gallia sunt recog-
niti. Mais néanmoins il témoigne assez par les raisons qu'il
rapporte, qu'il n'est pas de cet avis. La Glosse sur cette Loi
est fort remarquable pour beaucoup de cas sur cette matiere :
l'Ordonnance de Loüis XIII. *art.* 121. est contraire à cet avis,
mais elle n'est pas universellement observée, car il est important de montrer de la bonne foi à l'égard des Etrangers.

CHAPITRE XXVIII.

Quand le Contrat d'engagement d'un fonds est pour dix ans, si le
Débiteur peut recouvrer le fonds avant le temps expiré
& fini.

IL y a des Auteurs qui disent que quand celui qui prend &
fait cette grace, on ne peut retirer le fonds engagé que la
derniere année, & principalement *Guyd. Pap. quæst.* 516. Mais
il tombe d'acord que quand il est dit expressément dans le Contrat que celui qui fait l'engagement ne pourra retirer la chose
engagée avant dix ans, qu'il y a de l'usure, suivant les Notes
sur le Chapitre *ad nostram de empt. & vend. & ibi panorm.*
parce que le Créancier qui reçoit son argent en quelque-temps
que ce soit dans les dix ans, n'a pas sujet de se plaindre, *leg.*
cùm fundus, cod. de pact. inter empt. & vendit. compos. Et il y
a un exemple de la difference de ces deux cas dans la Loi *Si ita*
scriptum fuerit, 16. *ff. de manum. testam.* où il y a de la difference
entre *anno duodecimo & post duodecim annos.*

Mais l'opinion de Guy-Pape n'eft pas fuivie ; car quand l'engagement eft fait fimplement pour dix ans, le Débiteur peut retirer avant les dix ans, & même dès la premiere année, comme il fut jugé le 16. Juin 1648. par Arrêt donné en l'Audience de la Grand'Chambre ; Avocats. M. de Parifot & Granjon en la caufe de M. de Textoris, qui avoit emprunté 1000. liv. de la Demoifelle de Befombes, & lui avoit pour cette fomme engagé fa maifon. Et par cet Arrêt, il fut jugé qu'avant le temps on peut recouvrer le fonds engagé : *Quod enim certâ die promiffum eft, ftatim dari poteft.*

CHAPITRE XXIX.

Si lors d'un Contrat d'engagement d'un fonds, le Créancier eft obligé de précompter fur la fomme par lui baillée, la valeur des fruits qui excedent les interêts.

SUR cette queftion il y a des Arrêts differens ; car le 9. Février 1660. il fut rendu Arrêt au Rapport de M. de Catelan à la Premiere des Enquêtes, par lequel un Engagifte fut condamné à imputer ce fuperflus. C'étoit en la caufe du fieur de Turle Doyen du Senêchal de Carcaffonne, contre Alibert & Bertrand. La même chofe avoit été jugée le 8. Avril 1656. contre le fieur Fabas, qui avoit pris un Fonds en engagement pour 2077. liv. en faveur d'un nommé Rech Marchand de Caftelnaudarri. Et ces décifions font fondées fur les Novelles 32, 33 & 34. lefquelles font contre la rigueur des Créanciers qui fe prévalent de la mifere de leurs Débiteurs, & *leg.* 1. *cod. de diftract. pig. fructus imputantur.* C'eft pourquoi Ferrieres *in quæft.* 516. *Guyd. Pap.* dit que cela fe juge ainfi au Parlement de Touloufe.

Mais au contraire par autre Arrêt donné en l'Audience de la Grand'Chambre le 19. Avril 1657. Avocats Mes. de Laffefquiere pour Granfaigne, & de Chaffan pour Solanet : En ce que par cet Arrêt Granfaigne fut relaxé de cette imputation pour raifon d'un Pred à lui baillé en engagement pour 1300. liv. Et l'on foutenoit que ce Pred donnoit deux à trois cens livres de revenu annuellement , & encore qu'il étoit noble & hors ¦de danger d'inondation.

C'eſt ce qui doit avoir plus de lieu lorſque les fruits excedent certaines années , & qu'en d'autres ils ne les excedent pas ; comme il fut jugé par Arrêt donné par le même ſieur de Catelan au lieu de M. de Bertier à la Premiere des Enquêtes , en la cauſe du ſieur de Saint Martin & du ſeur Dolivier. Et ces Arrêts ne manquent pas de fondement , parce que les Antichreſes ſont permiſes, *leg.* 1. *§. pacto , ff. de pign.* & *leg. ſi pecuniam , ff. de pign. act. compenſatione fructuum cum uſuris.* Joint à cela que *incertus eſt fructuum eventus , leg. ſi eâ pactione* 14. & *leg. ſi eâ leg.* 17. *cod. de uſur.* non-ſeulement quant à leur quantité , mais même quant à leur valeur de chaque année , *leg. ſi is qui §.* 1. *ff. de pign.* Cela fut encore jugé par un Arrêt du 10. Juillet 1643. au Rapport de M. de Grifoulet entre Ginoux, Gaubert & Pierre Lacoſte ; car Gaubert & Pierre Lacoſte furent démis de leurs Lettres , par leſquelles ils demandoient l'imputation des fruits ſeulement , ſur l'offre faite par Ginoux de revendre le tout. Quoique la lezion ſemblât évidente , on leur dénia l'imputation des fruits.

Sur quoi il faut remarquer que ce cas paroît être du pacte de rachat , plûtôt que de l'engagement, mais néanmoins il tenoit de la nature du Contrat *pignoratif.* Il eſt vrai que quand c'eſt une vente a pacte de rachat ou de remeré , il faut que la lezion ſoit d'outre moitié pour le faire caſſer , & pour faire imputer les fruits ; car comme c'eſt un achat, il n'eſt pas défendu d'acheter à bon marché, à moins que les circonſtances ne faſſent voir que c'eſt plûtôt un engagement ; auquel cas on le traite comme un engagement. M. Maynard, *liv.* 2. *chap.* 50. dit même que ſans s'enquerir de la lezion d'outre moitié, il ſuffit qu'il y ait lezion d'un quart.

Or il y a trois marques auſquelles on juge que la vente à pacte de rachat eſt un Contrat pignoratif ; c'eſt-à-dire , un engagement. 1° Comme dit Chenu, *quæſt.* 89. lorſque la vente eſt faite à vil prix. 2. Quand le rachat y eſt apoſé. 3. Quand celui qui vend , prend à Ferme le fonds qu'il a vendu : *Nec creditur alie-*

nare velle qui poſſeſſor eſſe non definit, leg. *ſicut* , §. *ſupervaⁱ cuum* , ff. *quib. mod p*ⁱ*g. vel hypot.*

M. Loüet , *let* P , *chap*. 11. met une autre marque au lieu de la Ferme, qui eſt , ſi l'Acheteur à tel pacte *ſolet fænerari* , & hors de ces trois cas joints enſemble , les ventes à pacte de rachat ne ſont pas cenſées uſuraires , & n'obligent pas d'imputer le ſurplus des fruits , ſuivant l'opinion du même Auteur ; & même l'opinion de M. Maynard n'eſt pas ſuivie, comme il a été jugé ſouvent depuis ; ſçavoir , en faveur du ſieur Drogues contre une Communauté qui avoit par conſequent le privilege des Mineurs , *ex leg. Reſpublica* , *cod. quib. cauſ. major. &c.* & en faveur d'un nommé Laroque contre le ſieur de S. Cire ; & s'il ſe trouve un Arrêt contraire à ces deux là , & ſuivant l'opinion de M. Maynard , rendu en faveur du ſieur Biduer contre le ſieur de Vignes Bourgeois de Fijac , par lequel le ſieur Vignes fut condamné à imputer le ſurplus des fruits ; cela veut dire que le ſieur Biduer fut relevé de la vente à cauſe de ſa minorité , & que la choſe conſiſtoit en Rentes foncieres, qui ſont un revenu certain , & non ſujets aux cas fortuits , quoiqu'il y ait de l'incertitude aux prix des fruits.

Enfin la Cour a accoûtumé d'examiner en l'engagement , ſi la lezion eſt grande ; car ſi elle eſt petite , elle conſidere que ſi cela ſe jugeoit à la rigueur , & qu'il falût qu'un Engagiſte rendît compte de Clerc-à-Maître , jamais perſonne ne voudroit prendre en engagement. Il faut ſeulement remarquer que quelques Juges font difference ſi le Contrat eſt conçu en ces termes : Sçavoir, *qu'un tel joüira juſqu'à ce qu'il ſoit achevé de payer* ; alors il n'y a point de queſtion , & il doit plûtôt imputer le ſurplus des interêts. Mais il en eſt autrement lorſqu'il eſt dit, *qu'il joüira juſqu'à ce que le débiteur l'ait payé* ; car c'eſt alors que la queſtion a lieu. Or quoique cette difference paroiſſe ſubtile , la verité eſt qu'à bien conſiderer les choſes , ces termes font changer de face à la queſtion, à moins qu'il n'y ait quelques autres termes dans les Contrats qui en empêchent.

CHAPITRE

CHAPITRE XXX.

Si le Créancier qui prête par un Contrat la fomme de mille livres,
avec pacte que le Débiteur lui payera annuellement dix fétiers
de Bled, eft obligé de précompter fur le capital ce qui excede
les interêts de la valeur du Bled.

UN homme prêta la fomme de 1000. liv. fous la rente
annuelle de fix fétiers de bled, jufques au payement de lad.
fomme de 1000. livres. Quelques années après, le Débiteur
demanda que le Créancier fût condamné de précompter fur le
fort principal, ce que le bled avoit pû valoir année par année
plus que ne montoient les interêts; & pour cet effet, il impetra
Lettres Royaux en caffation & refcifion du Contrat de prêt.
Mais par Arrêt donné en l'Audience de la Grand'Chambre, le
Débiteur fut démis de fes Lettres, & le Créancier relaxé *propter*
incertum fructuum proventum, comme dit la Loi *Si eâ lege, cod.*
de ufur. L'Arrêt eft du 27. Avril 1656. Parties, les nommez
Langlade & Boyer. Avocats, de Chaffan & Bourlat.

CHAPITRE XXXI.

Si c'eft une contre-lettre lorfque le beau-fils donne un délai à
fon beau-pere pour payer la conftitution, plus long que n'eft
contenu dans les Pactes de mariage.

POUR ce qui eft des contre-lettres, voyez Maynard, *liv. 3.*
chap. 9. Charondas au fecond Livre de fes Réponfes, *chap.*
34. Robert en fes Plaidoyers, *liv. 1. chap. 2.* M, Loüet, *let. C,*
chap. 28. & *ibi* Brodeau. Mornac *ad leg. penult.* §. *Virgini, ff.*
de donat. inter vir. & uxor. & *ad leg. 1. cod. plus valere quod*
agitur, &c. & ledit Loüet, *lett. D, chap. 28.* & *ibi* Brodeau. Et
la queftion préfente eft de fçavoir fi c'eft une contre-lettre lorfque le beau-fils, hors du Contrat de Mariage, donne un plus

O

long délai à fon beau-pere pour payer partie de la conftitution
dotale de fa fille en payant l'intérêt. Le cas étoit, que le nommé
Broqua Gautier conftitua en dot à fa fille, par fes Paétes de
mariage avec Daran, 7000. liv. qu'il paya réellement. Mais
après le Contrat de mariage, fuivant une convention particuliere, il en avoit retiré 2000. liv. dont Daran lui avoit donné
terme de fix ans, à la charge de payer les interêts. Si-bien
que le fils de Daran ne vouloit pas tenir depuis la convention
faite avec fon pere, & vouloit exiger cette fomme de 2000. liv.
Mais la Cour par Arrêt du 13. Decembre 1655. jugea que cette
convention n'étoit pas une contre-lettre, & la confirma par
fon Arrêt. Voyez M. de Cambolas, *liv. 3. chap. 3.* qui rapporte un femblable Arrêt.

CHAPITRE XXXII.

Si le Créancier qui reçoit une des fommes qui lui eft dûë par un
Contrat ou autrement, fans fe referver les autres qui lui font
dûës par le même Débiteur par autres aétes ou autrement, fe
fait préjudice.

DEMOISELLE Jeanne de Robert fut mariée en premieres nôces avec M. Megain Procureur au Parlement de
Touloufe; & lors de fon decès, il laiffa à fa femme trois enfans;
fçavoir, Jean Megain qui fut Procureur audit Parlement, &
deux filles; l'une defquelles fe fit Réligieufe, & l'autre fut
mariée avec feu Germain Agel auffi Procureur en la Cour; &
la Demoifelle de Robert leur mere fe feroit remariée avec feu
Merlé pareillement Procureur audit Parlement. Après le decès
duquel la de Robert auroit fait donation de fes biens au fieur
Merlé fon fils du fecond lit. Après quoi elle paffa un autre aéte
avec ledit Megain, fils de fon premier lit, le 30. Juin 1664.
par lequel il déclara avoir reçu de fa mere pour la portion
d'augment, la fomme de 500. liv. fans qu'il fe refervât dans
ce Contrat les autres fommes à lui dûës & hipotequées, qui
confiftoient, entre autres chofes, à la portion de l'augment

de fa mere, qui apparteroit à ladite Réligieuse fa fœur ; de plus, en son droit de legitime, & en des legats à lui faits par ses ayeul & ayeule maternels, desquels la Demoiselle de Robert fa mere étoit heritiere, & fur ce que l'inftance d'ordre des Créanciers de Merlé fut pendante après le decès de ladite de Robert en la Grand'Chambre, Megain s'y feroit pourvû en oppofition, & auroit demandé allocation de fefdites hipoteques. Mais ledit fieur Merlé pour tacher d'empêcher que Megain fon frere uterin ne fût alloüé, auroit oppofé des fins de non-recevoir fondées fur l'acte dudit jour 30. Juin 1664. en ce que dans icelui Megain ne fe feroit pas refervé les fommes dont il demandoit l'allocation. A cela Megain répondit premierement, qu'il ne pouvoit pas demander pendant la vie de fa mere fon droit de legitime ; & qu'ainfi il ne pouvoit pas fe referver un droit qui ne lui étoit pas encore dû, ni non-plus la portion de l'augment qui appartenoit à ladite Réligieuse fa fœur, puifque fa mere en avoit la joüiffance fa vie durant.

Et il n'étoit pas non-plus neceffaire pour un fecond, de fe referver aucuns de fefdits droits par ledit acte, fuivant la Jurifprudence de la Cour, établie fur la difpofition du Droit, *in leg. Lucio Titio, ff. de obligat. & act.* quand même ledit acte feroit une Tranfaction, veu que les Tranfactions, fuivant le Droit, *in leg. Si de certa re, cod. de Tranfact.* ne peuvent pas être étenduës au-delà de ce qu'on a tranfigé. Si-bien que la Cour par Arrêt donné en la Grand'Chambre au Rapport de M. de Catelan, le 12. Janvier 1693. fans avoir égard aux fins de non-recevoir de Merlé, Megain fut alloüé pour toutes fes hipoteques.

CURATEUR.

CHAPITRE XXXIII.

Qu'eſt-ce qu'il faut faire pour donner un Curateur à celui qu'on dit être inſenſé ?

IL eſt certain qu'un Curateur doit être donné à ceux qui ſont privez de ſens, *leg. his qui in princip. ff. de Tutor & Curator. dat. & leg. ſed ff. de Curat. fur. & §. ſed & mente captis 5. inſtit. de Curator.* Mais le Curateur ne doit pas être donné qu'avec grande connoiſſance de cauſe, & après avoir bien reconnu la démenſe ou fureur : *Quoniam plerique vel furorem vel dementiam fingunt, quo magis Curatore accepto onera civilia detractent, leg. obſervare, ff. de Curat. fur.* Auſſi la Cour par Arrêt donné en l'Audience de la Grand'Chambre le 14. Mars 1656. ordonna qu'avant dire droit pour ſçavoir s'il y avoit lieu de faire pourvoir de Curateur à M. Dulaur Conſeiller & Magiſtrat Préſidial en la Senéchauſſée de Touloufe, que la Demoiſelle ſa femme prétendoit être imbecile, ſur le fondement d'une rélation faite par deux Medecins, que les Parens du ſieur Dulaur s'aſſembleroient dans certain délai pour ſçavoir ſon état, & la rélation priſe par eux, vûë & rapportée, il y ſeroit pourvû ainſi que de raiſon.

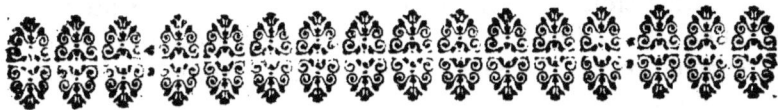

D.

DÉCLARATION.

CHAPITRE PREMIER.

Si la déclaration du Mari portant qu'il a reçû 1500. livres de biens parafernaux de sa femme, faite à l'article de la mort, est valable.

UN nommé Mazarguil étant à l'article de la mort, déclara devant deux Peres Carmes Déchauſſez, un Procureur en la Cour, & quelques Domeſtiques, que la mere de ſa femme étant morte, il en avoit eu 1500. liv. La veuve ayant fait reſumer les témoins au Senêchal ſans appeller les Parties, la mere de Mazarguil fut appellante de la Procedure du Senêchal; & diſoit, que c'étoit une déclaration fabriquée depuis la mort de ſon fils, & que ce Procureur étoit parent de la veuve: Que les Réligieux ne pouvoient être témoins: Qu'un Notaire étant allé chez ſon fils, il l'avoit trouvé incapable de teſter, & même de recevoir le Viatique.

La veuve au contraire diſoit, que la mere avoit fait inſulte au Notaire ſur l'Eſqualier: ce qui étoit la cauſe qu'il s'en étoit retourné: Que le Procureur n'étoit pas ſon parent: Que cette déclaration étoit appuyée ſur la verité; & que l'on ſçavoit fort bien que ſa mere étoit bien meublée, apparoiſſant même des Contrats des dettes qu'elle avoit de l'argent; & que ſi elle n'avoit pas eu la précaution d'en tirer un reçu par écrit, que l'on ne devoit pas la priver de ſon bien puiſqu'elle avoit la confeſſion de ſon débiteur. Sur quoi la Cour en renvoyant la cauſe devant le Senêchal, ſauf aux Parties à faire une nouvelle reſomption, préjugea que la déclaration étoit valable. Et en effet, soit que cette déclaration fût un legat, soit que ce fut une donation à cause de mort, la preuve en pouvoit être reçuë par témoins, *leg. 1. & ult. cod. de falf. cauf. adject. leg.*

CHAPITRE II.

Si depuis la Déclaration du Roi qui regle la Congruë à 300. liv. & au cru de l'Eglife, cette Congruë peut être demandée contre le Réfignant qui a été reçu Prêtre, fub titulo illius Beneficii.

LA Cour fur cette raifon jugea par Arrêt du 25. Février 1671. qu'elle ne pouvoit être demandée. Avocats Mes. de Laffefquiere & Samedies. Car fi la Congruë avoit abforbé le revenu, il auroit fallu que le Prêtre eût mandié *in opprobrium Cleri.*

La Déclaration qui regle la Congruë à 300. liv. n'a pas lieu à l'égard des Curez primitifs, qui ne doivent donner que 200. liv. fuivant une autre Déclaration du 4. Decembre 1671. qui interprête la précedente.

DECRET.

CHAPITRE III.

Si un Decretifte peut être condamné à la reftitution des fruits des biens décretez.

LE Decretifte n'eft pas feulement obligé de pourfuivre le Decret avec les formalitez requifes, mais encore comme dernier furdifant : il doit configner le prix de fa furdite avant qu'il faffe expedier le Decret, & qu'il fe mette en poffeffion des biens décretez. S'il le fait autrement, il eft obligé à la reftitution des fruits, bien qu'il foit dit *in leg. jufté, ff. de adq. vel amitt. poſſeſſ.* que *juſtè poſſidet, qui prætore auctore poſſidet.* Car la Cour par Arrêt rendu en la Grand'Chambre au Rapport de M. de Caſtagneau le 12. Juillet 1679. caſſa l'expedition d'un Décret, & la miſe de poſſeſſion priſe par le Syndic des Religieux de la Trinité de Touloufe, & fut condamné à reſtituer les fruits des biens décretez au ſieur de Manſencal Sieur de Venerque fils, ſur ce que ledit Syndic avoit fait expedier le Decret, & s'étoit mis en poſſeſſion des biens décretez, ſans avoir conſigné le prix de la ſurdite ſuivant les Ordonnances Royaux, & principalement ſuivant celle de Henri II. de l'année 1551. *art. 8.*

CHAPITRE IV.

Si le Rabatement du Décret peut être cedé par celui qui a le droit de le demander.

IL a été jugé que le Rabatement pouvoit ſe ceder par Arrêt du 10. Juin 1650. en la cauſe d'Henri Dalbaret Sieur de Tuffal, & de Pierre Dalbaret Sieur de Labaſtide, impetrant Lettres en caſſation de Décret, & en tout cas en Rabatement contre le ſieur de Tabiart, ſubrogé au droit du ſeur de Maurel, au Rapport de M. de Laporte en la Grand'Chambre. Et il eſt à remarquer que ledit de Tuffal étant néveu de celui dont les biens avoient été décretez, avoit fait intervenir Pierre Dalbaret fils du même, ſe défiant de ſa cauſe. Mais la Cour ordonna le Rabatement en faveur de l'un & de l'autre : ce qui fait voir qu'il n'étoit pas beſoin de cette intervention.

Et cela avoit été jugé encore en l'Audience de la Grand'-Chambre par Arrêt du 19. Avril 1644. Avocats Mes. de Pariſot & Paucy, contre un Subrogé à un Décret obtenu par M. de Comere Conſeiller en la Cour. Voyez le Chapitre V. qui ſuit.

CHAPITRE V.

Si un Décret sur un Office peut être rabattu.

LOISEAU, *lib. 2. de Offic. hæred. num. 61. & 62.* tient que les Offices Domaniaux ne font pas proprement immeubles, & que lo Retrait n'a pas lieu. Et Chopin fur la Coûtume d'Anjou, *tit. de Laudim.* rapporte un Arrêt conforme à cette décifion, & eft auffi de cet avis fur la Coûtume de Paris, *tit. 6.* De plus, le même Loifeau, *liv. 3. dès Off. chap. 9. num. 76. & 77.* dit que l'Office n'a pas de fuite, & qu'il eft exempt d'hipoteque & de fervitude ; parce que par la vacance, il retourne au Roi *optimo jure*, qui en ayant pourvû quelqu'un, les Créanciers, ni la Femme même, n'y peuvent plus pretendre d'hipoteque : & rapporte un Arrêt du Parlement de Paris conforme à cela, *num.* 75. De forte qu'il femble donc qu'un Office ayant été décreté, & le Décretifte en étant pourvû, il n'y a plus lieu de Rabatement.

Néanmoins par Arrêt de la Cour du premier Février 1625. le contraire fut jugé en Audience en la caufe d'un nommé Bourdonele, à la charge de rembourfer la fomme pour laquelle le Décret avoit été obtenu, & autres fraix ; & outre cela, la finance & les fraix des Provifions : car l'Office eft cenfé un immeuble, qui fait la plus noble partie des Biens. Si-bien que le même Loifeau avoûe dans le même Article 75. qu'il y a des Arrêts contraires à celui qu'il rapporte, par lefquels il a été jugé que l'Office fait fuite à la Femme.

CHAPITRE VI.

Si un Décret peut être adjugé d'autorité de la Bourfe lorfqu'il n'y a point d'oppofition.

QUOIQUE par l'Ordonnance de Charles IX. de 1563. après qu'on a faifi d'autorité de la Bourfe, on doive fe retirer pour faire les criées devant le Juge ordinaire, parce que

les

les Prieur & Confuls de la Bourfe peuvent bien *damnare &*
abfolvere , mais non pas *abdicere* , comme la Cour le jugea par
Arrêt du mois de Mai 1 6 3 7. contre un Marchand de Carcaffonne, & le 28. Novembre de la même année en la caufe d'un
Marchand nommé Camus ; néanmoins le Syndic de la Bourfe
appellé, M. de Galien s'étant rendu oppofant envers ce dernier
Arrêt, il fut ordonné que les Prieur & Confuls de la Bourfe
pourroient paffer outre , & ordonner le décret. Le motif de
cet Arrêt fut , qu'il n'y avoit aucun oppofant à la faifie.

Regulierement on a trente ans pour demander le rabatement
des Décrets des Juges inferieurs, & dix ans pour ceux qui ont
été adjugez d'autorité des Cours Souveraines.

Néanmoins il y a des caufes qui font que quelquefois ces deux
regles ne font pas obfervées ; car le 11. Janvier 1 6 2 6. il fut
rendu un Arrêt en l'Audience de la Grand'Chambre , Avocats
M. de Marmieffe & Deville , par lequel un Mineur même ne
fut pas reçu au rabatement dans les dix ans d'un décret de
1.6.1.7. contre un tiers-acquereur des biens décretez : La Cour
ayant fait cette difference , que l'on peut venir en rabatement
contre le Décretifte, mais non pas contre celui qui a acheté de
lui. Car fi ce tiers-poffeffeur n'avoit pas acquis les biens de
celui qui les y vendit , comme en étant propietaire, mais comme
Décretifte, ou qu'il eût pris la fubrogation au décret , en ce
cas il eft vrai de dire que la Cour auroit adjugé le rabatement
du décret , attendu que le Poffeffeur contre lequel ce rabatement fut demandé , n'avoit pas eu plus de droit que celui qui
avoit fait décreter les Biens.

La Cour en l'Audience de la Grand'Chambre rendit Arrêt
le 30. Mars 1644. par lequel elle refufa le rabatement ou le droit
d'offrir, contre la Loi derniere, *cod. de his qui in prior. cred.*
loc. fucced. à deux Créanciers perdans , qui venoient dans les
dix ans, & demandoient ou d'être reçus à furdire, ou à offrir
l'entier remboursement au Décretifte, Avocats Mes. de Ferriere,
Autié, & Lacroix Procureur & Curateur à l'heredité jaçante.
On reçoit néanmoins quelquefois au droit d'offrir , en démetant
les Impetrans de la demande en allocation après le décret,
comme il fut jugé le 15. de Mai 1680. en la feconde Chambre

P.

des Enquêtes en l'affaire du fieur de Ligonnier Dubuiffon Décretifte, contre le fieur de Vignes Receveur de Lavaur, Créancier en la diftribution de Pierre Calvet, M. de Joffé Rapporteur, le Créancier ayant été reçu au droit d'offrir. Il y avoit
cette circonftance, que les biens avoient été adjugez à fort vil
prix, & que la femme de Calvet s'étoit jointe au fieur Vignes;
mais il fe trouva auffi qu'elle étoit comprife dans une Requête
que fon mari avoit prefentée pendant les pourfuites du décret,
laquelle Requête étoit énoncée feulement dans le veu de l'Arrêt
d'allocation; & l'on ne montroit ni la copie de cette Requête,
ni la Procuration de cette femme.

Nous avons rapporté au Chapitre III. ci - deffus deux
Arrêts, par lefquels il fut jugé que le rabatement peut être
créé : néanmoins la Cour ne fouffre point qu'on le cede en certain cas ; car M. Tracy Prêtre ayant acheté du fonds pour
1000. liv. d'un certain Fourguere, & en ayant payé 700. liv.
Fourguere faute de payement des 300. liv. reftantes, lui fit
décreter le même fonds. Tracy ayant donc cedé fon droit de
rabatement avec 60. liv. de profit fulement (bien que la ceffion
n'étoit qu'au prix de 360. liv.) à un nommé Mercadier Praticien & Notaire de Caftelnau, ce Ceffionaire avoit impetré
des Lettres en rebatement. Mais la Cour par Arrêt du 30.
Mars 1649. caffant le Contrat de ceffion, relaxa Fourguere,
fauf à Tracy de pouvoir agir. Or il fe voit que le rabatement
fut denié à Mercadier, plus en faveur de Tracy que du Décretifte ; parce que la Cour vit que ce Ceffionnaire s'étoit prévalu
de la neceffité de ce pauvre Prêtre, pour avoir à 360. liv. un
bien de 1000. liv. *Malitiis non eft indulgendum.* Et toutes les
fois que la Cour voit de femblables fupercheries, elle ne fouffre
pas l'opreffion, comme il fut jugé le 23. Mars 1665. Car un
Créancier de vingt fols ayant mandié la ceffion d'une dette de
22. liv. contre un Païfan ; & lui ayant fait faifir une Maifon,
un Jardin & une Vigne, quoique pût dire Me. Duval Avocat
de ce Décretifte, la Cour par Arrêt donné en l'Audiance de la
Grand'Chambre le fufdit jour, caffa cette faifie avec dépens par
la feule raifon d'opreffion ; & Me. de Boiffi plaidant pour le
Débiteur.

Tout au contraire, quelquefois les Décrets font rabatus après les dix ans, ou les trente ans pour des raifons particulieres, comme il fe voit par les Arrêts fuivans.

Dumenes en 1601. avoit obtenu Sentence de décret fur les biens d'un nommé Defcafes, & ne s'étoit à la verité mis en poffeffion qu'en l'année 1624. enfuite de quoi Defcafes s'étoit pourvû par appel de la Sentence de décret ; & ayant fait donner affignation à Dumenes, il étoit mort devant les trois ans de la peremption d'inftance. Son fils ayant impetré des Lettres en rabatement de décret, alleguoit fa minorité, & difoit que l'inftance d'appel de fon pere n'avoit pû perimer, puifque fon pere étant mort devant le temps de la peremption, cette peremption n'avoit pû avoir lieu depuis, à caufe qu'il n'y avoit plus de Partie ; & quoique la Sentence de décret fût de 1601. la mife de poffeffion n'étoit que depuis 1624. Dumenes au contraire difoit que fon décret étoit de 1601. & quand on deduiroit le temps de la minorité de fa Partie adverfe, il fe trouvoit trente deux ans, & que d'ailleurs le rabatement étoit un bénéfice. Les Mineurs *in quærendo* ne pouvoient pas être reftituez, comme il fe juge du Retrait-lignager, & en plufieurs autres cas, *Ex argum. leg. nec avus, cod. de mancip. lib.* ou *Beneficia in cujufquam injuriam tribuere moris non eft, leg. 7. cod. de precib. imper offer.* Et quoiqu'il y eut eu affignation en 1624. il n'y avoit point de préfentation de la part de Defcafes pere de la Partie (car la préfentation étoit neceffaire de la part du Demandeur avant l'Ordonnance de 1667.) & qu'il n'en étoit pas de même que *in foro Ecclefiaftico*, ou la feule affignation faifoit l'inftance. Sur quoi la Cour démit l'Impetrant de fes Lettres, par lefquelles il vouloit reprendre l'inftance de fon pere, & néanmoins elle le reçut au rabatement du décret dans le mois : d'où il fe voit que la Cour crut que la Sentence après ce temps, nonobftant l'inftance du pere, ne pouvoit être reformée. Mais parce que la mife de poffeffion n'étoit que depuis dix-neuf ans, & que c'étoit un décret d'une Jurifdiction Subalterne, il pouvoit être rabatu dans trente ans : d'où l'on peut inferer auffi, que le temps du rabatement ne fe compte que depuis la mife de poffeffion. Cet Arrêt eft du 12. Juillet 1643. Ledit temps auſſi pour demander le rabatement , eſt prorogé en faveur du fils mineur lorſque le pere meurt avant qu'il ſoit expiré ; comme il fut jugé entre Durant Décretiſte , & le fils d'un nommé Cala. C'eſt un Arrêt d'Audience du 4. Juin 1 6 4 3.

De plus , le 6. Juillet 1 6 5 1. la Cour par Arrêt donné en l'Audience de la Grand'Chambre , Avocats Meſ. de Paucy , Pariſot , Lavergne & Tartanac , reçut la Demoiſelle de Blancone au rabatement d'un décret ordonné par Arrêt après onze ans depuis la miſe de poſſeſſion contre les Peres de la Doctrine Chrêtienne ſubrogez par le Sydic des Cordeliers , & par conſequent tiers-acquereurs ; M. de la Goudiniere étoit auſſi en cauſe , & y reçut cette Demoiſelle de Blancone , bien qu'elle eût ratifié le décret après ſa majorité , & même pris en partie payement du Décretiſte , & bien qu'encore elle ne fut point heritiere de ſa maiſon ; mais ſon frere qui ayant demandé avec elle ce rabatement , s'étoit départi de cette demande ; la Cour ayant conſideré que c'étoit une fille de celui de qui on avoit décreté les biens , ſuivant la Loi *Dudùm* , *cod. de contrah. empt.* jointe avec l'Authentique, *Niſi tricennale tempus* , *&c. cod. de bon. mater.* Voyez Got. ſur cette Loi *Dudùm* , où il parle de ceux qui ont la préference, qui ſont les proches parens , les Conſorts, & ceux en faveur de qui il y a une Loi qui les préfere au rabatement. Il faut néanmoins remarquer que lors du décret elle offrit de payer l'oppoſant , qui avoit ſans doute des raiſons particulieres de ſon oppoſition ; & il faut en fait de rabatement rembourſer tout , *leg. heredes* 25. *ff. famil. erciſc.* & *leg. debet* 27. *ff. de edict.*

CHAPITRE VII.

S'il faut rembourſer au Décretiſte , non-ſeulement les ſommes pour leſquelles il a obtenu le décret , mais encore les autres ſommes , réparations , méliorations , & loyaux - coûts.

EN matiere de rabatement , il faut non-ſeulement rembourſer les ſommes pour leſquelles le décret a été obtenu , mais encore toutes les autres ſommes qui ſont dûes au Décretifte ; & qu'il a encore payées à l'acquit & décharge des biens, reparations, ameliorations, & loyaux-coûts, avant qu'il puiſſe rentrer dans les biens ; car juſques après avoir payé le tout, le Décretiſte peut retenir les biens décretez, *Ex leg. Quod ſi poſſeſſor.* 17. *ff. de hered. pet. & leg. unic. cod. Etiam ob chirog. pecun. pign. ten.* & c'eſt ainſi que la Cour le juge par ſes Arrêts. Car par Arrêt donné en l'Audience de la Grand'Chambre le 27. Juillet 1651. Parties Madron Notaire, & le nommé Crouſat. Comme auſſi par autre Arrêt donné en l'Audience de la Grand'-Chambre le 7. Mai 1660. Parties M. de Caſtera Prêtre, & les nommez Charrats freres. Mais ſuivant ce dernier Arrêt, & ſuivant un autre du 10. Mars 1654. en la cauſe d'Ayroles & de la Demoiſelle d'Ayez, il fut jugé que pour être rembourſé de tout, il faut le demander par Requête pour éviter un ſecond procès.

DEGUERPISSEMENT.

CHAPITRE VIII.

Sçavoir ſi un homme peut deguerpir un fief avant que d'avoir payé les arrerages de la rente, & que l'on ait fait verifier les deteriorations.

L E Senêchal de Cahors ayant ordonné par Appointement que le déguerpiſſement fait à Monſieur l'Evêque de Cahors de certains Moulins tiendroit, ſans préjudice des arrerages & des déteriorations, cet Appointement fut reformé par Arrêt de la Cour, par lequel il fut ordonné que les arrerages ſeroient payez pour un préalable, & la verification des déteriorations ; En quoi la Cour ſuivit le ſentiment de Loiſeau du Déguerpiſ-ſement, *liv.* 5. *chap.* 4. *& 5.*

Et il faut ſçavoir ſi le déguerpiſſement peut ſe faire par un ſimple acte de Notaire. Or la Loi *Rura, cod. de omni agro de-ſorto,* dit que le déguerpiſſement doit ſe faire *apud acta* ; &

publicatis in judicio defideriis. Et Bacquet au traité des droits
de Juſtice , *chap.* 1. *num* 206. *&* 207. dit & tient la mème
choſe. Et Loiſeau au traité du Déguerpiſſement , *liv.* 5. *chap.* 1.
num. 14. dit au contraire que Boyer rapporte un Arrêt par
lequel un déguerpiſſement qui avoit été fait par la ſimple ſignifi-
cation d'une procuration, fut jugé bon & valable. Mais ledit
ſieur Loiſeau audit Livre dit que cet Arrêt a été donné , non
au cas du vrai déguerpiſſement , mais du ſimple délaiſſement par
hipoteque , que par erreur , comme on appelle en pratique
déguerpiſſement , & au nombre ſuivant, qui eſt , le 15. ledit ſieur
Loiſeau dit qu'il faut que le déguerpiſſement ſe faſſe , non-ſeulement en jugement, mais il faut qu'il ſoit fait avec un contra-
dicteur legitime ou düëment appellé. Néanmoins notre Auteur
en la *let.* **D** , ſur le mot *Deguerpiſſement* , *art.* 1. *in fine* , dit
que cette déciſion doit ſe reſoudre Si ce déguerpiſſement eſt fait
au Roi ou au Public, il doit être fait d'autorité de Juſtice, mais
non pas à l'égard d'un Particulier.

CHAPITRE IX.

Si l'Emphiteote en déguerpiſſant peut prétendre des ameliorations.

IL y a divers cas auſquels celui qui déguerpit peut prétendre
les réparations , & particulierement lorſque l'Emphiteoſe
prend fin ſans aucune coulpe de l'Emphiteote, comme lorſque le
temps eſt écheu. Loiſeau au traité du déguerpiſſement , *liv.* 6.
chap. 6. *à num.* 1. juſqu'au *num.* 13. *Jul. Cal.* §. *Emphiteoſis* 9.
45. *num.* 1. Et Brodeau ſur Loüet , *lett.* E , *chap.* 10. où il
rapporte des Arrêts du Parlement de Paris.

De plus , l'acquereur de bonne foi , qui ignoroit lors de ſon
acquiſition la rente , peut en déguerpiſſant repeter les ameliorations. Loiſeau, *lib.* 6. *cap.* 6. *num.* 20. *Ne ex alieno damno
Dominus fiat locupletior* , *leg.* *exceptionem* , § *ſi pars* , *ff. de
cond. indeb.* Guyd. Pape & Ferrieres *in quaſt* 169.

Mais lorſque c'eſt la même perſonne qui a pris un Emphiteoſe qui déguerpit volontairement , il ne peut prétendre les

ameliorations, puisque la fin principale de l'Emphiteose est que le fonds soit rendu meilleur par l'Emphiteote. Et cela a été jugé ainsi par Arrêt de la Cour donné en la premiere Chambre des Enquêtes au Rapport de M. de Prohenqucs le mois de Janvier 1644. *Ex leg. si in area, ff. de cond. indeb.* Parties, un Chapelain de Montauban nommé Bassil, contre le nommé Feigouret.

D E N O N C E.

C H A P I T R E   X.

Si les Inquants des biens du Mari saisis, tiennent lieu de dénonce contre la Femme.

LA Cour en l'Audience de la Grand'Chambre rendit Arrêt le 13. Mars 1657. entre le nommé Barthez & la nommée Romiere femme de Cayrol, Avocats Mes. de Barthez & Lassesquiere; par lequel Arrêt il fut jugé que les Inquants tenoient lieu de dénonce. Il y eut encore un pareil Arrêt en faveur du sieur de Saint Lager Secretaire, contre une Femme. Néanmoins il se trouve des Arrêts donnez auparavant, où telle femme a été préferée aux Créanciers. Entre autres un rendu contre le sieur de Castelnau Cosseigneur du Fauga; mais il y avoit en ce cas des circonstances qui changeoient la thése, où il est vrai de dire que la Jurisprudence a changé néanmoins avec raison, parce que *Vox præconis omnibus innotescit.* Et il n'est pas probable, quand une femme se marie, qu'elle n'en sçache des nouvelles, elle ou ses parens. Si est-ce pourtant qu'il y a quelquefois des saisies collusoires entre proches parens, à quoi il faut prendre garde. Et je crois que c'est ce qui a fait la différence des Arrêts, quant aux personnes ausquelles telles dénonces doivent être faites : il faut que ce soit au pere de la Fiancée ou à elle-même, de peur des tromperies qui pourroient se faire. Voyez Cambolas, *liv. 4. chap. 47.* Olive, *liv. 3. chap. 22.* & Guyd. Pap. *quæst. 55. & 72.*

DÉVOLUTAIRE.

CHAPITRE XI.

Si le Dévolutaire en tout état de cause, est obligé de bailler caution.

TOUS Dévolutaires font obligez de bailler caution, suivant les Ordonnances ; sçavoir celle de Blois, *art.* 46. celle de Melun, *art.* 17. dans trois mois, à compter depuis leur prise de possession ; parce que dans ce délai ils sont obligez d'élire domicile, & de contester en cause : & il est obligé audit cautionnement, suivant encore la nouvelle Ordonnance, *tit.* 15. des Procedures sur le possessoire, *art.* 13. où il est dit, que s'ils ne baillent pas caution dans le délai qui leur sera prefigé, ils seront privez de leurs droits. Néanmoins la Cour a rendu des Arrêts, par lesquels le Dévolutaire peut bailler caution *In quocumque litis articulo.* L'un est du 5. Février 1660. donné en l'Audience de la Grand'Chambre en la cause de M. le Cardinal de Brecy, pour qui M. de Chassan plaida, & M. de Massac pour le Dévolutaire. Et l'autre fut donné en la même Chambre sur la fin de Juillet 1654. Avocats Mes. Dafte & Tartanac. Et c'est l'avis de Mornac, *in leg. 6. ff. de his qui not. infam.* Or il faut remarquer qu'au cas de ces deux Arrêts les pourvûs n'avoient pas l'an de possession, & néanmoins le cautionnement fut ordonné. Mais quand il y a eu Sentence en faveur du Dévolutaire, & qu'après il cede son droit à un autre, le Cessionnaire, quoiqu'il se serve du droit de son Cedant, n'est pas obligé de bailler caution. Cela ayant été ainsi jugé par Arrêt d'Audience le 13. Juillet 1666. plaidant M. de Pagez contre un Cessionnaire, après qu'il y avoit eu déja un Arrêt rendu en la Cour entre les Parties.

Il faut remarquer aussi qu'en matiere d'impetration de Bénéfice, *ob discordiam Patronorum,* on ne peut exiger de cautionnement ;

tionnement ; comme la Cour le jugea en faveur d'un Dévolutaire, pour qui Me. de Laffefquiere plaidoit, contre un nommé
Gauzy , pour qui plaidoit Me. de Gauran. Cet Arrêt eft du
4. Mars 1670. puifque dans les Provifions de ce Dévolutaire , la
claufe *Aut alio quovis modo, & ob incapacitatem*, fut exprimée,
Tous ces Arrêts ayant été rendus , quoique les Dévolutaires
n'euffent pas un an de poffeffion.

Brodeau fur Loüet, *lett. D , chap.* 18. rapporte divers Arrêts
du Parlement de Paris , par lefquels il a été jugé , que les Dévolutaires ne font pas obligez de bailler des Coutions après la conteftation en caufe, & qu'elle doit être demandée *in limine litis*,
à l'exemple des exceptions dilatoires, qui doivent être propofées
auparavant la conteftation, *leg. penultimâ , cod. de except. leg.
exceptionem , cod. de probat.* parce qu'autrement *hæc exceptio
remiffa effe videtur.* Auffi la Cour par Arrêt donné en la feconde
Chambre des Enquêtes , au Rapport de M. de Vignes le 30.
Mars 1662. relaxa un Dévolutaire de bailler caution , fur ce
qu'elle ne lui fut demandée qu'après un Arrêt de claufion.

D I A C R E.

C H A P I T R E XII.

*Si un Diacre condamné aux Galeres pour fix ans , peut prendre
l'Ordre de Prêtrife après avoir fervi le temps.*

LES perfonnes infames ne peuvent pas être reçus en aucuns
Offices ni Dignitez, *Leg. unic. cod. de infamib. lib.* 10. &
leg. neque famofis, cod. de Dign. lib. 12. *Infamibus porta non
pateant Dignitatum , cap. infamibus , extr. de regul. juris in* 6.
Et bien que les condamnez aux Galeres à temps ayent fervi leur
temps, néanmoins bien que la peine ait ceffé, l'infamie demeure.
C'eft la raifon fans doute que par Arrêt de la Cour rendu après
partage , & prononcé en l'Audience de la Grand'Chambre le 5.

Q

Decembre 1 6 6 7. il fut jugé qu'un Diacre , qui ; après avoir servi six ans aux Galeres, y ayant été condamné par Arrêt , ne pouvoit prendre l'Ordre de Prêtrise , & fut ordonné qu'il se pourvoiroit au Roi pour les actions civiles , & au Pape pour les fonctions Ecclesiastiques. De sorte qu'en ce cas il faut se faire réabiliter specialement pour cela ; par le Roi pour le Civil, & par Sa Sainteté , pour ce qui est de l'Ordre.

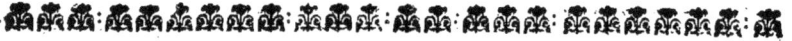

DISTRIBUTION.

CHAPITRE XIII.

Si dans une distribution les Enfans du premier lit sont alloüez non-seulement pour la dot de leur mere , mais encore pour les interêts , plûtôt que les Enfans de la seconde femme pour la dot de leur mere.

LE privilége que la femme a , & dont elle use *in actione de dote*, passe à ses enfans , *non jure hereditario* , *sed jure filiationis* , comme la Glosse a remarqué. C'est pourquoi les enfans de la premiere femme , suivant les Arrêts de la Cour , rapportez par M. d'Olive, *liv. 4. chap.* 21. sont preferez à la seconde femme qui demande sa dot , non-seulement pour la dot de leur mere , mais encore pour les interêts. Depuis ces Arrêts de la Cour, les enfans de la seconde femme de M. d'Aupoul Conseiller en la Cour, demanderent d'être alloüez pour la dot de leur mere. Mais par Arrêt donné en la seconde Chambre des Enquêtes au Rapport de M. de Castain le 2 7. Juillet 1 6 6 2. les enfans de la premiere femme furent alloüez pour les interêts de la dot de leur mere , plûtôt que la dot de la second femme. Et en ce cas on peut dire que la Loi *Lucius* , *ff. qui potior in ping. hab.* a lieu.

CHAPITRE XIII.

Si la mere heritiere de sa fille premiere femme, doit être preferée dans la distribution du mari à la seconde femme.

AU Chapitre précedant, il est dit que les enfans de la premiere femme sont préferez à ceux de la seconde femme, non comme heritiers de leur mere, mais *jure filiationis*. Aussi la mere, premiere femme, heritiere de sa fille, ne fut alloüée qu'après la dot de la seconde femme par Arrêt de la Cour donné en la seconde Chambre des Enquêtes au Rapport de M. de Castain, le 18. Août 1657. Et c'est l'opinion de Godefroi, *in leg. assiduis, cod. qui potiores in pig. hab.*

DÎME.

CHAPITRE XIV.

De quels fruits sont dûs les Dîmes.

COMME cette matiere a été traitée par divers Auteurs, je ne m'attacherai point à faire ici un Traité; je dirai seulement en un mot, que pour la quote & quant aux fruits sur lesquels on prend les dîmes, cela se regle à la coûtume des Lieux; suivant l'Ordonnance de Blois, *art.* 50.

Néanmoins quelquefois, quoique la coûtume ne fût pas d'en payer de certains fruits, quand il se trouve qu'aux terres où l'on semoit du bled, ou quelque autre grain dont on prend la dîme; on y séme autre chose qui n'en payoit pas, le préjudice qu'en souffriroit l'Eglise, si l'on vouloit changer la culture de la plûpart d'un Territoire, fait qu'elle commence à en prendre de ce dont elle n'en prenoit pas auparavant.

Ce n'eſt pas la coûtume que l'on paye dîme de l'Ail ; néanmoins comme à Gaillac on en fait un grand commerce , cela a fait que les Habitans ont été obligez depuis long-temps à en payer ; à cauſe qu'au lieu que l'on n'en plante aux autres Lieux que dans les Jardins , l'on en plante les champs entiers dans le Terroir de cette Ville là ; c'eſt pourquoi cette dîme y a été établie. Il en eſt de même du Safran dans les Lieux circonvoiſins , & dans le même Terroir , parce qu'on en plante dans les champs où l'on ſéme du bled ; & cela ſuivant une Tranſaction que les Habitans de Gaillac furent obligez de paſſer avec le ſieur Abbé il y a aſſez long-temps.

Mais les mêmes Habitans ayant voulu conteſter de payer la dîme du Chanvre , diſant que cela n'étoit pas la coûtume, ils y furent condamnez par Arrêt de la Cour le 1 0. Decembre 1 6 4 3. rendu en faveur du ſieur de Monnoury Maître des Requêtes ; Abbé de Gaillac , y ayant contre eux trois puiſſantes raiſons. La premiere, qu'ils en avoient toûjours payé du lin , qui ſert preſque au même uſage que le Chanvre. La ſeconde étoit, que preſque par toute la France l'on en paye , à cauſe que ce ſont dans les meilleures terres où l'on le ſéme , & qu'il y croiſſoit le meilleur Froment. Et la troiſiéme eſt , que l'on en fait un commerce conſiderable en Albigeois , où il eſt fort bon. Néanmoins par le même Arrêt ils furent déchargez de la dîme du Foin & des Féves marines. L'Ordonnance Philippine rapportée par Aufreri , *tit. de Decimis* , dont ſe ſervoient les Habitans de Gaillac , n'ayant pas été trouvé faire à la cauſe ; parce que veu la circonſtance que preſque par tout l'on paye dîme du Chanvre ; & que ſi l'on n'en payoit pas , l'on pourroit en ſémer par tout , fit que la Cour ne jugea pas cette dîme inſolite.

De plus , quoique regulierement l'on n'en paye pas des Jardinages , néanmoins un Jardinier de Puylaurens ayant acheté une piéce de terre d'une contenance conſiderable , où l'on ſémoit ordinairement du bled ; & l'ayant reduite en Jardin à cauſe qu'elle étoit entre deux Ruiſſeaux , il n'en voulut point payer la dîme ; parce qu'il diſoit que par Arrêt rendu contre les Habitans de Lavaur , la Cour n'avoit ordonné d'en payer que

quant aux Jardins où il y a un Puids à roüe , & que dans le
lien il n'y en avoit pas. Mais enfuite il fe reduifit à Offrir la
dîme de ce qu'il fe trouveroit que fon Jardin excederoit la contenance de deux journées d'homme , à quoi il fut condamné
avec dépens. Cet Arrêt fut obtenu par le Curé de Puylaurens,
le 11. Mars 1670. à l'Audience de la Grand'Chambre.

Par autre Arrêt donné en l'Audience de la Grand'Chambre
le 26. Mars 1640. les Jardiniers de Nîmes furent condamnez
à payer la dîme de la Marjolaine de Guinée , & du Chardon
benit ; parce que ce font des herbages dont on fait commerce
en ce Païs là , ces herbes fe tranfportant du côté du Nort. Il
eft vrai que quant à ce qui concerne la ménagerie des Particuliers , l'on n'en paye point ; mais fi-tôt que l'on voit qu'on
change les terres à bled pour en faire des Jardins , & que l'on
en fait commerce , la dîme du Jardinage eft dûë. *Arg. cap.
commiffum , de Decimis* , qui parle de ce changement.

On allegua dans la Plaidoirie un Arrêt de 1561. rendu en
faveur du Chapitre de S. Sernin de Touloufe , par lequel le
Syndic eft maintenu aux dîmes des Hortalices de dix planches
une. Et un autre du 7. Août 1603. qui les adjuge de treize
planches une.

Le Syndic du Chapitre de Nîmes alleguoit auffi un Arrêt de
ladite année 1603. en faveur du Chapitre , par lequel telle dîme
eft dûë , excepté des Enclos & des Jardins qui regardent l'ufage
des Particuliers. Mais par cet Arrêt de 1640. les Jardiniers
de Nîmes ayant été condamnez à payer la dîme de la Marjolaine , & d'autres femblables herbes de commerce , il y eut
Partage, M. d'Agret Rapporteur , & M. de Frefals Compartiteur ; pour fçavoir s'ils feroient obligez de payer en efpece, ou
s'il falloit les recevoir à payer en argent. Mais le Partage ayant
été porté à la premiere Chambre des Enquêtes , il fut jugé qu'ils
payeroient en efpece. Néanmoins pour la commodité de l'E-
glife , là où la dîme eft dûë du Salicor , du Raftel & du
Saffran , on la paye en Argent , à caufe que cela ne peut pas fe
partager commodement ; mais il faut que cela fe faffe du confentement des Parties. Voyez Grimaudet , qui a fait un Volume
entier des dîmes.

Q ïï

CHAPITRE XV.

Si la Dîme des Olives est dûë ; & si elle est dûë , comment elle doit être payée.

MONSIEUR l'Evêque de Beziers ayant fait instance contre les Consuls du lieu d'Adissan devant Messieurs des Requêtes du Palais , pour se voir condamner à lui payer la dîme des Olives , il fut rendu Jugement en 1614. par lequel les Parties furent appointées contraires ; & néanmoins que cependant les Habitans dudit Lieu payeroient la dîme suivant la coûtume. Mais cette affaire ayant demeuré en cet état, soixante ans après ce Jugement , les Consuls furent assignez devant le Senéchal de Montpellier à la Requête du Chanoine Omerils dudit Montpellier , un des fruits-prenans, en condamnation de la dîme & arrerages depuis ving-neuf ans. En cette instance , M. de Rotoudy de Bascarras Evêque dudit Beziers , seroit intervenu pour demander de son chef la condamnation de la même dîme.

Contre ces demandes , les Consuls opposerent que la dîme des Olives est une dîme insolite , prohibée par la Philippine, & qu'ils n'en avoient jamais payé ; & que par fins de non-recevoir , justifiées par ledit Jugement desdits Sieurs des Requêtes, inexecuté , comme il en étoit justifié par la demande qui étoit faite des arrerages de la dîme depuis ving-neuf ans , ils étoient relaxables de la demande qui leur étoit faite de la dîme pour n'en avoir jamais payé. Il est vrai qu'ils déclarerent que par un motif de dévotion les Habitans du Lieu donnoient annuellement , comme ils faisoient encore , cinq mesures d'huile au Vicaire pour l'entretien du luminaire d'une lampe. M. l'Evêque auroit soutenu le contraire. Sur quoi le Senéchal auroit rendu Sentence le 30. Juillet 1675. par laquelle il fut ordonné que les Consuls prouveroient comme quoi de tout temps immemorial, ils n'avoient jamais payé la dîme des Olives ; & le sieur Evêque au contraire, si bon lui sembloit. De cette Sentence, il releve appel en la Cour ; & auroit côté grief de ce que le Senéchal

n'avoit condamné les Confuls à payer la dîme , puifqu'ils n'a-
voient ni titre ni poffeffion qui les exemptât de la payer ,
fuivant le Droit Commun ; & que dans le Bas-Languedoc les
Olives font des gros fruits , & que la dîme qu'on payoit étoit
cenfée une groffe dîme à caufe de l'importance de la danrée ,
qui eft dans ledit Lieu auffi confiderable , & plus que le bled &
le vin.

Il avoit de plus reprefenté que les Confuls & Habitans du
Lieu étoient & avoient été de tout temps dans la mauvaife foi ,
& dans un deffein conftant de priver l'Eglife dudit Lieu de
la dîme des Olives, comme il étoit facile de les convaincre de
cette fraude par la variation continuelle de leur défenfe ; en ce
qu'ils difoient une fois , qu'ils n'ont jamais payé la dîme des
Olives, d'autre fois , qu'ils n'en ont payé que cinq méfures ;
& qu'ainfi la Sentence devoit être reformée , & les Confuls
condamnez de payer la dîme des Olives , comme étant un fruit
très-confiderable , & même plus que le bled & le vin.

Les Confuls au contraire oppoferent & dirent , qu'ils ne pouvoient être obligez de payer la dîme des Olives , attendu qu'elle
ne peut être confiderée pour une groffe dîme : Qu'il n'y a Canon,
Docteur, ni Arrêt, qui mette les Olives entre les gros fruits ;
car fi elles y étoient , on en payeroit la dîme par tout , puifqu'il
n'y a point d'exception pour les gros fruits ; & qu'il eft notoire
qu'en plufieurs Lieux du Bas-Languedoc , on ne dîme point les
Olives ; parce que ce font *minuta decima* , comme la Cour l'a
jugé par divers Arrêts , & principalement en 1 6 7 6. par un
Arrêt donné en la Grand'Chambre au Rapport de M. de Viguerie Doyen , en faveur des Habitans de Solieres. Ainfi les
Olives n'étant pas un gros fruit , & n'en ayant jamais payé la
dîme, ils ne pouvoient y être condamnez , étant faux & fuppofé
qu'ils euffent jamais varié dans leurs défenfes , n'ayant jamais
accordé qu'ils ayent payé la dîme des Olives ; & que quand ils
avoient avoüé qu'ils en donnoient tous les ans au Vicaire cinq
méfures , ce n'étoit pas pour la dîme , mais par dévotion
pour le luminaire d'une Lampe , étant à confiderer que le don
de ces cinq méfures d'huile , ne peut pas être appliqué ni adapté
au payement de la dîme ; parce que fi elles étoient baillées pour

la dîme ; on ne les bailleroit pas au Vicaire comme on faifoit , mais bien aux Fruits-prenans ou à leurs Fermiers.

Mais les Confuls pallant plus outre , auroient de plus dit , que fuppofé , ce que non , qu'ils euffent payé les cinq méfures d'huiles pour la dîme , fi eft-ce pourtant que M. l'Evêque n'en pourroit pas prétendre davantage par fins-de-non-recevoir , fondées & établies , non-feulement de ce que par les Arrêts on peut prefcrire la cotte , mais encore la dîme *in totum* des ménus grains & dîmes , *Ex cap. cùm in aliquibus , de decimis* ; mais encore de plus , *à die contradictionis* , y ayant foixante ans ou davantage depuis ledit Jugement des Requêtes non-executé.

A quoi le fieur Evêque auroit répondu , que les Confuls ne pouvoient pas oppofer des fins-de-non-recevoir , & que le Chapitre *in quibus* étoit mal cité par les Confuls , puifqu'il ne contient , ni ne porte pas , qu'il y eût des dîmes dont l'exemption totale puiffe être prefcrite par la Coûtume. Au contraire ce Chapitre , qui eft tiré du Concile de Latran , condamne la prétention de ceux qui foutiennent cette exception , & veut que la dîme foit payée toute entiere , & de tous les fruits.

Les Confuls repliquant , dirent que le Commendement de l'ancienne Loi étoit adouci par les maximes du Chriftianifme , & que l'Eglife avoit généralement reçu la diftinction des groffes & menuës dîmes ; & que pour le premier , il n'y a point d'entiere exemption , fauf que la cotte étoit reglée par la Coûtume des Lieux ; & que pour les menuës , qu'on pouvoit les prefcrire *in totum* , fuivant ledit Chapitre , qui fe trouvoit par confequent très-bien cité.

Sur quoi la Cour rendit Arrêt en la premiere Chambre des Enquêtes au Rapport de M. de Thomas le premier Juillet 1677. après Partage , porté en la feconde Chambre , M. de Boiffet Compartiteur , par lequel la Sentence dont étoit l'appel auroit été reformée : & ordonné qu'avant dire droit définitivement aux Parties , verification feroit faite par Experts dans le mois , fi les Olives dans ledit Lieu font un des principaux revenus dudit Lieu ; & cependant par provifion les Confuls & Habitans condamnez de payer la dîme des Olives , fuivant la coûtume des Lieux circonvoifins , comme de proche en proche , dépens refervez.

CHAPITRE

CHAPITRE XVI.

Sçavoir si la Dîme des menus Grains doit être payée au Sol, c'est-à-dire, à l'Aire ou au Grenier.

SUR cela il y a des Arrêts contraires ; car la Cour en la Grand'Chambre sur la fin du mois de Février 1633. jugea que la dîme des gros grains sera payée en gerbe , & celle des menus grains , suivant la coûtume des Lieux , dans la maison , si la dîme est querable.

Du depuis , le Syndic du Clergé en fit donner un autre le 27. Juillet 1638. par lequel il est défendu , suivant l'Ordonnance de Blois , *art. 49.* & suivant celle de Melun , *art. 28.* d'emporter la gerbe des gros grains sans avertir les Dîmaires de venir prendre la dîme ; & que celle des menus grains se payeroit à la mésure au Sol , où l'on a accoûtumé de les battre , nonobstant toute coûtume contraire ; suivant lequel Arrêt il fut jugé le 17. Juin 1644. que les Habitans de S. Laurens en Roüergue la payeroient ainsi des menus grains , quoiqu'il y eût coûtume contraire.

Mais posterieurement des Arrêts contraires ont été rendus ; sçavoir un en 1665. rendu au Rapport de M. de Fresals en faveur des Habitans de Monclerac en Roüergue , contre M. Pessayre Chanoine de Vabres , Prieur de S. Policarpe ; par lequel il est dit , que les Habitans payeront les dîmes des menus grains au Grenier suivant la coûtume ; & ce même Arrêt fut confirmé par un autre , en ce que le Prieur s'étant pourvû contre icelui par Requête civile , il en fut démis.

C'est au Rapport de M. de Laroche en l'année 1666. que la même chose fut ordonnée entre M. Brunel Curé , & les Habitans de Montpitol ; car le Droit commun étant que la dîme doit se payer suivant la coûtume , *Glos. in caput , cùm in tua , & in caput aliquibus de decim.* & suivant l'Article 50. de l'Ordonnance de Blois , il est certain que l'Article 49. de la même Ordonnance , & l'Article 28. de celle de Melun, qui veulent que la dîme soit prise au champ , ne l'entendent que des gros fruits.

R

Il est vrai que si l'on ne paye qu'au Grenier, il est facile aux Paroissiens de frauder la dîme ; & que ne leur important en rien, s'ils sont Gens de bien, de la payer à l'Aire ou au Grenier, la contestation qu'ils en font est suspecte ; & par conséquent les Arrêts qui ordonnent de payer à l'Aire, sont les plus équitables ; car la coûtume est mauvaise, qui ouvre la porte à la tromperie ; & puisque les gros fruits se payent aux champs, parce qu'ils sont plus considerables, il peut se faire que les menus fruits le soient aussi, comme il se voit en ce Païs depuis plus de quarante ans, où le gros millet est devenu la semence ordinaire, & ainsi il est juste de payer au Sol.

CHAPITRE XVII.

Si les Religieux de l'Ordre de Saint Jean, sont exempts de payer la Dîme.

MR. de Cambolas, *liv. 6. chap.* 21. a traité cette question, & rapporte des Arrêts de ce Parlement pour & contre, Ainsi je me contenterai d'en ajoûter un qui est du 2. Mars 1655. rendu en l'Audience de la Grand'Chambre entre les Dames Religieuses du Convent de l'Hôpital de S. Jean de Malte en Quercy, par lequel une Sentence Arbitrale fut confirmée ; & cette Sentence condamnoit les Religieuses à payer la moitié des dîmes des terres qu'elles faisoient travailler par leurs Métayers : cette Sentence étant fondée sur une coûtume établie & prouvée depuis long-temps, laquelle par conséquent faisoit présumer une Concorde ancienne. Et sur le Chapitre *Ex parte*, le Chapitre *Licet*, & le Chapitre *Dudùm de Decimis*, par lesquels *Hospitalarii tenentur decimas solvere de terris quas propriis manibus non excolunt.*

Sur quoi il faut remarquer que les Privileges des Religieux étant contre le droit, & non pas du corps du droit, ils ne doivent pas préjudicier aux Ecclesiastiques qui n'ont pas été appellez lors de la Concession de tels Privileges ; & que le Chapitre *Nuper de Decim.* restraint le Privilege du Concile aux terres que les Religieux avoient du temps du Concile, non à celles qu'ils ont reçu depuis : & ces Privileges sont inutiles en plusieurs cas. 1° Lorsqu'il y a une convention contraire, *cap. Ex multiplic. de Decimis.* Rebuffe, *tract. de Decim. num.* 53. 2° Quand l'Eglise, qui n'a pas été ouïe lors de la Concession, se trouve lezée considerablement, *cap. Dilecti. & cap. Suggestum, eod.* 3° Lorsque le Privilegié, nonobstant son privilege, a payé la dîme pendant long-temps, *cap. Accidentib. de privileg.* Rebuffe, *ibidem.* Et Grimaudet, *liv.* 3. des Dîmes, *chap.* 2.

D O M M A G E S.

CHAPITRE XVIII.

Si le Proprietaire qui veut les fruits de la chose loüée ou affermée, est tenu aux dommages & interêts envers le Locataire ou Fermier, si l'Acquereur ne veut pas entretenir le Bail jusques à la fin.

IL a été jugé par un Arrêt de la Cour donné en l'Audience de la Grand'Chambre le 4. Juin 1658. qu'il est obligé aux dommages & interêts ; Car par cet Arrêt le sieur de Sartre Conseiller en la Cour des Aydes de Montpellier, fut condamné de payer les dommages & interêts au nommé Poursoy son Locataire au dire d'Experts, & ce Locataire eut trois mois pour vuider la maison, dont le sieur de Sartre avoit vendu les fruits. Avocats, Mes. de Chassan & Lassesquiere.

CHAPITRE XIX.

Si les dommages & interêts sont dûs par un homme fiancé faute de vouloir épouser.

JEAN-THOMAS Marchand, après avoir fiancé Bertrande Bonnaure, & avoir reçu sa constitution, se seroit marié avec une autre fille à l'insçu de la Bonnaure, laquelle si-tôt qu'elle eût connoiffance de ce mariage, mit en inftance Thomas en reftitution de la dot, & à ce qu'il fut condamné aux dommages & interêts. Si-bien que cette caufe ayant été plaidée en la Cour en l'Audience de la Grand'Chambre par Arrêt du 16. Decembre 1660. Thomas fut condamné envers Bonnaure, non-feulement à la reftitution de la dot, mais encore en la fomme de 200. liv. de dommages & interêts, & aux dépens, taxe refervée, & en 100. liv. d'amende envers l'Ordonnance de la Cour. Voyez fur cette matiere Cambolas, *liv.* 2. *chap.* 22. Expilli en fes Arrêts, *chap.* 134. Olive en fes Actions forenfes, *part.* 3. *action.* 4. Robert, *Rer. judic. lib.* 2. *cap.* 2. Loüet, *let. M,* *chap.* 24. & *ibi* Brodeau, où il eft parlé des dommages & interêts, ftipulez faute d'époufer.

CHAPITRE XX.

Si un mineur qui demande d'être relevé d'un contrat de mariage fous prétexte de l'inégalité des biens, doit être condamné à des dommages & interêts.

UN nommé Caulet mineur de vingt-cinq ans, ayant paffé Contrat de mariage avec une Demoifelle appellée de Lupé, à laquelle fon pere avoit conftitué en dot 1100. liv. & un oncle 1000. liv. s'en voulut dedire, ayant pour cet effet impetré Lettres pour être relaxé du Contrat de mariage, difant que fe prévalant de fa minorité, on l'avoit fuborné. Mais la caufe ayant été plaidée en l'Audience de la Grand'Chambre, Avocats Mes. de Tartanac, Boiffy & d'Abadie, la Cour par Arrêt du 23. Février 1677. condamna ledit Caulet, tout mineur qu'il étoit, en 2000. liv. de dommages & interêts, payables dans quatre mois avec les interêts au denier vingt. Les circonftances étoient, que cette fille étoit noble, & que le Fiancé étoit un riche Bourgeois de Village.

CHAPITRE XXI.

Si un Fiancé peut se garantir des dommages & interêts envers une Fiancée, sous prétexte d'impuissance survenuë.

UN nommé Oublidanes Marchand étant veuf, âgé de soixante-deux ans, avoit contracté mariage avec une nommée de Tules, qui s'étoit constituée en dot 1000. liv. desquelles 1000. livres, 500. liv. avoient été employées à la dorer. Les Bans avoient été publiez, & il avoit payé trente-deux paires de Perdrix aux voisins pour le Charivari. Après quoi étant devenu malade, il apparoissoit des certificats des plus habiles Medecins de la Ville qu'il avoit la pierre, & qu'il étoit impuissant ; & que quand il ne le seroit pas, la cohabitation avec sa femme lui fairoit bien-tôt perdre la vie. De sorte que Oublidanes ne vouloit pas executer le Contrat ; & ayant été condamné à 1500. liv. de dommages & interêts au Senêchal, il fut appellant en la Cour, comme aussi la Demoiselle de Tules. Il disoit que *Præceptum judicis erat impossibile*, & qu'ainsi il ne pouvoit avoir été condamné à faire une chose qui lui étoit impossible, *leg. ult. ff. quæ sent. sine appel.* Et son Avocat ajoûta ces Vers du Poëte.

Nupta viro juvenis provecto ætate puella
Ne fiat, an vetulo doleat sub esse parenti.

Que *Casus in quem sponsus incidit, mutat affectionem, leg. 1. cod. de repud.* Mais la fille repliquant, dit que l'ayant fiancée à l'âge de soixante-deux ans, il devoit prévoir les infirmitez de son âge, & qu'il ne devoit pas la tromper ; d'ailleurs que ces attestations des Medecins étoient captées, & qu'il pouvoit leur avoir supposé une chose qu'il n'avoit pas, puisque la plûpart des Jugemens des Medecins sont fondez sur le rapport que leur fait le Malade. Et qu'enfin quand ce qu'il alleguoit seroit vrai, Saint Augustin disoit qu'en ce cas on agissoit avec une femme, *Tanquam cum sorore, non tanquam cum conjuge.* De sorte que

R iij

la Cour reforma l'Appointement du Senêchal ; en ce qu'il n'avoit adjugé que 1500. liv. & le condamna en 2000. liv. de dommages & interêts.

CHAPITRE XXII.

Si les Filles doivent être condamnées aux dommages & interêts envers les Fiancez.

QUELQUEFOIS on adjuge des dommages & interêts aux Fiancez, & l'on fait rembourser par la Fille ou par les Parens, les fraix qui ont été faits à l'occasion des Fiançailles, & les presens, pourveu qu'ils soient justifiez, & qu'ils ne soient pas ridicules ; comme les comptes d'un nommé Dutil Marchand, qui mettoit pour 400. livres de Bouquets donnez à sa Fiancée, qui étoit une fille qui avoit été en service chez une femme d'un Bourgeois. Aussi fut-il jugé par Arrêt donné en l'Audience de la Grand'Chambre le 14. Août 1646. qu'elle payeroit l'estimation des Dépenses & des Presens justifiez. Mais la Cour sur les dommages & interêts, les mit hors de Cour & de Procès.

Comme aussi lorsqu'il apparoît quelque chose de la mauvaise humeur du Fiancé, la Cour excuse les Filles en ce cas, puisqu'elles ont sujet de croire que si un Amant a si peu de moderation en ce temps-là, il ne pourra être que brutal quand il sera mari ; c'est pourquoi la Cour n'adjuge rien à de tels Fiancez, comme il fut jugé en la cause de Maurici contre Lagardere Procureur en la Cour, à qui il ne fut adjugé que 400. livres pour les Habits qu'il avoit achetez, & 400. liv. pour les fraix d'un procès qu'avoit Maurici pour qui Lagardere avoit occupé, & rien pour les dommages & interêts ; & quoiqu'il y eût plusieurs depenses justifiées, l'Arrêt fut rendu en l'Audience de la Grand'-Chambre le 14. Decembre 1644.

CHAPITRE XXIII.

Si un homme qui a reçu du pere de sa Fiancée la somme de 1500.
liv. qui est la moitié de la constitution, l'autre moitié payable
avant la celebration du mariage, le pere de la Fiancée venant
à faire distribution de biens ; & si le Fiancé ne voulant
accomplir le mariage sans être préalablement payé, peut être
condamné aux dommages & interêts.

PAR Arrêt de la Cour donné en l'Audience de la Grand'-
Chambre sur un renvoi en Jugement après Partage, il fut
ordonné que le nommé Fauré qui étoit fiancé, & qui refusoit
d'accomplir le mariage, sur ce que le pere de la fiancée ne pouvoit lui payer les 1500. liv. restantes, qui étoit la moitié de
la dot de sa fille pour avoir fait distribution des biens, accom-
pliroit le mariage, autrement condamné aux dommages & interêts envers la fille, moderez à 3000. liv. outre le remboursement des 1500. liv. qu'il avoit reçus.

DONATAIRE.

CHAPITRE XXIV.

En quel cas le Donataire est tenu aux charges des biens
du Donateur ou non.

LA donation peut être faite ou d'une chose certaine, ou
d'une partie des biens, ou de tous les biens ; d'ailleurs
quand elle est faite d'une partie des biens, elle peut être faite
simplement sans exprimer qu'elle soit exempte des charges, ni
qu'elle en soit chargée ; ou bien elle peut être faite de partie
des biens exempts des charges, ou de la moitié des biens ; par
exemple, avec la moitié des charges, & à proportion de la
donation.

Or au premier cas , quand elle eſt faite d'une choſe pärticuliere & certaine , le Donataire n'eſt tenu à rien ; parce que: *Æs alienum eſt onus heredis , leg Æris alieni , cod. de donat.* à moins que cette choſe particuliere n'abſorbât les legitimes des. autres enfans , & alors on pourroit ſubſidiairement y faire contribuer le Donataire.

Au ſecond cas , quand elle eſt univerſelle , le Donataire *eſt loco hæredis* , & ainſi il eſt tenu à toutes les charges. Voyez. M. Maynard , *liv. 3. chap. 93.*

Mais au troiſiéme cas , lorſqu'elle eſt faite d'une partie des. biens ſeulement , il faut diſtinguer , comme il a été dit ; car ſi elle eſt faite ſimplement ſans parler de charges , & que cette partie n'abſorbe pas les legitimes , alors il faut voir ſi le Donataire prend les biens au temps de la mort , ou au temps de la donation ; car s'il les prend au temps de la mort du Donateur , il doit contribuer aux dettes ou hipoteques à proportion de ſa donation , autres toutefois que les Legats , les legitimes , & les fraix funeraires , ſuivant l'Arrêt que rapporte M. de Cambolas , *liv. 2. chap. 9.*

C'eſt ainſi qu'il fut jugé par un Arrêt donné en l'Audience: de la Grand'Chambre le 18. Février 1643. ſur une Requéte civile , qu'une telle donation n'étoit faite aux legitimes que ſubſidiairement , en cas que les biens reſervez ne fuſſent pas ſuffiſans. Ce fut en la cauſe du ſieur Boneſons de Saint Felix , contre le ſieur de Caminel , oncle & néveu ; le ſieur de Saint Felix ayant été démis de ſes Lettres en forme de Requête civile.

Et quant aux dettes en ce cas ; ſçavoir , lorſqu'il n'eſt pas: fait mention des charges , il fut jugé par Arrêt donné au rapport de M. de Marraſt en la premiere Chambre des Enquêtes le 12. Mai 1643. en la cauſe de François Brons Sieur de la Reule , contre Demoiſelle Françoiſe de Maleville , veuve du ſieur Vielcaſtel , que les biens donnez contribuerent au payement de la dot & de l'augment promis par le Contrat , dans lequel la donation avoit été faite à concurrence : *Id enim bonorum cujuſque eſſe intelligitur quod æris alieno ſupereſt. Leg. poſſunt 11. ff. de jur. fiſci.* Et la dette étant établie par le même Contrat , il eſt

vrai

vrai de dire que *Æs alienum totum patrimonium imminuit, non certi loci facultates, leg. si fieri commissum 5. §. tractatum , ff. de indic.*

Mais quand elle est faite de partie des biens quites des charges, il y en a qui tiennent que cela n'exempte le Donataire que des legitimes, & des fraix des honneurs funebres ; parce qu'ils disent, qu'il faut que le Donateur ait dit dans la donation, *Quitte de toutes charges, dettes & hipoteques,* pour faire que le Donataire soit exemt de payer les dettes faites avant & après la donation, à cause que *bonæ non dicuntur, nisi deducto ære alieno.* Et pour autoriser cette opinion, qui est contre M. Maynard, *liv. 3. chap. 53.* ils rapportent un Arrêt de 1696. donné au rapport de M. de Burta en la cause de certaines Poussargues sœurs, dont l'une étoit la fiancée d'un nommé Courtois de Cahors ; par lequel il fut jugé qu'un Donataire de la moitié des biens *quittes des charges,* n'étoit quitte que de la contribution aux legitimes & fraix funeraires, non pas des autres dettes. Mais il se juge autrement ; car si, sans que ces mots y soient, la donation est déja exempte des legitimes, des fraix de l'enterrement & des legats, suivant ce même Arrêt, rapporté par M. de Cambolas, *liv. 2. chap. 9. num. 1.* il s'ensuivroit que ces mots *quittes des charges,* seroient inutiles, s'ils ne déchargeoient le Donataire que des legitimes seulement.

Mais lorsque la donation est faite avec la moitié des charges, les Donataires doivent contribuer aux legitimes & aux dettes, même aux fraix funeraires, suivant l'Arrêt rapporté par M. de Cambolas, *dic. loc. num. 2.* non pas néanmoins aux legats, *Arg. leg. 1. cod. de bon. Auth. jud. poss.* & parce que les legats font une charge, non pas tant des biens que de l'heritier. Voyez Cambolas, *dic. loc.*

Que si le Donateur de trois parties de ses biens fait un heritier de l'autre partie, & qu'il ajoute : *A la charge de payer ses dettes,* il y a de la difficulté, depuis que la Cour par un Arrêt donné en l'Audience de la Grand'Chambre le 17. Avril 1640. en la cause de Roques & Lacase mariez, contre M. Taillefer Prebendier de Montauban, condamna Roques Donataire de trois quarts, nonobstant cette clause à contribuer aux

S.

dettes à proportion de sa donation, Avocats Mes. de Marmieſſe & Pariſot.

Les raiſons de Roques pour en être déchargé, étoient que Puget, qui étoit le Donateur, lui avoit fait une donation pour cauſes ; ſçavoir, pour l'avoir ſecouru dans une affaire criminelle très-dangereuſe, & qu'ainſi ce n'étoit pas une liberalité, mais *merces extmi laboris*, *Argum. leg ſi pater* 34. *de donat.* Que ces dettes étoient la charge de l'heredité. *leg. æris alieni, cod. eod.* Et que c'étoit la volonté expreſſe & formelle du Teſtateur, qui ne l'avoit inſtitué qu'à cette condition par ces mots, *A la charge de payer ſes dettes.* Il alleguoit de plus pluſieurs Auteurs, comme Ann. Robert, *lib.* 4. *cap.* 13. *Guid. Pap. quæſt.* 105. *&* 460. & M. Maynard, *liv.* 5. *chap.* 89. Et la Loi *ſi ex toto*, §. *fin. de leg.* 1. La Loi *ex facto* 35. *ff. de hered. inſt.* & *leg. ult. ff. de uſufr. legat.*

Mais au contraire l'heritier diſoit, que ſuivant les Interprêtes ſur la Loi *cùm autem* 9. *ff. de legat.* 2. il falloit que les Donataires contribuaſſent ſuivant leur portion des biens ; parce qu'ils ſont *loco poſſeſſorum.* Il alleguoit encore la Loi *hereditatem*, 28. *ff. eod.* dans leſquelles le Donataire en recompenſe des ſervices étoit favoriſé, & l'heritier ou le Donataire chargé des dettes, de ce qu'il lui avoit été donné, Cujas, *lib. obſ.* 15. *cap.* 38. & *inleg. ſi debitor, cod. de ſent. paſſ.* Que cette clauſe, *à la charge de payer ſes dettes*, n'étoit qu'une clauſe du ſtile des Notaires ; & qu'étant Donataire des trois quarts des biens, *Non intelliguntur bona, niſi deducto ære alieno.* & enfin qu'ils étoient comme des Legataires partiaires, & par conſequent ſujets aux dettes ; de ſorte que la Cour nonobſtant cette clauſe, jugea que les Donataires devoient contribuer. Mais il y a apparence que la Cour penetra plus avant que ces Parties ; & que outre que la clauſe de *payer les dettes*, pouvoit s'interprêter des dettes à proportion de ſa part des biens, puiſqu'il n'étoit pas dit dans la donation qu'elle fut quitte des charges, les Donataires refuſoient mal-à-propos d'y contribuer, puiſque peut-être les dettes avoient été faites pendant la prévention du Donateur, & qu'ils ſe vantoient de l'avoir tiré d'affaires ; joint à cela que les dettes peut-être abſorboient le quart de l'heredité, & que tous étoient des ſucceſſeurs étrangers.

DONATION.

CHAPITRE XXV.

Si le Fils de famille peut faire donation à cause de mort, le pere y donnant son consentement exprès.

LE Fils de famille peut faire donation *mortis causâ de sui patris consensu*, leg. *Tam is* 25. §. I. *ff. de mortis causâ donat. Filius familias qui non potest facere testamentum nec voluntate patris, tamen mortis causâ donare patre permittente potest.* Et c'est l'opinion de Ferriere, *in quæst.* 222. *Guyd. Pap.* Et il faut que le consentement que le pere donne soit exprès ; car il a été jugé par Arrêt de la Cour, donné en l'Audience de la Grand'Chambre le premier Juillet 1658. que le consentement tacite ne suffit pas.

CHAPITRE XXVI.

Si le Fils de famille peut faire donation à cause de mort à son pere absent.

SUR cette question il y a diverses opinions. Les unes tiennent que telle donation est nulle, disant qu'il ne peut faire donation à cause de mort, si le pere ne lui donne son consentement : & se fondent sur la Loi *Filius familias*, §. *patri autem ratione*, *ff. de donat.* & que le pere étant absent, il ne peut lui donner son consentement. Et Guy-Pape, *quæst.* 223. *num.* 4. dit que *Oportet ut permissio seu consensus patris præcedat.*

Les autres au contraire disent, que le Fils de famille peut faire donation à cause de mort en faveur de son pere absent : *Quia voluntas sequi potest, & per ratihabitionem, id est, ratificationem confirmari*, leg. 3. §. *sed si mutua*, *ff. de in rem verso.*

S ij

Et c'eſt l'opinion de Ferriere en ſa Note ſur ladite queſtion 2 2 3. de Guy-Pape, où il eſt dit, que *conſenſus patris præcedere non debet, vel non eſt neceſſe, ut voluntas aut conſenſus patris præcedat,* attendu qu'il ſuffit qu'il la confirme après qu'elle a été faite. Et cela a été jugé ainſi par un Arrêt de la Cour donné en la premiere des Enquêtes au Rapport de M. de Fermat le mois de Decembre 1 6 5 0.

D'autres tiennent qu'il ne ſuffit pas que le pere ait ratifié la donation faite en ſa faveur pendant ſon abſence par ſon fils, fils de famille, il faut pour qu'elle ſoit valable que le fils perſevere dans ſa volonté, Benedict. *ad cap. Rayn. in verbo matrem in ſuper Cleram,* num. 51. où il eſt dit, *ſi filius donat ſine patris conſenſu, & poſtea pater conſentit, an valeat talis donatio, tenet quòd non,* ſi ce n'eſt qu'il ſoit prouvé ou juſtifié qu'après le conſentement du pere, le fils a perſeveré en ſa volonté, *Ex leg. 1. §. filius, & ibi* Barth. *ff. de legat. 3.* Et c'eſt ainſi que la queſtion fut jugée par Arrêt donné en la Grand'Chambre au Rapport de M. de Burta le 1 9. Juin 1 6 8 7.

CHAPITRE XXVII.

Si une donation à cauſe de mort peut être faite par un billet laiſſé par un Donateur, écrit de ſa main.

GARRIC Muſicien de Toulouſe en l'année 1 6 1 6. étant allé à Bayonne pour tacher de ſe placer dans la Muſique de la Reine, qui venoit d'Eſpagne en France, avoit fait un Billet écrit de ſa main, par lequel il vouloit que certains meubles & certaines hardes ou nippes appartinſſent à un Prébendier nommé Brudeau, & qu'il les lui donnoit de bon cœur. Mais ce Billet n'étoit ſigné que de lui ſans aucun témoin, & il l'avoit enfermé dans un de ſes coffres. Il ſemble que c'étoit un fidei-commis, *leg. in princ. de legat. 2.* ou *ſi quid in epiſtola contineatur, fides haberi debet, quia dare velle ſignificavit,* comme dit le Juriſconſulte Benedict. *in verb. in extrem. poſitus,* num. 85. diſant que *ſolo nutu poteſt legari.* Et dans la Loi *Epiſtolam*

75. *ff. ad senat. Trebel.* on peut laisser un fideicommis par une Lettre missive ; & c'est le sens de la Loi *Miles ad sororem*, *ff. de Legat. 2.*

Mais il étoit repondu que tous les cas de ces Loix sont relatifs à un testament fait auparavant, & que Garric n'en avoit point fait. Que quand dans le Droit on parle de *Epistola*, cela s'entend d'une déclaration en presence de cinq témoins, *leg. Et in epistola*, *cod. de fideicommis*. où le fideicommis n'est bon que quand la Lettre est signée de cinq témoins : Que ce Billet n'étoit pas même adressé à ses heritiers *ab intestat*. Et que suivant la Loi 17. *ff. de jur. Codicil. Litteræ quibus affectus animi exprimitur, vim codicillorum non obtinent*, laquelle est décisive. C'est pourquoi le 12. Février 1616. en l'Audience de la Grand'-Chambre, par Arrêt, Brudeau fut condamné de restituer le contenu au Billet dont il s'étoit emparé. Sur quoi il faut remarquer que le cas rapporté par M. de Cambolas, *liv. 5. chap. 37.* est bien different de celui-ci.

De sorte que tels Billets ne sont ni donation, ni fideicommis, ni codicilles. Mais il en seroit autrement, s'ils exprimoient de grands services que le Donataire peut justifier ; alors ils seroient remuneratoires, & par consequent ils seroient valables, comme il fut jugé par un Arrêt rapporté par Dufresne ; *liv. 1. chap 99.*

CHAPITRE XXVIII.

Si la donation non-signée du Donateur ni du Donataire, ni d'aucun témoin, est bonne & valable.

IL est constant que par les Ordonnances Royaux, & particulierement par celle de Blois, *art. 166.* tous Contrats & Actes doivent être signez par les Parties ; & s'ils ne sçavent, ils doivent être pour le moins signez par un des témoins. Néanmoins une donation faite dans un petit Village, sans que le Donateur ni le Donataire, ni aucun des témoins, l'eussent signée pour ne sçavoir, fut déclarée bonne & valable par Arrêt de la Cour donné en la premiere Chambre des Enquétes, au Rapport de M. de Mauſſac, le 4. Juillet 1663. Parties, Jean Arnaud, Antoine & Jean Pagez, contre M. Jean Caſſauve, Prêtre & Curé de Caſtelnau d'Angles. Il eſt vrai que la donation avoit été inſinuée, étant dit *in leg. 31. cod. de donat. ſuperfluum eſt privatum teſtimonium cum publica monumenta ſufficiant.* Et ce fut ſans doute le motif pour lequel cette donation fut confirmée; dautant que par le moyen de l'inſinuation qui ſe fait judiciellement, on ne peut pas ſoupçonner de fauſſeté un tel acte; l'eſprit de l'Ordonnance n'étant que pour empêcher les fauſſetez, attendu qu'il ne dépendroit que d'un Notaire de faire ce qu'il voudroit, ſi aucun des Contractans, ni aucun des Témoins, ne ſçavoient ſigner. *Nota* que par cette donation, le Donateur ne s'étoit rien reſervé pour pouvoir diſpoſer de tous ſes biens, mais il eſt vrai que le Donateur s'étoit reſervé l'uſufruit, & l'on demandoit encore caſſation ſur ce fondement de ladite donation, qui fut confirmée par ledit Arrêt.

Il fut repreſenté de la part de ceux qui demandoient la caſſation de la donation, que le Donateur ayant fait la donation de tous ſes biens préſens & à venir, ſans s'être rien reſervé pour pouvoir diſpoſer, mais ſeulement l'uſufruit qui n'étoit pas ſeulement ſuffiſant pour le nourrir, cette donation étoit nulle; dautant que par le moyen d'icelle, la faculté que le Donateur avoit de diſpoſer par teſtament, lui étoit ôtée, bien qu'aucun ne puiſſe renoncer à cette faculté, *Leg. cum duobus vicinis, §. idem reſpondit, ff. pro ſocio.* Et qu'enfin cette donation étoit contre les bonnes mœurs, *leg. ſtipulatio hoc modo, ff. de verb. obligat.* & *leg. Ex eo, cod. de inutil. ſtipul.* Et qu'étant de tous biens, on pouvoit dire qu'elle étoit une ſtipulation hereditaire qui ne pouvoit être faite par Contrat, *leg. hereditas, cod. de pact. convent. tam ſup. dot.*

Celui qui ſoutenoit la donation, repreſenta que les donations, quoique faites de tous biens préſens & à venir ſous la reſerve de l'uſufruit, ſont bonnes, ſuivant la Juriſprudence de la Cour; & l'opinion des Docteurs. Rebuffe, *reſp. 167. verſ. 3. Jul. Clar. §. Donatio, quæſt. 19. num. 9.* & qu'il ſuffiſoit qu'il fût en liberté de pouvoir diſpoſer de quelque choſe, comme il pourroit faire en faiſant quelque reſerve de l'uſufruit qu'il s'étoit reſervé.

CHAPITRE XXIX.

S'il eſt neceſſaire que le Donateur, qui fait donation de tous ſes biens preſens & à venir ſous la reſerve de l'uſufruit, ſe reſerve dans la donation ledit uſufruit.

NOus avons repreſenté au Chapitre précedent, que la donation faite de tous les biens preſens & à venir, ſans reſervation d'autre choſe que de l'uſufruit, fut déclarée bonne. Or en ce Chapitre, il eſt queſtion de ſçavoir ſi telle donation eſt bonne, lorſque le Donateur ne s'eſt point reſervé par l'acte de donation ni par autre acte l'uſufruit, mais ſeulement tacite-ment. Voici le cas.

François Terrié fit donation de tous ſes biens, preſens & à venir, à Jean Terrié ſon couſin germain, ſans reſervation expreſſe de l'uſufruit, ni de pouvoir diſpoſer de rien à la fin de ſes jours. Quelques-temps après cette donation, le Dona-teur fit une autre donation de partie de ſes biens à Catherine Luga, pour d'iceux joüir & diſpoſer dès-à-preſent à ſes plaiſirs & volontez. Cette donation fut inſinuée, & joüit des biens à elle donnez. Peu de temps après le Donateur ſeroit decedé : ce qui obligea Jean Terrié Donataire univerſel, de faire aſſigner Luga devant le Senéchal de Lauſerte, en delaiſſement des biens qu'elle joüiſſoit *in vim* de ſa donation, avec reſtitution des fruits depuis le decès du Donateur : Et dit pour le ſoutien de ſa demande, que ſa donation étoit générale & univerſelle, & anterieure à celle de ladite Luga, laquelle pour toute défenſe ne dit autre choſe, ſi ce n'eſt que ſa donation avoit été inſinuée non celle de Terrié. Mais ayant repreſenté que les donations dans le Reſſort de la Cour n'ont pas beſoin d'inſinuation qu'à l'égard des Créanciers, le Senéchal rendit Sentence par laquelle Luga fut condamnée à faire delaiſſement à Terrié des biens compris dans ſa donation.

De cette Sentence, elle releva appel en la Cour ; diſant droit auquel appel, elle impetra Lettres Royaux en caſſation de la donation univerſelle faite audit Terrié par ledit Terrié ſon couſin ; ſon moyen de caſſation étant fondé ſur ce que le Donateur ne s'étoit rien reſervé pour la donation , pour pouvoir en diſpoſer à la fin de ſes jours , ni même l'uſufruit des biens donnez.

Mais ledit Terrié Donataire fit voir que le Donateur s'étoit tacitement reſervé l'uſufruit , bien que la donation ne le portât pas ; & pour preuve de cette verité , il repreſenta que ſa donation ne contenoït , ni ne portoit pas , qu'il pourroit dors & déja joüir & diſpoſer des biens donnez comme bon lui ſembleroit ; & qu'ainſi il y avoit une reſervation tacite de l'uſufruit : ce qui avoit été executé , dautant que le Donateur avoit joüi des biens donnez , ſa vie durant , & même fait la prétenduë donation de partie d'iceux à ladite Luga qui étoit nulle ; & ledit Terrié ne manqua pas d'alleguer les raiſons , & l'Arrêt contenu au précedent Chapitre , pour faire voir que la donation univerſelle étoit bonne , lorſqu'il y a reſervation de l'uſufruit. Si-bien que la Cour par Arrêt donné en la premiere Chambre des Enquêtes au Rapport de M. de Cambon Sieur de Rouſſi , le 11. Juillet 1684. ladite Luga fut démiſe de ſon Appel & Lettres , avec dépens.

CHAPITRE XXX.

Si la donation eſt caſſable lorſque le Donataire n'a point ſatisfait à la charge & à la condition y apoſée.

GABRIEL GOUSI fit donation de partie de ſes biens à Antoine Roudier , à la charge de payer 100. liv. qu'il devoit à un de ſes Créanciers. Faute d'avoir ſatisfait au paye-ment de cette ſomme , le Créancier fit faire Commandement à Gouſi ſon débiteur de la lui payer. Gouſi à même-temps dénonce le Commandement à lui fait à Roudier ſon Donataire , qui n'ayant point ſatisfait au payement de cette ſomme , le Créancier fit ſaiſir les biens de Gouſi , & celui-ci pour éviter le décret , auroit été obligé de payer cette ſomme de 100. liv.

Après ce payement , il auroit impetré Lettres Royaux dreſ-ſantes devant les Ordinaires de Gerouſſens en caſſation & reſti-tution en entier envers cette donation ; Et par Sentence les

Ordinaires

Ordinaires démirent Gouſi de ſes Lettres, qui releva appel de cette Sentence devant le Senêchal de Carcaſſonne, lequel par Sentence déclara avoir été mal-jugé, bien appellé; & reformant celle des Ordinaires, caſſa la donation.

De cette Sentence Roudier releva appel en la Cour, & dit que le Senêchal avoit très-mal jugé d'avoir reformé celle des Ordinaires, & d'avoir caſſé la donation : ce qu'il ne pouvoit avoir fait dans la juſtice & dans l'équité, dautant que la charge & la condition apoſée dans la donation, n'étoit pas la cauſe finale pour laquelle la donation lui avoit été faite ; Et que ſi-bien il étoit dit que la donation *reſolveretur*, ſi le Donataire ne ſatisfaiſoit pas au payement dont il étoit chargé par la donation: Que cela néanmoins s'entendoit *de cauſa finali non impulſiva, leg. cùm ancillam, cod. de condict. ob cauſa dat. leg. 7. ſi repetendi, dic. tit.* & que cette donation ne contenoit pas la cauſe irritante.

De la part de Gouſi, il fut dit qu'il étoit certain en termes de Droit, *in leg. ſi ut proponis 2. & ibi* Gloſſar. *in verbo reſolveretur, & dict. leg. cùm ancillam, in fin. dit. tit. cod. condict. ob cauſa dator.* que la donation étoit nulle, faute par le Donataire d'avoir payé le Créancier, bien que la donation ne contint point par exprès la cauſe irritante, parce qu'elle eſt toûjours ſous-entenduë ſuivant les Arrêts rapportez par Mornac, *indict. leg. Si ut proponis.* Auſſi la Cour par Arrêt donné en la ſeconde Chambre des Enquêtes au Rapport de M. de Sevin le 11. Septembre 1660. Rodier Donataire fut démis de ſon appel, & la Sentence du Senêchal par conſequent confirmée.

CHAPITRE XXXI.

Si un pere qui a fait donation à un de ſes enfans, peut en demander la caſſation ſi le fils le criminaliſe.

LA pieté & reverence dûë aux Peres & Meres par leurs Enfans, peut être qualifiée du nom de Religion, ſuivant l'opinion de Tertulien, *lib. de pudicitia.* Et Seneque, *lib. 3.*

T

de benef. dit que n'aimer pas fes Parens , c'eft impieté ; & ne les reconnoître, & ne les refpecter point, c'eft fureur : *Parentes non amare impietas eft , non agnofcere infamia.* Enfin les enfans doivent tout refpect & honneur à leurs Peres & Meres par le Commandement de Dieu, de la Nature , & des Loix. Néanmoins la Demoifelle Delon , fille au fieur Delon Gentilhomme du Païs du Quercy , méprifant ce refpect , & ne fe fouvenant plus des tendreffes qué fon pere avoit eu pour elle , & du foin qu'il avoit pris pour fon éducation & pour fon établiffement , l'ayant mariée avec le fieur de Goudal , un des Gentishommes des plus riches & des plus qualifiez du Quercy , fe feroit non-feulement remariée fans le fçu & confentement de fon pere avec le fieur de Laroquette fimple Cadet ; mais encore elle fe feroit portée dans cette extrêmité, que prétendant que fon pere l'avoit maltraitée à caufe de fecond mariage , qu'elle en auroit fait informer contre lui , taifant & fupprimant la qualité de pere ; & l'ayant fait décreter de prife de corps , elle l'auroit fait crier aux trois briefs jours. Mais cette inftance étant pendante en la Grand'Chambre, le pere y demanda par Lettres la caffation par ingratitude de la donation qu'il avoit faite à la Demoifelle fa fille lors de fon mariage avec le feu fieur de Goudal.

Et lors de la plaidoirie de la caufe il fut reprefenté de la part du pere, que fa fille ne pouvoit lui avoir fait une plus grande injure que celle qu'elle lui avoit faite. Auffi les Loix permettent aux peres d'exhereder.leurs enfans qui les avoient crimininalifez, *Novel.* 115. *cap.* 3. §. *fi eos* 3. & que le procedé de cette fille étoit un effet de fon ingratitude , qui eft un vice fi monftrueux & fi deteftable , qu'il paffe pour un crime qui porte en foi l'oprobre de tous les crimes. Auffi les Affranchis qui oublioient la grace qu'ils avoient reçûë en leur affranchiffement , revenoient fous le joug de leur premiere fervitude, s'ils venoient à commettre quelque faute à l'endroit de leur ancien Maître. De même les enfans émancipez , qui oublioient la faveur que leur pere leur avoit faite en les émancipant , retournoient fous fa puiffance, s'ils fe portoient à violer les droits facrez de la pieté paternelle. Cela fut en premier lieu établi par les premiers Rois des Romains, & après par les Loix des douze Tables , &

enfuite confirmé par les Conftitutions des Empereurs Valentin, Valere & Gratian, *in leg. unic. cod. de ingr. lib.* cù ils difent, *Filios & filias , cæterofque liberos contumaces , qui parentes , vel acerbitate convicii , vel cujufcumque attrocis injuriæ dolore pulfaf- fent , leges emancipatione reciſâ damno libertatis immeritâ multari voluerunt ;* & fut conclu à la caſſation & revocation de la donation fuivant les Loix *penult. & fin. cod. de revocand. donat.* & la caſſa- tion des informations, & de tout ce qui s'en étoit enfuivi.   Si- bien que la Cour par Arrêt donné en l'Audience de la Grand'- Chambre le 12. Mars 1655. caſſa & revoqua la donation ; enſemble caſſa les informations avec tout ce qui s'en étoit enfuivi.

CHAPITRE XXXII.

Si la claufe d'irrevocabilité dans les donations , leur donne un plein effet pour les faire paffer pour donations entre-vifs.

CETTE claufe eſt regulierement la marque des donations entre-vifs : néanmoins il y a des cas aufquels la Cour l'in- terprête, & la rend inutile.   Le Seigneur de Blagnac près de Toulouſe, fçachant qu'une femme de ce Lieu là étoit malade, l'avoit faite amener en cette Ville là , & lui avoit fait faire une donation entre-vifs de tous fes biens en fa faveur ; & enfuite l'avoit renvoyée à Blagnac.   Cette femme étant guerie, & ayant fçû qu'au lieu d'un teftament qu'elle croyoit qu'on lui eût fait faire , elle avoit fait une donation , fe pourvût en caſſation devant le Senêchal ; & cette donation ayant été caſſée par Appointement, elle mourut , ayant fait par un teftament une fienne parente fon heritiere , qui auroit été maintenuë par un autre Appointement dudit Senêchal aux biens de l'heredité : ce qui obligea le fieur de Blagnac d'être appellant en la Cour de ces deux Appointemens : & difoit que la donation avoit été volontaire, & qu'ainfi elle étoit bonne ; d'autant plus qu'il nioit que la prétenduë heritiere fût parente de la Teftatrice.   Au con- traire cette heritiere difoit que quoique par la Loi *Ubi ita donatum eft , ff. de mort. cauf. don.* la claufe d'irrevocabilité donne aux donations même , qui femblent être *mortis causâ ,*

T ij

l'effet des donations entre-vifs. Néanmoins il falloit considerer que la Donatrice étoit à l'agonie quand elle la fit ; & que veu la simplicité de cette femme, elle avoit crû faire un testament : Que la caption étoit visible, & la crainte même ; parce que le Seigneur de Blagnac étant Seigneur Justicier, cette femme qu'il avoit fait porter chez lui, & qu'elle étant malade, n'avoit pû ni resister ni contredire, quand elle auroit même sçû ce qu'elle faisoit ; & qu'on pouvoit dire qu'à l'égard de cette femme, ce Seigneur étoit *terribilis persona.* Sur quoi la Cour par Arrêt donné en l'Audience de la Grand'Chambre le 12. Août 1640. démit l'Appellant de son appel, avec dépens. Le même fut jugé contre M. de Corneillan Evêque de Rodez, la Cour ayant cassé sur Requête civile en Audience, une donation qu'un nommé Couverton Paisant avoit faite en sa faveur, s'étant trouvé Seigneur temporel & spirituel de ce Donateur. L'Arrêt fut rendu le 15. Avril 1647.

Le premier Août 1662. un nommé Villepigue ayant fait une donation entre-vifs, allant à la guerre, en faveur de son frere, & y ayant cinq témoins en cette donation. Ce Soldat s'en étoit revenu avec ses deux jambes fracassées, & demandoit la cassation de cette donation, quoique son frere offrît de le nourrir toute sa vie. La Cour néanmoins interprêta qu'il avoit voulu faire une donation à cause de mort, & la cassa en l'Audience de la Grand'Chambre ; car il est facile de surprendre telles gens qui n'entendent pas les affaires.

Mais néanmoins quelquefois lorsqu'il y a des circonstances contraires, les donations sont censées entre-vifs, comme en ce cas. La Dame d'Aussun en 1624. avoit fait une donation de 1500. liv. aux Peres Minimes de Touloufe entre-vifs, à jamais irrevocable, en consideration des graces singulieres qu'elle avoit reçu de Saint François de Paule, duquel elle portoit la ceinture & l'habit, voulant être enterrée en leur Eglise ; & que la somme de 1500. liv. leur fût payée un mois après sa mort ; & en cas qu'ils ne fussent pas payez, elle leur assignoit une belle Métairie qu'elle avoit au Lieu de Seisses. Mais après avoir demeuré en cette volonté dix ou douze ans, elle revoqua cette donation, & ne leur fit qu'un Legat de 800. liv. les priant de s'en contenter , à caufe du grand nombre d'enfans qu'elle avoit. Et par le même teftament , elle legua 1500. liv. aux Auguftins de la même Ville, y ordonnant fa fepulture.

Après fa mort les Religieux Minimes voulant être payez de ladite fomme de 1500. liv. il y eut procès avec le fieur d'Auffun heritier ; & la caufe ayant été plaidée en l'Audience de la Grand'-Chambre , il auroit été repréfenté de la part du fieur d'Auffin, que la donation que fa mere avoit faite aux Minimes étoit *caufâ mortis* ; parce qu'elle avoit trait de temps, *& poft mortem condict. argum. leg. mortis caufa, cod. de donat.* Mais on lui oppofoit la Loi *fi alienam in fin.* & la Loi *Senatus* , §. 4. *verf. fic quoque, ff. de don. mort. cauf.* Que c'étoit en faveur de la caufe pieufe, & que cette donation avoit été infinuée ; de forte que y ayant eu partage en la Grand'Chambre, le partage fut jugé en faveur des Minimes le 11. Mars 1636.

Le fieur d'Auffun fe voyant outré & obligé de payer aux Minimes les 1500. liv. demanda que la Cour interprêtant fon Arrêt , déclarât qu'elle n'avoit pas entendu le condamner au payement de cette fomme de 1500. livres aux Auguftins ; & demanda que les Minimes fuffent tenus d'imputer ce qu'ils avoient reçu pendant la vie de fa mere, difant, quant au premier chef, que c'étoit une tranflation de legat ; & que puifque la Cour l'avoit condamné à payer aux Minimes, il ne devoit pas payer à deux un même legat ; & auroit cité là-deffus la Loi *Alumna* , §. *ab heredibus* , *& feq. ff. de adimen. leg.* Et quant au fecond chef, que puifque la Cour avoit jugé que c'étoit une donation entre-vifs , il étoit jufte qu'ils imputaffent ce qu'ils avoient reçu. Mais les Auguftins lui repondoient , que ce ne pouvoit être une tranflation de legat, puifque la donation faite aux Minimes étoit entre-vifs , & qu'on ne pouvoit par confequent la comparer ou conferer avec les legats. Et les Minimes lui repondoient, que s'ils avoient reçu quelque chofe de la Dame d'Auffun pendant fa vie depuis la donation , c'étoient de nouveaux dons ; fur laquelle conteftation il y eut encore Partage en l'Audience de la Grand'Chambre. Voyez Boyer, *decif.* 176. & Loüet, *lett.* D , *num.* 11.

CHAPITRE XXXIII.

Si la donation faite par le pere à son fils qui est en sa puißance, est valable ; & si elle peut être caßée & revoquée.

LEs donations des Peres faites à leurs fils qu'ils ont en leur puissance, font nulles. C'est ainsi que cette question fut jugée le 2 8. Mars 1 6 4 0. Voici le cas. Scande avoit fait donation à son fils marié qui n'étoit pas émancipé, avec cette clause qu'il vouloit : Qu'en cas que son fils mourût, la donation eût son effet en faveur de Paule Scande fille de ce même fils, & petite-fille par consequent du Donateur, & fit insinuer cette donation. Mais ce fils étant mort, le pere revoqua cette donation, & la fit en faveur de Geraude Scande sa fille. Sur quoi ledit Arrêt fut rendu en la premiere Chambre des Enquêtes, après Partage, vuidé à la seconde, par lequel il fut jugé que la revocation étoit bonne : *Potestas unius personæ tantùm intellectum inducit, ergo ratio non patitur, ut quis sibi utiliter donet. Cujac. Consult.* 26. Guid. Pap. *quæst.* 224. traite cette matiere ; & *ibi* Ferrieres se fait difference *inter auctoritatem & voluntatem* ; & sur la question 222. il rapporte un autre Arrêt de la Cour du 1 3. Mai 1 6 0 7.

La même chose fut encore jugée en la Premiere des Enquêtes au Rapport de M. de Labroüe en la cause d'Antoine Magnaut Marchand de Lectoure, contre Senis Boucher, d'une donation de 1 0 0 0. liv. faite par un pere à ses enfans non-émancipez, & à sa femme pendant le mariage, la donation ayant été caßée, tant à l'égard des enfans que de la femme.

CHAPITRE XXXIV.

Si l'on peut venir contre une donation faite à une personne, en intention qu'il épouseroit sa cousine.

LE sieur de Lasus avoit donné une charge de Conseiller au Senêchal de Touloufe au sieur de Lasus son néveu, laquelle Charge valoit alors 1 5 0 0 0. liv. & lui auroit encore payé

600. liv. pour fa reception, dans l'intention qu'il épouferoit fa coufine germaine : & cet oncle auroit encore fait venir la difpenfe de Rome. Ce néveu poffedant & jouiffant l'Office de Confeiller, faifant fcrupule, & fa coufine auffi, de fe ma·:er enfemble : que bien loin de le faire, ce néveu fe fit Prêtre. De quoi l'oncle étant fâché, intenta procès contre fon néveu, par lequel il lui demandoit les 15000. liv. & les 600. liv. confentant néanmoins que fon néveu jouit l'Office fa vie durant, à la charge de le rendre après fa mort.

Et il difoit, que là où il n'y a point d'acceptation, il n'y a point de donation. Or l'oncle en effet avoit acheté l'Office, & fourni tout fans acceptation formelle du néveu qui l'avoit bien acceptée, puifqu'il en avoit joui pendant plus de dix ans. Mais à cela l'oncle répondit, qu'il l'avoit laiffé jouir non - pas tant *Animo donandi*, que *animo credendi* : Que *fumptus ad honorem repeti poffunt*, *leg. Quæ utiliter* 45. *ff. de neg. geft.* Qu'il n'y avoit ni acte de donation ni d'acceptation : Qu'on ne pouvoit préfumer une donation ni l'étendre, les donations étant *ftricti juris* : qu'on ne pouvoit la fuppléer ; & qu'ainfi il avoit raifon de demander du moins que le prix retournât à fes heritiers ; puifque fon néveu s'étant fait Prêtre, il falloit quelqu'un pour foutenir leur famille.

Le néveu répondoit au contraire, que *Beneficia cùm dantur, non repetuntur*, & que les donations ne fe revoquent que par ingratitude, *leg. donari, ff. de donat.* Que la donation eft un bienfait, *leg. vnum* 67. §. 1. *de legat.* 2. Que fon oncle l'avoit chargé de cet Office, que *fe habuerat merè paffivè.* Et qu'ayant fait cela par tendreffe pour fon néveu, qui étoit comme fon fils, *leg. Affectionis, ff. de donat.* & *leg.* 1. *ff. eod.* il ne pouvoit pas là redemander, ni le prix. Que dans la Loi *Ex duobus*, 24. *ff. de Negot. geft.* un oncle ne peut redemander ce qu'il a fait pour fon néveu, & que *quod caufâ donatur, non repetitur*, *leg.* 3. *ff. de donat.* Que pour les fraix, il ne pouvoit les redemander non - plus, *arg. leg. fin. ff. de legat.* 3. Que fi *qui fe perpetuâ exceptione tueri poteft, folverit, non poteft folutum repetere, fi fciat fe tutum effe*, *leg.* 26. §. 3. *ff. de condic. indeb.*

Sur quoi la Cour rendit Arrêt donné en l'Audience de la Grand'Chambre le 8. Mars 1666, plaidant M. de Maffoc Avocat pour ledit de Laffus, appellant d'un Appointement du Senéchal de Touloufe, du 11. Janvier de ladite année 1666. qui avoit mis les Parties hors de Cour & de procès, fans dépens; & M. de Parifot pour ledit de Laffus Confeiller; par lequel Arrêt il fut ordonné que l'Appointement dont étoit l'appel, fortiroit fon plein & entier effet, fans préjudice du droit de retour en cas de predecès de la Partie de Parifot, écheant fans dépens. Ainfi la Cour par cet Arrêt jugea que c'étoit une veritable donation, puifqu'il la déclaroit fujette au droit de retour.

CHAPITRE XXXV.

Si la donation entre-vifs non-acceptée, eft bonne & valable.

LA donation entre vifs doit être acceptée par le Donateur, dautant que c'eft un Contrat obligatoire de part & d'autre. L'acceptation, comme étant de l'effence & de la fubftance, lui donne l'être & la forme; & fans l'acception, elle eft nulle fuivant l'opinion des Interprêtes, *Donatio facta abfenti ante acceptationem non valet*, fur la Loi *abfenti*, *ff. de donat.* Molin *ad legem Contractus*, *num.* 12. *de reg. jur.* Cujac. *Confult.* 43, 45 & 49. *In fin. leg.* 2. §. *'fed. & fi quis*, *de donat.* Jul. Clar. *quæft.* 12 & 13. *fufè* Tiraqueau *de jure conft. in limitatione* 39. Et c'eft fuivant les Arrêts des Parlemens, M. Maynard, *liv.* 7. *chap.* 84. Brodeau fur Loüet, *lett. D*, *chap.* 4. Et par la Déclaration feconde fur ladite Ordonnance, il eft dit que les donations pourront être acceptées par les Donateurs en l'abfence du Donateur, & que la donation foit inferée en la note, acte & inftrument de l'acceptation. Ainfi fi la donation n'a pas été en aucune maniere acceptée par le Donateur, elle eft nulle, comme il a été jugé par Arrêt de la Cour donné en la premiere Chambre des Enquêtes le 4. Septembre 1654. au Rapport de M. de Caffaneau Glatens; & par cet Arrêt, une donation entre-vif, non-acceptée par le Donataire pendant la vie du Donateur, fut déclarée nulle.

CHAPITRE

CHAPITRE XXXVI.

Si le mari peut accepter une donation pour fa femme.

QUOIQUE le mari foit Procureur de fa femme, *leg.*
Maritus, *cod. de Procurat.* néanmoins il ne peut pas
accepter une donation pour fa femme, comme il fut jugé après
Partage par Arrêt donné en la premiere Chambre des Enquêtes
au Rapport de M. d'Ambez, en la caufe d'un nommé Lafourcade. Car par cet Arrêt la donation acceptée par le mari pour
fa femme, fut déclarée nulle. La raifon eft tirée des Ordonnances de 1539. *art.* 133. & de 1549. qui la modifie, & dit
que les donations entre abfens pourront être acceptées du vivant
des Donateurs en préfence de témoins, & de l'Ordonnance de
Melun, *art.* 38. & même de la Loi *Abfenti de donat.* où telle
donation doit être acceptée.

CHAPITRE XXXVII.

Si une Femme peut faire donation de la conftitution dotale pour
la fondation d'un Obit.

MARIE de Romengoux s'étant mariée avec le nommé
Bonhomme Précepteur d'enfans, elle lui conftitua en dot
la fomme de 2000. liv. qui lui étoit dûë par Jean Barreau
fon oncle maternel ; & ne pouvant être payée de cette fomme
ni des interêts, le Syndic des Cordeliers de Touloufe fe prévalant de la pauvreté de ces mariez, leur fit entendre qu'il
voûloit leur procurer le payement de cette fomme & des interêts ;
& que pour pouvoir le faire, il falloit qu'elle en fît donation à
leur Convent pour la fondation d'un Obit : ce qu'elle auroit
fait par acte du dernier Août 1642. Mais à même-temps le
Syndic qui ftipula & accepta cette donation, fit une déclaration
écrite & fignée de fa main, & d'autres Religieux, par laquelle
V.

ils déclarerent comme la donation de ces 2 0 0 0. liv. n'avoit été faite que pour en faciliter le payement, & qu'elle n'auroit lieu que pour la moitié, s'obligeant le Syndic de faire les pourfuites pour le payement de l'entiere fomme & interêts. Cette déclaration auroit été ratifiée tant par le Syndic que par autres Religieux, par acte retenu par Notaire le 13. Septembre de la même année 1642.

En vertu & en confequence de cette donation, le Syndic fit faifir un bien très-confiderable audit Barreau débiteur d'autorité de la Cour, où il obtint un Arrêt de décret qu'il fit expedier, & enfuite fe mit en poffeffion des biens décretez, defquels il joüit pendant cinq ans fans avoir rien baillé aufdits Bonhomme & Romengoux mariez : ce qui les obligea d'impetrer Lettres Royaux fous le nom de ladite de Romengoux dreffantes à la Cour, tant en caffation de la donation que des actes de déclaration ; ce faifant, fans y avoir égard, & caffant le tout, ordonner que le décret pourfuivi & obtenu par le Syndic pour ladite fomme de 2000. liv. & interêts, cederoit à fon profit, avec reftitution des fruits.

La caufe en l'Audience de la Grand'Chambre plaidée, il fut reprefenté par l'Impetrante, pour laquelle M. d'Audibert plaida, que cette donation étoit nulle ; comme auffi lefdits deux actes de déclaration par quatre divers moyens. Le premier, de ce que cette donation contenoit alienation de fa conftitution dotale, & fit voir que la dot ne pouvoit être donnée ni alienée ; & pour cet effet, il faut voir M. d'Olive. Le fecond moyen étoit pris de ce qu'elle étoit feinte & fimulée, comme il fe juftifioit par les deux actes de déclaration, & par confequent nulle. Sur quoi le Jurifconfulte, *in leg. Cùm ea, cod. de tranfact.* dit que tels actes & contrats ne peuvent point être dits contracts, *quæ fimulatè geruntur pro infectis habentur ;* Qu'ils ont bien l'apparence, la figure, mais que néanmoins ils n'en ont aucune fubftance : *Colorem habent, fubftantiam vero nullam.* Qu'il ne falloit pas regarder les termes ni les claufes de tels actes, ni en faveur de qui ils ont été paffez, mais la verité *in contractibus rei veritas potiùs quàm fcriptura perfpici debet,* dit la Loi premiere, *cod. plus valer, &c.*

Le troisiéme moyen est fondé sur ce que cette donation avoit été stipulée & acceptée par ledit Syndic, qui ne pouvoit le faire sans violer les loix de sa constitution, puisqu'il est certain que les Religieux profez, & particulierement les Mandians, ne peuvent joüir d'aucun effet de la vie civile. Il est donc vrai de dire que cette donation étoit nulle pour avoir été stipulée & acceptée par une personne incapable de pouvoir le faire.

Le dernier & quatriéme moyen étoit fondé sur la paction de *quota litis* intervenuë ensuite, & en consequence de la donation dans les deux actes de déclaration : ce qui rendoit tous ces actes nuls, puisque telle paction de *quota litis*, a été reprouvée par les Ordonnances, par les Arrêts, & par le droit entre les Avocats, Procureurs & Solliciteurs, *leg. litem, cod. de Procur. Leg. Quisquis, cod. de postul.* Et elle est même reprouvée *indefinitè* entre toutes sortes de personnes, comme dit Ulpien, *in leg. sumptus, ff. de pact.* comme contraire aux bonnes mœurs, & à l'honêteté publique ; & principalement à l'égard des Religieux Mandians, qui à cause du vœu de pauvreté, ils ne doivent pas songer en aucune maniere aux richesses ; au contraire ils doivent s'en éloigner, comme pouvant retarder leur progrez à la perfection de la vie Religieuse ; & par tous ces moyens, elle fit voir que ses Lettres étoient toutes pertinentes. Et après que M. le Procureur Général eut plaidé pour ledit Syndic, comme ayant pris le fait & cause pour lui, la Cour par Arrêt donné en l'Audience de la Grand'Chambre le mois de Novembre 1655. cassa la donation & les actes de déclaration ; & ordonna que le décret poursuivi & obtenu par le Syndic, cederoit au profit des mariez ; avec inhibitions & défenses audit Syndic, en la possession & joüissance des biens décretez, leur donner aucun trouble ni empêchement. Là Cour ne prononça rien sur la restitution des fruits, parce qu'Elle les compensa avec les fraix du décret.

CHAPITRE XXXVIII.

Si la donation faite par le Beau-pere à son Gendre lui appartient en particulier, ou si elle est censée faite à ses Enfans.

MR. de Cambolas, *liv. 6. chap. 23.* rapporte un Arrêt, par lequel il fut jugé qu'une telle donation appartenoit au Gendre seul non à sa femme. Mais il avoüe en même-temps, que ce fut parce que la Cour avoit remarqué que c'étoit l'intention du Donateur de donner à son Gendre en particulier ; en ce que par cette même donation, il donnoit aussi à sa fille : & la Cour trouva que le pere avoit eu une particuliere affection & consideration pour son Gendre. Car autrement la Cour n'auroit pas adjugé les biens au Gendre, suivant même les Textes du Droit qu'il rapporte lui-même ; car la Cour par d'autres Arrêts rapportez par M. de Maynard, *liv. 5. chap. 18.* jugea le contraire. Voyez encore ledit sieur de Cambolas, *liv. 5. chap. 14.*

Par autre Arrêt donné en la Grand'Chambre le 22. Janvier 1637. il fut encore jugé en faveur d'un fils du premier lit d'un nommé Goudouffe, contre le fils du second lit ; par lequel on voit que la donation faite par le Beau-pere, nommé Rigor à son Gendre, étoit censée faite aux petits-fils du Donateur, fils du Gendre du premier lit. Et cela est decidé par une consequence fort juste, *in leg. Sed si plures, §. in adrogato, 6. ff. de vulg. subst.* en ces termes : *Ego etiam ampliùs púto, & si quid beneficio adrogatoris adquisivit, & hæc substitutum posse habere, ut putà adrogatoris amicus vel cognatus aliquid ei reliquit.* La même chose est aussi prouvée, *in leg. dotem, ff. de collat. bonn.* où il est dit, *Nec infavorabilis sententia est, ut hoc saltem habeat ex paternis quod, propter illum datum est.*

Cela fut encore jugé par autre Arrêt du 12. Septembre 1648. sur une donation faite quelque-temps après la constitution de dot, par laquelle le sieur de Rabastens donnoit certaine somme, tant au sieur Dardenne son Gendre, qu'à la Demoiselle de Rabaftens fa fille, *arg. leg. ult. cod. de ufufr.* où il eft dit que le Teftateur avoit laiffé l'ufufruit, *Magis contemplatione filii*, *quàm patris.*

CHAPITRE XXXIX.

Si la Femme qui pendant fon mariage a donné à fon fils une partie de fa dot, peut s'en dedire.

M R. d'Olive, *liv. 3. chap.* **29.** de fes queftions du Droit, traite amplement cette queftion ; fi une donation que la femme fait durant fon mariage de fes biens, parmi lefquels fa dot eft comprife, eft renduë valable pour le regard des fommes dotales par le prédecès de fon mari, & fi elle eft en droit de la faire déclarer nulle & invalide ; & par Arrêt rendu après Partage le 2. Janvier 1637. la donation pour les biens dotaux fut déclarée nulle. Et fur la queftion préfente, la Cour rendit Arrêt en l'Audience de la Grand'Chambre le 24. Mars 1676. par lequel la Cour confirma la donation faite par la mere de la femme de 600. liv. à fon fils, de celle de 3300. liv. qu'elle avoit de fa dot, le pere agiffant avec la femme ; & la Cour fans doute en confirmant cette donation, eut égard à la modicité de la fomme donnée.

CHAPITRE XL.

Si la donation d'une chofe particuliere peut être revoquée quand il furvient des enfans au Donateur, & que le Donateur lors de la donation a fongé aux enfans.

U N nommé Villieres s'étant fait faire une donation par un Païfan du Roüergue de tous fes biens, à la charge de le nourrir & fa femme auffi ; & en cas ils euffent des enfans, que cette donation feroit valable pour 300. livres feulement, leur ayant fourni les alimens, & pour les fervices qu'il leur avoit

V iij

rendus. Ces deux mariez ayant eu des enfans, ils demanderent la caſſation de cette donation ; mais à même-temps Villieres. conſentit qu'elle ne fût valable que pour les 3 0 0. liv. & allegua que ce n'étoit pas une donation pure , mais *prætermutatio bene-ficii , leg. Aquilius , ff. de donat.* Mais le Païſan oppoſa qu'il n'y avoit aucun ſervice ; & que s'il avoit été nourri & ſa femme par Villieres, ils avoient auſſi travaillé , & il avoit encore joüi de leur bien. Sur quoi la Cour rendit Arrêt en l'Audience de la Grand'Chambre le 2 0. Août 1 6 4 0. par lequel elle caſſa la donation, & mit les Parties hors de Cour & de procès. *Nota* que le reſte que l'Auteur dit ſur ce Chapitre , eſt inutile & fort confus ; c'eſt pourquoi il n'en ſera pas parlé.

CHAPITRE XLI.

Si la donation faite par le Pere à ſon fils pour le marier avant que de l'émanciper , lui acquiert quelque droit , quoiqu'il ne ſe marie que long-temps après.

UN nommé Sales ayant fait donation en 1 6 4 1. à ſon fils de tous ſes biens pour le marier , & ne s'étant reſervé que l'uſufruit, ceda enſuite un droit de ſubſtitution qu'il avoit à un nommé Mas pour 2 0 0 0. liv. & Mas ſubrogea au même droit le ſieur de Labranche pour 1 8 0. liv. & fit ratifier au fils cette ſubrogation. Le fils s'étant marié en 1 6 4 6. & la ſubrogation du ſieur de Labranche ayant été confirmée par Arrêt rendu contre le pere, le fils vint en oppoſition envers cet Arrêt , & demanda ſans Lettres d'être reçu en tout cas à rembourſer le ſieur de Labranche des 1 8 0. liv. Sur quoi la Cour rendit Arrêt en l'Audience de la Grand'Chambre le 1 9. Decembre 1 6 4 7. par lequel ſans avoir égard à la ceſſion ni à la ratification, main-tint le fils aux biens donnez , en rembourſant, ſuivant ſon offre, cette ſomme de 1 8 0. liv. Et faut remarquer que la Cour par cet Arrêt conſiderant l'énormité de la leſion, réleva ce fils d'office de la ratification ; & auroit jugé que cette alienation ne valoit rien après une telle donation.

CHAPITRE XLII.

*Si la donation faite à une fille pour son mariage, qui ne s'en est
pas ensuivi, est censée pour le mariage qu'elle contracte après.*

CELA fut jugé ainsi par Arrêt de l'an 1689. rendu en la
Grand'Chambre au Rapport de M. de Tourreil en faveur
de M. de Tolofani Laffefquiere Avocat, qui avoit épousé une
Demoiselle de Baïuli contre une autre sœur mariée avec le sieur
de Michaelis : car la donation que leur mere avoit faite pour un
autre mariage, fut confirmée. La même chose fut jugée par
autre Arrêt du 6. Février 1640. donné au Rapport de M. de
Marrast en la première Chambre des Enquêtes en faveur d'une
nommée Guiraudone, d'une donation qui lui avoit été faite par
la mere contre une autre sœur. Encore par autre Arrêt, cela
fut jugé en 1654. contre la mere même d'une Demoiselle de
Famez, qui avoit passé contrat de mariage avec le sieur de
Malenfant Avocat, dans lequel contrat sa mere lui ayant fait
une trop grande constitution veu ses biens, quoiqu'elle fût
mariée avec un autre par précipitation contre la volonté de sa
mere, qui vouloit qu'elle épousât le sieur de Malenfant, puisqu'elle avoit pris des engagemens avec lui : qu'elle ne pouvoit
pas rompre sans choquer son honneur & celui de leur Famille ;
de quoi sa mere se plaignoit.

Mais sçavoir si le Pere peut la diminuer après qu'il l'a faite
pour un mariage qui ne s'en est pas ensuivi. Sur quoi Ferrieres,
in quæst. 145. *Guyd. Pap.* où il rapporte divers Auteurs, dit
que telle donation vaut *etiam matrimonio non secuto vel dissoluto*,
croyant que *Ita est acquisita mulieri ut pater non possit eam revo-
care.* Aussi il fut jugé par Arrêt du 17. Juillet 1637. après
Partage, Rapporteur M. de Rech, Compartiteur M. de Julliard
en la cause de Brunel, Fontagues & autres ; que telle donation
faite par le pere est valable.

Sans que l'on puisse opposer ce que M. d'Olive dit au *liv.* 3.
chap. 30. où il rapporte ledit Arrêt, par lequel il fut jugé que

telle conſtitution ne paſſoit que pour une donation à cauſe de mort, & qu'elle ne portoit point de préjudice aux Créanciers du pere ; & ſi-bien il eſt vrai que cela fut jugé ainſi à l'égard des Créanciers, ce fut parce que la donation n'avoit pas été inſinuée ; & qu'on ne pouvoit dire que veritablement ce fût une dot qui n'eût pas beſoin d'inſinuation, puiſque le mariage s'étoit rompu. Néanmoins à l'égard des Freres, cela eut ſon effet.

M. d'Olive au même Chapitre rapporte encore deux Arrêts, par l'un deſquels une donation de 3000. liv. faite par un pere à ſa fille pour ſa dot, le mariage ne s'en étant pas enſuivi, fut réduite au ſeul legat de 1500. liv. que le pere lui avoit fait dans ſon teſtament. Mais cela arriva, parce que les biens ne pouvoient porter une ſi grande ſomme ſans abſorber les droits des autres enfans ; & ce fut par inoficioſité & par équité, que cette réduction fut faite. Et il faut conclurre la même choſe de celui qu'il rapporte dans ſa nouvelle Addition ſur le même Chapitre.

Et par la raiſon de M. d'Olive, qui eſt que là où il n'y à point de mariage, il n'y à point de dot, *quaſi cauſa non ſecuta* ; & que comme le pere ne peut pas donner à ſon enfant non-émancipé, il ne peut donner à ſa fille ; ajoûtant que le pere eſt different de la mere, parce qu'il eſt en obligation de doter ſes filles, & qu'ainſi il n'a pas conſtitué cette dot volontairement. On peut lui répondre fort juſtement, que *voluntas coacta voluntas eſt*, qui eſt une regle appliquée par le droit en matiere de puiſſance paternelle. D'autant plus qu'on ne peut pas dire que le pere eut été contraint par la neceſſité de doter, puiſqu'il pouvoit doter avec une moindre conſtitution, & à concurrence, s'il vouloit de la legitime, ou du moins que de la legitime que pouvoit prétendre ſa fille ; & ainſi cette neceſſité de doter ne fait rien contre l'opinion contraire à celle de M. d'Olive.

Et quant à la raiſon tirée de la puiſſance paternelle, laquelle puiſſance empêche la donation faite aux enfans, il eſt certain qu'en matiere de dot cette raiſon ne ſubſiſte pas ; parce que la neceſſité de doter la fille introduite par le droit, détruit *intellectum juris*, par lequel le pere & la fille non-émancipée ſont une même perſonne, puiſque cette neceſſité fait que neceſſairement ils ſont d'eux pour lors.

Et

Et quant au mariage qui ne s'en eſt pas enſuivi, c'eſt une raiſon qui n'eſt bonne qu'en faveur des Etrangers; parce que la donation n'eſt pas bonne ſi le mariage a été rompû, & particulierement quand il apparoît qu'ils n'avoient point donné ou conſtitué autrement. Mais on ne peut pas dire cela à l'égard du pere, parce qu'il falloit qu'il conſtituât; & qu'il n'a pas tenu à la fille que le mariage n'ait ſuivi le contrat, *Nam cùm per eam non ſteterit, poteſt dici repetitionem ceſſare*, leg. *ſi pecuniam* 5. *ff. de condict. cauſ. data, cauſ. non ſequit.* Il eſt vrai que la Loi ajoûte, *Niſi pœnituerit.* De ſorte que quand le pere ne revoque pas, l'on ne peut pas dire que *pœnituerit*; & ainſi telle conſtitution vaut contre les heritiers du pere. Et même quand il revoque, il le fait mal-à-propos; parce que la raiſon de la puiſſance n'ayant pas lieu en matiere de dot, il n'importe de dire que *cauſa ſequuta non eſt*, à cauſe que la fille peut ſe marier avec un autre; & ainſi le pere ne peut pas ſe dedire de ſa donation ſous prétexte de cette puiſſance, quand il a donné pour une dot.

Ce qui ſe confirme de ce que la Loi *Si extraneus* 6. *ff. eod.* ne met de queſtion lorſque le mariage ne s'enſuit pas qu'à l'égard des Etrangers, & non pas à l'égard du pere; & la Loi 9. *ff. eod.* en diſant, *Si donaturus mulieri juſſu ejus ſponſo numeravi, nec nuptiæ ſequuta ſunt, mulier condicet*, fait voir en ne donnant l'action qu'à la fille pour ſe faire rendre ce qui a été baillé, qu'elle a acquis, encore que le mariage ne s'en ſoit pas enſuivi; & à plus forte raiſon à l'égard du pere qui eſt obligé de la doter. Joint à cela ce qu'il rapporte, que *votum parentum*, eſt admis par la Loi aux Mariages pour les faire cenſer perpetuels, encore qu'ils ceſſent de l'être par le divorce; & ainſi il doit être reçu pour la conſtitution du dot; puiſque ſi le mariage ne s'en eſt pas enſuivi, il peut s'en ſuivre, comme il a été dit, n'étant pas une choſe nouvelle que la dot & la legitime puiſſent s'enticiper, ſur tout cette anticipation en ce cas n'étant pas affectée; & le pere ne doit pas varier après s'être determiné envers ſa fille, que dans le cas qu'il peut le faire, qui eſt quand le mariage ceſſe par la mort du mari, & que le pere eſt devenu pauvre.

X.

CHAPITRE XLIII.

Si la donation faite par une mere à son fils dans le contrat de mariage de ce fils âgé d'onze ans, & en cas qu'il vînt à mourir à la Fiancée de ce même fils, peut être revoquée, le fils étant mort avant la consommation du mariage.

CETTE question fut decidée par Arrêt donné en l'Audience de la Grand'Chambre le 25. Juillet 1634. Car par cet Arrêt il fut jugé que la donation pouvoit être revoquée; parce qu'étant parlé de mariage dans le Contrat, le mariage ne s'en étoit pas ensuivi suivant la Loi *Item quia* 4. §. 2. *ff. de pact. Leg. Quod servius, & leg. si extraneus, ff. de condict. cauf. dat. cauf. non seq.*

DOT.

CHAPITRE XLIV.

Si les Religieuses peuvent avoir de dot.

LES Constitutions Canoniques prohibent telles dotations, *cap. non satis, cap. Veniens, & cap. tua nos, extra de simonia,* déclarent coupables de simonie, non-seulement ceux qui reçoivent telles dotations, mais encore ceux qui les donnent. Et que le Chapitre *Quoniam simoniaca,* tiré du Concile de Latran, prononce la même peine contre les Moniales qui tombent en la même faute, ne voulant pas que la pauvreté serve de dispense contre la Loi; laquelle est cofirmée par le Chapitre *Periculo,* §. *sanè, de statu Regularium in sexto,* qui défend de recevoir un plus grand nombre de Religieux que celui que le revenu de la Maison peut porter; & par ainsi de rien prendre pour l'entrée du Monastere. Et Urbain I V. qui a fait l'extravagante *Sanè ne in vinea domini* , condamne telles dotations , & même les Festins qu'on avoit accoûtumé de faire lors de la Profession de quelque Religieuse comme un crime execrable , avec défenses de rien demander , prendre ni exiger , directement ni indirectement sur peine d'excommunication contre les Particuliers , & de suspention contre les Communautez. Le Parlement de Paris par divers Arrêts rapportez par Brodeau sur Loüet , *lett.* C; *chap.* 8. a reduit de telles dotations à des pensions viageres. Et la Cour par Arrêt donné les Chambres assemblées le 6. Decembre 1 6 6 7. avoit ordonné qu'il ne pourroit être rien pris pour l'entrée de celles qui voudroient être Religieuses , non pas même une pension viagere , que tant seulement la somme de 2 0 0. liv. pour l'année du Noviciat pour les Religieuses de Touloufe , Fauxbourgs & Gardiage ; & la somme de 1 5 0. liv. pour les autres Religieuses du Ressort de la Cour.

Sur ce fondement , Demoiselle Françoise de Prud'homme , veuve du sieur Raymond de Durfort , ayant mis la Demoiselle de Durfort fille du premier lit du sieur de Durfort son mari , dans le Monastere des Religieuses de Sainte Ursule de Cahors en pension pour être élevée à la vertu , les Religieuses firent si bien qu'elles la porterent à se faire Religieuse , & à donner pour dot à leur Monastere la somme de 4 0 0 0. liv. & la somme de 6 0 0. liv. pour son ameublement : elle auroit , dis-je , demandé à la Cour , sur une instance qui y fut portée du Senêchal de Cahors pour raison de certains biens baillez ausdites Religieuses en engagement pour les 4 0 0 0. liv. de ladite constitution , la cassation par Lettres de la dotation de ladite somme , & de la confirma tion que ladite de Durfort Religieuse en avoit faite par le testament qu'elle fit avant sa Profession : & rapporta encore pour le soutien de ses Lettres , les Ordonnances d'Orleans , *art.* 19. & de Blois , *art.* 28. qui portent que ceux ou celles qui entrent en Religion , ne peuvent pas disposer de leurs biens qu'en faveur de leurs parens , & non du Monastere , offrant néanmoins de payer ausdites Religieuses la pension annuelle de 1 5 0. livres pendant la vie de la Durfort. Mais parce que ladite constitution avoit été faite avant que l'Arrêt de la Cour ne fût donné , elle

X ij

rendit Arrêt au Rapport de M. de Gach le 30. Mai 1672. par lequel la Demoiselle de Prud'homme fut démise de ses Lettres, avec depens.

CHAPITRE XLV.

Si une fille après l'âge de vingt-cinq ans, peut demander à son père de la doter, & une portion eu égard au nombre de ses enfans de la dot de sa mere décedée, le père s'étant remarié.

L E sieur de Quentin Sieur de la Magdelaine, fut marié en premieres nôces avec la Demoiselle Gabriëlle de Dubourg de Lapeirouse, à laquelle il fut constitué la somme de 16000. liv. De ce mariage il y eut divers enfans, n'y ayant que deux filles en vie, le pere, qui se remaria, constitua dot de son chef à la fille aînée lors de son mariage, & lui bailla 8000. liv. de la moitié du dot de sa mere. Après quoi, Demoiselle Marie Anne de Quentin après l'âge de vingt-cinq ans, fut renduë enceinte par le sieur de Colombe de Lix.

Pour raison de quoi le pere fit une instance de *Rapt* devant le Senêchal de Touloufe, lequel par sa Sentence mit les Parties hors de Cour & de procès. De cette Sentence il y eut appel en la Cour; mais par Arrêt la Sentence fut confirmée, & la Cour permit au sieur de Colombe de Lix & à la Demoiselle de Quentin, de se marier. En confequence & en vertu de cet Arrêt le mariage s'en ensuivit, & les Mariez demanderent à la Cour par diverses Requêtes, que le sieur de la Magdelaine fût tenu de doter la Demoiselle sa fille, ou de lui bailler sa legitime; comme aussi 8000. liv. de la moitié de la dot de sa mere. Sur quoi la Cour rendit Arrêt en la Chambre Tournelle, au Rapport de M. Duval le 20. Juillet 1693. par lequel elle déclara n'y avoir lieu, quant à present, d'adjuger à la Demoiselle de Quentin la legitime sur les biens de son pere, sauf à elle de la pouvoir demander après son decès, ni de lui adjuger la moitié de la dot de sa mere. Mais le pere fut condamné de lui payer annuelle-ment par avance sa vie durant, sans préjudice de ses droits maternels, la fomme de 5 0 0. liv. de penfion alimentaire, y compris celle de 4 0 0. liv. provenant du revenu de la dot de la Dame de Dubourg fa mere , dépens compenfez , le Rapport payable par le pere.

Néanmoins M. de Cambolas au livre 4. *chap.* 7. *num.* 2. dit que le pere eft fouvent obligé pendant fa vie de réprefenter la legitime lorfque les filles font d'âge de fe marier ; à quoi même il peut être contraint par le Juge , *leg. qui liberos , ff. de ritu nupt. coguntur*, dit la Loi, *in matrimonium collocare & dotare.* Bened. *in verbo dotem quam ei dederat*, *num.* 24. encore qu'elle fe marie contre fa volonté. *Idem* , *ibid. num.* 30. Et il eft certain que le pere eft obligé de marier fa fille lorfqu'elle a vingt-cinq ans , fuivant l'Ordonnance de Henri I I. *art.* 4. C'eft pourquoi un pere nommé Courdurier ayant demandé par Lettres qu'il fût fait inhibitions & défenfes à fa fille âgée de vingt-cinq ans de fe marier , la Cour par Arrêt d'Audience permit à la fille de fe marier, & condamna le pere qui s'étoit remarié, à lui payer la dot de fa mere. L'Arrêt fut rendu le 25. Juillet 1634. & en l'année 1 6 3 7. il y eut un pareil Arrêt rendu auffi en l'Audience contre un nommé Bouché. Et le 2 7. Juillet de la même année 1637. en l'Audience de la Tournelle, un pere fut condamné à doter fa fille de vingt-cinq ans dans huitaine en la caufe d'un nommé Roger & Daran. Et le 2. de Mars 1 6 4 8. en la caufe de Jean Giniez Sieur de Boufquet , il fut jugé en Audience qu'il doteroit fa fille, non au dire d'Experts, comme le Senêchal l'avoit ordonné , mais fuivant l'eftimation qu'en fairoit M. Carrié Lieutenant au Senêchal de Lauferte , qui étoit celui qui avoit rendu l'Appointement, la mere auffi - bien que le pere étant vivante. Il eft vrai que ce pere l'avoit fort maltraitée. Et le 2 4. Mars 1 6 4 0. la même chofe fut jugée en l'Audience de la Grand'-Chambre en la caufe de Romade Banquier de Saintes, contre fa fille qui vouloit fe marier avec M. de Lacieutat , Confeiller au Parlement de Bordeaux.

Le Parlement de Bordeaux ayant ordonné par Arrêt que les parens s'affembleroient pour régler la dot de cette fille. Et en l'affemblée des parens , les uns étoient d'avis que le pere lui donnât vingt-mille écus , les autres quinze mille , & les autres dix mille écus. Le pere se pourvût par Requête civile contre cet Arrêt ; & la cause ayant été évoquée, elle fut renvoyée au Parlement de Toulouse. Et sur ce que la fille déclara qu'elle ne vouloit pas se marier avec M. de Lacieutat, parce que le pere se plaignoit de lui, la Cour dit droit sur la Requête civile ; & demeurant la déclaration de la fille, le sieur de Ramandé fut condamné de payer vingt-cinq mille livres de dot à sa fille, moitié en argent, & moitié en fonds.

Il faut néanmoins que la fille âgée de vingt-cinq ans, fasse trois actes de respect ; & si avant cet âge elle se marie contre la volonté de sa mere, quoiqu'elle ait fait tels actes, la mere peut faire casser le mariage. Ainsi jugé en la cause de Jeanne Destrets & de Vaissade, le 7. Mai 1643. La Cour déclara à la celebration du mariage, y avoir abus, & ordonna prise de corps contre Vaissade, & contre le Prêtre qui les avoit épousez. Suivant la même Ordonnance, le fils qui a trente ans passez, s'il ne fait pas trois actes de respect à son pere, la Cour déclare en la celebration du mariage y avoir abus, & permet au pere de l'exhereder. Cela fut ainsi jugé en la cause de Philip pere contre Philip fils, & un nommé Despict par Arrêt du 9. Février 1649. Mais si le pere après le mariage de son fils contracté sans son consentement, voit la femme de son fils, & s'il la reçoit dans sa maison, il n'est plus recevable à être appellant comme d'abus de la celebration d'un tel mariage. C'est pourquoi le 26. Mars 1675. par Arrêt donné en l'Audience de la Grand'Chambre, le nommé Bru de Montpellier s'étant avisé, après avoir reçu sa Belle fille, de faire casser le mariage, fut démis de son appel comme d'abus, avec dépens, & l'amende.

CHAPITRE XLVI.

Si la fille dans son contrat de mariage peut promettre à son pere de ne demander la dot qu'après sa mort, & si telle promesse est valable.

JONCHERE Patissier de Toulouse ayant deux filles, en avoit marié une, & lui auroit constitué 400. livres ; & sur ce qu'il n'avoit pû détourner l'autre de l'amour & de l'affection qu'elle avoit pour un nommé Lifle, il fut contraint, apprehendant quelque defordre de cette paffion, de confentir au mariage, à la charge que fa fille fe conftituant fes droits paternels & maternels, elle ne pourroit demander cette dot, qui confiftoit aufdits droits paternels & maternels, qu'un an après la mort de fon pere. Cela fut ainfi convenu.

Mais étant mariée, & ayant des enfans, Lifle fon mari lui fit impetrer des Lettres devant le Senêchal en caffation de cette claufe, *de ne demander la dot qu'après la mort de fon pere*, & à ce que fondit pere fût tenu de lui bailler autant qu'à fon autre fille, attendu qu'il avoit confenti à fon mariage. Mais cette fille ayant été démife & déboutée de fes Lettres par le Senêchal, elle fut appellante; & en l'appel, elle impetra d'autres Lettres pour être relevée du confentement qu'elle avoit donné à cette claufe.

Et pour le foûtien de fon Appel & Lettres, elle difoit que *paternum officium erat dotare filiam*, & qu'il pouvoit y être contraint, *leg. capite 19. ff. de ritu nupt.* Qu'elle n'avoit rien pour fe nourrir, ni pour nourrir fes enfans. Que par la Loi, *Cùm poft 69. §. Gener. ff. de jure dot.* le pere ayant promis la dot à fa fille à fa volonté, il ne pouvoit fous ce prétexte en retarder le payement, mais qu'il falloit qu'il l'a lui payât fuivant fes facultez. Que par la Loi *Avus 79. §. 1. ff. eod. tit.* la claufe de payer la dot à la fille, *Cùm commodiffimum erit*, n'avoit autre utilité pour le pere, que pour le difpenfer de le faire lorfqu'il ne pourroit le faire fans turpitude : Ce qui eft expliqué par la Loi *Nepos 125. ff. de verb. fignif* qui dit que cette claufe ne le garantit qu'au cas qu'il ne peut payer fans faire banqueroute. Que fuivant la Loi *de Die 14. ff. de paft. dot.* il étoit permis à la verité de paétifer du terme de la dot ; mais que cette Loi ajoûtoit, pourveu que la fille n'en fouffrît pas ; ce que l'on ne pouvoit dire d'elle, puifqu'elle n'avoit pas dequoi vivre : Qu'elle avoit confenti à cette claufe par crainte ; & que quand fon pere prétendroit qu'il eût reçu une injure d'elle par fa prétenduë obftination à ce mariage, ce qui n'étoit pas, qu'elle étoit cenfée remife puifqu'il y avoit confenti, & qu'ils avoient vécu enfemble depuis.

Le pere difoit au contraire qu'il n'avoit donné fa fille à Lifle que par force, de crainte qu'il ne deshonorât fa Famille ; & qu'ainfi la fille ne pouvoit fe plaindre, puifque c'étoit une peine de fa defobéïffance ; ni le Gendre, parce qu'il avoit bien voulu prendre ainfi fa fille. Que ce pacte n'eft pas vicieux de ne demander la dot qu'après la mort du pere, la Loi *Cùm pater* 11. *ff. de pact. dot.* étant formelle pour cela ; & que fuivant la derniere Loi, §. 1. *ff. eod. tit.* le pere pouvoit pactifer, *ne à fe invito dos exigeretur.* Et qu'à plus forte raifon, il avoit pû par cette claufe en retarder le payement.

Mais néanmoins la Cour en Audience le 18. Decembre 1642. condamna le pere à doter cette fille fuivant fes facultez, & interprêta par confequent la Loi *Cùm pater* ; de telle maniere qu'on ne doit l'entendre que quand les Mariez ont dequoi vivre d'ailleurs. Et quant au §. 1. de la derniere Loi *de pact. dotal.* il faut l'entendre d'une fomme ajoûtée à une autre conftitution, ou dans le même contrat, ou après le contrat ; car ce même Paragraphe porte que *quod exigi non poteft in dotis caufam non cadit.* Si-bien que pour ce qui eft du terme, la Loi *de Die*, avec les deux fuivantes, s'expliquent affez, puifque fi l'on peut pactifer du terme, cen'eft qu'en faveur de la fille, pour faire payer la dot avant le terme, non après le terme. C'eft encore le fens de la Loi *Attilicinus* 17. *ff. eod. tit.*

CHAPITRE XLVII.

Si un pere naturel eft obligé de doter fa fille bâtarde.

DAURAN Mineur & Ecolier, ayant paffé contrat de mariage avec une Lingere du Palais, le pere de ce jeune homme le fit caffer. Néanmoins perfiftant en leur commerce amoureux pendant quatre ans, ils en eurent une fille, que fa mere, qui fe maria deux fois depuis, auroit nourrie jufqu'à l'âge de dix-huit ans. Son pere qui denioit que cette fille fût à lui, étant convaincu par le Baptiftaire de cette ftlle, & par la preuve de leur commerce, par Arrêt donné en l'Audience de la Grand'-

Chambre

Chambre le 1 4. Mars 1 6 4 7. il fut condamné de la doter de la
fomme de cent écus. Voyez le Prêtre, *cent.* 3. *chap.* 57. qui
en rapporte des Arrêts du Parlement de Paris. :

CHAPITRE XLVIII.

*Sur quels biens la fille peut prétendre fa dot lorfque fon pere la
lui conftituë, tant pour les droits paternels que maternels :
Et quand le pere & la mere conftituent conjointement.*

JE ne traiterai pas cette queftion à fond, attendu que M.
d'Olive, *liv.* 3. *chap.* 24. la traite amplement ; fçavoir, ii
quand le pere a conftitué à fa fille vaguement, tant pour les
droits paternels que maternels, cela s'entend tout des biens du
pere. Je rapporterai feulement un Arrêt conforme à fa décifion,
& contre la décifion de M. Cujas, *ad tit. de dot. prom.* qui fut
rendu le 4. Decembre 1 6 4 0. en la caufe d'Antoinette Sicard &
de Bertrand Linon, au Rapport de M. de Lafont en la feconde
Chambre des Enquêtes. Et comme cela s'entend fi le pere avoit
des biens fuffifans pour payer une telle dot de fes deniers, je
dirai que cela ayant été jugé ainfi en la Grand'Chambre au
Rapport de M. Delong en la caufe du fieur de Corcoulet contre
fa fœur, l'heritier du pere ayant depuis cet Arrêt fait voir que
le pere n'avoit pas affez de bien pour conftituer feul une fi grande
dot, la moitié fut depuis rejettée fur les biens de la mere contre
fon heritier, qui étoit la Demoifelle de Brians ; par autre Arrêt
le même ayant été jugé en la même Chambre au Rapport de
M. de Caumels le 28. Janvier 1650. Mais cela ne s'entend, comme
il a été dit, que lorfque le pere a conftitué feul ; car quand le
pere & la mere ont conftitué conjointement, ils font tenus chacun
de payer la moitié, fuivant l'Arrêt rapporté par M. de Cambolas,
liv. 4. *chap.* 29.

A quoi j'ajoûterai qu'il y a divers Arrêts de la Cour, par
lefquels les meres qui fe font obligées conjointement avec les
peres, & folidairement, n'ont pû être relevées de cette obligation folidaire, fçavoir en la caufe de la femme de M. Lefpinaffe

Y

Avocat. Et par un autre Arrét en la caufe de la Demoifelle de Perez femme de M. Dujarric, par lequel la Demoifelle de Malard fa mere ne peut être relevée ; parce que , quoique ce foit au pere de doter fa fille , & qu'il femble que ce foit un cautionnement de la mere , néanmoins *videtur obligata in rem fuam* ; car elle a interêt que fes filles foient dotées , outre que le Velleïen n'a pas lieu en fait de dot.

***

CHAPITRE XLIX.

Si la dot peut être prife par la femme fur les biens du mari , lorfqu'il a negligé de fe la faire payer après plus de dix ans.

QUOIQUE cette queftion femble aujourd'hui être d'un droit certain , & que le mari foit refponfable de la dot , après qu'il a retardé dix ans de l'exiger du pere de fa femme ou des autres Conftituans , à moins que la femme n'eût fait la conftitution elle-même , fuivant ce que dit M. de Cambolas, *liv. 3. chap. 2.* Néanmoins la Cour jugea le contraire par Arrêt du 9. Mars 1643. en la caufe d'une nommée de Raymond contre un nommé Elies.

Le fait étoit que le mari de cette de Raymond étant mort vingt ans après le contrat de leur mariage , qui portoit confti-tution de dot, cette femme ne voulant demander à Elies heritier du mari, ils remirent cette affaire à des Arbitres, qui par leur Sentence Arbitrale, au lieu d'ordonner qu'elle feroit payée de fa dot fur les biens de fon mari , interloquerent d'une maniere qu'elle rifquoit fort de perdre fa dot , fi elle n'avoit pas hipo-theque fur les biens de fon mari même. Dequoi elle fut appel-lante en la Cour, M. Lacroix plaidant pour elle, & M. de Parifot pour Elies. Ce fubtil & fçavant Avocat ayant repre-fenté que cette maxime, que le mari eft refponfable de la dot après dix ans, étoit fondée fur une mauvaife interprétation que les Auteurs ont fait de la Novelle 100. *cap.* 2. & de l'Authen-tique *Quod locum, cod. de dot. caut. non num.* qui ne parlent que du cas auquel le mari a confenti avoir reçu la dot, ces Textes

portant qu'après dix ans il ne peut être reçu a oppofer l'exception *non numeratæ pecuniæ* ; car ces Textes ne difent pas que le mari en foit refponfable en autre cas. Et en effet, la femme ayant action pendant trente ans contre les Conftituans, il femble qu'il n'y a que le cas d'infolvabilité de ceux qui ont conftitué qui charge le mari, qui n'a pas confeffé qu'il ait reçu la dot ; fi-bien que la Cour en mettant l'appellation au néant, reduifoit la femme à difcuter les biens de fon pere, fuivant l'interlocutoire de la Sentence Arbitrale. Et ce qui confirme que la Cour l'entendit ainfi, eft que M. le premier Préfident de Bertier demanda aux Avocats, combien il y avoit de temps que la conftitution dotale avoit été faite, & que le mari étoit mort ; lefquels demeurerent d'acord qu'il y avoit vingt - huit ans depuis le contrat jufques à la mort du mari.

Or il eft certain que le mari eft refponfable de l'infolvabilité de ceux qui ont conftitué, s'ils étoient folvables lors de la conftitution. Cela fut jugé le 9. Mars 1646. en la feconde Chambre des Enquêtes par Arrêt donné au Rapport de M. de Gargas en la caufe d'un nommé Poufalques & Glaudy mariez, contre Jeanne de Belli, veuve en fecondes nôces de Glaudy pere de la Partie, & fon heritiere, qui fut condamnée à payer le refte de la conftitution de la premiere femme de fon mari, à la fille du premier lit, quoique Pourfalgues en l'époufant eût pris ce refte de conftitution à fes perils & fortunes : ce qui eft remarquable ; car nonobftant cela, parce qu'il fit voir qu'au temps de fon contrat les Conftituans étoient déja infolvables, les biens du pere furent chargez de cette dot.

CHAPITRE L.

Comment la dot doit être partagée entre les enfans, lorfque la mere n'en a pas difpofé expreffement.

CETTE queftion fut jugée en l'Audience de la Grand'-Chambre par Arrêt du 23. Juin 1643. Parties le fieur de Blancone & fes fœurs. La queftion étoit, que la Demoifelle

d'Arquier leur mere par fon teftament fait dans Touloufe, auroit
inftitué heritier fon mari leur pere, avec cette claufe, qu'*il rendroit fon heredité à l'un de leurs enfans mâles, & en défaut de
nomination à leur aîné*; & auroit legué à fes filles leur legitime
telle que de droit, & leur auroit partagé fes bagues & joyaux,
fans parler de fa conftitution dotale. Le pere ayant rendu l'heredité au fieur de Blancone fon fils; ce fils preffé par fes Créanciers, mit fes biens en diftribution. Ces filles demanderent
pour lors leur portion de la dot de leur mere égale à celle de
leur frere, à caufe que leur mere n'en avoit pas difpofé expreffement. L'affaire ayant été remife verbalement à M. de Marmieffe & de Parifot, & n'ayant pû demeurer d'accord, ils prirent un tiers qui décida la queftion contre les filles. Et fur ce
qu'il fut foûtenu en l'Audience que ce n'étoit pas une Sentence
Arbitrale, mais tant feulement qu'un Avis, la Cour le jugea
ainfi. Et quant à la queftion de la dot, elle le jugea en faveur
des filles, fuivant l'Authentique *Uxore mortuâ*, *cod. de fecund.
nupt.* Et quant à celle de la virile que le pere avoit, il en
devoit difpofer *expreffis verbis*, Authent. *Nunc autem*, *cod. de
fecund. nupt.*

La même chofe fut jugée le 6. Juillet 1666. au Rapport de
M. d'Agret, en la caufe de la Demoifelle de Girié, veuve du
fieur Subra, contre M. de Caftex Juge de Rieux; fçavoir, qu'il
falloit que la mere difpofât expreffement de fa dot, autrement
qu'elle devoit être partagée fi le mari furvivoit. Voyez Cambolas, *liv. 5. chap. 1. & 45.* Et fur un autre cas M. d'Olive,
liv. 3. chap. 29.

Pour ce qui eft du premier chef de ce premier Arrêt, par
lequel une remife verbale ne fait pas un Arbitrage quoiqu'on
ait convenu d'un tiers, il faut remarquer qu'une Déliberation
d'un Chapitre par laquelle le differend eft remis à l'effet d'un
Compromis, eft plus forte qu'une remife verbale, comme il fut
jugé en l'Audience de la Grand'Chambre, plaidans Mes. de
Laffefquiere & de Larrieu en la caufe d'un Chanoine de Pefenas,
contre le Syndic de fon Chapitre. Par l'Arrêt, il fut permis
d'être appellant de l'Avis des Avocats choifis par cette Déliberation.

CHAPITRE LI.

Si la belle-fille pour sa dot, a privilege sur les biens de son beau-pere, ou de sa belle-mere.

LORSQUE le beau-pere a reçu la dot, il n'y a point de doute que sa belle-fille n'ait hypoteque privilegiée sur les biens ; & quoique le beau-pere justifie par quittance valable qu'il a rendu la dot à son fils, mari de cette même fille, cela n'empéche pas qu'elle ne puisse la demander sur les biens de son beau-pere, comme il fut jugé par Arrêt donné en la Grand'-Chambre le 10. Janvier 1616. en la cause des Brousses, où cette allegation fut faite par le beau-pere ; mais elle ne lui servit de rien, suivant le droit, *in Leg. Si socero, cod. solut. matrim.* & plusieurs autres.

Et la belle-fille a même le privilege de la Loi *Assiduis, cod. qui potior. in pig. hab.* sur les biens de son beau-pere pour la repetition de sa dot, suivant ladite Loi. Et M. Maynard, *liv. 2. chap. 51. & 52. & liv. 7. chap. 57.* pourveu que ses reconnoissances soient en bonne forme, & que ce ne soient pas des donations du mari.

Mais il est à remarquer que telle dot ne vient qu'en son rang contre les dots enterieures en hipoteque de la belle-mere, ou des filles du beau-pere, non-plus que pour les avantages nuptiaux. Et il y a des Auteurs, du nombre desquels est Faber, qui disent que la seule présence du pere au Contrat de mariage de son fils non-émancipé l'oblige. Et cela se juge aujourd'hui suivant les Arrêts rapportez par le Glosateur de M. de Laroche, *tit. 4. de la Dot, art. 6.* Ce qui est contraire au §. *Transgrediamur,* où le pere en ce cas n'est tenu que *de peculio.* Et en effet, en la cause d'une nommée Regis, veuve d'un nommé Blanchet, & de Jacquette Reboul veuve d'un autre Blanchet, la Cour n'adjugea l'hipoteque que quant au pecule du fils : car le beau-pere en mariant son aîné, avoit reservé 1200. liv. pour son cadet mari de Jacquette Reboul ; & 400. liv. pour faire apprendre un metier dans le Contrat de mariage de cet aîné. C'est pourquoi il fut jugé par Arrêt donné en l'Audience de la Grand'-Chambre le 9. Juin 1648. que la veuve du cadet étoit préferable sur ces deux sommes. Et cet Arrêt fut rendu sur une Requête civile contre autre Arrêt du 8. Août 1646. parce qu'elle fit voir que *Pater saltem tenebatur de peculis.*

Mais il n'en est pas de la belle-mere comme du beau-pere ; car une veuve d'un nommé Lacase avoit marié Lacase son fils avec la nommée Polasse ; & il étoit dit dans le contrat de mariage, que lorsqu'on payeroit la dot de sa belle-fille, sa mere la reconnoîtroit. Néanmoins parce que le fils avoit reçu cette dot sans la participation de sa mere, & qu'elle n'étoit pas intervenue lors du payement, la Cour jugea que cette belle-fille n'avoit point d'hipoteque sur les biens de sa belle-mere, par Arrêt du 22. Février 1650. rendu en l'Audience de la Grand'Chambre, par lequel la Cour reforma un Appointement du Senêchal, qui lui avoit adjugé une provision sur les biens de sa belle-mere, sous ce prétexte que dans ledit Contrat de mariage il étoit dit que lors du payement de la dot, la mere du mari la reconnoîtroit. Et la Cour sur ce que le fils reçut la dot sans l'intervention de sa mere, jugea avec justice que l'Appointement du Senêchal étoit injuste.

CHAPITRE LII.

Si une fille pauvre qui s'est mariée après l'âge de vingt-cinq ans, & après avoir fait trois actes de respect à sa mere, peut demander qu'elle soit tenuë de la doter.

UNE mere veuve & fort riche, ne songeant point à marier sa fille pauvre, cette fille après l'âge de vingt-cinq ans fit trois actes de respect à sa mere, & lui demanda permission de se marier. La mere n'ayant rien répondu, la fille se maria, & ensuite demanda que sa mere, qui étoit fort riche, & elle au contraire pauvre, fut condamnée de la doter. Cette cause ayant été plaidée en l'Audience de la Grand'Chambre, la Cour par Arrêt rendu le 5. Juillet 1655. condamna là mere suivant la faculté de ses biens, de constituer dot à sa fille, comme n'ayant nuls biens ; & c'est un des cas ausquels la mere est tenuë de doter sa fille, *Ex leg. neque mater, cod. de jur. dot.* & *ibi* Glossar. Barthol. *ad* Authent. *Res quæ, num.* 3. *cod. com. de legat.* Boërius, *decis.* 129. *num.* 4. *in princip.* & Benedict. *in cap. Raynut. in verbo Dotem quam ei dederat, num.* 68. où il est dit que *Mater naturalis tantùm tenetur dotare & alimentare liberos suos inopes :* Parties en cette cause de Benque & de Bason. Avocats M. de Lagarrigue & de Barthez.

E.

É D U C A T I O N.

CHAPITRE PREMIER.

Qui doit avoir l'éducation des enfans pupilles, ou la mere ou l'oncle paternel.

CETTE queſtion fut plaidée en l'Audience de la Grand'-Chambre entre une mere qui demandoit l'éducation de ſa fille pupille. L'oncle paternel de cette fille demandoit d'être préferé, attendu même que cette mere vouloit marier ſa fille qui étoit riche avec un homme qui ne l'étoit pas. Mais par Arrêt donné le 11. Mars 1655. Avocats Mes. de Barthez & de Tartanac, la mere eut l'éducation, *Ex leg. 1. cod. ubi pupilli educar. debeant*, & *ex Novell. 22. cap. 28.* Il eſt vrai que par ce même Arrêt, il fut ordonné que cette mere habiteroit dans Touloufe pour y faire élever ſa fille ; & qu'elle ne pourroit lui faire paſſer aucuns Pactes de mariage, que tous les plus proches parens, paternels & maternels, ne fuſſent appellez, ſur peine de nullité. M. de Maynard, *liv. 6. chap. 50.* rapporte un Arrêt preſque ſemblable. Voyez Expilli, *part. 2. chap. 58.*

CHAPITRE II.

Si un Oncle Tuteur de ſon néveu, doit être préferé à la mere pour l'éducation du fils pupile.

M L'Evêque de Valence étant Oncle & Tuteur de M. le Marquis d'Ambres pupile, Madame la marquiſe d'Ambres mere du pupille, fut préferée en l'éducation juſqu'à l'âge de

neuf

neuf ans, quoique l'oncle offrît de le nourrir à ses fraix, à la charge néanmoins qu'elle n'habiteroit pas dans le Château d'Ambres : ce qui fait voir qu'*aliud est tutela, aliud educatio.*

CHAPITRE III.

Si l'éducation du fils peut être déniée à son pere remarié, l'ayeule maternelle demandant d'être préferée ; Et si l'ayeule doit être préferée à la mere qui s'est remariée.

EN l'Audience de la Grand'Chambre il fut rendu un Arrêt le 12. Juillet 1643. sur une Requête civile, contre un Arrêt du Parlement de Bordeaux, par lequel il fut jugé en faveur du sieur de Raynié, que quoiqu'il eût été marié quatre fois, qu'il n'eût voulu rien donner à son fils du premier lit pour le sustenter dans une grande maladie, & qu'il n'eût daigné aller le voir chez son ayeule où il étoit malade, qu'il seroit préferé pour l'éducation de ce fils à l'ayeule maternelle.

Mais il n'en est pas de même de la mere qui s'est remariée ; car l'ayeule maternelle fut préferée en l'éducation d'un enfant mâle âgé de treize ans, à la mere de cet enfant, par Arrêt du 13. Juin 1644. rendu en l'Audience. Et M. de Parisot qui plaidoit pour l'ayeule, ayant demandé la reintegrande de cet enfant, la Cour n'y voulut rien prononcer. Voyez Belord, *liv.* 5. *cent. 6.* d'une mere qui étoit de la Religion, Prétenduë, Reformée ; & d'Olive dans ses Actions Forenses.

CHAPITRE IV.

Si l'Oncle Tuteur doit être préferé au frere pour l'éducation d'un pupile.

LE nommé Bessiere par son testament nomma pour Tuteur d'un petit enfant qu'il avoit, un de ses freres ; & cet Oncle Tuteur battoit quelquefois son pupille. De quoi le frere du

Z

pupille prit prétexte de faire informer, comme d'un grand excès; & fans qu'il parût par aucune rélation des mauvais traitemens, ce frere demanda fous ce pretexte la préference en l'éducation de fon frere, difant que la tutelle n'avoit rien de commun avec l'éducation, & alléguoit la Loi *Si plures* 3. §. *Quamvis, ff. de admin. tutor.* où le changement de façon de vivre du Tuteur, fait changer la difpofition du pere. Mais cet Oncle reprefenta qu'il ne l'avoit battu que de la maniere qu'on corrige les enfans qui ne font pas fages : Qu'étant fon Oncle, & n'ayant point d'enfans, il étoit ridicule & impertinent de préfumer qu'il eût de la haine pour ce pupille qu'il regardoit comme fon fils ; & qu'il étoit furpris de voir que fon frere eût entrepris d'en ufer envers lui de la maniere qu'il avoit fait, puifque même à fon égard il avoit agi en bon & veritable Oncle, lui ayant en Audience reproché plufieurs fervices & bienfaits qu'il lui avoit fait & rendus. Si-bien que la Cour laiffa l'éducation à cet Oncle, voyant qu'il n'y avoit rien à dire à fa conduite, & qu'il faut laiffer l'éduca-tion du fils, fuivant la volonté du pere, à celui qu'il a nommé, comme la Cour l'avoit jugé par un Arrêt d'Audience du 25. Janvier 1627. en une caufe de la Dame de Saint Leonard.

CHAPITRE V.

Par qui doit être élevée une fille bâtarde, par le pere ou par la mere.

LE nommé Vaqué par Arrêt du 6. Janvier 1641. fut con-damné de nourrir & entretenir fa fille bâtarde. Mais pour éviter de payer une penfion affez confiderable, il demanda d'être préferé à l'éducation de cette fille ; fi-bien que par Arrêt du 18. Juillet 1642. en l'Audience de la Tournelle, Vaqué eut la préference, fi la mere n'aimoit mieux la nourrir à cent fols par mois. Contre cet Arrêt, la mere fe pourvût par Requête civile ; & fur ce que lors de la plaidoirie de la caufe, le pere offrit de nourrir cette fille dans un Convent de Religieufes, il fut ordonné par Arrêt du 10. Mars 1643. que veu l'offre du pere, la fille demeureroit jufqu'à fept ans feulement avec fa mere.

ÉLECTION.

CHAPITRE VI.

S'il y a des cas aufquels une mere perd le droit qu'elle avoit d'élire un de fes enfans.

LA nommée Seguier, après avoit malverfé pendant l'an du deüil fe remaria ; & quoique avant fon mariage elle eût élu un de fes enfans, cette élection fut caffée par Arrêt de la Cour du 22. Mai 1648.

De plus, la Dame Delon, veuve du fieur Goudal, s'étant remariée avec le fieur de Laroquette contre le gré & confentement du fieur Delon fon pere, & prétendant que fon pere à caufe de cela l'avoit maltraitée, elle fit faire des informations contre lui ; & taifant la qualité de pere, elle le fit décreter de prife de corps, & enfuite le fit crier à trois briefs jours. Ce pere fut appellant comme d'abus de ce mariage, & demanda la caffation de la donation qu'il avoit faite à la Dame fa fille lors de fon mariage avec le fieur de Goudal, & qu'elle fût privée du choix & élection qu'elle pouvoit faire d'un de fes enfans, & du fieur de Goudal pour lui rendre la fucceffion & l'heredité de fon mari, fuivant le pouvoir qu'il lui avoit donné par fon teftament. Sur quoi la Cour rendit Arrêt en l'Audience de la Grand'Chambre le 22. Mars 1655. par lequel la Cour déclara à la celebration du mariage y avoir abus, caffa la donation, & priva la Dame Delon de l'élection que la Cour donna au fieur Delon fon pere ; & en cas il décederoit fans faire d'élection, Elle nomma le premier fils mâle du fieur de Goudal.

CHAPITRE VII.

Si la mere qui s'est remariée, perd le droit qu'elle avoit d'élire un de ses enfans par son Contrat de mariage, en cas que le mari soit mort sans élire.

QUOIQUE par le Chapitre *Prospeximus*, *Novel.* 2. là mere perde le droit d'élire en la portion virile de l'augment, & qu'en ce cas cet augment appartienne également aux enfans : Et que par la Novelle 22. *cap Venient*, la mere n'en puisse donner plus à l'un qu'à l'autre ; & que les deux Chapitres précedens de cette même Novelle, semblent en ce cas ôter aux remariez tous les droits qu'ils avoient, quant aux successions aussi, & par consequent la faculté d'élire qui semble être un droit ; sur quoi M. de Maynard rapporte un Arrêt qui prive le pere du droit d'élire, *liv. 6. chap. 9.* Néanmoins il en rapporte un autre contraire, *liv. 3. chap. 30.* par lequel le pere ne perd pas ce droit ; & dit au même Chapitre 9. que la Cour priva ce pere du droit de l'élection à cause de ses déportemens, & de la suggestion de la marâtre qui apparoissoit. Et quant à la mere, il rapporte une Sentence Arbitrale acquiescée, par laquelle la mere, quoique remariée, conservoit ce droit.

D'ailleurs la faculté d'élire n'étant pas un droit, & ne portant aucune utilité, mais seulement un ministere personel, comme il est dit audit Chapitre 9. la Novelle 22. ne doit point lui être opposée aux Chapitres 23 & 25. Ce Chapitre 25. disant seulement qu'elle ne peut donner de l'augment plus à l'un qu'à l'autre : ce qui ne peut s'étendre à une donation faite à l'un des enfans par le Contrat de mariage. Et en effet, la Loi *Generaliter, cod. de 2. nupt. §. dividendi*, conserve ce droit au pere & à la mere, lorsqu'ils l'avoient avant leur second mariage, & suivant la Loi *Cùm pater, §. hereditatem, ff. de legat. 2.* Si le pere bani à perpetuité, & par consequent mort civilement, ne le perd pas, à plus forte raison les secondes nôces ne le font pas perdre. De sorte qu'à considerer la raison de cette Loi, qui eft que l'élection n'eft qu'un pur miniftere perfonel, la mere doit le garder ; & c'eft ainfi qu'il fut jugé par Arrêt de la Cour le 17. Février 1640. en la premiere Chambre des Enquêtes au Rapport de M. de Marraft , en la caufe de deux fœurs qui s'appelloient Guiraudon : d'où l'on peut conclurre que les fecondes nôces ne donnerent pas lieu aux deux Arréts rapportez au Chapitre precedent.

CHAPITRE VIII.

Si en élifant on peut grever. ʿ

ELectus non poteft fideicommiffo gravari , nifi in favorem alterius eligibilis , Fernand *in cap. 9. prælud. num.* 4 *&* 5. Et c'eft ce qui a été ordonné par un Arrêt général prononcé le 30. Mai 1659. par M. le premier Préfident de Fieubet.

ÉMENCIPATION.

CHAPITRE IX.

Si un Curé eft cenfé émancipé tacitement pour avoir demeuré plus de dix ans hors de la maifon de fon pere fervant fa Cure.

UN fils de Famille qui a demeuré hors de la maifon de fon pere pendant dix ans , eft tacitement émancipé , attendu qu'il fe trouve fondé en l'autorité de la Loi & de la Gloffe, *Leg.* 1. & *ibi Gloffar. in verbo Diù , cod. de patr. poteft. Adde Novel. Leonis* 25. & fur l'opinion des Docteurs , & principalement de Benedict. *in cap. Raynut. in verbo , matrem in fuper cleram. num.* 5. où il dit que *fi Filius feorfum à patre habitaffet per decem annos , tunc præfumitur emancipatus* : Ce qui ne peut pas être entendu d'un Curé , quoiqu'il ait demeuré plus de dix

Z iij

ans hors de la maison de son pere servant sa Cure ; comme il à été jugé par Arrêt de la Cour donné en la seconde Chambre des Enquêtes au Rapport de M. de Reslleguier après Partage porté en la Premiere, & de-là en la Grand'Chambre, Compartiteur M. de Boutaric ; par lequel Arrêt un Curé fut déclaré être fils de Famille, bien qu'il justifiât qu'il avoit demeuré vingt-cinq ans hors de la maison de son pere servant sa Cure, attendu que si-bien le pere avoit souffert que son fils Curé eût demeuré si long-temps hors de sa maison pour servir sa Cure, cela ne pouvoit être pris pour un acte de volonté du pere, puisqu'il n'étoit pas en son pouvoir d'empêcher son fils de resider dans sa Cure, l'obliger de venir chez lui, à moins que le fils n'eut quitté son Bénéfice, étant certain qu'il est obligé à residence, suivant les Arrêts, les Ordonnances Royaux, celle de Blois, *art.* 14. d'Orleans, *art.* 5. & de celle de 1629. *art.* 11. & la disposition du Droit, *cap. Quia in tantum, & tot. tit. de Cler. non residentib.* Et par la Novelle 123. il est même défendu à tous Curez *Exactores fieri tributorum actores, procuratores, &c.* de peur que les Ministeres prophanes ne les detournassent de leur profession, & de l'administration des divins Sacremens : Jusques-là même qu'ils ne peuvent habiter dans une autre Paroisse, mais seulement dans la leur, comme ne leur étant pas permis de s'en éloigner, *Extra quam excedere non debent exdic. cap. Quia in tantum,* & *cap. ex parte fin. de offic. Vicar.* Ce qui s'observoit même du temps des anciens Romains, qui ne permettoient pas que les Prêtres de leurs faux Dieux sortissent de Rome pour coucher dehors, *Extra urbem pernoctare,* dit l'Orateur Romain en un endroit.

CHAPITRE X.

Si l'émancipation peut se faire devant un Notaire.

M R. de Cambolas au Livre 2. *chap.* 11. traite amplement cette question, & tient pour la negative, & y rapporte divers Arrêts de la Cour, divers Textes du Droit. A quoi il eſt ajoûté , que quoique l'émancipation ſoit de la Juriſdiction volontaire , & qu'elle puiſſe ſe faire, *in quocumque loco , leg. emancipari , ff. de adopt.* néanmoins il faut toûjours que celui qui la reçoit, ait le caractere de Juge ; & la qualité de *Chartulari Judices* , qui eſt donnée aux Notaires par quelques Docteurs , ne peut pas avoir l'effet de renverſer l'expreſſe diſpoſition du Droit. Il eſt vrai que la Coûtume de Toulouſe au titre *de Emancipat.* porte que tous les fils, que les filles, mariez & dotez, ſont tenus pour émancipez ; mais elle ne dit pas qu'ils le ſont en effet, & d'ailleurs c'eſt un droit ſpecial qui ne tire pas à conſequence.

Néanmoins quoique l'émancipation ne puiſſe ſe faire devant un Notaire, ſi ce n'eſt *Quoad inchoandam , non quoad eam legitimè perficiendam* , le 6. Avril 1666. en l'Audience de la Grand'Chambre, une émancipation, quoique ſimplement faite devant un Notaire, fut confirmée par Arrêt de la Cour, en la cauſe de Saint Amans Tailleur de Montpellier, contre Saint Amans ſon fils Controlleur général des Gabelles de France. Car ce pere ayant de l'emploi dans la Foraine, & s'étant remarié avec la fille d'un Tailleur, ſon fils qui étoit riche de plus de cent mille écus, prétendant que cela lui faiſoit deshonneur, fit aſſigner ſon pere en condamnation de trois mille livres, en vertu d'un Billet que ſon pere lui avoit fait. Sur quoi le Senêchal de Montpellier ayant ordonné le ſerment du fils ſur la prétenduë ſimulation du Billet, le pere fut appellant en la Cour. Néanmoins le fils au préjudice de l'appel en conſequence de l'Appointement du Senêchal, & en execution d'icelui, fait ſerment à Paris. De ſorte que le pere ayant impetré des Lettres en caſſation du ſerment, & de l'émancipation de ſon fils par ingratitude, à cauſe qu'il juſtifioit par une Lettre miſſive de ſon fils, qu'il lui avoit fait ôter ſon Emploi en la Foraine, ne libellant pas à la verité la nullité priſe de ce que cette émancipation n'étoit pas faite devant le Juge. Sur quoi la Cour caſſa le ſerment, & ordonna que le fils conſigneroit la ſomme de 300. liv. pour le voyage du pere à Paris, & confirma l'émancipation quoique faite devant un Notaire ſans autre formalité. En quoi il peut ſe faire que la Cour eut égard à la fortune du fils, &

en ce que le pere avoit souffert qu'il agit comme pere de famille en des affaires si importantes.

CHAPITRE XI.

Si une fille mariée pendant plus de dix ans, est censée émancipée.

UNE fille mariée n'est pas émancipée , quoiqu'elle ait vécu mariée plus de dix ans séparée de son pere, à cause que ce n'est pas une séparation volontaire, mais necessaire, puisque le pere ne pourroit la retenir avec lui quand il le voudroit, *Leg. 3. cod. de emancip. liber.* quoique le fils soit émancipé en ce cas, *Leg. 2. cod. de incol.* Si-bien que le testament que font telles femmes est nul, comme il fut jugé par Arrêt donné en la Grand'Chambre le 3. Decembre 1646. au Rapport de M. Lenoir. Et pour sçavoir si tels testamens sont nuls, & pour en sçavoir davantage , il faut voir la lettre *T* , sous le mot *Testament.*

CHAPITRE XII.

Si un jeune Enfant peut être criminalisé.

UN jeune Enfant qui avoit tué un homme , ne pouvoit pas être puni suivant le Droit, *in leg. Infans* 12. *ff ad leg. Cornel. de Sicar.* Néanmoins le Syndic du Chapitre de Vabres ayant fait informer d'autorité de la Cour contre certaines personnes, du nombre desquelles étoit un jeune Enfant de six à sept ans appellé Granier, de ce qu'ils avoient mis le feu à une maison. Et sur les Informations , la Cour en la Chambre Tournelle rendit Arrêt de prise de corps contre les Prévenus , la Cour ignorant que cet Enfant fût compris dans les informations , ou du moins qu'il fût si jeune. Les défauts étant prêts à être jugez , ce jeune Enfant se pourvût contre cet Arrêt de prise de corps par Lettres en forme de Requête civile ; lesquelles ayant été

plaidées

plaidées en l'Audience de la Grand'Chambre , la Cour rendit Arrêt le 3. Juillet 1661. par lequel les Lettres de Requéte civile furent enterinées, les informations, décret, & tout ce qui avoit été fait contre ce jeune Enfant fut caſſé ; & pour certaines cauſes à cela mouvans, Gravier fut relaxé de l'accuſation contre ledit Syndic , avec dépens.

E N Q U Ê T E.

CHAPITRE XIII.

Si après la reception de l'Enquête , on eſt reçu à la continuer.

LE nommé Crouzet qui conteſtoit un certain droit de Champart contre M. de Saint Paul Avocat, fut appellant en la Cour d'un Appointement du Senêchal , par lequel il lui fut dénié la continuation d'Enquéte après la reception de cette Enquête. Mais par Arrêt du 27. Avril 1651. il fut démis de ſon appel , avec dépens. Il allegua le Chapitre *Fraternitatis, de teſtib. & atteſtat. credimus novos teſtes poſſe recipi ſuper novis capitulis.* Si-bien que l'Enquéte n'étant pas encore publiée, & n'en ayant point vû le ſecret, il ſemble que Crouzet y devoit être reçu , néanmoins il ne le fut pas.

Cela ſe trouve encore avoir été jugé par Arrêt de la Cour du 24. Mai 1660. donné en la premiere Chambre des Enquétes, après Partage vuidé à la ſeconde Chambre, Rapporteur M. de Mauſſac , Compartiteur M. de Burta.

Mais le 25. Août 1671. après deux Partages , ſçavoir à la Premiere , & de-là à la Seconde des Enquétes, & enfin fut vuidé à la Grand'Chambre , la Cour jugea le contraire de ce qu'elle avoit jugé par les précedens Arrêts. Et ce fut ſur ce cas que Laroque Procureur au Senêchal ayant capté une inſtitution du pere de Demoiſelle Foi de Laroque , bien que ce Procureur ne fût parent qu'au ſixiéme degré ; & étant queſtion de

A a

la preuve d'un fideicommis verbal, & le Senêchal ayant reftraint
la preuve aux témoins numeraires du teftament, cette fille fut
appellante en la Cour ; & par Arrêt rendu fur lefdits Partages
ledit jour 25. Août 1671. elle fut reçûë à faire oüir *quofcumque
alios teftes.* Cet Arrêt fut rendu au Rapport de M. de Lamotte,
Compartiteur M. de Cambon.

C H A P I T R E   X I V.

*Combien de témoins on peut faire oüir fur chaque article , & fur
chaque fait, quand on fait une Enquête.*

IL eft permis par le Droit Canon à toutes Parties , de faire
recevoir jufques à quarante témoins , *Cap. cùm caufam* 37.
Extra de Teftib. & atteftat. Et par le Droit François aujourd'hui
obfervé, on ne peut produire en matiere civile que dix témoins
fur chaque fait contenu aux Articles & Addition des Parties.
Mafuer au titre des témoins 17. *num.* 19 & 25. Galli , *quæft.*
325. Imbert en fes Inftit. Forenf. *liv.* 1. *chap.* 42. *num.* 5.
& fuivant les Ordonnances de Charles VII. de 1446. *art.* 32.
de l'an 1453. *art.* 3. De Loüis XII. de l'an 1491. *art.* 13.
De François I. de l'an 1535. *cap.* 7. *art.* 4. & 7. & fuivant
encore la nouvelle Ordonnance de l'an 1667. *tit.* 22. *des Enquêtes , art.* 21. Or les témoins qui font examinez au-delà
du nombre de dix , doivent être rejettez, quoiqu'ils ayent mieux
dépofé que les dix premiers , & qu'aucun de ces dix ayant été
objectez, & les objets déclarez pertinens. Et c'eft ainfi que la
Cour le jugea par Arrêt donné en la feconde Chambre des Enquêtes le 13. Août 1657. après Partage porté en la premiere
Chambre. Rapporteur M. de Caubart, Compartiteur M. de
Laporte.

EPICES.

CHAPITRE XV.

Si l'on peut ordonner que les Epices seront prises sur les fruits des biens saisis.

PAR Arrêt du 12. Mai 1643. rendu en la premiere Chambre des Enquêtes, une Sentence du Sénêchal de Gourdon fut cassée, qui ordonnoit que cinquante écus seroient pris sur les fruits saisis en faveur de la Dame de Malleville, contre le sieur de Brons de la Reule : mais néanmoins la Cour l'ordonne souvent ; car par Arrêt donné en la Grand'Chambre sur un Soit-montré le 29. Juillet 1693. au Rapport de M. de Catelan, il fut ordonné que Mauconduit remetroit la somme de 286. liv. 6. sols 4. den. pour le payement d'un Rapport ou Sabatines employées à un Arrêt donné au Rapport de M. de Catelan le 6. dudit mois de Juillet. Parties, M. de Gabiole Avocat en la Cour.

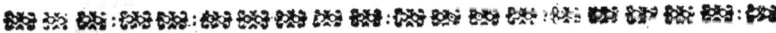

EVÊQUE.

CHAPITRE XVI.

Si un Evêque peut enjoindre à une femme separée de retourner à la compagnie de son mari, à peine d'excommunication.

M. L'Evêque de Cahors ayant rendu une telle Ordonnance contre la Dame Delon en faveur du sieur de Laroquette son second mari, elle fut déclarée abusive : & il fut ordonné que la Dame Delon demeureroit separée six mois, pendant lequel temps la Cour la reçût à prouver les mauvais traitemens. Cet Arrêt fut rendu le 24. Mai 1677.

A a ij

CHAPITRE XVII.

Si les Evêques peuvent refuser le Visa *aux pourvûs de Benefices.*

M. L'Evêque de Lavaur ayant refusé le *Visa* à un Resignataire nommé Hebrard, celui-ci le demanda au sieur
Evêque de Cahors, & ensuite à celui de Saint Pons, qui tous
les deux le lui refuserent, & ensuite l'Evêque de Lavaur pourvût
au Bénéfice d'un autre Prêtre. Hebrard se pourvût en la Cour,
où il obtint une Ordonnance de mise de possession ; à cause que
si cela étoit souffert, Messieurs les Evêques seroient entierement
les maîtres des Bénéfices. Il arriva que Hebrard ayant voulu
aller dans sa Cure en laquelle il avoit été mis en possession, &
y dire la Messe, il la dit avec tant de précipitation, qu'il oublia
de dire *Orate fratres*. De quoi le Promoteur fit informer contre
lui ; de laquelle information Hebrard ayant voulu demander la
cassation, il fut démis de sa Requête, & la Cour déclara par
exprès que sa possession n'étoit que civile. L'Arrêt est du 10.
Juillet 1662. la Cour jugeant que le fait des informations n'étoit
pas de sa competance, & que la possession qu'Elle avoit donnée
ne regardoit que la perception des fruits ; de quoi ce Prêtre
devoit être content.

Or il est certain que les Evêques ne doivent pas refuser le
Visa aux Prêtres sans une cause legitime & manifeste ; & que
lorsqu'ils le refusent, l'on peut se pourvoir au plus prochain
Evêque, sans qu'il soit besoin de recourir au Supérieur. Cela
fut ainsi jugé le 11. Mai 1655. en la cause de Bousignac contre
M. l'Evêque d'Alby ou son Vicaire Général, qui avoit refusé le
Visa, sous prétexte que Bousignac n'avoit pû, disoit-il, expliquer
un Chapitre des Actes des Apôtres, quoique ce Prêtre fût Ba-
chelier en Theologie, & que cet Evêque même lui en eût
accordé un auparavant ; car le Vicaire Général de Castres le lui
ayant baillé, & M. Ferrier Vicaire Général d'Alby en étant
appellant comme d'abus, il fut déclaré qu'il n'y avoit point
d'abus, & l'Appellant condamné en l'amende & aux dépens.

CHAPITRE XVIII.

Si l'Evêque peut enjoindre à un Prêtre de quitter une Maison honnête, & le suspendre pour ce sujet.

M. L'Evêque de Pamies ayant suspendu un Prêtre nommé Sabatier, parce qu'il logeoit chez un Procureur de la Ville de Foix appellé Rignac, où il enseignoit les enfans à chanter, disant qu'il y avoit des femmes d'un âge suspect ; Rignac & sa femme furent appellans comme d'abus en la Cour ; & Sabatier & le Syndic de la Ville de Foix, adherans à l'appel comme d'abus. De sorte que la Cour par Arrêt du 25. Février 1650. déclara y avoir abus en l'Ordonnance du sieur Evêque. Néanmoins la Cour pour guerir l'esprit du sieur Evêque, & par déference à son zéle, fit dire au Prêtre de sortir de cette maison dans deux mois.

CHAPITRE XIX.

Si un Evêque peut empêcher qu'un Chapitre ne confére Pleno jure, *lorsqu'il a titre.*

L E Chapitre de Fenoüillede ayant droit par ses Titres de conferer *pleno jure* des Prébendes, néanmoins M. l'Evêque auroit rendu une Ordonnance par laquelle il auroit deffendu d'en recevoir, ni de leur bailler aucune distribution ; & ei suite il auroit donné un *forma dignum* à Barthelemi Sirven : ce qui auroit obligé le Chapitre d'être appellant comme d'abus, fondé sur ce que, si l'Evêque avoit ce pouvoir, il ôteroit le droit au Chapitre qui ne confereroit plus *pleno jure*, sur ce que le *forma dignum* n'étoit ordonné par les Ordonnances de Blois & de Melun, qu'aux provisions de Rome, & que M. d'Alet avoit touché au temporel. Si-bien que la Cour déclara y avoir abus par Arrêt d'Audience prononcé le 11. Août 1665. Avocats, Mes. de Chaslan & de Parisot.

CHAPITRE XX.

Si un Evêque peut visiter le Chapitre de son Eglise comme les Paroisses, & s'il peut laxer décret contre une personne Laïque à la requisition d'un Promoteur seculier, & condamner les Chanoines en une amende.

LE Chapitre de l'Eglise Métropolitaine d'Aix en Provence, étant appellant comme d'abus de ce que leur Evêque avoit ordonné qu'ils ouvriroient le Chapitre pour le visiter sur le refus qu'ils lui en avoient fait, & qu'ils s'y trouveroient à un certain jour ; à cet effet, les Chanoines ayant continué de lui refuser l'entrée, & faute d'être venus le Jeudy Saint pour faire les Saintes Huiles, il les auroit tous condamnez à 100. liv. d'amende chacun, appliquables à l'Hôpital ; & comme ils lui firent un acte d'appel comme d'abus par un nommé Borely Notaire, accompagné d'un Chanoine jusques dans son Palais Archiepiscopal, & dans la Sale où il rendoit justice ; il avoit rendu une Ordonnance par laquelle il ordonnoit que tant ce Chanoine que Borely, viendroient rendre compte de leur irreverence sur la requisition d'un nommé Vincens Promoteur qui n'étoit pas Ecclesiastique, de laquelle ils étoient aussi appellans comme d'abus.

Leurs moyens d'abus étoient pris de ce que le sieur Archevêque les avoit condamnez à 100. liv. d'amende; disant que les Prêtres n'y pouvoient être condamnez. De plus, qu'il les avoit condamnez pour n'avoir pas voulu souffrir une Visite qu'il n'avoit pas droit de faire : ce que ses Prédecesseurs n'avoient jamais fait ; & que son Promoteur étoit un homme de rien, & un Seculier qui n'étoit point Gradué ; & qu'enfin il n'avoit pû requerir, ni le sieur Archevêque ordonner rien contre Borely qui étoit Notaire Royal.

A quoi l'Archevêque répondoit, qu'il étoit fondé à visiter son Chapitre par le Concile de Trente, *sess. 6. chap. 4. de reform.* lequel étoit reçu en l'Eglise d'Aix, par lequel il n'y a aucune exemption, ni aucune transaction, ni aucun serment, qui puisse mettre à couvert le Chapitre de tel droit, ayant le pouvoir de corriger ses Chanoines par le même Chapitre ; & qu'ils n'étoient pas même exempts, ayant fait lire un Acte poffessoire, de telle Vifite faite par un de ses Prédecesseurs : Que la prescription ne pouvoit avoir couru contre lui, *cap Cùm ex officio, de præscrip.* Et que par le Chapitre *Romana*, *de cenfib. in 6.* il est dit que quand l'Evêque veut visiter sa Province, il faut qu'il commence par son Chapitre. D'ailleurs que par le Chapitre 6. de la Seffion 25. du même Concile, la visite du Chapitre est attribuée aux Evêques ; & que ce Concile a tellement lieu en France en ce cas, qu'il est confirmé par l'Ordonnance d'Orleans, *art.* 2. qui porte la même chose que ce Chapitre 4. Et quant à l'Ordonnance qui regardoit le Notaire qu'elle ne portoit point décret, mais seulement une citation pour venir rendre compte de son irreverence ; & que n'ayant rien ordonné encore contre lui, il n'y avoit pas lieu d'abus, fondant cette citation sur la Loi *Nullum penitùs* 14. *ff. de teftib.* où pareille irreverence *contra jus dicentem*, peut être punie. Que Aufrerius, *in Capel. Tolof. quæft.* 378. dit que l'Archevêque punit un faux témoin. Et enfin quant au Promoteur feculier, que ce n'étoit pas lui qui l'avoit mis en cette charge, étant Promoteur depuis quarante ans ; & que quand il ne devroit pas l'être, *fic agebat*, & que *communis error facit jus*, *leg. Barbarius*, *ff. de offic. præt.* & *leg.* 3. *in princ. ff. ad fen. maced.* Joint à cela que l'Evêque en tel cas pouvoit ordonner d'Office, & même l'emprisonner. Voyez sur cette question Bordenave de l'Etat Ecclesiastique, *tit.* 7.

Sur quoi la Cour le 23. Juin 1640. par Arrêt, déclara aux Ordonnances n'y avoir point d'abus, condamna le Syndic aux dépens, & à l'amende envers le Roi, sans même ordonner qu'il se serviroit à l'avenir d'un Promoteur Ecclesiastique. Par cet Arrêt, il se voit que l'Evêque peut condamner les Ecclesiastiques à l'amende, applicable aux œuvres pieuses.

CHAPITRE XXI.

Si un Evêque peut décreter per seipsum, & condamner à l'amende un Prêtre.

PAR Arrêt de la Cour, rendu en l'Audience de la Grand'-Chambre le 9. Août 1640. entre un Curé proche de Montauban, & M. l'Evêque de Cahors, la Cour sur un appel comme d'abus de deux Ordonnances renduës par ledit sieur Evêque, déclara qu'il pouvoit le faire, en déclarant le Prêtre non-recevable en son appel comme d'abus des Ordonnances du sieur Evêque, le Prêtre alleguant l'analogie qu'il y a des Officiaux avec les Juges des Seigneurs Justiciers, le Seigneur Justicier ne pouvant rendre justice par lui-même. Mais il lui fut répondu, que par le Concile de Trente, *sess. 24. cap. 6.* l'Evêque peut *per seipsum visitare, corrigere & emendare.*

CHAPITRE XXII.

Si l'Evêque peut pour la non-residence, déclarer un Bénéfice vacant & y pourvoir.

M. L'Evêque d'Alby ayant fait une Ordonnance Synodale qui enjoignoit aux Curez de resider, elle fut signifiée au Vicaire d'un Curé appellé Villeneuve ; & en ayant rendu une autre aussi signifiée, le Curé dit ses raisons à M. l'Evêque qui lui donna trois mois. Mais après ne le trouvant pas un jour qu'il faisoit la visite, il déclara par une troisiéme Ordonnance le Bénéfice vacant, & en pourvût un nommé Boyer : ce qui obligea le Curé d'être appellant comme d'abus de cette Ordonnance. La cause ayant été plaidée, Messieurs les Gens du Roi dirent qu'il n'y avoit point d'abus, sur ce que les moyens d'abus sembloient être plûtôt des griefs que des moyens d'abus ; c'est pourquoi il y eut Partage en la Grand'Chambre, qui fut porté en la

Premiere

Premiere des Enquêtes ; ſi-bien que par Arrêt du 8. Avril
1641. il fut déclaré y avoir abus , parce que l'Ordonnance de
Blois , *art.* 14. & celle d'Orleans , *art.* 3. ne portent point privation ni des fruits du Bénéfice , ni du Bénéfice même ; & que le
ſieur Evêque par ſon Ordonnance ne pouvoit pas décider de la
perte du temporel d'un Bénéfice , ſur-tout en Viſite , & ſans
les formalitez requiſes ; & d'ailleurs qu'il falloit trois commina-
tions, & après les priver des fruits auparavant , & en dernier
lieu du Bénéfice.

CHAPITRE XXIII.

Si l'Evêque peut connoître de la rente établie ſur un fonds pour
dire des Meſſes ; & ordonner que les Egliſes ſeront garnies de
Croix, de Chandeliers, & d'autres Ornemens.

LE premier chef fut décidé par un Arrêt de la Cour du 22.
Février 1639. qui, nonobſtant l'acquieſcement de la Partie,
laquelle n'inſiſta pas aux fins de non-proceder , déclara y avoir
abus. Et quant au ſecond point , il ne peut point y toucher
en aucune maniere , ſans appeller les Officiers des Lieux , ſuivant
l'Ordonnance de Blois , *art.* 52. qui le porte par exprès.

CHAPITRE XXIV.

Si un Evêque revenant de ſa Viſite , peut ordonner que les quatre
plus anciens Chanoines ſe feront ouïr ; & enſuite, faute
d'avoir répondu , les ſuſpendre ab Officio & Beneficio ; &
appliquer les revenus de leurs Bénéfices à la réparation de l'Egliſe.

ML'Evêque de Limoges revenant de ſa Viſite , convoqua
ſes Chanoines qui ſe rendirent en la Sale du Chapitre.
Mais le Doyen ayant répreſenté à l'Evêque que l'Official & le
Promoteur ne pouvoient pas prendre rang parmi les Chanoines,
& l'Evêque n'ayant rien répondu , l'Official requit que tous les
Bb

Chanoines fuffent obligez de répondre fur certains faits l'un après l'autre. Sur quoi le Doyen infifta que ce n'étoit pas la forme obfervée ; & que s'il les appelloit dans fon Palais, ils répondroient. C'eft pourquoi le lendemain l'Evêque rendit une Ordonnance qui portoit que les quatre plus anciens fe préfenteroient pour être oüis. Enfuite il en rendit une feconde, par laquelle il les comminoit ; & après une troifiéme, par laquelle il les fufpendoit *ab Officio & Beneficio* : Et ordonnoit que les fruits de leur Bénéfice feroient faifis, pour être appliquez aux réparations de l'Eglife Cathedrale ; & depuis, il ordonna encore que trois autres Chanoines fe feroient oüir ; & que l'un de ces trois, qui étudioit à Paris, viendroit dans un mois.

Mais le Syndic du Chapitre avoit fait Acte d'appel comme d'abus avant cette derniere Ordonnance ; & avoit obtenu un Arrêt du Parlement de Bordeaux, qui faifoit inhibitions & défenfes à l'Evêque de rien faire ni attenter ; Lequel s'étant pourvû au Confeil, le Confeil renvoya au Parlement de Touloufe, où la caufe fut plaidée en la Grand'Chambre par M. de Courtois pour l'Evêque, Parifot pour le Syndic, & d'Auteflerre pour le Promoteur. Celui-ci pour réponfe aux moyens d'abus, dit que mal-à-propos ils difoient que l'Evêque avoit voulu les oüir dans fa maifon, puifqu'ils avoient voulu eux-mêmes y être oüis, & que cela étoit par confequent de la Jurifdiction volontaire *inter volentes*. Mais qu'après ayant refufé de répondre, ils l'avoient renduë contentieufe. De plus, que cette Ordonnance avoit été renduë en continuation de Vifite, & qu'ainfi il n'y avoit point d'abus. Que l'Empereur Theodofe, comme le rapporte Theodoret, avoit été dans la maifon de Saint Ambroife pour fe faire oüir : d'ailleurs qu'ayant ordonné fimplement qu'ils fe préfenteroient pour être oüis, ce n'étoit ni ajournement ni procedure criminelle, mais ce qu'on appelle *Lex Diœcefana*, qui n'étoit qu'une fimple correction, que le Concile de Trente appelle *Scopum Vifitationis* : ce qui eft different de ce qu'on appelle *Lex Jurifdictionis*, *cap. Dilectus*, *de Off. jud. ordin.* Que par le Chapitre *Conquerent*, *cod. tit.* l'Evêque a les droits Epifcopaux, qui font *Canonica obedientia*, *fubjectio*, *reverentia*, *inftitutio*, *deftitutio*, *correctio*, *reformatio*, *cenfura Ecclefiaftica*, *Jurifdictio om-*

nium caufarum, vifitatio annua. Que s'il avoit ordonné la faire, c'étoit avec l'imploration du bras Seculier ; & qu'enfin il y avoit encore moins d'abus que l'Evêque eût fait fa Vifite avec fon Official & fon Promoteur ; puifque fuivant le Concile de Trente & le Canon *Epifcopi, cauf. 2. quæft. 7. Debet habere fecum femper Prefbyteros, & alios boni teftimonii viros.* De forte que par Arrêt du 10. Mai 1647. la Cour déclara que fans avoir égard à la claufe qui ordonnoit la vente des fruits, il n'y avoit point d'abus aux Ordonnances de l'Evêque, avec dépens, & l'amende.

CHAPITRE XXV.

Si la difpenfe des deux dernieres Anonces, peut être donnée en blanc par l'Evêque.

M. L'Evêque d'Agde ayant donné une difpenfe des deux dernieres Anonces en laiffant le nom des Parties en blanc ; & la premiere ayant été publiée par le Doyen du Chapitre hors de la Meffe Paroiffialle, non par le Vicaire de la Paroiffe, quoiqu'amobible, & la Paroiffe étant dans l'Eglife Cathedrale, il fut déclaré y avoir abus par Arrêt du 3. Février 1642. en la caufe de Marie Olivine, Verger & Expalme Doyen de Pefenas, qui fut décreté par le même Arrêt pour quelque prétenduë altération au Certificat de ce mariage. Voyez Fevret, Traité de l'Abus, *liv. 3. chap. 2. num. 23.*

CHAPITRE XXVI.

Si un Evêque peut donner la difpenfe de la publication des trois Anonces.

L E fieur Dofiech Habitant d'Alby, ayant rendu enceinte la Demoifelle de Roux, fut condamné par les Ordinaires d'Alby à mort, fi mieux il n'aimoit l'époufer. Il offrit de l'époufer. Sur quoi M. l'Evêque d'Alby donna la difpenfe de la publication des trois Anonces, & enfuite de cette Difpenfe Dofiech époufa la Demoifelle de Roux.

Mais la mere de Dofiech réleva appel comme d'abus en la Cour, tant de la Difpenfe que de la célébration du mariage ; fi-bien que par Arrêt donné en l'Audience de la Grand'Chambre le 15. Decembre 1670. la Cour déclara en la Difpenfe & célébration du mariage y avoir abus ; & ce fuivant l'Ordonnance de Blois, *art.* 4. qui porte par exprès, que la Difpenfe ne peut être donnée que des deux dernieres Anonces : & il faut encore que ce foit pour quelque urgente & legitime caufe, attendu qu'il eft neceffaire que les trois Anonces foient publiées, fuivant les Conftitutions Canoniques & les Saints Décrets. Gregoire de Valence, & *Dominicus Soto, in lib.* 4. *Sent. diftinct.* 27. *quæft.* 2. *art.* 2. difent que la publication des Bans en la Paroiffe eft neceffaire ; & Tertullien appelle cette publication *Trinundinam promulgationem.* Et à l'égard de la Sentence, la Cour fit un Reglement ; & pour cet effet, il faut voir la lettre *J.* fur le mot, *Juges Subalternes.*

La Cour fur un autre cas prefque femblable au précedent, donna un autre Arrêt fur un appel comme d'abus. Voici le fait.

Un nommé Gaufens rendit enceinte une fille de la Réligion Prétenduë Reformée. Le pere de Gaufens ayant appris que fon fils à caufe de cela avoit été condamné à mort par les Ordinaires, fit procuration pour confentir au mariage. M. L'Evêque de Lodeve, veu le confentement du pere, la prifon du fils, la groffeffe de la fille, & qu'elle avoit changé de Réligion s'étant faite Catholique, difpenfa des trois Bans ; & comme le fils étoit prifonier dans le Diocefe de Beziers, il donna la permiffion de les époufer : ce qui fut fait. Mais ce prétendu mari quitta après cette fille, & le pere réleva appel comme d'abus de la célébration de ce mariage.

Son moyen d'abus étoit la difpenfe des Anonces ; car fi le Concile de Trente permet la difpenfe des trois Anonces, *cum jufta & rationabili caufa*, il n'eft pas obfervé en France, & furtout au Parlement de Touloufe ; & que l'Ordonnance de Blois, article 40. ne fouffre pas que les Evêques puiffent difpenfer de trois Anonces ; & auroit le pere impetré Lettres Royaux en

rétention de caufe , & en rélaxe des alimens que cette femme
demandoit, tant pour elle que pour fon enfant. Et comme cette
femme oppofoit à ce pere qu'il avoit confenti au mariage , qu'il
étoit indigne de voir qu'il fe fût fervi d'un Sacrement pour en
abufer, afin que fon fils fortît de prifon. Mais ce pere lui
répondoit que s'il y avoit confenti, c'étoit pour une fauffe caufe,
lui ayant fait entendre que fon fils avoit été condamné à mort
fans que cela fût ; & que fi elle s'étoit faite Catholique , ce
n'étoit qu'un faux femblant & une pure tromperie de fa part ,
puifqu'elle vivoit dans fa premiere Réligion. Sur quoi la Cour
par Arrêt du 22. Mars 1644. déclara y avoir abus , & condamna cette femme en cent fols d'amende. Et fur les Lettres
du pere , la Cour renvoya devant le premier Juge , & ordonna
que le fils s'y remettroit prifonier.

CHAPITRE XXVII.

*Si l'Evêque dans la Vifite peut faire emprifonner un Prêtre fans
autre formalité ; & fi fur un fcandale notoire , il peut le
fufpendre fans information.*

M.L'Evêque de Cahors pendant fa Vifite ayant appris qu'un
Curé de fon Diocéfe appellé Ginefte , ne vivoit pas felon
les Canons, fur quelque plainte verbale qu'on fit de lui ; lorfqu'il
fut le vifiter, le tira à part, & l'interrogea fur quelques chefs
de ce qu'on lui avoit rapporté. Ce Prêtre ayant avoûé ingenû-
ment ce qu'il ne pouvoit pas nier, M. l'Evêque ayant fait écrire
fa dépofition, ordonna une prife de corps contre lui , en vertu
de laquelle il fut conduit par un Prêtre , & par un Sergent du
Vilage, aux Prifons de Cahors ; car le fieur Evêque avoit obtenu
une Ordonnance de la Cour fur pied de Requéte, portant qu'il
feroit conduit aux Prifons fans imploration du Bras feculier.
Enfuite le fieur Evêque rendit une Ordonnance qui fufpendoit
Ginefte à *Divinis* pour fa vie fcandaleufe : de quoi il fut appellant
comme d'abus en la Cour , & oppofant envers cette Ordonnance qui difpenfoit de l'imploration du Bras feculier. Son

premier grief étoit pris de ce que le sieur Evêque avoit taxé un décret *Extra tribunal* ; parce que l'Edit de Melun ne parle que des simples corrections ; & s'il souffre les décrets en quelque cas, ce n'est pas sans l'imploration du Bras seculier , n'ayant pas la Jurisdiction contentieuse, & de ce qu'il ne devoit pas libeller la Sentence de ces mots : *Pour sa vie scandaleuse.*

Mais on lui repliquoit qu'il avoit été necessaire de la libeller , parce qu'il faut punir les Prêtres qui portent scandale suivant le Concile de Cologne, *cap. 9. part. 13.* Et que suivant celui de Trente , les Evêques dans leurs Visites peuvent ordonner des suspensions. Que par le Chapitre *Tua nos , de cohabit. cler. & mulier,* quand le scandale est notoire, il ne faut ni accusateur, ni information. Sur quoi la Cour déclara qu'il n'y avoit point d'abus, par Arrêt du 22. Mars 1640.

Et il ne faut pas trouver étrange qu'il eût été jugé ainsi sur la confession de Ginette, puisque le 20. du même mois de Mars 1640. en la cause d'un nommé Mestré, qui avoit été suspendu par le même Evêque , pour avoir été trouvé & surpris avec une fille , sur la seule notorieté , & sans information : la Cour aussi déclara en l'Ordonnance de suspension n'y avoir point d'abus ; parce que tout de même que la Cour ne souffre pas que les Evêques attentent sur la Jurisdiction Seculiere ; aussi Elle ne permet pas que sous ce prétexte , les Prêtres qui ne vivent pas comme ils doivent , demeurent dans l'impunité.

CHAPITRE XXVIII.

Si l'Evêque peut dispenser de la résidence un Chanoine qui est à sa suite, de telle maniere que le Chapitre soit tenu de lui donner les Distributions quotidienes.

M. L'Evêque de Die donna une Ordonnance, par laquelle il dispensa M. Triolan son Vicaire Général, de la résidence en un Canonicat de cette Eglise, ordonnant que les Distributions quotidienes lui seroient faites : & que le Chapitre fairoit faire certaines réparations, autrement les Chanoines privez de leur temporel. De cette Ordonnance, le Chapitre, ou pour mieux dire, le Syndic fut appellant comme d'abus ; & l'Evêque ayant voulu citer & alleguer les Chapitres *Ad audientiam* 17. *& de cætero* 7. *Extra de Cleric. non resid.* on lui fit voir que cela n'avoit lieu qu'à l'égard des gros fruits ; & que l'Evêque même ne peut faire que *absens lucretur distributiones*, suivant encore le Concile de Trente, *sess.* 24. *cap.* 12. De sorte que l'Evêque avoit touché au temporel. La Cour par Arrêt du dernier Juillet 1636. déclara en son Ordonnance y avoir abus.

CHAPITRE XXIX.

Si le Visa *ou le* forma Dignum *, doit faire mention de l'examen.*

LEs Ordonnances de Blois, art. 2. & de Melun, *art.* 14. portent qu'il faut que le *Visa* ou *forma Dignum*, fassent mention par exprès de l'examen : c'est ce que dit Mornac, *ad leg.* 1. *ff. de procur.* & quoiqu'il y ait eu des Auteurs contraires, néanmoins il n'en faut plus douter aujourd'hui. Et la Cour l'a jugé ainsi d'un *Visa* de M. l'Evêque de Lescar.

Et un Chanoine de Vivens en Roüergue, ayant resigné son Bénéfice à M. Blanc son néveu, qui avoit pris le *Visa* de M. l'Evêque de Rhodez, quoiqu'il y eût *capaci & idoneo*, n'y ayant ni *reperto*, ni *examinato*, quoiqu'il dit que ces mots présupposoient l'examen, & qu'il apparût qu'il avoit été examiné ; néanmoins à cause de cette omission, la Cour déclara y avoir abus, & renvoya les Parties aux Requêtes, où la cause étoit pendante pour juger la Complainte par Arrêt du premier Decembre 1654. Blanc disoit que les susdites Ordonnances n'étoient point pénales, & qu'il n'y avoit point de clause irritante : mais cela n'empêcha pas que l'Arrêt ne fut rendu ainsi. On rapporta encore un semblable Arrêt contre un *forma Dignum* de M. de Mande, plaidant M. de Chasian pour Jurguet.

La même chose fut jugée par autre Arrêt du 14. Janvier 1659, en faveur d'un nommé Boboul Prieur contre Cariolis, d'un *Visa* d'un Délegué par le Vicaire Général d'Aix ; parce qu'outre que *Delegatus non poteft fubdelegare* , il n'y étoit pas fait mention de l'examen ; & Cariolis voyant le premier défaut, en ayant pris un fecond du Vicaire Général même, quoiqu'il y eût *idoneo reperto* fut déclaré auffi abufif , fur ce qu'il n'y étoit pas fait mention de l'examen.

Mais fi contre ces Arrêts on en oppofoit un du 18. Juillet 1673, rendu fur un appel comme d'abus d'un *Visa* fait par M. l'Evêque de Condom fur le refus de l'Evêque de Lectoure, qui ne fut pas déclaré abufif , il faudroit répondre que le Titulaire étoit en poffeffion depuis fept ans ; & que la Cour le maintint pour cette raifon.

Mais bien plus , M. Ferrier ayant fait un titre à un nommé Rolland du Diocefe de Nîmes , un mois après l'examen, l'ayant fait *abfenti tanquam præfenti* , *nuper examinato* ; quoique *nuper* fignifie *noviter*, *leg. nuper*, *ff. de legat.* 1. Néanmoins il y eut Partage ; parce que *Quæ funt facti non retrotrahuntur, fed quæ funt juris, arg. leg.* 7. *ff. de jure codicil.*

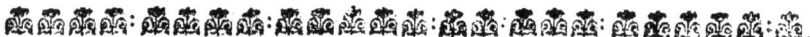

E X O I N E.

CHAPITRE XXX.

Que fignifie Exoine *; & fi toutes fortes de Perfonnes peuvent être Porteurs d'*Exoines.

LE mot d'*Exoine* eft derivé d'un ancien mot François , fignifiant *Excufe* , dit Ragueau en fon idée *des Droits Seigneuriaux*. Il eft conftant que l'*Exoine* n'eft autre chofe que *abfentium axcufatio*, comme il fe voit par la Loi penultiéme, *ff. de judiciis*, & la Gloffe dit qu'elle fut introduite par le Senatuf-confulte Turpilien. Titelive parlant du Décret que fit le Peuple Romain contre Marcus Pofthumius Pirgenfis , dit , *Si ante Kalendas Maïas non prodiffet, citatufque illo die non adfuiffet, neque*

neque excusatus esset. D'où il se voit que les *Exoines* ou *Excuses* pour autrui, étoient en usage. Mais quant aux personnes qui peuvent être reçûës à excuser, Papon, *liv.* 24. *tit.* 3. *des Procès criminels*, dit que la mere ne fut pas reçûë à exonier ou excuser son fils. Chenu sur Papon en ses Arrêts, *tit. du Procès criminel* 5. *art.* 9. Servin en ses Plaidoyers, *tom.* I. *chap.* 16. Charondas en ses Pandectes, *liv.* 4. *part.* 2. *chap.* 5. où ils rapportent des Arrêts du Parlement de Paris, par lesquels le fils n'a point été reçu pour porter d'Exoine de sa mere, ni la mere du fils. Et ces Arrêts fondez sans doute sur cette raison, qui est, que le Porteur d'*Exoine* fait deux personnages, celui de Procureur pour le Prévenu, & celui de témoin. Or les femmes ne peuvent point faire la fonction de Procureur *in judicio*, *leg. Maritus* 21. *cod. de Procurat.* ni celle de témoin pour leur fils, *Quia reprobatur domesticum testimonium* : ce qui est la raison pour laquelle le fils ne peut excuser sa mere.

Néanmoins il y a des Arrêts de la Cour, qui ont reçu non-seulement le mari à excuser ou exonier sa femme ; l'un est du 12. Juillet 1663. & l'autre du 27. Juin 1662. Et ce dernier Arrêt est d'autant plus remarquable, que Gilede (qui fut reçu à exonier sa femme Susanne de Mars) étoit prévenu du même crime, & avoit été élargi à la charge de bailler caution : ce qu'il n'avoit pas encore fait. Et même il y a un autre Arrêt (Avocats Mes. de Chassan & de Lassesquiere) par lequel le fils étoit reçu à exonier son pere. Et je crois que quand la Cour voit que le crime n'est pas grave, Elle passe par équité par-dessus la rigueur du Droit.

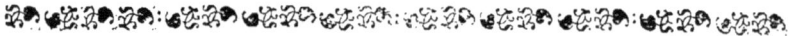

E X P L O I T.

C H A P I T R E   X X X I.

Si un Exploit fait à un Fermier est valable, comme s'il avoit été fait au Propriétaire, ou à son veritable domicile.

LE fieur de Mirman Juge-Mage de Montpellier, étant Domicilié de la ville de Montpellier; non-feulement comme en étant Juge-Mage, mais comme y ayant conftitué fa principale refidence, & où il habitoit toûjours avec toute fa famille; ainfi il eft vrai de dire qu'il avoit fon veritable domicile, dans Montpellier, *Ex leg.* 203. *ff. de verb. fignif.* & *leg. Uxor. in princ. ff. de legat.* 3. Neanmoins une fienne Partie ayant obtenu un Arrêt contre lui d'autorité de la Cour, il le fit fignifier à un Fermier du fieur de Mirman, hors la même Jurifdiction de Montpellier; & fur ce que le fieur de Mirman fe pourvût par Requête civile contre cet Arrêt huit mois après qu'il fut fignifié à ce Fermier, fa Partie oppofa que par fins de non-recevoir il ne pouvoit être reçu à plaider fa Requête civile; ces fins de non-recevoir étant établies fur l'article 5. du titre des Requêtes civiles de la nouvelle Ordonnance, qui porte qu'il faut avoir obtenu les Requêtes civiles dans les fix mois de la fignification des Arrêts, & même qu'elles foient fignifiées; mais le fieur de Mirman avoit fait voir que l'article 15. des Ajournemens, n'entendoit pas parler de lui; & qu'ainfi cet Exploit étoit nul. Auffi la Cour par Arrêt du　Juin 1673. ordonna que fans avoir égard aux fins de non-recevoir, ces Lettres de Requête civile feroient plaidées; & par-là la Cour jugea que l'Exploit n'étoit bon ni valable.

F.

F E M M E.

CHAPITRE PREMIER.

Si en Matiere civile la Femme peut être contrainte par corps.

IL semble que les Femmes à cause de l'infirmité, pudeur & modestie de leur sexe, ne peuvent pas en Matiere civile être contraintes par corps. Et c'est ce que l'Empereur Justinien a défendu par sa Novelle 134. Et Guyd. Pap. *quæst.* 256. dit qu'elle ne peut être emprisonnée pour dette civile, & ce suivant la Constitution de l'Empereur Constantin, *in leg. 1. cod. de offic. diverf. jud.* Et par Arrêt de la Cour donné en l'Audience de la Grand'Chambre le 25. Juin 1658. il fut jugé qu'une Femme ne pouvoit être obligée aux contraintes par corps, à remettre certains papiers.

CHAPITRE II.

Si une Femme Marchande mineure, qui s'est obligée pour des Marchandises prises par son Mari, peut être contrainte par corps.

CETTE question s'étant présentée en la cause d'Armengaude veuve de Besson Marchand, & remariée avec le nommé Barthe Sabatier, disoit qu'elle devoit être contrainte par corps pour 1400. liv. qu'il prétendoit lui être dûes, comme s'étant obligée pour Marchandises, & par corps, alleguant qu'il y avoit de la fraude de la part de cette Femme, & qu'elle feroit encore

C c ij

Boutique au nom de sa mere , qui étoit une pauvre femme du Lieu de Verfeil , qui n'avoit jamais en sa vie fait aucun négoce ; si-bien qu'ayant été condamnée à payer par Arrêt de 1670. rendu au Rapport de M. de Lamotte Lussan , elle ne devoit pas être reçuë à faire distribution des biens , suivant l'Arrêt rapporté par M. Maynard, *liv.* 4. *chap.* 17. Mais comme la fraude ne paroissoit pas , & que Sabatier lui-même avoit fait proceder à l'inventaire des Biens & Marchandises de Besson , la Cour ordonna qu'il seroit procedé au compte entre lui & cette femme ; & déclara n'y avoir lieu, quant à présent , de contrainte par corps , par Arrêt d'Audience du 21. Avril 1676. lequel Arrêt semble décharger cette femme de la contrainte , parce qu'elle avoit crû qu'il étoit dû 600. liv. à Sabatier ; si-bien que si la Cour eût dû ordonner la contrainte , Elle l'auroit ordonné , puisque tous tomboient d'accord qu'il étoit dû 600. liv. Mais néanmoins la Cour ne voulut point l'en décharger , à cause du dol qu'alleguoit Sabatier , ayant reglé les Parties à bailler par écrit : d'où il faut conclurre que la Cour ne l'ordonne en Païs de Droit écrit , que quand il y a dol , & qü'elle suit l'Authentique *Hodie novo jure, cod. de cust. reor.* & la Novelle 134. *cap.* 9. qui exempte les Femmes de prison , *Ne circa castitatem injurientur* , ainsi que l'Ordonnance de Loüis XII. art. 156.

Mais il semble que la nouvelle Ordonnance de l'an 1667. *art. des Contraintes par corps* , porte le contraire. De sorte que cette question s'étant présentée en la cause d'une Revendeuse de chair de Cochon en l'Audience de la Grand'Chambre , Avocats Mes. de Richebourg & Gourdon : le dernier opposant cette Ordonnance contre cette femme , & l'autre ayant soûtenu que les termes de l'Ordonnance , qui sont : *Pourront les Femmes être contraintes par corps* , *&c.* ne concluoient rien en Païs de Droit écrit ; & que ce mot *Pourront* , laissoit la liberté aux Juges de juger suivant les Loix & Coûtumes des Païs ; sçavoir en Païs Coûtumier , d'ordonner les contraintes ; & en Païs de Droit écrit , de ne les ordonner pas. Il y eut Partage , qui n'a pas été vuidé ; si-bien que la question n'est pas décidée entierement : excepté que de l'Arrêt contre Sabatier , rapporté ci-dessus , qui est rendu depuis l'Ordonnance de 1667. on ne veüille induire que le Roi dans cet article de l'Ordonnance, n'ayant pas décidé précisément la chose , la Cour n'ordonne pas les Contraintes, car autrement Elle l'auroit ordonné contre Armengaude.

C H A P I T R E   I I I.

Si la Femme pour sa dot est obligée de discuter les derniers Acquereurs des biens de son Mari , sur l'indication des premiers Acquereurs.

CETTE question se trouve jugée differament par les Arrêts de la Cour ; car autrefois la Femme n'étoit obligée de discuter de cette maniere , mais pouvoit s'en prendre au plus ancien Acquereur même.   Il est vrai qu'en ce cas la Cour la mettoit au même rang qu'eût dû être sa femme , suivant un Arrêt rapporté par M. de Maynard, *liv. 3. chap. 22.* l'Authentique *Res quæ, cod. com. de leg. Leg. 9. cod. de jur. dot.*

Mais ledit sieur de Maynard rapporte un autre Arrêt contraire , *liv. 7. chap. 58.* donné après Partage en l'an 1637. en la premiere Chambre des Enquêtes , entre M. de Pegurié Avocat en la Cour, & la nommée de Boria.   Par cet Arrêt , M. de Pegurié sur l'indication qu'il faisoit à ses perils , risques & fortunes des Acquereurs posterieurs, avec offre encore de rélever cette femme des frais de la poursuite , fut déchargé.   Ce Partage fut jugé en la seconde Chambre , M. de Marast Rapporteur , & M. de Lestang Compartiteur.

Depuis par autre Arrêt du 26. Mars 1648. au Rapport de M. de Gargas en la Seconde des Enquêtes , la même chose fut jugée en faveur d'Antoine Rigail , contre Antoine Mathieu & Anne Rigail, que la femme discuteroit les derniers Acquereurs, sur l'offre qu'il fit de faire les frais du procès.

Et il se trouve encore un troisiéme Arrêt du premier de Juillet ou d'Août 1656. donné en la seconde Chambre des Enquêtes au Rapport de M. de Boutaric , par lequel il fut ordonné que la Demoiselle de Falguiere, veuve de M. Dispan Lieutenant au Senéchal de Lisle , discuteroit les biens de son mari en dernier lieu alienez : la même chose ayant été jugée au Parlement de

Paris. Dufrene, *liv. 5. chap. 24.* Voyez Faber, *iu suo Cod. lib. 7. tit. de privil. dot. 34. defin. 2.* qui estime que l'Authentique *Hoc si debitor*, cod. *de Pig.* qui accorde au tiers détempteur l'acception, la discution à lieu contre tous Créanciers sans exempter la Femme.

Et cette discution ayant été ordonnée par un Arrêt du Parlement de Pau contre un Chapelain d'une Fondation, qu'il ne pourroit agir sur les tiers-Acquereurs des biens du Fondateur, que ceux de son heritier discutez, il se feroit pourvû par Requête civile ; laquelle ayant été portée en la Cour, il en fut débouté par Arrêt donné en l'Audience de la Grand'Chambre le 19. Juillet 1669. Avocats Mes. de Lassesquiere, Gauran, Chassan & Larieu ; ayant été par-là jugé que l'Eglise n'a pas plus de privilege que la femme en cela. Et pour ce qui est de la difference qu'il y a si les biens des premiers Acquereurs sont specialement affectez. Et pour ce qui regarde l'Arrêt donné contre les Marguilliers de Nôtre-Dame de Buysesora, faut voir la lettre *H*, sur le mot *Hypoteque.*

CHAPITRE IV.

Si la Femme peut prendre sa dot sur les biens donnez à son mari, le cas de retour échéant, & s'il en est de même de l'augment.

CELA fut jugé en faveur de la Femme le 14. Avril 1649. par Arrêt donné, toutes les Chambres assemblées, Rapporteur M. de Puymisson, Compartiteur M. de Catelan ; Parties gerentes, veuve de Guy Bonnesons & Anne de Liques, à la charge néanmoins qu'elle discuteroit les autres biens de son mari. Et pour ce qui est de l'augment, quoiqu'il y ait de la difficulté, néanmoins au mois d'Août 1649. par Arrêt, il fut adjugé à la nommée Capelle, veuve de Salvagnac en cas d'insuffisance des biens du mari, contre la mere qui avoit fait donation à son fils, qui étoit mort huit jours après son mariage. Mais la raison fut, que la donation portoit qu'elle donneroit à son fils pour se marier. C'est pourquoi il étoit juste que nonobstant le retour, cette femme qui s'étoit mariée fur la bonne foi de cette donation, pût retirer fes avantages nuptiaux. L'Arrêt fut rendu en la feconde Chambre des Enquêtes au Rapport de M. de Puyrniffon ; mais la Cour ne lui adjugea les interêts que depuis l'introduction de l'inftance, autrement la femme n'a pas action fur les biens de fon beau-pere pour fon augment au préjudice des Créanciers, comme il fut jugé le 13. Juin 1677. au Rapport de M. de Gramont après Partage, M. de Moüillet Compartiteur. Parce que l'Authentique *Res quæ, cod. communia de legat.* ayant parlé taxativement de l'action de la femme fur les biens fubftituez, ce droit qui eft correctif, ne doit pas être étendu. Les Parties de cet Arrêt étoient Lafont, & la veuve de M. Vignaux, fubftitut de Meffieurs les Gens du Roi aux Requêtes du Palais.

CHAPITRE V.

Si la Femme eft obligée de fuivre fon Mari.

IL y eut procès en la Cour en 1657. entre le fieur de Laroche Prefident en la Cour des Aydes de Montpellier, & la Dame de Roufel fon époufe, pour fçavoir fi elle pouvoit être obligée de fuivre le fieur fon mari à Aygues-Mortes, où il demeuroit la plus grande partie de l'année. La caufe plaidée en l'Audience de la Grand'Chambre, il fut entr'autres chofes réprefenté de la part du fieur de Laroche, que fi-bien le mariage, qui eft l'action la plus importante de l'homme pour fon répos, & la fortune & la fource de tous les biens, & l'origine de tous les avantages de la vie, il eft auffi celle de toutes les douleurs qui s'y rencontrent ; & qu'il pouvoit dire que depuis fon mariage avec la Dame de Roufel, il n'avoit eu un feul moment de répos : fans qu'elle ait confideré jamais, non-feulement l'amour, l'affection & l'amitié qu'il lui avoit toûjours témoigné, & qu'il avoit eu pour elle ; mais encore que fuivant la Loi de Dieu, elle étoit obligée de l'honorer, de le refpecter, & de le fervir comme étant fon chef, & que ne le faifant pas, elle contrevenoit directement aux Commandemens de Dieu, qui dit à Eve après le peché, que ſes volontez dépendroient de ſon Mari, & qu'il domineroit ſur elle, comme il eſt dit en la Geneſe, *chap. 3. verſ. 16.* Et que comme l'Homme eſt le chef de la Femme, & JESUS-CHRIST l'eſt de l'Homme : Que comme l'Homme eſt obligé d'obéïr à JESUS-CHRIST, la Femme doit auſſi obéïr à ſon Mari : Que ne le faiſant pas, elle étoit coupable du même crime que l'Homme qui deſobéït à Dieu, comme il eſt dit, *in can.* C*ùm caput 15. cauſ. 33. quæſt. 5.* Enfin la Femme eſt obligée de ſuivre ſon Mari, de quelque qualité & condition qu'il ſoit, comme dit le Benedict. *in cap.* Raynutius, *in verbo acidam Petro tradiderunt, num. 89.* quand même elle ſeroit dans la maiſon de ſon pere : Puiſqu'il eſt certain que la Loi du Mariage arrache la fille mariée du ſein de ſon pere, & l'oblige à ſuivre la fortune & le domicile de ſon Mari ; attendu que par la diſpoſition du Droit, l'autorité paternelle eſt toute transferée au Mari : & même par le droit des Gens, ſi nous en croyons le Poëte Catule, lorſqu'il dit :

Hi genero ſua jura ſimul cum dote dederunt.

Euripide en la Tragedie d'Iphigenie, dit ſur ce ſujet, qu'auſſitôt que la fille eſt hors de la maiſon de ſon pere, elle n'eſt plus à lui, ni à ſa mere, mais tant ſeulement au mari ; & conclud que la Dame de Rouſel ſa femme fut condamnée de le ſuivre.

De la part de la Dame de Rouſel, il fut entr'autres choſes repréſenté, que lorſqu'elle ſe maria avec le ſieur de Laroche ſon mari, il étoit déja Officier du Roi en la Cour des Aydes de Montpellier ; & qu'ainſi veu ſa qualité, elle croyoit qu'il ne pourroit demeurer ni habiter ailleurs que dans la ville de Montpellier, comme obligé à reſidence à cauſe de ſa Charge, ſuivant les Ordonnances Royaux, & particulierement ſuivant celles de François I. de l'an 1539. *art.* 129. & de Blois, *art.* 137 & 138. parce que ſi elle eût cru autrement, & qu'il eût pû demeurer ailleurs qu'à Montpellier, elle ne l'auroit jamais pris pour ſon mari, & principalement ſi elle eût cru qu'il eût voulu ſéjourner ſi long-temps, comme il faiſoit à Aygues-mortes, qui eſt un Lieu très-mal ſain, & où elle n'eſt jamais allée qu'elle n'y ait été malade, & que s'il étoit vrai que le ſieur ſon mari, comme il diſoit, ait de l'amitié pour elle, il ne voudroit pas l'obliger

d'aller

d'aller demeurer la plus grande partie de l'année dans un Lieu où elle étoit presque toûjours malade ; & que c'étoit le seul motif qui l'obligeoit à se défendre de ne le suivre pas dans ce Lieu, & demanda qu'il lui fût permis de rester dans Montpellier. Mais la Cour par Arrêt du 15. Janvier 1657. ordonna qu'elle suivroit son mari, quelque part qu'il voudroit aller. Me. de Chassan Avocat du sieur de Laroche ; & Me. de Lacroix de la Dame de Roussel.

CHAPITRE VI.

Si la Femme peut être obligée de retourner en la maison de son Mari, lorsqu'elle s'en est retirée.

UN Saint Personage disoit à sa Sœur, qu'elle avoit eû raison de renoncer aux nôces mondaines pour épouser JESUS-CHRIST dans le répos d'un Cloître, puisque selon l'Usage des Hommes, il n'y a rien de pire ni de meilleur que le Mariage, qui a ses plaisirs & ses douleurs, ses douceurs & ses amertumes, son répos & son inquietude, sa paix & sa guerre, son bien & son mal. Car on voit quelquefois que celui qui a un beau commencement, a une fin tragique. Ce n'est qu'un court orage avec quelques éclairs, qui fait quelque bruit, mais enfin qui se resout en pluyë : & le plus souvent les Femmes sont la cause des desordres qui arrivent dans le Mariage. Aussi Simonides dit que la Femme est le naufrage de l'Homme, la tempête de la maison, le trouble du répos, la captivité de de la vie, le supplice ordinaire, un combat affreux, un duel domestique, une guerre intestine, & enfin un mal necessaire.

Ces desordres ne procedent le plus souvent qu'à cause de la domination que le Mari a sur sa Femme, lorsqu'elle ne peut avoir d'autre volonté que celle de son Mari, dont elle ne peut quitter la maison de son autorité privée : Car en cas de mauvais traitemens, & ne pouvant plus les souffrir, elle doit suivre le conseil de Saint Mathtieu donné au Lépreux de l'Evangile, lorsqu'il lui dit, *Vade, ostende te Sacerdotibu.* De même aussi, si elle

D d

reçoit de mauvais traitemens de fon mari , elle doit fe retirer
à la Juftice, & demander au Juge par Requête la féparation.
Mais il y a des Femmes de fi mauvaife humeur., que fans fujet
ni prétexte quittent les maifons de leurs maris, comme il arriva
en 1654. que la Dame de Labaftide , fans fujet ni prétexte,
mais par pur caprice., quitta la maifon du fieur Baron de
Labaftide fon mari. Pour raifon de quoi il y eut procès ; &
l'inftance ayant été portée en l'Audience de la Grand'Chambre,
la Cour rendit Arrêt le 26. Février 1654. par lequel la Dame
fut condamnée de retourner en la maifon du fieur de Labaftide
fon mari dans huitaine après la fignification de l'Arrêt , qu'autrement elle y feroit contrainte par corps ; & par le même Arrêt,
il fut décerné pareille contrainte par corps contre tous les Détenteurs de la perfonne de cette Dame.

CHAPITRE VII.

Si une Femme peut être relevée d'une obligation par laquelle
elle s'eft obligée en fon propre , & comme mere legitime
adminiftrereffe de fes enfans.

JEAN AUVERNIE , débiteur de Raymond Beautes Procureur en la Cour en la fomme de 750. liv. étant decedé ,
Marie Autiere fa veuve., tant en qualité de mere & legitime
adminiftratrice de la perfonne & biens de Jean Auvernie fon
fils, heritier d'Auvernie fon pere , qu'en fon propre & privé
nom, fe feroit obligée de payer à Beautes cette fomme de 750.
liv. Beautes étant venu à deceder, le fieur François Beautes
fon fils & heritier, defirant être payé de cette fomme, forma
inftance devant Meffieurs des Requêtes du Palais , où Autiere
auroit impetré Lettres Royaux en caffation & reftitution en
entier envers l'obligation de cette fomme de 750. liv. par elle
confentie.

Meffieurs des Requêtes rendirent Jugement par lequel cette
obligation fut caffée , & Autiere relaxée du payement de la
fomme de 750. liv. y contenue. De ce Jugement, Beautes fut

appellant en la Cour ; & fut dit de sa part que ce Jugement étoit insoutenable , dautant qu'Autiere s'étoit obligée au paye-ment de cette somme de 750. liv. comme ayant été employée pour feu son mari pour la conservation de ses biens dotaux , l'ayant empruntée , comme il le justifioit , sur le temps que son mari avoit procès à raison de ses biens dotaux ; & qu'ainsi cette somme ayant été empruntée par son mari pour la conservation de ses biens dotaux, elle avoit pû valablement s'obliger au paye-ment de cette somme, puisqu'on ne pouvoit pas contester que la femme ne soit obligée de relever son mari de telles obligations , *Ex leg. Cùm mulier. ff. solut. matrim.*

De plus , qu'Autiere avoit pû valablement s'obliger , comme étant une personne tierce qui n'étoit pas en puissance de pere ni de mari ; étant certain qu'une femme qui est *sui juris* , peut s'obliger au payement d'une somme , quand même elle l'auroit employée pour acquitter les dettes de son mari , *Leg. Si fœnebris, cod. ad sen. cons. Velleian.* Ainsi à plus forte raison , elle ne peut être relevée de cette obligation de 750. liv. puisque son mari l'avoit employée à son avantage , & pour la conservation de ses biens dotaux ; puisqu'il est encore certain en termes de droit , que la femme qui s'oblige en son propre ou pour son Créancier à concurrence de ce qu'elle lui doit , ne peut s'ayder du Velleyen , *Ex leg. 2. 6. 10 & 13. dic. tit. cod. & leg. 11 , 17 , 24 & 27. ff. cod.* étant de plus à considerer que ladite Autiere s'étoit obligée au payement de cette somme ; non-seulement comme reconnoissant que feu son mari l'avoit employée pour la conser-vation de ses biens dotaux , mais encore comme la reconnoissant débitrice de son fils, au moyen de la joüissance qu'elle avoit faite des biens de son fils , & qu'ainsi son appel étoit très-pertinent.

Au contraire Auriere représenta que Beautes étoit non-rece-vable en son appel par diverses raisons. Pour la premiere, elle dit que Beautes ne justifioit point par aucun acte que son mari eût emprunté cette somme de 750. liv. pour la liquidation de ses biens ; & que quand même il le justifieroit, cela ne suffiroit pas, s'il ne faisoit voir que cette somme avoit été précisement employée pour ladite liquidation.

Elle auroit encore représenté , qu'elle pouvoit dire avec raison qu'elle s'étoit obligée *pro non debito* , puifqu'elle n'avoit jamais pris ni emprunté cette fomme de 7 5 0. liv. qu'elle n'étoit jamais venue à fon profit, utilité, ni avantage ; & que par confequent le fieur Beautes avoit allegué mal-à-propos la Loi *Si fænebris,* *cod. ad Senat. Confult. Velle* ; & que cet acte d'obligation étoit nul *ipfo jure* ; & qu'elle n'avoit pas befoin de le faire caffer par le Velleyen, *Ex Novel.* 134. *cap.* 8. puifqu'elle s'étoit obligée pour une dette contractée par feu fon mari, & qu'on ne faifoit pas voir qu'il l'eût employée pour la confervation de fes biens dotaux, comme on devoit juftifier , fuivant ledit Chapitre 8. *in fin* de la Novelle 1 3 4. & fuivant la Loi 2. *cod. de probat.* où il eft dit que *Incumbit probatio qui dicit, non qui negat.*

Et pour ce que Beautes alleguoit qu'il avoit adminiftré les biens de fon fils , & qu'ainfi elle demeureroit debitrice de fon dit fils heritier de fon pere, cela ne pouvoit venir en aucune confideration, veu même qu'elle feroit voir dans la reddition de fes comptes qu'elle offroit de rendre ; que bien loin qu'elle fût débitrice, qu'au contraire elle feroit voir qu'elle étoit créanciere pour avoir plus fourni que reçu ; & que bien qu'elle fe fût obligée en fon propre & privé nom au payement de ladite fomme, elle ne pouvoit être obligée de la payer fuivant les Arrêts de la Cour, d'Olive, *lib.* 4. *cap.* 13. Si-bien que la Cour par Arrêt donné en la feconde Chambre des Enquêtes le 1 2. Mars 1 6 6 7. après Partage vuidé en la premiere Chambre , Rapporteur M. de Valette, Compartiteur M. de Laporte, auroit démis Beautes de fon appel , & ordonné qu'Autiere rendroit compte de fon adminiftration, fans dépens.

C H A P I T R E   V I I I.

Si la Femme pauvre peut avoir la Quarte des biens de fon Mari qui eft mort riche.

L A Femme pauvre doit avoir la Quarte des biens de fon Mari mort riche , qui a laiffé des heritiers collateraux, Benedict. *ad cap. Raynut. in verbo. & uxorem, decif.* 5 *num.* 241.

& *Graff.* §. *succeffio ab inteftato, quæft,* 41. & *ex Novell.* 117. *cap.* 5. & Authent. *Prætereà, cod. unde vir & uxor.* Et par Arrêt général rendu par la Cour, & prononcé par M. le Préfident Durant la veille de Sainte Croix de l'année 1581. la Quarte fut adjugée à une femme pauvre, contre des néveux de fon mari compris en icelle, tant de fa dot que legat à elle fait par fon mari, qui étoient fi petits, que d'iceux elle ne pouvoit s'entretenir honnêtement, fuivant la qualité de fondit mari. Cet Arrêt eft rapporté par M. de Maynard, *liv.* 3 *chap.* 25. Et la Novelle de l'Empereur Leon eft formelle là-deffus, adjugeant même la propriété de cette Quarte à la femme. Néanmoins le contraire a été jugé par un Arrêt de la Cour rendu après Partage le 22. Mars 1648. Rapporteur M. de Caulet. Et cet Arrêt fut rendu contre la veuve d'un nommé Vernede de la ville de Muret fur ce fait, qui eft que cette femme n'avoit eu que 400. liv. de dot ; & Vernede étant devenu fort riche du moins de trente mille livres, il lui avoit fait prendre un vol plus grand qu'elle n'avoit accoûtumé ; de forte qu'elle demandoit contre les néveux de Vernede la Quarte de fes biens ; mais par ledit Arrêt, elle lui fut refufée.

CHAPITRE IX.

Si la Femme peut fe remarier fans preuve expreffe de la mort de de fon mari ; & fi le certificat du Capitaine fous lequel il étoit enrolé, fuffit.

L A femme dont le mari étoit abfent ; pouvoit autrefois fe remarier impunement après quatre, fept ou dix ans, fi elle n'en avoit appris aucune nouvelle. Mais aujourd'hui cela n'eft pas fuivi ; car la femme ne peut fe remarier que lorfqu'elle a des preuves ou des témoignages de la mort de fon mari, fuivant la Novelle 117. *chap.* 11. Voyez Chenu, *quæft.* 77.

Mais parce que cette Novelle demande une preuve qui feroit très-difficile aujourd'hui, fur-tout quant aux Gens de guerre pour préfumer la mort, dont il faudroit avoir un Extrait du Regiftre des Enrollemens & des Mortuaires des Soldats, tenu par le Tribun de la Legion, ou par ceux qu'on appelloit *Priores* ou *Tabularii numerorum* ; & que si le mortuaire ne s'y trouvoit pas, il falloit une resomption de ces Gens-là moyennant serment : il y eut Partage en la Première des Enquêtes , pour sçavoir si un certificat du Capitaine d'un Soldat étoit une suffisante preuve , M. de Labrouë Rapporteur , & M. de Turle Compartiteur. Ce Partage fut vuidé en faveur de la femme en 1642. On ne peut aujourd'hui avoir une preuve plus assurée , puisque n'y ayant point des Regiftres généraux des Enrollemens , & les Capitaines ayant chacun le leur , personne ne peut mieux sçavoir la mort d'un Soldat que son Capitaine , qui le conduit & qui l'accompagne au danger : A cela joint , que les Capitaines ont une espece de Jurisdiction, étant comme une espece de Conseillers au Conseil de Guerre de leur Regiment ; aussi en beaucoup de choses leurs certificats font foi , même en Cour , suivant les nouveaux Reglemens de Sa Majesté.

Or il faut remarquer que cette Novelle 117. punit , comme adultere en ce cas , les femmes & leurs seconds maris ; & le 22. Janvier 1664. en Audience , en la cause d'un nommé Lafite , la Cour préjugea qu'une telle femme ne pourroit profiter des liberalitez de son second mari ; puisque sur cette question , pour sçavoir si le premier mari étoit vivant , les Parties furent reglées contraires. Il y avoit cette circonstance , que ce mari avoit été condamné au fouet , & que deux témoins disoient qu'ils l'avoient vû depuis peu.

CHAPITRE X.

Si la Femme qui a fiancé avant l'an du deüil , doit être privée de tous les avantages qu'elle a eu de son Mari , lorsqu'il n'y a point des Enfans , mais des Néveux.

UNE nommée Sauvageon , veuve de Manier , fut instituée heritiere par son mari. Une niéce de ce mari , & de même nom , demandoit qu'elle fût privée , non-seulement de l'heredité , mais encore de tous les avantages , disant que cette femme avoit fait injure à son premier mari, d'avoir passé Contrat de mariage, pour ainsi dire, sur son tombeau; & ajoûtoit, qu'il étoit prouvé par un témoin qui n'étoit pas domestique, qu'elle avoit couché avec son Fiancé pendant l'an du deüil. Ce témoin disoit, qu'étant une fois entré chez elle, il les auroit trouvez dans un même lit; & plusieurs témoins déposoient de plusieurs caresses qu'ils avoient vûës, étant ensemble. Sur quoi au mois de Juillet 1642. en la seconde Chambre des Enquêtes, M. de Catel Rapporteur, y ayant eu Partage, Compartiteur M. de Gargas, il fut porté à la Premiere, où il y eut encore Partage qui fut vuidé en la Grand'Chambre contre la femme. Mais les informations de malversation, quoique non-concluantes, furent toutefois des indices si forts, qu'ils firent pencher la balance; autrement sans de tels indices, il y a de grandes difficultez en cette question. Voyez Cambolas, traité des secondes Nôces.

Quoique les femmes qui se remarient avant l'an du deüil, soient d'ordinaire privées de leur augment, & des autres avantages, néanmoins les Cours ont souvent relâché de cette rigueur; Dufresne, *liv.* 5. *chap.* 25. en rapporte des Arrêts. Il y en a un aussi de la Cour donné en l'Audience de la Grand'Chambre le 10. Decembre 1636. Avocats Mes. de Boyer & de Beloy, en la cause de la veuve d'un nommé Gleyses Boulanger : Et en un autre du 28. Juillet 1638. en la cause de la Demoiselle de Salvet, Avocats Mes. de Parisot, Marmiesse & Beloy. Voyez Expilly, Plaidoyer 38. où il en rapporte pour & contre. Voyez M. Maynard, *liv.* 3. *chap.* 91. jusqu'à 99.

CHAPITRE XI.

Si le fonds acheté de la femme dotale, est dotal pour pouvoir être vindiqué par la femme ou par son heritier.

LA Loi *Res quæ* 54. *ff. de jur. dot.* dit que tel fonds est dotal. Et la Loi *Ex pecunia, cod. eod.* dit qu'il n'est point dotal, & qu'il appartient au mari; mais ces Loix sont consiliées par la Glosse de ladite Loi *Ex pecunia*, qui dit que ladite Loi *Res quæ* a lieu,

Si maritus solvendo non fit ; tunc enim uxor habet vindicationem directam rei ex dotali pecunia comparatæ aliàs secùs , Leg. uxor marito , §. in fin , ff. de donat. inter virum & uxorem. Et par Arrêt de la Cour donné en l'Audience de la Grand'Chambre le 31. Mai 1647. il fut jugé que non, Parties le sieur de Saint Sernin de la Maison de la Capelle , heritier de Victoria d'Aguinofa mere, & le sieur son frere, sauf l'hipoteque privilegiée sur le bien acheté. La même chose fut jugée en la Premiere des Enquêtes après Partage , au Rapport de M. de Puymisson en 1663.

CHAPITRE XII.

Si la Femme peut être reçûë , contre les Créanciers du Mari , à vendiquer les biens dotaux , quoiqu'estimez dans le Contrat de mariage.

BIEN que suivant la disposition du Droit , *in leg. Plerumque , ff. de jur. dot. & leg. Quoties , cod. eod.* le mari soit entierement maître des choses dotales , qui ont été estimées. Néanmoins la Loi *in rebus , cod. dic. tit. de jur. dot.* restraint & corrige ces Loix : par la raison que si le mari est maître de la dot, & des choses dotales estimées , ce n'est que *fictioné juris.* Et en effet la Loi penultiéme , *Et si fundus , ff. Qui satis. clar. cog.* disent *Sunt duo Domini dotis & duo possessores,* sçavoir la femme & le mari ; d'ailleurs la femme étant naturellement , comme dit cette Loi , dans la proprieté de la dot , le droit ne souffre pas qu'elle perde. C'est pourquoi une nommée Tournier femme mariée, s'étant constituée entr'autres choses des meubles estimez 400. liv. & des pierreries à 200. liv. & Dufour Tailleur d'habits , créancier de son mari , les ayant fait saisir sur l'appel d'un Appointement du Senéchal , qui en ordonnoit la vente , la Cour par Arrêt donné en l'Audience de la Grand'Chambre le 11. Août 1645. reforma l'Appointement , & bailla la recreance à cette femme des meubles & pierreries.

Quant aux Biens-fonds baillez en dot , le Président Faber *in suo Cod. lib. 4. tit. 43. defin. 55.* dit qu'ils sont dotaux , en ce que les

lods.

lóds & ventes n'en font point dûs, dautant que les biens donnez pour dot au mari, font donnez *nomine mulieris.* Mais s'il est constitué dot en argent, & que la dot foit payée après en fonds; les lods & ventes en font dûs, comme dit Faber *in dic. loco*, & en la Loi *Cùm dotem, cod. de jur. dot.* & *ibi Gloff. quæ citat. dic. leg. Plerumque si ante.* & *leg. unic.* §. *9. in fin. cod. de rei uxor. act.* dit que lorfque la dot a été baillée, eftimée la perte, toutes les déteriorations & ameliorations regardent le mari : d'où on peut dire en quelque maniere, que les biens font dotaux.

Et la Cour par Arrêt donné en la seconde Chambre des Enquêtes, après Partage, porté en la premiere Chambre, & de là en la Grand'Chambre le 20. Août 1647. ordonna qu'une Maison feroit diftraite d'une faifie générale, faite fur les biens du mari; le cas étant qu'Antoinette Faurie femme d'un nommé Alegré, auroit conftitué une Maifon & Boutique à fon mari, eftimée 310. liv. & Naufari Ganil & Jean Voulle Créanciers d'Alegré, ayant mis les biens de leur débiteur en diftribution, la femme par ledit Arrêt en obtint la diftraction.

CHAPITRE XIII.

Si la Femme peut aliener fa dot pour retirer fon mari de prifon.

IL fut jugé par Arrêt donné en Audience le 17. Février 1639. que telle alienation étoit valable. Et cet Arrêt fut rendu entre la femme d'un Chandelier nommé Meydou, & Tournier Tréforier de la Maifon de Ville de Touloufe. Et la femme allegua les Loix fuivantes, *Leg. Mutus, furdus, ff. de jur. dot. ad Senatufconfult. Velleyanum.*

CHAPITRE XIV.

Si un Acte de Juftice peut être fait un jour de Fête, ou un jour ferié.

BIEN que des Sentences, Jugemens, Appointemens, ne puiffent être donnez un jour ferié, ni faire aucun Commandement, Saifie, ni aucun autre Acte judiciaire, *Leg. dies*

E e

Feftos, *cod. de fer.* Néanmoins un Commiffaire nommé pour l'execution d'un Arrêt, peut recevoir la Commiffion un jour ferié, comme il a été jugé par Arrêt de la Cour rendu en l'Audience de la Grand'Chambre le 16. Mars 1661. entre les Confuls de Caftillon, & le nommé Bartic. Ainfi par cet Arrêt, il a été jugé que la reception d'une Commiffion n'étoit pas un acte judiciel. Voyez la lettre *S*, fous le mot *Sentence*.

FONDATION.

CHAPITRE XV.

Si l'on peut appliquer une Fondation faite pour une Ville à une autre Ville.

UN nommé Faure Marchand de la ville de Foix, avoit inftitué fa femme heritiere, & lui avoit fubftitué les R. P. Jefuites, à la charge de tenir trois de leurs Peres dans cette Ville pour l'inftruction de la Jeuneffe. Cette femme s'étant remariée, les R. P. Jefuites s'accorderent avec elle; & par tranfaction liquiderent leurs droits à 8000. liv. outre quelques dettes; enfuite par une Sentence Arbitrale, il fut convenu que le revenu de cette fomme feroit porté au College de Pamies, parce que la fomme n'étoit pas fuffifante pour entretenir un College, fans quoi ils n'acceptent pas de telles Fondations. Mais le Syndic de la ville de Foix demanda la caffation de cette Sentence Arbitrale, & que le Syndic des R. P. Jefuites fût tenu d'opter, autrement qu'il fût déchu de l'effet de la fubftitution.

Les moyens étoient, que le legat étant fait pour l'inftruction de la Jeuneffe, c'étoit plûtôt la Jeuneffe qui étoit inftituée qu'eux, *Leg.* 117. *ff. de legat.* I. & *cap.* Requififti 15. *de teftam.* & *arg. leg.* 20. *ff. de ann. legat.* Que l'effet des Fondations ne devoit pas être diverti à un autre ufage, *leg.* Liberto 21. §. *Lucius*, *ff. cod. tit.* & fuivant l'Ordonnance de Melun, *art.* 8 & *leg.* 1. & 4. *ff. de admin. rerum adcivit. pert.*

Le Syndic des Peres Jesuites disoit au contraire que veu l'impossibilité, c'étoit *nudum confilium* qui n'obligeoit pas, & qui n'empêchoit pas le legat qui n'étoit que de 5000. livres quittes, ce qui ne suffisoit pas pour entretenir un College, sans quoi ils ne pouvoient pas envoyer trois Peres seuls contre la pratique de leur Societé. Néanmoins la Cour par Arrêt donné en l'Audience de la Grand'Chambre le 17. Mars 1654. cassa la Sentence Arbitrale & la Transaction ; Ordonna que le Syndic des Peres Jesuites satisfairoit à la condition dans le mois ; autrement que le Syndic de la ville de Foix y satisfairoit, à la charge de tenir trois Regens.

CHAPITRE XVI.

S'il peut être dérogé à une Fondation Laïque, qui porte que les Patrons nommeront un Prêtre pour servir une Chapelenie, lorsque celui qui a été nommé par le Fondateur sera mort.

IL a été jugé par Arrêt de la Cour, donné en la seconde Chambre des Enquiêtes, au Rapport de M. de Ressiguier le 6. Mars 1657. entre M. Henri de Chassan Clerc tonsuré, & M. de Gontier Prêtre, qu'il n'est pas necessaire d'être Prêtre lors de la Collation d'une Chapelainie, quoique la Fondation le porte, pourveu qu'on le soit dans l'an. Cet Arrêt fut rendu sur ce cas, & sur les raisons suivantes qui furent déduites & rapportées de part & d'autre.

Feu Pierre d'Arpajon par son testament du 18. Avril 1531. fonda une Chapelainie en l'Eglise Nôtre-Dame de Labessiere de Candel sous la charge de deux Messes la semaine, & la dota de quatre sétiers de bled, & de trois barriques de bon Vin ; & nomma pour Patrons son heritier & ses successeurs ; & le premier Consul de Labessiere voulant qu'après le décès de M. Antoine Fabré Prêtre, qu'il nomma pour dire les Messes, les Patrons nommassent un autre Prêtre idoine, suffisant & capable pour dire les Messes, & servir la Chapelainie.

Les Patrons en l'année 1644. pourvûrent de cette Chapelainie

E e ij

M. Henri de Chaffan Clerc tonfuré, qui s'en étant allé en Italie, les Patrons fur l'avis qu'ils eurent qu'il étoit mort, firent fur ce fondement titre de cette Chapelainie à M. de Gontier, qui, après en avoir pris poffeffion en vertu du titre à lui fait, le fieur de Chaffan étant revenu d'Italie en 1654. auroit impetré Lettres de Complainte devant le Senêchal de Carcaffonne, mais en ayant été démis par Sentence, il fe feroit pourvû contre icelle par Requête en réparation de furprife, droit par ordre en interprêtation. Sur la Plaidoirie de cette Requête, le Senêchal auroit reglé les Parties à bailler par écrit.

De cet Appointement, les Parties réleverent appel en la Cour; & pendant la pourfuite de cet appel, Gontier auroit impetré cette Chapelainie en Cour de Rome *per incapacitatem* de Chaffan; & après avoir obtenu les Provifions, & le *forma dignum* de M. l'Evêque d'Alby ordinaire, il s'en feroit mis en poffeffion de nouveau : ce qui auroit obligé M. de Chaffan d'impetrer Lettres Royaux à diverfes fins, & principalement en caffation des Provifions de Rome. Sur ces Lettres & fur l'Appel, & autres fins des Parties, il auroit été conclu par Arrêt d'Audience donné en la Grand'Chambre, Avocats Mes. de Chaffan & d'Audibert. Mais Meffieurs des Enquêtes évincerent cette affaire à caufe de la Sentence par écrit ; & cette affaire ayant été départie en la feconde Chambre des Enquêtes, M. de Reffiguier demeura Rapporteur.

De la part de M. de Chaffan, il fut reprefenté par M. de Chaffan Avocat fon pere, que bien qu'il ne fût pas Prêtre, il devoit néanmoins être maintenu au plein poffeffoire de cette Chapelainie ; non-feulement parce que dans la Fondation il n'y avoit pas de claufe irritante, mais quand même il y en auroit, fuivant l'opinion de plufieurs Docteurs, & principalement de Gonzalés fur la Regle huitiéme de Chancelerie. *Gloff.* 5. *num.* 27. où il décide que quoique la claufe irritante fe trouve dans la Fondation, il n'eft pas neceffaire que le pourvû foit Prêtre, ni qu'il puiffe même l'être dans l'an, attendu qu'il peut faire le fervice *per fubftitutum*, comme il a fait depuis qu'il a été pourvû de la Chapelainie ; & c'eft non-feulement par cette raifon commune, que *qui per alium fecit, per feipfum facere Videtur*, suivant la regle du Droit citée par ledit Gonzalés, qui dit encore, Que quoique le Fondateur ait conferé la Chapelainie à un Prétre, à la charge de dire tant de Messes, *Prodita verba qui celebret tot Missas, non recipiunt factum ipsum celebrationis ab ipsomet Capellano, nec obligationem Sacerdotii, sed potius sunt posita ad denotandum obligationem, & onus expressè non fit, ita impositum Capellano, quod per alium expleri non possit* : Mais parce qu'encore les Conciles n'ont jamais entendu que l'ordre de Prêtrise fût absolument necessaire pour tenir des Chapelainies, qui sont de leur nature des Bénéfices simples ; & auroit allegué sur ce sujet une Déclaration des Cardinaux sur le Concile de Trente, qui dit que *Episcopus non potest compellere obtinentem Capellaniam, ut ipsius celebret, nam istis oneribus Missarum rectè per substitutum satisfit.*

De plus, il auroit encore répresenté que quand même il y auroit quelque chose à dire, ce que non, à son titre, néanmoins il seroit à couvert par la regle *de pacificis & triennis possessoribus*, puisqu'il avoit oüi paisiblement & sans trouble cette Chapelainie pendant dix ans, étant certain que *non promotus*, quoiqu'il soit necessaire qu'il soit pourvû aux Ordres Sacrez, *Sive à Lege, sive à Fondatione*, on peut s'ayder de ce décret, suivant l'opinion d'un des plus grands Docteurs que nous ayons sur les regles de la Chancelerie, qui est Gomés, sur la regle *detriennali possessor. quæst.* 10. qui dit l'avoir vû juger ainsi souvent en Cour de Rome, sur de grandes raisons qu'il allegue ; & cela se trouve avoir été jugé par Arrêt du Parlement de Paris rapporté par Brodeau sur Loüet, *lettre B, chap.* 4. sur une cause semblable, & même plus favorable, en ce que la Fondation contenoit la clause irritante ; & qu'ainsi Gontier étant convenu d'avoir poursuivi le titre d'une Chapelainie possedée par un homme vivant, il s'étoit rendu indigne & incapable de pouvoir l'occuper, suivant l'opinion des Docteurs sur le chapitre dernier, *De eo qui duxit uxorem quam polluit per adulterium.* Et la disposition des Saints Decrets qui ont eu d'horreur pour cette sorte d'impetrations, qu'ils donnent aux Impetrans le nom de *Larrons & de Voleurs publics, Can. non furem* 7. *quæst.* 1. que l'Eglise retranche de la Communion des Fidéles, *cap.* 1. &

cap. Post electionem, de conceff. Præb. Et que les Provisions par lui obtenuës en Cour de Rome font obreptices, comme les ayant obtenuës *vis viri addendo* ; & que le *forma dignum* expedié fur icelles eft nul & abufif, en ce que le Pape ni l'Evêque ne peuvent point conferer les Chapelainies qui font de fondation Laïque, principalement lorfqu'elles ne font pas fpiritualifées comme celle dont eft queftion, ne pouvant être que des legats pies, & prifes pour une portion du patrimoine du Fondateur ; à quoi le Pape ni les Evêques ne peuvent pas toucher, le dévolu ne pouvant avoir lieu en matiere de Bénéfices de Patronat Laïque, que lorfque les Patrons ont été requis, & qu'ils ont laiffé paffer le temps fans conferer, dautant que le dévolu ne commence que *à die notitia vacationis, Clem.* 1. *de conceff. Præben.* Ce qui eft encore décidé plus formellement dans le Chapitre *Quia diverfitatem, de conceff. Præb.* où il eft dit que l'Evêque doit conferer les Bénéfices dans fix mois après la vacation, après lequel temps le dévolu a lieu ; mais que cela doit s'entendre depuis que l'Evêque a fçû la vacation du Bénéfice : *Semeftre enim tempus, non à tempore vacationis Præbendarum, fed à die notitia vacationis volumus computari.*

Et c'eft ce que la Cour a jugé en termes exprès par Arrêt donné en l'Audience de la Grand'Chambre le 10. Février 1656. Enfin Gontier étant Intrus au moyen de la poffeffion par lui prife de la Chapelainie, en vertu d'un titre nul fait par les Patrons, il n'en pourroit devenir poffeffeur legitime, quand même les Provifions de Rome feroient bonnes, ce que non.

M. d'Audibert Avocat pour M. Gontier, au contraire reprefenta que fa Partie devoit être maintenuë en cette Chapelainie en vertu des Provifions par lui obtenuës en Cour de Rome, fur l'incapacité de M. de Chaffan, puifqu'il n'étoit point Prêtre ; & qu'il auroit fallu même qu'il l'eût été lors de la Collation, fuivant la Fondation, à laquelle les Patrons ne pouvoient avoir derogé, fuivant les Arrêts de la Cour rapportez par M. d'Olive, *liv.* 1. *chap* 7. & par Brodeau au lieu cité par M. de Chaffan. Et l'opinion des Docteurs, & principalement de Rebuffe *in prax. Benef. in* 3. *parte fignatura verbo, nec-non juris Patronatus, num.* 44. où il eft dit, *Si ftatuto Ecclefia vel in Fundatione statutum sit , quòd nullus præsentetur ad talem Ecclesiam , vel nulli conferatur , nisi sit talis ætatis , vel Presbyter , tunc nullus poterit derrogare illis statutis ,* ni même l'Evêque du consentement des Patrons, suivant le Concile de Trente, *Sess. 22. chap. 5. de Reformat. Non licere Episcopo etiam accedente Patronorum consensu derogare qualitatibus in Beneficii fondatione appositis.* Ainsi le titre de Chassan est nul, sans qu'il pût le garantir, en disant qu'il n'est pas necessaire d'être Prêtre pour tenir de Chapelainies, qui sont des Bénéfices simples, & qu'on peut les servir *per substitutum.* Ce qui est veritable, lorsque la Fondation ne porte pas qu'il faut être Prêtre lors de la Collation ; car si elle le porte, il faut l'être necessairement, dautant que pour lors les Chapelainies sont des Bénéfices Sacerdotaux. Sur quoi il faut remarquer la difference qu'il y a *inter Beneficia Sacerdotalia à Lege , & Beneficia Sacerdotalia à fondatione.* Car au premier cas , la Loi n'est pas si rigoureuse qu'au second ; parce que ceux qui font de telles Fondations , comme celle dont est question, *Cum publico contrahunt ;* c'est pourquoi *Fundationum observatio est juris publici , publicam utilitatem continet,* & par conséquent la qualité Secerdotale est requise & necessaire lors de la provision de telles Chapelainies. Rebuffe , *in tract. nominat. quæst. 15. num. 30.* Guimier *in Gloss. Pragmat. §. Sicut vers. Deinde in verbo Ordinibus in fin. de electi.*

Il auroit représenté davantage , que mal-à-propos Chassan disoit que dans la Fondation il n'y avoit point de clause irritante, puisque la clause de la Fondation est claire & évidente pour montrer & faire voir qu'il faut être Prêtre , veu encore que la clause irritante est toûjours sous entendüe , suivant la Loi *Non dubium , cod. de legat.* & suivant les Arrêts de la Cour , rapportez par M. d'Olive au susdit lieu. Et Chassan le reconnoît bien , que son titre est nul pour n'être point Prêtre , & qu'il falloit qu'il le fût lors de la Collation , en ce qu'il veut se défendre par la regle *de pacif. & trienn. possessor.* disant qu'il ne peut être troublé en la possession de cette Chapelainie , après en avoir joüi dix ans sans nul trouble ni empêchement. Mais il ne peut pas se servir de cette regle au cas présent , attendu que lorsqu'une qualité est requise par la Loi, ou par autre Constitution ; par le laps du temps , *Illa qualitas suppleri non potest* , comme dit très-bien M. de Maynard , *liv.* 1. *chap.* 56. Or la qualité de Prêtre étant necessaire pour la Fondation lors de la Provision, M. de Chassan ne l'étant pas , il ne peut par consequent s'ayder de cette regle , qui n'a lieu que quand on a joüi dix ans avec un titre coloré. C'est l'opinion des Docteurs, non-autrement, *Quanto cumque tempore possiderit.* Rebuffe , *in prax. tit. De non promotis intra annum,* num. 72. & *in tract. De pacif. possessor.* 159. où il dit que celui *qui non habet coloratum titulum , potest molestari etiam per triennium , ex cap.* 1. *de regul. jur. in* 6. Et le sieur de Maynard audit livre premier , *chap.* 64, en dit de même.

Quant à l'intrusion de Gontier , comme Chassan prétend , il n'est point Intrus , ni n'a point porté ses mains sur les biens d'un homme vivant , en ce qu'il a pris possession de la Chapelainie *in viro* , du titre qui lui a été fait par les Patrons, dautant qu'il ne les a jamais requis de le lui faire ; mais qu'ils le lui firent de leur propre mouvement , sur ce que le bruit commun dans le Païs étoit que Chassan étoit mort à Rome : Et toutes les apparences y étoient , en ce qu'il ne faisoit même faire le service de cette Chapelaine depuis quelque-temps.

Enfin Gontier ayant obtenu ses Provisions de Rome, & s'étant mis en possession de cette Chapelainie , il ne peut pas être Intrus sous pretexte du titre des Patrons ; au contraire c'est Chassan qui est l'Intrus , puisqu'il a pris possession , & joüi cette Chapelainie en vertu & en consequence d'un titre nul , qui est autant comme s'il en avoit pris possession sans titre ; ce qui est, à dire, vrai , être Intrus.

Pour ce qui est des Lettres par lui impetrées en cassation des Provisions de Rome , il est non-recevable, quant à la formalité , & quant au fond. Car pour la formalité , il est inoüi qu'on puisse demander la cassation de cette maniere de telles Provisions , mais bien par la voye de l'appel comme d'abus , suppos. qu'il y en eût, ce que non ; puisqu'on ne peut pas contester qu'on ne puisse impetrer un Bénéfice en Cour de Rome , quoique la Collation en appartienne à des Patrons Laïques , lorsqu'ils en ont pourvû un indigne & incapable ; parce que pour lors *privati*

sunt

funt poteftate conferendi, fuivant le Chapitre *Cùm in cunétis, in fin de elect.* comme les Patrons ont fait, ayant pourvû Chaffan de cette Chapelainie, quoique incapable de pouvoir la tenir pour n'être point Prêtre, comme il devoit l'être fuivant la Fondation ; & ainfi Gontier à pû faire l'impetration. Néanmoins la Cour par le fufdit Arrêt, maintint Chaflan en cette Chapelainie fans dépens ni reftitution des fruits, à la charge de le faire Prêtre dans l'an : Le fieur Rapporteur opina en faveur de Gontier ; & l'affaire ne fut pas jugée d'une voix, car il demeura long-temps à y avoir Partage.

G.

GAGEURES.

CHAPITRE PREMIER.

Si les Gageures sont permises.

DEUX hommes ayant joüé ou gagé chacun deux pistoles sur le Mariage du feu Roi Loüis XIV. l'un disant qu'il avoit été fait en 1615. & l'autre en 1616. Cette cause fut jugée au Senêchal de Touloufe, & fut ordonné que celui qui avoit gagné, reprendroit ses deux pistoles : Que les deux de celui qui avoit perdu, seroient à l'Hôpital. Cet argent étant consigné, la cause fut portée en la Cour, qui rendit Arrêt le 27. Mars 1642. par lequel elle reforma l'Appointement du Senêchal, & ordonna la recreance des deux pistoles à celui qui avoit perdu, & par-là l'Hôpital n'eut rien. De sorte que par cet Arrêt il se voit que les Gageures sont une espece de Jeu, & que la Cour ne les souffre pas, non-plus que les autres Jeux. Néanmoins dans le droit elles sont permises ; mais il est vrai qu'il faut que ce soit de *certamine propter virtutem*, *Leg. 3. ff. de Aleatoribus*. Voyez Expilly, Playd. 4. & Math. *de afflict. decis.* 389.

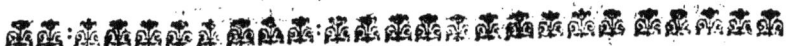

GARANTIE.

CHAPITRE II.

Si la Garantie a lieu à raison des biens donnez.

C'EST une maxime conſtante, que celui qui donne par pure liberalité, n'eſt point obligé à la garantie ſi les biens donnez ſont évincez au Donataire, Paul. *lib. 5. ſent. tit. 11.* Cujas *ad dict. lib. 5. Sentent.* Paul, *tit. 11.* Decius 4. *parte, Conſil. 92. num. 7. & ex leg.* Ariſt. §. *labeo, ff. de donat. & Leg. Quoniam, cod. de evict. ne liberalitatis ſuæ donator pænam patiatur, leg. Ad res donatas. ff. de ædit. edict.*

Mais il y a des cas auſquels la garantie a lieu ; car il fut jugé par Arrêt de la Cour rendu en la Premiere Chambre des Enquêtes le 9. Février 1660. donné au Rapport de M. de Catellan, Parties le ſieur Turle Chanoine de Carcaſſonne, Alibert & Bertrand, que la donation faite par un parent en faveur d'un Mariage, étoit dans le cas de la garantie ; & alors un Teſtateur avoit fait une donation en faveur d'un Mariage de certains biens ; & après par ſon teſtament inſtitua trois heritiers, & ordonna qu'ils ne pourroient ſe rien demander pour cauſe d'éviction. Et la Cour par ſondit Arrêt jugea que cela n'étoit rélatif qu'aux choſes diviſées dans le teſtament, & non pas aux choſes contenues dans la donation. Le Donataire pour ſa défenſe diſoit que quand c'eſt un proche parent qui donne, comme il arrive ſouvent, le legat eſt dû, quoique la choſe ſoit évincée : *Quia aliundè fuiſſet donaturus, Leg. Prædia 6. cod. de fideicomm. & Leg. cùm alienam 10. cod. de leg.*

Néanmoins il a été du depuis jugé par Arrêt donné en la ſeconde Chambre des Enquêtes le 22. Avril 1662. au Rapport de M. de Catellan, qu'il n'y avoit lieu de garantie quoique la donation eût été faite en faveur de Mariage, & qu'il y eût des enfans de ce mariage.

Il fut encore jugé qu'il n'y avoit lieu de garantie en ce cas. M. de Teſſa Lieutenant en la Judicature de Villelongue , Siége de Caſtel Ferreux , ayant fait décreter certains biens pour la ſomme de 7 0 0. liv. il paſſa une tranſaction avec M. Bernard ſon néveu , & lui donna cette ſomme de 7 0 0. liv. pour toutes ſes prétentions. Comme Bernard prit le décret pour cette ſomme, il lui en fut évincé quelques piéces ; & ayant demandé la garantie à la veuve nommée Charron , elle en fut rélaxée par Arrêt donné en la Premiere des Enquêtes le mois d'Août 1 6 4 3. parce qu'il apparut par la tranſaction , que c'étoit la ſomme qui avoit été donnée, non pas les biens décretez.

CHAPITRE III.

Si l'heritier eſt obligé de garantir un Moulin emporté par l'eau , ſur lequel le Teſtateur avoit établi un Obit.

LORSQUE le Teſtateur a fondé un Obit ſur des rentes, ſi elles viennent à être évincées; les heritiers ſont obligez de payer annuellement l'Obit aux dépens des autres biens de l'heredité , s'ils n'aiment mieux payer ce que les rentes peuvent valoir lors de l'évincement. C'eſt ce qui a été jugé par Arrêt de la Cour le 2 8. Juin 1 6 3 0. Rapporté par M. d'Olive , *liv.* 1. *chap.* 6. Et c'eſt l'opinion de Ferrieres, *in quæſt.* 8. *Guyd. Pap.* où il dit que les heritiers furent condamnez par Arrêt de payer aux dépens de l'heredité , la penſion obituaire établie par le Teſtateur ſur un Moulin qui avoit peri par l'inondation. Et par autre Arrêt donné en la ſeconde Chambre des Enquêtes le 26. Août 1 6 5 5. au Rapport de M. de Caſtan entre Me. François Loubaiſſin Avocat en la Cour, heritier par bénéfice d'inventaire de la Demoiſelle de Manian, & M. Jean Riviere Prêtre, il fut jugé que M. de Loubaiſſin remettroit un demi-uchau du Moulin qui avoit peri , ſans être tenu à l'avenir de le remettre jamais plus en cas il viendroit à perir : la clauſe du teſtament de la Demoiſelle de Manian étoit énoncée en ces termes : *Et pour le demi-uchau du Moulin , je veux qu'il ſoit pour un Obit, afin qu'un*

Prêtre fans être Bénéficier , dife une Meffe chaque femaine ;
& nomma pour cet effet un executeur teftamentaire. Voyez
Robert, Plaidoyé 2.

CHAPITRE IV.

Si la garantie eft toûjours dûë lorfqu'un bien a été vendu allodial ,
& qu'il fe trouve être mouvant de la Directe d'un Seigneur.

GUIDON CAMPAGNAN par contrat du 5. Juillet 1585.
fit vente d'une Métairie appellée de Gadignargues à François
Bonal, franche & allodiale, *pretio* de 3000. liv. Jean Brouzet
la décreta fur les heritiers de Bonal d'autorité du Senêchal de
Nîmes, franche & allodiale. Pierre Brouzet, fils & heritier de
Jean, fit vente de cette Métairie en 1633. à M. Eftienne Ediene
fon beau-fils, avec claufe expreffe que Ediene acquereur feroit
tenu d'en payer les charges, & par exprès les tailles & autres
charges, tant ordinaires qu'extraordinaires, & les Cenfives,
refervant tous droits Seigneuriaux à qui ils appartiendroient.
  Après quoi autre Me. Eftienne Ediene, fils dudit Eftienne &
fon heritier, Docteur en Medecine, auroit été affigné en féodale
devant le Senêchal de Montpellier, à la Requête de M. Loüis
Durang Prieur de Vibrac pour raifon de cette Métairie ; & ledit
Ediene auroit appellé en garantie Ozias Bonal & autres, lefquels
auroient appellé en contre-garantie M. Loüis Duvourc Avocat
en la Cour, qui auroit pris le fait & caufe pour eux, & auroit
infifté à leur rélaxe, lequel il auroit obtenu par Sentence du 27.
Juillet 1678. de laquelle Ediene auroit rélevé appel en la Cour,
& côté grief : de quoi le Senêchal l'auroit démis de fa garantie,
puifqu'elle lui étoit dûë, comme reprefentant Brouzet fon auteur,
à qui la Métairie avoit été venduë allodiale. Mais à ce grief
Duvourc auroit oppofé pour réporfe, que Ediene bien loin d'avoir
l'action de Brouzet vendeur, qu'au contraire Brouzet par le
contrat de vente qu'il paffa de cette Métairie en faveur de Ediene
fon beau-fils, & pere d'Ediene appellant, il ftipula la liberation
de la garantie ; non-feulement à fon égard, mais encore de fes

F fiij

vendeurs ; en ce qu'il avoit vendu cette Métairie à fon beau-fils pere d'Ediene, avec les rentes & cenfives qu'elle pouvoit faire ; ainfi l'Appellant ne pouvoit prétendre un plus grand droit que le contrat paffé par fon feu pere avec Brouzet en 1 6 3 3. ne lui donnoit, fuivant lequel, & aux termes d'icelui, il ne fouffroit aucuns dommages & interêts ; attendu encore que Ediene fon pere n'avoit point l'action de Brouzet fon vendeur, à qui la Métairie avoit été venduë allodiale, puifque le contrat de vente ne portoit pas que le vendeur cedoit fon action à l'acquereur : ce qui étoit nommément neceffaire, *Ex leg. fi res 39. ff. de evict.* Si-bien que la Cour par Arrêt rendu en la feconde Chambre des Enquêtes au Rapport de M. Dupuy, le 11. Juillet 1 6 7 9. Et après Partage vuidé en la premiere Chambre, Compartiteur M. de Joffé, l'appellant fut démis de fon appel avec dépens.

G E N D R E.

C H A P I T R E V.

Si le Gendre eft obligé de nourrir fon beau pere, fous prétexte qu'il a reçu la dot de fa fille.

L E fils eft obligé de nourrir fon pere pauvre, *Ex leg. Imperator, ff. ad Trebell.* & *Leg fi quis, §. fi impubes, ff. de agnof. & alend. lib.* Même le Gendre eft tenu de nourrir fon beau-pere, bien qu'il n'ait rien reçu de lui. Jugé au Parlement de Paris par Arrêt du 4. Septembre 1 6 1 3. rapporté par Brodeau fur Loüet, *lettre F, chap. 29.* où il en rapporte encore un autre donné à la Chambre de l'Edit de Paris, par lequel un Gendre fut condamné à faire une penfion de 2 0 0. liv. à fa belle-mere ; & c'eft parce que fans doute on tient que le beau-pere tient lieu de pere au Gendre, *§. affinitatis 6. & feq. inft. de nupt.* & *Ex arg. leg. 4. & leg. 5 de teftib.*

Néanmoins cette queftion s'étant préfentée au fecond Guet de la Grand'Chambre, il fut jugé par Arrêt donné au Rapport de M. d'Aſieſat, qu'un Gendre qui avoit eu 1500. liv. de la dot d'une nommé Fabré, n'étoit pas obligé de nourrir ſon beau-pere étant chargé de famille. La raiſon fut que ſi l'on ouvroit cette porte, il y auroit des beaux-peres qui mangeroient leur bien ſous cette eſperance.

Mais je crois que cela doit ſe regler ſelon les circonſtances. Car ſi le beau-pere eſt devenu pauvre, non par ſa faute, mais par malheur ; en ce cas le Gendre & la Fille, ne doivent pas lui refuſer *modicum vitæ ſubſidium*, à moins qu'ils ne ſoient auſſi fort pauvres ; mais s'ils ſont riches, ils y doivent être condamnez.

GENS DE MAIN-MORTE.

CHAPITRE VI.

Si les Gens de Main-Morte ſont obligez de bailler toûjours homme vivant & mourant au Seigneur Directe.

M. D'Olive, *liv.* 2. *chap.* 12. dit que les Gens de Main-Morte ſont obligez de payer l'indemnité au Seigneur Directe, & lui bailler homme vivant & mourant, comme cela étant un devoir auquel les Gens de Main-Morte ſont obligez en reconnoiſſance de la ſuperiorité du Seigneur dont relevent leurs biens. Néanmoins la Cour en la ſeconde Chambre des Enquêtes, auroit rendu Arrêt le 28. Mars 1678. au Rapport de M. Dupuy, entre le ſieur Commandeur de Saint Felix, & la Communauté du Pont de Camarez ; par lequel il fut jugé que les Gens de Main-Morte ne ſont pas obligez de bailler au Seigneur Directe homme vivant & mourant, ſi les arrieres-captes ne ſont pas dûes par titre ou par coûtume. Voyez la lettre A, ſur le mot *Acaptes.*

CHAPITRE VII.

*Si les Gens de Main - Morte doivent bailler l'homme confifquant.
au Seigneur Haut - jufticier.*

M. D'Olive , *liv. 2. chap.* 13. & M. de Cambolas , *liv.* 4.
.*chap.* 23. tiennent pour indubitable que les Gens de Main-
Morte doivent bailler l'homme confifquant. M. d'Olive rapporte
un Arrêt général de la Cour, qui fut rendu après trois Partages.
Cet Arrêt eft du 15. Février 1621. Et Ferrieres fur la Queftion
23. de M. Duranti, dit auffi que l'homme confifquant doit fe
bailler au Seigneur Jufticier. Mais leurs opinions font differentes
fuivant l'opinion de M. de Cambolas, qui ne s'explique pas affez
clairement en cet endroit , quand il dit , qu'il faut remarquer
qu'on ne baille au Seigneur Jufticier qu'alternativement , ou
l'homme vivant , mourant & confifcant *non fimul.* Ferrieres
ibid. ne s'expliquant pas ainfi ; car il ne faut pas l'alternative de
l'homme vivant , mourant , ou de l'homme confifcant ; mais il là
fait de l'indemnité, ou de l'homme mourant & confifcant, lorfqu'il dit qu'on ne doit bailler que l'un ou l'autre : ce que M.
Lemaitre, *chap.* 6. *art* 3. *des Amortiffemens*, dit auffi. Si - bien
qu'ils ne font pas differents ; car tous trois difent qu'il faut que
les Gens de Main - Morte donnent au Seigneur Jufticier l'homme
vivant, mourant & confifcant, en cas que l'indemnité ne fe donne
pas. Et quand M. de Cambolas dit qu'on donne tout aujourd'hui ,
cela ne peut s'entendre de l'indemnité , & de la preftation de
l'homme vivant , mourant & confifcant tout enfemble.

Il eft bien vrai que fi les Gens de Main - Morte n'avoient baillé
au Seigneur que l'homme vivant , mourant , on pourroit les condamner à bailler l'indemnité pour l'homme confifcant. Or il y
a un Arrêt rendu en la Grand'Chambre , Avocats Mes. Parifot
& Boyer , par lequel il fut jugé le 25. Juin 1645. que les Chartreux de Cahors payeroient à la Dame de Chevret , Dame de
Beaucaire, l'indemnité quant à la confifcation au Seigneur Jufticier ; mais encore parce qu'en cette caufe les Chartreux avoient
vuidé

vuidé les mains depuis dix ans ; en quoi il feroit difficile d'expliquer pourquoi ils furent condamnez à bailler cette indemnité
après ce temps ; mais il y avoit apparence qu'ils avoient vuidé
les mains en faveur d'une autre Main-Morte ; & que la Dame
s'en prenoit à eux, parce que c'étoit par leur acquifition qu'elle
avoit perdu fon droit ; car s'ils les avoient vendus en faveur d'un
Particulier, la Dame rentroit dans fon droit de confifcation contre
ce Particulier.

Néanmoins nonobftant les Arrêts rapportez par M. d'Olive,
& les grands motifs de la Cour qu'il ajoûte, cela n'eft pas fans
difficulté. Baquet au chapitre 36. fur la fin, rapporte trois
grands préjugez, par lefquels les Gens d'Eglife ne font pas obligez
de donner l'homme confifcant aux Seigneurs Féodaux, ces Seigneurs devant fe fixer à l'indemnité, à l'égard du droit de confifcation ; cette fixation détruifant toutes les raifons de M. d'Olive,
qui ne s'eft pas oppofé les plus fortes dans fon chapitre 13.

Car 1. On peut lui oppofer l'Arrêt des Chartreux de 1643.
rapporté ci-deffus, qui ne donne pas à la Dame de Beaucaire
l'homme confifcant, mais l'indemnité quant à la confifcation.
2. Cette indemnité fait que le Seigneur n'a pas dequoi fe plaindre.
3. Cette opinion eft contraire aux principes du Droit Canon,
cap. Delictum, de reg. jur. in 6. où *Delictum alterius non debet
in Ecclefiam redundare.* Ce mot *alterius* étant expliqué par la
Glofe fur ce chapitre de l'Evêque même criminel de rebellion
envers le Prince, fuivant le chapitre *Si Epifcopum* 16. *quaft.* 6.
& du Procureur que l'Eglife a conftitué, *cap. Cùm venerabilis,
de except.* qui eft le cas prefant ; parce que l'homme que l'Eglife
donne eft une efpece de Procureur, fuivant ce que dit M. le Maître,
dict. tit. où il dit que l'Eglife peut rendre l'homage par l'homme
qu'elle a donné, cet homme étant fon Procureur ; de forte que
fi cet homme étoit un fcelerat, comme il peut fe faire, il s'en-
fuivroit qu'une fondation d'un Chapitre, par exemple, ou d'un
College, feroit anéantie au préjudice de l'Eglife, du Public &
des Fondateurs.

4. L'Eglife comme mineure pourroit être rélevée d'avoir baillé
un tel homme, comme d'une tranflation de tout fon bien *in aliam
perfonam,* laquelle tranflation eft défenduë, *leg. Jubemus, cod.*

de *Sacrof. Ecclef.* qui dit , *Ut ficut ipfa Religionis & fidei mater perpetua eft , ita ejus patrimonium jugiter fervetur illæfum.* 5. *Quod femel confecratum eft , non definit effe facrum , cap. Semel de reg. in 6.* Or la Gloffe fait un cas d'une maifon. Et *in tit. de rerum divif. §. locus & ædes contrah. empt.* Or fi l'Eglife perdoit fon bien par le crime de l'homme qu'elle auroit baillé , il s'en-fuivroit que la chofe auroit été confacrée ou dediée ; & qu'elle ne l'auroit pas été , puifqu'elle cefferoit de l'être : ce qui fe con-tredit. Toutes lefquelles raifons font voir , qu'il n'eft pas à propos d'ordonner que l'Eglife donne un homme confifcant ; & que quand un Syndic le demanderoit , il n'y devroit pas être reçu , ni les Seigneurs non-plus , mais qu'ils doivent fe contenter de leur indemnité quant à la confifcation.

GENTILS-HOMMES.

CHAPITRE VIII.

Si les Gentils-hommes doivent trafiquer.

LE 10. Decembre 1626. la Cour rendit Arrêt , par lequel il fut ordonné qu'il feroit informé à la Requête de M. le Procureur Général , contre un Gentil-homme qu'on difoit faire trafic en bois fur la Riviere d'Aude. Et il fut fait inhibitions & défenfes aux Gentils-hommes d'exercer aucun négoce , fuivant les Ordonnances & la difpofition du Droit , *in leg. Nobiliores , cod. de Comm. & Mercef. cum Gloffa.* Voyez Guyd. Pap. *quæft.* 41. 196. & 391.

CHAPITRE IX.

A quoi eſt reglé le droit de garde d'un Géolier.

PAR Arrêt donné en l'Audience de la Grand'Chambre, Avocats. Mes. de Daſtes & Tartanac, le droit de garde d'un Géolier fut reglé à deux ſols ſix deniers par jour ; Parties, Courrege & Durante. L'Arrêt eſt du 25. Juin 1654.

G R A I N S.

CHAPITRE X.

De quel temps les Grains prêtez doivent être eſtimez, quand il n'eſt pas dit en quel temps ils ſeront payez.

LEs Religieuſes Carmelites de Touloufe ayant prêté du bled à Bonne Carrere Boulanger pour être rendu en eſpeces, il étoit queſtion, n'ayant pas rendu ce bled de quelque-temps, à quoi il falloit l'eſtimer. La Cour ſur cela rendit Arrêt donné en l'Audience de la Grand'Chambre le 10. Juillet 1653. par lequel Bonne Carrere fut condamné de payer le bled au prix qu'il valoit au temps de l'introduction de l'inſtance, *Leg. unum, ff. de reb. cred.* & *leg. Si mere, ff. de condict. triticaria* ; que ſi le temps auquel il devoit être rendu eût été coarêté, on l'auroit eſtimé au prix qu'il auroit valu lors du terme, ſuivant les mêmes Loix. Et en ce cas, on ne peut objecter que par la Loi *Si is qui 50. §. 1.* & *leg. fidejuſſorem, ff. mandati vel contra*, il eſt préſuppoſé que quand un homme doit du bled, ſi la qualité n'eſt pas ajoûtée, il ne doit que de celui qui eſt de la moindre valeur ; & qu'ainſi lorſqu'en livrant du bled l'on n'a pas dit à quel prix, celui qui le prend en eſt quitte en payant le moindre prix, parce que cela n'a pas lieu lorſqu'on doit rendre le bled en nature, comme en ce cas ; outre que les Loix ne regardent pas des fruits prêtez, mais des fruits dûs par ſtipulation.

H.

HERMAPHRODITE.

CHAPITRE PREMIER.

D'un Prêtre Bénéficier accusé d'être Hermaphrodite.

L'HERMAPHRODITE eſt celui qui *partim habet membra viri*, *& partim membra mulieris*, & doit prendre la qualité du ſexe qui prévaut, *leg. Quæritur* 10. *ff. de ſtatu homin.* Et comme les biens de ce monde obligent des perſonnes à faire des choſes indignes, & deſquelles il ne leur reſte que le répentir, comme il arriva à M. Delmas Prébandier de l'Egliſe de Caſtres, qui impetra à M. de Raphanel, Prêtre & Chanoine dans le Chapitre dudit Caſtres, le Canonicat, diſant qu'il étoit Hermaphrodite. Cette inſtance fut portée au Senêchal de Carcaſſonne, & par appel en la Cour. Et pour ſçavoir ſi Raphanel étoit Hermaphrodite ou non, la Cour rendit Arrêt la veille de la Saint Jean de l'année 1652. par lequel il fut ordonné qu'avant dire droit définitivement aux Parties, Raphanel ſeroit viſité par deux Medecins & par deux Chirurgiens, que la Cour prit & nomma d'Office, & ce pardevant un Commiſſaire de la Cour ; auquel effet elle ordonna que tant Raphanel que Delmas, ſeroient conduits dans la Conciergerie du Palais, & lors de la plaidoirie de la cauſe.

Cette queſtion fut touchée ſi un Hermaphrodite pouvoit être Prêtre ; mais ce fut tant ſeulement de la part de Delmas, qui diſoit que l'Egliſe avoit en horreur les monſtres : Qu'on ne recevoit point d'amphibies en ſacrifice ; & que *ſi corpore læſus* n'étoit pas reçu Prêtre, à plus forte raiſon celui qui étoit incertain de son état, ne pouvoit être sacré : Que Raphanel avoit trompé l'Evêque qui l'avoit ordonné : Que c'étoit une chose scandaleuse à l'Eglise, principalement en une Ville qui étoit presque toute composée d'habitans de la Réligion, Prétendüe, Réformée, & dit beaucoup d'autres choses. Mais Raphanel ne voulut point entrer dans le fond, parce qu'il lui étoit plus avantageux de nier le fait, étant assuré de la verité, & se contenta de dire qu'étant question d'une accusation infamante & scandaleuse contre un Prêtre constitué en Dignité, étant Précenteur dans le Chapitre Cathedral de Castres, il offrit de s'exhiber, quoique cette exhibition lui fût facheuse. Suivant l'exemple du Patriarche Methodius, il aima mieux s'exhiber pour convaincre son ennemi, & le faire voir calomniateur.

L'Arrêt ayant été executé, & Monsieur le Procureur Général ayant voulu assister à la verification, elle fut faite. Raphanel ayant été mis tout nu, & par la verification & rélation des Experts Raphanel fut trouvé être veritablement homme, & n'avoir la moindre marque d'être Hermaphrodite : ce qui l'obligea de donner Requête à la Cour en réparation d'honneur ; & que Delmas pour la calomnie, fût condamné aux peines de Droit. La cause ayant été plaidée, M. de Ferrier qui plaida pour Raphanel, dit entre autres choses, que cette cause étoit de très-grande consequence, attendu que cette accusation avoit été faite dans une Ville remplie des ennemis de la Réligion Catholique ; qu'ainsi Raphanel avoit sujet d'esperer que la réparation en seroit faite publiquement en leur presence.

Il fit voir ensuite la confusion dans laquelle Raphanel étoit lors de la verification, se voyant tout nu ; puisque c'est une chose mal-séante aux hommes de se montrer tout nus, comme dit Herodote, *liv.* 1. où il dit que les Indiens, & quelques nations Barbares, estimoient une chose mal-séante aux hommes s'ils se montroient nus ; Et dans l'Histoire Ecclesiastique de Nicephore, *lib.* 11. *chap.* 28. on lisoit que c'est une injure très-grande, & un extrême mépris de la Divinité, quand quelqu'un avoit montré ses parties honteuses tout nu dans le Sanctuaire, où est le lieu le plus saint du Temple. Et qu'Ovide, *lib.* 13. *Metaphor.* dit, parlant d'une fille qui avoit été condamnée de se jetter du haut du Mont en bas ; qu'avant de tomber , elle prit grand foin de cacher fes parties honteufes , & fauver l'honneur de fa chafteté & de fa pudeur.

Tunc quoque cura fuit partes velare pudendas
Cùm caderet , caftique decus fervare pudoris.

Et que fi anciennement on jugeoit de la puberté par l'infpection du corps , cela ne s'obferve plus : D'autant que l'Empereur Juftinien a eftimé qu'il étoit indigne de la pureté de fon fiécle , & de la gloire de fon Regne, de juger de la puberté du fexe par l'infpection du corps , puifqu'elle expofe honteufement aux yeux des hommes , ce que la pudeur leur confeille de tenir caché ; & qu'enfin Raphanel ne pouvoit avoir reçu qu'une grande confufion de fe voir tout nu , pour être verifié s'il étoit Hermaphrodite , par la malice de Delmas qui devoit être condamné aux peines du Droit.

M. de Barthés plaidant pour Delmas , dit & réprefenta à la Cour beaucoup de chofes ; principalement que comme le Fils de Dieu étant fur l'arbre de la Croix , cria à fon Pere de pardonner à fes ennemis, qui ne fçavoient ce qu'ils faifoient : qu'il efperoit que M. de Raphanel, qui avoit ce pouvoir par le moyen de fon Caractère, de faire defcendre JESUS-CHRIST fur les Autels , pardonneroit Delmas fa Partie : Qu'il avouoit ne fçavoir ce qu'il faifoit lors de cette accufation. Enfin qu'il avoit raifon d'efperer que Raphanel le pardonneroit, puifqu'il voyoit déja qu'il avoit les bras ouverts pour l'embrafler & pour le pardonner : ce qui obligea Raphanel en ouvrant les bras , de crier par deux fois, les larmes aux yeux , qu'il le pardonnoit de tout fon cœur. Si-bien que la Cour rendit Arrêt le 25. Juin 1652. par lequel il fut ordonné qu'à l'inftant Delmas, qui étoit préfent , fe mettroit à genoux devant Raphanel dans le Parquet de l'Audience : Qu'il quitteroit fon Manteau long , fon Chapeau, fes Gans & fa Callotte : Qu'il diroit & déclareroit tout haut , que temerairement, malicieufement, & fans fujet , il avoit accufé M. de Raphanel : Qu'il en demandoit pardon à Dieu, à l'Eglife, au Roi, à la Juftice , & à Raphanel. Il fut en outre condamné en 200. liv. d'amende envers la Partie, & en 100. liv. en œuvres Pies , & aux dépens ;

& qu'il feroit ramené à la Conciergerie, & de-là conduit en bonne & fûre garde dans les Prifons de Caftres : Et qu'un jour de Dimanche fortant de l'Eglife Cathedrale, Raphanel étant affis fur un fautcüil, revêtu de fes habits Sacerdotaux devant la porte de ladite Eglife, Delmas en préfence du Chapitre & des Confuls, réitereroit la même fatisfaction. Cet Arrêt fut ainfi executé.

Cet Arrêt eft remarquable, tant par le fait extraordinaire, que parce que la Cour ne voulut rien ordonner qui rendît irregulier ce Prêtre, qui s'étoit laiffé féduire aux faux-bruits & à fon interêt.

Mais pour ce qui eft de fçavoir fi un Hermaphrodite peut être Prêtre, l'Arrêt ne determina rien, à caufe que la Cour le réduifit au feul fait. Il eft certain que fuivant la Loi 10. *ff. de ftatu hominum*, la Loi 15. *ff. de teftib.* & la Loi 6. *in fin. ff. de liber. & poft.* & par le Canon *Si teftes*, §. *idem Hermaphroditus*, les Hermaphrodites peuvent tefter, & être témoins, & qu'on les juge hommes ou femmes, fuivant que le fexe prédomine en eux. Il eft vrai que quelquefois les deux fexes paroiffent en eux également. Et M. Duval, *chap. 50.* rapporte qu'un Hermaphrodite qui paroiffoit à la barbe plûtôt mâle que femelle, accoucha d'une fille. Or quant à ceux-là, il eft certain qu'ils ne pourront être Prêtres ; parce qu'étant auffi-bien femmes que hommes, on ne peut voir fi le fexe mafculin prévaut, comme dit la Loi. Mais quant à ceux ou le fexe feminin eft évident, comme il arrive d'ordinaire que l'un des fexes eft fort imparfait, la Gloffe fur le Canon *Si teftes verf. Item Hermaphroditus 4. quaft. 2 & 3.* faifant cette queftion, dit feulement que cela dépend de fçavoir quel fexe prévaut dans l'Hermaphrodite ; de forte que par-là cette Gloffe avoüe que fi le fexe mafculin prévaut, on peut lui donner des Ordres.

Pierre de Blois dit dans une de fes Epîtres, qu'un grand & Saint Evéque qui étoit Hermaphrodite, ne prit l'ordre de Prêtrife que fort avancé en âge, & qu'il ne voulut dire Meffe qu'une feule fois en fa vie : ce qui fut une des indices qui trompa Delmas ; car Raphanel n'avoit pris les Ordres que fept ans après qu'il fut Chanoine, quoiqu'il eût l'âge fuffifant, & n'avoit dit qu'une feule fois Meffe en fa vie, à ce qu'on difoit. Suarez & Sanchés

ont traité, *dit - on*, cette queſtion ; & ſans doute ils ſont oppoſez ;
ſuivant le genie des Théologiens, aux matieres qui ne ſont pas
de foi. Mais, comme dit cette même Gloſſe, quand il ſe parle
des Monſtres, les queſtions ſont en quelque façon monſtrueuſes ;
c'eſt pourquoi je n'en dirai pas davantage.

HYPOTEQUE.

CHAPITRE II.

Si l'on peut avoir hypoteque ſur un fonds, ſur lequel une Egliſe a été bâtie.

JOSEPH LIMES s'étant marié avec Iſabeau Rouguet, elle
ſe conſtitua en dot la ſomme de 120. liv. qu'elle lui paya ;
& il la reconnut ſur tous & chacuns ſes biens, qui conſiſtoient
tant - ſeulement en un patu de maiſon. De ce mariage, il y eut
un enfant mâle appellé David Limes. Mais parce que Limes
pere avoit vendu ce Patu à la Communauté & aux Marguilliers
de l'Egliſe du lieu de Buiſaſou, & qu'ils y bâtirent leur Egliſe,
Limes fils après le decès de ſes pere & mere, ayant repudié
l'heredité de ſon pere qui ne laiſſa nuls biens, fit inſtance devant
les Ordinaires du Lieu contre les Marguilliers en déclaration
d'hypoteque, pour la ſomme de 120. liv. de la dot de ſa mere.

Cette inſtance ayant été portée au Senêchal de Toulouſe, &
du Senêchal en la Cour, il y fut repreſenté de la part de Limes,
que mal-à-propos les Marguilliers lui conteſtoient ſon hypoteque ;
puiſqu'il faiſoit voir qu'il n'étoit pas heritier de ſon pere : qu'il
n'avoit laiſſé nuls biens ; & que lorſqu'il ſe maria avec la de
Roques ſa mere, il reçut 120. liv. de ſa dot, qu'il reconnut ſur
ſes biens, qui conſiſtoient tant - ſeulement au Patu de maiſon où
l'Egliſe étoit bâtie ; & qu'ainſi lui étant fils & heritier de ſa mere,
il étoit en droit de demander ladite déclaration d'hypoteque :
Sans qu'il pût de rien ſervir aux Marguilliers de dire que la choſe
avoit changé de forme, en ce que l'Egliſe du Lieu avoit été
bâtie

bâtie sur ce Patu de maison, attendu que suivant le Droit, *in leg. Domo* 21. *ff. de Pign. att.* la maison bâtie sur un fonds hypotequé est aussi-bien hypoteque, que le fonds sur lequel elle a été bâtie.

De la part des Marguilliers, il fut réprefenté que ce Patu de maison ayant été vendu par Limes pere, & l'Eglife y ayant été bâtie, le fils ne pouvoit point avoir nulle hypoteque, dautant que la faveur de l'Eglife eft telle, qu'elle eft exemte de toutes hypoteques ; attendu que ce qui étoit dedié à Dieu, n'appartient particulierement à perfonne, comme dit l'Empereur, *Inft. §. 7. De rer. divifi.* Jufques-là même que les Eglifes font exemptes du payement des tailles dans les Païs où elles font réelles, comme auffi de toutes autres impofitions : de quoi Limes fils demeura d'accord. Mais qu'il en étoit autrement à fon égard, puifque le Patu de maifon étoit affecté & hypotequé généralement & expreffement pour la dot de fa mere, avant que le Patu de maifon ne fût acquis par la Communauté, qui étoit tout le bien que fon pere avoit lors de fon mariage, n'ayant depuis eu d'autres biens. Sur quoi la Cour rendit Arrêt en l'Audience de la Grand'-Chambre le 5. Février 1658. par lequel les Marguilliers furent condamnez de payer à Limes la fomme de 120. liv. & interêts legitimement dûs ; moyennant quoi, ils demeureroient fubrogez au lieu, droit, place & hypoteque de la de Roques mere de Limes.

I.

INCENDIE.

CHAPITRE PREMIER.

Si une Incendie qui est arrivée à l'occasion du Desinfectement d'une Maison par la faute du Desinfecteur, le Locataire doit la payer.

UN nommé Agut & sa Sœur ayant pris une Maison à loüage dans Touloufe près des Capucins, il s'étoit obligé par exprès aux détériorations ; & la pefte étant survenuë en 1652. il voulut la faire desinfecter ; mais au lieu de prendre l'un des quatre Desinfecteurs jurez de la Ville, il en prit dont plusieurs personnes de qualité s'étoient fervis, & qui avoit même desinfecté l'Archevêché, lequel par malheur mit le feu à la maison : de telle façon qu'une jeune sœur d'Agut & sa fervante y furent surprifes du feu, & brûlées ou accablées. Le Maître de la maison appellé Couderc, fit instance au Senêchal, laquelle fut portée en la Cour, par laquelle il demandoit qu'Agut fut condamné à payer le dommage, c'est-à-dire, à payer la maison, ou à la faire rebâtir.

Agut se défendoit, & disoit que la demande de Couderc *duritiam continebat* ; & que c'étoit un malheur public que la pefte fût venuë, & qu'elle eût donné occasion à cet incendie, & que *Animo særientis non erat indulgendum, quod bono viro non conveniebat, Leg.* 6. *ff. de Serv. export.* Qu'il avoit perdu deux personnes, & tous fes meubles : Qu'il n'y avoit point de sa faute d'avoir pris un Desinfecteur, qui avoit servi tant de bonnes Maisons, les quatre jurez étant trop occupez dans une si grande Ville, veu le petit nombre ; & qu'il n'y avoit point en cela de faute qu'un habile homme n'eût pû faire, & que c'étoit un malheur pour l'un & pour l'autre.

Couderc au contraire difoit, que *in eligendo magiftro negli-gens fuerat*, *Leg. fi fervus* 27. §. 4. & 10. *ff. ad leg. aquil.* & que *qui eligit non idoneum, periculum in fe recipit*, *Leg.* 10. & 11. *ff. Commodati.* Qu'il s'étoit expreffement obligé de payer les déteriorations dans le contrat de loüage : Qu'il devoit prendre un Definfecteur qui eût quelque chofe, non un miferable, & que par confequent il étoit en faute, *Leg.* 11. *ff. Locati* ; où il eft dit que *culpam eorum quos quis induxit, præftat.* Néanmoins la Cour par Arrêt du 13. Juin 1653. fur les dommages & interêts, mit les Parties hors de Cour & de procès ; de forte qu'il fe voit qu'en tel cas *culpas leviffima non imputatur.*

Mais quand il y a une faute non-legere, il n'en eft pas de même. Ce qui arriva en la caufe d'un nommé Roche Boulanger qui avoit des Fagots dans une chambre près du Four, *Leg.* 11. *ff. locati*, & qui l'avoit bâti fans y faire de contremur contre les Reglemens de la Police de la ville de Touloufe. On accufoit même la femme de n'avoir crié au feu qu'après avoir fauvé fes meilleurs meubles, & qu'il y avoit trois femaines qu'il n'étoit venu dans fa maifon. De forte que la Cour confirma un Appointement des Contraires du Senêchal, par Arrêt du 18. Février 1655.

Quant aux Incendies volontaires, on doit punir les Incendiaires du feu, *Leg. Qui ædes* 9. *ff. de incend. ruin. nauffr.* Mais il eft en doute fi tel Incendie eft un cas Royal. Bacquet le foûtient au Traité des Droits de Juftice, *chap. 6. num.* 10. & *chap.* 7. Néanmoins le contraire fut jugé à la Tournelle en 1642. au Rapport de M. de Tourreil, en la caufe d'un nommé Bornes contre Bona-venture Boyer ; car Boyer ayant été amené de fuite, la Cour ordonna la continuation des informations par les Ordinaires de Saint Projet.

Or quand il arrive que dans un Incendie on abat les maifons voifines, il n'y a point de dommage quand cela fe fait par neceffité, *Leg. fi quis fumo* 49. *ff. ad Leg. Aquil.*

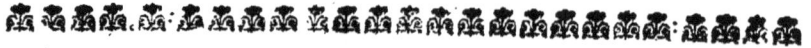

INGRATITUDE.

CHAPITRE II.

Si l'ingratitude du Pere nuit aux Enfans.

PAR Arrêt général de la Cour du 11. Avril 1634. prononcé par M. le Préfident de Donneville, il fut jugé que les Enfans d'un nommé Jean Vaqué étoient indignes de la donation faite à leur pere par un autre Jean Vaqué Prêtre, qui allant en Pelerinage avoit donné fes biens à fon frere, à qui, à fon retour, ce Donataire avoit fermé la porte de fa maifon, parce qu'il fe trouva que ces enfans étoient nez après l'ingratitude de leur pere, *Leg. Si manumiffus* 2. *Cod. de liber. & cor. lib.*

INSINUATION.

CHAPITRE III.

Si la donation faite pour dot a befoin d'infinuation.

COMME les dots n'ont pas befoin d'infinuation, fuivant le Droit *in Leg. Cùm quidam* 31. *Cod. de Jure dot.* & les Arrêts de la Cour rapportez par M. de Maynard, *liv.* 2. *chap.* 38. & par M. de Cambolas, *liv.* 3. *chap.* 44. il a été pareillement jugé que les donations faites pour dot n'ont pas befoin d'infinuation, par Arrêt de la Cour rendu en la premiere Chambre des Enquêtes au Rapport de M. Rudelle le 3. Juin 1633. Parties, Jean Enialbert d'Agen, fa femme, & Arnaud Tapigoni.

INSTITUTION.

CHAPITRE IV.

Si l'institution tient lieu de nomination au fideicommis , lorsque le Testateur a ajoûté qu'au cas il ne nommât pas , l'aîné seroit tenu pour nommé.

EN l'année 1625. par Arrêt de la Cour donné au Rapport de M. Delong, il fut jugé entre la Demoiselle de Griffi veuve de feu Valat, & la Demoiselle de Mestré, qu'une telle institution d'un autre que de l'aîné, ne pouvoit pas lui servir de nomination au fideicommis ; parce que *dispositio hominis facit cessare provisionem legum, quæ nolunt jubere, sed audire voluntates, Leg. Omnium , Cod. de testam. Leg. Cum quæstio in fin, Cod. de legat. & Leg. in conditionibus, ff. de condit. & demonstr.* C'est pourquoi y ayant eu une opposition envers cet Arrêt , l'opposant en fut démis au mois de Juillet 1646. Avocats, M. de Courtois & de Parisot.

CHAPITRE V.

Si l'institution remise au dire d'un Tiers ou de l'heritier que fera un Tiers , est valable.

UN pere Testateur dit qu'il institue la Dame de Rethun sa fille ; & en cas qu'elle decede sans enfans, ou en pupillarité, il institue & substitue l'heritier qui sera nommé par Charles de Mailhan, Sieur de Merignac. Or par Arrêt de la Cour donné au commencement de Mars 1645. en la premiere Chambre des Enquétes entre Jean d'Achat, Sieur de Misoule, & Françoise de Rethun, il fut jugé que telle institution ne valoit rien. Mais le cas étant arrivé, & le fubftitué ayant pris les biens en vertu d'une Ordonnance du Senéchal de Nîmes, & qu'il fe trouvoit qu'elle avoit paffé en forme de chofe jugée, la Cour maintint le Subftitué par fins de non-recevoir.

Mais néanmoins elle jugea que la fubftitution n'étoit pas bonne, en ce qu'elle lui fit défenfes de troubler les poffeffeurs des biens qui leur avoient été alienez, fans qu'il y en eût aucun en caufe. Et par-là la Cour montra qu'elle ne jugeoit pas bonne une telle fubftitution ; & la raifon en eft prife de la Loi *Illa inftitutio*, *ff. de hered. inft.* de la Loi *Non numquam in fin. ff. de cond. & dem.* & de la Loi *Captatorias, cod. de Teftam. mil.* où *ad facrum alienæ voluntatis inftitutio non debet conferri.*

CHAPITRE VI.

Si une déclaration d'un Tiers peut détruire une inftitution.

LE feu Baron de Magalas par fon teftament fit trois heritiers, en termes fort clairs ; Sçavoir, le fieur Comte de Valadin, le fieur Baron de Verdun, & Dame Jeanne de Fraiffinet mariez, & le fieur Chevalier d'Ornolac, chacun pour un tiers ; & mit dans fon teftament cette claufe : *Qu'en cas il y eût quelque chofe de douteux & d'ambigu en fon teftament, il vouloit que le Pere Bon, Religieux de S. Dominique en fût cru, lequel il conftituoit Juge, comme fçachant fa volonté.*

Après l'ouverture de ce teftament qui étoit clos, ce Pere Bon alla devant Me. Parayre de Rodez, fans que perfonne l'eût appellé ou interpellé, où il déclara que le fieur Baron de Magalas lui avoit dit *tacitâ cautione*, qu'il vouloit que le fieur Comte de Verladin eût tous les homages, & tous les droits honorifiques de la Baronnie de Magalas, lefquels étoient très-confiderables. A quoi les fieurs Baron de Verdun & le Chevalier d'Ornolac, par la confiance qu'ils avoient en la bonne vie du Pere Bon, furent fi fimples que de foufcrire, & d'en paffer à ce que ce bon Pere difoit.

Mais la Dame de Verdun inftituée avec fon Mari, n'étant

pas fi credule, fut appellante de la procedure de ce Commiffaire, & le fieur de Verdun & d'Ornolac demanderent par Lettres d'être relevez de leur acquiefcement, comme furpris. Cette Dame difoit que c'étoit elle qui étoit l'heritiere, & que fon Mari n'étoit nommé avec elle que *honoris caufâ*, puifque c'étoit elle qui étoit parente du Teftateur : Qu'il n'y avoit rien d'obfcur ni de douteux dans le teftament ; c'eft pourquoi le Pere Bon n'avoit que faire de fe faire de fête, ni de faire une déclaration qui renverfoit la volonté du Teftateur, qui avoit voulu qu'il y eût de l'égalité entre les heritiers ; & que s'il eût eu une autre intention, il fe feroit expliqué : Qu'on en étoit au cas de la Loi *Theopompus* 14. *ff. dot. præleg.* & que les droits honorifiques étoient fi importans, qu'ils faifoient la plus grande valeur de la Terre. De forte que la Cour par Arrêt du 29. Mai 1663. fans avoir égard à la déclaration qu'elle caffa, ordonna que le teftament fortiroit à effet. Peleus ; *quæft.* 30. rapporte qu'un Curé fut cru touchant la diftribution d'un legat de 6000. liv. Mais ce cas eft different, parce qu'on voyoit que le Teftateur avoit voulu cacher à qui il leguoit cette fomme ; mais il n'y avoit aucune raifon de cacher en ce cas-ci la volonté du Teftateur, outre que ce legat étoit fait formellement dans le teftament, & qu'ici l'égalité au contraire entre les heritiers étoit formelle.

Néanmoins la déclaration du Pere Annat & d'un Gentil-homme touchant le teftament du fieur de Trajanac, fur laquelle la Cour avoit rendu un Arrêt en faveur de la fille du Teftateur contre fa belle-mere, fut reçûë ; & contre l'Arrêt y ayant eu Requête civile, il fut confirmé par autre Arrêt du 27. Novembre 1647. Mais c'étoit une fille du Teftateur, & la chofe au fond étoit jufte, & la déclaration plus forte.

I N T E R E T S.

CHAPITRE VII.

Quels interêts doit payer l'Acquereur d'un fonds, lorsque dans le Contrat il a été stipulé qu'il payera le capital dans un an avec l'interêt au denier vingt pour les années suivantes qu'il avoit à payer, après l'an expiré.

UN Acquereur d'un fonds s'obligea par le contrat d'acquisition de payer dans un an le prix de son acquisition, avec l'interêt au denier vingt, à son Vendeur, qui ne fit nulle demande à l'Acquereur du prix de ladite vente ni des interêts, l'année étant expirée ; au contraire il laissa passer quelques années sans rien demander. Quelque-temps après ayant demandé à l'Acquereur le prix & les interêts, l'Acquereur voulut lui payer le tout ; sçavoir les interêts au denir vingt depuis le contrat d'acquisition. Le Vendeur refusa de prendre les interêts au denier vingt, sauf pour la premiere année, prétendant les interêts des autres années au denier seize, suivant l'Ordonnance. Pour raison de quoi, il y eut procès qui fut porté en la Cour, & départi en la seconde chambre des Enquêtes. Rapporteur, M. Jean Dupuy.

Il fut réprefenté par l'Acquereur, qu'il ne devoit payer tous les interêts qu'au denier vingt, comme il avoit été stipulé par le contrat, qui ne portoit que pour un an ; néanmoins le Vendeur ne pouvoit les prétendre pour les autres années que sur ce pied, dautant que le terme du payement étant échu après la premiere année, le Vendeur n'avoit fait nulle demande du principal ni des interêts ; & qu'ainsi par un pacte tacite, il ne pouvoit prétendre lesdits interêts qu'au denier vingt ; & que Faber le décidoit ainsi *in suo Codic. liv.* 4. *tit.* 24. *defin.* 1. où il dit que les interêts ne peuvent être dûs que comme il a été convenu lors du contrat, *Si de aliis nova conventis nulla fieret.* Et qu'ainsi n'y ayant

point

point de convention contraire à celle du contrat, le Vendeur par conſequent étoit mal fondé en ſa prétention & demande.

Le Vendeur au contraire dit qu'il étoit bien fondé en ſa demande, dautant que les interêts par ledit contrat, ne furent reglez que pour l'année du terme du payement du capital, qu'au denier vingt. Et qu'il demeure d'accord, que ſi à la fin de l'année l'Acquereur lui avoit payé les interêts au denier vingt, & qu'il lui eût prorogé le délai d'un an ſans ſtipuler l'interêt au denier ſeize, qu'en ce cas il ne pourroit prétendre les interêts des années ſuivantes après le terme échu qu'au denier vingt ; mais l'Acquereur n'ayant point payé les interêts de la premiere année, il ne pouvoit pas dire qu'il y eût un pacte tacite pour les années ſuivantes au denier vingt.

De plus, il auroit répreſenté que la cauſe étoit bien plus favorable que celle de l'Acquereur, puiſque les interêts lui tenoient lieu des fruits des biens vendus ; & que s'il y avoit quelque doute, il le faudroit expliquer en ſa faveur, comme on faiſoit à l'égard de la dot, *Leg. in ambiguis* 85. *ff. de diverſ. reg. juris.* Car comme les interêts de la dot ſont dûs *ipſo jure*, de même les interêts du prix de l'acquiſition du fonds.

Mais l'Acquereur repliquant dit, que s'il falloit conſiderer la faveur de la cauſe, qu'il étoit bien plus favorable que le Vendeur, puiſque premierement les interêts au denier vingt étoient fort conſiderables, veu qu'il y avoit très-peu de biens fonds qui portât, toutes charges payées, non pas au denier vingt, mais même au denier trente. Secondement, que la cauſe d'un Acquereur étoit toûjours plus favorable que celle d'un Vendeur ; & de fait, en cas d'ambiguité dans un contrat de vente, elle étoit toûjours interprétée contre le Vendeur ſuivant la Loi *Veteribus*, *ff. de pact.* comme étant à lui de lui faire la Loi ; & que le Vendeur l'ayant faite par le contrat de vente par lequel il avoit reglé les interêts au denier vingt, auſſi-bien pour les années ſuivantes que pour la premiere année, n'y ayant nulle convention contraire, ni même nulle demande. Si-bien que la Cour après Partage, M. de Vignes Compartiteur, il fut rendu Arrêt le 13. Septembre 1659. par lequel l'Acquereur gagna la cauſe ſuivant l'avis du ſieur Rapporteur.

I i.

CHAPITRE VIII.

De quel jour les intérêts de l'Augment font dûs.

QUOIQU'IL femble que les intérêts de l'Augment foient dûs depuis le decès du mari, néanmoiens il y a des Arrêts qui ne les adjugent que depuis l'introduction de l'inftance. Car par Arrêt de la Cour du 8. Juillet 1645. donné au Rapport de M. d'Agret, ils ne furent adjugez à une nommée Portal, veuve de Roquette Orphevre, que depuis l'introduction de l'inftance, Begué Teinturier étant l'autre Partie ; car l'augment n'a qu'une hypoteque fans faveur, *Eft enim lucrum ex quo non debentur ufuræ. Leg. Videamus 38. §. 7. ff. de ufur. & Leg. Liberalitatis, ff. eodem.* Et le 22. Février 1661. il y eut Partage fur cette queftion en la caufe de M. de Regours contre la Demoifelle Poulfagues fa belle-mere, au Rapport de M. de Catellan, M. de Maran Compartiteur. Et ce Partage ne fut vuidé en faveur de cette femme, que parce qu'il fe trouva qu'il n'étoit queftion que de fçavoir fi s'étant payée de fes intérêts fur la fomme des biens de fon Mari, on pouvoit les lui demander. De forte qu'il fut jugé que non, ce Partage ayant été vuidé en la feconde des Enquêtes. *Nota*, que tous les Juges tomberent d'acord qu'autrement on ne les lui devoit pas adjuger.

CHAPITRE IX.

Si les intérêts de la Dot de la premiere femme font dûs, plûtôt que la Dot de la feconde femme.

LES intérêts de la dot de la premiere femme font adjugez avant le capital de la dot de la feconde. Cela fut jugé par Arrêt donné en la feconde Chambre des Enquêtes le 19. Avril 1642. après Partage, Rapporteur M. de Turle, & Contretenant M. d'Avifard. Et depuis, cela fe juge conftament. De forte

qu'il femble inutile de rapporter d'autres Arrêts. M. d'Olive
en rapporte, *liv. 4. chap. 21.* Néanmoins il fe trouve que depuis
ces Arrêts, les enfans de la feconde femme ont contefté ce droit
aux enfans de la premiere. Cela fut entre les enfans du premier
& fecond lit de feu M. d'Eaupoul Confeiller en la Cour. Mais
par Arrêt donné en la feconde Chambre des Enquêtes, au Rapport
de M. de Caftang le 27. Juillet 1662. les enfans du premier lit
furent allouez pour le capital & interêts, plûtôt que les enfans
de la feconde pour le capital. Et cela avoit été encore jugé en
la même Chambre, au Rapport encore de M. de Caftang, le
18. Août 1657.

CHAPITRE X.

Si les interêts de la Dot refervez par le Mari en recevant la fomme
principale, ont le privilege de la Dot.

IL fut jugé par Arrêt de la Cour du 11. Août 1663. après
Partage, Rapporteur M. d'Agret, Compartiteur M. de
Catellan, que les interêts de la dot, quoique refervez, n'ont
plus le privilege ou le rang de dot, parce qu'ils font cenfez
abiiffe fe creditum.

CHAPITRE XI.

Comment fe reglent les interêts pupillaires à l'égard du Tuteur.

LES anciens Arrêts adjugeoint les interêts pupillaires contre
leur Tuteur, de ce qui reftoit année par année, en donnant fix mois de delai pour la premiere, & trois mois pour les
fuivantes, pour placer l'argent du pupille, *Leg. 7. §. 11. ff.*
de adminift. Tutor. Et comme il fut jugé par Arrêt du 20. Mars
1667. en la caufe de Jeanne Merlé contre Catherine Dubourg,
veuve d'un nommé Ville ; par lequel Arrêt il fut ordonné, que
compenfation faite de la recette avec la dépenfe, le Tuteur fe

chargeroit du reliqua & des interêts, comme il a été dit ci-deſſus ; & que ſi à la fin de la Tutelle le pupille devoit le reſte, il payeroit les interêts du principal à ſon Tuteur ; comme auſſi il fut jugé encore que le Tuteur ſe chargeroit du revenu des biens au dire d'Experts.

Il y a eu auſſi des Arrêts qui faiſoient la difference, ſi le Tuteur avoit accepté la Tutelle de ſon plein gré, ou s'il l'avoit priſe malgré lui. Néanmoins le 6. Mars 1651. en la Seconde des Enquêtes au Rapport de M. de Chauvart, en la cauſe de M. de Subreville Eleu de Montauban, & du ſieur de Laroche, il fut jugé qu'ils ne courroïent que du jour de la liquidation du reliqua ; & c'eſt ainſi qu'il ſe juge le plus ſouvent. Et même il a été jugé en la Grand'Chambre, au Rapport de M. de Caſſagnau, que les interêts du reliqua ne pouvoient exceder la ſomme principale. Car un nommé Tuteur fut rélaxé du ſurplus contre Bertrand Barret, Capoulade & Jean Roux, tous Habitans de Moyſſac, & depuis encore en l'année 1662.

CHAPITRE XII.

Si les interêts ſont dûs des deniers du Pupille prêtez par le Tuteur depuis le prêt.

LE 30. Juillet 1663. il fut jugé par Arrêt donné en l'Audience de la Grand'Chambre, que tels interêts ne ſont pas dûs en la cauſe de Boyer pupille, dont M. Portal Tuteur avoit prêté 850. liv. à un nommé Hortes des deniers pupillaires. Car la Cour par ſon Arrêt, le Tuteur étant mort, ne les adjugea que depuis la conteſtation à Boyer, quoique mineur. Il diſoit que *pecunia non debet eſſe otioſa pupillo ſeu minori*, *leg. 7. de uſur. & leg. Curabit, cod. de act. empti.*

Mais on répondoit à cela que la Loi *Curabit* eſt pour vente de fonds. Que le titre du Code *de uſur. pupillaribus*, & les autres Textes, portant que les deniers pupillaires portent interêts, ſont contre le Tuteur, non contre les autres. Et que *ſi ipſo jure mora fit*, *leg. in Minorum 3. cod. in quib. cauſ. in integr. reſt.*

c'eſt *in judiciis bonæ fidei*. Mais que quant au prêt, qui eſt *ſtricti juris*, les interêts ne ſont pas dûs *ex mora*, ni *ex ſtipulatione* en France. Et la Cour le jugea ainſi, confirmant l'Appointement du Senêchal qui avoit refuſé d'adjuger tels interêts.

CHAPITRE XIII.

Les interêts des interès ne ſont pas dûs.

CASTANG ayant été condamné par un Appointement du Senêchal de Lectoure à payer 1800. liv. avec les interêts, cet Appointement ayant été confirmé par un Arrêt ſurpris ſans défenſe, il ſe pourvût en interprêtation. Sur quoi la Cour rendit Arrêt en Audience le 22. Decembre 1643. par lequel Caſtang ayant juſtifié que cette ſomme provenoit des interêts, elle interprêta ſon prétendu Arrêt, & le rélaxa des interêts de cette ſomme, *leg. Ut nullo modo* 28. *cod. de uſur. In odium uſurarum & propter earum ſuper taxationes*. Et *leg. Neque, ff. de uſur.* où *non debentur uſuræ fructuum, quia non eſt acceſſionis acceſſio, & uſus ſeu uſura uſus.*

CHAPITRE XIV.

Si les interêts des interêts ſont dûs aux Pupilles pour vente de Marchandiſes.

BIEN que regulierement les interêts des interêts ne ſoient pas dûs, néanmoins la Cour les adjuge aux Pupilles, lorſqu'il apparoît que celui qui les doit, a profité des Marchandiſes, & qu'il en a fait ſon commerce. Ce qui fut jugé en l'Audience de la Grand'Chambre en faveur de Campa, Curateur de Jean Riviere & Angelique Suarez contre Caſtaigné Marchand; La Cour ayant condamné Caſtaigné à payer aux Pupilles la valeur de ſeptante piéces de toile au dire d'Expers, avec les interêts, & l'interêt de l'interêt, par Arrêt du 30. Mars 1669.

La même chose fut jugée contre Bourrel Marchand, & Antoine Verdier Tuteur de Vincent Juilla, le 25. Mai 1662. au Rapport de M. de Papus à la Grand'Chambre ; car Verdier étoit Marchand. Il est vrai que la Cour ordonna sauf à distraire quatre mois pour les premieres années.

CHAPITRE XV.

Depuis quel temps les interêts de la somme de 500. liv. destinée pour les robes d'une Fiancée, sont dûs ; ou du jour de la constitution, ou du jour de l'interpellation.

CETTE cause fut traitée en l'Audience de la Grand'Chambre, Avocats Mes. de Parisot & Chappuis. M. de Parisot, dont la Partie étoit appellante disoit, que *de vasis & auro ad certum usum relicto, usuræ sine rubore non possunt desiderari, atque adeo non exiguntur, leg. in fideicommissi, §. Si auro 4. in fin. ff. de usur. & fruct.*

Au contraire M. de Chapuis disoit pour l'intimée, que cette somme, quoique destinée pour des robes, tenoit lieu de legitime, & faisoit partie de la constitution dotale, dont les interêts sont dûs *statim & sine mora, sunt enim panes civiles, leg. fin. §. Prætereà, cod. de jur. dot.* Sur quoi la Cour par Arrêt du 6. Février 1640. n'adjugea tels interêts que depuis l'interpellation, *Leg. Videamus 19. ff. de usur.* Les interêts des meubles ne sont pas dûs, car la Loi *Lucius Titius, ff. qui pot. in pig.* n'est pas observée ; autrement les interêts de la dot sont dûs, même depuis la mort du mari, à la veuve ou à ses heritiers sans interpellation depuis 29. ans, sans que l'on puisse opposer qu'ils sont censez remis *propter longi temporis intervallum, leg. Cùm quidam, §. Divus, ff. de usur. & Argum. leg. in insulam, ff. solut. mat.* qui n'ont pas lieu en ce cas, comme il fut jugé par Arrêt de la Cour le 4. Mars 1647. en la cause de Daymié & Daniel, tante & néveu.

CHAPITRE XVI.

Interêts des Lettres de Change.

BIEN que la Cour juge tous les jours, & particulierement elle le jugea par Arrêt du 20. Novembre 1651. en la cause de Sudre, que les interêts étoient dûs depuis le premier terme du change échu. Néanmoins quand les Prieur & Consuls condamnent pour Lettre de Change, condamnent ordinairement au change & rechange. Voyez *Leg. 4* & *Leg. 9. §. Nummularis*, *ff. de edendo.*

INVENTAIRE.

CHAPITRE XVII.

Si un Inventaire doit être fait lorsque le Testateur l'a prohibé, n'ayant créanciers ni legataires.

LES Testateurs défendent quelquefois de faire inventaire, *Ne publicetur aut paupertatis vilitas, aut ne divitiæ exponantur invidiæ, leg. 2. cod. Quomodò & quibus.* Un nommé Monferrat déclarant certaine Societé dans son testament, prohiba en présence des parens, de faire inventaire, & donna un Tuteur à ses enfans. Etant en cette volonté, le Procureur Jurisdictionel disant que c'étoit l'interêt public, demanda devant les Ordinaires qu'il fût fait un inventaire : ce qui fut ordonné & confirmé par le Senêchal du Lauragois. De quoi la veuve nommée Escorone fut appellante en la Cour. Les raisons étoient que par la Loi derniere, *cod. Arbitr. tutel.* la faction d'inventaire peut être remise par le Testateur, *Ne secreta domûs panderentur*: & qu'en ce cas elle étoit même prohibée. De sorte que si la

Loi *Tutores* , *cod. de ad tut.* commande au Tuteur de faire inventaire , cela ne doit s'entendre que lorſqu'il n'a pas été prohibé d'en faire.

Le Procureur Fiſcal du Lieu diſoit au contraire , que quoi que la faction de l'inventaire puiſſe être remiſe au Tuteur , comme parle cette Loi , & comme dit Guyd. Pap. *quæſt.* 352. cela ne tire pas à conſequence à l'égard de la femme , qui dit que le Teſtateur l'en a déchargée ; de ſorte que la prohibition n'ayant pas été faite au Tuteur , l'inventaire devoit être fait , *Etiam contra voluntatem Teſtatoris ex nova cauſa , leg. in confirmando , ff. de confir. tutor. Si aliter judici viſum fuerit , leg. utilitatem , ff. eod. tit.* & que c'étoit une colluſion du Tuteur , qui étoit , à ce qu'on diſoit , adherant à l'appel , qui ne faiſoit paroître perſonne pour lui. De ſorte que le 22. Janvier 1664. la Cour rendit Arrêt en l'Audience de la Grand'Chambre , par lequel l'Appointement du Senêchal fut confirmé , encore qu'il n'y eut ni legataires ni créanciers : ce qui alors n'auroit reçu aucune difficulté.

JOUISSANCE.

CHAPITRE XVIII.

Si le Pere qui a reſtitué un fideicommis à ſon fils , à qui il devoit le rendre , doit avoir la joüiſſance des biens reſtituez , le fils étant mort.

NOEL Mathieu avoit des enfans de deux lits , & M. Mathieu Chanoine d'Alby ſon frere l'avoit inſtitué heritier , à la charge de rendre à André Mathieu , un des fils du premier lit , ſans diſtraction de Quarte Trebellianique. Ayant reſtitué l'heredité à ce fils , ce fils mourut ; & comme le pere s'étoit reſervé 1500. liv. & une Métairie , les fils du premier lit lui conteſtoient cette joüiſſance : & lui au contraire prétendoit joüir de tout , diſant que c'étoit une donation , puiſque ſon fils étant en ſa puiſſance , puiffance, il lui avoit néanmoins reftitué le fideicommis ; & qu'il pouvoit varier, puifque fon fils étoit mort.

Les enfans du premier lit difoient au contraire que ce n'étoit pas une donation, puifqu'il devoit rendre à André *nominatim*, le teftament ne lui donnant pas le pouvoir d'en élire un autre : & qu'il faut faire difference de la diftinction qui fe faifoit en confequence du teftament, d'avec celle qui fe faifoit à caufe de la difpofition du fideicommis, fuivant la Loi *Imperator. ff. ad Trebellian.* Mais la Cour par fon Arrêt du 8. Janvier 1647. adjugea la jouiffance au pere, & regla les Parties à bailler par écrit, fans vouloir prononcer fur ce que les fils demandoient : Qu'il lui fût fait inhibitions de déplacer les fommes, ou qu'il baillât cautions ; mais elle prononça à la charge de les tenir fous la main du Roi & de la Cour.

Il eft vrai que ce pere ayant cette jouiffance, & ayant voulu dépoffeder l'un de fes fils du premier lit, qui tenoit une maifon du fideicommis, la Cour joignit fa Requête au procès, & lui fit défenfes cependant de déplacer les fommes, la Cour ayant fans doute été indignée de fa rigueur envers fes enfans du premier lit.

J U G E S.

C H A P I T R E XIX.

Si un Juge peut élargir de fon autorité privée un Prifonnier.

LE Juge qui a élargi un homme prifonnier pour dette fans lui faire donner caution, fi dépuis il eft devenu infolvable, doit être condamné en fon propre & privé nom, à payer la fomme pour laquelle le débiteur avoit été conftitué prifonnier, *Leg. Ne quis, ff. de cuftod. & exhib. reor.* Et s'il élargit un homme prévenu d'un crime, il doit être condamné à le remettre. C'eft ce qui fut jugé en l'Audience Tournelle de la Cour par Arrêt du 11. Août 1655. par lequel un des Confuls de la ville de

K k

Cahors fut condamné à la Requête de M. de Catellan, Avocat Général en la Cour des Aydes de Montauban, étant alors à Cahors, & de la Dame de Coûture sa femme, de remettre un Prisonnier qu'il avoit élargi de son autorité détenu pour crime : étant à considerer que ceux qui sont détenus prisonniers pour crime, ne peuvent pas être élargis par le Juge, quand même la Partie civile y consentiroit ; mais le Juge doit préalablement oüir le Procureur du Roi ou Fiscal, pour sçavoir s'il a rien à dire contre le Prisonnier, suivant l'Ordonnance de Charles VII. de l'an 1446. *art. 16.* & de François I. de l'an 1535. *chap. 2. art. 11.*

CHAPITRE XX.

Les Juges Subalternes doivent juger selon la rigueur des Loix & des Ordonnances.

LA Sentence, le Jugement ou Appointement d'un Juge, doivent être regulierement conformes aux Loix, & particulierement celle ou celui qui est donné par un Juge Subalterne. Comme, par exemple, par la disposition du Droit, *in Leg. Raptores, cod. de rap. Virgin.* celui qui a ravi defloré & violé une fille, merite la mort. Ainsi un Juge Subalterne ne peut pas condamner un Ravisseur à la mort, s'il aime mieux épouser la fille qu'il a ravie. Car étant arrivé que le sieur Doziech d'Albi ayant rendu enceinte la Demoiselle de Roux, le procès lui fut fait d'autorité des Ordinaires de la ville d'Albi, lesquels par leur Sentence condamnerent le sieur Doziech à la mort, s'il n'aimoit mieux épouser la Demoiselle de Roux ; & ayant déclaré qu'il vouloit l'épouser, M. l'Evêque d'Albi donna la dispense de trois Annonces : ensuite de quoi ils épouserent. De ce mariage, & de la dispense & célébration, la mere du sieur Doziech fut appellante comme d'abus, & demanda la cassation de la Sentence. Si-bien que la Cour par Arrêt donné en l'Audience de la Grand'-Chambre le 15. Decembre 1670. déclara en la dispense des trois Anonces & célébration du mariage, y avoir abus. Et pour cela, il faut voir ici la lettre A , fous le mot , *Appel comme d'Abbus.* La Sentence des Ordinaires fut caſſée ; & la Cour fit inhibitions & défenſes à tous Senêchaux , & autres Juges du reſſort de la Cour , de donner de telles & ſemblables Sentences ; jugeant par-là que les Juges Subalternes ne doivent pas avoir égard à des circonſtances d'équité ou de charité , pour pouvoir temperer la rigueur de la Loi ; & qu'il n'y a que les Cours Souveraines qui puiſſent le faire , comme diſoit *Capio* chez Pline le jeune, *lib. 4. Epiſt. 9. Mitigare Leges & intendere.*

CHAPITRE XXI.

Si les Juges Bannerets doivent connoître des maintenuës & des cauſes réelles.

IL ſemble que cet Article eſt ici mis inutilement , puiſqu'il eſt conſtant que les Juges Bannerets peuvent connoître des maintenuës & des cauſes réelles , ſuivant les Ordonnances & la diſpoſition du Droit, *in leg. ult. cod. Ubi in rem act. exer. deb. & leg. unic. cod. Ubi de hered. agat.* Mais parce que la plus grande partie des Senêchaux ſont dans cette erreur qu'ils n'en peuvent point connoître , j'ai jugé à propos , pour faire voir le contraire , de rapporter des Arrêts de la Cour , par leſquels des Appointemens des Senêchaux ont été reformez , & les cauſes & les Parties renvoyées devant les Ordinaires des Lieux. Ces Arrêts ont été rendus en l'Audience de la Grand'-Chambre. Il y en a un du 11. Août 1655. & deux autres qui furent rendus dans une même Audience , qui fut le 6. Février 1657. Parties en l'un & l'autre de ces deux Arrêts derniers , Valette contre autre Valette & Azema mariez ; & en l'autre , Oulié & le nommé Delpech. Voyez ci-devant *Banneret.*

CHAPITRE XXII.

Si un Juge peut être deſtitué par l'Evêque qui l'a établi.

LEs Juges établis par Meſſieurs les Evêques, en recompenſe des ſervices qu'ils ont rendus à leurs Evêchez, ou à eux-mêmes, ne peuvent point être deſtituez ; mais s'ils les ont pourvûs purement & ſimplement, ils peuvent les deſtituer. Brodeau ſur Loüet, *lettre O, chap.* 2. Et c'eſt ainſi que la Cour l'a jugé par Arrêt donné en l'Audience de la Grand'Chambre le 29. Decembre 1655. en faveur de M. l'Evêque d'Alet contre M. Luga, qu'il avoit établi Juge purement & ſimplement.

CHAPITRE XXIII.

Si le Juge qui achete une Action pendante en ſon Siége, eſt ſujet
à l'amende.

CELA fut jugé par Arrêt de la Cour donné en la Grand'-Chambre au Rapport de M. Delon le 21. Août 1647. contre M. Labrouſſe, Lieutenant du Lieu de Montauban, pour avoir pris une ceſſion de 1000. liv. d'une promeſſe, quoiqu'il l'eût priſe de ſon néveu. Les Parties Adverſes étoient la Segarie, la Cheze, & autres. *Tenentur enim de vi qui in alienam litem improbè coëunt, leg. ex Senatus-Conſul, ff. ad leg. Jul. de vi privata.* Cette déciſion étant conforme à l'Ordonnance d'Orleans, *art.* 54. Voyez Neron ſur cet article.

CHAPITRE XXIV.

Judex inferior in Superiorem non habet imperium.

BOUCHET, *verbo Juges*, rapporte un Arrêt de Paris, qui met hors de Cour & de procès un Lieutenant Général & un Lieutenant Particulier, ſur un décret laxé par le Lieutenant

Particulier contre le Lieutenant Général. Cela étant fondé fur la Loi *Nam Magiftratus* 4. *ff. de recept. arbit.* & fur la Loi *Ille* 13. *ff. ad Senat. Trebell.* par lefquelles *Par in parem non habet imperium.* Et fur le chapitre *cùm inferior de majorit. & obed* par lequel *Inferior non poteft fuperiorem folvere nec ligare.* D'ailleurs *Lex Superioris per inferiorem tolli non poteft.* Clem. *Ne Romani* 2. *de elect. & de poteft.*

C'eft en quelque façon fur ce principe que M. de Serrurier Confeiller au Senêchal de Lauferte, fut condamné à 150. liv. d'amende; fçavoir en 100. liv. envers le Roi, & en 50. liv. envers M. de Carriere, Lieutenant Général au même Senêchal, pour avoir dit tout haut en Audience après la prononciation que le Lieutenant Général eut faite d'un Appointement, qu'il n'avoit pas été ainfi deliberé. Sur quoi ils avoient un chacun dreffé leur verbal. Ce fut par un Arrêt donné en l'Audience de la Grand'Chambre le 13. Juillet 1639.

CHAPITRE XXV.

Si un Juge Banneret peut connoître d'un homage dû au Seigneur du Lieu d'où il eft Juge.

PAR Arrêt de la Cour donné le 24. Mars 1670. cela fut decidé en faveur de M. l'Evêque de Montpellier contre le fieur de Romau, à qui M. l'Evêque demandoit l'homage devant fon Juge; & c'eft fuivant la nouvelle Ordonnance de 1667. *tit. des recufat. des Juges*, qui porte qu'en fief & en roture, baux & joüiffances, le Juge du Seigneur en pourra connoître.

CHAPITRE XXVI.

Si l'Acquereur du Domaine peut dépoffeder le Juge Royal.

LE Roi en fon Confeil rendit Arrêt le 14. Avril 1646. par lequel les Officiers Royaux ne peuvent être depoffedez par les Engagiftes du Domaine. Et cet Arrêt eft rapporté au chapitre 21. des Déclarations & Arrêts donnez en faveur du Clergé de France, *tom* 3. Et auparavant les Engagistes prétendoient avoir droit de les déposseder en rembourçant la finance, & en faisant prendre des Provisions du Roi à ceux qu'ils vouloient subroger. Sur quoi M. de S. Chaumont acquereur du Domaine de la ville de Muret, voulant déposseder Me. Tilla Juge de cette Ville là, avoit consigné 1800. liv. sous prétexte des créanciers de Tilla ; & ils avoient déja long-temps plaidé, lorsque cet Arrêt du Conseil arriva en ce Païs. Si bien que Lausin, qui étoit le nouveau Juge, disoit que l'Arrêt étoit venu après que Tilla avoit été dépossedé : ce qu'il justifioit par un Arrêt de la Cour que Tilla avoit poursuivi, qui déclaroit l'Office de Juge de Muret affecté pour les 1800. liv. Néanmoins en Audience le 22. Mars 1649. la Cour rendit Arrêt, par lequel veu la Déclaration du Roi, Tilla fut maintenu avec dépens contre Lausin. Et par cet Arrêt, la Cour jugea que dans un malheur on tâche de sauver quelque chose ; & que ce n'est pas un acquiescement, qui doive faire perdre le reste.

CHAPITRE XXVII.

Si le Juge Banneret peut connoître de la cause d'un Prêtre en un cas privilegié.

LE Juge Banneret ne peut pas connoître de la cause d'un Prêtre en cas privilegié. Bacquet au traité des Droits de Justice, *chap.* 7. bien que le crime ait été commis dans le distroit de sa Jurisdiction. Ainsi jugé par Arrêt de la Cour donné en l'Audience de la Chambre Tournelle le 24. Février 1655.

CHAPITRE XXVIII.

Si les Juges peuvent donner une Sentence, un Jugement, ou Appointement hors de leur Siége.

LA Justice ne peut être renduë par le Juge *extra territorium. Extra territorium jus dicenti impunnè non paretur, leg. ult. ff. de jurisd.* car toutes les affaires doivent être jugées *in loco*

Majorum, Loyſeau , *livre des Seigneuries , chap.* 10. *num.* 86.
Et ſi les Jugemens , Sentences ou Appointemens ſont rendus
ailleurs , ils ſont nuls.   Chenu en ſes Reglemens, *chap.* 1. *traité
de la Juſtice ;* & c'eſt ſuivant les Arrêts de Reglement , & la
diſpoſition du Droit , *leg. Cùm Sententiam , cod. de Sent. &
interl. omn. jud. Sententia lata ab Ordinario , alibi quàm in loco
Majorum non valet.*   Auſſi la Cour par Arrêt donné en l'Audience de la Grand'Chambre le 13. Mars 1656. caſſa un Appointement donné par un Juge hors de ſon Siége, touchant un Appel
d'une élection Conſulaire ; & fit défenſes à tous Juges du Reſſort,
de donner des Sentences , Jugemens & Appointemens hors de
leurs Siége , à peine, &c.

CHAPITRE XXIX.

*Si quand il s'agit d'une diſtribution , le Collecteur des Tailles
peut inſiſter à fins de non - proceder.*

LE 2. ou le 3. Juin 1660. en la cauſe du ſieur Marquis
d'Auduhc, & d'un Collecteur de 1647, 1651 & 1652.
la diſtribution étant pendante en la Cour. Le Collecteur , qui
demandoit d'être renvoyé à la Cour des Aydes , fut débouté de
ſes fins de non - proceder.   La raiſon eſt, qu'une diſtribution ne
peut être attirée ailleurs ; & qu'il ne s'agiſſoit pas ſi les tailles
étoient dûes ou non des biens du Diſtributaire : ce qui eſt de la
competance de la Cour des Aydes ; mais de ſçavoir en quel rang
elles doivent être alloüées : joint à cela qu'après certain temps,
les arrerages des Tailles *abeunt in creditum.*

L.

LEGATS.

CHAPITRE PREMIER.

Si deux Legats pies faits dans deux teſtamens ſont dûs, quand par le dernier teſtament le Legat fait au premier n'eſt point par exprès revoqué.

ME. de Cayrols Avocat en la Cour, par un teſtament qu'il fit, n'ayant point des enfans, il inſtitua un de ſes parens ſon heritier, & fit un legat aux Filles Orphelines de la préſente Ville. Quelque-temps après il fit un autre teſtament, par lequel il revoqua tous les autres teſtamens, & autres diſpoſitions qu'il pouvoit avoir ci-devant faites; & fit pareillement un legat aux mêmes Filles Orphelines. Après le decès du Teſtateur, il y eut procès entre l'heritier inſtitué par le dernier teſtament, & le Syndic des Orphelines pour raiſon des deux legats, dont il vouloit être payé. Cette cauſe ayant été portée en l'Audience de la Grand'Chambre.

Le Syndic repreſenta entre autres choſes, que la cauſe Pie étoit ſi privilegiée, qu'il avoit été jugé par Arrêt de la Cour rendu en l'Audience de la Grand'Chambre le 12. Mars 1612. en faveur des Penitens de la ville de Caſtelnaudarry contre Apoſtoli, que le legat fait en faveur de la cauſe Pie dans une diſpoſition de teſtament non-ſignée par le Teſtateur, & ſans témoins, devoit être payé par l'heritier *ab inteſtat*, contre la diſpoſition du Droit, *in leg. Hac ſcriptura, ff. qui teſtam facere poſſunt.* Et bien qu'un teſtament qui contient des Legats pies, ſoit revoqué par un poſterieur, néanmoins s'il n'eſt pas revoqué

par

par exprès, comme auſſi les Legats pies , ils ſont dûs ſuivant l'opinion de Barthole, *in leg. Proximè , ff. de his qua in teſtam. dcl. & leg. Eam quam , cod. de fidei.* Car la revocation des teſtamens ne s'étend pas aux cauſes pies. Et Ferrieres *in nova addit. quæſt.* 200. *Guyd. Pap.* dit , que quoique les teſtamens anterieurs ſoient revoquez pour la clauſe générale miſe aux poſterieures , néanmoins il y en a qui *putant non cenſeri revocata legata pia, leg. Libertis ,* §. *Poſthumus , ff. de aliment. legat.* Et ainſi le legat fait au premier teſtament , étoit dû auſſi-bien que le dernier, qu'on pouvoit dire n'être qu'une augmention du premier , attendu que les deux legats étoient faits de choſes differentes.

L'heritier au contraire diſoit , que y ayant un legat pie au dernier teſtament, le premier étoit revoqué ; parce qu'autrement le Teſtateur auroit dit dans ſon dernier teſtament, que ce qu'il y donnoit aux Filles Orphelines étoit une augmentation du legat contenu au premier , qui contenoit pluſieurs & diverſes choſes qui étoient dans le dernier ; & qu'enfin par les Arrêts , les legats faits en faveur de la cauſe pie dans un premier teſtament , étoient revoquez , encore que dans le ſecond le Teſtateur n'ait pas déclaré expreſſement qu'il revoquoit le premier , Chopin *de Sacra polit. lib.* 3. *tit.* 5. *num.* 24. Charondas en ſes Réponſes, *liv.* 4. *chap.* 19. Ferriere *in dicta nova add. quæſt.* 200. *Guyd. Pap.* & Faber *in ſuo , cod. lib.* 1. *de Sacroſ. Eccleſ.* 2. *defin.* 39. Néanmoins la Cour par Arrêt donné en l'Audience de la Grand'-Chambre le 12. Mai 1654. condamna l'heritier à payer les deux legats.

CHAPITRE II.

Si dans le Legat des meubles les grains y ſont compris.

LORSQU'UN Teſtateur legue tous les meubles qu'il a dans ſa maiſon, les grains n'y ſont point compris , ſuivant les Arrêts de la Cour rapportez par M. d'Olive , *liv.* 5. *chap.* 21. Mais ſi en faiſant tel legat de ſes meubles, il a déclaré que tous

les papiers , titres & promeſſes , appartiendront à ſon heritier ;
en ce cas les grains ſont compris dans le legat des meubles :
Quia quod quibuſdam prohibetur , cæteris videtur eſſe permiſſum,
leg. Cùm præter, ff. de jud. Et c'eſt ainſi que la Cour l'a jugé
par Arrêt rendu en la Grand'Chambre au Rapport de M. de
Puymiſſon le 13. Août 1663. Parties , Jacquette & Jeanne de
Cabrie , & Jean Cabrie leur frere.

CHAPITRE III.

Si un Legataire peut répudier un legat onereux pour en accepter un autre lucratif.

IL fut rendu Arrêt en la ſeconde Chambre des Enquêtes au
Rapport de M. J. Dupuy le 28. Juin 1680. par lequel il
fut jugé en faveur de Jeanne Roquette , contre le Syndic du Se-
minaire de Saint Giniez en Roüergue , que le Syndic ne pouvoit
repudier un legat onereux , & en accepter un autre lucratif ,
qu'un Teſtateur lui avoit fait dans ſon teſtament ; & c'eſt ſuivant le Droit, *in leg. 5. ff. de legat. 2.*

CHAPITRE IV.

Si lorſque le Teſtateur legue une ſomme à prendre ſur un tel ſon debiteur , le Legataire peut obliger l'heritier à lui payer la ſomme leguée.

DUBRUEL Procureur en la Cour par ſon teſtament inſtitua Jean Dubruel auſſi Procureur ſon fils ſon heritier ; &
legua à Demoiſelle Jeanne Dubruel ſa fille , femme à G. Moninif
auſſi Procureur en la Cour , la ſomme de 1600. liv. pour ſon ſuple-
ment , à prendre ſur les heritiers de la Demoiſelle de Fourcade
ſa belle-mere. Le Teſtateur étant décedé en cette volonté , il
y eut procès entre la Demoiſelle de Dubruel & ſon frere , pour
raiſon du payement de cette ſomme de 1600. liv. La ſœur

prétendant que son pere étoit obligé de la lui payer avec les interêts, sauf à lui à se faire payer aux heritiers de la Demoiselle de Fourcade., suivant les Arrêts de la Cour, & du Parlement de Paris, Maynard, *liv. 7. chap. 9. & ex leg. Paula callinico,* §. *Julius Severus, ff. de legat.* 3.

Le frere au contraire prétendoit que sa sœur, suivant la Loi *Lucius Titio,* §. *Civibus, ff. de legat.* 2. & *leg. Chirographum, ff. de legat.* 3. étoit obligée d'agir contre les heritiers de la Demoiselle de Fourcade, indiquez par le Testateur. Mais sa sœur lui opposa la difference qu'il y a d'un legat fait de certaine somme à prendre sur un tel débiteur, & d'un legat fait d'une somme dûë au Testateur par tel son débiteur. Car au premier cas, l'heritier étoit obligé de payer le legat, suivant ledit Paragraphe de ladite Loi *Paula Callinico.* Et au second cas, c'étoit au Legataire de se faire payer au débiteur du Testateur, l'heritier duquel étoit quitte en cedant l'action au Legataire, & en lui délivrant l'instrument obligatoire pour en poursuivre le payement contre le débiteur, suivant le §. *Civibus* de la Loi *Lucius Titio,* & de ladite Loi *Chirographum, de legat.* 3. citée par son frere. Ainsi elle faisant voir qu'ils en étoient au premier cas, son frere ne pouvoit éviter de lui payer cette somme de 1600. liv. & les interêts, en reformant la Sentence Arbitrale dont elle étoit appellante, par laquelle son frere avoit été relaxé du payement de cette somme. Mais la Cour par Arrêt donné en la Grand'Chambre le 12. Juin 1679. au Rapport de M. Dufraux, en reformant la Sentence Arbitrale, condamna Dubruel frere, & heritier du pere de payer la somme de 1600. liv. avec les interêts au denier vingt depuis le decès du pere, à sa sœur, sauf à lui d'agir pour le payement contre les heritiers indiquez, ainsi qu'il verroit être à faire.

CHAPITRE V.

Si le Legataire peut être obligé de compenser le legat qui lui a été fait avec ce que le Testateur lui devoit , lorsque le Testateur a dit dans son testament , que moyennant le legat il vouloit que le Legataire ne pût prétendre autre chose , ni demander sur les biens.

JEAN MOLES Tailleur d'habits , lors de son mariage avec Jeanne Lafabrie fille de Pierre Lafabrie & Desclamonde Barras, s'obligea d'apporter le jour des nôces, pour la liquidation des biens de sa Fiancée, la somme de 880. liv. de son chef, & celle de 120. liv. du chef de son pere. Quelque-temps après ce mariage la de Barras seroit décedée , & ensuite Lafabrie sa fille femme de Moles ; laquelle par son testament du 23. Decembre 1667. auroit déclaré qu'elle faisoit ce testament afin qu'il n'y eût procès ni differend entre Moles son mari & son heritier ; & par son testament , elle auroit legué à son mari la somme de 500. liv. ensemble la nourriture sur ses biens pendant le temps qu'il resteroit vœuf ; & moyennant ce , elle auroit ordonné qu'il ne pourroit prétendre autre chose sur ses biens , ni contre Barras Procureur au Senêchal de Cahors son Cousin germain, qu'elle auroit institué son heritier.

La Testatrice étant décedée en cette volonté, Moles son mari auroit accepté le legat ; en ce qu'il auroit demandé devant le Senêchal de Cahors, que Barras heritier fût condamné de le lui payer. Mais à même-temps il auroit demandé qu'il fût tenu encore de lui payer les hypoteques qu'il disoit avoir sur les biens de sa femme , qu'il faisoit revenir à 1200. liv. y compris 60. liv. de son prétendu augment. Sur quoi le Senêchal auroit rendu Sentence , par laquelle Barras heritier fut condamné de payer le legat tant-seulement , & relaxé du surplus.

De cette Sentence , Moles auroit relevé appel en la Cour , où il auroit coté grief de ce que le Senêchal ne lui avoit adjugé que le legat tant-seulement ; & qu'il falloit qu'il lui eût adjugé fes hypoteques, attendu, difoit-il, que le legat lui avoit été fait purement & fimplement, & non pas *animo compenfandi* avec fes hypoteques & augmens ; & que fi Barras prétendoit que le legat lui avoit été fait en compenfation de fes hypoteques, il devoit le juftifier, *Ex leg. Creditorem* 85. *ff. de legat.* 2. où il eft dit par le Jurifconfulte Paulus, *Creditorem cui res pignoris jure obligata à debitore legata effe, non prohiberi pecuniam creditam petere, fi voluntas teftatoris compenfare volentis evidenter non oftenderetur.* Et que la claufe contenuë dans le teftament, *qu'il ne pourroit autre chofe demander,* n'étoit qu'une claufe du ftile ordinaire des Notaires ; & qu'ainfi nonobftant cette claufe qui ne pouvoit être confiderée, le legat, fes hypoteques & l'augment, lui devoient être adjugez, fuivant encore un Arrêt de la Cour rapporté par M. de Maynard, *liv.* 7. *chap.* 11.

Barras au contraire reprefenta que cet appellant étoit non-recevable en fon appel, puifqu'il ne pouvoit prétendre l'un & l'autre aux termes même de la Loi *Creditorem* ; dautant qu'il fe juftifioit par deux claufes du teftament, que le legat ne lui fut fait que *animo compenfandi.* Pour la premiere, c'eft que fa femme ne lui fit un legat que pour le compenfer avec fes hypoteques, puifqu'elle n'étoit obligée de lui rien donner ni leguer, lui ayant fait ledit legat, afin qu'il n'y eût point de difpute après fa mort entre fon heritier & lui, à raifon de fes hypoteques au moyen dudit legat. Et de fait par la feconde claufe, elle dit que moyennant ce legat elle veut que fon mari ne puifle autre chofe prétendre fur fes biens : ce qui eft une claufe prohibitive, qui ne peut être prife pour une claufe du ftile des Notaires ; puifque par cette claufe, il paroît vifiblement de la volonté de la Teftatrice ; & que fi la claufe prohibitive, dont M. Maynard fait mention, ne fut pas confiderée, c'eft parce qu'elle regardoit la fille du Teftateur ; ainfi il ne pouvoit fous prétexte de cette claufe, ôter à fa fille la dot de fa mere par le legat qu'il lui avoit fait, qui n'excedoit pas la legitime qu'elle avoit fur les biens de fon pere ; car s'il l'eût excedée, il auroit falu en ce cas qu'elle eût compenfé. Ferrieres *in quæft.* 93. *Guyd. Pap.* où il dit que *Si pater reliquat filiæ certam fummam quæ excedit legitimam fuam, & adjiciat, ut nihil amplius petere poffit, fine dubio hoc legatum censetur factum , & relictum animo compensandi , cum eo quod pater filiæ deberet vel ob dotem maternam , vel ob aliam causam.* Ainsi étant clair que la femme ne fit ce legat à son mari que *animo compensandi* ; il ne peut le prétendre , & ses hypoteques & augment, *leg. Compensandi , cod. de hered. inst.* Glos. *dict. leg. Creditorem.* Ferr. *dic. loco* , & *Ex leg.* 20. §. 1. *ff. de lib. leg.* Faber *in suo cod lib.* 6. *tit.* 18. *de legat. defin.* 19. Alexand. *Vol.* 2. *Consil.* 132. & Menoch. *lib.* 4. *præsump. num.* 36 & 38. où il dit que le Legataire sous cette clause ne peut prétendre l'un & l'autre. Néanmoins par Arrêt de la Cour rendu en la premiere Chambre des Enquêtes au Rapport de M. de Lamote le 3. Septembre 1671. la Sentence fut reformée ; & le legat , augment & hypoteques que Moles justifia avoir sur les biens de sa femme, lui furent adjugez.

CHAPITRE VI.

Si le Legat doit être payé au Legataire avant l'âge de 25. ans , lorsque le Testateur a dit qu'il sera payé lorsqu'il aura ateint l'âge de 25. ans , ou qu'il sera en métier, & y étant.

UNE tante ayant legué 200. liv. à son néveu, payables, lorsqu'il auroit atteint l'âge de 25. ans , ou qu'il seroit en métier, y étant avant cet âge. Les Augustins heritiers de cette Tante refusoient de lui payer ce legat , disant qu'il falloit attendre les 25. ans. Mais la Cour par Arrêt du 19. Juillet 1641. jugea que le legat étoit dû depuis que ce Garçon étoit en métier, & condamna les Augustins à le payer avec les interêts : ce qui est remarquable ; parce qu'il sembloit que les interêts ne dûssent être demandez que depuis l'introduction de l'instance. Mais comme c'étoit un legat fait à un heritier présomptif, & que c'étoit un pauvre Garçon qui n'avoit que cela pour prendre un métier, & pour vivre , la Cour trouva qu'il y avoit de la dureté à des heritiers de biens considerables , de refuser à ce jeune homme *Modicum vitæ subsidium.* Pour ce qui est de la particule *ou* , il y a de la difference des contrats d'avec les testamens :

car toute difjonctive dans les contrats eft en faveur de l'obligé ;
mais dans les teftamens, elle eft en faveur des Legataires, parce
que *voluntates teftantium plenius interpretamur.*

CHAPITRE VII.

*Si le Legat eft dû au Legataire qui prend un autre métier que
celui qui lui a été prefcrit par le Teftateur.*

LEs paroles par lefquelles le Teftateur prefcrit une pro
feffion, n'obligent pas le Legataire à la fuivre ; parce que
l'on doit fuivre fon inclination en matiere de profeffion, tel étant
propre à un Art, qu'il ne le feroit pas à un autre, autrement
*jus libertatis infringitur, leg. Titio 71. §. 2. ff. de cond. & de-
monftr.* Et cela a lieu, quand même le Teftateur auroit ajoûté
ces paroles : *Et non autrement* ; ou qu'il y eût mis une claufe
irritante, comme il fut jugé le 18. Février 1627. en la caufe d'un
nommé Egle ; car fon pere Laboureur l'ayant inftitué heritier à
la charge qu'il feroit Laboureur auffi ; & en cas qu'il ne le fut
pas, il le prive de l'heredité, & ne lui legue que 350. liv. &
inftituë Marguerite Egle fa fille. Etant arrivé que ce fils bien
loin d'être Laboureur, fe fit Architecte ; & revenu de voyager,
il demanda la maintenuë aux biens de fon pere, qui lui fut adjugée
contre fa fœur.

La même chofe fut ordonnée par un Jugement des Requêtes
acquiefcé le 4. Mai 1640. (ce qui n'eft pas néanmoins un
Préjugé) Car un Teftateur ayant legué 50. liv. à un enfant à
la charge de fe mettre à un métier & non autrement, quoiqu'il
ne fe mit pas en métier, mais au contraire qu'il étudiat, la Cour
lui adjugea les 50. liv. Il femble néanmoins que fi un fils ou
un parent prenoit une profeffion qui fît deshonneur à la famille,
la chofe irritante pourroit priver le Legataire du legat, à moins
qu'il n'y eût d'autres raifons qui l'empêchaffent.

CHAPITRE VIII.

Si après une constitution le Testateur fait un Legat, tous les deux font dûs, ou s'ils doivent être compensez à concurrence.

RAYMOND pere mariant sa fille, lui avoit fait une constitution de son chef ; & Jeanne de Pelleporc mere de cette fille, lui avoit constitué du sien 1000. liv. Ensuite cette mere faisant son testament, legua à cette même fille 2000. liv. disant que l'un & l'autre étoit dû ; parce que *Multiplicata fuerant, leg. Planè* 34. §. 3. *ff. de legat.* 1. Et suivant la Loi *Creditores* 85. *ff. de legat.* 2. & la Loi *hujusmodi* 84. §. *Si sempronius, ff. de leg.* 1. que l'on ne devoit pas compenser un legat avec une telle dette, qu'il n'apparût de l'intention. Or il n'y avoit pas un mot dans ce testament, qui sît entendre que cette mere eût intention de compenser. Au contraire Me. Raymond qui étoit l'heritier, disoit que tous les Docteurs tenoient que la compensation est présumée avoir été faite *pro debito naturali, & in anticipamentum legitimæ.* Et qu'on étoit aux termes de la Loi *Si compensandi, cod. de hered. instit.* de la Loi 18. *ff. de verb. obligat.* & de la Loi *Filiæ legatorum, cod. de legat.* Néanmoins le 2. Août 1632. la Cour condamna Maître Raymond à payer l'une & l'autre de ces deux sommes.

Et le 6. Février 1641. il fut jugé un cas approchant de celui-là ; car Henri Delsaget en 1634. faisant son testament avoit fait heritier un de ses enfans, & leguoit à un autre 1500. liv. faisant d'autres legats à sa femme, & à ses autres enfans. Mais en l'année 1635. il fit une donation à ce même fils, dans laquelle il diminuë les autres legats ; & dit qu'il veut que son heritier paye 2000. liv. de legat qu'il a fait dans son testament à ce même fils, quoiqu'il ne lui eût legué que 1500. liv. par le testament ; & l'on prétendoit que cette donation avoit été en partie executée. Il y eut procès entre les freres ; car l'heritier disoit que suivant la Loi *Si ita sit adscriptum* 14. *de legat.* 1. quand un legat est fait deux fois, il faut donner la moindre somme ;

ſomme ; & alleguoit encore la Loi *Sempronius* 47. *ff. de leg.* où *Si legata fuerint centum in tabulis & in aliis tabulis quinquaginta, minor ſumma debetur,* outre que c'étoit une erreur, & un défaut de mémoire de ce pere. Si-bien que ſuivant la Loi *Quoties*, §. 1. *ff. de hered. inſtit.* où il eſt dit que *Si quis erraverit neutrum debetur,* rien n'eſt dû.

Au contraire le Legataire diſoit que le Teſtateur ayant diminué les autres legats, il avoit voulu augmenter le ſien ; & que les paroles de la donation 2000. liv. *de legat que j'ai fait dans mon teſtament,* n'étoit qu'une fauſſe demonſtration *quæ non nocet legato.* Que la Loi *Paula* 27. *in princip ff. de legat.* 3. dit que quand deux legats ont été faits, encore que le Teſtateur n'ait pas ajoûté ces mots *hoc amplius,* que *utrumque debetur.* Que ſuivant cette Loi *Quoties, ſi ſæpius legatum fuis, ſæpius legatum eſt præſtandum.* De ſorte que l'heritier fut condamné à payer 2000. liv. la Cour confirmant une Sentence Arbitrale renduë en cette affaire.

Mais le 16. Juillet de la même année 1641. il fut jugé differamment. Il eſt vrai que le cas n'eſt pas tout-à-fait ſemblable ; ſçavoir, en la cauſe de la Demoiſelle de Reynes femme de Raches ; car ſa belle-mere lui ayant conſtitué 1000. liv. de dot, & lui ayant fait enſuite un legat de 1000. liv. & quelques meubles, ajoûtant, *payables une ſeule fois après ma mort,* il étoit queſtion ſi toutes les deux ſommes étoient dûës. La Cour jugea que ron ; ſoit qu'elle ne préſumât pas tant de faveur de la part d'une belle-mere que d'une mere ; ſoit qu'elle eût égard à ce que la Teſtatrice avoit dit *Payables une ſeule fois après ma mort,* jugeant qu'il étoit vrai de dire que par ces mots elle avoit eu intention de compenſer.

CHAPITRE IX.

Si l'on peut leguer à la fille d'un Procureur ou à ſon Clerc.

CETTE queſtion fut decidée le premier Avril 1642. en la cauſe d'un nommé Gaubert heritier d'un autre Gaubert. Cet heritier alleguoit l'Ordonnance de 1539. *art.* 131. qui déclare

M m

nulles toutes les dispositions faites en faveur des Testateurs, disant que cela a été étendu aux Procureurs & aux Avocats ; mais il fut démis de ses Lettres, & condamné de payer ces legats avec dépens. Voyez Expilli, *chap.* 220. qui refute Charon & M. Maynard sur cette question. De sorte que le legat fait aux Procureurs & aux Avocats est bon, à moins qu'il n'y ait des circonstances de captation & de crainte, autrement ils ne seroient en liberté de défendre la cause de leurs amis. Et c'est pour cela que la cause de Buci contre Delong & Moureau Procureurs en la Cour, sur ce que les heritiers d'une nommée Laforgues, qui avoit legué 200. liv. à lui, & 600. liv. à l'autre, disoient que cette femme étoit imbecile, furent reçus à le prouver. Mais il fut dit cependant, à la charge de tenir les biens sous la main du Roi & de la Cour ; préjugeant par-là que si Buci n'avoit pas d'autres raisons que celles qu'il alleguoit, sçavoir que ces Procureurs alleguoient pour cette femme, ce qu'ils ne desavoüoient pas, il devoit payer ces legats.

L E G I T I M E.

C H A P I T R E   X.

Si l'on peut demander une legitime de grace.

LA legitime de grace que l'on accorde aux petits-fils sur les biens substituez par l'ayeul, a quelques fondemens dans le Droit, sçavoir *in leg.* 1. §. 2. *vers. Nonullo casus, ff. de tutel. rat. distr.* & en la Loi *Mulier.* 22. §. *Cùm proponeretur, ff. ad Senat. Trebel.* Mais quoique M. de Cambolas, *liv.* 2. *chap.* 14. rapporte deux Arrêts qui adjugent la legitime, tant sur les biens du pere, que sur ceux qui ont été substituez par l'ayeul aux petits fils ; parce, dit-il, que la liberalité faite au petit-fils par l'ayeul, est censée faite au pere. Néanmoins il y a quelques exceptions, sur-tout quant aux Maisons illustres ; car si les petits-fils ont un établissement d'ailleurs, on la leur refuse.

Monſieur l'Evêque de Viviers qui étoit de la Maiſon de Suze, & tous les biens du pere étant abſorbez par les créanciers, demandoit une legitime de grace ſur les biens ſubſtituez par ſon ayeul, mais elle lui fut refuſée par un Arrêt de la Cour de 1634. à cauſe de ſon établiſſement, & que les fraix de ſes Bules lui en tenoient lieu. Et dans le même procès d'autres ſœurs de cet Evêque demandant auſſi une legitime, elle fut refuſée à celles qui étoient mariées ; & il ne fut adjugé que 12000. liv. à l'une qui n'étoit pas mariée, quoiqu'il y eût de grands biens dans la ſubſtitution. Si-bien que devant de l'adjuger, il eſt à propos de conſiderer ſi les petits-fils ſont ſuffiſament établis ; auquel cas ils doivent ſe contenter de leur établiſſement. Or quand on l'adjuge, elle doit s'eſtimer *Arbitrio boni viri.*

CHAPITRE XI.

Comment la legitime eſt dûë aux petits-fils ſur les biens de leur ayeule, ſi c'eſt in capita *ou* in ſtirpes.

LA Cour jugea par Arrêt d'Audience du 22. Mai 1662. que la legitime des petits-enfans de la Dame de Veſian, devoit être priſe *non in capita,* mais *in ſtirpes* ; parce qu'étant originairement *quota hereditas ab inteſtato,* on doit la regler comme les autres ſucceſſions.

LEZION.

CHAPITRE XII.

Si la Lezion a lieu à l'égard d'une vente faite d-autorité de Juſtice.

MR. de Maynard, *liv.* 7. *chap.* 74. M. de Laroche en ſes Arrêts, *liv.* 2. ſous le mot *Decrets, tit.* 1. *art.* 60. *in quæſt.* 22. *Guyd. Pap.* & autres, diſent qu'il ſe juge que la lezion, quelle qu'elle foit, n'eft point confiderable pour venir contre une vente faite d'autorité d'une Cour fouveraine. Cependant la Cour par Arrêt donné en l'Audience de la Grand'Chambre le 27. Juillet 1651. après avoir démis Madron Notaire des Lettres par lui inpetrées en rabatement d'un décret pourfuivi & obtenu par le nommé Crouzat d'autorité de la Cour l'année 1639. fur l'Office de Notaire, & fur une Métairie, le tout appartenant à Madron, permit à Madron, nonobftant les fins de non - recevoir alleguées par Crouſat, de recouvrer l'Office de Notaire & biens décretez, en payant à Crouzat la fomme pour laquelle il avoit obtenu le décret en bonne & dûë forme, & que Crouzat eût pris la poffeffion des biens décretez fuivant les formalitez, & qu'il dût par ce moyen faire les fruits fiens, fuivant la Loi *juſtè*, *ff. de acq. & adm. poſſeſſ.* Néanmoins fur ce qu'il fut repreſenté de la part de Madron, pour lequel M. de Pariſot plaida, que le décret n'avoit été obtenu que pour 300. liv. & que la feule Métairie, & biens en dépendans, portoient du moins, toutes charges payées, la fomme de 120. liv. Crouzat par l'Arrêt fut condamné à la reftitution des fruits depuis la mife de poffeffion, & Madron condamné de lui payer les interêts de la fomme de 300. liv. & qu'il demandoit bonnes & fuffifantes cautions pour la fomme de 300. liv. réparations, ameliorations & loyaux-coûts, fans dépens. Or la Cour confidera la lézion, attendu que Crouzat avoit pour 300. liv. fait décreter l'Office de Notaire, & une Métairie, le tout de valeur au moins de 3000. liv.

CHAPITRE XIII.

Si le Vendeur peut oppoſer la lezion quand la vente a été faite au dire d'Experts, quoiqu'elle ne ſoit pas d'outre moitié.

LE 7. Avril 1650. Avocats Mes. de Cayras & Barthez, en la caufe de Barran & du fieur de Guayrans, un Majeur fut reçu à oppoſer la lezion, difant que les Experts l'avoient trompé en l'eftimation des biens vendus. Si-bien que fur l'offre qu'il fit de faire faire à fes fraix fans répetitioñ une feconde eftimation,

& les nouveaux Experts ayant eftimé les biens vendus à 3000. liv. au lieu que les premiers ne les avoient eftimez que 2000. liv. l'acheteur fut condamné à fuppléer le jufte prix de 3000. liv.

CHAPITRE XIV.

Si la lezion d'outre moitié a lieu en fait d'entreprife de bâtimens.

MR. d'Olive, *liv.* 4. *chap.* 12. & M. de Cambolas, *liv.* 3. *chap.* 15. rapportent des Arrêts contraires l'un à l'autre fur cette matiere qu'ils traitent. J'ajoûterai que le 8. Avril 1661. en Audience la femme d'un Maçon fut démife des Lettres que fon mari avoit impetrées, pour être relevé de l'entreprife d'un Pont auprès de Befiers, fur ce qu'il difoit qu'il y perdoit plus de la moitié du jufte prix. Il eft vrai que l'Arrêt ajoûta, fans préjudice du dommage par cas fortuit, & des augmentations. La raifon eft qu'aux Ouvrages publics qui fe baillent à la moins dite, la lezion n'eft point reçuë; mais autrement elle peut l'être, comme il fut jugé en Audience le 19. Janvier 1649. en la caufe de Defchamps Maçon, qui avoit entrepris de bâtir la maifon d'un particulier; & c'eft ce qui accorde ces Préjugez, qui d'ailleurs font contraires.

Quelquefois auffi les Ouvriers font relevez lorfqu'ils fe font laiffez furprendre, encore que la lezion d'outre moitié ne s'y trouve pas. Jean Boulanger Orphévre de Touloufe, avoit entrepris de refaire un Chrift d'argent des Marguilliers de la Confrerie du Saint Sacrement de l'Eglife de S. Etienne; & il étoit dit par contrat, que fi le neuf pefoit plus que le vieux, ils ne payeroient le furplus de la matiere qu'à 21. liv. le marc; fi-bien que cette Image pefant 28. marcs plus que l'autre, Boulanger demanda d'être relevé de la claufe par laquelle il étoit porté que le marc ne feroit payé qu'à 21. liv. Si-bien qu'aux Requêtes ayant été ordonné que le marc feroit payé au dire d'Experts, le Jugement fut confirmé par Arrêt de la Cour du 20. Juin 1623. donné au Rapport de M. de Mauffac.

CHAPITRE XV.

Si la lezion à lieu en faveur de l'acheteur.

QUOIQUE Dumoulin fur la Coûtume de Paris , §. 13. *Glof.* 5. *num.* 56. *& §.* 22. *num.* 47. *in fin.* tienne formellement que la Loi feconde , *cod. de refind. vend.* a lieu en faveur de l'acheteur auffi-bien que du vendeur , parce que *Correlativorum eadem eft ratio* , néanmoins fon avis n'eft pas fuivi ; parce qu'un acheteur ne trouve pas tant de faveur que le vendeur dans le Droit , *leg.* 31. §. 2. *ad Vell leg. Qui erat.* 49. *ff. Famil. ercifc. leg.* 1. *cod. Theod. de præd. & al. reb min.* qui eft la douze, *tit.* 3. où il dit que le vendeur , qui vend le plus fouvent, *ftrangulatur.* Ce qui eft confirmé par la Loi *Et fi æquo* 66. *ff. de legat.* 1. au lieu que l'acheteur *ftultitia emit, leg.* 3. *ff. ad leg. falc.* Or *ftultis non fubvenitur, leg. Penult. ff. de jur. & fact. ing.* Jugé par Arrêt du 18. Février 1642. entre Chanvoyer & Berenguier , que la lezion n'eft pas confiderée en faveur de l'acheteur. Cela fut encore jugé par autre Arrêt donné en l'Audience de la Grand'Chambre le 19. Decembre 1656. contre un Païfan du lieu de la Cournaudric. , Viguerie de Touloufe, en faveur de Tolofe Marchand, Tuteur des enfans de Channeau. Voyez la Lettre T , fous le mot *Tuteur.*

LIVRE DE RAISON.

CHAPITRE XVI.

Si un Livre de Raifon d'un Marchand fait foi contre un Tiers.

TIE' Marchand de Touloufe ayant fait affigner Delivat devant les Prieur & Confuls de la Bourfe , à lui payer certaine Marchandife qu'une autre perfonne avoit prife chez lui à credit, prétendant que Delivat avoit cautionné pour ce Tiers, fuivant qu'il l'avoit écrit dans fon Livre journal : fur quoi les Prieur & Confuls rendirent Appointement , par lequel Delivat fut condamné de payer comme caution le prix de la Marchandife. De cet Appointement, Delivat réleva appel en la Cour : difant qu'il avoit été mal-à-propos , & fans nul fondement , condamné au payement de la Marchandife que ce Tiers avoit prife chez Itié , dautant qu'il n'avoit jamais cautionné pour lui ; mais qu'il avoüoit de bonne foi qu'il étoit allé avec lui chez Itié , ne s'étant pas mis en peine quelle Marchandife il prenoit, ni ce qu'il en payoit ; & que s'il étoit vrai , comme Itié difoit , qu'il eût cautionné, il n'auroit pas manqué de lui faire faire de deux chofes l'une , ou de lui avoir fait faire un billet du prétendu cautionnement , ou de l'avoir obligé de figner fon Livre journal comme caution au pied de l'article où il le portoit pour caution ; & que ce feroit une pernicieufe confequence fi tels Livres faifoient foi contre des tierces perfonnes , que les Marchands pourroient fans fujet rendre leurs débiteurs.

Itié au contraire auroit dit qu'il avoit été bien jugé , puifqu'il ne pouvoit pas être contefté que le Livre journal d'un Marchand , écrit de fa main , qui contient les prêts & les payemens à lui faits , & que le tout regarde fon Trafic & Negoce , & que le Marchand foit de probité connuë comme il étoit , ne faffe foi , *Ex leg. Inftrumenta , cod. de probat.* Et l'opinion des Docteurs, *Guyd. Pap. quæft.* 441. Faber *in fuo cod. lib.* 4 *tit. de fid. inftr.* 16. *defin.* 5. Et ainfi on ne pouvoit pas dire que fon Livre journal ne fît foi , attendu qu'il étoit écrit de fa main , & qu'il contenoit ce qu'il prêtoit & ce qu'il payoit ; & qu'étant homme de bien & de probité connuë , il n'auroit pas voulu porter Delivat pour caution , s'il n'étoit vrai qu'il avoit cautionné pour celui qui avoit pris la Marchandife ; & que les Marchands qui vendent en détail , ne font pas faire des promeffes à ceux qui leur empruntent ni à leurs cautions , ni ne leur font point figner leurs Livres journaux. Mais la Cour par Arrêt donné en l'Audience de la Grand'Chambre le 30. Juillet 1655. reforma l'Appointement de la Bourfe , & ordonna que Itié prouveroit dans le mois , comme quoi Delivat avoit cautionné pour ce Tiers qui avoit pris la Marchandife , & Delivat le contraire fi bon lui fembloit dans le même délai.

LOCATAIRE.

CHAPITRE XVII.

Si le Locataire peut surloüer contre la volonté du Proprietaire.

UN Locataire d'une maison n'est pas obligé d'en joüir lui-même, car il peut la surloüer à un autre si bon lui semble, *leg. Cùm in plures*, *ff. locati*. & *leg. Nemo*, *cod. de locato*. Mais s'il a été convenu qu'il ne pourra surloüer que du consentement du Proprietaire, il ne peut autrement, *dict. leg. Nemo*, *cod. locato*. & s'il le fait, le contrat de surloüage est nul. C'est ce qui fut jugé par Arrêt de la Cour donné en l'Audience de la Grand'Chambre le 23. Juillet 1671. par lequel un Contrat de surloüage d'une maison sise dans Toulouse, appartenant à Roger Procureur au Senêchal, passé par le nommé Bonnet Locataire en faveur de Bournetes Boucher, fut cassé ; & ordonné, conformement au contrat de loüage, que Bonnet ne pourroit surloüer la maison de Royer sans son consentement, Avocats, Mes. de Massoc, Tartanac & Duval.

LOTS ET VENTES.

CHAPITRE XVIII.

Si les Lots & Ventes sont dûës d'un décret mal-poursuivi, y ayant mise de possession.

IL se juge constamment que les Lots & Ventes d'un décret mal-poursuivi, & qui a été cassé, quoiqu'il y eût mise de possession, ne sont point dûs, ainsi qu'il a été jugé par Arrêt de la Cour

donné

donné en la feconde Chambre des Enquêtes au Rapport de M. de Sevin le 20. Decembre 1660. Sur quoi Tiraquell. *in tract. 6. de retract. convent.* §. 16. *Gloff.* 2. *num.* 19. & d'Argent. *in tract. de laudim. cap.* 1. §. 17. difent que de la vente qui a été refoluë de droit, & qui a été déclarée nulle, les Lots & Ventes ne font point dûs. Voyez Cambolas, *liv.* 5. *chap.* 34.

CHAPITRE XIX.

Si le Seigneur qui a reçu les Lots & Ventes d'un décret nul, peut être obligé à les reftituer.

CETTE queftion fut jugée en la Seconde Chambre des Enquêtes par Arrêt du 31. Mai 1660. par lequel il fut jugé que le Seigneur n'eft pas obligé de les reftituer, en ayant été relaxé. Et M. de Laroche en fes Arréts, au traité des droits Seigneuriaux 38. *art.* 7. rapporte un Arrêt donné Chambres affemblées, par lequel les Lots & Ventes furent adjugez d'une vente nulle, faite par un Mineur, fur ce que les Lots en avoient été payez au Seigneur. Ce qui fait voir clairement encore, que le Seigneur n'eft point obligé à les reftituer.

CHAPITRE XX.

Sur quel pied les Lods & Ventes doivent être pris.

IL eft certain que les Lots font dûs fuivant la convention expreffe de la quantité de Lots établie dans l'ancien Bail. Mais lorfqu'il n'y a point de titre primordial, comment le faut-il regler ? Sur cela il y eut procès en la Cour entre le Seigneur Directe du Lieu d'Arboras Diocefe de Lodeve, & les Confuls & Habitans du Lieu. Le Seigneur prétendoit que les Lots lui étoient dûs de cinq un du prix de la vente, fuivant divers Laufimes qu'il produit, les uns étant faits depuis cent ans ou environ.

N n

Les Confuls & Habitans difoient que ces Laufimes ne fuffifoient point pour établir fa prétention & fa demande : Qu'il falloit les titres d'inféodation, attendu que les Seigneurs voifins n'avoient accoûtumé de prendre les Lots que de dix & douze un, qui étoit felon le Droit commun. Et fur ce que le Seigneur n'avoit nul titre primordial, la Cour par Arrêt donné en la premiere Chambre des Enquêtes, au Rapport de M. Dumay, ordonna qu'avant dire droit définitivement aux Parties, demeurant les actes du procès, que le Seigneur juftifieroit, tant par actes que par témoins, que les Lots & Ventes lui étoient dûs de cinq un dans certain délai ; & les Confuls & Habitans, le contraire fi bon leur fembloit.

Le Seigneur ne voulut point faire d'Enquête, mais produifit plufieurs autres Laufimes ; & les Confuls firent leur Enquête, par laquelle ils prouvoient que les Seigneurs voifins n'avoient accoûtumé de prendre les Lots & Ventes que de dix & de douze un ; & même prouverent qu'un autre Seigneur qui avoit des fiefs par indivis avec leur Partie, ne prenoit les Lots & Ventes que de dix & de douze. Sur le Jugement de l'interlocutore de l'Arrêt, il y eut Partage, qui fut vuidé à la feconde Chambre.

De la part du Seigneur, il fut réprefenté que les Lots, qui eft une efpece de tribut que le Seigneur exige de celui qui veut être fon Vaffal & Emphiteote, fe payent fuivant les coûtumes des Lieux où les biens font fituez, s'il n'y a point des titres : Que s'il y en a, ils doivent étre payez fuivant la convention portée par les titres, comme il avoit été jugé au Parlement de Paris par Arrêt du 18. Août 1582. rapporté par Charondas en fes Pandectes, *liv.* 2. *chap.* 16. & *Ex leg. Semper* 34. *ff. de diverf. regul. jur.* Et que juftifiant par plufieurs & divers Laufimes, produits les uns avant l'Arrêt interlocûtoire, & les autres après, qu'il a droit de prendre les Lots de cinq un du prix de la vente. que mal-à-propos les Confuls fe défendent de les payer fur le pied de cinq un ; & que leur Enquête ne pouvoit être confiderée aux termes de l'Arrêt interlocutoire, daurant qu'ils ne prouvoient pas que la coûtume du Lieu d'Arboras fût de ne prendre pas les Lots & Ventes que de dix & douze un : mais qu'ils prétendoient prouver que les Seigneurs voifins

n'avoient accoûtumé de prendre les Lots & Ventes que de dix
& de douze un ; & qu'ainſi il pouvoit dire que les Conſuls ne
prouvoient rien du fait en queſtion, dautant qu'en fait du payement des Lots , les Coûtumes des Lieux ſont differentes &
diverſes ; c'eſt pourquoi il faut juſtifier lorſqu'il n'y a point des
actes de la Coûtume des Lieux où les biens ſont ſituez. Et c'eſt
ce qui fut jugé par un Arrêt du Parlement de Paris le 6. Septembre 1586. rapporté par Charondas en ſes obſervations , ſous
le mot *Droits.* Et c'eſt ce que ſemble dire cette Loi *Semper ,*
ff. de diverſ. reg. jur. où il eſt dit par Ulpien , *Semper in ſtipu-*
lationibus , & in cæteris contractibus , id ſequimur quod actum
eſt ; unde ſi non apparet quid actum , conſequens erit ut id ſequa-
mur , quod in regione , in qua id actum eſt , frequentatur.

Et à l'égard de la preuve que les Conſuls diſoient avoir fait
faire à l'égard du Seigneur qui avoit avec lui des Fiefs par indivis
qu'il ne prenoit les Lots que de dix & de douze un ; que cette
preuve ne pouvoit non-plus être conſiderée à ſon égard , puiſque ce Seigneur ne pouvoit avoir rien fait à ſon préjudice ; &
qu'enfin juſtifiant par pluſieurs actes de Lauſime anciens &
modernes , qu'il a toûjours pris les Lots de cinq un , la Cour
devoit les y adjuger.

De la part des Conſuls , il fut repreſenté que les actes de
Lauſime du Seigneur qu'il avoit produits en dernier lieu , ne
pouvoient pas établir le droit de Lots de cinq un , dautant que
la Cour n'avoit pas eu égard à pluſieurs autres qu'il avoit remis
lors de l'Arrêt interlocutoire , en ce que par cet Arrêt il fut
ordonné qu'il juſtifieroit , tant par actes que par témoins , que
les Lots lui étoient dûs de cinq un ; c'eſt-à-dire , que la Cour
avoit entendu par cet Arrêt , qu'il le juſtifieroit non par actes
de Lauſime , mais par des actes de Bails-à-fiefs , ou par des
Reconnoiſſances , puiſque lors de l'Arrêt il avoit produit divers
actes de Lauſime ; & que ne prouvant point par autres actes ,
ni par témoins , que les Lots lui ſoient dûs de cinq un ; il ne
pouvoit les avoir que de dix & de douze un , ſuivant que le
Seigneur , qui avoit des Fiefs par indivis avec lui , les exigeoit ,
puiſqu'il ne pouvoit avoir plus de droit que lui , attendu encore ,
comme ils juſtifioient que les Seigneurs voiſins ne les prenoient

que de dix & douze un ; & que lorſqu'il n'y avoit point de
Titres primordiaux, ni des Reconnoiſſances, ni des Coûtumes
des Lieux où les biens ſont aſſis, pour ſçavoir comment les
Lots doivent être payez, il falloit avoir recours à la Coûtume
des Lieux voiſins, comme dit Imbert, *in Enchir. in verbo* Coûtumes, ſuivant même la fin de la Loi *Semper*, citée & rapportée par le Seigneur ; & que juſtifiant par leur Enquête qu'il ne
pouvoit avoir ni prétendre des Lots que de dix & de douze un,
ils devoient être rélaxez de la demande que le Seigneur leur
faiſoit du payement de Lots de cinq un ; & le Seigneur n'ayant
dit autre choſe, ſi ce n'eſt qu'il prouveroit plus amplement par
actes ou par témoins, demeurant les actes du procès ; & que
prouvant & verifiant le fait ſoûtenu, tant par les premiers actes
de Lauſime, que par les derniers, il avoit ſuffiſâment ſatisfait
ce à quoi il pouvoit être obligé pour établir ſa demande. Auſſi
la Cour par Arrêt du 15. Février 1681. condamna les Conſuls
& Habitans, à payer au Seigneur les Lots & Ventes à raiſon
de cinq un.

CHAPITRE XXI.

Si les Lots ſont dûs au Seigneur de ſon Arriere-fief noble.

LE Senéchal de Gourdon par Appointement condamna le
ſieur d'Albaret à payer les Lots. De cet Appointement,
y ayant eu appel en la Cour, il fut ordonné qu'avant dire droit
il ſeroit enquêté ſi l'on en payoit en tel cas ; & l'Enquête ayant
été rapportée, la Cour rendit Arrêt en Audience le 13. Juillet
1611. par lequel l'Appointement fut reformé, & le ſieur d'Albaret
rélaxé diſinitivement. La même choſe fut jugée par autre Arrêt
rendu en la Premiere des Enquêtes en 1658. ſi-bien qu'aucun
Seigneur Supérieur ne peut prétendre de tels Lots, s'il n'y a un
Titre ou Coûtume juſtifiée. On dit qu'au Comte de Caſtres, &
à celui de Carcaſſonne ils ſont dûs, parce que Simon de Montfort
regla les Fiefs dans les Titres qu'il en fit, lorſqu'il vainquit les
Albigeois. Mais ce ſont des Titres qu'il faut voir.

CHAPITRE XXII.

Si les Lots entiers doivent être rembourfez à celui qui n'en a payé qu'une partie.

IL faut diftinguer fi c'eft en matiere de rabatement de décret ou de caffation de vente. Au premier cas, quoique le Decretifte n'en ait payé qu'une partie, tout dòit lui être rembourfé, à caufe que c'eft une grace qui lui a été faite, & que la vente eft d'autorité de Juftice ; & parce que le rabatement eft une indulgence de la Loi *Argum. leg.* 3. *ff. ad leg. falcid.* & fuivant la Loi *Debitor*, 59. *ff. ad Senat. Trebell. Hoc enim habuit de fua negotiatione aut aliorum ftultitiâ*, Gloff. *dic. leg.* 3.

Mais au fecond cas, il n'en eft pas de même ; fçavoir en matiere de retrait ou de préference, comme il fut jugé en Audience le 9. Août 1649. Car une nommée de Caftanet ayant vendu une maifon au Fauxbourg Saint Michel de Touloufe pour le prix de 1500. liv. & ayant promis de faire ratifier fa fœur, à qui appartenoit la moitié de cette maifon ; cette fœur au lieu de ratifier, demanda au contraire la préference en toute la maifon, offrant de rembourfer au Maréchal les Lots qu'il avoit payez. Or quoiqu'il n'eût payé que vingt-cinq écus, il demandoit le rembourfement des Lots entiers : ce qui lui fut refufé par Arrêt de la Cour, l'Appointement du Senéchal qui les lui avoit adjugez, ayant été reformé.

CHAPITRE XXIII.

Si les Lots de l'engagement qui paffe dix ans, font dûs au Fermier du temps du contrat, ou à celui du temps des dix ans échus.

IL faut tomber d'acord que quand l'engagement paffe dix ans, les Lots en font dûs ; parce qu'un engagement qui dure plus long-temps, dénote un changement de poffeffion, femblable à celui de la vente ; parce que souvent ces sortes d'engagemens font des ventes colorées & simulées pour frauder le Seigneur. Et c'est ce qui fut jugé sans difficulté à la Grand'Chambre au Rapport de M. de Tourreil le 8. Juillet 1 6 4 7. en la cause de Rei Fermier de M. le Prince d'Azilles & de Chilagues.

Mais lors de cet Arrêt, il y eut Partage pour sçavoir à quel Fermier les Lots étoient dûs , ou à celui du temps du contrat , ou à celui du temps des dix ans échus. Il fut vuidé en la Premiere des Enquêtes , en faveur du Fermier qui tenoit la Ferme au temps du contrat ; dans laquelle Chambre la même chose a été souvent depuis jugée. Robert , *Rer. jud lib.* 3. *cap.* 1. rapporte un Arrêt du Parlement de Paris. Boërius , *quæst.* 5. *num.* 2. est aussi de cet avis. Et cela est fondé sur la Loi *Balneum* , & la Loi *Potior* , *ff. Qui potior in pign. hab.* la Loi *Filius famil.* 78. *ff. de verb. obligat.* ou *inspici debet tempus contractûs.* Car quoique les Lots semblent dépendre de l'évenement , néanmoins le contrat *Dat esse rei* , *leg. Nec emptio , ff. de contrah. empt.* D'ailleurs en matiere de confiscation , c'est le Fermier du temps du crime commis , non celui du temps de la condamnation , qui doit avoir la confiscation , suivant ce que dit Chassanée *in consuetud. Burg. de confis. rub.* 2. §. 1. qui confisque le corps, & *verb.* appartient , *num.* 3. & M. Maynard est de cet avis , *lib.* 6. *chap.* 26.

Néanmoins M. Geraud dans son Livre des Fiefs , dit qu'il a décidé le contraire en consultation. Mais il ne dit pas si Sanelient gagna sa cause , ce qui étoit important ; car le contraire de sa consultation , ou à mieux dire de son avis , se juge constament ; ainsi l'on peut dire que ce qu'il avance , ne peut venir en aucune consideration , comme étant le seul de son avis.

L O G E M E N T
des Gens de Guerre.

C H A P I T R E X X I V.

Si le Juge Royal, Chef de Justice, peut avoir logement des Gens de Guerre.

LE Juge Royal Chef de Juftice, eft exempt de logement effectif des Gens de Guerre s'il a fon domicile dans fa Jurif-diction. C'eft fuivant les nouvelles Ordonnances de Loüis XIII. d'heureufe mémoire, *art.* 265. où il eft dit que la Maifon du Chef de la Juftice, eft exempte de logement, *Et ex argum. leg. Vocatis, ff. de munerib. & honorib. & Ex leg. Cunctos, cod. de metat.* Et c'eft ce que la Cour auroit jugé par Arrêt donné à la Grand'Chambre, au Rapport de M. d'Olivier, le 12. Mai 1653.

C H A P I T R E X X V.

Si les Magiftrats Préfidiaux font exempts de logement des Gens de Guerre.

IL a été jugé que non par Arrêt de la Cour, rendu en l'Audience Tournelle le 11. Mars 1654. en faveur des Confuls de la ville de Foix, contre M. Silveftre confeiller au Senéchal de ladite Ville.

M.

MARCHANDISE.

CHAPITRE PREMIER.

Si l'on peut alleguer après quatre mois , que la Marchandise qu'on a achetée n'est pas de la qualité requise.

UN nommé Merlé ayant vendu grande quantité de Salicor à un Marchand de Pontignan , l'acheteur l'auroit fait porter chez les Verriers , qui dirent que ce Salicor ne pouvoit servir à faire du Verre , mais ils ne le dirent que quatre mois après. L'acheteur voulant se faire rendre son argent , le vendeur disoit que *Post perfectam venditionem si quid deterius contingat periculum est emptoris, leg. 1. §. 1. ff. de ædilitio edict.* Et que *qui malè probavit, de se queri debet , leg. si vina 15. ff. de peric. & conc. vend. & in leg. Opus 36. & leg. Ult. ff. locati.* Mais l'acheteur ayant dit qu'il prétendoit qu'il y avoit d'une autre herbe mêlée , & qu'entre Marchands la bonne foi devoit regner, le Senêchal par Appointement ordonna la verification du Salicor ; & cet Appointement fut confirmé par Arrêt de la Cour donné en l'Audience de la Grand'Chambre le 14. Mai 1649.

MARCHAND.

CHAPITRE II.

Si le Marchand qui a promis de remettre une Lettre de Change,
peut être contraint par corps faute de remettre comme
pour une Lettre même.

UN Marchand de Toulouse ayant promis à un nommé
Raoul par un Billet, de lui remettre une Lettre de Change
pour une somme qu'il lui devoit. Faute de la remettre, il y
eut Appointement à la Bourse de contrainte par corps, faute
d'avoir fourni cette Lettre ; & cet Appointement tint, confirmé
par Arrêt donné en l'Audience le 8. Février 1645.

CHAPITRE III.

Si les Marchands Forains peuvent être contraints par corps après
les quatre mois, ou leurs Agens trouvez dans Toulouse.

IL y eut un Reglement de la Bourse confirmé par Arrêt,
lequel reglement portoit que les Marchands Forains ou leurs
Agens trouvez dans Toulouse, pourroient être contraints par
corps après quatre mois depuis la Lettre de Change qu'ils
auroient consentie sur eux ou acceptée. Ensuite un nommé Palot
Marchand Forain, ayant Fourni une Lettre de Change de
2000. liv. à Pescous Marchand de Lyon, sur des Marchands
de Lyon qui ne lui devoient rien, il fut condamné par corps à
la Bourse : ce qui fut confirmé par Arrêt d'Audience le 2. Janvier
1642. & Palot fut condamné de payer les interêts depuis la condamnation. Et le 15. Mai 1643. en Audience, il fut jugé qu'un
Marchand d'Avignon trouvé en France, pouvoit être actionné
devant les Prieur & Consuls de la Bourse, quoiqu'il eût été
trouvé à la Foire de Beaucaire.

O o

CHAPITRE IV.

Si un Marchand qui ne fait que signer une Lettre de Change, peut être obligé.

LA Cour donna un Arrêt en l'Audience de la Grand'Chambre, Avocats Mes. de Tartanac & Larrieu, le 29. Avril 1664. par lequel il fut jugé qu'un Marchand de Touloufe ayant figné une promeffe qu'un Marchand de Saint Gaudens avoit faite pour 300. liv. de Marchandife à un autre Marchand, étoit obligé, quoiqu'il ne fût dit ni qu'il fût débiteur, ni qu'il fût caution, & qu'il femble qu'on ne pouvoit le prendre que pour témoin feulement.

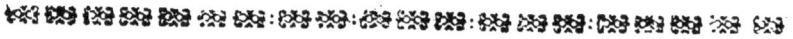

M A R I.

CHAPITRE V.

Si un Mari qui a fait. quittance dans fon contrat de mariage de plus qu'il n'a reçu, eft recevable à oppofer l'exception Non numeratæ pecuniæ *de dix ans ; & fi l'on peut faire jurer fur ce fait, celui à qui l'on l'a faite.*

BESSET fe mariant avec une nommée Lifiez, fit quittance de 4000. liv. de dot dans fon contrat de mariage au frere de fa femme, quoiqu'il n'en eût reçu que 3000. liv. Neuf ans & demi après ce contrat ; Beffet ayant formé une inftance contre fon Beau-frere, il difoit que c'étoit une contre-Lettre, & que par confequent les 1000. liv. reftantes devoient lui être payées. Sur quoi le Senêchal ayant ordonné que Lifiez jureroit, autrement que le ferment feroit deferé à Beffet, Lifiez fut appellant en la Cour, difant qu'il devoit être rélaxé, *leg in contractibus, §. illo, cod. de except. non numer. pecun.* où *Si non licet exceptionem non numerata pecunia apponere , nec jusjurandum afferre.* Et que le contrat étant contre lui , il ne pouvoit oppofer cette exception, *Novell* 136. *cap. 6. in fin.* cù *Nemo ita diffolutus eft , ut quæ data non funt, pro datis fcribat.*

Bellet au contraire difoit que fuivant l'Authentique *Quod locum , cod. de dot. caut. non num.* il avoit dix ans pour propofer cette exception. Et que fuivant la Loi *In dotibus , cod. tit.* cette exception pouvant être oppofée en matiere de dot dans un an, l'Authentique *Quod locum* avoit étendu ce temps à dix ans. De plus, il alleguoit un Arrêt formel en pareil cas, rendu fur un appel des Requêtes du 26. Avril 1630. en faveur de Maillos Huiffier contre fa Belle-mere , par lequel la Cour avoit ordonné qu'elle jureroit fur les Reliques de S. Antoine ; & que cette femme ayant demandé la modification de ce ferment, elle lui auroit été déniée par un autre Arrêt. Mais la Cour néanmoins reforma l'Appointement du Senéchal par fon Arrêt du 20. Mars 1643. nonobſtant ce qui eſt dit en la Loi 4. *cod. de dot. promiſ.* en ces termes : *Si voluntate dotantis in infirumento dotali plura tibi tradita fcripfifti , quam fufcepifti , intelligis de his quæ funt petendis pactum effe confequutum :* ce qui paroît extraordinaire , dautant que c'étoit un frere qui ne donroit rien au fien. Or il y a de la peine de donner la raifon de cette diverfité d'Arrêts, fi ce n'eſt que Beſſet avoit trop attendu a demander les 1000. liv. ou fupplement , & que Maillos l'avoit demandé dans l'an. Voyez Loüet, *let. D, chap. 19.* & Brodeau *ibidem.*

Mais quand c'eſt un fubſtitué qui demande tel ferment , fur ce que l'on préfume que la conſtitution a été faite *In everfionem fideicommiſſi ,* la Cour ordonne l'audition cathegorique ; comme il fut jugé par Arrêt donné en l'Audience de la Grand'Chambre le 25. Janvier 1656. en la caufe d'une nommée Calmettes, contre une nommée Delfoſſat. Le fait étoit , que Calmettes ayant marié fa fille avec le nommé Delfoſſat Sieur de Rebigue, Delfoſſat fit quittance dans fon contrat de mariage de 2000. liv. Après quoi étant mort, & fa veuve ayant fait faifir fes biens, la fœur du mari, qui étoit fubſtituée, demanda que la mere de la veuve, qui étoit en caufe, & la veuve auffi, fuffent oüies cathegoriquement fur la fimulation de cette quittance : ce que la Cour ordonna en reformant un Appointement du Senêchal.

Nota, Que lors de la Plaidoirie de la caufe, la veuve rapporta un Arrêt rendu en la feconde Chambre des Enquêtes au Rapport de M. de Puymiflon , confirmé par un autre donné fur une Requête en interprêtation au Rapport de M. de Caftan , par lequel la Demoifelle de Capelle fut déchargée de jurer fur une pareille conftitution dotale † ; mais ce n'étoit pas contre une fubftituée , mais contre une mere qui avoit donné à fon fils pour fe marier, comme nous avons dit ci - deffus ; de forte qu'il faut fe regler aux circonftances pour ordonner tel ferment. Et le 26. Mars 1 6 5 4. il fut ordonné contre un nommé Autrec , qui avoit donné 5 0 0. liv. en contrat de mariage à fa fœur , dont Barrié fon mari mineur avoit fait quittance , non pas qu'il jureroit comme le Senêchal l'avoit ordonné fur fon offre, mais qu'il prouveroit l'emploi de 5 0 0. liv. donnez.

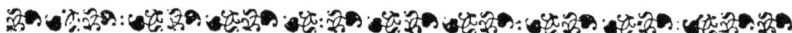

MARIAGE.

CHAPITRE VI.

Si un Frere peut s'oppofer au Mariage de fon Frere , fous prétexte qu'il dit qu'il eft impuiffant.

UN homme de Pamies ayant deux enfans mâles de deux lits , les fit heritiers , & les fubftitua l'un à l'autre en cas ils decedaffent en pupillarité , & fans faire teftament. L'enfant du fecond lit ayant paffé des articles de mariage avec une nommée Durieu , il fut conftitué 1 0 0 0. liv. de dot à cette fille ; & fon Fiancé lui donna en cas de prédecès, la fomme de 2 0 0 0. liv. Son Frere du premier lit s'étant oppofé à ce mariage , difoit qu'il n'accufoit pas le mariage , mais qu'il dénonçoit l'empêchement, comme dit la Glofe fur le chapitre *Ad diffolvendum* 13. *de defpon. Imp*, lequel empêchement étoit que fon frere n'avoit pas les parties neceſſaires au mariage, & que par conſequent il ne pouvoit ſe marier. Mais ſon frere au contraire ayant repreſenté que cette verification étoit honteuſe, & que ſa Fiancée qui y avoit le plus d'intereſt, ne ſe plaignoit pas ; & que ſuivant le Chapitre *Conſultatione, de frigid.* quand cela feroit, ce qui n'étoit pas, elle l'auroit *tanquam patrem, non tanquam maritum,* la Cour rendit Arreſt en l'Audience de la Grand'Chambre le 27. Février 1639. par lequel elle permit aux Fiancez de paſſer outre à la célébration du mariage. Voyez Roüillard *in fine.*

CHAPITRE VII.

Si un Mariage fait ſur une condamnation au foüet, faute d'épouſer, eſt abuſif.

BON ESTEVE logeant dans une maiſon, rendit enceinte la ſœur de ſon hôte, plus âgée que lui de cinq ans. Elle fit ſa plainte, Eſteve fut mis en priſon, & il avoüa le fait. Sur quoi le Juge Ordinaire le condamna au foüet, ſauf s'il l'épouſoit. Eſteve épouſa donc cette ſœur de ſon Hôte devant un Preſtre que le Curé à deux lieües de-là y envoya, pour éviter l'opoſition du pere. Ce Pere fut appellant comme d'abus de la célébration de ce mariage ; diſant que ſi les Mariages qui ſe font *pœnæ cauſâ,* n'ont pas beſoin de Bans, c'eſt lorſque la Cour en a ordonné, mais que les Juges inferieurs n'ont pas ce pouvoir. D'ailleurs que la condamnation au foüet en tel cas étoit extravagante, & que cette fille avoit ſuborné ſon fils. La fille diſoit au contraire que par la hardieſſe naturelle aux Ecoliers, il avoit violé le droit de l'hoſpitalité : qu'ils étoient d'égale condition ; & que le mariage de Boos avec Ruth, ſe fit en préſence des Juges. Sur quoi le 19. du même mois de Février 1646. la Cour par Arreſt donné en l'Audience de la Grand'Chambre, déclara ce mariage abuſif, condamna le Preſtre à 5. liv. d'amande, ordonna que ce fils ſeroit pris au corps, décreta d'ajournement perſonnel contre les témoins ; & fit inhibitions & défenſes aux Conſuls, & autres Juges, d'ordonner & de rendre de telles Sentences. Voyez la lettre J, ſous le mot *Juges,* ci-devant.

CHAPITRE VIII.

Si un Imbecile peut se marier.

IL semble qu'un Imbecile ne peut pas se marier, pārce qu'il faut consentir pour se marier, & qu'un Imbecile n'a point de consentement. Néanmoins comme *Conjunctio maris & fœminæ fit de jure naturali primario*, & qu'elle peut se faire sans raison, le seul instinct de l'apetit sensitif étant suffisant ; quelque imparfait que soit le consentement d'un Imbecile, il suffit aussi au mariage. Comme il fut jugé par Arrêt d'Audience du 16. Janvier 1651. en la cause de la Demoiselle de P. Marcon, mariée avec le sieur de Bardichon, contre la Dame de Fosse sa mere ; laquelle étant appellante comme d'abus de la célébration du mariage de son fils, elle en fut démise, en ce que par cet Arrêt il fut déclaré n'y avoir point d'abus. Voyez Peleus, *quæst. liv. 3.* & *act. for. chap.* 72.

CHAPITRE IX.

Si un Mariage doit être cassé par impuissance.

UN homme de Castres de la Réligion Prétendué Reformée, avoit épousé une fille de la même Réligion ; & le mari ne pouvant rendre les devoirs, ils s'étoient démariez du consentement des Parens, & il avoit baillé cent écus à cette fille pour le dédommagement. Néanmoins cette homme croyant être dévenu plus habile en épousa une autre, à laquelle l'on constitua 2000. liv. qu'on paya à ce mari. Mais le soir des nôces, il s'excusa sur le charme ; si-bien que les parens tomberent d'acord d'attendre un an pour voir si cela se passeroit de même. Mais ce prétendu mari maltraitant cette femme ; & comme dans le traité des Parens ils s'étoient tous les deux soumis au Parlement de Toulouse, la cause y fut portée, où la Cour sans attendre les trois ans , & fans ordonner après le congrez, caffa le contrat , & permit à la fille de fe marier , condamna cet homme à rendre la dot, & à 2 0 0 0. liv. pour les dommages & interêts. La fille avoit Plaignes Procureur pour fon Cura-teur comme moindre. L'Arrêt eft du 21. Août 1650. où il faut remarquer que s'ils euffent été Catholiques , la Cour eût differé pendant trois ans , fuivant le Droit Canon ; & la Cour permit à cette femme de fe marier , *Ex Can.* 1. *& Can. Requifiti* 2. *caufa* 33. *quaft.* 1. Et le Chapitre 1. *Extra de frigid. & malef.* Car la femme peut dire *volo mater effe, volo filios procreare, & ideò maritum accepi.* La chafte Rachel difoit à Jacob fon mari : *Da mihi liberos, alioquin moriar.* Genef. *chap.* 30. *verf.* 1.

CHAPITRE X.

Si un Septuagenaire qu'on foutient imbecile , peut fe marier ; & fi les promeffes verbales font reçûës en fait d'oppofition au mariage.

CETTE caufe fut plaidée en l'Audience de la Grand'-Chambre ; Avocats Mes. de Chaffan, Tartanac & Maffoc. Un homme de foixante dix ans voulant fe marier , les parens, qui voyoient que cela préjudicieroit à fes enfans, s'oppoferent à ce mariage , & prétendoient qu'il étoit en âge décrepite jufqu'à l'imbecilité. D'ailleurs il y avoit une oppofition de la part d'une femme , qui foutenoit qu'il lui avoit promis mariage, mais il n'y avoit point de promeffe par écrit ; de forte que les parens & cette femme , furent démis de leur oppofition avec dépens par Arrêt du 18. Janvier 1666.

CHAPITRE XI.

Sçavoir fi le mariage à l'article de la mort eft bon.

MR. d'Olive, *liv.* 3. *chap.* 1. rapporte un Arrêt par lequel tel mariage fut déclaré valable. Il en fut rendu un autre auffi en l'année 1640. en la caufe de M. de Hautpoul Avocat ,

& la Demoifelle de Hennequin , contre M. de Hautpoul Confeiller en la Cour fon pere , qui étoit appellant comme d'abus
de la célébration du mariage de fon fils. Dufrene , *liv. 2.*
chap. 5. de fon Journal , rapporte un Arrêt contraire ; & il y
a eu Arrêt général du Parlement de Paris du dernier Mai
1661. qui refufa à la veuve d'un tel mariage , la communauté
des biens. Mais il y a de la différence de la Communauté &
du Sacrement ; car en ce cas la focieté d'un mari riche avec
une femme qui n'a rien , femble frauduleufe ; & qui rend les
enfans legitimes , fi elle en a , fans qu'il foit befoin qu'elle s'en-
richiffe de fon incontinence.

Cette même queftion ayant été plaidée en cette Cour le 16.
Mai 1645. en la caufe Darbouft, Plantiere & Carrié , il y eut
Partage. Mais ce fut à caufe que Dayrague qui avoit époufé
fa fervante trois jours avant fa mort , & n'avoit pas figné le
contrat : Il eft vrai qu'il étoit dit qu'il n'avoit pû figner à caufe
de fon incommodité , & à caufe encore que le Vicaire Général
ayant le même jour donné difpenfe de deux Anonces , il avoit
ajoûté cette condition , fçavoir que la première feroit publiée le
jour de Dimanche ; & il fe trouvoit qu'elle l'avoit été, non le
Dimanche , mais le jour de S. Orens , qui étoit un Mercredi.

CHAPITRE XII.

Si le mariage d'un homme qu'on va paffer par les armes , & que
le Confeil de Guerre qui l'a condamné , donne pour mari à une
telle fille qui le demande , eft nul & abufif.

CETTE caufe eft fort finguliere. Un Soldat du Regiment
de Noüailles nommé Barrere , ayant été convaincu de défer-
tion , auroit été condamné par le Confeil de Guerre du Regiment , à être paffé par les armes. Comme il étoit déja attaché
au poteau , & prêt d'être exécuté par les Soldats qu'il avoit
choifis pour lui rendre ce funefte fervice à la maniere accoûtu-
mée , une jeune fille bien faite , âgée feulement de treize à qua-
torze ans , touchée d'une charitable compaffion , fendit la preffe

avec

avec beaucoup de précipitation des spectateurs pour le demander pour mari au Commandant , qui fit quelque difficulté. Mais tous les Officiers , qui étoient ceux qui l'avoient jugé, & le Commandant même, furent si fort touchez par les larmes , soupirs & sanglots de cette jeune fille , qu'ils crierent à l'inftant grace. Si bien que du confentement de la mere de cette fille qui s'appelloit Cornus, ils furent époufez à la tête du Regiment par l'Aumônier ; & ce Gendre fut reçu avec joye dans la maifon de cette mere.

Mais le pere de ce mari fut fi ingrat , que voulant faire caffer ce mariage il demanda la caffation de la procedure du Confeil de Guerre , & fut appellant comme d'abus de la célébration de ce mariage ; & après que de la part du pere il fut réprefenté qu'il y avoit abus en ce mariage , comme ayant été contracté par un fils de famille fans le confentement de fon pere par un Prêtre fans pouvoir, & fans publication d'Anonces , & qu'ainfi il pouvoit dire que ce mariage étoit nul & abufif , & que le procedé de ces Officiers étoit infoutenable.

De la part de cette fille , il fut réprefenté que ce pere reconnoifloit bien-mal l'obligation qu'il lui avoit, de lui avoir rendu fon fils qu'on alloit facrifier à la fatisfaction du public , qu'elle avoit arraché d'entre les bras de la mort à laquelle il avoit été condamné : & qu'elle pouvoit dire encore avec raifon , qu'elle avoit confervé l'honneur de fa Famille ; & qu'il y avoit bien de l'ingratitude de la part de ce pere dénaturé, qui ne pouvoit qu'être dénaturé & barbare , parce qu'autrement il n'auroit pas fait voir ni fait paroître un fi grand vice qu'eft l'ingratitude; Oui , puifqu'un des plus grands Rois de la Grece difoit ordinairement, comme ayant d'horreur pour ce vice , que la plus grande vertu de l'hon me étoit de reconnoître un bientait au-delà de ce qu'il valoit. Or l Orateur Romain difoit que de tous les éloges qu'on donne ordinairement aux plus grands hommes, il n'y en avoit point qu'il fouhaitât avec tant d'ardeur , que celui d être eftimé reconnoiffant ; & qu'elle pouvoit dire que fi ce pere avoit été capable d'un fentiment fi plein de vertu, fon ingratitude n'auroit pas donné lieu à une déclamation publique.

Or venant à la caffation de la procedure des Officiers par

P p

incompetence , il y étoit lui-même mal-fondé ; car quànd les anciennes Ordonnances n'y feroient pas expreffes auffi-bien quo les nouveaux Edits par le Droit civil , le Préfident de la Province devoit renvoyer les Deferteurs à leur Chef pour être jugez, *leg. 3. ff. de remit. Leg. 9. cod. de cuft. & exhib. reor.* & *leg. certi juris , cod. de Judic.* contre l'opinion d'Hotoman , *quæft. illius 26.* Pour ce qui eft du défaut des Bans & autres folemnitez , il fut dit que les teftamens faits en préfence du Prince font valables., *leg. Omnium , cod. de teftam.* & que ce mariage ayant été fait à la tête du Regiment, où le genie tutelaire de la France & l'efprit du Prince préfide , n'étoit pas moins valable. De forte que la Cour rendit Arrêt , par lequel elle déclara n'y avoir point d'abus au mariage , & confirma l'Appointement du Senêchal qui ordonnoit 2 0 0. liv. de penfion à cette femme , avec dépens.

CHAPITRE XIII.

Si une femme veuve qui fe remarie , peut faire déclarer fon fecond mariage nul après 25. ans , & avoir eu cinq enfans , fur ce qu'elle prétendoit que les formalitez n'avoient pas été obfervées.

LA Demoifelle de Medicis veuve de Montfort avoit deux enfans , & une fille qui fut mariée avec M. de Ramundi Subftitut de Meffieurs les Gens du Roi. Elle avoit un Précepteur appellé Lapalifle qui fe fit recevoir Avocat , & enfuite il fe maria avec la mere de fes Difciples. Ce mariage fut folemnifé au Lieu de S. Ibars , par un Prêtre qui n'avoit nul pouvoir de l'Archevêque de Touloufe, ni de fes Vicaires Généraux , ni du Curé de la Daurade, dans la Paroiffe duquel ils habitoient , & encore fans publication d'aucune Anonce. De ce mariage ainfi contracté , il y eut cinq enfans qui moururent.

Cete femme croyant que fon mari , comme il lui faifoit entendre , avoit eu difpenfe d'époufer au lieu de S. Ibars , & qu'il avoit fait publier une Anonce à la Daurade , ayant eu la difpenfe des deux autres. Néanmoins vingt-cinq ans après ce mariage,

cette femme ayant appris que son mari n'avoit fait publier
acune Anonce , & qu'ils avoient époufé à Saint Ibars fans permiffion : elle par l'ordre de fon Confeffeur prit confeil d'A-
vocats pour fçavoir fi fon mariage avoit été legitimément contracté ; & fon Confeil lui ayant déclaré qu'il y avoit abus , elle
impetra enfuite Lettres en appel comme d'abus de la célébration
de fon mariage. La caufe étant en l'Audience de la Grand'-
Chambre , il fut dit de la part de cette femme que ces moyens
d'abus étoient très-pertinens. Mais avant d'y entrer , Me.
d'Audibert fon Avocat avoit répréfenté à la Cour que dans l'E-
criture Sainte les Difciples des Prophètes font appellez Enfans
des Prophétes. Au premier Livre des Rois , *chap. 3. num. 6.*
Heli appelle Samuël fon fils ; & au *liv. 4. chap. 2.* Elifée Dif-
ciple d'Helie crie après lui , mon Pere , mon Pere ; & que
Lapalifie étant comme Pere des enfans de fa Partie , avoit voulu
changer ce grand & illuftre nom de Pere en celui de Parâtre ,
horrible même aux chofes infenfibles , & qui font incapables
d'avoir de la haine ou de l'amour. Car Plutarque raconte des
fleuves d'Aëtolie , à qui la feule prononciation du nom de Parâtre
où de Marâtre , fait perdre la vigueur & la beauté de leur teint.

Or venant aux moyens d'abus , fon premier étoit de ce que
ce prétendu mariage avoit été beni hors de la Paroiffe par un
Prêtre étranger ; & la Cour fçait que la Benediction nupriale
ne peut être donnée que par le Curé , ou par autre Prêtre ayant
charge de lui , fuivant les Saints Décrets , & Conftitutions Canoniques. Voici comme parle le Concile de Trente , *feff. 24. de*
Matrimonio. Præterea Sancta Synodus ftatuit benedictionem fieri
à proprio Parrocho , vel ab alio Presbytero de ejus licentia ; &
allegua diverfes autres autoritez. Et le fecond moyen d'abus
étoit pris de ce qu'aucune Anonce n'avoit été publiée dans leur
Paroiffe , qui étoit la Daurade , ni ailleurs même : ce qui rendoit
encore ce mariage nul , fuivant les Ordonnances Royaux , &
Conftitutions de l'Eglife , & Saints Décrets , le Concile de
Trente , *feff. 24. cap. 1. De reformat. matrim.* Et qu'on ne
pouvoit pas s'excufer de ce que la pefte étoit dans Touloufe ,
puifqu'il étoit juftifié qu'en ce temps les Bans de M. de Madron
Confeiller en la Cour , furent publiez dans l'Eglife de la Daurade

qui étoit pour lors sa Paroisse ; & que les enfans qui avo ent été procréez de ce mariage , ne pouvoient donner lieu à la confirmation d'un mariage nul.

Mais ces enfans étoient morts ; & que quand même ils seroient en vie , ils ne resteroient pas d'être legitimes , quoique le mariage fût déclaré nul , à cause de la bonne foi de sa Partie, qui avoit toûjours cru que son mariage avec Lapalisse, comme il lui faisoit entendre , avoit été solemnisé avec toutes les formalitez requises & necessaires ; & qu'il est certain que lors de tels mariages , la bonne foi de l'un des conjoints fait que les enfans sont déclarez legitimes & successibles. Comme au reciproque la bonne foi cessant , *cap. Referente* , *& cap. Ex tenore extra* , *qui filii sunt legitimi* , *cap. Cum inhibitio* , §. *Si quis* , *de clandest. desponsal.* & la Glose du Chapitre 1. *De eo qui duxit. in matrimonium quam polluit per adulterium* ; & il conclud. Et après que Mes. de Barthez & de Pira, qui plaiderent pour les deux enfans du premier lit , adherans par deux Requétes à l'appel comme d'abus de leur mere , Me. de Lassesquiere plaida pour M. de Lapalisse.

Pour lequel il dit entre autr'autres choses , qu'il étoit vrai qu'il n'avoit fait publier aucune Anonce dans l'Eglise de la Daurade , mais qu'ils avoient épousé au lieu de Saint Ibars avec permission, de laquelle il lui étoit impossible de pouvoir justifier ; & que si les moyens d'abus libellez par la Demoiselle de Medicis avoient lieu après un mariage solemnisé depuis plus de 25. ans, & y avoir eu cinq enfans, la Cour ouvriroit une voye très-pernicieuse , dautant que la plus grande partie des femmes qui ne seroient pas contentes de leurs maris , prendroient une telle voye , & que ce seroit mettre le desordre dans beaucoup de Familles. Cela frappa si fort les Juges , que par Arrêt donné en l'Audience de la Grand'Chambre le 28. Mars 1658. la Cour démit la femme & ses enfans de leurs Appels & Lettres , & déclara n'y avoir point d'abus en la célébration du mariage. Cette cause fut commencée d'être plaidée le premier jour que M. de Bertier Evêque de Montauban fut reçu Conseiller en la Cour.

MINEUR.

CHAPITRE XIV.

Si un Mineur fils de Famille peut être relevé envers l'obligation qu'il a passée, ou du cautionnement pour tirer son pere de prison.

LE Fils de Famille mineur de vingt-cinq ans, qui s'est obligé, ou qui cautionne pour tirer son Pere de prison, ne peut pas être relevé, comme étant obligé de le faire par un devoir de nature. C'est suivant divers Arrêts des Cours souveraines, Brodeau sur Loüet, *lettre A, chap. 9.* Et c'est l'opinion de Balde, *consil. 213. lib. 2.* Boërius, *quæst. 128. num. 6 & 7.* Chopin, *De sacra polit. lib. 3. tit. 8. num. 5.* Et Expilly en ses Arrêts, *chap. 118.* Et la Glose sur la Loi *Conditione 19. de cond. inst.* dit que *Filius ad id naturaliter tenetur.* Et la Loi *Si paternam, cod. ad Senatusicon. Velleian.* dit qu'en ce cas le fils est obligé de rendre ce devoir de pieté à son pere ; & le pere faute de ce faire pourroit l'exhereder, dautant que par le Droit c'est une cause d'exheredation contre le fils, *Novell. 115. cap. 3.* Et Tertullien *in Apolog.* dit que *Æquum est ut Vicario corpore filii patris corpus liberetur.* Si-bien que par Arrêt donné en l'Audience de la Tournelle le 10. Juillet 1637. Lafont fils de Famille, mineur de vingt-cinq ans, fut démis des Lettres par lui impetrées, pour être relevé du cautionnement qu'il avoit fait pour délivrer son pere de prison.

Et par autre Arrêt rendu encore en l'Audience Tournelle le 9. Juillet 1660. Avocats Mes. de Montret & Pagez, un fils de Famille mineur fut démis des Lettres par lui impetrées, pour être relevé de l'obligation par lui consentie pour tirer son pere de prison, où il étoit détenu pour crime, son pere ayant obtenu depuis l'obligation des Lettres de Grace de Sa Majesté. Il y a des Arrêts contraires. Car Brodeau audit lieu, rapporte un

Arrêt sur la fin du Parlement de Paris du premier Avril 1685. contraire. Et notre Auteur dit que s'il se trouve des Arrêts contraires, c'est lorsque le pere pourroit faire casser l'emprisonnement, ou qu'il avoit des exceptions contre la datte.

CHAPITRE XV.

Si un Mineur Gentilhomme peut être restitué envers l'achat d'un Cheval auquel il a été lezé.

UN jeune Gentilhomme impétra Lettres Royaux, pour être relevé de l'achat de deux Chevaux qu'il avoit fait au prix de 1800. liv. Et quoiqu'il apparût qu'il étoit en fort bas âge, & qu'il fût incapable de service à la Guerre, & que la lezion fût prouvée, non pas à la verité d'outre moitié, fut démis de ses Lettres par Arrêt d'Audience du 19. Mai 1644. & sur tout quand le pere a sçu tels achats, ils en sont encore moins relevez, comme il fût jugé par autre Arrêt du 11. Août 1645. en la cause du sieur de Maillolas qui avoit acheté un Cheval 1000. liv. n'étant âgé que de quinze ans ; car le Vendeur offrant d'en croire le pere à son serment, il fut ordonné que le pere jureroit.

CHAPITRE XVI.

Si un Mineur peut être relevé de la vente que sa Mere a faite d'un Office de Notaire.

MR. d'Olive, *liv.* 1. *chap.* 30. rapporte un Arrêt par lequel la minorité ne fut point considerée pour faire casser la vente d'un Office de Conseiller au Senêchal. En voici un touchant un Office de Notaire. La mere d'un nommé Revel avoit vendu à un nommé Lugar un Office de Notaire au Lieu de Solniac. Revel son fils se trouvant d'humeur d'être Notaire, se pourvut contre la vente à cause de sa minorité, disant que c'étoit un immeuble, suivant ce que dit Loyseau des Offices, *liv.* 3. *chap.* 4 *num.* 5. Mais on lui oppofoit le même Loyfeau, *liv.* 2. des Offices hereditaires, *chap.* 7. *num.* 61 & 62. Et les raifons que cet Auteur rapporte, à quoi l'on peut ajoûter, que comme *Omnis deftitutio eft ignominiofa*, l'on ne peut priver un Officier de fa Charge, *Arg. leg. Milites* 13. §. 3. & *in fin. ff. de milit.* Joint à cela que les Offices ne font proprement meubles ni immeubles, mais une troifiéme efpece de biens. C'eft pourquoi par Arrêt donné en la feconde Chambre des Enquêtes, au Rapport de M. de Bertrand le 4. Avril 1650. Lagar fut maintenu.

CHAPITRE XVII.

Si un Mineur non-défendu par fon Curateur, peut être reftitué envers l'Arrêt qui l'a condamné.

C'EST une queftion laquelle en thefe ne fouffre point de difficulté, attendu qu'il y a une infinité de Préjugez. Et même quoiqu'un Mineur foit coheritier d'un Majeur, & que le Majeur fe foit défendu, le Mineur peut être relevé, comme il fut jugé par un Arrêt d'Audience le 11. Août 1643. Avocats Mes. de Cominihan & de Courtois ; par lequel Arrêt un heritier mineur fut relevé, quoique fon frere aîné fon coheritier eût bien défendu une affaire de l'heredité commune.

Néanmoins quand la Cour voit manifeftement que le Mineur a été bien condamné, elle fe départ de la rigueur du Droit. Car la Cour par un Arrêt rendu le 2. de Mars 1648. en la caufe de la Demoifelle de Sainte Colombe, & du fieur Lafeguarie de Saint Cive, elle fut démife d'une Requête civile impetrée contre un Arrêt, qui ordonnoit que fon pere affifteroit au payement de 15000. liv. qui devoit lui être fait, difant que cet Arrêt avoit été rendu fans qu'elle eût défendu. Mais la Cour qui ne favorife point l'opiniâtreté & la chicanne des Mineurs ; & voyant que le procedé de cette Mineure n'étoit que chicannerie, la démit de fes Lettres. Voyez la lettre R. ci-après, fous le mot *Reftitution.*

CHAPITRE XVIII.

Si un Mineur Conseiller, Avocat ou Notaire, peuvent être relevez.

MR. d'Olive, *liv.* 4. *chap.* 15. rapporte un Arrêt général, par lequel M. Dupuy, quoi qu'Avocat Général, fut restitué en entier. Et en l'année 1641. le sieur de Ranchin Conseiller en la Cour des Aydes de Montpellier, fut aussi relevé, comme étant Mineur, par Arrêt donné en l'Audience le 13. Mai 1637. Marques Notaire fut aussi relevé contre Me. de Mourosier Avocat ; quoique suivant l'Ordonnance d'Orleans. 1642. en la cause de Chauroger & de Berenguier, un Notaire. Mineur ne fut pas relevé d'un achat qu'il avoit fait, où il disoit qu'il étoit lezé, mais cela arriva parce qu'il s'étoit dit Majeur. *Leg.* 32. *de Min.* & *leg.* 3. *cod. Si min. maf. se dix.* Voyez Chenu, *quæst* 37. Maynard, *liv.* 9. *chap.* 4. & *liv.* 3. *chap.* 37, 38, 39, 40. & Ferrier. *ad quæst.* 88. Guyd. Pap. & Brodeau sur Loüet, *lett.* G, *chap.* 9. d'un Notaire, & Char. *liv.* 3. *resp.* 30.

CHAPITRE XIX.

Si un Mineur peut être relevé d'une Lettre de Change.

UN nommé Grillon Avocat s'étant obligé par Lettre de Change à un nommé Joüisson, demandoit d'en être relevé, disant qu'il avoit été mal employé, excepté 30. liv. dont il s'étoit fait faire un habit. Mais Joüisson soutenant que l'argent avoit été employé pour sa subsistance à Paris où il étoit pour lors, la Cour condamna Grillon a payer, sans obliger sa Partie à prouver l'emploi de l'argent par Arrêt du 3. Février 1650. rendu en Audience.

Il en est autrement d'un simple prêt ; car une femme ayant
prêté

prêté 400. liv. à un nommé Margaftaud pour acheter , difoit-
elle , une Charge aux Gabelles , par Arrêt du 2. Avril 1648.
il fut jugé qu'avant dire droit elle juftifieroit de l'emploi , *leg.*
3. §. 9. In fin. ff. de in rem. verf.

CHAPITRE XX.

Si un Mineur peut être relevé des ventes que fa mere a faites
pour payer les dettes du pere avec les folemnitez de Juftice.

LA mere d'un nommé Baffanelle qui avoit l'ufufruit des Biens
de fon mari , avoit en 1630. vendu certains biens de l'heredité de fon mari à deux créanciers de fon mari , l'un appellé
Julien , & l'autre Negret , enfuite d'un Appointement du Senêchal , *Apud acta probatis caufis & neceffitate vendendi , & decreto*
folemniter interpofito , leg. Minorum , cod. de præd. & aliis.
Néanmoins les fils ayant offert de rembourfer ce qui avoit été
legitimement employé , la Cour le 9. Septembre 1654. en la
premiere Chambre des Enquêtes , auroit rendu Arrêt au Rapport
de M. de Catellan Confeiller-Clerc après Partage , les ventes
furent caffées. La principale raifon fut que les décrets des Juges
en ces matieres , quand il n'y a point de faifie générale , ne font
pas confiderables.

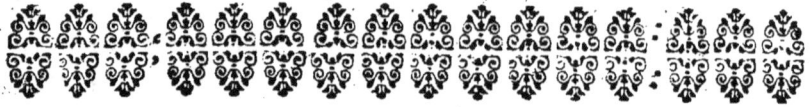

N.

NOTAIRES.

CHAPITRE PREMIER.

Si les Notaires peuvent faire des Statuts entre eux.

LEs Notaires de Caſtelnaudarry en nombre de douze, avoient fait certains Statuts ou Conventions entr'eux. La premiere étoit, qu'attendu que les papiers de leurs dévanciers, diſoient-ils, avoient été vendus aux Chandeliers, leurs Regiſtres ſeroient remis entre les mains des plus anciens. La ſeconde, que deux d'entre eux tiendroient un Bureau, où ils iroient de deux mois en deux mois tour à tour. Et la troiſiéme, que les Emolumens ſeroient partagez entr'eux. Mais les Habitans s'étant Syndiquez au nombre de dix-ſept des Principaux ; & les Magiſtrats Préſidiaux s'étant pourvûs en opoſition contre un Arrêt qu'ils avoient ſurpris qui confirmoit ces Statuts ou Conventions, l'oppoſition fut reçuë, & ordonné que chacun garderoit ſes papiers, à peine de répondre aux Parties de tous dommages & interêts. Mornac *ad leg. Quod autem* 53. *ff. Pro ſocio*, rapporte un ſemblable Arrêt du Parlement de Paris contre les Notaires de Beauvais, parce que cela tendroit au monopole, & que cela étoit contre l'utilité publique.

CHAPITRE II.

Si un Notaire condamné aux Galeres pour malversation en sa Charge, peut rentrer dans l'exercice de cette Charge sous prétexte des Lettres qu'il a de rapeau.

UN Notaire de Gignac nommé Delmas ayant été condamné aux Galeres par Arrêt de la Cour des Aydes de Montpellier pour fausseté commise en sa Charge ; & ayant obtenu des Lettres du Roi, prétendoit faire la fonction de Notaire. Mais il fut débouté de sa prétention par Arrêt d'Audience du 2. Mai 1666. parce que *Indulgentia Principis, quos liberat, notat. leg. 3. cod. de gen. abol.* Et la Loi 12. *cod. de suscept. præp. & arc.* est formelle en ces cas ; quoiqu'il semble que la Loi premiere *cod. de sent. pass. & rest.* veüille induire le contraire, où il est dit que *Restitutio est honoribus & ordini, & omnibus restitutio.* Mais ce cas est capté de cette regle générale.

NOVALE.

CHAPITRE III.

A qui appartiennent les Novales.

SUIVANT les Arrêts rapportez par M. de Maynard, *liv.* 1. *chap.* 30. les Novales sont adjugées au Curé Primitif & au Vicaire Perpetuel ou Curé, suivant que chacun d'eux prenoit des fruits décimaux. Et cela a été jugé plusieurs fois ainsi, comme en l'année 1649. au Rapport de M. de Laporte en la Grand'Chambre en la cause de M. Dumas Vicaire perpetuel de S. Loup, contre M. Laborie Camerier de Moissac. Cela a été aussi jugé en la cause du Chapitre de Conserans, contre un

Vicaire perpetuel. Et Brodeau fur Loüet , *let. D* , *ch.* 53. rapporte
un Arrêt par lequel les Novales furent auffi adjugées *pro quota* au
Curé de Sainte Genevieve , & aux Religieux & Abbé de S. Pierre
de Chaunes. Cela a été encore jugé en faveur de l'Abbé de Marcillac
en ce Parlement , comme notre Auteur dit lui avoir été affeuré par
M. de Parifot. Et au titre des premieres dîmes des Novales aux actes
du Clergé de France , il y a un Arrêt conforme du 26. Juillet 1642.

Néanmoins Charon , *liv.* 1. *ch.* 27. rapporte un Arrêt où la dîme
des Novales fut adjugée au Curé en feul. Et au chapitre 24. du 2.
tome des Mémoires du Clergé de France , il y a un Arrêt du 23.
Decembre 1621. qui les adjuge au feul Curé. Cet Arrêt eft rendu
entre Michel de Vitri Curé de Saint Mars , & le fieur Abbé de
Molefme. Et Rochette Avocat de Troyes , *tit. de la portion con-*
gruë , tient que fi le Curé primitif décimateur n'a un titre exprès
pour avoir fa portion aux Novales , elles appartiennent au Curé.

Et en effet , les Arrêts les plus recens de ce Parlement l'ont ainfi
jugé ; fçavoir le 11. Juillet 1634. au Rapport de M. d'Ouvrier ,
entre Me. Bernage Curé , & le Chapitre de S. Severin de Bordeaux ,
lequel Arrêt maintient Bernage aux dîmes des Novales à l'exclufion
des preds ouverts depuis peu. Un autre du 23. de Mars 1640. au
Rapport de M. de Vedelly en la caufe de M. Boufigue , contre un
Commandeur de l'Ordre de S. Jean. Et un autre du 9. Juin 1636.
au Rapport de M. de Junius en faveur de M. Arnaud Darougort.
Et un autre du 24. Avril 1652. au Rapport de M. de Cambolas en
faveur de M. Arnaud Bonnefoy. Et le 14. Avril 1663. en la Grand'-
Chambre au Rapport de M. de Puymiffon , il fut jugé que le Vicaire
perpetuel auroit toutes les Novales : ce qui a été encore jugé depuis ,
fçavoir le 13. Août 1671. au Rapport de M. Duval en faveur de Me.
Deribarne Curé de Rabat , contre le Priur ou Prévôt du même
lieu ; par lequel Arrêt toute la dîme des terres défrichées depuis dix
ans avant l'inftance ou à défricher , font adjugées au Curé , fi elles
n'ont pas été cultivées depuis un temps immémorial.

Après quoi il femble aujourd'hui que ce droit eft devenu certain ,
& que les Arrêts anciens ont été rendus fuivant l'opinion de Rochette;
fçavoir lorfqu'il s'eft trouvé des titres en faveur des Curez primitifs,
dans lefquels ils s'étoient refervez leur portion des Novales. Voyez
cap. Quoniam extr. cap. Tua. §. fin. Extr. cap. Cùm contingat. extr.
de decim. & cap. Quid per Novales , in fin. extr. de verb. fignif.

O.

O B L A T.

CHAPITRE PREMIER.

Si un Oblat peut agir pour sa pension sur ce qui est assigné pour la portion des Religieux.

UN Oblat ayant obtenu des Lettres sur l'Abbaye de Montoulieu, avoit fait saisir des fruits de la portion des Religieux, non de celles de l'Abbé, desquels les Religieux demandoient la récréance, disant qu'ils n'avoient qu'une certaine portion pour vivre, & que c'étoit à l'Abbé que l'Oblat devoit s'adresser. Mais soit que les Lettres fussent adressées à l'Abbé ou aux Religieux, soit qu'elles fussent octroyées sur l'Abbaye sans autre spécification, cette recréance leur fut deniée par Arrêt du 4. Août 1661. plaidans Mes. de Barthez & de Chassan.

La même chose fut jugée en faveur d'un Oblat nommé Sarrau, contre le Syndic des Religieux de Fontfrede le 8. du même mois, qui fut quatre jours après ce premier Arrêt : il est vrai qu'en tous les deux Arrêts la Cour ordonna le recours aux Religieux contre leur Abbé. Or il faut remarquer que les Soldats de la Religion Prétenduë Reformée, ne pouvoient obtenir de telles provisions. Bauni en rapporte un Arrêt. Voyez l'Ordonnance de Paris, *art.* 219.

CHAPITRE II.

Quand il y a plusieurs Oblats dans une même Abbaye, lequel doit être préferé.

UN Enseigne du Regiment de M. le Prince de Condé, ayant perdu un bras à la Bataille de Lens, avoit obtenu des Lettres d'Oblat sur l'Abbaye de Saint Ibéri en 1652. Mais y ayant trouvé un autre appellé Dualde qui étoit fort vieux, il s'accorda avec lui; & il fut dit entr'eux, que cet Enseigne laisseroit joüir Dualde de sa pension sur cette Abbaye pendant sa vie, lequel étant mort en 1659. lorsque cet Enseigne voulut joüir, il s'en trouva un autre qui avoit des Provisions sur la même Abbaye. De sorte que la cause ayant été plaidée, & cet Enseigne rapportant un attestatoire de M. le Prince même, & de son Meitre de Camp, comme il avoit été estropié à la Bataille de Lens; & étant présent à l'Audience, il fut préferé à l'autre, qui avoit un attestatoire de M. de Villeroy qui ne portoit pas là où il avoit servi, n'apparoissant pas même qu'il eût jamais été blessé, par Arrêt du 22. Juin 1660. Voyez sur cette matiere Fevret, traité de l'Abus, *liv.* 2. *chap.* 4. *n.* 39. Tournet, *lettre O, num.* 14. & Brodeau sur Loüet, *lettre O, num.* 7.

O B L A T I O N S.

C H A P I T R E   I I I.

A qui appartiennent les Oblations.

SAINT CERASE Martir, Archevêque d'Auch, fut enterré en une Eglise Champêtre à demi-lieuë de l'Abbaye de Simorre; & quoique son corps ait été transferé en l'Abbaye, néanmoins une source qui passe à l'endroit où étoit son tombeau, ayant du depuis ce Sepulchre une eau qui güerit les Malades, il y a une grande dévotion & des Offrandes confiderables. Si-bien que les Réligieux Benedictins ayant augmenté le bâtiment de cette Chapelle, ils en vouloient prendre les Oblations, lorfque le Vicaire perpetuel les fit affigner devant M. l'Archevêque d'Auch; de laquelle affignation le Syndic des Benedictins demanda la caffation en la Cour, & la maintenuë en les Oblations, & au droit d'y faire le fervice; & le Sacriftain de l'Abbaye demanda d'être reçu Partie intervenante en l'inftance fur cette tranfaction, pour demander de fon chef ces Oblations.

Les Réligieux difoient que les Monafteres peuvent avoir des Chapelles, *tot. tit. de capel. Monach.* & *cap. Eleutherius* 18. *cap.* 2. Que cette Chapelle dépendoit de l'Abbaye : qu'ils y avoient *Jus Proceffionis*, qui étoit une marque de Jurifdiction ou de fuperiorité, & qu'ils la faifoient regulierement deux fois l'année, fçavoir le lendemain de Pâques, & le jour de la Touffaints, auquel jour l'Abbé y Officioit, *Arg. Can. Antiquos* 10. *quaft.* 1. & *cap. Cum inter. de verb. fignif.*

Le Sacriftain difoit au contraire que lors de la divifion des Bénéfices, cette Chapelle étoit tombée en fon partage, fuivant une tranfaction qui lui en donnoit les revenus : ce qu'on lui nioit; que d'ailleurs ayant les clefs de la Chapelle où étoit gardé le corps, il devoit en avoir les dépendances, *Quafi traditione Clavium* : Que jamais cela ne lui avoit été contefté : que c'étoit *quaftuofa devotio* de ces bons Peres, dont parle un Saint Canon; & que fi l'on ne metroit fur cet Autel que de l'encens, comme il eft dit, *Can. Apoft.* 3. ils ne fairoient pas tant les empreffez à faire ce Service.

Le Vicaire perpetuel au contraire difoit que les Oblations dans fa Paroiffe lui appartenoient, *Can. Nulli liceat* 12 *quaft.* 2. Ce que le Panorme avoit remarqué *in cap Paftoralis, de his qua fiunt à pral. fine confenfu capit.* Qu'il faifoit lui feul les fonctions Curiales; & que les Réligieux, s'il arrivoit qu'ils y diffent Meffe, n'y pouvoient donner la Benediction : Que les Offrandes étoient attachées à la Cure; c'eft-à-dire, à celui qui avoit foin des Ames par l'Edit de Melun, *art.* 47. & par celui de Blois, *art.* 51. & qu'autrement ce feroit faire deux Paroiffes d'une : Que les Oblations font *peccata Populi*; & que le Canon

Quia Sacerdotes 10. *quæst.* 1. dit, *Quia Sacerdotes peccata populi comedunt, & oblationes accipiunt.* Que les Religieux ne donnent les abſolutions que ſubſidiairement , & que par conſequent ils ne doivent pas prendre les Oblations. Il leur appliquoit encore les paroles du Canon *Eccleſias* 13. *quæst.* 1. *Nos militamus, & vos ſtipendia noſtra militiæ vobis quæritis ; Nos paſcimus gregem, & de lacte non edimus ; & vos otioſi, de alieno cibo paſci gaudetis.*

Sur ces raiſons la Cour renvoyà devant M. l'Archevêque ; & cependant par proviſion leur adjugea à chacun le tiers des Oblations par Arrêt du 19. Avril 1644. ce qui eſt ſingulier, à cauſe que la Cour trouva ces Offrandes aſſez conſiderables pour les contenter tous par proviſion , & ſur ce que c'étoient des Oblations extraordinaires.

Car autrement elle adjuge la penſion aux Curez, comme il fut jugé en faveur de Me. de Leuge Vicaire perpetuel, contre Me. Benos Prieur Commandataire d'Auch , qui ſoutenoit qu'en qualité de Prieur, il pouvoit aller officier le jour de la Fête votive dans la Chapelle de Sainte Radegonde , comme en étant Seigneur Juſticier & Patron, & d'en prendre les Offrandes : ajoûtant qu'il étoit obligé de traiter ce jour-là le ſieur Baron de Noé, qui étoit auſſi obligé de faire garde devant ſon Prieuré ou ſa Maiſon, pendant qu'il diſoit la Meſſe ; & comme le Vicaire perpetuel l'en avoit empêché, il avoit fait informer contre lui. Sur quoi la Cour le 12. Avril 1663. quant à l'inſtance des cas, mit les Parties hors de Cour & de procès, reçut le Prieur à prouver les faits, & le Vicaire perpetuel le contraire ; & maintint cependant par proviſion le Vicaire aux Offrandes.

La Cour auſſi le 17. Juillet 1646. avoit jugé que le Curé de Serignan, faiſant certains jours de l'année la Proceſſion à la Chapelle de Notre-Dame de Lieſſe dans cette Paroiſſe, il pourroit dire la Meſſe, & prendre les Offrandes, faiſant inhibitions & défenſes aux Péres Cordeliers de le troubler.

CHAPITRE

OBLIGATION.

CHAPITRE IV.

Si une Obligation pour argent ci-devant prêté, met en necessité le Créancier de prouver l'emploi, lorsque le débiteur est mineur.

LA Loi 1. & 5. *Cod. de non num. pecun.* portent que lorſqu'une ſomme a été promiſe dans un Contrat pour avoir été baillée à l'Obligé, on ne demande pas ſi l'argent a été compté, mais pour quelle cauſe la dette a été contractée ; & parce que telles obligations ſont ſuſpectes, *Leg. 2. in fin. ff. de reb. cred.* & particulierement à l'égard d'un Mineur ; car il ne ſuffit pas lorſqu'un Mineur s'oblige, qu'il ſoit dit pour quelle cauſe il emprunte, mais il faut qu'il l'employe utilement ; parce qu'autrement il pourroit être reſtitué, & ne ſeroit obligé de rendre la ſomme pour laquelle il ſe ſeroit obligé, dautant qu'il eſt à préſumer que l'argent qu'il a emprunté, n'a pas été employé à ſon profit, Accurſ. *in Leg. 1. in verbo locupletiorem, cod. Si adverſ. cred.* ainſi il faut que le Créancier prouve l'emploi utile & profitable au Mineur. Rebuffe, *in tract. de reſtitut. Gloſſ. 3. art. 1. num. 11.* & Charond. en ſes Pandectes, *liv. 2. des reſtitut.* 40. Et la Cour par Arrêt donné en Audience le 27. Février 1646. ordonna qu'un prétendu Créancier prouveroit l'emploi d'une ſomme de 200. liv. qu'il diſoit, lors de l'obligation, l'avoir ci-devant prêtée à une fille mineure : le cas étant qu'une fille mineure ayant été ſubornée par un Boulanger, il capta un teſtament d'elle en ſa faveur ; mais ne ſe trouvant pas content de ce teſtament, deux jours après il lui fit paſſer une obligation de 200. liv. pour argent ci-devant prêté ; Mais entre Majeurs telles obligations ſont bonnes, s'il n'y a pas de fortes indices de ſurpriſe.

R r

CHAPITRE V.

Si un Syndic ou Procureur d'une Communauté qui s'est obligé avec les Consuls, tant en qualité de Syndic qu'en son propre & privé nom, peut être obligé de payer.

LA Communauté de Verlhac étant Créanciere en certaine somme de celle de Montech, les Consuls de Verlhac & Pierre Clayrac Syndic, firent cession de cette somme qui étoit dûë par la Communauté de Montech à leur Communauté de Verlhac, à M. de Melet Avocat en la Cour, Créancier de la Communauté de Verlhac ; & par l'acte de cession, Clayrac Syndic s'obligea, tant en qualité de Syndic qu'en son propre & privé nom, de faire valoir la cession. Après quoi il arriva que la Communauté de Montech se fit décharger de ce qu'elle devoit à la Communauté de Verlhac par un Arrêt de la Cour des Aydes de Montpellier, & par une Ordonnance des Commissaires établis par le Roi en la Province de Languedoc pour la verification des dettes des Communautez : ce qui obligea M. de Melet d'avoir recours contre Clayrac Syndic comme obligé, & contre les Consuls de Verlhac.

L'instance pour raison de ce ayant été portée en la Cour, Clayrac y demanda son relaxe, attendu qu'il ne s'étoit obligé que *ratione Officii* ; & que c'étoit suivant les Arrêts du Conseil, & la disposition du Droit, *Leg. ult. ff. de institor. act.* & l'opinion des Docteurs, qui ne voulant pas que celui qui n'a fait que prendre la qualité de Procureur ou de Syndic, puisse être obligé en son propre, Ranchin, *part. 3 concl.* 157. & Charondas en ses Pandectes, *liv. 2 chap. du Mandat.* 34. De plus, Clayrac allegua, & insistoit même, qu'il n'étoit plus Syndic, & qu'il avoit rendu ses comptes, & qu'ils étoient clos.

Me. Melet au contraire dit que Clayrac devoit être condamné solidairement avec les Consuls, attendu qu'il s'étoit obligé, non-seulement comme Syndic, mais encore en son propre & privé nom : & qu'ainsi il étoit obligé de lui payer la somme cedée

quoiqu'il eût rendu fes comptes , & que fa charge eût fini , fuivant l'opinion de Ranchin & de Charondas , *dic loc. & ex leg.*
Procurator 67 ff. de Procurat. d'autant plus que Melet difoit qu'il
n'auroit jamais pris la ceffion, fi Clayrac ne fe fût obligé en fon
propre & privé nom. Si-bien que la Cour par Arrêt rendu en
la premiere Chambre des Enquêtes au Rapport de M. de Nupces
le 12. Juin 1682. condamna Clayrac, tant en qualité de Syndic
qu'en fon particulier , de payer , avec les Confuls de Verlhac
folidairement , la fomme cedée à M. de Melet.

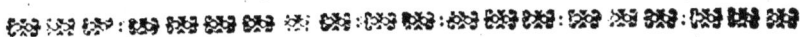

O F F I C I A L.

C H A P I T R E V I.

Si l'Official peut condamner un Laïc en l'amende.

UNE Sage-femme ayant enterré dans l'Eglife un enfant du
fieur de Ladevefe, mort fans baptême , l'Official la condamna en 10. liv. d'amende. Le fieur de Ladevefe fut appellant
comme d'abus de l'Ordonnance de condamnation ; fi-bien que
la Cour par Arrêt du dernier Juillet 1640. déclara y avoir
abus : & ce, parce que les Officiaux en France ne peuvent condamner les Seculiers en amende pecuniaire. Et Guillelmus
Durandi , autrement *fpeculator* , *tit. de Sentent.* §. *Species. in*
verbo fed videtur , tient que le Juge d'Eglife n'a point de pouvoir de condamner à l'amende le Laïc. Et un Arrêt que le
Parlement de Paris donna en 1542. entre l'Archevêque de Bourges
contre fon Chapitre , qui eft le premier d'entre les Réglemens
de Chenu , comprend diverfes chofes, celle-ci entr'autres , quant
aux amendes pecuniaires , il eft défendu audit Archevêque d'ufer
de condamnation d'aucune amende pecuniaire contre les Laïcs.

CHAPITRE VII.

Si l'Official ou ses heritiers peuvent demander ses Appointemens.

CETTE cause fut jugée en 1649. avant Pâques. Et par l'Arrêt de la Cour l'Evêque d'Alby fut relaxé de telle demande contre les heritiers de son Official, qui poursuivoient l'instance qu'il avoit lui-même intentée avant que de mourir.

CHAPITRE VIII.

Si les Officiaux après la mort de l'Evêque, peuvent être destituez par le Chapitre.

CETTE cause fut plaidée le 2. Mai 1675. sur ce que Me. Sconing avoit été destitué par le Chapitre d'Uzés après la mort de l'Evêque ; mais elle ne fut pas décidée , car il y eut partage. Maître Malhoc, Prévôt du Chapitre , qui avoit été mis en sa place, disoit qu'après la mort de l'Evêque son pouvoir passe au Chapitre, & alleguoit le Concile de Trente , *sess*. 24. *cap.* 16. & l'Ordonnance de Roussillon & Brodeau sur Loüet , *lett. O , n.* 5. qui dit que c'est la nouvelle Jurisprudence. Il rapportoit de plus le chapitre *Cùm olim de major. & obed.* & que Pinson & Bengeus étoient contraires à l'avis de Fevret. Au contraire Bouchel *in verbo, destitution* , rapporte des Arrêts contraires. Et Sconing disoit que s'il y a des Arrêts contraires, c'étoit pour des raisons particulieres ; & que si le Chapitre avoit la puissance de l'Evêque après sa mort , ce n'étoit que pour conserver les choses en état, & maintenir tout dans l'ordre , non pas pour défaire ce que l'Evêque avoit fait sans aucun prétexte ni raison, sur des déliberations le plus souvent monopolées. Que le Saint Pere adresse les Rescrits aux Officiaux , *Tanquam habentes potestatem &. Jurisdictionem* , & par consequent qu'ils ne peuvent être destituez. Et que comme dit Tertulien , *lib. de spec. sine causa amare, fed fine caufa odiffe non licet ; & que in apolog.* il dit que *Prælatio unius fine alterius contumelia procedere non poteft, nec electio fine reprobatione.* Que les Officiers Royaux ne peuvent aujourd'hui être deftituez fans crime ; & que le Chapitre n'a pas plus de pouvoir que le Roi, qu'il a bien voulu limiter en cela, parce que *omnis deftitutio notat.*

CHAPITRE IX.

Si la preuve faite d'autorité d'un Official fert in foro civili.

PAR Arrêt d'Audience du 16. Février 1663. il fut jugé que non, Avocats Mes. de Laffefquiere & Gauran. Car l'Official de Cahors ayant permis à un homme, prétendu imbecile, de fe marier, & ayant ordonné une preuve qui avoit été faite par les Docteurs Regens de Cahors, la Cour ordonna qu'elle feroit faite de nouveau ; & fur l'offre que fit l'imbecile de fe faire vifiter par des Medecins à Touloufe à fes fraix, il fut ordonné qu'elle fe fairoit à Touloufe.

CHAPITRE X.

Les Evêques doivent établir des Officiaux Forains dans les Refforts des Parlemens ; & les Archevêques ou Primats, des Juges Metropolitains.

IL fut jugé par Arrêt de la Cour du 27. Juillet 1643. que M. l'Archevêque de Vienne bailleroit un Metropolitain Forain dans le Reffort de la Cour, fuivant l'Ordonnance de Moulins, *art.* 76. celles de Blois, *art.* 61. & de Melun, *art.* 21. Et le 15. de Juin 1648. il fut jugé que M. l'Archevêque de Bourges bailleroit un Vicaire Forain dans quinzaine, autrement qu'on pourroit fe retirer devant le Metropolitain de Touloufe. Et Rebuffe *in prax. in forma Vicariatûs, num.* 158. rend une raifon de cela, qui eft, *Ne provocantes ab abufu à finibus Provinciæ*

R r iij

sua & Curia, *cui subditi sunt*, *distrahantur*; car l'Official Forain étoit établi hors le Reflort du Parlement où il convient de le donner : les fujets feroient diftraits ; & qui plus eft, en cas d'appel comme d'abus envers les Jugemens de ces Officiaux, il faudroit aller plaider au Parlement vers lequel feroit leur établiffement. A quoi l'on peut ajoûter cet autre inconvenient, qui eft, que ces Parlemens ne pourroient faire les défenfes & injonctions neceffaires aufdits Officiaux Forains, s'ils étoient établis ailleurs que dans leur reflort. Voyez Bordenave, *chap.* 3. *num.* 10. qui parle amplement fur cette matiere : l'Edit de François I. de 1542. y eft formel.

Si l'Official peut ordonner qu'un Prêtre qui a chanté une chanson qui choque l'honneur d'autrui, fera réparation dans le Greffe de l'Official, & que la chanson fera rompuë en préfence des Parties, & s'il peut condamner à 10. *liv.* & *aux dépens.*

UN Curé ayant dit une chanfon diffamante contre des Mariez du Lieu de Beffaniet au Diocéfe de Narbonne, ils l'avoient cité devant l'Official, qui ordonna un Chef de Monitoire fans le confentement du Promoteur. Si-bien qu'y ayant des Revelans qui difoient que le Curé, & beaucoup d'autres, avoient chanté cette chanfon, l'Official de Narbonne ordonna des confrontemens, dont le Curé avoit été appellant au Metropolitain, lequel l'ayant demis de fon appel, & ayant encore été appellant au Primat, il en fut demis auffi, & renvoyé devant l'Official, qui ordonna qu'il déclareroit au Greffe devant les témoins de l'information, que mal-à-propos & temerairement il avoit chanté cette chanfon, & qu'il tenoit les Mariez pour Gens de bien & d'honneur, & qu'acte en feroit expedié : que la chanfon y feroit déchirée, & qu'il jeûneroit un mois au pain & à l'eau ; & qu'il donneroit pour aumône 25. livres à l'Hôpital.

De cette Sentence il fut appellant comme d'abus. Mais la

Cour, Préfidant M. de Graniague, prononça, Que fans avoir
égard à la claufe qui ordonnoit que cette réparation fe fairoit
au Greffe, il n'y avoit point d'abus en la Sentence. Il y a cela
de particulier dans cette Sentence, qui eft, que Me. de Parifot
ayant voulu repliquer à feu M. de Maniban Avocat Général, &
M. de Maniban l'ayant voulu empêcher, M. de Parifot foûtint
que les Avocats pouvoient le faire quand il s'agiffoit des raifons
de Droit. Sur quoi M. de Maniban ayant requis qu'il fût ci-
après défendu aux Avocats de repartir aux Gens du Roi, la
Cour qui rendit cet Arrêt fur l'appel comme d'abus le 23. Février
1648. ne voulut rien prononcer fur le differend de M. l'Avocat
Général & de Me. de Parifot : ce qu'elle avoit déja refuſé en la
Chambre Tournelle le 27. dudit mois fur pareille conteftation
entre les mêmes.

Le 20. Mars de la même année, Me. Berard Prêtre du Diocefe d'Arles; pour avoir diffamé un mariage, ayant été condamné
en 10 liv. & aux dépens, il en étoit appellant comme d'abus :
& cotoit pour moyens, que l'Official avoit procedé en deux
differens Lieux; & le Promoteur baille fes conclufions en un
troifiéme : ce qu'il ne pouvoit faire; parce que, difoit-il, le
Chapitre *Cùm Epifcopus de Offic. ord. in 6.* qui dit que l'Evêque
peut tenir fon Siége par tout fon Diocéfe, n'eft pas en ufage en
France : & même que c'étoit l'Official d'Arles, & non le Vicaire
Forain qui avoit rendu la Sentence; & pour un fecond moyen,
il difoit que l'Official ne pouvoit condamner, ni en l'amende,
ni aux dommages & intérêts : le Chapitre *per vertebras* n'étant
pas non-plus en ufage; & qu'ayant condamné à 10. liv. & aux
dépens, ces 10. liv. ne pouvoient être que pour amende, ou pour
des dommages & intérêts.

Mais fur ce qu'on lui repliqua que l'Official d'Arles avoit
procedé dans le reffort de la Cour en la place du Vicaire Forain,
qui étoit mort depuis peu; & puifque l'Official avoit connoiffance de la caufe, il l'avoit des dommages, *arg. cap. Qualiter
de judiciis*, n'ayant pas parlé d'amende, la Cour ayant fait lire
deux fois cette Sentence pour fçavoir fi elle parloit d'amende,
il fut déclaré n'y avoir point d'abus.

CHAPITRE XII.

Si l'Official peut fulminer un Refcrit que le Pape lui adreffe, pour informer de la violence d'un pere qui a forcé fon fils à prendre le Soudiaconat, fans appeller le pere.

CETTE caufe fut plaidée en l'Audience de la Grand'Chambre par M. le Préfident de Caulet, pour lors Avocat, pour un nommé·Olivier, & par Me. Labat pour le pere : ce fut le 19. Juillet 1666. Ce fils avoit obtenu un Refcrit pour informer de la violence de fon pere ; & l'Official de Lombez l'avoit exécuté fans appeller le pere. Il avoit fait une enquête avec le Procureur Fifcal feul, & avoit rendu une Ordonnance qui difpenfoit le fils·de l'Ordre facré, & qui lui permettoit de fe marier.

C'eft pourquoi ce pere trois ans après, étoit appellant de fa procedure : & cotoit pour moyens que l'Official avoit procedé contre la forme du Refcrit, mais il ne le prouvoit pas ; bien que fuivant le chapitre *Tum ex litteris, de in integ. reft. Reftitutio debet tractari præfentibus partibus.* Que ceux qui font Diacres ou Soudiacres ne peuvent fe marier fuivant les Canons, & que l'Official l'avoit permis contre le Canon *Presbyteros d. 27.* Que par ce chapitre *Tùm ex litteris contra Sententiam Papæ reftituitur Ecclefia*, & qu'elle peut être reformée; Que tous ceux qui ont interêt en la caufe doivent être appellez, *Leg. de unoquoque, ff. de re jud.* Que *Spiritualia facilius conftituuntur, quàm deftruuntur, cap. inter corporalia, de tranflat.* & que par confequent il y avoit abus.

Au contraire le fils difoit, que pour marque de la violence que fon pere lui avoit faite, c'eft qu'elle étoit publique pour lors, puifque le pere avoit baillé caution au Chapitre de reftituer les fruits d'une Prébende en cas que fon fils fe mariât : Que fon pere quoique vieux, s'étoit remarié : Qu'il vouloit que fon fils fût de glace, & que fa Marâtre avoit porté fon pere à cela. De forte que la Cour par Arrêt prononcé le fufdit jour, mit les Parties hors de Cour & de procès, fans dépens.

CHAPITRE

CHAPITRE XIII.

Si l'Official a droit de saisir sans implorer le Bras seculier.

LEs saisies ne peuvent être permises que par les Juges Royaux
& Seculiers, non par les Officiaux, parce que toute saisie
est réelle, & les Juges d'Eglise ne connoissent point de la réalité.
C'est pourquoi on ne suit point en France la disposition du chapitre premier, §. *Contrahentes de foro competenti*, qui permet
aux Officiaux des Archevêques & Evêques, de faire saisir les
fonds scis en leurs Dioceses, *Et mittere in eorum possessionem si
citati comparare malitiosè recusent.* Tout le contraire s'observe
par toutes les Cours Souveraines & Jurisdictions, que les Officiaux ne peuvent absolument *Sententias suas exequi per captionem bonorum temporalium Regi subditorum*, Benedict. *in cap.
Rayn. verbo & uxore nomine Adelasiam*, *num.* 422. Et ce nonobstant que par le Concile de Trente, *sess.* 25. *& ult. de refor-
matione*, *cap* 3. il soit dit que les Juges Ecclesiastiques, en quelque état de cause que ce soit, pourront proceder *in causis ad
forum suum pertinentibus contra quoscumque etiam Laicos, per
captionem pignorum personarumque districtionem.* Ce qui ne fut,
& n'a jamais été permis ni toleré dans le Royaume. Enfin l'Official
n'a aucun droit de saisir *ex Novell.* 123. *cap.* 21. Et l'Ordonnance
de Charles IX. ordonne aux Juges Royaux, de tenir la main à
faire saisir.

Néanmoins il y en a qui distinguent si l'Evêque est Seigneur
Justicier, & alleguent pour leur opinion un Arrêt rendu en
faveur de M. l'Archevêque de Narbonne. Cependant le 14.
Avril 1639. il fut jugé en Audience qu'une saisie faite d'autorité
du sieur Evêque de Valence, quoique Seigneur Justicier faite sans
imploration du Bras seculier, étoit cassable. Voyez Joannes
Galli, *quæst.* 137. *&* 157.

CHAPITRE XIV.

Si les Officiaux peuvent connoître de la reddition des comptes des Marguilliers, & les contraindre de les rendre.

IL y a divers Edits & Arrêts du Conseil d'Etat privé de Sa Majesté qui leur attribuent cette connoissance par les Edits de Charles IX. du 3. Octobre 1571. de Henry IV. par lettres Patentes du 16. Mars 1609. par Loüis XIII. du 4. Septembre 1619. & les Arrêts du Conseil sont rapportez au second Tome des Actes, Titres & Mémoires du Clergé, *part. 2. tit.* 3 Mais nonobstant tout cela, les Juges Seculiers se sont maintenus au droit de connoître des comptes des Marguilliers ; dautant que s'agissant des biens temporels, & les Comptables étant Personnes Laïques, on a cru qu'ils ne pouvoient être justiciables en choses prophanes de la Cour Ecclesiastique. C'est pourquoi tous les Parlemens de France déclarent abusives les simples citations des Marguilliers en Cour d'Eglise, & toutes Procedures intervenuës ensuite pour les obliger de rendre compte pardevant les Archidiacres ou Officiaux.

M. de Maynard, *liv.* 1. *chap.* 1. rapporte un Arrêt de la Cour, par lequel il fut jugé qu'il y avoit abus à une Ordonnance de l'Official de Rodez touchant l'élection des Marguilliers, & de la reddition des comptes. Posterieurement la Cour rendit Arrêt le 11. Août 1639. qui déclare abusive une Ordonnance de l'Official, qui portoit que les Marguilliers rendroient compte, & que les nouveaux feroient le devoir de leur charge : ce qui semble contraire tout-à-fait ausdits Arrêts du Conseil, & Edits qui ne sont pas verifiez en ce Parlement, ce qu'il faut remarquer.

Il fut aussi jugé qu'il y avoit abus en la Sentence de clôture des comptes rendus devant l'Official par des Païsans de Colomiez, Viguerie de Touloufe, qui n'étoient pas Marguilliers, mais qui portoient le Bassin dans l'Eglise, demandant pour le luminaire, suivant ledit Arrêt rapporté par ledit sieur Maynard, & suivant encore un autre Arrêt de la Cour, rapporté par M. Duranti, *quæst.* 43. par lequel il dit qu'il fut ordonné que les comptes des Marguilliers fe fairoient devant le Juge Laïque, quoiqu'en la même queſtion il iaſſe mention d'un Arrêt contraire.

ORDONNANCE.

CHAPITRE XV.

Comment s'entend l'Ordonnance qui défend d'acheter le Bled en herbe.

IL y a une Ordonnance de Loüis XII. de 1482. qui défend aux Marchands & autres, d'acheter le Bled en herbe, comme Charlemagne l'avoit ordonné auparavant, *leg. Longobard. tit. de prohit. alien. futur. fruct.* Et cela s'obſerve, comme il peut ſe voir, de pluſieurs Arrêts, Cluarent. *liv. 2. chap. 97. Specul. tit. de empt. vendit. Quia ita annonas flagellant Mercatores & Dardanarii, leg. 6. ff. de extraord. crim. & leg. 37. ff. de pœnis.* Et parce que cela donneroit occaſion de ſe prévaloir de la neceſſité des pauvres Laboureurs.

Mais il faut bien entendre cette Ordonnance : car quoiqu'elle ſemble générale, néanmoins elle permet aux Marchands d'acheter du bled pour leur proviſion ; de ſorte qu'en ce cas ſi l'âchat n'eſt pas fait d'un homme pauvre qui vende par neceſſité, & que les Juges voyent que la raiſon de la Loi ne s'y puiſſe pas appliquer, ils peuvent s'en diſpenſer, comme il reſulte d'un Arrêt de la Première des Enquêtes, rendu au mois de Juillet 1645. au Rapport de M. de Labroüe, dont le fait étoit tel.

Me. François Dalbarel, Juge Criminel au Senêchal de Gourdon, avoit baillé à ferme (ce qui ne pouvoit s'expliquer que d'une vente) ſçavoir huit quarts de Bled à Courtois Marchand de Cahors, à prendre ſur ſon Métayer l'année ſuivante. Le fils Dalbarel après la mort de ſon pere, ayant ratifié ce contrat, il en demanda la caſſation, diſant, comme il étoit vrai, que c'étoit une pure vente ; & que le nom de ferme qu'on lui avoit donné,

Sſ ij

ne pouvoit s'expliquer ni s'entendre : fi-bien que comme la vente du Bled en herbe eft défenduë , le contrat devoit être caffé. Néanmoins la Cour fit partage là-deffus en la Premiere des Enquêtes , M. de Madron Compartiteur , lequel ayant été porté en la Seconde , il fut jugé tout d'une voix que ce contrat étoit valable ; parce que fans doute la Cour vit que l'on ne pouvoit pas dire que ce contrat fût de Bled en herbe expreffement , ni même tacitement , parce que toute la recolte n'étoit pas venduë ; & que ce Contrat étant fait par un homme riche , il ne choquoit point l'intention de cette Ordonnance , laquelle étant contre la difpofition du Droit , *in leg. Nec emptio* 8. & *in leg. Si in emptione* , *ff. de contrah. empt.* où *fructus futuri vendi poffunt.* Et au §. 3. *de inutil. ftipul.* ou *de re quæ in rerum natura non eft, dùm modo futura fit, ftipulatio fieri poteft*, ne doit point être étenduë hors de fon expreffion : les Capitulaires de Charlemagne , *liv.* 4. *append* 2. *num.* 16. & 26. s'expliquant formellement de l'opreffion feulement des Pauvres , non des Riches.

P.

P A C T E.

CHAPITRE PREMIER.

Pacte de Quota litis.

LES Achats d'action font défendus & defaprouvez par une Ordonnance de Charles V. de 1356. *art.* 4. & de François I. de 1521. & *leg. Lex quæ* 22. §. 2. *de jur. fifc.* & *leg. un. de his qui potent.* & *leg.* 1. *cod. Ne liceat potent.* Néanmoins fi la ceffion fe trouve faite après l'Arrêt qui décide la caufe, on ne peut pas dire que la ceffion foit un achat d'action. Car par Arrêt du Confeil du 21. Avril 1664. un Praticien nommé Quere, ayant pris une ceffion d'un nommé Afille, la fille d'Afille après la mort de fon pere en demandoit la caffation, difant qu'il étoit folliciteur de procès ; & que cette ceffion étoit non-feulement du principal d'un droit, mais même des dépens du procès : ce qui ne pouvoit être valable, *Leg. Sumptus* 53. *ff. de pact.* puifque Quere avoit fait plus même que de pactifer *de quota litis*, ayant extorqué tout de fon pere ; mais elle fut démife de fes Lettres par Arrêt donné en l'Audience de la Grand'Chambre le 21. Avril 1664. Avocats Mes. de Parifot & Pauci ; & la raifon fur laquelle cet Arrêt fut donné, eft de ce que l'Arrêt fur la queftion étoit de 1657. & ne fut pactifé qu'en 1638. & que dans l'acte de ceffion, Afille pere avoit déclaré que Quere avoit fait tous les fraix, ce qui étoit permis *fumptus litis litiganti prorogare, dic. leg. Sumptus.*

P A R T A G E R.

C H A P I T R E   I I.

*Si l'on peut partager les Biens d'un homme abfent depuis long-temps
fans fçavoir s'il eſt mort.*

IL femble que cela ne doive pas fe faire, parce qu'on ne peut
pas divifer que l'heredité qu'on peut demander, *Leg. Per familiæ*, *ff. famil. ercifc.* Si-bien que comme l'on ne peut demander l'heredité d'un homme vivant, on ne peut la divifer non-
plus. Or fuivant la Loi *An ufusfruĉtus*, *ff. de ufufr. vita hominis longævi eſt centum annorum*, & *leg.* 23. §. *ơ nobis*, *cod.
de Sacrof. Ecclef. & Novell.* 9. de forte que cette incertitude &
cette préfomption rejettent la neceffité de prouver la mort fur
celui qui eſt le demandeur, *Gloff. in leg.* 2. §. *Si dubitetur*, *ff.
quemad. teſtam. aperiantur.* C'eſt pourquoi par la Loi *Nec nos
præterit*, *cod. de poſtlim. reverf.* les enfans même ne peuvent divifer les biens de leur pere pris par les Ennemis, jufqu'à ce qu'il
foit certain qu'il foit mort ; & à plus forte raifon les freres, ou
les autres proches parens, ne doivent pas le faire. *Præmatura
enim eſt fpes collationis, cùm adhuc vivat is, cujus de bonis
agitur*, *leg.* I. §. *Si impubere*, *ff. de Collat. bonor.* Et Maynard,
liv. 7. *chap.* 95. rapporte un Arrêt, par lequel la Cour refufa
un tel partage.

Néanmoins Papon, *tit.* du Partage, *art.* 6. & Chenu, *queſt.*
77. rapportent des Arrêts contraires, où l'abfence de neuf ans
fait ordonner le partage provifionel. Ces Arrêts font fondez
fur ce que par la Loi *Qui duos*, §. *Cùm in bello*, le pere qui a
eu des enfans, s'ils font allez à la guerre, doit prouver qu'ils
font vivans ; & que par la Loi *Uxor*, *cod. de repud.* quatre ans
fuffifoient pour faire préfumer la mort du mari en faveur même
de la femme qui vouloit fe remarier. Et par la Novelle 22.

cap. 14. dix ans étoient fuffifans pour excufer la femme. De plus, fuivant le chapitre *Prelatum*, *extr. Qui filii funt legitimi*, les enfans font cenfez légitimes fi leur mere ne s'étoit remariée qu'après dix ans d'abfence de fon premier mari : d'où il fe voit qu'en tous ces cas, la mort eft préfumée par l'abfence du moins de dix ans.

Joint à cela que Barthole, *tract. teftim. in verbis mortuum*, où il traite amplement cette queftion, dit que cinq ans fuffifent, *Si per mundum vagari cæperit juvenis lufor*, *luxuriofus*, *bellicofus*. Et Boërius, *decif.* 88. *num.* 2. tient que *abfentia longua morti æquiparatur.* Il eft vrai qu'en cet endroit les témoignages qu'il en rapporte ne font pas fidéles. Mais quoiqu'il en foit, cela fe juge ainfi en la Cour, où l'abfence de plus de dix ans fait ordonner le partage entre les heritiers préfomptifs, & les autres fuccefleurs par fideicommis ou par teftament, en baillant néanmoins caution de reprefenter les biens & les fruits fi l'abfent revient.

Cela fut jugé par Arrêt rendu en la premiere Chambre des Enquétes le 23. Mai 1661. où il fembloit y avoir plus de difficulté ; parce que Jean Marguerit, de la fucceffion duquel il s'agilloit, étant en puiffance de fon pere, s'en étoit allé à l'Armée en l'année 1659. & fon pere n'en ayant eu aucune nouvelle, n'avoit pas reité de lui laifler un legat de 900. liv. pour lui reprefenter fa legitime, & n'étoit mort qu'en l'an 1667. fans que l'on fçût fi ce fils vivoit ou non. De forte qu'une des fœurs de cet enfant ayant formé inftance au Senêchal du Puy pour demander fa portion de la fucceffion *ab inteftat* de ce frere contre leur frere aîné, qui étoit l'heritier de fon pere, il fembloit que fuivant les Arrêts rapportez ci-deflus, & fuivant l'opinion de Barthole, neuf ans le devoient faire préfumer mort, étant *juvenis bellicofus ;* & qu'ainfi tous fes biens ne confiftant qu'en cette legitime, il falloit être afluré s'il étoit vivant lors de la mort du pere, pour fçavoir s'il devoit avoir une legitime ; néanmoins cette portion de fucceffion fut adjugée à la fœur par le fufdit Arrêt donné au Rapport de M. Projean. Et par cet Arrêt, la Cour jugea deux queftions ; Sçavoir, qu'après dix ans d'abfence, fans avoir de nouvelles d'un abfent, on peut partager les biens par provifion,

Et la feconde, que l'abfent depuis neuf ans avant la mort de fon pere, eft cenfé vivant pour legitimer, & que les autres freres en profitent contre l'heritier du pere. Néanmoins l'Arrêt porte, que fi le legat excede la legitime, le furplus demeure à l'heritier.

CHAPITRE III.

S'il faut partager les biens d'un frere abfent depuis plus de trente-cinq ans, un des freres en ayant joüi pendant ce temps là en vertu d'une Procuration.

DOMINIQUE VERGNES ayant quitté le païs en 1586. & laiffé une Procuration pour regir fes biens à un de fes Beauxfreres, ce Beaufrere ou fes fuccefleurs avoient joüi des biens de l'abfent jufqu'en l'année 1649. lorfque Antoinette Vergnes, femme d'un nommé Dumas, mere de l'abfent, s'avifa de demander fa portion de cette fucceffion, qui étoit la moitié, laquelle lui fut adjugée au Senêchal : ce qui fut en la caufe d'appel, confirmé par Arrêt donné au Rapport de M. d'Aliez le 15. Janvier 1649. contre Maurice Abadie, qui étoit fils de celui à qui l'abfent avoit laiffé cette Procuration.

Abadie ne laiffa pas d'alleguer la prefcription, dautant qu'il prouvoit la joüiffance de plus de trente fix ans par les Cadaftres du Lieu ; mais il y avoit trois raifons, dont l'une feule étoit capable de l'en demettre. La premiere étoit que fes Auteurs n'avoient joüi que fur une Procuration, ainfi ils n'avoient eu qu'une poffeffion naturelle & fiduciaire, non civile. La feconde étoit qu'Antoinette Vergnes avoit été toûjours pupille, ou en puiffance de mari. Et la troifiéme étoit que, comme nous avons dit ci-deffus, un homme eft préfumé vivant ; ainfi cette niéce n'avoit pû agir jufqu'à cent ans, ou jufqu'à feptante ou huitante ans, fuivant la Novelle 117. *cap.* 11. & le Pfautier de David, dont l'abfent étoit encore cenfé vivant. Or pour faire voir que l'ufage de la Cour l'a préfumé ainfi, c'eft qu'elle n'a jugé le Partage de tels biens que par Provifion.

CHAPITRE

CHAPITRE IV.

*S'il ne reste à une Femme que des petits-enfans de ses fils morts,
les petits-fils partagent l'augment de cette ayeule* in capita
ou in stirpes.

LA Dame de Prohenques avoit eu deux enfans de M. Prohenques. L'aîné avoit laissé deux enfans, & le Cadet quatre.
Cette Dame, qui avoit survêcu à ses deux fils, étant morte, il
fut question de sçavoir comme ces petits-fils partageroient l'augment qu'elle avoit gagné. Par Arrêt donné en Audience le 22. Mai
1662. il fut jugé qu'il seroit divisé également à chacun d'eux, non
pas *in stirpes.* La raison est, que par l'Authentique *Lucrum hoc,*
cod. de 2. nupt. dividitur æqualiter inter liberos ; & que la disposition *Non delinquitur parentum arbitrio.* Or ce mot *liberi*
s'entendant des petits-fils, aussi-bien que des fils, *Leg. libero-*
rum, ff. de verbor. signific. Là où il n'y a que des petit-fils,
ils ne doivent avoir d'avantage les uns sur les autres en ce cas, à
cause que l'augment est une troisiéme espece de biens, dont la
succession descend de la Loi à laquelle ils venoient *jure proprio.*
De sorte que cela ne doit pas se juger comme les autres successions, *§. Ultim. de hered. quæ ab intest. deffer. inst.* Car bien
qu'ils succedassent *jure repræsentationis in locum patris,* néanmoins *non succedebant in gradum. Differt enim locus à gradu,*
comme il se voit de la Loi *Qui solvendo 60. ff. de hered. instit.*
où *locus* est pris *pro ordine scripturæ.* & de la Loi 2. *§. 6. ff. de*
vulg. & pup. où *non ordo scripturæ, sed ordo successionis, ut*
gradus spectatur : ce qui montre la difference de ces deux mots.
D'ailleurs il y a des cas ausquels la succession ne vient pas *ex*
voluntate defuncti, comme en la Loi *Quæsitum, ff. de sepul.*
violato.

T t

CHAPITRE V.

Quand il y a deux fils, la femme venant à malverfer pendant l'an du deüil du dernier mari, fçavoir fi l'augment qu'elle a eu de ce dernier mari, à caufe qu'elle le perd par indignité, fe partage entre les enfans du premier & fecond lit également; & comment en ce cas la legitime d'un fils d'un fecond lit mort, doit fe partager.

PAR Arrêt du 25. ou 26. Janvier 1645. après Partage au Rapport de M. de Torreil, Compartiteur M. de Rech fur l'interprétation d'un Arrêt qui l'adjugeoit à la fille du premier lit, & à celle du fecond également, il fut jugé que cet augment appartenoit tout entier à la fille du fecond lit. La raifon fut qu'étant un gain qui venoit du fecond mari auquel elle avoit l'injure : *Quænam invidia quod à patre profectum eft, ad patrem* ou *ad heredem patris revertit.*

Mais après un fecond Partage, il fut jugé autrement de la legitime du fils, quoique du fecond lit; parce que cette portion de legitime étant acquife à la mere *proprio jure*, & la perdant par indignité, les deux fœurs comme heritieres de leur mere en doivent avoir chacun la moitié. Et en cette queftion il y a bien de la difficulté; auffi fut-elle agitée en trois Chambres avec bien de l'exactitude. Car la raifon contraire eft que la fœur *ex utroque latere*, eft préférée en la fucceffion de fon frere du chef du pere, qui ne touche en rien à la fille du premier lit. Mais la raifon qui décide ce differend, eft que celui qui eft privé par indignité, eft préfuppofé avoir acquis, & qu'on lui ôte *ex poft facto*, & après l'acquifition.

CHAPITRE VI.

Comment doit fe faire le partage entre freres.

L'AÎNÉ fait les portions, & le Cadet choifit, fuivant Guid. Pap. *quæft* 289. & fuivant la Genefe, *chap* 13. 11 & 12. *verf.* 5. & M. Maynard, *liv.* 7. *chap.* 96. Mais il a été jugé

que cela à lieu quand ils ne font que deux freres , par Arrêt
du dernier Janvier 1645. en la caufe de Soupfol contre fon frere.
Mais quand ils font trois , ou plus de trois , la Cour ordonne
que le Partage fera fait par Expers.   Cela fut jugé par Arrêt
du 21. Juillet 1648. donné en Audience , Parties d'Olives ,
Deprat , & autre Deprat.   La même chofe fut jugée en la caufe
de Bigofe en 1655.   Et ordinairement en ce Parlement on fait
des lods , & l'on tire au fort , *Argum. leg. 3. cod. commun. de leg.*

CHAPITRE VII.

Si le Partage fait par le pere doit tenir entre les enfans , quand
il n'a pas tout divifé.

UN pere nommé Guiraud avoit divifé pendant fa vie fes biens
entre deux fils qu'il avoit , & leur avoit adjugé à chacun
certain fonds ; ajoûtant dans cette divifion qu'elle tiendroit tant
qu'il lui plairroit , fe refervant une Maifon , & quelques facs de
bled ; & enfuite il étoit mort *ab inteftat.*   L'aîné vouloit que la
divifion fubfiftât , & difoit que la Maifon devoit lui appartenir
comme étant l'Aîné , & qu'en tout cas il falloit l'eftimer , feulement pour en bailler la moitié de la valeur à fon Cadet.   Et fe
fondoit fur ce que le Partage que fait le pere de fes biens entre
fes enfans eft valable , quoiqu'il foit inégal , & qu'il foit fait fans
folemnité , *Leg. ult. cod. famill. ercifc.*   Que cette divifion étoit
une efpece de derniere volonté , *Leg. fi filia ,* §. *Pater , dic. tit.*
famill. ercifc.   Que le pere étant mort fans la revoquer , *quod*
non mutatur cur ftare prohibetur , leg. Sancimus , cod. de teftam.
Et que les volontez des Peres , quoi qu'imparfaites , font valables
à l'égard de leurs enfans , *Leg. hac confultiffima ,* §. *Ex imper-*
fecto , cod. de teftam.

De plus , que quoiqu'il ajoûte que cette divifion durera autant
qu'il lui plairroit , cela n'y avoit été mis que pour marquer que
c'étoit une derniere volonté , non une difpofition entre vifs ; &
que puifqu'il lui avoit plû qu'elle durât pendant fa vie , & qu'il
étoit mort dans cette volonté , il fuffifoit qu'on ne prouvât pas

que *contra judicium venisset*, *leg. omnium cod. eod. tit.* D'ailleurs quoique le pere eût laissé une maison à diviser, qu'elle pourroit se diviser *Per judicium communi dividundo*, *leg.* 44. *in princip. ff. famil. ercisc.* par laquelle si quelque chose n'a pas été divisée, elle peut l'être par cette action. Et qu'enfin quant au surplus des biens, *Actio familiæ ercisiunda non debet iterari*, *leg. Si filia* 20. §. 4. *dic. tit. ff. famil. ercisc.* Mais que le Pere ne l'ayant pas voulu diviser, il avoit voulu que son Aîné l'eût toute entiere, sauf en tout cas à rembourser la valeur de la moitié, puisqu'il étoit mort sans faire testament.

Le plus jeune de ces trois freres disoit au contraire, que cette division par cette clause, *tant qu'il plaira au Pere*, n'étoit que provisionnelle *culturæ causâ*, & que ce n'étoit pas une division absoluë, *Argum. leg. Gayus Seyus* 86. *ff. de legat.* 2. Que cette même Loi faisoit que la Maison que le pere avoit laissée à diviser étoit commune ; & que comme ils étoient deux heritiers égaux, il falloit faire le partage *Æquo jure*, *leg. Si familiæ*, *cod. famil. ercisc.* elle faisoit voir que les enfans ne peuvent être contrains à tenir le partage que leur pere a fait, lorsque tous les biens ont été divisez par le Pere. Si-bien qu'y ayant eu Partage à la Grand'Chambre au Rapport de M. Delon, ce Partage ayant été vuidé en la premiere des Enquêtes, il fut jugé par Arrêt du 10. Février 1645. qu'il seroit fait une autre division & partage de tous les biens par Expers.

P A T R O N.

C H A P I T R E   V I I I.

Si le Patron pauvre doit être nourri sur sa Fondation, & quelle portion on lui adjuge.

PAR Arrêt donné en la Grand'Chambre le dernier Juillet 1662. un nommé Lartigue ayant fait serment de pauvreté, le Chapelain de la Chapelle qu'il avoit fondée, laquelle n'étoit que de quatre-vingts livres de rente, fut condamné à lui bailler le tiers du revenu, contre l'opinion de Mornac, qui dit que le Chapitre *Nobis*, *de jure Patron.* n'eſt pas obſervé en France. Le Panorme ſur ce chapitre dit que le Patron doit être nourri, le ſervice diſtrait. Mais au cas de l'Arrêt n'y ayant qu'une Meſſe à dire chaque ſemaine, le revenu étoit encore ſuffiſant pour faire ce ſervice.

CHAPITRE IX.

Si l'execution d'une ſignature eſt abuſive, qui prévient le Patron Laïque, & pourvoit d'une Chapelle.

UN Chanoine ayant fondé une Chapelle ou un Obit de certain revenu, à la charge que ſes heritiers en ſeroient Patrons, le Pourvû fit ſecretement demiſſion ; & les quatre mois étant paſſez, fit impetrer l'Obit par un autre ; de ſorte que le Patron voyant ce Pourvû nouveau en poſſeſſion, fut appellant comme d'abus de l'execution de cette Signature. Elle fut jugée abuſive par Arrêt du 26. Janvier 1659. rendu entre Artiſas, & Pierre, & autre Pierre Pujos. La raiſon en fut, que quoique ce fût un Eccleſiaſtique qui eût fondé, le Patron étoit néanmoins Laïque, puiſqu'il paſſoit aux heritiers ; & qu'ainſi le Pape ne pouvoit le prévenir, & qu'il n'importe que les quatre mois portez par le Chapitre *Cùm propter* 23. *de jur. Patron.* & le Chapitre *Licet. de ſupp. neg. Patr.* fuſſent paſſez, parce que la demiſſion avoit été cachée au Patron. De même quand la Chapelle eſt prophane & laïque, elle appartient au Patron *Pleno jure* : de telle maniere qu'il en a non-ſeulement la nomination & la Préſentation, mais même la Collation, Guid. Pap. *quæſt.* 187. & Gregorius Toloſanus, *inſtit. rei Eccleſ.* parce que quand les Chapelles ne ſont pas ſpiritualiſées, ce ne ſont pas des Bénéfices.

La même queſtion ſe préſenta le 20. Decembre 1661. en Audience, ſur des Proviſions d'une Chapelle des Religieuſes de Sainte Urſule de Beſiers, fondée par un Laïque en faveur de leur Monaſtere, pour faire dire la Meſſe qu'un nommé Deſquiez avoit impetrée. Il étoit queſtion ſi parce que le Fondateur Laïque en

T t iij

avoit donné le Patronat aux Religieufes, il étoit Ecclefiaftique. Mais ce ne fut pas ce qui fit la difficulté, ce fut que dans la Fondation il étoit dit, que le Chapelain feroit préfenté à l'Evêque. D'où l'on vouloit induire que cette Chapelle ne pouvoit être occupée que par l'inftitution de l'Evêque fur la préfentation du Patron ; c'eft pourquoi il y eut Partage.

PAYEMENT.

CHAPITRE X.

Si l'on peut être reçû à faire un payement en monnoye décriée le jour avant que le décri doit commencer.

L'ARDAT Marchand de Touloufe ayant acheté les effets de Glouton, deux Prêtres appellez Cances créanciers de Glouton, avoient fait arrêter la fomme de 5000. livres ; & à faute de payement, avoient fait mettre en prifon Lardat. Il arriva que quelques jours avant le décri des monnoyes qui ne paffoient pas, Lardat leur offrit payement par acte en piéces rognées, telles qu'elles paffoient pour lors : ce qu'ils refuferent, difant que l'Edit étoit publié à Paris, & qu'il devoit fe publier le lendemain à Touloufe. Sur quoi Lardat ayant configné cette fomme, par Appointement du Senêchal la confignation fut caffée, & il fut ordonné qu'il payeroit en bonne monnoye & pefantes efpeces. De quoi Lordat fut appellant en la Cour, difant qu'étant tellement preffé par fes Adverfaires, qu'ils l'avoient fait prifonnier ; il avoit ramaffé ces efpeces, & que le rebais ou le décri n'ayant pas lieu encore, il étoit en droit de fe délivrer de prifon, & de payer fon retardement en monnoye telle qu'il l'avoit, & que fans la prifon il s'en feroit défait, depuis qu'il accumuloit cet argent.

Au contraire fes créanciers difoient que fuivant la Loi *Debitorem 99. ff. de Solut.* le créancier n'étoit pas tenu de prendre

fon argent *in aliam formam* , *si aliquod damnum est passurus.*
Difant que quoiqu'il y ait *debitorem* , il faut lire *creditorem* ,
fuivant Hotm. *quæst. ill. cap.* 15. Et que quand il faudroit lire
debitorem , cela devroit s'entendre auffi du créancier , parce
que les Loix doivent être égales dans les contrats finallagma-
tiques. Ils ajoûtoient encore la Loi *Si soluturus* 39. *eod. tit.*
difant que *solutio tempore oportuno facta non erat.* Outre cela ,
ils difoient qu'on ne pouvoit payer en piéces rognées, *Leg.* 102.
ff. eod. lorfque le debiteur avoit differé le payement ; & qu'enfin
la où l'Edit avoit lieu fuivant la Novelle 66. *cap.* 1. *à tempore*
quo infinuata in urbe erat , & palam facta in Provinciis. Mais
Lardat difoit que *palam facta* , vouloit dire *publicata* ; & que
l'Edit n'étoit pas publié encore lorfqu'il avoit offert le payement.
Sur quoi la Cour rendit Arrêt en Audience le 7. Février 1640.
Par lequel il fut jugé & déclaré avoir été mal jugé , bien appellé ;
reformant l'Appointement du Senêchal , & veu la confignation ,
rélaxa Lardat.

Et par autre Arrêt d'Audience du 20. Mai 1654. il fut jugé
contre Cardon Banquier , qu'on pouvoit anticiper le payement
d'une Lettre de Change , quoique la monnoye dût diminuer huit
jours après l'offre , *Arg. leg. Continuus* 137. §. 2. *ff. de verb.*
obligat. & *Leg.* 38. §. 16. *eod. tit. leg.* 70. *ff. de folut.* Il n'en
eft pas de même de la caution , *Leg.* 31. *ff. de fidejuf.* Néanmoins
le 4. Février 1666. il fut jugé en la caufe de M. Carriere Secretaire de la Chancellerie , & de Carriere fon créancier , que la
confignation de trois mille livres n'étoit pas bonne. Mais il y
avoit cette difference , qu'elle avoit été faite le 29. Decembre ,
jour auquel la publication du rabais des écus avoit été faite à
cinquante huit fols ; & le fieur Carriere n'étoit pas prifonnier.

Il fe préfenta autre queftion ; fi l'on eft obligé de payer en
même monnoye qu'on a promis. S'il importe au créancier , il
faut payer , *Leg.* 3. *ff de reb. cred.* Car en la caufe d'Ayral
& Mazars Marchand de Toulouse , le debiteur fut condamné de
payer en Valencianes , qui étoit une monnoye d'Efpagne qui
valoit vingt-neuf fols. Car par Arrêt du 5. Juin 1649. le
débiteur fut condamné de payer en Valencianes , fi mieux il
n'aimoit payer la valeur des Valencianes à vingt-neuf fols. Le

débiteur diſoit n'être obligé de payer qu'à raiſon de vingt-un ſol, parce quelles ne valoient que vingt-un ſol.

P E I N E.

C H A P I T R E XI.

Si celui qui ménace un Magiſtrat Municipal peut ſe garantir de peine.

L E ſieur de Severac, Sieur de la Plaignole Gentilhomme, étant à la Ville de S. Felix de Carmaing, s'en alla à la Boucherie, & demanda au Boucher une piéce du Bœuf qui étoit pendu avec une corde au milieu de la Boucherie. Le Boucher lui répondit qu'il ne pouvoit lui bailler de ce Bœuf parce qu'il étoit tout chaud ; mais qu'il lui en bailleroit d'un autre qui étoit encore meilleur que celui-là. Mais ce Gentilhomme ne ſe contentant pas de cela, rompit avec ſon épée la corde, & le Bœuf tomba parmi les ordures qui étoient à la Boucherie. De quoi le Boucher ayant porté ſa plainte au ſieur de Combecaude Conſul, qui étoit à la place du Lieu ; & ſur ce que le ſieur de la Plaignole étoit préſent, ayant ſuivi le Boucher, il lui fut repreſenté par le Conſul le tort qu'il avoit fait à ce Boucher. Mais le ſieur de Severac à même-temps ayant avec ſa Cane menacé le Conſul, lui diſant qu'il le payeroit de ſoûtenir plûtôt ce Boucher que lui ; de cela, le ſieur de Comboucaude en fit informer d'autorité de la Cour. Si-bien que par Arrêt donné en la Chambre Tournelle au Rapport de M. de Cambolas le 23. Août 1669. le ſieur de Severac fut condamné, après avoir été oüi ſur la Celette, en la ſomme de 300. liv. de dommages & interêts envers le ſieur de Comboucaude, & aux dépens, la taxe reſervée. Et en outre il fut ordonné qu'il s'abſtiendroit d'entrer pendant un an dans la Ville de S. Felix, à peine de la vie, La Cour par cet Arrêt, conſidera que cette injure faite à un

Conſul

Conful faifant fa charge , étoit grande & attroce , *Ex leg. Prætor* , §. *ult. ff. de injur.* & *ex* §. *Atrox 9. juft. de injur.* Et la Loi *Item apud* §. *Si quis pulfatus* , *dic. tit. ff. de injur.* dit que celui qui a levé la main pour battre quelqu'un , n'eft pas exemt de l'action d'injure , bien qu'il ne l'ait battu ni excedé.

CHAPITRE XII.

Si l'on peut établir aucune peine contre celui qui eft accufé par une fille de l'avoir renduë enceinte , ne s'en étant pas trouvée après une verification faite d'autorité de la Cour.

MARIE DE BARBARON accufa Pierre Bon habitant de Grifoles , de l'avoir renduë enceinte. L'inftance ayant été portée en la Cour , Bon foûtint , comme il avoit toûjours fait , qu'il ne l'avoit jamais connuë charnellement , & foutint encore qu'elle n'étoit point groffe , comme elle fuppofoit ; & pour le prouver & juftifier , il demanda qu'elle fût vifitée : ce qui fut ordonné ; & fuivant la rélation des Medecins & Chirurgiens , & Sage femme , que la Cour commit pour cette verification , il fe trouva qu'elle n'étoit point groffe , mais qu'elle avoit été déflorée. Sur quoi la Cour en la Chambre Tournelle rendit Arrêt , au Rapport de M. de Caffagnau Glatens , le 19. Janvier 1672. par lequel Bon fut rélaxé. Cet Arrêt fut rendu conformément à deux autres que la Cour en la même Chambre avoit rendus. Le premier eft du 22. Octobre 1668. en faveur de Durand Perier contre Anne Fauré ; & l'autre eft du 4. Février 1671. en faveur de Jacques Daure contre Delphine Pouffe. Il faut remarquer que bien qu'il fût juftifié que la Barbaron avoit été déflorée , néanmoins Bon ne fut en rien condamné , à caufe qu'il avoit été fauffement accufé ; & que la fornication étant *Crimen duorum* , la fille alleguant *propriam turpitudinem* , *non eft audienda.*

V v

PEINE DES SECONDES NÔCES.

CHAPITRE XIII.

Si la Veuve se remariant doit être privée des biens de son défunt mari, à elle laissez vivant viduellement, & à la charge de rendre son heredité lors de son decès à une fille qu'ils avoient.

MICHEL CAISSAC par son testament institua Margue-rite Delpech sa femme son heritiere vivant viduellement, & à la charge de rendre son heredité avant son decès à Catherine Caissac leur fille. Quelque-temps après le decès du Testateur, sa fille vint à deceder; & après son decès, Margueritte Delpech se remaria : ce qui donna lieu à Jacques Caissac son Beaufrere, de demander la maintenuë en la succession de Michel Caissac son frere. Les Parties remirent leurs differends au jugement d'Arbitres, lesquels par leur Sentence Arbitrale maintinrent Caissac en l'heredité & succession de son frere.

De cette Sentence Delpech réleva appel en la Cour ; & fut representé de sa part, entre autres choses, que les peines des secondes Nôces n'ont été introduites que pour vanger l'injure qui est faite aux enfans du premier lit : *Procreata soboles sequentibus matrimoniis contristatur*, comme parle l'Empereur *in Novel. 22. cap. Si quis vero. & cap. Si verò spectet 23.* Et que ne s'é-tant remariée qu'après le decès de sa fille, elle ne pouvoit avoir encouru les peines établies contre les femmes qui se remarient ; puisqu'elle ne pouvoit même être privée de la succession, sa fille étant decedée, quand même elle se seroit remariée pendant sa vie, puisqu'on ne pouvoit pas contester que la femme qui pert la proprieté des liberalitez à elle faites par son mari en faveur des enfans du premier lit par son second mariage, ne recouvre cette proprieté par le predecès de ses enfans, suivant le Droit, l'Opinion des Docteurs, & les Arrêts de la Cour : Duranti, *quæst. 15.* Maynard, *liv. 9. chap. 30.* & Olive, *liv. 3. chap. 20.*

Ainsi à plus forte raison les Arbitres devoient la maintenir aux biens , & non la condamner comme ils avoient fait ; consideré encore qu'elle n'avoit jamais perdu la proprieté des biens de son mari, puisqu'elle ne s'étoit remariée qu'après le decès de sa fille.

De la part de Jacques Caisac , il fut représenté que cette Appellante étoit non - recevable en son appel ; & qu'il ne seroit pas en peine de demander la confirmation de la Sentence Arbitrle , si elle avoit fait la même reponse lorsqu'on lui parla de son second mariage. Que fit Valeria à ceux qui lui demandoient pourquoi elle ne s'étoit pas remariée ? Mon *Servius* est mort , dit-elle , pour les autres ; mais pour moi , il est vivant , & le sera toûjours. Mais n'ayant pas fait cette réponse , au contraire s'étant remariée , elle a perdu par son second mariage l'heredité de son premier mari , puisqu'il ne la lui laissa qu'en vivant viduellement , étant certain que lorsque le marié défunt a fait heritier , ou a fait un legat à son conjoint survivant , à la charge de ne se remarier point , s'il vient à le faire , il est privé de l'heredité ou legat , quoique le défunt n'ait point laissé des enfans. *Cujas. ad Novell.* 22. & *ex dic. Novell.* 22. cap. 43 & 44. Ainsi il est vrai de dire qu'inutillement la Delpech a dit qu'elle ne s'étoit remariée qu'après le decès de sa fille , puisqu'il se voit par le testament de son mari qu'elle est privée de la succession , en ce qu'il ne la lui laissa qu'en vivant viduellement : & telles volontez doivent être si fort executées , qu'il n'est pas au pouvoir du substitué à la femme , en cas de secondes nôces , de la garantir de la perte de l'heredité , quoiqu'il renonce à la substitution; parce qu'en ce cas elle appartient aux successeurs *ab intestat* , si elle n'a point de coheritier , suivant les Arrêts de la Cour , *Oliv. liv.* 3. *chap.* 18. & que la Delpech ayant méprisé la volonté de son mari , elle devoit être démise de son appel. De sorte que la Cour par Arrêt rendu en l'Audience de la Grand'Chambre le 25. Juin 1654. Avocats Mes. de Boissi & de Tartanac , auroit démis la Delpech de son appel , & ordonné que ce dont auroit été appellé sortiroit son plein & entier effet ; & partant cette heredité fut adjugée au frere contre le chapitre 26. de ladite Novelle 22. & contre la Loi *Fœminæ, cod. de 2. nuptiis.* & contre l'opinion de Jean de Garron , *de 2. nupt.* qui tient le contraire.

Par cet Arrêt, il se voit que la Cour tient que cette condition n'est pas seulement pour les enfans, mais pour la satisfaction du mari, *Cujus manes non debent contristari*, suivant la superstition des anciens.

P R O P R I E T É.

C H A P I T R E   X I V.

Si la femme qui se remarie perd la propriété du legat que son mari lui a laissé, pour le porter à un second mari.

POUR faire en ce càs que cette propriété lui demeure, il faut que le mari ait ajoûté, *Nonobstant les peines des secondes nôces*, autrement elle perd la propriété, & n'a que l'usufruit de tel legat. Comme il fut jugé le 23. Mai 1656. en l'Audience de la Grand'Chambre en la cause de Delong & de Fagetet, par lequel Arrêt le second mari fut condamné à rendre 300. liv. aux enfans du premier lit. Cela est conforme aux Arrêts rapportez par M. d'Olive, *liv.* 3. *chap.* 4 *& 7.* Boërius, *quæst.* 188. *&* 192.

Il y a eu un autre Arrêt en la Grand'Chambre au Rapport de M. de Burta le Samedi d'après la Pentecôte 1682. en la cause de Pic contre un autre Fagetet, par lequel malgré le défaut de cette clause, sçavoir, *Nonobstant les peines des secondes nôces*, la mere de Fagetet perdit un fort bon legat, quoique Fagetet son mari eût laissé en ces termes : *Quand même elle seroit remariée*; parce que telles clauses au préjudice des enfans, sont censées captées.

P E N S I O N.

CHAPITRE XV.

Si la penſion ſur une Cure d'un tiers de fruits eſt valable.

LE 3. Decembre 1658. il fut jugé qu'elle étoit valable, & le
Reſignataire condamné à payer ou quitter, en la cauſe de
Riviere & de Barus, Curé de Montberaut, qui s'y étoit obligé.
Sur quoi Rebuffe, *in prax Benefic. tit. de reſervat. num.* 22 *&*
23. & Moulin. *in regul. cancell. de infir. reſig. num.* 14. tiennent
pour maxime que telles penſions *tertiam partem fructuum exclu-
dere non poſſunt.* Ainſi ils concluent que telle Penſion d'un tiers
eſt valable. Voyez Loüet, *lettre P, chap.* 30.

Le 13. Mai 1664. par autre Arrêt Courbiere fut condamné
de payer telle penſion à M. de Bertrandi. La penſion étoit de
330. liv. établie ſur la Cure de Caſtelmaurou, quoique Corbiere
dit, qu'il n'avoit pas dequoi vivre ; & qu'ainſi il avoit tranſigé
de alimentis futuris.

Mais parce que la déclaration du Roi porte, que nonobſtant
la penſion promiſe le Titulaire doit avoir la portion congruë,
& le cru de l'Egliſe, la Cour le 8. Janvier 1676. en condamnant
le Reſignataire à payer la penſion, ne le condamna que juſqu'au
temps qu'il avoit demandé ſa congruë, Avocats Meſ. de Chaſſan
& de Tartanac.

Sur quoi il faut remarquer que les Penſions étant réelles en
ce Parlement, quoique le Bénéfice vâque *per Obitum,* la Penſion
eſt duë au Penſionaire par le Succeſſeur de celui qui l'a promiſe,
comme il a été jugé par Arrêt d'Audience du 27. Mai 1669.
Voyez Rebuffe *In prax. Benefic. tit. de reſervat. num.* 20. Mais
le nouveau Pourvû ou Titulaire ne doit pas les arrerages de la
penſion devant la poſſeſſion, Parties, Valette & Arribat. Et
cela avoit été jugé par autre Arrêt anterieur, étant du 4. Juin

1657. en la cause de Braque contre Vartaresce. Voyez Loüet *in littera A, cap.* 15. *& ibi* Brodeau.

CHAPITRE XVI.

Si un Prêtre en permutant s'est chargé d'une Pension à cause que la Cure qu'il donne en devoit une, doit être déchargé, le Pensionnaire de cette Cure venant à mourir.

ME. Martel Curé de Savenez étant mal avec le Seigneur du Lieu, fut obligé de permuter avec M. d'Astarac Curé de la Daurade; & il fut dit dans la permutte, attendu que la Cure de Savenez étoit chargée d'une Pension du tiers des fruits en faveur de Molineri, que Martel feroit 200. liv. de pension à Astarac; de sorte que Molineri étant mort, Martel disoit que la pension de 200. liv. ayant été consentie sur cette cause; sçavoir, (parce que la Cure de Savenez étoit chargée d'une pension) que Molineri étant mort, la cause cessant, l'effet devoit cesser. Au contraire l'autre disoit, que cette cause n'étoit pas *causa adæquata* de la permutation; & que s'il n'eût eu en la pensée que la pension de Molineri ne dureroit pas toûjours, il s'en seroit fait faire une plus grande pour consentir à cette permutation. C'est pourquoi la Cour par Arrêt du 22. Novembre 1650. condamna Martel à payer la pension.

PERE.

CHAPITRE XVII.

Si le pere perd l'usufruit des biens de sa fille quand il s'est remarié.

LE 22. Juin 1638. plaidant Me. de Parisot pour la Demoiselle de Malard, femme de M. Besombes Referendaire, il fut jugé que le pere de cette femme ne pouvoit prétendre à l'usufruit des biens que lui avoit laiſſez M. de Chaſteau Medecin & Docteur Regent ſon oncle, encore que cet uſufruit ne fût pas prohibé contre, *Novell. inſt. de nup. cap.* 34. *leg.* 4. *cod. de bon. quæ lib.* & *leg. Omnem* 4. *cod. de bon. mater.* Ce pere s'étoit remarié fort pauvrement, & étoit dans une grande miſere, & la fille étoit depuis quinze ans hors de chez lui. M. de Maynard, *liv.* 2. *chap.* 73. rapporte un Arrêt conforme. M. de Cambolas, *des peines des ſecondes nôces, num.* 17. eſt d'un ſentiment contraire : & M. Maynard même dit que les ſecondes nôces ne privent pas le pere de l'uſufruit ; de ſorte qu'en cet Arrêt la circonſtance, que cette fille étoit hors de chez ſon pere depuis quinze ans, & que c'étoit dans Toulouſe où la Coûtume ſemble émanciper les filles mariées, fut ſans doute le motif de cet Arrêt ; excepté qu'on ne veüille dire que le pere n'eſt pas ſi-tôt privé des biens qu'ont ſes enfans lorſqu'il ſe remarient, que de ceux qui leur ſurviennent après ſon mariage ; parce qu'en effet un oncle du côté de la mere n'eſt pas préſumé vouloir donner à un Beaufrere remarié, & à des enfans étrangers de la famille.

P R O C É S.

C H A P I T R E XVIII.

Si un procès ſur lequel il a été conclu en Cour ſouveraine, perime dans trois ans.

SUR cette queſtion il y a des differens avis. Les uns tiennent que la peremption n'a lieu ; d'autres diſent que la clauſon ne ſuffit pas, qu'il faut que le procès par écrit ſoit en état d'être jugé, *Cùm nil part. poſſit imputari,* ne lui étant point permis en Cour ſouveraine *appellare a denegatione juſtitiæ.* Néanmoins il fut jugé par Arrêt de la Cour donné en l'Audience de la Grand'Chambre le 15. Janvier 1658. Parties, Ginian & Caſtex, qu'une inſtance ſur laquelle il y avoit clauſon, les forcluſions non - accufées, n'avoit pas perimé. Et fur cela, l'on peut dire qu'un Soit-montré inftruit n'eſt point fujet à la peremption. Car par autre Arrêt du 2 0. Novembre 1 6 5 7. donné auſſi en l'Audience de la Grand'Chambre en faveur de Fourmen , il fut jugé qu'un incident inſtruit ne perimoit pas.

P E R E M T I O N.

C H A P I T R E XIX.

Si un Arrêt ou Sentence interlocutoire perime dans trois mois.

L E s Arrêts & Sentences font fujets à une perémption ; mais il y a des cas aufquels les Arrêts & Sentences interlocu- toires ne periment point. Car 1° ſi l'empêchement pour le juge- ment de l'interlocutoire vient de celui qui allegue la peremption, la Cour n'a point d'égard à la peremption , comme il fut jugé en Audience le 2 8. Juillet 1 6 6 4. Car le Senêchal de Beſiers avoit rendu une Sentence interlocutoire , qui portoit qu'à faute par une Partie, pour laquelle plaidoit Me. de Pariſot, de faire quelque choſe, il en feroit démis ; mais comme il y avoit 6 0. écus de rapport payables fur les fruits , dont joüiſſoit l'autre Partie pour laquelle M. de Boiſſi plaidoit, cette Sentence demeura ſept ans fans être remiſe au Greffe. De forte que M. de Boiſſi expoſant la peremption , il en fut démis. *modicus aĉtus* , dit Mornac , *ad leg. Properandum* , *ff. de jud. impedit ne perimatur inftantia.*

De plus, lorſque dans les Arrêts interlocutoires il y a quelque chefs qui eſt définitif, la peremption n'a pas lieu ; comme il fut jugé par Arrêt du 5. Avril 1 6 4 4. en la cauſe de la Demoiſelle de Gaſq contre le ſieur Vitrac. Car 3 0 0 0. liv. étant dûës par obligation de 1 5 8 5. fur quoi il y avoit eu un Arrêt interlocu- toire , qui portoit qu'avant dire droit ordonnoit le partage de certains biens, pour fur le tiers defdits biens , cette dette être

payée,

payée , foit que ces mots fuffent exprès dans l'Arrêt, foit que l'Arrêt les préfuppofât , il fut jugé que la peremption n'y avoit pas lieu, & que l'inftance en 1636. avoit été bien reprife.

La même chofe fut jugée le 23. Avril 1648. en la caufe des Peres Chartreux , & du fieur Marquis de Surdis ; car parce qu'il y avoit un chef définitif, la peremption n'eût pas lieu.

Mais fçavoir fi un Arrêt qui ordonne que la chofe fera fequef-trée , eft définitif. En cela , il fut jugé que non en Audience le 9. Février 1645. en la caufe de Latour & de Labat , & que nonobftant cela il y avoit peremption. De plus , il eft à remar-quer que quand l'une des Parties meurt , il n'y a point de perem-tion. La raifon en eft , parce qu'il n'y a plus de Partie ni de Procureur pour pouvoir faire aucune pourfuite ; & bien que ceux qui alleguent la peremption doivent s'imputer de n'avoir point fait affigner les heritiers en reprife d'inftance , puifque *in heredem transfertur judicium , leg. tam. ex contractibus in princ. ff. de jud.* Et fur ce fujet , il n'eft pas befoin de rapporter des Arrêts.

Mais il eft bon de rapporter ici ce que dit Grimaudet, *liv.* 10. des Retraits , *chap.* 12. touchant l'article 120. de l'Ordonnance de François I. qui défend d'octroyer des Lettres qui rélevent de la peremption. Car il dit que pour jufte caufe on impetre des Lettres excitatives de Jurifdiction, par lefquelles le Roi mande aux Juges de faire ce qu'ils peuvent par la difpofition du Droit civil. Si-bien que fuivant la Loi *Si per Prætorem ,* §. *fi feria & feq.* le Préteur reftituoit *propter ferias extra ordinem indictas & per abfentiam Reip. caufâ.* En vertu de telles Lettres , le Juge peut examiner les excufes ; & qu'ainfi il y a une exception à cette Ordonnance.

Le 19. Janvier 1645. il fut jugé en Audience qu'un inquant furabondant fait , perimoit dans trois ans. Il eft vrai que la faifie n'étoit pas générale ; c'étoit en la caufe de Marie d'Alas & d'Arioto.

Touchant la peremption d'inftance, cette queftion fe préfenta à l'Audience le 7. Juillet 1643. Sçavoir , fi le Préfidial ayant ordonné la reprife d'une inftance , quoique perimant en faveur d'un homme qui avoit fait ferment de pauvreté , l'appel devoit

X x

être reçu, & il fut jugé que non.　Si-bien que le Préfidial àux caufes de fa competence, juge fouverainement de la peremption. C'étoit en la caufe d'un nommé Delfol.

CHAPITRE XX.

Si les inftances devant Meffieurs des Requêtes du Palais periment dans trois ans.

BIEN que les Procès foient en état d'être jugez devant tous Juges Subalternes, ils periment dans trois ans ; parce qu'on peut appeller à *denegatione juris* , même devant Meffieurs des Requêtes, bien qu'ils foient du corps du Parlement : car en ce qui eft des Procès , ils font un corps feparé de celui de la Cour. Si-bien qu'il fut jugé par Arrêt de la Cour du 20. Juillet 1677. que le chargement d'un procès aux Requêtes par M. de Fermat Rapporteur fait dans les trois ans , n'empêchoit pas la peremption.

CHAPITRE XXI.

Si l'inftance en Actions annales perime dans l'an & jour.

IL y a des Docteurs qui tiennent que l'inftance en Actions annales eft fujette à la peremption d'un an & jour , à caufe qu'elle ne peut pas être de plus long-temps que l'action. Jafon *in §. Pænales, inft. de actionib.* Barthol. *in leg.* 1. *ff. de eo per quem factum eft.* & Chenu., *quæft.* 95. D'autres au contraire tiennent que l'inftance en Retrait-lignager ne perime pas qu'a-près trois ans, Loüet, *lettre I, chap.* 2. & *ibi* Brodeau, où ils rapportent néanmoins divers Arrêts pour & contre du Parlement de Paris. Et enfin il y en a qui tiennent que cette inftance ne perime que par trois ans , non-pas qu'on admette que l'inftance foit de plus longue durée que l'action. Car l'action bien qu'an-nale de fa nature, eft prorogée jufques à trente ans par le moyen de la conteftation. Auffi la Cour par Arrêt donné en l'Audience de la Grand'Chambre le 2. Juin 1 6 6 5. jugea qu'une inſtance en Retrait - lignager ne perimoit qu'après trois ans, & c'eſt ſuivant la Loi *Properandum de Jud.* Parties, François de Griniez & Delſols freres.

* * *

PROPRIETAIRE.

CHAPITRE XXII.

Sur qui doit tomber la perte d'une choſe prêtée lorſquelle perit, ſi c'eſt ſur le Proprietaire ou ſur celui à qui la choſe a été prêtée.

QUOIQUE par la Loi derniere, *ff. Commodati,* il ſoit dit, *Quod ſi nullâ tuâ culpâ interveniente equus in itinere ſit deterior factus commodati non teneris,* & que par la Loi 5. §. 3. *Caſus fatalis non imputetur;* néanmoins parce que le Commodat eſt gratuit, & qu'il ne regarde que l'utilité de celui qui emprunte, s'il n'y a conviction du contraire, on préſume de la faute du côté de celui qui ſe ſert ainſi de la choſe d'autrui. Ce qui fut jugé par Arrêt donné en l'Audience de la Grand'Chambre le 21. Janvier 1 6 5 0. Avocats Mes. de Tartanac & Autier, contre un nommé Lafite Bonnetier, lequel emprunta d'un nommé Cordurier un Cheval pour tranſporter des Laines. Il arriva que le Cheval mourut par le chemin ſans ſa faute ; car il l'avoit fait verifier par des Maréchaux, qui rapportoient qu'il étoit mort de vieilleſſe, & de ſa propre diſpoſition corporelle. Néanmoins contre cette rélation, la Cour préſuma qu'il y avoit de la faute de la part de Lafite, & par Arrêt elle le condamna à payer 60. liv. à Cordurier pour la valeur du Cheval ; & en effet, il étoit plus probable qu'il lui avoit donné quelque coup, que de dire que ce Cheval fût ſi ſubitement mort ſans avoir le moindre mal lorſqu'il fut baillé.

PRESEANCE.

CHAPITRE XXIII.

Si les Consuls doivent précéder le Lieutenant du Juge & le Procureur du Roi, dans les Assemblées où le Juge préside.

EN l'année 1660. il y eut procès en la Cour entre les Consuls de Beaumont de Lomagne, & le Lieutenant de Juge, & Substitut de M. le Procureur Général en la Judicature de cette Ville. En ce procès, les Consuls prétendoient qu'en toutes les Assemblées qui se tiendroient dans la Ville lorsque le Juge présideroit, ils devoient précéder le Lieutenant de Juge, & le Substitut. Et eux au contraire prétendoient, qu'ils devoient précéder les Consuls tant en présence qu'en l'absence du Juge ; disant qu'il ne seroit pas juste que des Magistrats Municipaux, qui ne sont qu'annuels, & créez par le peuple, & qui ne sont la plûpart que gens ignorans, qui n'ont nulle Jurisdiction que pour la Police, suivant l'Ordonnance de Moulins, *art.* 17. précedassent des Officiers Magistrats Royaux, perpetuels, Gens qualifiez, qui ont été pourvûs de leurs Charges par le Roi, après avoir fait preuve & examen de leur vie, mœurs, capacité & suffisance. Et Ulpian, *in leg. In albo, ff. de albo scrib.* dit à ce propos, que ceux qui par le jugement du Prince ont eu ces Dignitez, doivent être plûtôt écrits dans le Registre des Dixainiers, que ceux qui ont eu seulement l'honneur de Bourgeoisie : *In albo Decurionum in Municipio nomina ante scribi oportet eorum qui Dignitates Principis judicio consecuti sunt ; postea eorum qui tantùm Municipalibus honoribus functi sunt.* Aussi la Cour par Arrêt donné en l'Audience de la Grand'-Chambre le 28. Juin de l'année 1660. ordonna que le Lieutenant & Substitut, tant en l'absence qu'en présence du Juge, précederoient en toutes les Assemblées, les Consuls, Avocats Mes. de Barthez, Tartanac & Boissi.

CHAPITRE XXIV.

Si le Syndic d'un Chapitre doit préceder le Lieutenant & le Subſtitut de M. le Procureur Général, lorſque le Juge preſide.

AU Chapitre précédent, il à été dit que le Lieutenant & le Subſtitut doivent préceder les Conſuls. Mais par autre Arrêt du dernier de Juin 1654. il fut jugé que le Syndic du Chapitre de S. Michel de Gailhac en toutes les Aſſemblées où le Juge préſideroit, précederoit le Lieutenant & Subſtitut, Avocats, Mes. de Lagarrigue, Cayras & Chaſſan.

CHAPITRE XXV.

Si le Seigneur ou Conſeigneur directe d'un Lieu homagier du Roi, doit préceder les Conſuls.

MR. de Cambolas, *liv.* 4. *chap.* 25. rapporte un Arrêt de la Cour par lequel le ſieur de Peſan, Seigneur directe du Lieu de Sabanes, Juriſdiction de Verdun, Homagier du Roi, fut maintenu à préceder les Conſuls de Verdun, quoiqu'ils exercent la Juſtice criminelle dans le Lieu de Sabanes. Et par autre Arrêt donné en la ſeconde Chambre des Enquêtes le mois de Juin 1679. au Rapport de M. J. Dupuy, il fut ordonné ſur la preſceance, que le ſieur de Barthez Conſeigneur directe du Lieu Delbergaut, Homagier du Roi, demandoit ſur les Conſuls de ce Lieu, que, avant dire droit définitivement aux Parties, le Seigneur Juſticier du Lieu ſeroit appellé, pour ſçavoir s'il avoit rien à dire contre la preſceance demandée par le ſieur de Barthez ; mais néanmoins il fut ordonné que par proviſion il précederoit les Conſuls.

CHAPITRE XXVI.

Si la préscription peut être opposée en fait de presceance.

LEs Confuls du Lieu de Layrac mirent en inftance le Juge du Lieu pour raifon de la prefceance. Cette inftance ayant été portée en la Cour, & en l'Audience de la Grand'Chambre, il fut reprefenté de la part des Confuls qu'ils exerçoient la Juftice criminelle conjointement avec le Juge, & que de tout temps ils avoient précedé le Juge, ce qu'ils offroient de prouver en cas de déni. De la part du Juge, il fut dit que bien que les Confuls. exerçaffent conjointement avec lui la Juftice criminelle, que néanmoins la prefceance ne pouvoit pas leur être accordée, puifqu'il avoit cet avantage d'exercer en feul la Juftice civile, à laquelle la prefceance d'honneur étoit düe, dautant que celui qui exerce la Juftice civile eft confideré comme Magiftrat & perfonne publique, & que c'eft une faculté neceffairement attachée à la Jurifdiction; au lieu que l'exercice de la Juftice criminelle n'eft pas un Chef de Jurifdiction, mais une Conceffion de la Loi qui compete par le bénéfice du Prince : *Morum imperium non eft Jurifdictionis, fed Legis, leg. 1. ff. de Offic. ejus cui mand. eft jurifd.* C'eft pourquoi cette puiffance peut être en la main d'une perfonne privée, dit Cujas, *Obf. 21. cap. 30. De mero imperio quod privato conferri poteft.* Et qu'enfin le Juge comme reprefentant le Roi ou le Seigneur, précede les Confuls qui ne reprefentent que le peuple, quoiqu'ils ayent la Juftice criminelle, que les Confuls de Layrac n'ont point en feuls; & que la prefcription qu'ils alleguent ne pouvoit être confiderée, non-feulement parce que les Juges qui étoient avant lui, c'eft-à-dire, fes prédeceffeurs, ne pouvoient avoir rien fait au préjudice des prerogatives d'honneur dûs à fa Charge; dautant plus qu'en matiere de Rangs la poffeffion n'eft point confiderable, parce qu'ils font partie du Droit public qui eft imprefcriptible. Auffi Tertullien a dit de la verité, *Jus publicum eft cui nemo præfcribere poteft, non fpatia temporum, non patrocinia perfonarum, non privilegia regionum.* Sur quoi la Cour rendit Arrêt en l'Audience de la Grand'Chambre le 26. Mars 1657. par lequel il fut ordonné que le Juge précederoit les Consuls.

PRÉDICATEUR.

CHAPITRE XXVII.

Si les Consuls fondez en Coûtume sont en droit de nommer les Prédicateurs.

CELA fut jugé en faveur des Habitans de Gourdon contre M. l'Evêque de Cahors en 1640. après un Arrêt interlocutoire qui avoit adjugé la provision à l'Evêque ; & le Concile de Trente le porte, *sess. 5. cap. 2. de Reform.* où il est dit que c'est à l'Evêque de nommer les Prédicateurs, s'il n'y a coûtume contraire de temps immémorial.

Néanmoins le 5. Janvier 1638. le contraire avoit été jugé en faveur de Mr. l'Evêque d'Agde contre les Consuls de Pezenas. Sur quoi je crois que la Cour fait difference si les Consuls font la retribution aux Prédicateurs ; & que cela joint à la Coûtume, les fait maintenir dans cette faculté. Car en effet, la Communauté de Gourdon donne cent livres aux Prédicateurs, au lieu qu'il n'apparoissoit pas que la Communauté de Pezenas en fît de même ; & peut-être que si Messieurs les Evêques offroient de faire l'entiere retribution aux Prédicateurs, les Consuls, nonobstant la Coûtume, pourroient perdre ce privilege ; parce que par l'Edit de Melun, *art. 6.* il est défendu aux Juges de commettre des Prédicateurs, & enjoint d'en laisser la disposition à l'Evêque, puisqu'on a même toûjours jugé que l'une des premieres & principales fonctions Episcopales étoit de prêcher, les Evêques étant en cela les vives & vrayes images de celui qui disoit par la bouche Prophetique d'Isaye, *Evangelisare pauperibus misit me, Prædicare captivis peccatorum remissionem.* C'est par cette consideration que Clement Alexandrin, *liv. 5. de ses Tapisseries,* les represente comme les Images animées de la Divinité. Et s'il arrivoit que les Evêques ne puissent pas satisfaire à ce devoir, ils nommoient & choisisoient ceux qu'ils jugeoient les plus propres à ce divin ministere, selon le precepte de saint Paul à Titus II. *Thimot.* 2. *hæc commenda iis qui idonei sunt, & alios docere.* Aussi il n'y a aucun qui ose entreprendre de prêcher dans les Diocéses des Evêques, s'il n'a son approbation.

Charondas, *liv.* 1. *resp.* 227. rapporte un Arrêt qui déclare la Dame de Crequi incapable de nommer un Prédicateur, quoique la Fondation eût été faite par un Cardinal de cette Maison sous cette condition, qui fut trouvée contre les bonnes mœurs. Quant à la nourriture des Prédicateurs, M. Duvergé, Evêque de Lavaür, ayant donné une Ordonnance qui chargeoit le Chapitre de bailler trois cens livres de retribution au Prédicateur, & les Habitans de sa nourriture, fut condamné lui-même en l'un & en l'autre par Arrêt du 3. Juillet 1609.

PRÉFÉRENCE.

CHAPITRE XXVIII.

Sçavoir si le Consort est préferé en la chose indivise à l'acheteur de la portion de l'autre Consort.

CELA fut jugé par Arrêt du 23. Avril 1648. en la cause de l'Hôpital S. Jacques de Toulouse contre M. Marchand Avocat, quoique Marchand surdît, parce que *animosæ sunt licitationes, leg. Si pignori, ff. famil. ercisc* & qu'elles ne sont pas reçûës en cette matiere. Cette décision est fondée sur la Loi 3. *Cod. Comm. divid.* & *leg.* 22. §. 1. *ff. famil. ercisc.* & *leg.* 55. *ff. eod.* & suivant la Loi *Sancimus,* §. 2. *ff. de don.* & Mornac *in leg. penult. cod. Comm. divid.* contre l'avis d'Harmon, *lib.* 3. *tit. de Præl. arg. leg. Invitum, cod. de Contrah. empt.* & *leg. Dudum, cod. eod.*

Le 8. Janvier 1652. la même chose fut jugée contre un nommé Roc,

Roc, qui avoit acheté les portions de trois freres en une Maifon qui offroit de furdire de 1500. liv. & qui alleguoit un Arrêt rendu contre le Syndic des Corps Saints, & le Chapitre de S. Sernin. Et un autre Arrêt au Rapport de M. Lenoir, conforme à la Loi *Facto. cod. de com. rer. alienat.* Car nonobftant cela, M. Thomas, qui étoit un quatriéme frere, fut préferé en le rembourfant ; & la Cour n'ordonna point de garantie contre les autres freres, quoique Roc le demandât. Cela fut encore jugé en faveur de Galup contre Hortely, qui avoit acheté d'une femme après qu'elle eut fait rabattre un décret, quoique Hortely voulût furdire de 1000. liv. par Arrêt d'Audience du 24. Février 1656. car le Décretifte fut préferé.

CHAPITRE XXIX.

Si le Proprietaire d'une Maifon eft préferé à tous les Créanciers du Locataire fur le prix de la vente des meubles faifis trouvez dans la maifon.

SUR cette queftion il eft à remarquer que fi les meubles d'un Locataire fe trouvent faifis, étant dans une maifon loüée, le Proprietaire de cette maifon eft préferé à tous les Créanciers du Locataire pour le prix du loüage. C'eft ainfi qu'il a été jugé par Arrêt de la Cour donné en la Grand'Chambre au Rapport de M. de Barthelemy de Beauregard le 26. Juin 1659. Parties, Dautezac & Montamié, *Et ex leg. Hujus*, §. *Tantundem*, ff. *Qui potior. in pig. hab.*

CHAPITRE XXX.

Si les heritiers par bénéfice d'inventaire font préferez à tous les Créanciers hereditaires pour les fraix de l'inventaire.

LA Cour a jugé par Arrêt donné en la feconde Chambre des Enquête le 9. Septembre 1656. que l'heritier par bénéfice d'inventaire eft préferé pour les fraix d'icelui à tous les Créanciers, fauf pour la dot de la femme.　Voyez Belord en fes Controverfes, *liv. 2. part. 5. art. 13.* & le §. *In computatione* de la Loi derniere, *cod. de jur. delib.*

CHAPITRE XXXI.

Quel de deux Fermiers d'une Métairie de l'Hôpital doit être préferé, l'un étant ancien & l'autre nouveau.

LE nommé Roques ayant par Contrat de ferme pris une Métairie pour quatre années du Syndic de l'Hôpital Saint Jacques de Touloufe, lui ou fon fils, fans autre contrat, joüirent comme Fermiers de cette Métairie pendant plus de foixante ans; & étant décedez, autre Roques fils & petit-fils defd. Fermiers, auroit commencé de joüir de cette Métairie.　Mais le Syndic de l'Hôpital paffa un nouveau Contrat de Ferme de cette même Métairie en faveur d'un autre qui en donna plus de ferme que Roques n'en donnoit.　Pour raifon de quoi il y eut procès en la Cour où Roques demandoit d'être préferé à ce nouveau Fermier, veu l'offre qu'il faifoit d'en donner le même prix, fe fondant fur la Loi *Congruit. cod. de locat. præd. Civil. vel Fifcal.* où il eft dit par les Empereurs Honorius & Theodofe : *Congruit æquitati ut veteres poffeffores fundorum publicorum novis conductoribus præferantur, fi facta per alios augmenta fufcipiant.*

Le nouveau Fermier au contraire dit que Roques ne pouvoit pas être préferé fuivant le Droit, *in leg. Ne cui liceat, cod. de locat. & conduct.* attendu que fi telle préferance avoit lieu, on ne trouveroit point des Fermiers qui vouluffent augmenter le prix de la Ferme : ce qui cauferoit de grands dommages & intérêts aux Pauvres & au Public.　Auffi la Cour par Arrêt donné en l'Audience de la Grand'Chambre le 10. Decembre 1658. ordonna que le Contrat de Ferme paffé en faveur du nouveau Fermier feroit executé, fi mieux Roques n'aimoit furdire dans huitaine, dans lequel délai toutes furdites feroient reçües.

CHAPITRE XXXII.

Quel de deux doit être préféré à un Office, ou celui qui l'achete
du fils heritier de l'Office, ou le frere du Vendeur
second fils dudit Officier.

M R. d'Ouvrier Conseiller en la Cour, par son testament insti-
titua son fils aîné son heritier, qui fit vente de l'Office
de Conseiller à M. Dugalion Avocat, *pretio* de 68000. livres.
Et dautant que la Dame d'Ouvrier veuve, mere du Vendeur,
ayant de grandes hipoteques sur les biens de feu son mari, &
cette vente ne pouvant empêcher qu'elle ne fît saisir tous les
biens de l'heredité, & même ledit Office de Conseiller, qui s'é-
toit si-bien hipotequé que les autres biens, & que cette vente
ne pouvoit empêcher l'hipoteque qu'elle y avoit, *Ex leg. 1. cod.*
de precar. leg. penult. cod. de remiss. pign. & leg. Debitor. cod.
de distr. pign. Sous ce prétexte elle auroit impetré Lettres
Royaux en cassation du Contrat de vente, & le frere du Vendeur
auroit offert de prendre l'Office de Conseiller, & demanda d'être
preferé à l'Acquereur, veu l'offre qu'il faisoit d'en donner
64000. liv. à quoi la mere auroit donné les mains, voyant que
par-là l'Office restoit dans la Famille. Me. de Galion auroit
donné Requête à ce qu'en cas de succombence son Vendeur fût
condamné aux dommages & interêts. Sur quoi la Cour rendit
Arrêt en l'Audience de la Grand'Chambre le 13. Juillet 1654.
par lequel M. du Galion fut demis de sa Requête, & le Contrat
fut cassé, & le frere preferé, sans dépens. Avocats, Mes. de
Lagarrigue & de Tartanac. Voyez Ferrier, *in quæst.* 112. Guid.
Pap. & Loyseau, *liv. 1. des Offices, chap.* 2. *num.* 52, 53 &
54. où ils traitent de la préférence de deux Acquereurs, & de
deux Offices.

CHAPITRE XXXIII.

Si le fils d'un Conseiller qui a vendu son Office, doit être préferé à celui qui l'achete au pere.

MR. de Gineste Conseiller en la Cour, & Président à une des Chambres des Enquêtes, ayant été pourvû de l'Office de Procureur Général en la Cour, fit vente de son Office de Conseiller ; & étant décedé sans avoir été reçu Procureur Général, le sieur son fils auroit impetré Lettres Royaux en cassation du Contrat de vente passé par feu son pere de l'Office de Conseiller, & auroit demandé d'être préferé, comme fils de Maître, à l'Acquereur. Sur quoi la Cour auroit rendu Arrêt le 11. Août 1654. par lequel le Contrat fut cassé ; & pour certaines causes & considerations, le fils fut condamné envers l'Acquereur en 1600. liv. pour tous dépens, dommages & interêts.

CHAPITRE XXXIV.

Si le Locataire est préferé à un Acquereur des fruits d'une Maison, en rendant le prix de l'acquisition.

LE nommé Jean Sentou acheta les fruits d'une Maison sise à Carcassonne à la Demoiselle Marie de Vernus, pour quatre années *pretio* de 800. liv. qu'il lui paya. Après quoi Sentou fit assigner Jean Sahuc Hôte, Locataire de cette Maison depuis long-temps à la vuider, atendu qu'il vouloit s'y changer. A même-temps Sahuc fit appeller en cause la Demoiselle de Vernus, pour se voir condamner à lui payer les dommages & interêts en cas il seroit condamné de vuider la Maison avant le terme du loüage échu. La cause plaidée devant le Senêchal de Carcassonne, il fut rendu Appointement par lequel Sahuc fut condamné de vuider la Maison dans huitaine, & ne fut rien prononcé sur la Requête contre la Demoiselle de Vernus.

De cet Appointement Sahuc fut appellant en la Cour ; & lors de la Plaidoirie de la caufe, il fut réprefenté de la part de Sahuc, que le Senêchal lui avoit inferé un très-notable grief de n'avoir rien prononcé fur les dommages & interêts ; & que la Demoifelle de Vernus, fi le Senêchal y eût prononcé, ne pouvoit éviter d'être condamnée aux dommages & interêts, puifque la Cour fur pareil cas y avoit condamné M. de Sartre Confeiller en la Cour des Aydes de Montpellier, envers le nommé Pourfy, par Arrêt du 4. Juin 1658. Mais que les chofes étant dans cet état qu'il étoit dans la Maifon, il demanda d'être préferé à Sentou, & de le rembourfer du prix de fon acquifition dans tel délai que la Cour ordonneroit : & que par ce moyen la Demoifelle de Vernus fe garantiffoit de la condamnation des dommages & interêts.

De la part de Sentou, il fut dit que les dommages & interêts prétendus par Sahuc ne le regardoient pas ; & que l'Appointement du Senêchal étoit très-juridique à fon égard, puifqu'on ne pouvoit pas contefter que la vente des fruits ne rompe le Contrat de loüage : & que Sahuc ne pouvoit être reçu en fon offre, après avoir payé le prix de fon acquifition, & après avoir fouffert que le Senêchal rendît un Appointement dont étoit l'appel. Mais la Cour par Arrêt du 3. Juillet 1658. mit l'appellation, & ce dont avoit été appellé, au néant ; & demeurant l'offre de Sahuc, il fut ordonné qu'il refteroit dans la Maifon, & qu'il rembourferoit le prix dans trois jours après l'intimation de l'Arrêt. Avocats, Mes. d'Audibert & de Pagez.

CHAPITRE XXXV.

Si le Subftitué peut être préferé au Locataire d'une Maifon dépendante du Fideicommis.

LAFERRIERE par fon teftament inftituë la Demoifelle de Laferriere fa fœur heritiere, à la charge de rendre fon heredité lors de fon decès à Me. Delpech Avocat en la Cour. Après la mort de Laferriere, fon heritiere loüe une Maifon

dépendante de l'heredité de son frere, à M. de Bourlac Avocat.
A même-temps Delpech demanda d'être préferé, disant qu'en
qualité de substitué il auroit plus de soin de cette Maison, afin
qu'elle ne déperît point ; & qu'il y alloit de son interêt, comme
en devant être un jour le Proprietaire. Mais Bourlac plaidant
la cause, dit que Delpech, pour lequel M. de Lagarrigue plaidoit, étoit mal fondé, puisqu'il regardoit la Maison en question
comme sienne ; qu'il pouvoit arriver qu'il decederoit plûtôt
que l'heritiere, & qu'ainsi la substitution deviendroit caduque.
Enfin le fideicommis étant conditionel, Delpech ne peut pas dire
qu'avant l'existence de la condition la Maison en question fasse
nulle portion de son patrimoine, *Leg. Substitutio de acquir. rer.*
domin. Et que quant aux deteriorations, il sçavoit très-bien
qu'il faudroit qu'il les payât, & qu'il laissât la Maison au même
état qu'il l'avoit prise. Si-bien que la Cour par Arrêt donné
en l'Audience de la Grand'Chambre le 18. Decembre 1657.
ordonna que le Contrat de loüage passé en faveur de M. de
Bourlac par la Demoiselle de Laferriere, sortiroit à effet.

CHAPITRE XXXVI.

Si le Décretiste peut être préferé à l'Acquereur des biens decretez,
le Débiteur les ayant vendus après avoir été reçû à recouvrer
les biens decretez.

SUR cette question, il est à remarquer qu'un Créancier fit
décreter certains biens à un de ses Débiteurs. Quelque-temps
après ce Débiteur impetra des Lettres en rabattement de décret,
& par Arrêt il fut démis de ses Lettres : néanmoins il fut reçû
à recouvrer les biens décretez, à la charge de payer & rembourser le Décretiste des sommes pour lesquelles il avoit obtenu
le décret, réparations, méliorations, & loyaux-coûts. Après
cet Arrêt, le Décretiste ne voulut point faire délaissement des
biens qu'il ne fût remboursé & payé de tout, comme il avoit
été ordonné par l'Arrêt, & suivant même la disposition du Droit,
in Leg. unic. cod. etiam ab Chirograph. pec. pign. teneri. Ce qui

obligea le Débiteur de vendre les biens décretez, & alors le Décretiste demanda d'être préferé à l'Acquereur. Mais par Arrêt de la Cour du 7. Mai 1660. donné en Audience, il fut dit n'y avoir lieu de préference, en ce qu'elle ordonna que le Contrat de vente sortiroit à effet. Parties, Cartera, Jacques Roquier, François, Jean & Margueritte Charrats, freres.

PRÉJUDICE.

CHAPITRE XXXVII.

Si un Notaire se préjudicie en passant les actes d'Aliénation ou d'Obligation d'un sien Débiteur, les biens lui étant hipotequez.

JE ne m'attacherai pas ici à traiter la question de Droit, où il y a plusieurs differences, parce que les Auteurs en traitent assez, comme M. de Cambolas, *liv. 5. chap. 25.* & M. d'Olive, *liv. 5. chap. 28.* & Robert, *Rer. jud. lib. 4. cap. 14.* Je me contenterai seulement de rapporter ici quelques Arrêts.

Premierement, quoique M. d'Olive dise, *dic. loc.* que les Notaires se préjudicient en passant les actes d'Aliénation ou d'Obligation, s'ils ne déclarent pas leurs hipoteques ou leurs droits; néanmoins il faut faire quelque difference : car si un Notaire a une hipoteque générale sur les biens d'un homme, & qu'après il reçoive un Contrat en faveur d'un autre, où son débiteur oblige généralement ses biens, il ne doit pas perdre la propriété de son hipoteque. Cela fut ainsi jugé en faveur de Bassemaison Notaire de Toulouse, au mois d'Août 1654. par Arrêt donné en la seconde Chambre des Enquêtes au Rapport de M. A Catellan, contre la Demoiselle de Dreüille veuve du sieur d'Ambez; par lequel Arrêt Bassemaison fut préferé à cette Demoiselle. La même chose ayant été jugée par autre Arrêt du 23. Avril 1649. en la premiere des Enquêtes, après un Partage en la Seconde. Les Parties étoient Demoiselle Catherine de Gerentes, veuve de

Guy Bonnefous, & François Guy, *Arg. leg. Titia*, §. *Lucia, de legat.* 2. Loüet, *lettre A*, *num.* 9. & *lettre N*, *num.* 6. Mais il en feroit autrement fi l'hipoteque étoit fpeciale fur un certain corps, comme une Maifon, *leg. fidejuffor* 26. §. 1. *ff. de pignor.*

CHAPITRE XXXVIII.

Si celui qui figne un acte fe fait préjudice.

PELLEPORT ayant deux Gendres, fçavoir le fieur de Cabanac & le fieur Daubian, au premier defquels il avoit affecté pour la dot de fa fille certaine Métairie, & au fecond auffi. Le premier ayant figné le Contrat de mariage du fecond, où cette hipoteque fpeciale étoit exprimée, il fut jugé par Arrêt d'Audience le 13. Juillet 1646. que le fecond quoique pofterieur en hipoteque, devoit être preferé. Et depuis cela fut jugé encore par autre Arrêt d'Audience en un cas tout femblable le 20. Mai 1649. & c'eft fuivant ladite feconde décifion.

Il faut remarquer que quoique nous ayons dit que quand l'hipoteque eft générale, l'on ne fe préjudicie pas en fignant, néanmoins il fut rendu un Arrêt en la Grand'Chambre, qui femble contraire, au Rapport de M. de Caumels, au mois de Juin 1652. fur le cas fuivant.

Me. Tiffandier ayant une fille & un fils, il maria fa fille avec André, & lui conftitua 4000. liv. Cette fille étant morte, André, fuivant la Coûtume de Touloufe gagna l'entiere dot ; & enfuite M. Tiffandier mariant Bernard fon fils avec la Demoifelle Dufard, fit donation à fon fils de la moitié de fes biens, & reconnut la dot de la Demoifelle Daufard fur l'autre moitié. André ayant figné ce Contrat, portant donation & hipoteque de conftitution dotale, fe remaria avec la Demoifelle Dumay, & mourut quelque-temps après, de même que Bernard Tiffandier. La Demoifelle Daufard oppofoit à la Demoifelle Dumay, qu'André ayant figné fon Contrat, il avoit relâché fa priorité d'hipoteque. De forte qu'il fut jugé en faveur de la Demoifelle Daufard, qui fut allouée preferablement à la veuve d'André. Mais il peut fe

faire

faire que les motifs de la Cour furent que le gain de la dot étant contre le Droit commun, la cause d'André étoit moins favorable, sur tout s'étant remarié : & qu'ainsi la veuve du fils devoit être préferée à une femme étrangere de la famille ; & qu'ayant signé la donation & la constitution qui specifioient deux moitiez de biens, cela sembloit déroger à la généralité de laquelle nous avons parlé. D'où l'on peut dire que ces deux maximes font toûjours veritables en these ; & l'on en peut autant, nonobstant l'Arrêt rapporté par M. de Cambolas, *liv.* 5. *chap.* 25. veu les circonstances qui y sont déduites.

PRÉLATION.

CHAPITRE XXXIX.

Si le droit de Prélation a lieu, quand la vente a été faite à pacte de râchat.

CETTE question fut jugée par Arrêt de la Cour du 27. Janvier 1633. entre le sieur Baron de Monbrun Viguier de Figeac, Me. de Laporte, & le sieur Darlac. Car la Cour fur appel des Requêtes, jugea que le droit de Prélation avoit lieu, même aux ventes à pacte de râchat, à la charge néanmoins par le Seigneur de revendre le Fief, qui étoit la Terre de Greze au Vendeur quand il voudroit la râcheter. Cette Terre est Gascogne, & rélevoit du sieur de Montbrun.

CHAPITRE XL.

Si le Seigneur qui dit vouloir un fonds par droit de Prélation, est obligé de se purger par serment qu'il le veut pour lui.

PAR Arrêt de la Cour du dernier de Mai 1652. rendu entre le sieur Baron de Junies, le sieur Marquis de Montelera, & les Chanoines Reguliers de saint Augustin de Cahors,

Z z

il fut ordonné que le sieur Marquis de Montelera se purgeroit par serment, comme quoi il vouloit la Terre & Seigneurie de Toyrac pour soi, Guid. Pap. *quæst.* 11. Franc. Marc. 2. *part. 6. decif.* 2. Voyez Boërius, *quæst.* 139. Et M. de Maynard, *liv.* 3. *chap.* 20. dit que la Cour ordinairement n'a pas égard à telle demande de serment, ni aux incidens joints au principal pour cet égard.

CHAPITRE XLI.

Si lorsqu'il y a deux Seigneurs, l'un peut prendre par droit de Prélation malgré l'autre.

GUID. PAP. *quæst.* 412. & 508. dit que si l'un veut user du droit de Prélation, & l'autre inveltir, *Quisque potest uti jure suo.* Mais Ferrieres sur cette question rapporte un Arrêt général de la Cour du 22. Decembre 1601. qui juge qu'un Seigneur qui a trois portions de quatre, ne peut en user malgré son consort, contre l'opinion de Chassanée, *tit. des Retraits, rubr.* 10. §. 1. *in verbo*, Retenuë, *num.* 4. qui se fonde sur l'argument tiré de la premiere Loi, §. *Si alter, ff. Quorum legat.* Et en effet, suivant cet Arrêt général, il fut jugé au mois de Mars 1643. à la premiere des Enquêtes, au Rapport de M. de Richard en la cause de Me. Lacombe Curé de Caussade, contre le sieur Comte d'Orual, qu'il ne pouvoit retirer un fonds, le Jugement des Requêtes qui lui adjugeoit le droit de Prélation ayant été reformé ; & comme l'on contestoit que les Prêtres Obituaires de Caussade fussent Seigneurs directs en partie du Lieu contentieux, la Cour ordonna qu'avant dire droit, une verification seroit faite. Voyez Maynard, *liv.* 7. *chap.* 19.

CHAPITRE XLII.

Si le Seigneur qui veut ufer de fon droit de Prélation, peut être obligé de prendre tout ce qui a été acheté à un même prix, lorfque tout n'eft pas de fa Directe.

LEs Auteurs font parragez fur cette queftion ; car Loüet, *lettre R, num. 26.* dit que le Seigneur peut prendre ce qui eft tenu de fa Directe, & laifler le refte. Brodeau, *ibid.* tient le contraire. Dumoulin, §. 33. *num.* 80. eft de l'avis qui favorife le Seigneur. Et Ferrieres fur la queftion 411. de Guid. Pap. le dit aufli ; parce que *tot funt venditiones quot prædica, Arg. leg. Quod dicitur 86. ff. de verb. obligat.*

Au contraire Guid. Pap. *queft.* 508. dit que le Seigneur doit tout retirer fi l'acheteur le veut, *Arg. leg. Cùm ejufdem 34. & leg. Si plura 36. ff. de adit. edicto. & in leg. Bello, in fin. ff de Cap. & poft reverfis.* & M. Maynard, *liv.* 8. *chap.* 19. eft de cet avis, ainfi que Grimaudet, *tit. de Retr. liv.* 1. *chap.* 10. Et en effet, fuivant cette derniere opinion, il fut jugé par Arrêt de la Cour donné en l'Audience le 6. Mai 1649. en la caufe de Capelle & de Nadal contre le fieur de Montagudet, que le Seigneur devoit tout retirer. Cet Arrêt en ayant confirmé un autre précedent, & le fieur de Montagudet s'étant voulu pourvoir contre cet Arrêt, il auroit été démis de fa Requête civile.

Il eft vrai que le 21. Mars 1673. par autre Arrêt d'Audience, il fut jugé en faveur du fieur Darboras contre un Décretifte, qu'il pouvoit retirer la feule piéce de fa Directe. Mais il faut remarquer que le fieur Darboras avoit furdit de plus de 100. liv. fur cette piéce, ce qui faifoit le profit des Créanciers : & ce fut le motif de l'Arrêt ; de forte que cet Arrêt ne fait rien contre l'opinion de ceux qui difent que le Seigneur doit prendre tout ; mais cet Arrêt montre aux Seigneurs ce qu'ils ont à faire en pareil cas.

Mais il y a un autre Arrêt donné en la Premiere des Enquêtes au mois de Février 1646. en faveur de la Demoifelle de Maleprade,

au Rapport de M. de Veſian, qui ſemble être tout-à-fait
contraire : car la Demoiſelle de Maleprade fut reçûë à retirer
ce qui étoit déja décreté, & à laiſſer le reſte. Mais il faut
remarquer que Maſſut ſa Partie ne conteſtoit pas par cette raiſon,
mais ſeulement parce qu'il diſoit, que le droit de Prélation
n'avoit pas lieu dans la Viguerie de Toulouſe. Si-bien que
l'Acheteur ne demandant pas que le Seigneur fût tenu de prendre
le tout, cet Arrêt pour ce regard ne doit pas être tiré à conſequence : & cet Arrêt ſemble faire voir que le Seigneur peut
prendre par droit de Prélation les biens qui ſont dans la Viguerie,
ou à mieux dire, que le droit de Prélation a lieu dans la Viguerie.

CHAPITRE XLIII.

Si le droit de Prélation a lieu dans le Gardiage, & dans la Viguerie de Toulouſe.

EN la premiere Chambre des Enquêtes, il fut jugé par Arrêt
du 10. Mars 1644. donné au Rapport de M. de Joſſe en
la cauſe de Jean Jacob dit Quercy Cordonnier, contre Barriere,
que le droit de Prélation n'avoit pas lieu dans le Gardiage de
Toulouſe. Le fonds de la queſtion étoit ſitué dans le Territoire
de Poubourville ; & l'Arrêt ajoûta, nonobſtant la reconnoiſſance,
car il y en avoit une qui portoit droit de Prélation. Il eſt vrai que
la precedente étoit conçûë par un, &c. Le contraire avoit été
néanmoins jugé en faveur de M. de Hautpoul Conſeiller, contre
Jeanne Lacaſe & Jean Pebordes, pour un fonds ſitué à Cugneaux ;
qui eſt de la Viguerie de Toulouſe, au Rapport de M. de Laroche
en la même Chambre le 12. Mars 1640. Et en 1646. au mois
de Février, le droit de Prélation fut adjugé au ſieur de Maleprade
contre Maſſaut, pour une Métairie ſituée au Lieu de Gagnac.
Mais ce qui peut avoir donné lieu à ces Arrêts, eſt peut-être
que les Parties qui défendoient contre ce droit, n'avoient point
impetré des Lettres pour demander que ſans avoir égard aux
reconnoiſſances qui les ſoumettoit à ce droit de Prélation, la

Cour déclarât n'y avoir lieu de Prélation , & que la Viguerie n'a pas le même avantage que le Gardiage. Benedict. *in verlo Adelafiam , num.* 858. eft contre la Prélation ; & M. Maynard , *liv.* 4. *chap.* 34. n'eft pas de même avis que Benedictus. Voyez Duranti , *quæft.* 84. & Cazaveteri , *tit. de Feud. chap.* 9.

On pourroit oppofer contre l'opinon qui tient que la Prélation n'a pas lieu dans la Viguerie de Touloufe , un Arrêt qui fut rendu contre le fieur Marquis de Gaudies au Rapport de M. de Boutaric, pour certains biens du Lieu de Grefeilles. Mais dans le veu de l'Arrêt, il y a une demande des lods qui fut caufe de cet Arrêt. Car le 4. Avril 1 6 4 3. M. le Préfident de Caulet ayant demandé la Prélation en certains biens vendus, fituez au lieu de Graniague, à un Procureur de Montauban, la Cour en Audience , Avocats Mes. de Chaffan & Maffoc, trouva que la caufe étoit trop importante pour la juger fans que le Syndic de la Ville fût appellé ; de forte que renvoyant la caufe devant le Senêchal, elle ordonna qu'on y appelleroit le Syndic. Or il faut remarquer que quant aux biens roturiers dans cette Viguerie, il n'y a point de Prélation s'il n'y a titre ou coûtume , fuivant l'avis de M. de Maynard audit lieu , *liv.* 4. *chap.* 34. *num.* 8. fur la fin de ce Chapitre.

P E N S I O N S.

C H A P I T R E XLIV.

Si les Penfions annuelles en faveur des Réligieux ou de l'Eglife , font prefcriptibles.

MR. d'Olive, *liv.* 1. *chap.* 6. rapporte des Arrêts par lefquels il a été jugé que les Penfions & Rentes Obituaires font imprefcriptibles, & que les arrerages en font dûs depuis vingt-neuf ans. Et du dépuis, il a été jugé par Arrêt rendu en la feconde Chambre des Enquêtes au Rapport de M. P. Olivier le 3. Decembre 1644. qu'une Rente féche pour prier Dieu pour l'ame de celui qui l'avoit établie., fans qu'il apparût que ce fût par teftament , & fans fpecification d'aucune Meffe ou autre Priere ; & quoiqu'il apparût que cette Rente étoit râchetable , & même qu'elle eût été rachetée , étoit imprefcriptible fans doute , à caufe des termes qu'il y avoit , qui faifoient préfumer que c'étoit une Fondation ; mais il y eut Partage , pour fçavoir fi les arrerages n'en étoient dûs que de cinq ans. Il y a encore un Arrêt du mois de Mai 1642.

PRESCRIPTION.

CHAPITRE XLV.

Si la Loi Querela *touchant la prefcription des crimes a toûjours lieu.*

DANS la plûpart des Parlemens de France , il fé juge que les crimes prefcrivent dans vingt ans. Néanmoins la Cour a rendu des Arrêts contraires, & particulierement lorfqu'il s'agit de crimes atroces, & de crimes de leze-Majefté. Car par un Arrêt général prononcé par M. le premier Préfident de Verdun l'an 1608. le crime de leze-Majefté, & les crimes atroces, font exceptez de cette prefcription de vingt années. Et de fait, la Cour le 21. Mars 1657. en l'Audience Tournelle , ne voulut pas prononcer fur les fins de non-recevoir prifes de vingt-fept-ans , qu'une femme oppofoit fur l'accufation qu'on faifoit contre elle d'avoir fait tuer fon mari, & d'avoir époufé le meurtrier douze ans après, quoiqu'il n'y eût eu qu'un fimple ajournement perfonnel , & que les informations qu'on rapportoit fuffent de vingt-quatre ans après le meurtre. Mais la Cour regla à bailler par écrit fur tout. M. de Laroche néanmoins , *liv.* 3. *tit.* 11. *Arrêt* 1. rapporte un Arrêt par lequel un fratricide fut rélaxé après vingt ans.

Sur quoi on peut dire que cette prescription de vingt ans est introduite en faveur de l'innocence pour laquelle l'on présume toûjours, & laquelle seroit facilement exprimée si l'on recevoit une accusation criminelle après un si long-temps, pendant lequel un pauvre accusé pourroit prendre les moyens de justifier son innocence, & tomber ainsi par ce moyen dans l'oppression d'un accusateur puissant, qui pourroit aisément fabriquer des preuves telles que bon lui sembleroit. Enfin qu'il étoit juste qu'après vingt ans un Criminel fût à couvert de la peine que son crime meritoit, puisque Dieu l'avoit voulu conserver pendant ce temps-là, durant lequel il est à croire qu'il avoit toûjours vêcu dans les apprehensions continuelles d'être soûmis au jugement doûteux & incertain des hommes : Que les plus innocens ont toûjours fui & évité, comme s'agissant de leur vie & de leur honneur, qui ne doit jamais être mis en compromis. Aussi la Cour par Arrêt donné en l'Audience Tournelle le premier de Mars 1651. rélaxa par fins de non-recevoir un Prévenu d'un crime après vingt trois ans, non-seulement du crime, mais encore des condamnations civiles. Voyez Joannes Faber, *in leg. Querela*, & Papon *liv. 24. tit. 11. art. 1.* Les Parties étoient les nommez Boyer & Brasac.

CHAPITRE XLVI.

Si un Criminel condamné peut prescrire dans vingt ans, tant pour le criminel que pour les condamnations.

LE nommé de Lasalvetat par Sentence des Ordinaires du Lieu de Capmases fut condamné à mort, ses biens confisquez, sauf & reservé la troisiéme partie pour sa femme & enfans, si point ils n'en avoient. De cette Sentence, il fut appellant en la Cour. Comme on le conduisoit de suite, il trouva moyen de se sauver en chemin, & ne peut-être apprehendé. Alors le sieur de Capmases en qualité de Seigneur Justicier, & en vertu de la Sentence de condamnation, prit possession des biens confisquez. Vingt-trois ans après, la Salvetat revint au Païs, & obtint

Arrêt de la Cour donné en contradictoire défenfe avec M. le Procureur Général : la Partie civile ayant déclaré qu'elle ne vouloit faire aucune pourfuite, par lequel Arrêt il fe fit reftituer. Après quoi il forma incident de la Commiffion de M. Delong Garac contre le fieur Defcapmafes en délaiffement de fes biens, avec reftitution des fruits depuis l'induë occupation. Sur cet incident, le fieur Commiffaire rendit un Appointement, par lequel le fieur Defcapmafes fut condamné au délaiffement des biens, avec reftitution des fruits. De cet Appointement, il réleva appel en la Cour, difant droit auquel, il impetra Lettres Royaux en oppofition envers l'Arrêt de reftitution, la caufe plaidée en l'Audience Tournelle.

De la part de l'Appellant, il fut repréfenté que fon oppofition étoit pertinante, puifque l'Arrêt avoit été rendu fans qu'il eût été oüi, appellé, ni défendu, quoique Partie principale en qualité de Seigneur Jufticer, puifqu'en cette qualité il avoit droit de faire executer la Sentence de condamnation à mort ; & qu'ayant été executée pour ce qui étoit de la confifcation des biens, le Prévenu ne pouvoit pas prétendre les biens confifquez, n'étant pas venu dans les vingt ans : & que la Loi *Querela* ne parle que d'une fimple accufation, & non - pas quand il y a Sentence con- tradictoire ordonnée par contumace, qui peut s'executer après vingt ans, Julius Clarus, *lib.* 5. §. *fin. quæft.* 51. *num.* 2. Jugé par Arrêt du Parlement de Paris du 26. Avril 1625. rapporté par Dufrêne en fon Journal, *liv.* 1. *chap.* 28.

De la part de Lafalvetat, il fut dit que le fieur Defcapmafes étoit non-recevable en fon Appel & Lettres, dautant que l'Arrêt de reftitution avoit été donné avec M. le Procureur Général, feule perfonne legitime, la Partie civile ayant déclaré qu'elle n'entendoit ni ne prétendoit faire aucune pourfuite : & que le fieur Defcapmafes devoit fçavoir qu'après viagt ans une Sen- tence de condamnation à mort, étoit pour non-avenuë, fi elle n'avoit été executée par éfigie ; & que celle dont étoit queftion n'ayant pas été executée figurativement, le fieur Defcapmafes ne pouvoit point par confequent prétendre les biens confifquez. Or la Sentence n'ayant point été executée figurativement, & y ayant appel en la Cour, le fieur Defcapmafes ne pouvoit s'emparer

des

des biens, puifque l'appel fufpendoit le Juge, étant même certain que lorfque le condamné meurt pendant l'appel, fes biens ne font pas confifquez, *leg. ult. in princip. ff. de bon. damnat.* & *leg. Si is qui* 3. *cod. Si pende appellat mors interv.* Sur quoi la Cour rendit Arrêt en l'Audience de la Grand'Chambre Tournelle le 9. Juillet 1655. par lequel le fieur Defcapmafes fut démis de fon appel & Lettres, fans dépens. Voyez Brodeau fur Loüet, *lettre C, chap.* 47.

CHAPITRE XLVII.

Si l'Eglife peut prefcrire contre le Roi le Droit d'Amortiffement, de telle maniere qu'après trente ans elle ne foit pas obligée de vuider les mains.

DU temps de l'Empereur Charlemagne, les Fiefs s'appelloient *Beneficia*, & ne fe donnoient que *militantibus*. Les Seigneurs s'appelloient *Seniores*. Ceux qui leur payoient des redevances *Homines*, & les Vaffelages *Homagia*, comme il fe voit dans l'Hiftoire de Gregoire de Tours; & Dumoine Aymonius ajoûte, que les Evéques convoquoient le Ban & Arriere-Ban. Mais parce que *qui divino cultui funt addicti, non poffunt fe indè movere*, il fut réfolu par les trois Etats affemblez fous Charles le Chauve, que les Ecclefiaftiques feroient déchargez du Service Militaire, comme dit Benedictus Levita, *lib.* 5. & ordonne que pour poffeder des Fiefs, ils paycroient le droit d'Amortiffement au Roi, parce que tous les Fiefs rélevent de lui, ou immédiatement en plein Fief, comme on dit, ou médiatement, fçavoir en Arriere-Fief. Leprétre, *Centur.* I. *chap.* 86.

Si-bien que le Droit d'Amortiffement eft ce que les Gens de Main-Morte doivent donner au Roi pour avoir la permiffion de poffeder à perpetuité des fonds, fans qu'ils foient obligez d'en vuider les Mains. C'eft pourquoi il eft different de l'indemnité, qui n'eft autre chofe qu'une recompenfe qu'on donne au Seigneur pour le dommage qu'il fouffre, de ce que les fonds Roturiers ou

Féodeaux rélevans de lui, sont tenus par de Gens de Main-Morte. Sur quoi il faut voir Dumoulin sur la Coûtume de Paris, *chap.* 36. *art.* 14. *num.* 68. Bacquet du Droit d'Amortissement, *chap.* 41. & M. Lemaître dans le Traité qu'il en a fait.

Le même Bacquet, *chap.* 61. *num.* 2. dit que l'Amortissement éteint le Droit de Censive : ce qui ne peut s'entendre que de celle qui est dûë au Roi. Mais si après les Gens de Main-Morte vuident leurs Mains de l'heritage, la Censive retourne, & est rétablie, disant que le Droit n'est pas éteint incommutablement, mais seulement le payement de ce Droit pendant la Main-morte. Outre cela l'Amortissement éteint le Droit d'homme vivant & mourant, l'homage & les profits féodeaux du Fief, rélevant immédiatement du Roi & de la Censive, quant à l'heritage Roturier, comme il est encore dit par le même Auteur, *chap.* 50. parce qu'amortir en ce cas, c'est consacrer & dedier, & que *pro specialibus non debetur homagium*, *cap. fin. de regul. jur.* & *Can. nulli liceat* 12. *quæst.* 2.

Mais sçavoir si ce droit se prescrit par trente ou quarante ans, M. Lemaître en son Traité des Amortissemens, *chap.* 5. distingue, & dit, que ce droit étant un droit de Souveraineté en la Temporalité, il ne peut se prescrire, & que le Roi peut toûjours demander la Finance pour l'Amortissement ; & c'est ainsi qu'il faut entendre M. de Cambolas, & les autres Auteurs qu'il cite, *liv.* 4. *chap.* 23. Mais néanmoins que pour trente ans, l'Eglise ou les Gens de Main-Morte prescrivent la possession, c'est-à-dire, qu'ils ne peuvent être contrains de vuider les Mains après trente ans. Et Papon, *liv.* 1. *tit.* 14. des Amortissemens, *art.* 6. est de cet avis ; & que le Roi après trente ans ne peut demander autre chose, sinon que les Gens de Main-Morte lui donnent homme vivant & mourant : ce qui peut être fondé sur le livre 2. *des Fiefs, tit.* 87. *An præscrip. seu acquirat.* & *tit.* 26. §. *Si quis* 40. Or quand les Gens de Main-Morte ont acquis, ils ont un an pour vuider leurs Mains, pendant lequel temps on ne peut les contraindre, comme dit Bacquet, *chap.* 54. de quoi il rapporte deux Arrêts ; & à l'égard des Seigneurs Particuliers, ils ont le choix de bailler homme vivant & mourant, ou de payer l'indemnité par ces mêmes Arrêts.

CHAPITRE XLVIII.

Si le droit d'indemnité à l'égard des Seigneurs particuliers
se prescrit.

CETTE question n'est pas sans difficulté, y ayant des Arrêts
de part & d'autre. Papon sur la fin de son traité des
Amortissemens soûtient que non, & l'on rapporte un Arrêt du
3. Août 1602. & M. de Cambolas, *dic. loc.* du chapitre précedent,
en rapporte deux Arrêts. Il est vrai qu'il dit qu'il se juge
aujourd'hui autrement. Et néanmoins à son rapport on dit, qu'en
1 6 4 6. il fut jugé que l'indemnité étoit imprescriptible contre les
Religieuses de l'Espinasse, qui est un Monastére près de Toulouse ; lequel Arrêt n'a pas été levé, parce que les Parties s'acor-
derent. On allegue encore un Arrêt de 1 6 0 9. rendu au Rapport de M. de Maynard, par lequel la même chose a été jugée,
& même un Arrêt général de cette Cour ; & la raison est qu'é-
tant un droit Seigneurial, il ne devoit pas se prescrire, la raison
contraire n'étant pas concluante de dire que c'est un simple dédo-
magement des lods que le Seigneur perd ; & qu'ainsi les lods se
prescrivant, il doit se prescrire : parce que les lods quand ils se
prescrivent par trente ans, ne se prescrivent que pour une fois,
& que le droit de les exiger par après demeure ; & ainsi l'indemnité éteignant ce droit pour toûjours, il est injuste de se fonder
sur ce principe : ce qui est néanmoins toute la raison qu'ont les
Auteurs de l'opinion contraire.

Mais Bacquet, *dic. loc.* *chap.* 40. *num.* 2 & 3. dit que ce
droit d'indemnité se prescrit contre les Seigneurs Laïques.
Dumoulin sur la Coûtume de Paris le dit aussi, *art.* 41. *num.* 70.
& M. d'Olive, *liv.* 2 *chap.* 12. rapporte deux Arrêts. Et depuis,
au Rapport de M. de Prohenques le 6. Juillet 1 6 4 6. en la cause
du Chapitre de S. Estienne de Toulouse contre les Peres Jesuites,
l'indemnité fut aussi jugée prescriptible.

Néanmoins aux termes de ces Arrêts, & principalement de
ceux de M. d'Olive, lorsqu'on démet le Seigneur de la demande

de l'indemnité par prescription , on lui adjuge l'homme vivant & mourant & confisquant , s'il est Seigneur haut - Justicier ; & s'il n'est que Seigneur directe , on ne lui adjuge que la prestation d'homme vivant & mourant. Si - bien que par le raisonnement de ces Auteurs. , les Gens de Main - Morte ne gagnent que la premiere prestation des lods ; puisque suivant ce que dit Bacquet au chapitre 54. ils avoient l'option , ou de payer l'indemnité, ou de bailler l'homme vivant & mourant ; & qu'au contraire ils se trouvoient grevez , puisqu'ayant l'alternative, on les determine à une prestation d'homme vivant , mourant & confiscant, à l'égard des Seigneurs Justiciers, qui, à mon avis, est beaucoup plus onereuse que le cinquiéme de la valeur du fonds à quoi elle étoit estimée autrefois, suivant ce que dit Ferrieres *in quæst.* 23. M. Duranti, & plusieurs autres Auteurs, & même plus onéreuse que la prestation du tiers , à quoi d'autres disent qu'elle doit revenir. Joint à cela, suivant ce qui s'observe aujourd'hui, que l'indemnité s'estime au dire d'Expers , je ne vois pas comme le cas de l'homme peut le souffrir pour une chose dangereuse, & fort préjudiciable aux interêts de l'Eglise, qui doit être présumée innovante. Ainsi ces Arrêts , qu'on croit être en faveur de l'Eglise, sont contre l'Eglise.

Voilà pourquoi dans l'ambiguité & dans cette contrarieté d'Arrêts, & veu que la charge en est beaucoup plus grande , cette Doctrine que Messieurs d'Olive & de Cambolas appellent constante, est fort incertaine ; & il vaudroit mieux , & avant & après la prescription, laisser le choix aux Gens de Main- Morte, ou de payer l'indemnité, ou de bailler homme vivant & mourant, & une indemnité quand à la confiscation : & souvent lorsqu'on allegue telles fins de non - recevoir contre l'indemnité, l'on ne sçait ce qu'on demande, ni par consequent la Partie adverse ce qu'elle défend, comme il se trouvera dans l'article, si les Gens de Main- Morte doivent bailler l'homme confiscant au Seigneur haut - Justicier, *lettre G.*

Et par cet Arrêt (ce qui est à remarquer) rendu en la seconde Chambre des Enquêtes, au Rapport de M. J. Dupuy , le 28. Mars 1678. entre la Communauté du Pont de Camarez & le Commandeur de S. Felix , il a été jugé que les Gens de

Main - Morte ne font pas obligez de bailler au Seigneur directe l'homme vivant & mourant , fi les Arriere-captes ne font dûës par titre ou par coûtume.

CHAPITRE XLIX.

Si le don fait à l'Eglife pour une fois payer eft prefcriptible.

QUAND le don de l'Eglife eft pour une fois payer , la prefcription a lieu , comme il fut jugé par Arrêt du 3. Septembre 1 6 4 9. en la Premiere des Enquêtes , au Rapport de M. de Madron , en faveur du fieur de Belcaftel de la Religion , Prétenduë & Réformée contre les Réligieux de Gourdon. Car une femme ayant donné deux cens écus d'or à ces Réligieux en 1 4 0 2. & ces Réligieux s'étant obligez à un Service perpetuel , il fut jugé que cela avoit prefcrit.

La même chofe fut jugée le 2 2. Mai 1 6 4 2. en faveur du fieur de Ranchin contre les Réligieux de Proüillan. Car une femme ayant donné entre - vifs à ces Réligieux une certaine fomme , à la charge de dire certaine quantité de Meffes tous les ans à per-petuité , le Syndic en demandoit les arrerages depuis vingt-neuf ans. Sur quoi M. de Ranchin difant que la fomme principale étant prefcrite , il n'y avoit pas lieu de faire cette demande des interêts ou des arrerages , *Leg. Eos qui. 26. cod. de ufur.* Et de plus , il difoit que la Cour faifoit difference fi la fomme avoit été donnée par un Contrat ou par Teftament ; parce qu'étant donnée par un Contrat *non renafcitur actio* , à caufe que c'eft *una & eadem fpeculatio* , *leg. Sticum 16. in fin. ff. de verbor. obligat.* & fuivant la Doctrine des Dcteurs Ultramontains. Voyez Expilly , *chap.* 211. au lieu que quand c'eft par teftament , *Renafcitur fingulis annis* , *leg. Sancimus 46. §. Si verò , cod. de Epifc. & Cler.* & *leg. Cùm notiffimi , §. ult. cod. de prefcrip. 30. vel 40. annor.* Sur quoi le fieur de Ranchin fut rélaxé au Rapport de M. de Madron en la Premiere des Enquêtes , auquel Arrêt eft contraire un qu'on allegue du 3 0. Juillet 1 6 3 4. rendu contre le fieur de Varennes. Il eft vrai que les termes des actes

A a a iij

& les circonſtances, font ſouvent la différence des Préjugez contraires. Quant aux arrerages des Obits, ils ont été reglez à
vingt-neuf ans par un Arrêt de la Cour, rendu, Chambres
aſſemblées, l'année 1655. quoique quelques-uns ayent voulu
diſtinguer, ſi c'eſt aux heritiers des Fondateurs, ou a des tiers-
Acquereurs qu'on les demande ; laquelle diſtinction, bien qu'elle
ſoit contre la rigueur du Droit, eſt néanmoins fort équitable,
ſur-tout quand l'Acquereur n'a pas un grand garand.

CHAPITRE L.

Si l'Emphiteote peut preſcrire la Quote de la rente fonciere.

MR. Maynard, *liv.* 4. *chap.* 47. dit que *à primordio tituli
omnis formatur eventus*. Et par conſequent tout de même
que le Seigneur ne peut preſcrire une ſurcharge au préjudice du
titre, auſſi l'Emphitéote ne peut preſcrire ſa décharge, même
quant à la Quote ; parce que comme *Cenſus debeatur in ſignum
Superioritatis*, *Leg. competit. cod. de præſcrip.* 30. *vel* 40. *annor.
nulla temporum præſcriptione aboletur*. Chopin, *de Mor. Pariſ.
tit.* 3. *num.* 15. Et la Cour ſuivoit autrefois cet avis ; mais
aujourd'hui elle juge autrement, *Arg. cap. Olim de Cenſib.* Et
ſuivant l'opinion de Loyſeau, *liv.* 1. *tit.* 5. *num.* 3. & de Maſuer,
tit. de loc. & jur. Emphit. pourveu qu'il y ait trente ans, parce
que l'on préſume une réduction volontaire de la rente de la part
du Seigneur, & que le droit favoriſe la liberté. Et en effet,
les terres par la ſucceſſion des temps, & par les racines, perdent
beaucoup de leur fécondité ; ſi-bien qu'il n'y a rien de ſi naturel
que de croire qu'un Seigneur qui a droit d'exiger une certaine
quantité des fruits pour ſa rente, ne conſent pas à une Reconnoiſſance qui diminuë cette quantité, ſans qu'il ſçache ce qu'il
fait. C'eſt ainſi qu'il fut jugé contre le ſieur de Labauſne en
faveur d'un nommé Polier, qui rapportant trois Reconnoiſſances
d'une moindre rente que l'inféodation, fut cenſé avoir preſcrit
la Quote. Et par Arrêt rendu au Rapport de M. de Veſian
l'an 1652. la même choſe fut jugée contre le Seigneur du Lieu.

de Floure au mois d'Août 1663. car les habitans furent rélaxez du Droit de Champart porté par le titre Primordial , en le payant ſuivant la réduction contre les Arrêts rapportez par M. Maynard.

CHAPITRE LI.

Sçavoir ſi un Seigneur peut preſcrire contre ſon Coſſeigneur.

SUR cela au commencement de Juillet 1663. il fut jugé que non au Rapport de M. de Catellan en la place de M. Dejean , ſur la Loi *Sabinus* 28. *ff. comm. divid. leg.* 22. *cod. famil. orciſe. & non ſunt adverſarii* , *leg.* 4. §. 7. *ff. fin. regund.* Les Parties étoient les Habitans de Carbonne & le ſieur Bonnecombe. Mais on pourroit preſcrire contre un Tiers qui auroit acquis une portion , *Leg.* 3. *cod. In quib. cauſ. uſ. long. temp. praſcr.* Voyez Maynard , *liv.* 7. *chap.* 61.

CHAPITRE LII.

Si le Roi peut preſcrire un Arriere-Fief contre ſon Vaſſal.

PAR Arrêt du la Cour du 28. Juillet 1644. il fut jugé qu'il ne pouvoit pas preſcrire. Cet Arrêt fut rendu en la Premiere des Enquêtes au Rapport de M. de Caumels. Cet Arrêt confirma un Jugement des Requêtes du 28. Juin 1642. Voyez Expilly , *Plaidoyé* 27. Et l'Arrêt fut rendu en la cauſe du Seigneur de Goulias & du ſieur de Faudoüas , avec M. le Procureur Général. Mais le contraire a été jugé poſterieurement par Arrêt de l'an 1671. donné en la Grand'Chambre au Rapport de M. de Catelan. Cet Arrêt fut confirmé par autre Arrêt rendu ſur une Requête civile ; Parties , le ſieur de Villevigne & de Rouſſas , & M. le Procureur Général.

CHAPITRE LIII.

Si le Roi peut prescrire un Arriere - fief contre l'Eglise.

LA Cour préjugea par l'Arrêt suivant , que le Roi ne peut pas prescrire un Arriere-fief contre l'Eglise , pourveu que son droit soit bien établi ; dautant que le Roi étant protecteur de toutes les Eglises de son Royaume , il veille pour elles à l'exemple du Tuteur, qui ne prescrit point les choses de son Pupille. Il y eut donc Arrêt le 14. Decembre 1658. en la Chambre des Enquêtes au Rapport de M. de Tissaut. Contre cet Arrêt , il y eut Requête civile ; & lors de la Plaidoirie de la cause , la Cour demanda à Me. de Chassan , qui plaidoit pour Mr. l'Evêque de Cahors , s'il avoit un titre , sçavoir un homage & un dénombrement. Et sur sa réponse , la Cour regla à bailler par écrit, jugeant qu'il n'étoit question que de sçavoir si l'Eglise avoit un bon titre. Les Parties étoient , M. le Procureur Général, M. l'Evêque de Cahors , & la Dame de Roquefeüil.

CHAPITRE LIV.

Si le temps de peste & de guerre est compté dans le temps de la prescription.

CHARLES ANGLES étant débiteur de 1400. liv. par contrat de 1616. il y avoit eu des guerres en 1627. & une saisie, mais elle avoit perimé. Le Senêchal avoit néanmoins condamné son heritier, nommé Tournau , à payer cette somme ; de quoi Tournau étant appellant , il avoit impetré des Lettres pour être reçû à opposer la peremption de la saisie, ce qu'il avoit oublié de faire au Senêchal. Et au contraire la veuve du Créancier en avoit impetré, tendantes à ce qu'elle fut reçûë à déduire le temps de peste & de guerre arrivée à Montpellier du cours de la prescription, & rélevée du laps du temps. Sur quoi

quoi M. de Madron fit le rapport, & il y eut partage, M. de Mua Compartiteur ; & étant abfent, il y eut un autre Compartiteur. Et Tournan ayant perdu fa caufe , il obtint Requête civile contre l'Arrêt , difant que celui qui avoit été mis à la place de M. de Mua , n'avoit pas vû le procès ; mais il fut démis de fa Requête civile par Arrêt du 9. Janvier 1651.

CHAPITRE LV.

Si ceux qui font de different Reffort, & qui ne font pas éloignez que de trois ou quatre lieuës , font cenfez abfens ; & s'il faut vingt ans pour prefcrire contre eux.

CETTE caufe fut jugée le 17. Juillet 1640. en fa premiere Chambre des Enquêtes au Rapport de M. de Marraft, entre un nommé Roufieres , tiers - poffeffeur d'un fonds hipotequé à une femme nommée Jeanne Seguier , veuve d'un nommé Maridat habitant de Lyon , qui difoit que n'étant pas du Reffort de la Cour, quoiqu'il n'y eût que quatre ou cinq lieuës de fa demeure , il falloit vingt ans de poffeffion contre elle, fuivant l'opinion de Joannes Faber *in §. tit. de ufuc. num.* 10. Imbert , *in Enchir. verbo abfens.* & Papon , *tit. des prefcrip. art.* 30. qui difent que ceux qui font de differens Bailliages , font cenfez abfens.

Mais Rofieres difoit que lorfque la Loi fut faite , les Provinces étoient des Royaumes ; & qu'outre la difference du reffort , il faut de la diftance , parce qu'il n'y a rien de fi facile que d'interrompre la prefcription. Et que Papon au même endroit varioit là - deffus : Que Tiraqueau, Livre du Retrait, §. 35. *verb. Entre préfens,* tient l'avis contraire à quelques Coûtumes. Et que Mornac *ad leg.* 17. *ff. Ex quib. cauf.* Majoret rapporte un Arrêt portant que pour être abfent , il faut être hors du Royaume ; lequel avis fut fuivi à la Grand'Chambre par l'Arrêt ci-deffus, après deux Partages, M. de Labroüe Compartiteur.

Bbb

CHAPITRE LVI.

Si un Curé peut prescrire la dîme contre un autre Curé.

LE sieur Prieur Daugnac après avoir joüi de la dîme de certains biens saisis dans la Paroisse de Villeneuve plus de quarante ans, le Curé dudit Villeneuve après ce temps-là, lui fit procès. Mais par Arrêt donné en la premiere Chambre des Enquêtes au Rapport de M. de Boisset le 28. Août 1688. ledit Prieur fut maintenu audit droit de dîme. Et *ex cap. ad aures. extra de præscrip.*

PRÉSIDIAUX.

CHAPITRE LVII.

Si les Présidiaux peuvent juger au premier chef de l'Edit des fins de non-proceder.

BIEN qu'il semble que les Présidiaux puissent juger au premier chef de l'Edit ce qui est de leur competance, comme il se trouve que le Présidial de Toulouse ayant jugé la reprise d'une instance, où il ne s'agissoit que de peu de chose, & enfin d'une cause de leur competence, la partie qui opposoit que l'instance avoit perimé, fut appellant en la Cour du Jugement ; mais la Cour ne voulut point recevoir l'appel par Arrêt du 7. Juillet 1643. rapporté ci-dessus sous le mot *Peremption.* Et la Cour par Arrêt donné en l'Audience Tournelle le 12. Août 1693. Avocats Mes. de Lariege & de Laroque, jugea que les Présidiaux ne peuvent point juger au premier chef de l'Edit des fins de non-proceder, la Cour ayant fait inhibitions & défenses tant au Présidial de Nîmes dont étoit l'appel, qu'à tous autres Présidiaux du ressort de la Cour, de juger des fins de non-proceder par des Jugemens donnez au premier chef de l'Edit.

CHAPITRE LVIII.

Si les Préfidiaux peuvent juger préfidiallement en matiere d'ufure.

LE 8. Juillet 1644. Avocats, Mes. de Requi & Autier, il fut jugé par Arrêt d'Audience que les Préfidiaux ne pouvoient déferer un ferment fur un fait d'ufure préfidialement. Et le 23. Mai 1651. autre Arrêt d'Audience, Avocats Mes. de Lagarrigue & Courtois, qu'ils ne pouvoient juger préfidialement d'un Contrat ufuraire, quoiqu'il ne s'agît que de 240. liv. parce que l'ufure porte infamie.

CHAPITRE LIX.

Si les Préfidiaux peuvent juger d'un Obit de foixante livres de pied, ou d'un de dix de rente.

LE 11. Avril 1643. il fut jugé que non, & l'execution du Jugement fut fufpenduë. L'Arrêt fut rendu en Audience, Avocats Mes. de Cayras & Barthez, & le procès fut reçû en la forme ordinaire. Et le 3. Novembre 1648. il fut auffi jugé qu'ils ne pouvoient ainfi juger d'une rente Obituaire de dix liv. Car quoique dans l'Edit de leur création ils puiffent juger préfidialement d'une rente de dix livres, cela ne s'entend pas des rentes düës à l'Eglife, à caufe de la confequence. C'étoit un Obit de l'Eglife Saint Martin de Soubeze.

CHAPITRE LX.

Si les Préfidiaux peuvent juger préfidialement qu'un Avocat rendra un procès.

LA Cour par Arrêt donné en l'Audience de la Grand'-Chambre le 5. Juin 1651. en la caufe de Me. Lartigue Avocat au Senéchal de Touloufe, quoique ce droit dont s'agiffoit en ce procès fût de la competence des Préfidiaux, jugea qu'ils ne pouvoient avoir jugé que le procès feroit rendu préfidialement.

Il faut remarquer auffi qu'ils ne peuvent juger en dernier reffort, ou pour mieux dire au premier chef, des Offrandes ou autres Droits Spirituels, quand il s'agit s'ils font dûs ou non, ni des Droits Seigneuriaux ; parce que la rédevance ou la liberté font ineftimables, fuivant une Ordonnance de 1585. ni des caufes des Eglifes ou des Mineurs ; parce qu'on ne peut faire de reftriction en de telles caufes, ni d'une interprétation de Coûtûme ou d'Ordonnance, ni de répudiation, ou de l'acceptation d'heredité, ni des Retraits-lignagiers, quoique ce foit d'une chofe de petite valeur, ni des fins de non-proceder, fuivant qu'il a été jugé, comme il a été répréfenté ci-deffus, & comme il fut jugé par un Arrêt d'Audience du 8. Août 1644. ni quand il y a connexité de crimes, dont il y en a qui ne font pas prévotaux ; ni tenir le Subftitut de M. le Procureur Général pour bien reçû. Voyez Chenu, *tit. 3. des Préfidiaux*, ni de la forme d'un ferment, quoique la fomme foit de leur competence, comme il fut jugé par Arrêt du 22. Mai 1655. en la caufe d'un nommé Fauché. mais fi l'on-demande s'ils peuvent juger par prévention de crimes au préjudice des Juges Royaux : ce qui fut jugé en leur faveur contre le Juge d'Auch le 3. Juin 1642. en Audience contre l'Edit de Cremieu, *art.* 20 *&* 25. fuivant l'Argument tiré de la Loi premiere, *ff. de offic. præf. urbi.* Voyez l'Edit de 1584. qui regle cette queftion.

PRÊTRE.

CHAPITRE LXI.

Sçavoir fi un Evêque ou autre Juge d'Eglife peuvent excommunier un Prêtrre faute de payer fes dettes.

FEVRET de l'Abus, *liv. 7. chap. 3. num.* 17 *&* 18. rapporte diverfes autoritez de plufieurs Arrêts, qui déclarent telles Ordonnaces abufives. Et la Cour par Arrêt donné en l'Audience de la Grand'Chambre le 5. Mai 1671. déclara en l'Ordonnance du Métropolitain y avoir abus, en ce que par cette Ordonnance il avoit condamné M. Paul Navarre Prêtre, de payer la somme de 1400. liv. à Me. Vives à peine d'excommunication.

CHAPITRE LXII.

Si un Prêtre est tenu du cautionnement qu'il fait pour des condamnations en matiere criminelle.

LE Canon Apostolique 19. & *cap.* 1. *de fidejus.* défend le cautionnement aux Prêtres. Néanmoins le chapitre 2. du même titre, dit qu'ils en sont obligez. C'est pourquoi le 18. Juin 1625. M. Lavoye Prêtre, qui étoit contre caution de ses néveux pour des condamnations en matiere criminelle, fut condamné à payer par l'Arrêt donné ledit jour en l'Audience de la Chambre Tournelle. Et le 15. Avril de la même année, Picot Ecolier & Ecclesiastique, ayant cautionné pour un Boulanger ; & étant appellant de ce qu'il avoit été reçu pour caution, il fut ordonné que celui pour lequel il avoit cautionné, étant remis en l'état qu'il étoit avant le cautionnement, fut déchargé du cautionnemen, sauf à Sarrailli créancier son recours contre M. Andrieu Commissaire qui avoit reçu une telle caution.

CHAPITRE LXIII.

Si un Prêtre peut être obligé de déclarer quelles personnes lui ont baillé en confession des choses derobées pour les vendre.

UN Prêtre ne peut être obligé à faire telle déclaration, suivant le Droit *in Can. Sacerdos* 7. *causa* 3. *quæst.* 7. *cap. Dilectus* 13. *extra de excess. Prælat.* & *cap. omnis, de pœnitentiis & remiss.* & par les Arrêts des Cours Souveraines. Papon en ses Arrêts, *liv.* 24. des confessions des Accusez, 7. *art.* 2. & Charondas en ses Réponses, *liv.* 7. *chap.* 178. de déclarer ni réveler les perfonnes qui lui ont remis en Confeffion les chofes dérobées. C'eft ainfi que la Cour le jugea par Arrêt donné en la feconde Chambre des Enquêtes, au Rapport de M. de Catelan le 21. Decembre 1655. Parties Me. Souirac Prêtre, le nommé Poulié Notaire, & Me. Perié auffi Prêtre, à qui on avoit baillé en Confeffion les chofes dérobées.

CHAPITRE LXIV.

Si un Prêtre peut renoncer à fon privilege.

IL fe juge tous les jours qu'on peut renoncer aux privileges perfonnels qu'on a, fuivant la Loi *Si quis in confcribendo*, *cod. de Epif. & Cler.* Et cela fut jugé en l'Audience de la Grand'-Chambre le 3. Decembre 1658. donné en faveur du fieur Baron de Sainte Colombe, qui étant de la Réligion Prétenduë Reformée, déclara qu'il vouloit plaider en la Cour, & non en la Chambre de l'Edit. Néanmoins les Prêtres ne peuvent point renoncer à leur privilege, fuivant le Droit Canon, *cap. Si diligenti*, & *cap. Significafti*, *de foro compet.* Et la raifon en eft prife de ce que le Privilege eft accordé à l'ordre & non à la perfonne.

CHAPITRE LXV.

Si un Prêtre peut être emprifonné pour dette.

UN Prêtre ne peut pas être emprifonné, premierement pour l'honneur & refpect dû à la dignité du Caractere. Secondement, en ce que l'emprifonnement ne peut fe faire fans injure. Et en dernier lieu, les ornemens des Gens d'Eglife ne peuvent point être pris par execution : il eft vrai de dire qu'eux étant plus confiderables, ne peuvent être conftituez Prifonniers, *Ne divinitati injuria fiat. Novel. juft* 79. Voyez Bellordeau en fes Controverfes, *liv.* 5. *chap.* 15. & l'Ordonnance de Blois, *art.* 57. le défend. Et c'eft ainfi qu'il fut jugé par Arrêt d'Audience le 10. Mai 1636. en la cause du sieur Abbé de Raté de Montpellier contre Raté son néveu, quoique ce fût pour 4000. liv. de reliqua de compte de Tutelle.

P R É S E N C E.

CHAPITRE LXVI.

Si un Ecolier Bénéficier doit avoir la présence en faveur des études.

ME. VITAL D'ABADIE Clerc tonsuré, Chanoine du Chapitre de Saint Ibars, âgé de dix-neuf ans, après avoir eu cinq années de présence en faveur des Etudes, suivant le Statut du Chapitre, demanda en l'année 1654. trois ans de présence pour achever son cours de Theologie qu'il avoit commencé. Le Chapitre lui refusa ; ce qui l'obligea de donner Requête en la Cour de la Commission de M. de Frezals, à ce que la présence lui fût accordée pour les trois ans, & que le Syndic du Chapitre fût condamné à lui restituer les fruits depuis le commencement de l'instance. Le Syndic au contraire auroit impetré des Lettres Royaux en cassation de l'Appointement de Commission, & son rélaxe des demandes à lui faites par d'Abadie.

La cause plaidée en l'Audience de la Grand'Chambre de la part du Syndic du Chapitre, il fut representé que d'Abadie ne pouvoit point avoir de présence, puisqu'il en avoit eu pendant cinq ans, suivant le Statut du Chapitre. D'Abadie au contraire dit que les trois ans qu'il demandoit, ne pouvoient point lui être refusez, puisqu'il les demandoit pour achever son cours de Theologie ; & que les cinq ans qui lui avoient été accordez, étoient pour faire les Classes de Troisiéme, Seconde & Retorique, & deux ans de Philosophie ; & qu'il esperoit que la Cour ne lui refuseroit point, de grace, les trois ans qu'il demandoit, puisqu'il ne les demandoit que pour achever son cours de Theologie, & qu'elle consideroit qu'il est necessaire que l'Eglise ait des Enfans sçavans pour prêcher l'Evangile ; non-seulement aux perſonnes Catholiques, mais encore aux Infidéles & Héretiqües ; afin qu'ils fuſſent éclairez des vrais rayons de la Divinité. Il répreſenta encore qu'il étoit important que les Sciences fuſſent unies à l'Etat Eccleſiaſtique, puiſque les bonnes Lettres étoient le principe de l'union qui nous conjoint avec Dieu, & qu'au contraire l'ignorance nous ſépare de lui : & que c'étoient les belles Lettres qui cultivoient nos eſprits, & qui nous attiroient à l'humanité. Auſſi les Empereurs & les Rois ont pris un ſoin particulier que les Prêtres fuſſent ſçavans ; & pour cet effet, l'Empereur Charlemagne voulut, comme il ſe voit dans ſes Capitulaires, *liv.* 2. *chap.* 5. Qu'aux Monaſtéres & aux Egliſes Cathedrales il y eut des Ecoles pour inſtruire la Jeuneſſe. Et par le Concile de Latran tenu l'an 1179, ſous Alexandre III. *chap.* 18. il fut deliberé qu'en toutes les Egliſes Cathedrales il y auroit une Prébende deſtinée à un Prêtre pour être Précepteur de la Jeuneſſe : ce que le ſubſequent Concile de Latran, tenu en 1215. ſous le Pape Innocent III. voulut être obſervé, non-ſeulement aux Egliſes Cathedrales, mais encore aux Collegiales ; & nos Rois non-moins ſoigneux que les Papes, & autres Rois & Empereurs, pour l'avancement de la Jeuneſſe dans les belles Lettres, l'ont ainſi ordonné par leurs Edits, & pricipalement par l'Ordonnance d'Orleans, *art.* 8 *&* 9. & celle de Blois, *art.* 33 *&* 34. Ainſi la Cour en lui accordant la préſence pour les trois ans, doit condamner le Syndic à lui reſtituer les fruits de ſon Canonicat ; à quoi il n'y pouvoit avoir nulle difficulté, puiſqu'il eſt certain que celui qui eſt abſent pour l'Egliſe eſt cenſé préſent ; & qu'il n'y a point d'abſence ſi utile & ſi neceſſaire à l'Egliſe, que celle qui eſt faite en faveur des Etudes, ſuivant le Droit, *Cap. Relatum. de Cleric. non reſid.* Et la Loi *Quæſitum*, *ff. de leg.* 3. où il eſt dit que celui qui *Diſciplinæ abeſt*, *abeſſe non videtur*.

Sur quoi la Cour rendit Arrêt le dernier jour de Juin 1654. par lequel ledit Syndic, pour lequel Me. de Beloy plaidoit, fut démis de ſes Lettres. Et diſant droit ſur la Requéte de d'Abadie pour lequel Me. d'Audibert plaida, les trois ans de préſence lui furent accordez, avec inhibitions & défenſes au Syndic de le troubler en la poſſeſſion & joüiſſance de ſon Canonicat, ni de.

de le pointer à peine de 1000. liv. & lui adjugea la reſtitution des fruits avec contrainte par corps contre les détenteurs , à la charge par Abadie de rapporter au Chapitre un Certificat de ſon Regent de ſix en ſix mois, comme quoi il étudioit, ſans dépens.

CHAPITRE LXVII.

Si l'Official Chanoine doit avoir la préſence pendant qu'il tient ſon Siége ; & ſi le même Official peut être Préſident.

LE Syndic du Chapitre de Montauban avoit impetré des Lettres tendantes à ce que M. Redon Chanoine & Official de Montauban , eût à ſe défaire de l'Office de Préſident aux Elus de la même Ville, laquelle charge il exerçoit , & à ce qu'il fût permis au Chapitre de le pointer lors de ſon abſence au Chapitre. Mr. l'Evêque de Montauban étoit intervenu en l'inſtance, & demandoit que ſon Official fût cenſé préſent aux heures qu'il tenoit ſon Audience.

On diſoit contre Redon, qu'il étoit honteux à un homme, qui étoit dans la Ville, de demander la préſence, puiſqu'il pouvoit tenir ſon Audience à une autre heure qu'à celle des Offices : & d'exercer une Charge aux Lieux, les Parties venant juſqu'à l'Office, & dans l'Egliſe, lui apporter des Requêtes, ſur-tout aux Aydes, où il y avoit des matieres criminelles ; & on lui appliquoit ces paroles : *Si tibi tanquam Ethnicus & Publicanus.* D'ailleurs on lui oppoſoit le Concile de Mayence qui défend aux Prêtres d'exercer cette Juriſdiction , l'Ordonnance de Philippe le Bel de l'an 1302. *art.* 2. celle d'Orleans, *art.* 31. les Capitulaires de Charlemagne contre la pluralité des Offices, & Rebuffe *in prax. Benefic. de Vicariis Epiſcopi*, qui tient que les Officiaux ne peuvent exercer des Judicatures Royaux : & l'on rapportoit deux Arrêts, par leſquels la préſence avoit été déniée aux Officiaux ; l'un, contre M. Palarin Chanoine de Caſtelnaudarry & Official de Saint Papoul ; & l'autre, contre Mr. l'Evêque de Commenge, du temps qu'il n'étoit que Chanoine & Official en cet Evêché.

Redon alleguoit pour lui le Concile de Tolede , & le Canon *Sæpè Principes* 13. 9. 8. où *Presbyteri fiunt sæpè judices Regis. Quis meliùs ad æquitatis jura diligitur*, dit Cassiodore , *quàm qui Sacerdotio decoratur*: Qu'il ne demandoit la présence que les Mercredis & Samedis , depuis deux heures jusqu'à trois heures & demie , en qualité d'Official , & les heures ausquelles il seroit occupé pour faire la fonction de Vicaire Général ; car il avoit aussi cette Charge.

M. l'Evêque aussi citoit le Chapitre *Ad audientiam , de Cler. non resident.* où il est dit que ceux qui sont au service de l'Evêque , sont censez présens,& que son Vicaire Général y étoit. *Quia Ecclesia est in Episcopo, & Episcopus in Ecclesia, Can. scire debes.* 7. *quæst.* I.

Néanmoins par Arrêt du premier Février 1644. il fut fait inhibitions & défenses à Redon Chanoine & Official, de s'ingerer d'exercer l'Office de Président en l'élection à peine de faux , & de 500. liv. d'amende ; & permis au Chapitre de le pointer en cas d'absence.

Sur quoi l'on peut encore remarquer , que la Cour déclara y avoir abus en l'Ordonnance de M. l'Evêque de Valence, par laquelle il donnoit la présence à Me. Triolan Chanoine de Die. Cet Arrêt est du dernier Juillet 1636.

CHAPITRE LXVIII.

Si les Conseillers aux Requêtes de Bordeaux ont la présence.

COMME à Bordeaux Messieurs des Requêtes ne sont pas du Corps du Parlement , n'étant pas aux Chambres assemblées, le Chapitre ne vouloit pas donner les fruits du Canonicat au sieur de Lalane , Chanoine & Conseiller aux Requêtes ; parce, disoient-ils, que depuis qu'il étoit Chanoine , ils ne l'avoient vû qu'une fois ; & que quand M. l'Archevêque l'auroit dispensé, il ne pouvoit le dispenser de la Lecture que les Chanoines doivent faire en Chapitre, ni de l'année rigoureuse , où les Chanoines doivent assister aux Offices les premiers , comme faisant une espece de Noviciat. Mais il fut jugé que l'Archevêque l'avoit pû dispenser (c'étoit au temps de la Guerre de Bordeaux, le fieur Lalane étant forti de la Ville comme bon Serviteur du Roi) & le Syndic condamné à lui reftituer les fruits de fon Bénéfice, avec dépens, par Arrêt du 11. Janvier 1656.

De plus, il fuffit qu'un Confeiller en un Parlement pour avoir la préfence, foit Chanoine dans la même Ville où le Parlement eft féant. C'eft pourquoi un Confeiller du Parlement de Roüen étant Chanoine d'Auch ; & la préfence lui ayant été refufée par Arrêt de la Cour du 16. Mai 1623. impetra Requête civile envers cet Arrêt ; mais il en fut démis par un autre Arrêt du 22. Février 1627. Voyez Maynard, *liv. 1. chap. 6.* & Loüet *lettre C, chap. 24. & 32.* Il eft vrai qu'à Auch tous les fruits font réduits, difoit-on, en diftributions quotidienes.

CHAPITRE LXIX.

Si les Confeillers au Senêchal étant Chanoines, ont la préfence.

ME. de Caftera Confeiller & Chanoine d'Auch ayant obtenu le 29. Août 1640. un Arrêt au Rapport de M. de Frefals, par lequel il étoit cenfé préfent, à la charge de fervir les Fêtes & les Vacations, Me. Croiffant Confeiller & Chanoine au même Chapitre, demandoit la même chofe, & rapportoit ce Préjugé. Mais le Syndic du Chapitre s'étant pourvû contre cet Arrêt en réparation de furprife, difant que ce privilege n'étoit accordé qu'aux feuls Confeillers au Parlement, la Cour par Arrêt du 22. Mars 1644. fans préjudice de la Requête en réparation de furprife, déclara n'entendre empêcher que le Chapitre ne pointât Croiffant en cas d'abfence.

CHAPITRE LXX.

Si le Theologal peut être un des deux Chanoines, qui étant à la fuite de l'Evêque, ont la préfence.

SUIVANT le Concile de Trente, *feff.* 24. *cap.* 12. & *Congreg. Card. num.* 34. & 43. deux Chanoines étant à la fuite de leur Evêque, peuvent retirer la groffe, comme préfens, non les diſtributions quotidiennes ; de ſorte que le Theologal d'Auch appellé, Me. d'Aignan demandoit les gros fruits de ſon Bénéfice, & M. l'Archevêque d'Auch demandoit d'être maintenu à juger des empêchemens legitimes de la préſence des Chanoines : de ſorte que comme Me. d'Aignan ne pouvoit demeurer en ſûreté à Auch, les Chanoines ayant un procès criminel avec lui , & l'ayant une fois fait enlever priſonnier , & remis entre les mains de M. de Saint Luc Lieutenant du Roi , la Cour condamna le Syndic à lui bailler la groſſe , & maintint M. l'Archevêque à connoître des empêchemens legitimes en cas d'abſence , & permit à M. l'Archevêque de ſubſtituer des Prédicateurs au lieu de ce Theologal : ce qui avoit été auſſi jugé en faveur de M. l'Evêque de Caſtres contre M. d'Artus Theologal de Caſtres , en 1634.

P R E U V E.

C H A P I T R E L X X I.

Si l'on peut être reçu à prouver qu'un Teſtateur a verbalement augmenté un legat par lui fait dans ſon teſtament.

LE nommé Durand par ſon teſtament inſtitua ſon heritiere Jeanne de Durand ſa ſœur , & fit un legat à Refigiere ſa femme , qui prétendoit que quelques jours après ce teſtament , ſon mari déclara en préſence de pluſieurs témoins , qu'il augmentoit le legat qu'il avoit fait a ſa femme dans ſon teſtament. Le Teſtateur réleva de ſa maladie , & vêcut encore deux ans , après lequel temps il deceda ſans faire autre teſtament , ni autre diſpoſition. Refigiere ſa veuve ne voulut point recevoir , de Durand heritiere , le legat à elle fait par ſon mari , qu'elle ne lui payât l'augmentation du legat. Pour raiſon de quoi il y eut procès en la Cour , où Refigiere ſoûtint pour fait poſitif & veritable , avec offre de prouver & verifier , comme quoi ſon mari , quelques jours après ſon teſtament , lui augmenta verbalement le legat qu'il lui avoit fait dans son testament ; & que cette preuve ne pouvoit pas lui être déniée , puisque la Cour par ses Arrêts rapportez par M. d'Olive, *liv.* 5. *chap.* 22. a reçu à prouver un fideicommis verbal, soit qu'il y ait testament ou non, parce que tels fideicommis ne requierent point par le Droit , *in leg. Nulla , ff. de legat.* 3. que la seule volonté du Testateur. Ce qui a été reçu depuis aux Legats ensuite des Loix qui ont confondu ces deux especes de dernieres dispositions , & que tels legats ne sont pas contre les testamens, mais qu'ils sont pardessus ce qu'ils contiennent ; si-bien qu'on ne pouvoit pas dire que la preuve qu'elle demandoit, fût une demande contraire à la Loi 1. *Cod. de testib.* Mais la Durand heritiere répliquant , dit pour sa plus grande raison, qui donna lieu à l'Arrêt, que Refigiere sa Partie ne pouvoit pas être reçûë à la preuve qu'elle demandoit , dautant que si le Testateur lui eût voulu augmenter le legat , comme elle prétendoit & supposoit, il l'auroit fait en faisant un autre testament , ou par un Codicille , puisqu'il vêcut deux ans après son testament. Si-bien que la Cour pàr Arrêt rendu le 7. Septembre 1655. en la seconde Chambre des Enquêtes, au Rapport de M. P. Olivier , Refigiere fut démise de sa demande, & l'heritiere rélaxée de la demande de la prétenduë augmentation du legat.

CHAPITRE LXXII.

Si une femme doit prouver à l'égard des Créanciers de son mari , que la dot a été réellement payée lorsque la quittance ne le porte point.

FRANÇOIS CAPELLE par diverses Reconnoissances confesse avoir reçû d'Antoinette Bessiere sa femme , sa dot. Après le decès du mari, ses biens furent généralement saisis : ce qui obligea sa veuve d'intervenir en l'instance, & d'y demander l'allocation par préferance à tous Créanciers pour sa dot & interêts. Le Créanciers lui contesterent le privilege pour la somme de 120. liv. de partie de sa constitution dotale, en ce que l'acte de reconnoiſſance de cette ſomme , ne portoit ni ne contenoit point la réelle numeration , mais ſeulement que le mari reconnoiſſoit à ſa femme cette ſomme pour l'avoit reçûë ci - devant ; & que ſon mari ne pouvoit avoir fait cette reconnoiſſance à leur préjudice : *Quia non debet eſſe in poteſtate mariti fraudare creditores*, leg. 1. §. *Si culpam. ff. Si quid in fraud. patr.* Et que Beſſiere devoit prouver avoir réellement payé cette ſomme de 120. liv. de partie de ſa dot ; parce qu'autrement la reconnoiſſance qu'il en avoit faite ne pouvoit être priſe que pour une donation, par laquelle elle ne pouvoit avoir de privilege, *Leg. Aſſiduis , cod. Qui pot. in pig. hab.* Sur quoi la Cour par Arrêt donné en la ſeconde Chambre des Enquêtes le 2. Septembre 1682. au Rapport de M. de Bertier, ordonna qu'avant dire droit ſur l'allocation de cette ſomme de 120. liv. Beſſiere veuve prouveroit & verifieroit dans certain délai , l'avoir réellement payée à feu ſon mari ; & c'eſt ſuivant le Droit *in leg. 1. cod. de dot. cauſ. non num. leg. ult.* §. 1. *verſ. Si tamen , cod. Qui potior in pig. habet. & leg. Si quis poſt hac , cod. de bon. præſcrip. &* Ferrieres *in 2. quæſt.* Duranti.

CHAPITRE LXXIII.

Si l'on peut être reçu à prouver qu'un Teſtateur ne pouvoit point parler lorſqu'il a fait teſtament.

IL fut jugé en la cauſe de M. Philippe Lavaur Tuteur des enfans , contre Demoiſelle Françoiſe de Fraguaut leur tante maternelle, femme de M. Pouſalguere, Lieutenant principal au Senêchal de Cahors, que cette preuve ne pouvoit être reçûë , quoique la Partie s'en remit à l'audition des témoins numeraires , & qu'il n'y avoit que la voye de faux. Voyez M. Maynard, *liv. 5. chap. 6.* M. de Cambolas rapporte un Arrêt contraire , *liv. 2. chap. 36.* Et telle preuve fut admiſe en Audience en la Grand'Chambre en la cauſe de M. Layrac , Lieutenant principal au Senêchal de Toulouſe, contre le propre fils de la Teſtatrice & ſes Créanciers ; & ſur cette preuve la cauſe ayant été évoquée

& renvoyée au Parlement de Grénoble, ledit M. Layrac y gagna
fa caufe.

CHAPITRE LXXIV.

Si la preuve peut être admife contre un contrat.

CETTE queftion fe préfenta le 7. Septembre 1640. en la
feconde Chambre des Enquêtes fur ce cas. La Demoifelle
Danis veuve de Me. Miel Medecin de Carcaffonne , avoit paffé
contrat de vente d'une Maifon en faveur d'un nommé Merlat
pour le prix de 1000. liv. dans lequel acte il étoit dit qu'il y
en avoit eu 500. liv. de payées comptant. Il eft vrai que la
Demoifelle n'avoit point figné , mais il étoit dit que c'étoit à
caufe de la foibleffe de fa main. Elle demandoit la caffation de
ce contrat, difant qu'il étoit inutile, & qu'elle n'avoit pas reçu
l'argent, d'ailleurs qu'il avoit été fait dans l'afliction de la mort
de fon mari ; & que quoiqu'il fût datté douze jours après , il
avoit été paffé plufieurs jours avant fa datte : ce qui le rendoit
nul à caufe qu'il y a neuf jours après la mort du débiteur pour
pouvoir agir contre fes heritiers, *Novella* 115. *cap.* 5. & *leg.* 4.
§. *Præterea* , *ff. Si quis cautionibus* , *&c.* Et que fi la trop grande
joye étoit un moyen de reftitution, *Accurf. ad* §. *Servi inft. de*
liber. à plus forte raifon *nimius dolor.*

Merlat au contraire difoit que le contrat avoit été paffé après
les neuf jours ; & que fi cela avoit lieu, on pourroit faire caffer
tous les contrats : Que dans la Novelle 136. *cap.* 6. il eft dit
Nullum effe tam diffolutum, ut quæ data non funt, pro datis acci-
piant. Que le contrat portoit réelle numération, & qu'il avoit
été executé étant en poffeffion : Qu'elle avoit devant plufieurs
perfonnes reçu l'argent, & il prouvoit cela. Mais cette femme
ayant été admife à la preuve de fa fimulation, les témoins numeraires difoient bien qu'ils avoient vû de l'or & de l'argent fur
la table ; mais ils ne difoient pas qu'ils l'euffent vû retirer par
cette femme. D'ailleurs il y avoit preuve comme quoi quatre
jours après la mort du mari , il avoit été demander quartier

pour les lods de cette Maiſon ; & que ſur le refus, il avoit dit qu'il ne l'acheteroit pas, mais qu'il ſe la feroit donner ; de ſorte que lors du Jugement y ayant eu Partage, il fut vuidé à la Preſ-miere, & ce contrat caſſé.

Le 5. Juillet 1650. la preuve fut admiſe en faveur de la Dame de Pleuviel contre une tranſaction, où il étoit dit, qu'elle réin-tegroit le ſieur de Chevailles : Qu'elle ratifieroit cette tranſac-tion, & qu'elle prouveroit comme quoi cela n'y avoit été mis que pour ne rien ôter de la force des Arrêts ; & que le ſieur de Chavailles avoit juré en préſence de trois Gentilshommes, dont l'un étoit le ſieur Baron de Fraiſſinet, qu'il ne lui demanderoit point la réintegrande, ni cette ratification ; mais il y avoit une audition Cathegorique où le ſieur de Chavailles avoüoit qu'il l'avoit promis en effet, ajoûtant néanmoins des qualifications, & que c'étoit ſous de conditions qu'il avoit juré, leſquelles n'é-toient pas arrivées, néanmoins ſur cette preuve il fut débouté d'une Requête civile.

CHAPITRE LXXV.

Si l'on peut être reçu à prouver un fideicommis verbal.

CELA a été jugé pluſieurs fois ; & entr'autres en faveur de François Dimard, fils de Me. François Bernard Procureur en la Cour, contre la Demoiſelle de Charron veuve de François Teſtas, le 10. Juillet 1645. au Rapport de M. de Turle après Partage. Les raiſons de Charron étoient que Bernard ayant préſenté Requête, où il demandoit qu'elle fut tenuë de déclarer qu'elle étoit chargée du fideicommis devant le Senéchal, il y avoit une Requête remonſtrative où il varioit dans les faits, & qu'ainſi le Senéchal l'avoit reçu mal-à-propos à les prouver ; & rapportoit un Arrêt de la Premiere des Enquêtes au Rapport de M. Boyer, du 7. Decembre 1613. rendu en la cauſe du ſieur d'Avazat de Corbiere & de Robert, par lequel la Cour avoit refuſé la preuve d'un teſtament nuncupatif, quoique fait en temps de peſte, à cauſe que les faits étoient contraires. De plus, elle

diſoit

difoit que Me. Bernard étant Procureur de Teftas fon mari, fon fils ne pouvoit être inftitué ni fubftitué par fa Partie, fur-tout y ayant des parens auffi proche que lui, & du nom du Teftateur; & alleguant un Arrêt rapporté par Chopin D'emor. *par. liv. 2. tit. 4. num.* 13. & l'Arrêt général de M. Maynard, *liv.* 8. *chap.* 50. & *liv.* 2. *chap.* 95. difant qu'il falloit qu'en ce cas il fût le plus proche parent.

Mais Bernard ayant fait voir qu'il n'avoit point varié, & quoiqu'il eût demandé la déclaration de l'heritiere grévée, cela n'empêchoit pas qu'il ne dût être reçu à la preuve des faits qu'il avoit quottez dans fa Requête remonftrative : Que fon fils étoit parent & filleul du Teftateur, ayant remis plufieurs Lettres de ce Teftateur qui étoient des marques de ce qu'il foutenoit, comme auffi l'un des faits étant que l'heritiere avoit avoüé qu'elle étoit chargée de rendre à François Bernard; & encore comme elle avoit fait une déclaration, qu'au contraire elle étoit chargée de rendre à certaines-Religieufes, à la charge d'enfeigner les filles, il difoit que ce n'étoit que depuis l'inftance qu'elle difoit cela.

Sur quoi la Cour le reçut en preuve des faits de fa Requête remonftrative & du fideicommis, fans reftriction aux témoins numeraires du teftament; enfuite de quoi par Arrêt du mois d'Août 1646. fur les preuves, la Cour lui adjugea la moitié des biens, & aux Religieufes l'autre moitié.

Or quand il s'agit de prouver quelque chofe pendant la confection du teftament, il eft vrai que la preuve doit être reftrainte aux témoins numeraires de l'acte; mais quand il s'agit d'autres faits, ou d'un changement, ou d'une ampliation de volonté, la preuve doit en être reçûe *per Claſſicos teſtes*, c'eft-à-dire, par autres témoins que les numeraires, qui font Gens de probité, Gell. & Bud. *ad Leg. ult. ff de pig. act.* comme il fut jugé par Arrêt donné, Chambres affemblées, le 7. Avril 1601. M. de Cadillac Rapporteur en la caufe de Suau, Gaufferan & Fournier, par lequel il fut jugé que le fideicommis tacite pouvoit être prouvé par d'autres témoins que les numeraires.

Cela fut jugé le 15. Decembre 1650. en la caufe d'un nommé Trainier, & d'une nommée Sever fa mere, au préjudice de la reftitution du fideicommis à la fœur du même Trainier, cette

D d d

fœur étant mariée avec M. de Rives. Et le 28. Août 1671. M. de Lamothe Luffan, Rapporteur en la caufe de Laroche, par lequel il fut jugé que Dominique Foi de Laroque pouvoit prouver le fideicommis verbal *per quofcumque teftes* : Que les témoins numeraires ne pouvoient pas être objectez ; & que quoiqu'elle eût executé la Sentence qui reftraignoit la preuve aux témoins numeraires, elle pouvoit faire faire oüir les témoins, defquels elle avoit eu depuis connoiffance.

On pourroit objecter à cela deux Arrêts, fçavoir un du 18. Février 1650. donné en la premiere Chambre des Enquêtes au Rapport de M. de Caulet en la caufe de Geraud & de Bernard Graties freres, par lequel une telle preuve fut refufée. Mais la raifon de ce Préjugé fut que Bernard, qui alleguoit le fideicommis verbal, avoit tranfigé comme heritier avec fon frere ; & que la Loi *Imperatores*, & la Loi *Non eft ferendus*, *ff. de tranfact.* ne peuvent s'entendre que d'un fideicommis écrit, puifque la Loi de *Controverfiis* parle de *Non vivis verbis teftamenti*, d'ailleurs il y avoit fept ans depuis le teftament où cela n'étoit pas dit ; & enfin la queftion étant entre freres, la Cour préfuma l'égalité.

L'autre Arrêt fut rendu fur la fin du mois d'Août 1647. contre Marie Dirat, veuve de Chabanon, à la Seconde des Enquêtes, au Rapport de M. de Catellan, laquelle ne fut pas reçûe à prouver un prétendu fideicommis verbal & particulier de bétail & de meubles ; parce qu'elle n'offroit pas de le prouver, un Agent ayant voulu philofopher, & retrancher cette offre de la Requête, quoique l'Avocat l'y eût inferée.

PRISONNIER.

CHAPITRE LXXVI.

Si un Fermier ou Sequeftre peuvent demander les alimens lorfqu'il font Prifonniers, pour ne rendre pas compte, ou pour ne payer le prix de la Ferme.

LE nommé Jalabert Fermier & Sequeftre d'une Métairie dépendante du l'heredité jaçante de Leonard Dabadie, les Créanciers de Dabadie obtinrent Arrêt portant qu'il rendroit compte du prix de la Ferme & de la Sequeftration avec contrainte par corps, faute par Jalabert d'avoir fatisfait à cet Arrêt, il fut conftitué Prifonnier en vertu d'une Ordonnance de la Cour, dans la Conciergerie de la Cour : ce qui l'obligea de donner Requête en caffation de cette Ordonnance & de fon emptifonnement, & en rélaxe, fuppofant qu'il ne devoit rien. Mais le Curateur à l'heredité jaçante ayant fait voir qu'il étoit débiteur, la Cour rendit autre Arrêt en la premiere Chambre des Enquêtes au Rapport de M. de Catelan, par lequel Jalabert fut démis de fa Requête, & ordonne qu'il rendroit compte fuivant le précedent Arrêt ; & néanmoins qu'il feroit élargi en baillant bonnes & fuffifantes cautions.

Or au lieu par Jalabert de fatisfaire à cet Arrêt, au contraire il auroit donné Requête faite en Jugement, à ce que le Curateur fût condamné de configner pour fes alimens, nourriture & entretenement. La caufe plaidée de la part de Jalabert, il auroit été repréfenté que lorfqu'un débiteur n'a pas de quoi fe nourrir en prifon, le Créancier eft obligé de le nourrir, fuivant les Arrêts des Cours Souveraines, l'opinion des Docteurs, & principalement de Guid. Pap. *quæft.* 211. & fuivant encore les anciennes Ordonnances, & fuivant même l'Ordonnance moderne Criminelle, au titre 13. des Prifons, *art.* 23.

Le Curateur dit que fi-bien le Créancier eft obligé de nourrir ſon débiteur, c'eſt lorſqu'il n'a pas dequoi ſe nourrir ; mais que Jalabert ayant dequoi vivre , & s'étant même nourri pendant deux mois qu'il eſt en priſon, il eſt mal fondé en ſa Requête. De plus, qu'il peut deſcendre à la miſericorde, & qu'il ne tient qu'à lui de ſortir de priſon en ſatisfaiſant aux Arrêts de la Cour ; & enfin un Sequeſtre qui n'a droit de retention , *Leg. Si quis, cod. Depoſiti* , ne peut prétendre telle nourriture, ſuivant même la nouvelle Ordonnance, en ce qu'elle porte au titre 29. art. 1. *Que tous adminiſtrateurs des biens d'autrui doivent rendre compte.* Ainſi Jalabert ayant joüi des biens de cette Métairie comme Sequeſtre & Fermier , il ne peut eſperer l'interinement de la Requête ; parce qu'autrement ce ſeroit de pernicieuſe conſequence ; & ce ſeroit ouvrir la porte aux fraudes dont les Fermiers & Sequeſtres pourroient uſer , pour ne rendre compte de leurs Sequeſtrations. Mais Jalabert repliquant, dit que le Parlement de Paris par Arrêt rapporté par Papon au livre 9. *tit. des Ceſſions des biens, art.* 14. *in fin. &* 16. auroit ordonné qu'un Proprietaire nourriroit le Fermier en priſon, ou conſentiroit à ſon élargiſſement. Si-bien que la Cour par Arrêt rendu en l'Audience de la premiere Chambre des Enquêtes le 30. Juillet 1689. ordonna que le Curateur conſigneroit pour les alimens de Jalabert , & qu'executoire lui en ſeroit expedié : ce qui obligea le Curateur de conſentir à ſon élargiſſement.

PRIVILEGE.

CHAPITRE LXXVII.

Si la Fiancée qui a payé la dot à ſon Fiancé qui l'a reconnë , peut être privilegiée pour la répetition , le mariage ne s'en étant pas enſuivi.

LE nommé Jean Thomas Marchand, après avoir Fiancé Bertrande Bonnave , & lui avoir reconnu en ſon abſence la ſomme de 745. liv. de ſa dot, ſe ſeroit marié à ſon inſçu avec

une autre : ce qui auroit obligé Bonnave de faire instance contre
lui en restitution de la dot, & en ce qu'il fût condamné en tous
dépens, dommages & interêts.   Cette instance ayant été portée
par appel en la Cour, la cause plaidée en Audience, il fut rendu
Arrêt le 16. Decembre 1660. par lequel Thomas fut condamné
de rendre à Bonnave cette somme de 745. liv. de la dot avec
privilege de dot.   Et par-là, il faut conclurre que si les biens
de Thomas eussent été mis en distribution avant d'avoir rendu
cette somme de 745. liv. à Bonnave, elle auroit été allouée par
préference, non-seulement à ses créanciers, mais encore à sa
femme.

P R I E U R.

CHAPITRE LXXVIII.

*Si le Prieur & Consuls de la Bourse sont compétans pour connoître
des dommages & interêts soufferts par un Marchand par la
rencontre d'un rocher contre lequel le Vaisseau s'est brisé, étant
chargé de Marchandises.*

L ARTIGUE Marchand de Toulouse fit instance devant les
Prieur & Consuls de la Bourse de Toulouse, à ce que le
nommé Cayrol Voiturier d'Eau, fut condamné à lui payer les
dommages & interêts, & le prix de la Marchandise qu'il avoit
perduë sur la Riviere de Garonne pour son bâteau s'être brisé
contre un rocher. La cause plaidée devant les Prieur & Consuls
de la Bourse, Cayrol y auroit procedé aux fins de non-proceder ; mais par Appointement il en fut démis, duquel ayant
rélevé appel en la Cour, par Arrêt donné en l'Audience de la
Grand'Chambre le 10. Janvier 1656. elle cassa l'Appointement
de la Bourse, & regla les Parties à bailler par écrit.   Or par
cet Arrêt il se voit que la Cour jugea que les Prieur & Consuls
de la Bourse ne sont pas competans de connoître de telles matieres.

PRIEURÉ.

CHAPITRE LXXIX.

Sçavoir si un Prieuré Clauſtral eſt un Bénéfice, & s'il eſt perpetuel ou amovible.

CETTE cauſe fut plaidée en l'Audience de la Grand'Chambre par Me. de Marmieſſe pour un nommé Depare, par Me. de Pariſot pour un nommé Brete, & par Me. de Chapuis pour le Syndic de l'Abbaye de la Grace. Brete étant Prieur du Monaſtere de la Grace, dont la nomination dépend entierement de l'Abbé ſans la participation des Religieux ; après la mort du Cardinal de la Valette Abbé de la Grace, les Religieux s'étoient aſſemblez, & avoient élu Depare, & tous deux demandoient la maintenuë.

Depare diſoit que la Charge de Prieur n'étoit pas un Bénéfice, mais un ſimple miniſtere : Que le Prieur n'avoit point des revenus affectez, mais une double portion ou pitance, & que n'étant qu'un ſimple Office, il étoit trienal & amovible, ajoûtant que Brete lui-même avoit été de cet avis avant qu'il fût créé ; & qu'ainſi il ne pouvoit venir contre ſon ſentiment, & contre ſa conſcience, pour ainſi dire : Que les Prieurez ne ſont qu'une ſimple obediance, Panorm. *in cap. Monachi, de ſtatu Monachorum.* Gregor. *in inſtit. novis rei Beneficiaria, cap.* 11. *num.* 12. qui parle en ces termes : *Quilibet Prioratus regularis cenſetur ad nutum revocabilis, niſi ſit curatus aut conventualis,* & cite Ogid. *deciſ.* 203. De plus, que cela étoit tellement vrai, que dans les Proviſions que le Cardinal Carpo avoit données de ce Prieuré, il y avoit ajoûté ces mots : *Quandiu nobis & noſtris ſucceſſoribus placuerit,* or, par conſequent il n'étoit pas perpetuel. Que n'y ayant que les Prieurez conventuels qui ſoient de Bénéfices, Gregor. *diét. cap.* 11. *num.* 17. il s'enſuivoit que les autres n'étant pas de Bénéfices, ils n'étoient pas perpetuels ; & que l'Abbé étant mort, le Chapitre n'avoit rien entrepris qu'il n'eût droit de faire.

Au contraire Brere répondoit que ce differend étant semblable à celui de Paulinus & de Melesius, tous deux créez Evêques d'Antioche, comme le rapporte Socrate, *lib. 6. cap. 5.* Sogomen, *lib. 7. cap. 3.* il auroit bien souhaité qu'il se fut terminé de même, sçavoir en mettant le livre de l'Evangile entr'eux, & par un peur esprit de Religion. Que s'il avoit été autrefois d'avis que les Prieurez devoient être triennaux & amobiles, il avoit appris le contraire des Adversaires mêmes, & que la destitution n'en appartenoit qu'aux Abbez, qui seuls avoient le droit de les établir : Que le Prieur qui avoit été institué par le Cardinal Carpo, & celui qui avoit été nommé par le Cardinal de Joycuse, n'avoient jamais été destituez : & que la clause *Quamdiu placuerit* est une formule de Superiorité qui ne prouve pas que les Religieux puissent défaire ce que l'Abbé a fait, ni que les Prieurs ne soient pas perpetuels, puisque la même clause est dans les Provisions que le Roi donne à ses Officiers de Justice ; & que cela n'empêche pas que leurs Charges ne soient perpetuelles, n'obligeant point les Abbez à destituer les Prieurs, *Argumento, leg. 41. ff. De fideicomm. liber. §. Titius 6.* Que par un Statut de leur Ordre, qui fut lû à l'Audience, les Religieux n'avoient aucun droit d'élire le Prieur, que l'Abbé seul le pouvoit sans qu'ils eussent voix déliberative ni excitative. Que par le Chapitre *Monachi. De Statu Monachorum,* les Prieurs une fois établis ne peuvent être destituez que pour leur mauvaise vie : ce qu'on ne pouvoit lui reprocher depuis cinquante ans d'Obediance ; & qu'il fut jugé ainsi au Parlement de Paris, même contre l'Abbé, Char. *obs.* mot *Abbez,* que *Omnis destitutio est ignominiosa,* Tertul. *lib. de spect.* Que par une Ordonnance de leur Provincial les Parties avoient été renvoyées en la Cour, & ordonné qu'il demeureroit cependant Prieur.

Le Syndic disoit que Brete ne s'étoit pas pourvû en forme contre l'élection de Depare, & qu'il n'avoit que la voye de l'appellation comme d'abus ; mais on lui opposoit un Arrêt de 1637. par lequel sur une simple Requête en cassation d'une déliberation du Chapitre de Lavaur, sans appellation comme d'abus, la Cour l'avoit cassée, & que ne s'agissant que d'une maintenuë, l'appel comme d'abus n'étoit pas necessaire pour en ôter les empêchemens. Brete eût encore un rolle des Bénéfices dépendans du Monaftere de la Grace, parmi lefquels le Prieuré Clauftral étoit le premier, quoique dans plufieurs autres Monafteres ils ne fuffent que triennaux. De quoi il ne faut pas s'étonner, parce que l'Eglife qui eft l'Epoufe du Cantique, fe trouve *Circum amicta varietatibus*. Et qu'enfin cela pouvoit fe faire, comme il avoit été jugé en faveur du Convent de Saint Orens d'Auch.

Sur ces confiderations, la Cour par fon Arrêt du 16. Mars 1640. fans avoir égard aux Lettres de Depare & du Syndic, déclara n'entendre empêcher que les Parties ne fe pourveuffent devant qui il appartiendroit : & cependant elle fit défenfes par provifion de troubler Brete. Par lequel renvoi la Cour jugea que c'étoit un fait qui regardoit la Difcipline de leur Ordre.

POLICE.

CHAPITRE LXXX.

Si les Confuls pour droit de Police, peuvent condamner quelqu'un en trois livres d'amande pour dommage porté au Bois de la Communauté, pour y avoir coupé du bois ; Et en pareille amende pour n'avoir pas attaché les chiens en temps de vendanges.

QUOIQUE ces deux cas regardent la Police, & que l'amende de trois livres foit dès plus petites qu'on puiffe ordonner contre de pareilles contraventions, à caufe du dommage notable que la Communauté en reçoit, néanmoins toutes les fois qu'il fe parle de condamner, il faut avoir Jurifdiction ; & il n'y a point de Coutume qui puiffe autorifer la Sentence de ceux qui n'ont point de puiffance. C'eft pourquoi les Confuls du Lieu de Mazarolez ayant condamné un Particulier, habitant du même Lieu, à une amende de trois livres en ces deux cas, bien qu'ils foutinffent que ce Particulier étant Conful avoit ordonné de pareilles condamnations ; & qu'ainfi par le titre.

Quod

Quod quisque juris, *ff.* il devoit subir la Loi qu'il avoit trouvée juste à l'égard des autres ; néanmoins les Consuls ayant fait faire une execution sur des meubles pour cette amande, la Cour cassa la Saisie, & bailla la recreance à l'executé. Il semble que si peu de chose ne meritoit point d'enfraindre une loi municipale, qui avoit été observée pour l'utilité de tout le monde : car les Communautez peuvent se faire des Statuts, & la Coûtume a autant de force que la Loi. Mais en France les Justices étant Patrimoniales, il y va de la Police du Royaume de faire en sorte qu'on se retire devant les Juges des Lieux ; c'est pourquoi la Coûtume & la Loi générale, prévalent au Statut particulier. Cet Arrêt rendu contre les Consuls de Mazeroles, est du 16. Février 1644.

PROCUREUR.

CHAPITRE LXXXI.

Si un Procureur mineur de vingt-cinq ans, peut être baillé pour Curateur à un mineur.

LE 23. Decembre 1649. il fut jugé que non en la cause de la Dame de Melin contre le sieur de Nubi son frere. Sur quoi la Cour ayant ordonné que M. de Parisot, qui plaidoit pour le Mineur, nommeroit un autre Procureur, il répondit qu'il ne pouvoit le faire, & que cela étoit personnel : ce qui obligea la Cour de nommer un des Substituts du Procureur mineur. L'année d'auparavant en la cause du sieur de Vielcastel & du sieur de Foussat, la même chose avoit été jugée, sçavoir qu'un Procureur mineur ne pouvoit être donné pour Curateur.

CHAPITRE LXXXII.

Si un Procureur est sujet à la remise d'un procès après dix ans.

EN 1638. Me. Gabiole Procureur en la Cour ayant été condamné par un Appointement d'un des Seigneurs de la Cour, à remettre un procès après dix ans, à compter du jour qu'il en étoit chargé, se pourvût contre cet Appointement qui fut reformé par Arrêt donné au Rapport de M. de Maussac Doyen du Parlement.

CHAPITRE LXXXIII.

Si un Procureur qui a été revoqué, peut découvrir le secret de la Partie qui l'a revoqué.

LEs Avocàts, suivant ce que dit Ulpian, *in Leg* 1. *ff. de instit. & jur.* sont appellez les Prétres & Ministres du Droit & de la Justice, & leur ministere est louable & necessaire à la vie des hommes, dit l'Empereur, *in leg. Laudabile, cod. de Offic. divers. jud.* Aussi les Parties peuvent leur découvrir tout ce qui regarde leur procès, soit civil ou criminel, dautant qu'ils ne peuvent rien dire ni déclarer de ce qu'ils leur ont dit en secret; puisqu'on peut dire qu'il en est de même des Avocats que des Confesseurs, qui ne peuvent point déclarer les Confessions secretes de ceux qui se confessent à eux, *Can Sacerdos,* 3. *causâ, quæst.* 7. *cap. Omnis de Pænitentiis & remiss.* Pareillement, & avec encore plus de raison, les Procureurs qui sont les maîtres des procès de leurs Parties, comme il est dit *in leg. Procuratoribus. & leg. Nulla, cod. de Procurat.* doivent tenir & garder le secret de leurs Parties; jusques là même, que quoiqu'ils ayent été revoquez, ils ne peuvent rien dire qui puisse faire soupçonner les secrets que leurs Parties leur ont confiez, comme il a été jugé par Arrêt de la Cour sur le cas suivant.

Delmas Procureur ayant été Procureur de M. de Madern Prêtre, fut oüi cathegoriquement à la Requête de la Partie de Madern : & pour fa réponfe, il découvrit le fecret de fa Partie qui l'avoit revoqué ; & parce que ce qu'il avoit dit alloit contre l'honneur de Madern fa Partie, cela l'obligea de donner Requête à la Cour en réparation d'honneur contre Delmas, à ce que les paroles injurieufes contre lui couchées dans la réponfe categorique, fuffent rayées & biffées ; & à ce qu'il fut condamné aux peines du Droit, & aux dépens. Sur quoi la Cour rendit Arrêt en Audience en la feconde Chambre des Enquêtes le 13. Mars 1688. par lequel il fut ordonné que les paroles injurieufes couchées dans la réponfe categorique de Delmas, feroient rayées & biffées par le Greffier de la Cour, avec inhibitions & défenfes aux Procureurs, après avoir été revoquez, de rien dire qui pût faire foupçonner les fecrets que leurs Parties leur avoient confiez, & auroit condamné Delmas aux dépens.

PRODUCTION.

CHAPITRE LXXXIV.

Qui doit produire un acte impugné de faux, ou fi c'eft celui qui s'en fert, ou celui qui l'impugne.

IL a été jugé par divers Arrêts de la Cour, que celui qui produit un extrait d'un acte impugné de faux par fa Partie, eft obligé de remettre l'original. Cela fut jugé par Arrêt rendu en l'Audience de la Grand'Chambre le 22. Mars 1654. en faveur de Cafeaux contre autre Cafeaux. Par autre donné en l'Audience de la même Chambre le 11. Août de la même année 1654. De même par autre Arrêt rendu en la feconde Chambre des Enquêtes le 27. Juillet 1677. au Rapport de M. J. Dupuy. Ce fut en faveur de M. Bas Prêtre contre Tourinian qui avoit produit l'extrait ; & c'eft fuivant l'opinion de Ferrieres, *in quæft.* 19. Guid. Pap. où il eft dit, que celui qui produit *Inftrumentum*

E e e ij

quod arguitur de falfo , *tenetur exhibere protocollum* ; *non item is qui inftrumentum falfum effe afferit.* Papon *in 2. tom. Notar.* titre de l'exemption peremptoire de faux, *fol. 647. & in Collat.* Arrêt, *liv. 9.* titre des Moyens de Faux, Arrêt 4. *& per textum, in leg. ult. Cod. de fid. inftrum.*

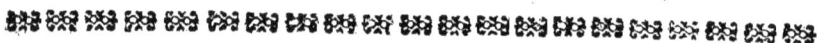

P R O M E S S E.

CHAPITRE LXXXV.

Si la Promeffe d'inftituer eft une donation ou une inftitution.

UN homme lors de fon mariage fait une promeffe dans fon contrat de mariage , d'inftituer l'un des enfans qui en naîtroit. De ce mariage , il y eut un enfant ; & le Donateur ayant alièné divers biens , & y ayant d'autres enfans d'un autre lit , il fut jugé par un Arrêt donné aux Enquêtes, que telle promeffe étoit une donation , non une inftitution ; & que cette donation ayant un effet rétroactif , le Donataire pouvoit revoquer les alienations faites par fon pere. Contre cet Arrêt , il y eut Requête civile. Mais parce que les Impetrans n'avoient point des moyens pertinans pour la formalité , ils s'attacherent aux fonds. Et Me. de Parifot qui plaida fort fçavament , fe fonda fur la Loi *Si is qui* 13. §. *ult. ff. de reb. dub.* jointe aux circonftances de la caufe qui étoient, qu'il étoit ajoûté dans le contrat , qu'il nommeroit celui qu'il voudroit du premier lit : de forte qu'il difoit que c'étoit une condition qui avoit *tractum temporis* ; & que ce n'étoit pas une donation abfoluë , *quæ mora fufpenderetur* ; parce que fi cela eût été , il n'auroit pû avoir la faculté d'élire celui qu'il auroit voulu , *Leg. Donatio* 25. *cod. De donat.* où le nom de Donataire doit être fpecifié. Mais il perdit fa caufe fur la Loi *Donationes, cod. de Donat. intervir. & uxor. & Arg. leg. Si fundus, §. 1. de Pingn. & Leg. Potior* 11. §. *ff. qui pot. in pign. & leg. Si mortis caufâ* 40. *ff. De mort. cauf. donat.* qui induifent toutes un effet retroactif aux actes.

CHAPITRE LXXXVI.

Si la promesse d'instituer, qui n'est pas dans le Contrat de mariage qui est fait en considération du mariage qui va se traiter, vaut donation.

ME. Bernard Delbosc Prêtre & Curé de Saint Amans, avoit deux freres, l'un Procureur en la Cour, & l'autre Maréchal. Le 2. d'Août 1635. par promesse promit d'instituer son frere le Procureur son heritier, en considération du mariage qui devoit se traiter ce même jour avec la Demoiselle Magdelaine de Saint Laurens. Ensuite de cette promesse, & en considération d'icelle, les pactes de mariage ce même jour furent passez ; & il fut constitué en dot à la Demoiselle de Saint Laurans, la somme de 4000. liv. Posterieurement à cela, qui fut le 7. Août 1642. Delbosc Maréchal extorqua de son frere le Prêtre, une donation simple non à cause de nôces, ni autrement, par laquelle il lui auroit donné après sa mort, tous ses biens à ses deux freres, qui étoient le Procureur & le Maréchal. Quelque-temps après Delbosc Procureur & Delbosc Prêtre, seroient decedez. Procès entre Delbosc Maréchal & Bernard Delbosc fils & heritier de Delbosc Procureur pour raison des biens de l'heredité de Delbosc Prêtre, le Maréchal en prétendant la moitié *in vim* de la donation que son frere lui en avoit fait ledit jour 7. Août 1642. & au contraire son néveu prétendoit le tout.

Ce differend fut remis au Jugement d'Arbitres, lesquels rendirent leur Sentence Arbitrale, par laquelle Delbosc Maréchal fut maintenu en la moitié des biens de son frere le Prêtre. De cette Sentence Delbosc son néveu, fils du Procureur, fut appellant en la Cour. La cause plaidée en l'Audience de la Grand'Chambre, fut rendu Arrêt le 9. Juillet 1656. par lequel l'Appellant fut démis de son appel, & ordonné que la Sentence Arbitrale sortiroit son plein & entier effet. Mais parce que cet Arrêt fut rendu sans avoir fait pourvoir de Curateur à Delbosc néveu, mineur de vingt-cinq ans, il se pourvût contre cet Arrêt par Requête

E e e iij

civile ; fur laquelle ayant été conclu , il y eut Arrêt au Rapport de M. de Mamau fur cette Requête civile , par lequel les Parties furent remifes en l'état qu'elles étoient avant l'Arrêt dudit jour 9. Juillet 1656.

Lors du Jugement du fonds , il fut répréfenté de la part de Delbofc néveu appellant de la Sentence Arbitrale , qu'elle étoit infoûtenable , étant à confiderer 1° Que cette promeffe avoit donné lieu au mariage ; & que fi Delbofc Prêtre ne l'avoit pas faite , il ne s'en feroit jamais enfuivi , attendu qu'on n'auroit donné une fille d'honête maifon avec 4000. liv. à un jeune Procureur qui n'avoit que fort peu de bien , l'entiere conftitution ayant été employée pour payer partie du prix de l'Office du Procureur ; ne pouvant venir en aucune confideration de dire , que cette promeffe n'avoit pas été faite dans les pactes de mariage , dautant que cela ne l'a rendoit pas fans effet & inutile , puifqu'elle fut faite en confideration du mariage , & quelque heure avant la paffation des pactes ; & ainfi elle avoit le même effet que fi elle avoit été faite dans le Contrat de mariage , *Ex leg. Juris gentium ,* §. *Qui nimio , ff. de pact. leg. Pacta conventa , ff. de contrah. empt.* & *leg. Potens , cod. de pact. Incontinenti juxta contractum matrimonii , five ante five poft , quod idem eft.* Et c'eft encore fuivant l'opinion des Docteurs , & particuliere-ment de Dumoulin , fur la Coûtume de Paris , *in parte 2. tit. 2.* §. 78. Gloffa 1. *num.* 57. Et enfin il fut dit que telle promeffe valoit donation , M. Cambolas , *liv.* 4. *chap.* 26. *num.* 2. Maynard , *liv.* 5. *chap.* 90. & Brodeau fur Loüet , *let. S , chap. 9.* & Fernand. *cap. 2. de Matr. ad Merg. Con. cap. 6.*

Delbofc Maréchal difoit au contraire que cette Promeffe fui-vant Maynard , n'étoit pas confiderable , attendu qu'il falloit que telles promeffes fuffent toutes à l'inftant du Contrat de mariage ; & que fi elles en étoient feparées , le droit commun pour lors doit avoir lieu ; & que Fernand , *dict. loc.* dit qu'il faut que tous ceux qui ont été préfens au Contrat de mariage , foient préfens à de telles promeffes : Qu'il faut même qu'elle foit faite en faveur des enfans qui naîtroient du mariage ; & que c'eft la feule raifon pour laquelle la Jurifprudence des Arrêts les a in-troduites contre la difpofition du Droit ; fi bien que fi on l'éten,

doit aux freres ſans parler du mariage dans telles donations, ce
ſeroit une extenſion d'extenſion que l'on ne doit pas faire ; &
ſur ces raiſons , il avoit été jugé en Audience contre Delboſc
néveu, lequel auroit fait voir que M. de Maynard étoit pour lui,
puiſque la promeſſe avoit été faite à l'inſtant du mariage : &
qu'il y avoit des perſonnes qui avoient ſigné la promeſſe , qui
ſignerent les actes, particulierement les perſonnes les plus inte-
reſſées ; & que cette promeſſe regardoit bien les enfans , puiſque
c'étoit lui qui avoit été créé de ce mariage qui demandoit l'execution d'icelle.   Sur quoi il y eut Partage , M. le Rapporteur
étant pour Delboſc néveu, & M. de Caulet des Auguſtins pour
Delboſc Maréchal, le Partage étant porté en la premiere Chambre
des Enquêtes, il paſſa preſque d'une voix à l'avis de M. le Rapporteur, qui fut de reformer la Sentence Arbitrale, & de maintenir Delboſc néveu aux biens de l'heredité de ſon oncle Prêtre.
L'Arrêt eſt du premier Avril 1661.

Nota que bien qu'il ſemble que telle donation faite, non dans
le Contrat de mariage, mais *ex intervallo*, n'eut pas le même
effet que ſi elle étoit dans le Contrat de mariage, *Argum. leg.*
Pacta Conventa, ff. de contrah. empt. Néanmoins un nommé
Caſſan mariant François ſon fils, lui avoit donné quelque choſe ;
mais trois mois après, diſant qu'il ne lui avoit pas aſſez donné,
lui promit par un Contrat de l'inſtituer heritier.   Jean Caſſan
frere du Donataire conteſtant cette donation, il fut jugé le 21.
Novembre 1648. que c'en étoit une veritable au Rapport de
M. Delong en la Premiere des Enquêtes.

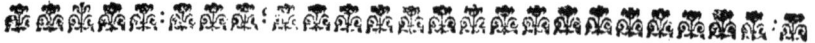

P R O X E N E T E.

CHAPITRE LXXXVII.

Si celui qui baille aux Proxenetes ou Courtiers quelque chose à engager, peut reprendre la chose sans payer le prix de l'engagement, lorsqu'il n'a pas eu raison du Proxenete.

LA Demoiselle Dumas femme de M. Latgé Avocat, avoit baillé des perles à la nommée Tourteronne Courtiere pour les vendre, ou pour les engager; & un nommé Baffemaifon Notaire les avoit prifes en gage pour 80. liv. qu'il avoit baillées à cette Courtiere fans le charger des perles par écrit. Tourteronne ayant gardé les 80. liv. & ayant été condamnée au Foüet pour d'autres affrontemens, la Demoifelle de Latgé fçachant que Baffemaifon avoit fes perles, les lui demanda en Juftice, difant que par l'Ordonnance de Loüis XIII. *art.* 148. il eft dit, *Que toutes perfonnes qui prendront des gages pour de l'argent prêté ou dû, fans reconnoiffance par écrit, qui porte comme quoi ils ont reçu tels gages, perdront leur dette, & reftitueront les gages.* Que d'ailleurs les pierreries font cenfées immeubles, *Leg. Lex. quæ, cod. de adminift. tutor.* & que c'eft pour cela que les Orphevres ont le Precaire fur les pierreries qu'ils ont venduës; de forte que Tourteronne ayant fait banqueroute, ladite Dumas devoit avoir recours fur la chofe même, *Argum. Novell.* 136. *cap.* 3. ce qui fe confirme par l'exemple de la dix-huitiéme Loi, 5. §. *ff. de tribut. act.* Ou fi un fils de Famille a pris quelque chofe à vendre, & qu'il n'aît pas payé la Maître, pourveu que *Res in creditum non abierit, dominus poteft rem vindicare fi extet.* Et ainfi elle prétendoit que la chofe étant en nature, & que *In creditum non abierat,* à l'égard de la Revendeufe, elle pouvoit la vendiquer contre l'Engagifte.

Baffemaifon difoit au contraire qu'il avoit fuivi la foi Publique: Que les Courtiers ou Proxenetes étoient foufferts, *Utilitatis causâ,*

cauſâ, *leg. ult. ff. de Prœxenet.* Qu'il avoit ſuivi non - pas tant la foi de cette Revendeuſe, que la choſe même, dautant plus que c'étoit une femme qui exerçoit ce commerce publiquement. Que la Demoiſelle Dumas devoit s'imputer d'avoir baillé ſes perles à vendre ſans autre précaution, & qu'elle ne pouvoit retirer le gage ſans payer le prix qu'il en avoit baillé. C'eſt pourquoi la Cour rendit Arrêt le 20. Février 1643. par lequel elle permit à la Demoiſelle Dumas de retirer le gage en rendant le prix, & ordonna que Tourteronne tiendroit priſon juſqu'à ce qu'elle eût ſatisfait.

Et le même jour, & en la même Audience, la Cour rendit encore un autre Arrêt en pareil cas en faveur d'un autre Engagiſte ſur un ſtellionat de la même Courteronne ; de ſorte que l'équité & la bonne foi publique prévalurent à la rigueur de la Loi & de l'Ordonnance.

Le 24. Mars 1643. la Cour en Audience rendit auſſi un ſemblable Arrêt en faveur de Me. Albert Avocat, qui eſt celui des Mémoires duquel j'ai tiré ces Arrêts, contre la Demoiſelle de Rahou & Dominique Saint Ceré, s'agiſſant d'un Diamant en cette cauſe : ce qui eſt contre le *§. Vendita inſt. de rer. diviſi.* & pluſieurs autres textes du droit, où le Maître de la choſe a toûjours droit de la vindiquer, *Non acceptô pretio.* Mais on peut dire qu'au cas de ces Arrêts les Maîtres des pierreries en ſuivant la foi des Courtiers, *Fidem habuerunt de pretio*, à l'égard de ces Revendeurs. Voyez Papon, *lib. 1. des choſes ſacrées, art. 8. d'un Calice.* C'eſt un Arrêt fort remarquable.

***

P U P I L L E.

CHAPITRE LXXXVIII.

Si un Pupille de ſix à ſept ans peut être criminaliſé.

UN jeune enfant qui auroit tué un homme, ne pourroit pas être puni ſuivant le Droit *in leg. Infans* 12. *ff. ad leg. Cornel. de Sicar.* Néanmoins le Syndic du Chapitre de Vavres

ayant fait informer d'autorité de la Cour contre certaines perfonnes, du nombre defquelles étoit un jeune enfant de fix à fept
ans, nommé Gravier, de ce qu'ils avoient mis le feu à une maifon,
& fur les informations, la Cour en la Chambre Tournelle rendit
Arrêt de prife de corps contre les Prévenus, la Cour ignorant
que Gravier fût un jeune enfant ; & les défauts étant prêts à
juger, Gravier fe pourvût par Requête civile contre l'Arrêt de
décret ; & la Cour en l'Audience de la Grand'Chambre rendit
Arrêt le 3. Février 1661. par lequel la Requête civile fut interinée, & pour certaines caufes à cela mouvant, rélaxa Gravier
de cette accufation avec dépens, contre le Syndic du Chapitre.

R.

R A C H A T.

CHAPITRE PREMIER.

Si le Rachat Toties quoties se prescrit dans trente ans.

M**R. Maynard, *liv.* 2. *chap.* 30. *& liv.* 4. *chap.* 53. rapporte deux Arrêts entre Particuliers, qui étendent ce Rachat à perpetuité ; & cela fut jugé ainsi en la Chambre de l'Edit de Grenoble le 5. Février 1605. Sur quoi il faut voir Boërius, *decis.* 182. *num.* 3. *& seq. doc. Cons.* 164. & Tiraqueau *du Retr. Convent.* §. 1. verbo *à tel temps* Glos. 2. *num.* 2. *usque ad* 30. Et M. d'Olive, *liv.* 2. *chap.* 22. dit que la faculté est perpetuelle suivant un Arrêt général. Mais Ferrieres sur la Question 47. de M. Duranti, rapporte deux Arrêts contraires. Et M. Maynard, *liv.* 2. *chap.* 30. dit qu'il est permis de racheter en ce cas, lorsqu'il y a lesion d'un quart.

Voici un Arrêt qui déclara tel Rachat prescriptible par trente ans, il est du 6. Avril 1626. & fut rendu en Audience, ayant été même confirmé sur une Requête civile par un autre Arrêt du 23. Juillet de la même année. Or le fait étoit que le sieur de Lusian ayant fait une Fondation dans le Monastere des RR. PP. Minimes de Tournois, il leur avoit baillé une Métairie pour cela, avec clause qu'*Elle seroit rachetable toutes les fois que le Fondateur voudroit ; & en cas qu'il ne la rachetât pas pendant sa vie, que sa femme ou son héritier pourroit la rachete en payant la somme pour laquelle elle avoit été baillée.* C'est pourquoi le sieur du Luc Senêchal de Bigorre, qui étoit Partie contre les Minimes, disoit, que quoiqu'il y eût onze mois après les trente ans, néanmoins le ſieur de Luſſan étoit excuſable, puiſqu'étant occupé au ſervice du Roi, il avoit été abſent : Que c'étoit une liberalité ; qu'il étoit venu bien - tôt après la trentiéme année ; & qu'ainſi il devoit être reçu à racheter cette Métairie, puiſque la Fondation étoit faite en argent. Mais il fut debouté de ſes Lettres de Requête civile, conformément à l'opinion de Papon, *liv.* 12. *tit.* 2 *art.* 11. parce que ce mot *Perpetuum reducitur ad tempus vitæ.* Gothof *in leg.* 1. *ff. pro ſocio, verbo Perpetuum.* Si-bien qu'en ce cas *Non eſt mera facultas, ſed actio quæ procedit ex contractu,* laquelle eſt preſcriptible par trente ans, *Leg. cùm notiſſimi, cod. de præſcrip.* 30. *vel* 40. *ann.* Voyez Cujas, *cap.* 35. *de præſcript.*

R A P P O R T.

C H A P I T R E I I.

Si le Legat doit être rapporté en cas que la mere ayant pluſieurs enfans, fit heritier ſon mari, ces enfans venant à ſucceder également.

UNE femme ayant de ſon mariage deux enfans mâles & une fille fait heritier ſon mari leur pere ſans le charger de rien, & legue à ſa fille 200. liv. Ce pere ſe remaria, & joüit quelque-temps, & fit l'un heritier. Comme les biens de la mere retournoient aux trois enfans, les deux fils prétendoient qu'elle devoit rapporter ce Legat pour partager avec eux, & ſe fondoient ſur la Loi *Generaliter,* §. *in his, cod. de ſecund. nupt.* parce que ces 200. liv. étant des biens maternels, & de la ſucceſſion maternelle, il ſembloit que cette ſomme devoit être rapportée.

La fille diſoit au contraire que ſuivant la Loi *à Patre* 10. *cod. de Collat.* qu'elle n'avoit pas ces 200. liv. *à Patre,* mais *à lege* ; & que ſon pere ayant inſtitué un heritier, cette ſomme étoit *extra caufam bonorum.* C'eſt pourquoi y ayant eu partage à la Premiere des Enquêtes, & les voix étant encore partagées à la Seconde, il fut décidé à la Grand'Chambre le 7. Janvier 1640. que la ſœur n'étoit pas obligée de rapporter le Legat de 200. liv.

CHAPITRE III.

S'il faut que l'exemption de rapporter ſoit expreſſe.

SUR cette queſtion y ayant eu Partage à la Premiere des Enquêtes, M. de Gach Rapporteur, & M. de Marraſt Compartiteur, elle fut décidée à la ſeconde Chambre au mois de Janvier 1639. entre Antoine d'Antoni & Jeanne Salanier. Le cas étoit qu'un nommé d'Antoni s'étoit marié deux fois, ayant des enfans des deux lits. Mariant Antoine ſon aîné du premier lit, il lui fit donation de la moitié de tous ſes biens, à la charge de payer la moitié des charges ; & quelque-temps après ayant fait ſon teſtament, il confirma cette donation, & inſtitua le même Antoine conjointement avec Jeanne Salanier ſa ſeconde femme, laquelle il chargea de rendre ſa moitié aux enfans qu'il avoit d'elle. Cette femme ayant demandé qu'il fût tenu de rapporter ſa donation pour partager le tout. Il diſoit qu'il n'y étoit pas obligé, parce que ſa donation étoit confirmée en termes exprès dans le teſtament ; qu'ainſi quoique l'exemption de rapporter ne fût pas expreſſe, elle étoit conçuë en termes équipolens : ce qui ſuffiſoit, comme dit Bart. *in leg. 11. §. Si cui, ff. de legat.* où il dit *Nihil intereſſe an quid fiat verbis expreſſis, an æquipollentibus.*

La veuve diſoit au contraire que ſelon Barthole, *Ex teſtamento, cod. de Collat.* il faut que l'exemption de rapporter ſoit faite *expreſſis verbis* ; & que par conſéquent ſuivant la Loi *Item apud labeonem, §. hoc edictum 26. ff. de injur. quæ notabiliter fiunt, niſi ſpecialiter notentur, videntur quaſi neglecta.* Cette cauſe ayant été défenduë à Cahors par M. Olive Docteur Regent, & en la Cour par M. de Pariſot pour d'Antoni, il perdit néanmoins le Partage. M. Albert notre Auteur occupant en la Cour pour la ſeconde femme.

RETOUR.

CHAPITRE IV.

Si ce droit de retour a lieu en faveur de l'ayeul.

SUR cette queſtion y ayant eu procès entre un ayeul & un pere, la fille de cet ayeul mourut, & laiſſa une fille. Cette fille étant morte, le pere prétendoit que tous les biens de la mere lui appartenoient. L'ayeul au contraire diſoit qu'il y avoit des biens qui lui faiſoient retour par le decès de ſa fille. Si bien que la Cour par Arrêt du 27. Juin 1646. jugea que la petite-fille ayant ſurvêcu à ſa mere, n'empêchoit pas le retour en faveur de ſon Ayeul pour les biens qui y étoient ſujets.

CHAPITRE V.

Si le retour ſtipulé par un Oncle conſtituant la dot à ſa Niéce en cas qu'elle mourût ſans enfans, a lieu lorſque la Niéce a laiſſé un enfant qui eſt mort après elle, contre le pere de cet enfant.

EN l'année 1635. Helies oncle mariant ſa niéce avec Freje font de Cahors, lui avoit conſtitué une Métairie, à la charge que ſi elle mouroit ſans enfans, la Métairie lui feroit retour. Cette niéce étant morte, laiſſa une fille qui mourut incontinent après ; de ſorte qu'Helies demandant la Métairie, Frejefont diſoit que ce retour n'étant que conditionel, la condition ayant manqué, il ne pouvoit avoir lieu. Helies au contraire diſoit que quoique le retour n'eût lieu par l'ancien droit qu'en faveur des Peres, & qu'il n'ait été étendu depuis qu'en faveur des deſcendans, néanmoins les Arrêts des Parlemens l'ont étendu en faveur des colla teraux, non-ſeulement lorſque le Donataire meurt avec eux, mais même lorſque les enfans, que le Donataire a laiſſez, meurent avant les Donateurs, fuivant la regle *vivo dederam* , *poft fata repofco* , Maynard, *liv. 2. chap.* 88. & *liv.* 8. *chap.* 33. Duranti, *chap.* 1. & 16. Ferrieres , *ad quaft.* 147. Guid. Pap. Olive, *liv.* 4. *chap.* 7. Faber *in fuo codice* , *de donat. qua fub modo. de fin.* 1. Et ainfi il ajoûtoit qu'ayant ftipulé le retour en défaut d'enfans , cela ne l'excluoit pas de le demander *jure donatoris.* D'autant plus que pour faciliter ce retour, il avoit fait renoncer dans le Contrat de mariage Frejefont à la Coûtume de Cahors, par laquelle le mari gagne la dot ; de forte qu'après Partage en la Premiere des Enquêtes , Rapporteur M. de Labroûe , Compartiteur M. de Boiffet, Helies gagna fa caufe par Arrêt du mois d'Avril 1646.

Or pour ce qui eft du retour conventionnel pur , il eft certain qu'il fait ceffer le legat. Cela fut jugé le 21. Mars 1659. en la Premiere des Enquêtes au Rapport de M. de Glatens entre Jean Moulieres contre Bonnet ; mais fi le retour n'eft pas ftipulé , le mari gagne la dot après la mort des enfans, furvivans à leur mere au païs où la Coûtume eft que le mari gagne la dot. Ainfi jugé en l'Audience de la Grand'Chambre par Arrêt du 22. Avril 1664. Carrendié conftituant à fa fille , & Lafont fon Gendre.

CHAPITRE VI.

Si des Brebis conftituées en dot , non eftimées par une mere à fa fillle , lui font retour.

UNE mere màriant fa fille lui conftitua en dot certaine quantité de Brebis qui ne furent point eftimées. Quelques années après cette fille meurt fans enfans ; fa mere demanda le retour de ces Brebis à fon Beaufils , lequel pour toute défenfe dit que les Brebis étoient mortes. La belle - mere au contraire alleguoit que le mari doit rendre la dot des meubles & bétail noneftimez après la mort de fa femme ; & quoique le bétail foit mort , il devoit le payer fuivant l'eftimation , puifqu'il ne peut avoir peri que par fa faute ; les chofes dotales , quoique non-eftimées , diminuent ou déperiffent à la perte du mari, *Ex leg. Res indotem 42. ff. de jure dot.* Et quand même les Brebis feroient mortes de vieilleffe, il ne pourroit éviter d'en payer l'eftimation, parce qu'annuellement il auroit pû les renouveller de celles qui en provenoient *in locum capitum defunctorum vel inutilium alia fubmittere, leg. vetus, §. ult. ff. de ufufr.* & par-là on peut dire que ce font les mêmes Brebis, *Ex arg. leg. Proponebatur. ff. de jud.* Sur quoi la Cour rendit Arrêt en la feconde Chambre des Enquêtes, au Rapport de M. de Refleguier, le 24. Mai 1656. par lequel le mari fut condamné au retour des Brebis, fuivant l'eftimation qui en feroit faite par Expers; Parties, Milhe & Combettes.

R A P T.

C H A P I T R E V I I.

Si des dépens, dommages & interêts pour un Rapt, peuvent être demandez le mariage s'en étant enfuivi.

ORTAL ayant été condamné à mort au Senêchal de Cahors pour le Rapt d'une fille nommée Benafis, fauf s'il l'époufoit, le pere faifant femblant de la faire époufer par fon fils, le fit évader; & par Arrêt la Sentence avoit été confirmée, le pere condamné aux dépens, dommages & interêts. C'eft pourquoi il fut obligé de confentir à ce mariage quelque-temps après; mais ce fils l'ayant époufée, abandonna cette femme fans lui donner les alimens. Sur quoi M. Beffiere Prêtre, qui avoit fait les fraix de cette pourfuite, demandant fes dommages & interêts, Ortal pere s'étoit pourvû par Requête civile envers l'Arrêt, & alleguoit un Arrêt du Parlement de Paris de 1598. remarquable quant à la forme de prononcer. Car cet Arrêt rélaxe en pareil cas un Gendre envers fa Belle-mere, à la charge de l'en remercier. Il en alleguoit un autre de ce Parlement, rendu au Rapport de M. de Segla, par lequel un homme ayant été condamné à 4000. liv. de dommages & interêts envers la fille qu'il avoit

ravie

ravie, l'ayant époufée, avoit été relaxé de cette fomme, à la charge qu'il la tiendroit en conftitution dotale de fa femme : au contraire Beffiere difoit que *Nemo peccato pœnitentiâ, nocens effe défiit, leg. Qui eâ mente* 65. *ff. de turt.* Que fi ce pere avoit été juftement condamné pour avoir favorifé fon fils à brifer les Prifons, & que le fils & lui ne meritoient pas la faveur des Arrêts qu'ils avoient alleguez, puifqu'ils n'avoient pas voulu recevoir cette femme dans leur maifon. Sur quoi il y eut Partage, mais ce Partage fut jugé à l'avantage d'Artal. Me. de Parifot avoit plaidé pour lui en cette caufe, & Me. d'Auteferre pour Beffiere. Et l'Arrêt eft du 19. Decembre 1642.

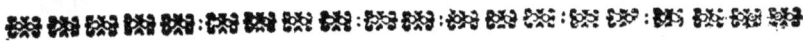

R E D O T E R.

CHAPITRE VIII.

Si le pere eft obligé de redoter fa fille, l'ayant mariée avec une perfonne infolvable.

ANCIENNEMENT on obfervoit parmi les Hebreux, que les hommes qui vouloient fe marier conftituoient dot aux filles qu'ils vouloient époufer ou à leurs peres, Genef. *cap.* 29. *verf.* 18. & *cap.* 31. *verf.* 15 & 16. & *cap.* 34. *verf.* 12. & cela s'obfervoit même autrefois en ce Royaume. Dutillet, *cap.* 1. *pag.* 4. Néanmoins il faut aujourd'hui que les peres qui veulent marier leurs filles, leur conftituent dot, *leg.* 19. *ff. de ritu nup.* & *leg. ult cod. de dot. promiff.* & Benedictus, *ad cap.* Raynut. *in verbo Dotem quam ei dederat, num.* 1. & font même obligez de les redoter s'ils les ont mariées avec des maris infolvables. Il eft bien vrai qu'elles font obligées de difcuter les biens de leurs maris, *Ex Authen. hoc fi debitor, cod. de rig.* avant qu'elles puiffent agir fur les biens de leurs peres, dautant qu'elles n'y peuvent point avoir de recours que *in fubfidium* des biens de leurs maris. C'eft ainfi que cette queftion a été jugée par Arrêt de la Cour donné en la Grand'Chambre par Rapport le 6.

Ggg

Septembre 1656. Parties, la Demoiselle de Salmitret veuve de Bon, & le sieur Salmitret son frere ancien Capitoul.

CHAPITRE IX.

Si le frere est obligé de redoter sa sœur.

DEMOISELLE Françoise de Fauré mineure de vingt-cinq, ans s'étant mariée, Jacques Faure son frere lui avoit constitué en dot la somme de 1350. liv. du legat à elle fait par leur pere, payable lorsqu'elle se marieroit. Cette Demoiselle prétendant que son mari étoit mort insolvable, auroit demandé que son frere fût tenu de la redoter ; mais par Arrêt de la Cour donné en la premiere Chambre des Enquêtes au Rapport de M. de Catellan le 24. Juillet 1663. il en fut relaxé. Et c'est suivant l'opinion de Balde *in leg. ult. cod. de dot. promis.* lequel fonde son avis sur la Loi *si socius*, *ff. pro socio*, en laquelle il est dit que plusieurs ayant promis de doter des filles des biens communs, ne sont point retenus de les redoter. Voyez M. de Cambolas, *liv. 6. chap. 5.* où il rapporte un Arrêt par lequel un frere fut relaxé de redoter sa sœur mineure qui s'étoit constituée ses droits.

CHAPITRE X.

Sur quel pied la redotation doit être faite, & si l'on doit redoter, quant à ce que la mere a constitué.

QUAND les peres n'ont pas assuré la dot de leurs filles, ils sont obligez de les redoter eux ou leurs heritiers, mais c'est sur le pied de la legitime de la fille, non sur le pied de la constitution. Cela fut jugé le 2. Juillet 1676. au Rapport de M. de Catelan en la cause des heritiers de Salies. Et par même Arrêt, il fut ordonné qu'ils representeroient aussi à la fille 50. liv. qui avoient été constituées du chef de sa mere.

La même chose fut jugée sur la fin du mois d'Août 1659. en la Premiere des Enquêtes au Rapport de M. de Mausac ; car

Colom Orphévre ayant marié fa fille en fecondes nôces avec Tournier Orphévre, le pere ne fut pas déclaré refponfable de 500. liv. qui s'étoient perduës de la premiere conftitution.

R E G R E Z.

C H A P I T R E X I.

Si l'inftance en regrez peut être jugée par Rapport.

MR. d'Olive dans le Livre premier, *chap.* 19 rapporte divers Arrêts rendus fur le droit de Regrez. Depuis la Cour en l'Audience de la Grand'Chambre en a rendus divers autres; fçavoir le 11. Février 1655. en faveur d'un Bénéficier de Caftelnaudarri, qui avoit refigné fon Canonicat pendant fa maladie fous penfion. Autre Arrêt le 23. Mars fuivant en faveur de M. d'Alernan. Et fur ce que le Senêchal de Touloufe fur l'inftance en Regrez, avoit appointé en droit, & depuis jugé le Regrez par Sentence, avec quarante écus de Rapport, la Cour par le dernier Arrêt adjugeant le Regrez audit Dalaman, & caffant la Sentence, fit inhibitions & défenfes à tous Senêchaux du Reffort, de regler les Parties en telles matieres à peine de 4000. liv. d'amande & autre Arbitraire : condamna le Rapporteur à rendre & reftituer le Rapport. Cela fut jugé encore par autre Arrêt du 15. Avril de la même année 1655. fur un appel d'une Sentence renduë par le Senêchal de Bigorre; Parties, Lavedan & Fourcade.

C H A P I T R E X I I.

Si l'on peut obtenir le Regrez, faute par le Refignataire de payer la penfion.

LE Refignant qui s'eft refervé une penfion, après avoir comminé le Refignataire de lui payer la penfion & arrerages d'icelle, peut impetrer Lettres de Regrez. Ce qui fut jugé par

Arrêt de la Cour donné en l'Audience de la Grand'Chambre, par lequel il fut ordonné que dans le mois M. Loüis Menard Refignataire payeroit la penfion & arrerages à M. Raymond-Martin fon Refignant & Oncle ; autrement, & à faute de ce faire, & ledit délai paffé, qu'il feroit dit droit fur les Lettres en Regrez, .& faute d'avoir fatisfait à cet Arrêt, la Cour, le délai étant échu, rendit autre Arrêt en Audience, Avocats, Mes. de Requi & d'Audibert, par lequel le Regrez fut adjugé à M. Martin, & Menard condamné de payer la penfion & arrerages avec dépens, moderez à 30. liv. L'Arrêt fut rendu le 26. Novembre 1654. par lequel la Cour ne voulut accorder autre délai à M. Menard, au contraire elle lui fit inhibitions & défenfes de troubler M. Martin en la poffeffion & joüiffance de la Cure de la Condomine qu'il lui avoit refignée ; & c'eft une maxime qu'il faut tenir, que le Refignataire paye la penfion, ou qu'il quitte le Bénéfice, *Cedat aut folvat, argum. leg. venditur, ff. com. præd. tam verb. quàm rut. ruft.*

CHAPITRE XIII.

Si un Senêchal pourroit en une inftance en Regrez, ordonner une remife de piéces.

NOus avons dit ci-deffus que les Senêchaux ne peuvent pas juger les inftances en Regrez par des Sentences avec Rapport, parce que telles inftances doivent être jugées fouverainement & de plein en Audience. Néanmoins il a été jugé par Arrêt de la Cour du 23. Avril 1641. que telles inftances pouvoient être jugées par vuidement de Regiftre, & c'eft parce que le procès fe juge fans Rapport, comme il fait fur une remife de piéces : & cet Arrêt fut rendu entre Caufat & d'Anfelme ; ainfi on peut dire qu'on pourroit ordonner une remife de piéces.

CHAPITRE XIV.

Si le Bénéficier qui a resigné sous pension , & dont la maladie n'est pas exprimée dans la Procuration , peut demander le Regrez.

CELA se juge aujourd'hui constament ; & quoique la cause de maladie ne soit pas exprimée , pourveu qu'elle soit prouvée , & du temps que la Procuration a été faite , la Cour ordonne le Regrez ; ce qu'elle fit le 28. Juin 1646. en la cause de M. Auriol Curé de Saint Michel de Toulouse , qui avoit resigné sous la pension de 60. liv. à un nommé Geraud , pendant une maladie qui venoit d'un heresipelle , laquelle lui avoit laissé sans doute un ulcere , & qui dura dix-huit mois. Ce Curé ayant été un jour chassé de l'Eglise par son Resignataire , resigna à un autre nommé Dusercle sous la pension de 150. liv. & après étant gueri , il demanda le Regrez contre tous les deux , justifiant qu'il avoit septante ans ; & qu'il étoit malade & infirme lorsqu'il avoit resigné. Et en matiere de renonciation à un Bénéfice , il n'est pas necessaire que les preuves soient faites ; parce que , comme dit le Chapitre *Super hoc. de renunciat.* la présomption est en faveur du Resignant , qui , apparament , ne quitte pas un Bénéfice duquel il tire sa subsistance sans grande cause. Or le fondement du Regrez est tiré du Canon Gonsaldus 17. *quast.* 2. Un Prêtre pendant sa maladie ayant resigné , même dans l'intention de se faire Religieux s'il guerissoit ; quoique étant gueri il eût changé de sentiment , & qu'il ne fût pas Religieux , est néanmoins retabli en ses Bénéfices : ce qui fait voir que ces causes sont favorables , & que la reservation de pension n'y doit point faire d'obstacle , bien qu'il semble qu'alors la Resignation ait été faite même au cas de reconvalescence.

C'est pourquoi la Cour maintint ce Curé au plein possessoire de son Bénéfice , contre l'un & l'autre de ces Resignataires ; Plaidans Mes. de Parisot , de Belois & de Chassan.

La même chose fut jugée le 11. Février 1655. en faveur de

M. Bailot contre Bailot fon néveu, quoique cet Oncle eût déquoi vivre, car il avoit un Obit de cinquante fetiers de bled : il avoit refigné fous penfion, & il avoit même tiré ce néveu d'apprentiffage de Marchand où il étoit ; Avocats, Mes. de Barthez & de Chaffan.

Il fut rendu un femblable Arrêt le 22. Avril 1649. d'une Refignation fous penfion, & en un cas auquel la maladie n'étoit pas exprimée dans la Procuration. Il eft vrai que la Refignation avoit été revoquée deux jours avant l'admiffion en la caufe de Forgues. Il y a encore un autre Arrêt du 20. Juin 1653. en la caufe de Frefquet Curé de Revel. Et un autre Arrêt du 15. Juillet de la même année 1653. en la caufe de Lavache Curé des Cafaux, contre fon néveu.

Et cela fut jugé encore par un autre Arrêt du 25. Février 1647. en faveur de Gourgues qui avoit refigné fous la penfion d'un tiers des fruits de fon Bénéfice, qui avoit affifté au Chœur, le Refignataire officiant ; & n'avoit demandé le Regrez que huit mois après la poffeffion de fon néveu, à qui il avoit refigné. Il y a même un Arrêt qui jugea cela, nonobftant une Cedule évocatoire d'un tiers ; le Refignataire ne voulant pas contefter fous ce prétexte, M. de Parifot ayant fait cette inftance. La raifon eft que ces caufes d'alimens ne fouffrent point de retardement, & que la Cour vit que ce n'étoit que chicannerie.

CHAPITRE XV.

Si un Mineur peut demander le Regrez lorfqu'il a refigné pendant fa minorité.

UN nommé Lafourcade ayant refigné un Prieuré de 50. liv. de rente, feulement pendant fa minorité, à un nommé Labedan, s'étoit abfenté, & l'on difoit qu'il étoit allé à l'Armée ; & enfuite étant revenu, il avoit demandé le Regrez en fon Bénéfice devant le Senéchal de Bigorre, qui le lui adjugea par une Sentence renduë avec Rapport : & auffi-tôt il auroit refigné le même Bénéfice à un autre auffi nommé Lafourcade. Mais Lavedan ayant relevé appel en la Cour de cette Sentence , la Cour par Arrêt du 15. Avril 1655. cassa la Sentence, condamna le Rapporteur à rendre les épices , adjugea le Bénéfice à Lavedan : de la part duquel il fut dit que le Senêchal n'avoit pû interiner les Lettres de Regrez à Fourcade sous prétexte de sa minorité , puisqu'elle ne pouvoit pas être considerée en matiere de Resignation , *Cap. fin de jud. in 6.* & la Glose *in cap. indecorum de atate & qualitaté.* Et que Brodeau sur Louet , *lettre B, chap.* 7. rapporte divers Arrêts du Parlement de Paris, par lesquels des Resignations faites par des Mineurs purement & simplement , sans dol ni fraude , & par leur pure volonté, ont été déclarées bonnes & valables ; & qu'il y avoit encore cela à considerer que ce Mineur ne perdoit rien , puisqu'il ne vouloit pas le Bénéfice pour lui , mais pour un autre ; & que s'en étant allé à la guerre , cela le rendoit irregulier.

De la part de l'autre, il étoit dit qu'il n'étoit pas justifié que son Resignant s'en fût allé à la guerre , & que la minorité suffisoit pour être restitué , suivant l'opinion de Mornac , sur la Loi 7. *de minorib.* Que même en matiere d'Indult , un Indultaire ne pouvoit resigner sans le consentement de son pere ; & alleguoit aussi l'opinion de Benedictus & de Boërius , & même Brodeau audit lieu. Mais Lavedan dit que ce que son Adversaire disoit , pouvoit avoir lieu lorsqu'un Mineur & fils de famille avoit resigné par dol ou fraude ; mais qu'enfin la minorité n'étoit pas considerable en fait de Resignation de Bénéfice ; parce que comme le Mineur étoit capable de tenir un Bénéfice , il pouvoit aussi le resigner.

Mais il faut remarquer que la Cour par cet Arrêt n'a pas jugé en these si le Mineur peut être rélevé ou non d'une Resignation ; parce que la circonstance qu'il y avoit que ce Mineur n'avoit demandé le Regrez que pour en favoriser un autre , est une raison forte ; d'autant plus que le mot seul *Regressus* , présuppose que celui qui le demande , veut rentrer dans son Bénéfice ; & que ce n'est pas *Regressus* , quant au lieu d'y entrer , il y fait entrer un autre.

CHAPITRE XVI.

Si celui qui a resigné en temps de peste, peut demander le Regrez
comme celui qui resigne in infirmitate ; *& si le Resignataire*
pour empêcher le Regrez, peut être reçu à offrir tous les reve-
nus du Bénéfice, moyennant une pension pour vivre.

L'ARREST que nous avons rapporté ci-dessus de Maître
Alleman du 23. Mars 1655. fut donné sur une Resignation
qu'il avoit faite de sa Cure en temps de peste à M. Sauran, ayant
justifié qu'il étoit dans l'infection, & prouvé même que son valet
étoit mort de peste ; ainsi il est vrai de dire que la Resignation
faite en temps de peste, a le même effet que la Resignation *in*.
infirmitate.

Sur l'autre chef, il est à remarquer que M. Jean-Benoît Curé
de Saint Innocent de Paris, ayant resigné à un nommé Samelle
son Vicaire, son Bénéfice (ce Samelle avoit été son valet autrefois)
à la charge de le lui rendre s'il venoit en santé : nonobstant l'offre
du Resignataire, qui ne voulant pas rendre le Bénéfice, offroit
de laisser tous les revenus moyennant une pension pour vivre ;
le Resignant fut maintenu par le Roi en ses Bénéfices, même
avec restitution des fruits, par emprisonnement de sa personne,
distrait les fraix des Provisions. Ce qui fut prononcé le 29.
Août 1558. M. le Président de Thou commis pour executer
cet Arrêt, Bouchel *verb.* Regrez, *& verb.* Residence, où cet
Arrêt est rapporté.

CHAPITRE XVII.

Si le Regrez est recevable lorsque le Bénéfice resigné a servi de
Titre Clerical ; & si l'on peut se pourvoir par Requête civile
contre les Arrêts qui adjugent les Regrez.

LORSQU'UN homme se dépouille pour nous faire du bien,
il semble qu'on ne doit pas lui contester le Regrez qui est
favorable, puisque *Nemini Beneficium debet esse damnosum, leg.*
Sed

Sed fi quis , ff. De teftam. quemadmodùm aper. & que le conteftant , c'eft une efpece de lâcheté de vouloir comme triompher
devant les yeux du Refignant , de fes dépoüilles. Mais d'autre
côté *Adjuvari nos non decipi Beneficio oportet , leg. in commodato*
17. §. 3. *ff. Commod.* Et comme il fe mêle fouvent de chagrin
& de l'inconftance parmi les Refignans ; ce qui fait, comme dit
Tacite , *hift.* 1. que *juftiffimum donum & in fpecie magnificum*
fit feftinatâ exactione ufu fterile, la Cour a voulu garder des
temperamens fur ce fujet.

Car le Curé de Saint Victor dans le Diocefe d'Uzés , nommé
Forbies ayant un néveu de même nom, lui refigna fon Bénéfice
avant qu'il fût dans les Ordres Sacrez, & ce Bénéfice avoit fervi
de Titre Clerical au Refignataire. Cet Oncle , à ce qu'on
difoit, avoit été dire à M. l'Evêque d'Uzés, qu'il ne fe mît pas
en peine du Titre Clerical de fon néveu, parce qu'il lui donnoit
fon Bénéfice, comme il refultoit de la déclaration de M. l'Evêque.
Néanmoins quelque Famille de la Religion Prétenduë Reformée,
qui étoit nourrie , à ce qu'on difoit , par cet Oncle , l'auroit
perfuadé de pourfuivre un Arrêt qui lui adjugeroit le Regrez.
Mais parce que cet Arrêt avoit été mal pourfuivi , le néveu fe
pourvût par Requête civile, & fit voir que fon Oncle avoit dequoi
vivre fans fon Bénéfice ; & qu'il offroit de lui donner 300. liv.
de penfion, s'il vouloit lui delaiffer le revenu de fes biens. Si-
bien que la Cour par Arrêt du 2. Mars 1654. Avocats, Mes.
de Lagarrigue & de Boyer, interina la Requête civile du néveu.

Le 25. Juillet 1660. Avocats, Mes. de Requi & de Gilede,
la Cour auffi recevant une Requête civile contre un Arrêt de
Regrez, regla les Parties à bailler par écrit.

CHAPITRE XVIII.

Si l'on peut être reçû à demander le Regrez après avoir reçû les
arrerages de la penfion , & après une tranfaction.

EN la caufe d'un nommé Caufat Refignant , contre Anfelme
Refignataire, qu'on difoit être encore Marchand, il fut jugé
que la penfion ayant été confirmée en Cour de Rome, & y ayant

eu une tranfaction entre les Parties, où il étoit fait mention d'un procès touchant cette penfion ; quoique Caufat fut moribond quand il refigna, & qu'il foûtînt que l'énonciation de la tranfaction étoit fauffe, parce qu'il n'y avoit jamais eu procès entre les Parties ; néanmoins parce que le Refignant avoit reçu cette penfion, & qu'il avoit tranfigé depuis l'admiffion, il fut démis par un Arrêt d'Audience de Regrez demandé, Me. de Bernard plaidant pour lui, & Me. de Parifot pour le Refignataire. L'Arrêt fut rendu le 23. Avril 1641.

CHAPITRE XIX.

Si celui qui entre en Religion peut rentrer dans fon Bénéfice lorfqu'il en fort par maladie pendant fon Noviciat par la voye du Regrez.

UN jeune homme de feize ans ayant fait démiffion d'une Prébende de l'Eglife de Caftelnaudarri avant que d'entrer en Religion aux Carmes de Touloufe entre les mains du Chanoine Chevillier ou de tour, qui en fit titre fuivant l'intention de ce jeune homme ; ayant été renvoyé du Noviciat pour maladie, obtint le Regrez par Arrêt du 12. Juin 1665. Mais il y avoit trois raifons ; l'une, que la démiffion n'avoit pas été faite devant un Notaire, mais devant le Préfident du Préfidial. Il eft vrai qu'on faifoit voir que les Notaires ayant été inhibez, n'ofoient retenir des actes pour lors. L'autre étoit, que fon pere difoit que ce Prébendier étant mineur, il ne pouvoit faire de démiffion fans fon ordre & fon autorité. Et la troifiéme étoit, que l'ayant faite à caufe de fon entrée en Réligion, il étoit bien fondé au Regrez, puifqu'il n'avoit pas fait profeffion à caufe de fon infirmité.

On alleguoit que la Prébende étant Presbiterale, ce jeune homme ne pouvoit la tenir, à caufe que fon infirmité étoit le mal caduque, mais on ne prouvoit rien de cela. Loüet, *Lettre M, num.* 78. traite cette queftion, fi un Religieux peut être renvoyé du Couvent à caufe de ce mal, & dit que non ; mais il en eft autrement d'un Novice.

CHAPITRE XX.

Si le Regrez peut être demandé par le Pensionnaire, sous prétexte que la Déclaration du Roi & l'Arrêt du Conseil cassent les Pensions.

LE 12. Mars 1669. la Cour par Arrêt adjugea le Regrez à Me. de Casemajou sur la Cure de Cubieres contre Me. Salvat, quoique Salvat ne la tînt pas de Casemajou, mais d'un nommé d'Aldebert ; parce que l'Arrêt du Conseil & la Déclaration du Roi qui casse ces Pensions, n'excluent pas du Regrez. Et le 14. Mars 1669. Avocats, Mes. de Chaslan & de Larrieu, le Regrez fut adjugé au sieur Prieur de Lacombe contre Me. Jaquemin.

RELIGIEUX.

CHAPITRE XXI.

Si autres Religieux que les quatre Convents Mandians de Toulouse, peuvent porter leurs causes en la Cour sous le nom de M. le Procureur Général.

LEs Cordeliers de la Ville de Mariejoulet ayant porté une instance en la Cour sous le nom de Monsieur le Procureur Général, ayant consenti qu'il plaidât ses fins de non-proceder, lesquelles ayant été plaidées, & M. le Procureur Général y ayant défendu, la Cour rendit Arrêt en l'Audience de la Grand'Chambre le 22. Decembre 1656. par lequel elle se déclara incompetante ; & déclara qu'il n'y avoit que les quatre Couvents Mandians de Toulouse qui eussent droit de porter leurs Causes de plein vol, & en premiere instance, en la Cour, sous le nom de M. le Procureur Général.

CHAPITRE XXII.

Si ce qu'un Religieux a acquis de fonds sur les reserves de sa place Monachale lui demeure., lorsque tout le Monastere vient d'être secularisé.

UN nommé Chambon Religieux de l'Abbaye de Moissac ; avoit acquis un fonds du prix de 4 0 0. liv. de reste de son revenu. Après quoi ce Monastere s'étant fait seculariser, le Syndic du Chapitre demandoit ce fonds sur la déclaration que Chambon avoit faite , que c'étoit sur les revenus de sa Place qu'il l'avoit fait ; ce Syndic disant que cela étant acquis *De bonis Monasterii*, cela appartenoit au Convent , Authent. *Ingreffi. cod. de Sacr. Ecclef.* Et que la Secularisation qui étoit survenuë , *Non tollebat jus quæsitum* au Monastere ; & que la Secularisation étoit comme la Loi qui n'a pas un acte retroactif, & *quæ dat formam futuris non præteritis negociis.* D'autant plus qu'il étoit porté par la Bulle de Secularisation , que les choses demeureroient en l'état.

Mais Chambon répondoit que puisque les choses devoient demeurer en l'état , qu'il devoit en être le posseffeur & le proprietaire ; puisqu'étant Religieux , il en joüiffoit comme de son Pecule ; & que si étant Religieux *vivebant ut liberi ; moriebantur & servi* , la secularisation étant survenuë de Rome devant sa mort , il étoit pleinement affranchi , *Libertate Romanâ ; &* qu'étant secularisé , il étoit censé n'avoir été jamais Moine , *Quasi perfectionem postliminii, Argum. leg.* 5. *de capt. & post. reverf.* & *leg. Ratio* 15. *ff. eodem.* Si-bien que le Syndic s'étant emparé de cette piéce , & y ayant un Appointement de M. de Laroche qui en ordonnoit le délaissement , cet Appointement fût confirmé par Arrêt du 14. Juillet 1 6 5 4. Voyez Loüet, *lett. R , num.* 42. Il y avoit cette raison contre le Syndic, que si après la secularisation Chambon ne pouvoit garder comme Moine , après la secularisation , ce Chapitre ne pouvoit acquerir comme Monastere.

CHAPITRE XXIII.

Si un Religieux peut avoir la préfence ratione ftudiorum, *contre le confentement de fon Prieur Clauftral, & la déliberation de tout le Monaftere.*

FRERE DESPAX, Religieux de l'Abbaye de Peffan, avoit obtenu la préfence pendant cinq ans à caufe de fes études qu'il faifoit à Touloufe. Mais ayant fait fa Philofophie, & ayant commencé fa Theologie, fon Prieur Clauftral, & les autres Religieux croyant qu'il étoit affez fçavant pour être parmi eux, prirent une déliberation de lui refufer les revenus de la place Monacale, & de le rappeller au Monaftere : & ils difoient qu'un Religieux ne peut être hors de fon Convent, *Contradicente Superiore* ; & que méprifant l'exemption des Religieux, *Can. Luminofo* 18. *quæft.* 2. il avoit eu recours à M. l'Archevêque d'Auch ; & c'étoit ce qui les fâchoit les plus, c'eft qu'ils étoient fort peu de Religieux : Que la perfection d'un Moine n'étoit pas *docere fed plangere* ; & qu'enfin cette étude n'étoit qu'un prétexte pour être hors de l'Abbaye, & pour fe débaucher.

Au contraire ce jeune homme rapportoit un certificat du Pere Préfet des Jefuites qui atteftoit de fon affiduité en Theologie. Que quoique le Chapitre *Super fpecula, de Magiftris,* ne donne que cinq ans, le Concile de Trente y en ajoûte deux ; & que jufqu'alors n'ayant étudié que jufques aux Lettres humaines, il étoit jufte qu'il étudiât aux Divines : Qu'il avoit fait trois actes aux Religieux, & qu'ils lui avoient refufé la préfence ; & qu'ainfi par le chapitre *Tua fraternitati. de Cleric. non refiden.* il devoit avoir les fruits de fa place : Que leur ordre étoit de ceux *Qui regula inferviunt laxiori* ; & qu'à préfent ils n'avoient d'autre Superieur que M. l'Archevêque d'Auch, fuivant un Chapitre inferé dans le Droit Canon, adreffé au fieur Archevêque d'Auch ; c'eft pourquoi quoiqu'il fut jugé par Arrêt donné en l'Audience de la Grand'Chambre le 29. Janvier 1658. qu'il feroit encore cenfé préfent pendant deux ans.

R E L I G I E U S E.

C H A P I T R E X X I V.

Si une Religieuse sortant de son premier Monastere pour aller en un autre, peut demander ce qu'elle a apporté dans le premier.

IL n'est pas permis aux Religieuses de sortir de leur Convent sinon en cas de peste, d'incendie, d'une maladie incurable, de nouvelle Fondation ou de Reformation, *cap. Periculoso, de statu. Monach. in 6.* Que si une fille sort du Monastere, le Concile de Trente, *Sess. 25. cap. 16. de reg.* veut que tout ce qu'elle y à apporté lüi soit rendu sous peine d'excommunication. Et au chapitre 5. *fol. 25.* que l'Evêque peut faire la Translation d'un Monastere comme d'un Lieu champêtre à la Ville, pour cause même avec l'imploration du Bras seculier. Et *in remiss. ad dict. cap. 5.* il est dit que les Religieuses peuvent passer d'un Convent à un autre ; non-seulement pour les causes susdites, mais même *in casu hostium, aquaductûs, ruinæ domûs, & aliis infirmitatibus nocivis, si periculum vitæ timeatur, aut diuturnæ infirmitatis.* Et à plus forte raison, en cas de necessité & de paüvreté.

Mais si une Religieuse sort d'un Cloître pour aller à un autre de son propre mouvement, elle ne peut demander ce qu'elle a apporté dans ce premier Monastere, Novelle 123. *cap. 32.* & Novell. *De Monach. cap. 7* & dans la Loi *Qui sua Monasteria 39. cod. de Episc. & Cler.* les Religieux qui sortent de leur Convent, ne peuvent demander les choses mobiliaires qu'ils y ont apportées, mais seulement les immeubles. Le Canon 4. 17. *quæst.* 4. dit la même chose, & les prive même des immeubles. Mais le Canon *de lapsis 16. quæst. 6.* dit que si un Religieux quitte un Convent pour faire penitence, il faut que celui qu'il quitte donne quelque chose à celui où il va, *Ne datus nudus, sit onerosus.* Sur ces décisions, le 15. Mars 1649. il fut jugé, Avocats, Me. Lacarri & Ferrier, que 1090. liv. données aux Religieuses de

Sainte Urfule de Befiers par une Religieufe qui en étoit fortie, leur demeureroient, duquel avis eft M. Maynard, *liv. 9. chap. 24.*

Mais quand les Religieufes fortent par obedience, & pour une jufte caufe, le premier Monaftere doit leur donner le revenu de ce qu'elles y ont apporté, comme il fut jugé par Arrêt donné en la Grand'Chambre le 6. Octobre 1649. en faveur de la Dame d'Ufech, Religieufe de Cahors, qui alla fonder un Convent à Milhau. Il eft vrai que cet Arrêt par défaut de formalité ayant été caffé fur une Requête civile par Arrêt du 11. Février 1651. le Monaftere de Cahors en fut relaxé en jugeant le fonds. Mais le motif de la Cour fut qu'étant fuperieure de Milhau, elle étoit neceffaire à ce Monaftere, qu'elle le fervoit, & par confequent qu'il devoit là nourrir.

Car autrement le 11. Mai 1648. en Audience, nonobftant une Tranfaction, les Religieufes de Saint Geris de Cahors furent condamnées à rendre la dot à la Dame de Barthies, fi mieux elles n'aimoient la payer aux Religieufes de Saint Pantaleon de Touloufe, où elle avoit été transferée.

Et le 30. Avril 1650. au Rapport de M. de Frefals à la Grand'Chambre, les Religieufes de Sainte Claire du Salin de Touloufe, furent condamnées à payer le revenu de la conftitution dotale de la Dame des Urfins au Monaftere Sainte Claire de Lavaur.

Le 20. Février 1651. il fut rendu un autre Arrêt femblable à l'Audience, lequel, à caufe de certaines contestations, ordonna 200. liv. de penfion au Monaftere de Saint Pantaleon pour l'entretien de la Dame de Montagne qui y étoit allée, & qui étoit fortie d'un autre, & 400. liv. pour fournir aux frais du procès.

Il faut néanmoins remarquer que contre le Canon *de lapfis*, cité ci-deffus, il fut jugé au mois de Mars qu'une Religieufe étant fortie des Maltoifes de Touloufe pour être Abeffe à un autre, le Syndic du Monaftere de Saint Jean de Jerufalem n'étoit point obligé de rien rendre; parce que quand c'eft pour fonder qu'elles fortent ou pour paffer *ad arctiorem regulam*, c'eft un fait que venant d'elles, n'oblige pas le premier Monaftere à rien reftituer.

RENONCIATION.

CHAPITRE XXV.

Si la renonciation que la fille a faite à ses droits paternels & maternels dans son contrat de mariage moyenant certaine somme, peut la priver de demander le supplément.

QUOIQUE par le chapitre *Quamvis. de Pact. in 6.* il semble qu'elle ne puisse le demander, duquel avis est Dumoulin, *Conf.* 55. néanmoins c'est une chose décidée textuellement par la Loi, *Si quandò, cod. de inoffic. testam.* par laquelle il faut que la renonciation au supplément de legitime soit expresse, non tacite.

Mais sçavoir si une mariée mineure de 25. ans, qui a fait quittance de ce supplément pour certaine somme en quoi elle se trouve lezée, peut après les 25. ans être rélevée d'une telle renonciation expresse, sous prétexte de puissance maritale. Il a été jugé que non par Arrêt du 4. Decembre 1643. rendu en la premiere Chambre des Enquêtes, au Rapport de M. de Fermat, en la cause de Demoiselle Charlotte de Malian, femme du sieur de Chabrieres, qui avoit renoncé à son supplément de legitime pour 300. liv. en faveur de son frere David de Malian Sieur de Graudsac.

Elle alleguoit la puissance Maritale ; & que le supplément étant de même nature que la legitime, l'action duroit trente ans, *leg. Omnimodo, cod. de in offict. testam.* A quoi il étoit répondu que les 300. liv. étoient des biens paraphernaux, & qu'ainsi elle n'avoit eu que faire de l'autorisation de son mari en païs de droit écrit, où il n'y a point de Communauté des biens, si elle n'est stipulée, *Leg. ult. cod. de pact. convent. tam sup. dot.* Et quoique l'action du supplément dure trente ans, que c'étoit lorsque l'on n'y avoit point renoncé exprès ; car par son contrat s'étant contentée de certaine somme pour sa legitime

qu'elle

qu'elle s'étoit conftituée, elle avoit tranfigé depuis fur le fupplément; & qu'ainfi c'étoit une renonciation geminée, qui la rendoit d'autant plus valable, *Leg. Balifta*, *ff. ad Senat. Conful. Trebell.* Voyez Papon, *liv. 6. tit. 3. art. 4.* & Chenu, *quæft.* 23, 24 *& 25.* où la femme n'eft pas même reçûë à verifier qu'elle a été empêchée d'agir par force & par violence de la part de fon mari.

La même chofe fut décidée par Arrêt du 13. Janvier 1645. en l'Audience de la Grand'Chambre, où une fille ayant été reçûë à demander le fupplément du chef du pere, ayant renoncé à fa legitime dans fon Contrat de mariage moyennant 1800. liv. ne fut pas reçûë à demander le fupplément du chef de fa mere treize ans après fa majorité, quoiqu'elle fût mineure lors de la tranfaction. Les Parties étoient & s'appelloient toutes deux Raynal.

Néanmoins les renonciations faites à tels droits durant la vie du pere, ne font pas favorables. Car une nommée Boufquet contre Boufquet fon pere, fut reçûë à demander fon fupplément, quoi qu'après fa minorité elle eût fait quittance finale de fa legitime, même après les dix ans de fa majorité. Il eft vrai que fon frere avoit confenti à un Appointement d'expedient qui adjugeoit le fupplément du chef du pere à cette fille : ce qui fit planche pour la legitime de la mere, dequoi il étoit queftion. Cet Arrêt fut rendu en la feconde Chambre des Enquêtes au mois de Mars 1645. au Rapport de M. d'Olive.

CHAPITRE XXVI.

Si lorfqu'une fille a renoncé à fa legitime moyennant fa dot, fes enfans après fa mort peuvent demander le fupplément jure proprio, fur les biens de leur Ayeul maternel.

IL fut jugé que le fupplément leur appartient *jure proprio*, non pas à l'heritier de la mere feul, par Arrêt du 4. Mars 1650. en la Premiere des Enquêtes, au Rapport de M. de Comere, après un Partage, où M. de Bertrand étoit Compartiteur en la caufe du fieur de Bifcarot, contre le fieur Marquis de Roüillac.

CHAPITRE XXVII.

Si sous prétexte de la renonciation qu'un frere ou une sœur ont faite aux droits paternels & maternels, le frere heritier peut s'exempter de payer le supplément de legitime à son frere, ou à sa sœur.

CETTE question a été décidée plusieurs fois en la Cour contre le frere heritier. Car le 10. Decembre 1640. un nommé Destouets fils aîné s'étant marié contre la volonté de son pere, ce pere lui avoit pardonné ; & ayant fait donation de la moitié de ses biens à son autre fils, il avoit fait renoncer ce fils aîné majeur de vingt-cinq ans, à tous ses droits paternels & maternels, moyennant 500. liv. & une piéce de terre ; & par son testament il lui avoit legué 60. liv. duquel Legat il avoit été payé, & avoit fait quittance. Si-bien qu'ayant fait quittance pour demander, nonobstant cette renonciation, le supplément de legitime, son cadet heritier lui opposoit qu'il avoit transigé & renoncé, étant majeur de vingt-cinq ans. D'ailleurs qu'il avoit approuvé la volonté du défunt en recevant le Legat, & par consequent qu'il ne pouvoit plus venir contre cette volonté, *Leg. cùm ab uno*, *ff. de legat. 2.* Depuis que s'étant marié contre la volonté de son pere, il avoit pû être exheredé.

Mais au contraire l'aîné disoit que suivant la Loi *Si quandò*, *cod. de inoffic. testam. §. Generaliter*, il falloit que la renonciation fût expresse, & non pas vague, en disant qu'on renonce à tous ses droits, & que l'expression du *Supplément* n'étoit pas non-plus dans la quittance qu'il avoit faite de son Legat : Que son pere lui avoit pardonné sa faute pour s'être marié contre son gré, & que *offensam Clementia flexerat*, *leg. 5. Cod. Famil. ercisc.* Et de plus, que quand il auroit renoncé exprès, il seroit restituable, *Leg. Pactum quod dotali*, *cod. de pact.* où une fille est restituée *Propter metum reverentialem Patris*. Sur quoi par Arrêt, nonobstant cette transaction & cette quittance, il fut reçû à demander le supplement de legitime.

La même chose fut jugée en la cause de Raynal contre Raynal sa sœur, le 23. Janvier 1645. laquelle par son contrat de mariage avoit renoncé à toute succession ; & parce que son pere lui avoit laissé un Legat, il fut ordonné qu'elle opteroit dans huitaine, si elle vouloit le Legat ou sa legitime en corps hereditaire, autrement qu'elle n'y seroit plus reçuë.

Sur ce que l'un des Avocats en la cause de Reynal, le 18. Juin 1646. vouloit faire distinction, Si la renonciation étoit faite avant ou après la mort du pere, il fut jugé qu'en l'un & en l'autre cas, la renonciation devoit être expresse.

Et au mois d'Août 1653. au Rapport de M. de Catelan, il fut jugé que la Demoiselle de Pujol, femme de Me. Lavergne Avocat, pouvoit demander le supplément à son frere, quoiqu'elle eût renoncé au supplément expressément, & qu'elle fût lors de la renonciation, majeure de vingt-cinq ans. La même chose ayant été jugée le 15. Janvier 1651. en la cause de Poisson contre ses deux sœurs, par lequel Arrêt il fut dit, nonobstant la prétenduë Coûtume de Toulouse. Voyez Cambolas, *liv. 1. chap. 9.*

CHAPITRE XXVIII.

Si l'on peut renoncer à une Substitution avant le cas arrivé.

IL a été jugé par Arrêt de la Cour donné en l'Audience de la Grand'Chambre le 27. Juin 1646. en la cause de Binnac, qui avoit par transaction renoncé à une substitution, non pas tout-à-fait expressément, qu'on pouvoit y renoncer avant que le cas ne soit arrivé, & ladite renonciation étoit en termes vagues ; & cela est fondé sur la Loi *De fideicommisso, cod. de Transact.* où *concordia fratrum servanda est, nec lasio consideratur.* Et sur la Loi *Cùm proponas, cod. de pact.* où *Substitutio precaria pacto potest remitti.* Il est vrai que Brinnac avoit executé la transaction pendant trois ou quatre ans ; mais s'il eût dû en être relevé, cela n'en auroit pas empêché.

RENTE.

CHAPITRE XXIX.

Si celui qui demeure deux ans sans payer les arrerages d'une Rente constituée, peut être obligé de payer le pied.

LA Rente constituée à prix d'argent se fait & se constituë tous les jours ; & la clause qui est, que si l'on demeure deux ans sans payer, on pourra être obligé à payer le pied, est valable, *Argum. leg. Lex vectigali 31. ff. de Pign.* Et cela fut jugé le 24. Juillet 1640. en une cause plaidée en la Grand'Chambre, Avocats Mes. d'Auteserre & Granion. Il est vrai que la Cour, comme elle le fait tous les jours en pareils cas, donna un mois de délai après l'Arrêt ; & par fois la Cour donne un plus long délai, & cela est pourtant contraire à l'Ordonnance de Loüis XIII. *art.* 149. Mais cet article n'est pas observé en ce Parlement.

CHAPITRE XXX.

Si les Rentes constituées à prix d'Argent sur un fonds, quoique allodial, sont prescriptibles, encore qu'elles soient conçûes en forme d'Emphiteose.

MR. d'Olive, *liv.* 2. *chap.* 21. rapporte un Arrêt de la Chambre de l'Edit qui les déclare imprescriptibles. Mais Despeisses, qui dit, qu'il a vû cet Arrêt assuré, est tout contraire à ce qui en a été rapporté à M. d'Olive. Et en effet, cet Auteur averti sans doute de cela, s'est retracté dans ses dernieres Additions sur ce Chapitre. M. de Cambolas, *liv.* 3. *chap.* 37. rapporte aussi deux Arrêts qui semblent déclarer telles Rentes foncieres & imprescriptibles. Mais si l'on y prend garde, il

y avoit tradition de fonds de la part du Chapitre de Caftelnaudarri qui demandoit la Rente. C'eft pourtant l'opinion de
Dumoulin & de Pierre Belluga, *infpect. princip.* qui tiennent
que quand une Rente à prix d'argent a été baillée fur un fonds
allodial, elle eft fonciere, & par confequent on ne peut la prefcrire : & leur raifon eft que la proprieté étant libre, s'il a
conçu telle Rente en terme d'Emphiteofe, il a pû fe foumettre à
ce qu'il a voulu.

Mais néanmoins l'opinion contraire eft fuivie ; parce que pour
faire une Rente fonciere, il fut qu'il y ait tradition du fonds de
la part du Seigneur ; & la vente que le proprietaire fait de la
Rente fur fon fonds, reffemble plûtôt à l'emprunt d'argent,
comme dit Ragneau, mot *Rente volente*, qui tient que c'eft
fænoris fpecies, quia pecunia quæritur. Si-bien que telle Rente
peut fe prefcrire par quarante ans contre l'Eglife, & par trente
ans contre les autres. Et c'eft l'opinion de Loüet, *lett. R, num.*
10. & de Brodeau *ibid.* qui cite M. Maynard, *liv. 4. chap.*
49. & d'Expilly, *Arrêt 68.* quoiqu'il femble contraire au
chapitre 122. *Ibidem* Guenois, *Conful. des Ordonnan. liv. 4.*
chap. 6. rapporte des Arrêts que telles Rentes font prefcriptibles,
Arg. Authon. *Quas actiones, cod. de fac. Ecclef. & cap. ad*
aures. de præfcrip. Si-bien qu'elles font râchetables pour le prix
qu'elles ont été conftituées, & prefcriptibles, fuivant l'Ordonnance de Henri II. du mois de Mai 1653. Et quoique cette
Ordonnance ne parle pas des Rentes conftituées en bled ou en
vin, fuivant la déclaration de la même année, néanmoins par
l'Ordonnance d'Offremont de 1554. en quoi qu'elles foient conftituées, elles font râchetables & prefcriptibles ; bien qu'elles
foient conçûës en forme d'Emphiteofe : ce qui eft confirmé par
une Déclaration de Charles IX. du 28. Juillet 1603. qui fut
renduë fur les remontrances du Syndic de la Province du Languedoc, & verifié au Parlement, nonobftant l'opofition du Clergé,
après quoi il n'y eut pas lieu de douter.

Auffi fut-il ainfi jugé au Rapport de M. de Boutaric, par
Arrêt rendu en la feconde Chambre des Enquêtes le 29. Août
1657. en faveur de Maître Moncoulié & de la Dame de Saint
Chamaran, contre le Syndic des Jacobins de Figeac, qui

demandoit fix fétiers de bled de Rente fur une Maifon de Figeac, fondée fur un acte du 25. Septembre 1655. où les garands furent rélaxez. Sur quoi le Syndic ayant impetré Lettres de Requête civile fondée fur erreur de fait, difant que la Rente étoit forciere, à caufe que le Vendeur de cette Rente avoit dit dans le Contrat, que ce fonds étoit *Liber ab omni cenfu.* Il en fut debouté avec dépens.

Et comme le fieur de Sainte Colombe avoit obtenu 1200. liv. de dépens, & qu'étant de la Religion Prétenduë Reformée, il ne vouloit point faire quartier aux Religieux, il leur avoit fait faifir tous leurs revenus, fi-bien qu'ils ne fçavoient d'où prendre pour vivre cette année là. La Cour rendit Arrêt au Rapport de M. de Papus, au mois de Juillet 1659. par lequel elle ordonna qu'il ne joüiroit que du tiers pour cette année là, & que les RR. PP. Jacobins joüiroient des autres deux tiers pour leur fubfiftance.

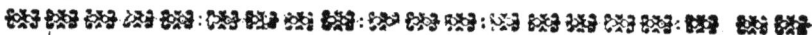

REPARATIONS.

CHAPITRE XXXI.

Quels Juges doivent connoître des reparations des Eglifes.

POUR obliger les Bénéficiers à participer aux réparations des Eglifes, ils ne doivent point être affignez que devant les Juges Royaux, & les Bénéficiers ne peuvent point demander le renvoi devant le Juge d'Eglife. Car les Ordonnances Royaux, & principalement celles de Charles VI. ont attribué cette connoiffance aux Juges Royaux, fuivant l'ancienne poffeffion dont lefdites Ordonnances font mention. *Volumus Epifcopos compelli ad reparationes Ecclefiarum per judices & officiarios noftros, ut compelli ab antiquo confueverunt.* Et c'eft encore par les Arrêts des Parlemens de France, que cette connoiffance a été attribuée au Juge Royal. Chopin de *Sacr. polit. lib. 2. num. 6.* Et cela fut jugé par Arrêt de la Cour donné en l'Audience de la

Grand'Chambre, le 5. Février 1658. entre le Syndic du Chapitre de Rodez, Prieur primitif de l'Eglife du Lieu de Lax , & le Syndic des Habitans & Paroiffiens dudit lieu ; & par ce même Arrêt, il fut ordonné qu'avant de faire faifir les fruits du Bénéfice pour les réparations, il feroit procedé pour un préalable à la verification de l'état de l'Eglife, pour fçavoir quelles réparations il y falloit faire, & c'eft fuivant l'Ordonnance de Blois, *art.* 16. Avocats Mes. de Chaffan & d'Audibert.

CHAPITRE XXXII.

Si le Vicaire perpetuel eft obligé de participer, pour la portion des fruits qu'il prend , aux Réparations de l'Eglife.

IL y a de beaux exemples touchant le bâtiment des Eglifes. L'Ecriture Sainte témoigne en Efdras que Cyrus Roi de Perfe, bien qu'il ne fût pas de la créance des Juifs , vouloit pourtant avoir lui feul l'honneur de rébâtir le Temple de Jerufalem : & les Juifs, qui étoient fous l'Empereur Julien l'Apoftat , après qu'ils eurent eu permiffion de le rébâtir, y accoururent de toutes les Regions du monde pour y fournir, *Sumptu publico & privato* , comme rapporte Rufin *in Hiftor. Ecclef. lib.* 10. Theodoret , *lib.* 3. *Hiftor. Ecclefiaft.* Nicefore & Eufebe *in Hift. Ecclef.* remarquent que les premiers Chrêtiens, après le Regne des Empereurs Diocletian & Maximien, contribuerent auffi volontairement pour rebâtir les Eglifes démolies. Néanmoins il fe voit que bien que les Bénéficiers foient tenus dûement, quelles Paroiffiens, de faire les réparations neceffaires aux Eglifes , ils voudroient s'en défendre s'ils pouvoient : mais les Parlemens les y condamnent , Maynard, *liv.* 1. *chap.* 41. Loüet, *lettre O , chap.* 6. & Chopin, *de Sacr. Polit. lib.* 3. *cap.* 3. *num.* 5. Jufques là même qu'il y a eu des Confuls qui vouloient obliger des Vicaires perpetuels de participer pour le quart des fruits qu'ils prennent pour leur portion congruë aux réparations des Eglifes, & principalement les Confuls du Lieu de Plaifance, qui vouloient obliger Me. Fils Vicaire perpetuel dudit Lieu, de participer aux réparations de l'Eglife du Lieu ; & encore à l'aumône des Pauvres pour le quart des fruits décîmaux qu'ils prennoient. Mais la Cour par Arrêt donné en l'Audience de la Grand'Chambre le 18. Janvier 1657. relaxa le Vicaire perpetuel. Et Brodeau fur Loüet audit lieu fur la fin, dit qu'il n'eft pas jufte que les Vicaires perpetuels participent aux réparations des Eglifes.

REQUÊTE CIVILE.

CHAPITRE XXXIII.

Si les Mineurs doivent être toûjours reçus à pouvoir fe pourvoir par Requête Civile contre des Arrêts donnez , fans leur avoir fait pourvoir de Curateur.

IL fe juge conftamment que les Mineurs peuvent fe pourvoir par Requête civile contre les Arrêts rendus contr'eux, s'il ne leur a été pourvû de Curateur. Mais néanmoins la Cour a rendu des Arrêts par lefquels ils n'y ont pas été reçûs ; car quand la Cour voit que les Mineurs ont été bien défendus , & que leur caufe au fonds n'eft pas bonne, & que leur procedé n'eft que chicannerie , alors elle n'a pas le plus fouvent égard à leurs Lettres de Requête civile, fondées fur ce moyen qu'il ne leur a pas été pourvû de Curateur. Et voici un cas fur lequel la Cour rendit Arrêt, par lequel une Mineure fut démife de fa Requête civile, impetrée contre deux Arrêts contre elle donnez, fans lui avoir fait pourvoir de Curateur.

Poiffon Notaire de Touloufe ayant un fils & deux filles, qu'il avoit mariées l'une avec Gerepuis, & l'autre avec Mengaud ; & en leur conftituant à chacune certaine fomme en dot , les auroit fait renoncer à tous leurs droits paternels , & expreffement au fupplément de legitime ; & nonobftant cela, elles ne refterent pas, après la mort de leur pere, de demander à leur frere heritier ce fupplément qu'elles obtinrent par Arrêt de 1650. Après cet Arrêt, l'aînée tranfigea avec fon frere , qu'elle quitta pour

400. liv.

400. liv. La cadette au contraire, mineure de vingt-cinq ans, ne voulut point se contenter de pareille somme, mais demanda l'estimation des biens pour sçavoir à quoi pourroit devenir ce supplément : ce qui lui fut accordé à ses fraix par autre Arrêt ; mais ne consignant pas, comme il avoit été ordonné, deux Arrêts furent rendus de déclaration des preuves.

Ces deux Arrêts donnez contre elle sans Curateur contre ces deux Arrêts, elle se pourvût par Requête civile, mais elle en fut démise. Et ce fut apparament sur ces raisons, sçavoir que par la Loi *Non omnia*, & par la Loi 7. §. 3. *ff. de memorib.* les Mineurs ne doivent pas être restituez comme Mineurs, mais comme ayant été trompez. Or elle n'avoit pas été surprise ni trompée, parce que le premier Arrêt avoit été rendu contre la Coûtume de Toulouse ; & que sa sœur, qui étoit mariée avec un plus habile homme que celui avec lequel elle s'étoit mariée, s'étoit contentée de 400. liv. au-delà de leur constitution dotale qui avoit été faite également. De plus, elle avoit fait ordonner une estimation par Arrêt ; & au lieu de l'executer, elle avoit laissé rendre les deux Arrêts où elle avoit été appellée & défenduë : ce qui faisoit voir sa chicanne. Voilà pourquoi la Cour n'eut pas égard à sa minorité.

CHAPITRE XXXIV.

Si la Requête civile peut être reçûë envers un Arrêt de relaxe en matiere criminelle.

REGULIEREMENT telles Requêtes civiles ne doivent pas être reçûës ; parce que bien que les Arrêts ne soient pas dans une exacte formalité, c'est un effet de la Providence qui ne souffre pas *peccata semel remissa in ultionem ulterius redire. Can. divina. De pænitentia, Distinct.* 4. Aussi les anciens appelloient-ils cela *Jovis calculus* ; pour faire voir qu'après le premier jugement, le second n'appartient plus qu'à Dieu. Il est permis à un accusé *quoquo modo sanguinem redimere, Leg.* 1. *ff. de bon. eor. qui ante sent.* De plus, *prævaricare licet in sanguine, leg. ult. ff. de prævarico.* Ce seroit trop pousser la vengeance, & il y

K k k

auroit trop de dureté , *Leg. 7. ff. de serv. exp. nec viro bono convenit, quod animo sævientis non esset satisfactum, leg. 6. ff. eod.* La Cour ne peut juger qu'une fois les Criminels. De forte que comme quand elle les condamne , la Requête civile n'est pas reçûë de leur part ; aussi quand elle les absout , elle ne doit pas être reçûë de la part de leur Adversaire. C'est pourquoi le Droit civil est formel , *Leg. Senatus , ff. de accusat.* & *leg. Si cui , ff. eodem.* sçavoir, qu'on ne peut pas risquer deux fois.

En effet, la Cour le juge presque toûjours de même, comme en la cause d'un nommé Dupuy accusé de meurtre contre un pupille fils du meurtri , bien qu'il fît voir bien de défauts , & même de la fausseté dans la procedure , sur laquelle l'Arrêt de relaxe avoit été rendu. La même chose fut jugée en l'année 1617. & en l'année 1634. en la cause d'un nommé Maison , & le 11. Avril 1647. en la cause des heritiers de Megarcellé Conseiller de Limoux. La Cour démit d'une pareille Requête le 10. Janvier 1659. La Cour démit un Païsan d'une telle impetration envers un Arrêt de relaxe , faute d'avoir fait venir les témoins.

Néanmoins *ex magna causa ,* comme dit la Loi , la Cour reçoit quelque fois de telles impetrations, comme elle fit le 26. Mars 1647. en la cause de la Dame d'Aiguesvives contre un certain Demas accusé d'un meurtre , sur ce qu'elle justifioit par actes que Demas étoit à Besiers lors de son relaxe ; & sur ce que cette Dame ayant impetré des Lettres de Requête civile envers un Arrêt préparatoire , la Tournelle avoit fait un vuidement de Regiftre fur cette Requête civile : ce qui ne pouvoit se faire alors fuivant le Reglement.

La Cour en reçut aussi une femblable le 3. Mars 1648. de la part du fieur de Cavillac contre le fieur de Morniefieü , qui s'étoit fait relaxer de plufieurs crimes fans que les procedures fuffent remifes. Et depuis peu M. le Procureur Général le Mazuyer s'étant pourvû par Requête civile contre un Arrêt du Parlement de Bordeaux fur de pareils faits , elle a été reçûë ; parce qu'en effet en ce cas, l'on ne peut pas dire que de tels Prévenus *judicium fubierint* ; car l'un ne rifquoit rien , puifqu'il n'étoit pas remis prifonnier ; & l'autre n'avoit non-plus rien rifqué , puifque la procedure n'étant pas remife , il ne pouvoit jamais être convaincu. Si - bien que la raifon de la Loi, qui ne veut pas qu'on rifque deux fois le danger, ceffoit en eux.

La Cour en a auffi reçu une contre un Arrêt rendu dans le délai, & fur ce défaut par le Pourvû de s'être remis.

CHAPITRE XXXV.

Si la Requête civile peut être reçûë envers un Arrêt qui condamne à peine afflictive.

LE 24. Avril 1640. un nommé Terriffon Confierge de Tournay, ayant impetré des Lettres en forme de Requête civile envers un Arrêt qui le condamnoit au foüet & aux galeres pour avoir laiffé évader un Prifonnier ; remettant le Prifonnier, ces Lettres furent interinées. Mais cela eft fi extraordinaire qu'en l'année 1644. il fut défendu aux Avocats de plaider de telles Lettres ; & c'eft pour cela que quelques caufes qu'il y ait de reftituer en entier, la Cour ne le fait pas, comme il fe verra par cet exemple.

Un nommé Roques avoit fait condamner à mort par défaut un autre de même nom pour un meurtre, par Sentence des Ordinaires de Montfaucon en 1627. fans que ce Prévenu eût purgé la Contumace. Au contraire en 1645. il fit informer contre fa Partie, difant qu'il l'avoit bleffé d'un coup de piftolet : & il y avoit une Sentence qui portoit que le Prévenu prouveroit les objets dans trois jours. Mais au préjudice de cette Sentence, les Ordinaires de Montfaucon rendirent une Sentence par laquelle ils ordonnerent qu'il feroit appliqué à la queftion, laquelle fur l'appel de fuite par furprife, fut confirmée, fans que ce miferable eût pû relever les nullitez de cette Sentence. De forte qu'il fe pourvût contre l'Arrêt par Lettres en forme de Requête civile, que M. Parifot plaida, commençant *per infinuationem*, pour fe difculper lui - même de ce qu'il plaidoit contre un Reglement.

Les moyens étoient 1° que l'Arrêt avoit été rendu fans défenfe ; laquelle eut fait voir clairement la nullité de cette Sentence ; car les Ordinaires ayant ordonné qu'il prouveroit les objets dans trois jours, ce qui étoit une voye de juftification, la Sentence qui ordonnoit la queftion, étoit néanmoins du lendemain, fans

Appointement en droit , & par fept Juges , trois defquels n'étoient pas Graduez. 2° Qu'au fonds , *non conftabat de crimine* ; & qu'au contraire il refultoit de la vifite qui avoit été faite devant un Commiffaire du corps de fon accufateur , qu'il n'avoit aucune marque de bleffure.　Et fi par la Loi *Inde Neratius* , §. *fin. ad leg. Aquil. debet conftare de occifo* , *debet etiam conftare de vulnerato*.　Si-bien que par la protection que la Cour donne à l'innocence , il devoit être reftitué en entier : Que ce n'étoit pas les Juges qui condamnoient , mais que c'é-toient les preuves.　Et il alleguoit l'Arrêt de Terriffon , & un autre rapporté par Papon , *tit. de la force des Jugemens* , art. 8. Sur quoi la Cour , voyant d'un côté la confequence fi l'on ouvroit cette porte , & de l'autre l'innocence de cet homme , le démit à la verité de fa Requête civile par Arrêt du 5. Decembre 1645.　Mais elle retint *in mente Curiæ* , qu'il ne feroit que prefenté à la queftion , comme en effet il y fut préfenté , & après relaxé.

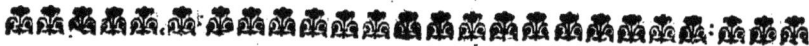

RESIDENCE.

CHAPITRE XXXVI.

Si un Evêque peut ordonner que des Chanoines & des Dignitez d'un Chapitre , refideront dans les Cures unies à leurs Bénéfices , autrement que leurs Bénéfices feroient déclarez vacans.

LE Précenteur & le Sacriftain de l'Eglife de Conferans n'étant Chanoines que *ad effectum* , & ayant des Cures unies à leur Bénéfice , le fieur Evêque ayant rendu une Ordonnance portant qu'ils y refideroient , autrement que leurs Bénéfices feroient déclarez vacans.　De quoi ils furent appellans comme d'abus , tant parce qu'ils n'avoient point été comminez , que parce que fi cela étoit , il n'y auroit jamais des Cures unies à des Dignitez. Sur quoi la Cour , le 28. Mars 1667. mit les Parties hors de Cour & de procès.

RESIGNATAIRE.

CHAPITRE XXXVII.

Sçavoir si un Resignataire , la procuration étant revoquée par le
Resignant Rebus integris , après néanmoins que le Courrier est
parti , peut prétendre un Bénéfice contre un autre qu'il a
impetré en Cour de Rome , sous prétexte que dans les Provisions
de ce Resignataire la clause per Obitum *se trouve.*

ME. DAUBESE Curé de la Gardelle étant malade, fit une
Procuration en Cour de Rome pour resigner sa Cure en
faveur de Me. Timbal. Mais cette Procuration ayant été revoquée bien-tôt après, il se trouva que la Revocation avoit été
signifiée trois jours avant que la Procuration fut admise. Ensuite
de quoi Me. Daubese étant mort, Me. Bourses impetra le Bénéfice *per Obitum*, & un autre après lui. La cause ayant été
portée en la Cour, & les Parties y ayant été reglées à bailler
par écrit.

Timbal disoit que Bourses avoit exprimé au Pape que le
Bénéfice étoit vacant par mort, & que cela n'étoit pas vrai, puisqu'il étoit rempli en consequence des Provisions obtenuës sur
cette Resignation, après laquelle il avoit été en droit d'envoyer
à Rome, & que ses Provisions étoient bonnes, *Initio inspecto*,
Arg. leg. *Si filius familias*, *cod. ad Senat. consf. Macedon.* où il
est dit que *Origo potiùs obligationis, quàm titulus actionis consi-*
derandus est. & tout ce qui est rapporté par Loüet 6. *num.* 2.
en pareil cas ; & citoit l'Arrêt rapporté par le même Auteur,
& un autre Arrêt du 26. Février 1654. rapporté par Bened.
tit. Can. just. cond. §. 11.

Bourses au contraire disoit que M. Loüet avoüoit lui-même
que cet Arrêt avoit été rendu contre la raison : Que dans le
cas de cet Arrêt la Procuration pour resigner n'avoit pas été
revoquée comme en ce cas ici ; & qu'ainsi il y avoit obreption,

laquelle se fait en taisant la verité , comme la subreption en alleguant une chose fausse , suivant ce que dit la Glosse sur le Chapitre *Cùm dilectus* 22. *de rescrip* Car Timbal avoit tû que la Procuratoin fut revoquée , & par consequent avoit impetré le Bénéfice d'un homme vivant contre son consentement.

Mais outre cela , il rapportoit l'autorité de Rebuffe sur la Regle *de insir. Benef. resignant. Gloss.* 14. *num.* 13. qui dit , *Dubitat* Gomes *quod si infirmus resignet Beneficium in Curia quod alicui per resignationem confertur , aut alio quovis modo vacet , postea Resignans moritur intra viginti dies , an hic Resignatarius possit retinere Beneficium tanquàm per mortem vacans , cùm sic fuerit eidem collatum. Respondeo quòd non , quia tempore resignationis non vacabat per obitum. Ergo Papa hoc casu , videtur contulisse , nec præsumitur voluisse conferre Beneficium vacaturum , sed vacans , cap 1. de concess. præb. & illa verba per Obitum ex stilô posita dicas nihil operari , quæ tractavit,* Gomes, *quæst.* 34. *sed obscurè.*

La revocation d'admission empêche l'effet de la Resignation même sous une pension jugée en Audience le 27. Février 1637. en faveur de Barbé contre un autre Barbé son néveu, la pension étant de 1200. liv.

C'est pourquoi il fut jugé le 10. Septembre 1672. au Rapport de M. de Catelan en la Grand'Chambre , en faveur de Bourses, qui fut maintenu au Bénéfice dont est question , avec dépens. Voyez Louet & Brodeau *loco supra citato* , & les autoritez qu'ils rapportent.

CHAPITRE XXXVIII.

Si les Places des Collegiats de Saint Martial de Toulouse , peuvent être resignées.

CETTE question a été décidée par un Arrêt rendu en l'Audience de la Grand'Chambre , Avocats Mes. de Lassesquiere, de Chassan & de Puou. Ce College est composé de vingt-quatre Places , sçavoir de quatre Prêtres , & de vingt Ecoliers étudians en Droit ou d'autres Laïques. Il a été fondé par le Pape Innocent III. cette Fondation portant que ces Collegiats pourvoiroient aux Places vacantes. Néanmoins un Collegiat avoit reſigné en Cour de Rome ; ſur quoi le Syndic du College ayant été appellant comme d'abus de l'execution des Proviſions, & celui que le College avoit pourvû de la même Place étant adherant à l'appel, quoique la Partie de M. Pujou rapportât divers actes poſſeſſoires de pareilles Reſignations, lui ayant été oppoſé que c'étoit *inter volentes & colludentes*, & que le Pape n'avoit pû faire préjudice à la Fondation, la Cour par Arrêt du 18. Juillet 1674. déclara y avoir abus en l'execution des Proviſions.

La raiſon en eſt évidente, parce que ces Places ne ſont pas de Bénéfices, non pas même les quatre Presbiterales, bien qu'elles ayent *Annexum Officium Spirituale*, telles Places n'ayant pas beſoin de *Viſa* de l'Evêque. Il faut remarquer que les Prêtres Collegiats ont voix, ainſi que les Ecoliers. Cela ayant été conteſté par les Ecoliers du College de Perigord de Touloſe aux Prêtres du même College, ſous prétexte que dans leur Statut il n'y a que *viginti Scholares facient Collegium & ultrà quatuor Presbyteros*, les Ecoliers diſant que ce mot *Ultrà* étoit excluſif ; mais ils perdirent leur cauſe par Arrêt du 21. Mai 1645. donné en l'Audience de la Grand'Chambre.

Or quoique ces Places ne ſoient point des Bénéfices, néanmoins il fut jugé en Audience par Arrêt du 15. Mai 1654. qu'un Collegiat nommé Brunel du Diocéſe de Mirepoix, qui avoit poſſedé trois ans une Place dans le College de Mirepoix de Touloſe, y ſeroit maintenu, quoique cette Place fût affectée à un Ecolier d'Auvergne contre Maleſat natif de Vic ; parce qu'après ce temps-là, la Cour préſuma que la vacance ayant été affichée ſuivant la Coûtume, il ne s'étoit préſenté perſonne qui fut d'Auvergne, *Jus ſcriptum vigilantibus*.

❈❈ ❈❈ ❈ ❈❈❈❈❈ ❈❈❈❈❈ ❈❈❈

RESTITUTION.

CHAPITRE XXXIX.

Si le Mineur ayant fait délaiſſement dans les dix ans , & qu'il n'ait impetré les Lettres pour être relevé des Contrats qu'après les dix ans , il y a preſcription contre lui.

JEANNE SANELLE mineure vendit certain fonds à un nommé Courtial en 1605. ou le bailla en payement de ce qui étoit dû par ſon pere ; & s'étant mariée incontinent , ſon mari avoit fait une autre vente des biens de ſa femme pour les payemens des tailles & autres charges à un nommé Raymond , & avoit fait ratifier cette vente en 1624. par cette femme. Ce mari étant mort , la femme demanda la maintenuë aux biens de ſon pere , & en 1633. fit aſſigner les ſucceſſeurs de Courtial & de Raynaud en délaiſſement. Sur quoi il y eut un Appointement du Senêchal du Puy , qui ordonna qu'ils remetroient leurs contrats dans le mois : ce qu'ils firent le 8. Mai 1654. contre leſquels Jeanne Savelle ſe pourvût alors par Lettres en caſſation , & les fit ſignifier le même jour. De ſorte que les Acquereurs diſoient que quoique les biens des Mineurs ne doivent pas être alienez , *tot. tit. de prædiis & alliis rebus.* néanmoins la Loi *Magis puto* , & la Loi *Paulus reſpondit* , *eod. tit.* & le titre *Quandò decreto opus non eſt* , font difference des ventes volontaires d'avec celles qui ſont neceſſaires ; & que pour éviter les fraix d'une ſaiſie , on trouve ſouvent des expediens qui ſont plus favorables aux Mineurs qu'aux Créanciers. Que d'ailleurs il reſultoit des actes que Jeanne Sanelle avoit été majeure en 1609. & qu'à compter depuis la mort de ſon mari juſqu'à l'impetration de ſes Lettres , il y avoit en tout plus de dix ans.

Mais à cela elle répondit que cet expedient ne lui étoit pas favorable puiſque la lezion y étoit manifeſte ; & que s'il y avoit

plus

plus de dix ans de fa majorité au-delà du temps de la puiſſance
de Mari , qui l'avoit forcée à ratifier la vente qu'il avoit faite
juſqu'à l'impetration de ſes Lettres , qu'il n'y en avoit pas dix
juſqu'à l'Appointement qui ordonnoit que les Adverſaires remet-
troient leurs Contrats juſqu'à l'inſtance qui les avoit conſtituez
en mauvaiſe foi ; & que ſi par leur artifice ils avoient differé de
les remettre pour attendre que la preſcription de dix ans fût
accomplie , ils ne devoient pas profiter de leur dol. De ſorte
que le 10. Decembre 1640. au Rapport de M. de Labröue, à
la Premiere des Enquêtes, cette queſtion fut jugée en faveur de
cette femme contre les Acquereurs. Sur quoi il faut remarquer
que la preſcription contre elle n'avoit pas commencé avant ſon
mariage qui avoit été conſommé avant ſa minorité ; & que ſi les
actions reciſoires ne durent que dix ans, cela préſuppoſe qu'il y
a dix ans de poſſeſſion de bonne foi en matiere d'alienation des
Mineurs, laquelle eſt nulle de ſoi par le Droit civil, & que l'on
a égard au retardement apporté par les Parties après l'introduction de l'inſtance , *Per exceptionem doli mali.*

CHAPITRE XL.

*S'il faut avoir impetré des Lettres en reſtitution d'une obligation
dans les dix ans.*

LE ſieur de Mouſens ſuppoſant que le nommé Marti ſon
Vaſſal l'avoit devoüé , ſous ce prétexte , ſans néanmoins
plainte ni information , l'avoit fait conſtituer priſonnier ; &
quelques jours après , il l'auroit fait conduire dans une maiſon
particuliere, où étant ſous la garde du Geolier , il l'auroit fait
obliger en ſa faveur en la ſomme de 800. liv. qu'il ſuppoſa
dans l'obligation lui avoir ci-devant prêtée en diverſes fois ; &
après cette obligation , le ſieur de Mouſens l'auroit laiſſé en
liberté. Mais Marti voyant qu'il s'étoit obligé ſans cauſe , *&
pro non debito*, auroit avant les dix ans fait aſſigner le ſieur de
Mouſens devant le Senéchal de Caſtelnaudarri , en cancellation
du Contrat d'obligation de cette ſomme de 800. liv. au lieu

L l l

d'avoir impetré Lettres en caſſation & reſtitution en entier envers ce Contrat d'obligation.

Ce défaut donna lieu au Senêchal de le condamner au paye-ment de cette ſomme de 8 0 0. liv. par ſon Appointement, duquel Marti fut appellant en la Cour, diſant droit, auquel il impetra des Lettres en caſſation & reſtitution en entier envers ce Contrat d'obligation : diſant en premier lieu, qu'il l'avoit conſenti *ſine cauſa & pro non debito*. Et pour faire voir qu'il ne lui avoit jamais rien prêté, quoique l'acte portât qu'il lui avoit prêté ci-devant, il étoit à conſiderer qu'il n'étoit pas croyable que le ſieur de Mouſens lui eût prêté une ſomme ſi conſiderable à ſon égard, qui étoit un pauvre ruſtique, ſans aucune précaution.

En ſecond lieu, qu'il avoit extorqué de lui cette obligation ſans lui avoir rien prêté, & qu'il l'avoit conſentie par force & violence, ſuppoſant qu'il lui avoit derobé de bled, ſans juſtifier d'aucune information ; & que telles obligations extorquées par les Seigneurs à leurs Vaſſaux, étoient nulles ſuivant les Arrêts & les Ordonnances Royaux.

Pour un troiſiéme, il fit voir que par le Droit *in leg. Qui in carcerem, ff. Quod metûs cauſâ, &c.* les obligations conſen-ties par des perſonnes qui ſont en priſon, & qui ne ſont pas libres, ſont nulles ; & qu'ainſi celle dont eſt queſtion l'étoit, puiſqu'il étoit priſonnier lorſqu'il conſentit à ce Contrat d'obli-gation. Et que ſi-bien dans l'acte il étoit dit, qu'il fut paſſé dans une maiſon particuliere, ce n'étoit pas à dire qu'il fût en liberté, puiſqu'il étoit ſous la garde du Geolier : ce qu'il ſoute-noit pour fait poſitif & veritable, avec offre de le prouver & verifier en cas de deni.

De la part du ſieur de Mouſens, il fut répreſenté que Marti, contre la Juriſprudence de la Cour, les Ordonnances Royaux, & la diſpoſition du Droit, *in leg. 1. cod. de teſtam.* & l'opinion des Docteurs, ne pouvoit pas être reçû à prouver un fait con-traire au Contrat d'obligation, lors duquel il étoit libre, n'ayant été jamais mis priſonnier, étant ſuppoſé qu'il l'eût jamais accuſé de l'avoir devoüé ; & qu'il étoit vrai qu'il avoit prêté cette ſomme de 8 0 0. liv. en divers temps ; & que ſi-bien il n'avoit pas pris des aſſurances, c'eſt qu'il auroit fallu être, s'il faut ainfi dire, chez un Notaire, fe fiant à la bonne foi de Marti qui a fait ce procès, à la perfuafion de quelque ennemi caché du fieur de Moufens. Car s'il étoit vrai, ce qu'on fuppofe, de la part de Marti, il n'auroit pas demeuré fi long-temps à fe pourvoir contre le Contrat d'obligation, ayant laiffé paffer les dix ans : ce qui doit fe renvoyer par fins de non-recevoir, puifqu'il n'avoit pas impetré fes Lettres avant les dix ; & qu'il auroit fallu même qu'il les eût fait fignifier avant les dix ans, confideré qu'il faut venir dans les dix ans, fuivant les Ordonnances de François I. de l'an 1539. *art.* 134. & de Loüis XII. de l'an 1512. Jufques-là même qu'il ne fuffit pas que les Lettres foient impetrées dans les dix ans, mais il faut encore qu'elles ayent été fignifiées dans ledit temps de dix ans, puifque c'eft une maxime que *in litteris ad lites infpicitur præfentatio non datta.* Paul. Caftr. Decius. *Cap. ult. Debitus, num.* 15. *Extr. de appell.* Molin. *Cap. Tibi* 12. *in fummario verbo impetrantem, de Refcript. in* 16.

A cela il fut reparti de la part de Marti, que les fins de non-recevoir du fieur Moufens ne pouvoient être confiderées par diverfes raifons. La premiere eft fondée fur ce qu'il eft conftant qu'on peut fe pourvoir en cancellation d'un Contrat nul pendant l'efpace de trente ans. Mais fuppofé qu'il fallût venir dans les dix ans, Marti étoit venu dans le temps, puifqu'avant les dix ans il avoit fait l'inftance en cancellation du Contrat d'obligation devant le Senêchal, cette inftance ayant empêché la prefcription, fuivant le Droit *in leg. Cùm notiffimi,* §. *Imo & illud. cod. de præfcript.* 30. *vel* 40. *annor.* Et veu encore que la demande générale empêche la prefcription, *Leg. ult. cod. de Annal. except.* & que celui qui debat un teftament de nullité, n'eft pas exclu de le debatre par la querelle d'inofficiofité, bien que les cinq ans, dans lefquels on doit venir par cette voye de querelle d'inofficiolité, foient expirez, *Ex leg. Contra. cod. de inoffic. teftam.* Ainfi ayant fait l'inftance avant les dix ans, le fieur de Moufens ne pouvoit pas oppofer des fins de non-recevoir. Néanmoins la Cour par Arrêt donné en l'Audience de la Grand'-Chambre le 17. Juin 1669. démit Marti de fon Appel & de fes Lettres avec dépens, Avocats Mes. de Laffefquiere & d'Audibert.

CHAPITRE XLI.

Si celui qui ſigne un acte ſans l'avoir lû, peut être reſtitué.

LA Cour a jugé par divers Arrêts, que celui qui ſigne un acte ſans l'avoir lû, doit être reſtitué. Elle le jugea en Audience le 3. Février 1651. Parties Mailhaç & Lagraulio. Et un autre du 18. Juillet 1658. Parties M. de Manſencal Seigneur de Venerque & le ſieur de Caſtaniac. Et c'eſt ſuivant le Droit, *Ex leg. Si falſum. cod. Plus val. quod agit. & ex leg. Ex venditionibus, ff. de Contrah. empt.*

CHAPITRE XLII.

Si le Bénéficier qui ſe marie, eſt obligé à reſtituer les fruits.

CELA fut jugé contre un nommé Gaſc, qui ayant impetré une Cure contre un nommé Fage, l'avoit deſignée à un nommé Pujol, & s'étoit enſuite marié, par Arrêt du 16. Février 1626. & Fage maintenu en la poſſeſſion du Bénéfice contre Pujol.

Néanmoins le contraire a été jugé depuis en matiere de Canonicat en faveur d'un homme qui avoit tenu un Canonicat à Rieux ; & d'un autre, qui en avoit tenu à S. Felix de Carmaing ; & d'un autre, qui en avoit encore tenu à Alby. Et je crois que la raiſon de la difference eſt que ſi les Bénéfices peuvent ſe tenir à ſimple tonſure, il n'y a pas lieu de reſtitution : au lieu qu'il faut être Prêtre, c'eſt une eſpece d'afrontement contre l'Egliſe. Les premiers peuvent s'excuſer ſur le ſervice qu'ils ont fait, & ſur leur foibleſſe ; au lieu que les ſeconds n'ont pû ſervir n'étant pas Prêtres, & qu'ils ne doivent pas profiter de leur incontinence.

RETRAIT LIGNAGER.

CHAPITRE XLIII.

Si un Office de Notaire & Greffier des Inventaires peut être retiré par Retrait lignager.

IL fut jugé par Arrêt qu'un Office de Notaire & Greffier des Inventaires, ne pouvoit être retiré par Retrait lignager, ni la vente caffée fous prétexte de lezion & de minorité. Le fait étoit que Bordes mineur avoit vendu, *auctore Curatore*, cet Office à Viniole. Mais Viniole s'étant fait recevoir par le Juge Criminel de Gourdon, le Juge-Mage se fâcha de cela, & inhiba Viniole ; Ce qui donna occafion au Vendeur & au frere du Vendeur de tâcher de retirer cet Office, le Vendeur difant qu'il étoit mineur ; & que cet Office étant un immeuble, il n'avoit pû être aliené fans l'autorité du Juge, *Leg. 2. & leg. 21. cod. de reb. min. fine decret.* & qu'il y avoit lezion même d'outre moitié, puifqu'il n'avoit été vendu que 1000. liv. & qu'il en valoit 4000. liv.

Son frere difoit que le Vendeur ne fçavoit ni lire ni écrire ; & qu'étant le plus proche, puifque l'Office venoit de leur pere, il devoit être préferé. La Cour ordonna que l'Office demeureroit à l'acheteur, qui fut renvoyé devant le Lieutenant Général de Gourdon, ou, en cas de recufation, devant le plus ancien Confeiller de ce Senêchal. Voyez Loyfeau des Offices, *liv. 3. chap. 2. num.* 28. où néanmoins il rapporte un Arrêt par lequel la lezion fut admife en la vente d'un Office d'Avocat du Roi de Clermont. Voyez encore ledit Loyfeau ; *liv. 5. chap. 5. num.* 22.

CHAPITRE XLIV.

Si le delai d'un an au Retrait lignager, se compte depuis la ratification du mineur, ou depuis le Contrat de vente.

LA mere d'un nommé Berenq avoit vendu les biens de son fils mineur sans formalité; & Bereng après sa majorité avoit ratifié le Contrat moyennant 50. liv. qui lui furent payées au-delà du prix du premier Contrat; lorsqu'un Lignager sçachant cette ratification, fit la consignation dans l'an, & demanda le Retrait; lequel lui ayant été adjugé par le Senêchal, l'acheteur fut appellant, disant que ce temps devoit se compter du jour du premier Contrat, suivant la décision de Guid. Pap. *quæst.* 165. & Mathieu *ibid.* Au Contraire le Lignager disoit que la premiere vente étant en ce cas nulle, *ipso jure*, il ne falloit point considerer le premier Contrat, mais seulement le dernier qui étoit la véritable vente; & en effet, le Lignager se fit subroger inutillement à une vente nulle. C'est pourquoi par Arrêt du 20. Mars 1643. l'Appointement du Senêchal fut confirmé en Audience.

CHAPITRE XLV.

Si le Retrait a lieu lorsqu'il manque quelque chose à la consignation.

IL est certain que l'offre de parole de rembourser ne suffit pas; comme il fut jugé le 15. Juin 1644. en la Premiere des En-quêtes au Rapport de M. de Laroche, en la cause Davidou & de Rentou; par lequel il fut jugé que la consignation d'un écu, avec offre de suppléer la dette, n'étoit pas suffisante, & le Lignager fut démis du Retrait.

Mais le 8. Mars 1652. en la même Chambre en la cause de Tocanen contre Courtiol & Catherine d'Hebrard, qu'il manqua

60. liv. de la ſomme de 200. liv. Tocanent offrant de payer le ſurplus, le Retrait fut admis en ſa faveur, M. d'Aliez Rapporteur. D'où l'on peut juger que l'Arrêt de Paris que rapporte Bouchel, mot *Retrait lignager*, ne ſeroit pas ſuivi ; par lequel ſur mille ſept cens écus d'or s'en trouvant huit qui n'étoient point de poids, le Lignager fut démis du Retrait. Ni ce que dit Grimaudet, *liv. 7. chap. 19.* où il ſoûtient que ſi la conſignation étoit défectueuſe d'un denier, elle ſeroit nulle, s'appuyant ſur la Gloſe, *in leg. Quandiù. cod. de diſtr. pign.* qui dit que *Per reſiduum unius libræ pignus diſtrahi poteſt.* Et ajoûtant qu'en matiere de Retrait, la conſignation étant eſſentielle, il y faut ſatisfaire entierement.

Il eſt vrai, dit-il, que le Juge peut conſidérer ſi le défaut de l'entiere conſignation vient d'imprudence & d'erreur, *Arg. leg. Quamvis 32. ff. de condit. & demoſt.* Et en effet, la Loi *Qui putat. 74. §. 1. ff. de acquir. hered.* porte qu'en fait de condition qu'*il doit donner dix écus*, n'en donnant que cinq, ne ſatisfait pas ; mais que pour cela, il ne doit pas être démis de ſon droit s'il eſt prêt à ſatisfaire, ſuivant laquelle l'Arrêt que nous venons de rapporter fut rendu. Sur quoi il faut remarquer qu'il y a des Coûtumes par leſquelles l'offre ſuffit, & alors la conſignation n'eſt pas neceſſaire. Voyez Chaſſanée, *in conſuet. Burg.* in verbo, *en rendant toutefois.*

Et l'on ne peut oppoſer à cet Arrêt ce qui fut jugé en la Seconde des Enquêtes au Rapport de M. de Catelan au commencement d'Avril 1652. où une conſignation defectueuſe de vingt ſols empêcha le Retrait, parce qu'il y avoit d'autres défauts en cette conſignation, apparoiſſant qu'elle étoit feinte & ſimulée ; le Notaire entre les mains duquel l'on prétendoit que la conſignation étoit faite, ayant refuſé de jurer ſur la ſimulation.

RETRANCHEMENT.

CHAPITRE XLVI.

Si l'enfant du premier lit peut demander le retranchement contre le second mari de sa mere & sa legitime.

UNE nommée. Teulé ayant une fille du premier lit, épousa Arzac, auquel elle conftitua tous fes biens ; étant decedée, fa fille demandoit fa legitime *jure natura* ; & outra cela, le retranchement, fuivant la Loi *Hac edictali, cod. de 2. nupt.* Mais par Sentence, ne lui ayant été adjugé en tout que la moitié des biens de fa mere, de cette Sentence y ayant eu appel, elle fut confirmée par Arrêt du 4. Août 1645. contre l'opinion de Balde fur cette Loi.

REVOCATION.

CHAPITRE XLVII.

Si la prohibition faite à un Hôpital d'aliener une Métairie leguée, & en cas qu'il l'aliene, le Teftateur revoquant le Legat, & le donnant aux Religieux de Saint François, elle fait revoquer le Legat.

LE 13. Juin 1661. au Rapport de M. de Catelan en la Grand'-Chambre, il fut jugé que le cas arrivant de l'alienation d'une Métairie leguée à l'Hôpital par un homme de Lavaur avec cette prohibition, le Legat étoit transferé aux RR. PP. Cordeliers fuivant le teftament, lefquels furent maintenus en cette Métairie, quoique l'alienation fût dans toutes les formes requifes, & que le Syndic de l'Hôpital même demandât par Lettres la caffation de cette alienation, parce que *conditio extiterat.*

Et

Et l'Hôpital ne pouvoit pas fe plaindre, puifqu'en pareil cas il avoit été jugé en fa faveur. Car un nommé Mercier ayant deux Vignes, l'une confrontant à un nommé Sarragouffe, & l'autre à un nommé Gential, ayant défendu à fes heritiers de les aliener en faveur de ces deux Voifins, qui les vouloient à quel prix que ce fût il y avoit long-temps. Et en cas qu'ils les leur vendiffent, ce Teftateur avoit donné ces deux Vignes à l'Hôpital de Touloufe, fes heritiers voyant qu'ils pouvoient en retirer beaucoup plus qu'elles ne valoient, les auroient venduës à des perfonnes interpofées, qui les avoient enfuite venduës à ceux contre lefquels étoit faite la prohibition ; de forte que l'Hôpital ayant demandé ces deux Vignes, il y fut maintenu contre les Acquereurs par Arrêt du 13. Mars 1625. en Audience.

Les Acquereurs difoient que le Teftateur n'ayant pas dit en faveur de qui il faifoit cette prohibition, ce n'étoit qu'un pretexte, *Leg.* 14. §. *Divi.* 14. *ff. de legat.* 1. & *leg.* 93. *ff. de legat.* 3. Que cette prohibition par confequent étoit en haine de ces deux voifins, & que la haine & le reffentiment n'étoient pas bienféans aux mourans.

Mais on leur répondoit que ce n'étoit point par haine, mais parce qu'il vouloit à la verité que fes heritiers les gardaffent, à caufe qu'il avoit pris de l'afection pour ces deux jeunes Vignes qu'il avoit plantées ; & que fi les heritiers no les vouloient pas garder, il aimoit mieux que l'Hôpital les eût, & en faire un facrifice pour ainfi dire à Dieu, que de permettre jamais qu'autres que ceux de fa Famille les euffent : Que l'interpofition d'un tiers étoit une fraude contre fa volonté ; & que *non licet fpem alienam decipere, leg. ult.* §. *Sed quia in fin. cod. Comm. de leg.* Et enfin que la prohibition *impedit ne Patroni ftetur, leg. Si creditor. in fin. ff. de diftr. pig.* Voyez Guid. Pap. *quæft.* 569. & Robert, *lib.* 4. *cap.* 14.

S.

SEIGNEUR JUSTICIER.

CHAPITRE PREMIER.

Sçavoir si une seule Reconnoissance suffit au Seigneur Justicier pour prouver sa Directe sur un fonds.

QUOIQUE M. de Laroche au traité des Droits Seigneuriaux, *chap. 1. art.* 5. tienne qu'une seule Reconnoissance suffit au Seigneur Justicier, à cause que la Justice haute induit *præsumptionem domini*, comme dit Ranchin, *in quæst.* 202. *Guid. Pap.* Néanmoins par Arrêt de la Cour rendu le 21. Mars 1646. en la Grand'Chambre au Rapport de M. de Tourreil, il fut ordonné qu'un Seigneur Justicier qui n'avoit qu'une Reconnoissance & une énonciation d'une autre, justifieroit de plus amples titres.

CHAPITRE II.

Si le Seigneur qui abuse de la Justice contre son Vassal, est privé de son Fief.

PAR Arrêt de la Cour de l'année 1644. rendu pendant les vacations, le sieur de Gabriac ayant donné de coups de bâtons à un de ses Vassaux qui n'étoit pas Gentilhomme, fut condamné à 3000. liv. d'amende envers le Vassal, & en 1000. liv. envers l'Ordonnance de la Cour ; & ce Vassal & ses parens furent affranchis & tirez de la Justice de ce Seigneur. Si-bien que le sieur de Gabriac étant prisonnier pour ces amendes, & n'ayant pas dequoi payer, car il avoit fait distribution de ses biens, avoit obtenu une Lettre de M. de Harcourt, portant que pour le service du Roi, il étoit important qu'il se rendît en Catalogne. Il auroit présenté Requête, tandante à ce qu'attendu qu'il avoit fait delaissement de tous ses biens par acte remis au Greffe de la Cour pour le payement des amendes, du moins qu'il fût élargi en baillant caution ; mais il en fut démis à la Tournelle à la premiere Audience d'après Pâques 1645. Voyez Benedictus *in verbo Condidit.* *num.* 27. & *leg.* 2. *ff. de his qui sunt sui vel alieni juris.*

CHAPITRE III.

Si un Créancier est obligé de jurer que son debiteur a reçu l'argent prêté, & qu'il ne l'a point emprunté pour son Seigneur.

LEs nommez Mauri & Vacquier se seroient obligez solidairement en la somme de 1000. liv. envers Roques freres Marchands de Toulouse, lesquels desirant être payez après le délai du payement écheu, firent assigner leurs débiteurs devant le Senéchal de Limoux, en condamnation de cette somme de 1000. liv. La cause plaidée devant le Senéchal, les débiteurs demanderent leur relaxe, attendu, disoient-ils, qu'ils n'avoient point retiré la somme lors du Contrat d'obligation, mais bien le sieur de Montfaucon leur Seigneur, pour lequel ils s'étoient obligez ; & pour preuve de cette verité, ils demanderent que Roques leurs prétendus Créanciers, fussent tenus de répondre cathegoriquement sur ces deux faits qu'ils n'avoient point retiré l'argent, mais bien le sieur de Montfaucon, & qu'ils sçavoient qu'ils s'étoient obligez pour lui.

Lesdits Roques avoient opposé leur Contrat, par lequel il étoit dit qu'ils avoient retiré la somme de 1000. liv. & qu'il n'y étoit nullement parlé du sieur de Montfaucon ; & qu'ainsi ils ne pouvoient être obligez de faire de réponse cathegorique qu'ils leur demandoient. Sur quoi le Senéchal ayant rendu un Appointement en droit, les débiteurs en auroient relevé appel en la

Cour, difant droit auquel, ils impetrerent Lettres Royaux en évoquation & retention de caufe, caffation de l'obligation, & leur relaxe, & autres fins de leurs extraits.

La caufe plaidée en la Grand'Chambre, il fut reprefenté de la part des débiteurs que le Senêchal ne pouvoit par fon Appointement avoir appointé les Parties à bailler par écrit, fans du moins ordonner que Roques, leurs prétendus Créanciers, répondroient cathegoriquement fur les fufdits deux faits, puifque c'étoit une inftruttive neceffaire; & que par les Ordonnances Royaux, tant modernes que anciennes, & particulierement fuivant celle de François I. de l'an 1539. *art.* 37. & de Charles IX. de l'an 1563. *art.* 6. les Parties peuvent s'obliger de faire telles réponfes. Ainfi en reformant l'Appointement, la Cour difant droit fur leurs Lettres, devoit caffer le Contrat d'obligation, comme confenti *fine caufa*, & *pro non debito*, pour n'avoir jamais retiré cette fomme de 1000. liv. mais bien le fieur de Montfaucon, pour lequel ils avoient été contraints de s'obliger, comme les Roques fçavoient très-bien : ce qui étoit un moyen de caffation très-pertinent, fuivant l'article 210. de l'Ordonnance de Loüis XIII. qui porte que telles obligations font nulles, comme étant à préfumer qu'elles ont été faites par les Vaffaux pour leurs Seigneurs par pure crainte.

Les Roques auroient au contraire dit, que leurs débiteurs étoient non-recevables en leur appel & Lettres. Car pour l'appel, ils ne pouvoient avoir de Grief; & fi-bien le Senêchal n'ordonna pas la réponfe cathegorique, puifque cet Appointement en droit ne fut ordonné que pour fçavoir s'il y avoit lieu de l'ordonner : Au fond, les débiteurs étoient non-recevables en leurs Lettres, veu que par le Contrat il voyoit qu'ils emprunterent eux-mêmes cette fomme qui leur fut réellement comptée. Si-bien que la Cour fur cela rendit Arrêt le 23. Mai 1658. par lequel elle met l'appellation, & ce dont avoit été appellé, au néant; & difant quant à ce droit fur les Lettres, elle évoqua & retint la connoiffance de la caufe; & en icelle, elle ordonna que les débiteurs payeroient cette fomme de 1000. liv. aux Roques dans huitaine, à la charge par eux de fe purger par ferment d'avoir compté les 1000. liv. à leurs débiteurs lors du Contrat d'obligation, & ne sçavoir qu'ils l'eussent empruntée pour le sieur de Montfaucon leur Seigneur.

S E N T E N C E.

CHAPITRE IV.

Si l'on peut demander que les chefs d'une Sentence de l'Official qui ne sont point abusifs, sortent à effet.

LE sieur Vicomte de Polignac ayant fait informer contre un Prêtre d'autorité de l'Official du Pui, ce Prêtre auroit été suspendu & condamné à 40. liv. pour la réparation d'une Chapelle. Mais comme cette Sentence contenoit des chefs abusifs, le sieur Vicomte ne voulut pas la soûtenir ; de sorte qu'elle fut déclarée abusive sur le Plaidoyer de M. le Procureur Général. Ensuite de quoi le sieur Vicomte demanda par Requête en interprétation, que le chef qui suspendoit ce Prêtre, parce qu'il n'y avoit point d'abus, fut executé. Mais quoi qu'en ce temps les interprétations fussent reçûës, & qu'en effet il n'y ait point d'abus en ce chef là, il en fut debouté le 10. Juillet 1645. par Arrêt donné en Audience.

La raison est, que quoique la Cour ait souvent jugé que certains chefs d'un Arrêt subsisteroient, & les autres non ; & que souvent aux appels elle reforme des chefs, & qu'elle fasse subsister les autres, néanmoins en matiere d'attentat tout est cassé ; & pour faire subsister ce qui est juste, il faut que le Juge qui casse la Sentence l'ordonne expressément. Or en matiere d'abus, outre que c'est une espece d'attentat contre la Jurisdiction Seculiere, il y a encore cela de particulier, que le Juge Ecclesiastique n'ayant que ce qu'on appelle *Audientia*, n'a pas une Jurisdiction naturelle, s'il se mêle de juger. Il faut qu'il juge bien en tout, autrement sa Sentence est cassée, sur tout étant vrai de dire que *causa judicati est individua, leg.* 139. *ff. de verb. obligat.* & la Cour l'a jugé ainsi plusieurs fois, sçavoir en la cause des Habitans de la Ville de Serieres. Voici le fait.

Mr. L'Evêque de Valence ayant uni certaines rentes d'une Confrairie du Saint Esprit, qui étoit dans l'Eglise Matrice, à la Chapelle des Penitens; parce que l'Eglise Matrice étant champêtre & éloignée, & la Chapelle étant dans la Ville, c'étoit la commodité des Habitans d'y avoir des Messes. Néanmoins parce que dans les Ordonnances il avoit fait inhibitions & défenses de troubler le Syndic de la Chapelle en la perception de ses rentes; & qu'il y avoit quelqu'autre abus, en ce que cela n'avoit pas été fait dans les formes, après Partage fait, pour faire subsister le chef qui n'étoit pas abusif par réduction, il fut déclaré y avoir abus. Cette cause fut plaidée par M. de Chastan, Gourdon & Richebourg. Il est vrai que la Cour quelquefois quand elle voit que l'abus est leger, & que la cause est juste & importante, prononce *sans avoir égard*, &c. Et ordonne ce que l'Official a ordonné justement, comme il a été remarqué ci-dessus mot *Official*.

CHAPITRE V.

Si les Juges Subalternes peuvent retracter leurs Sentences contradictoires.

LEs Juges ne peuvent pas le faire suivant la disposition du Droit, *in leg. Judex postea quàm*, *ff. de re judic.* & *leg.* 19. *in fin. ff. de recept. arbir.* Aussi par Arrêt du dernir Avril 1644. cela fut défendu en Audience; & par un autre Arrêt du 11. Juin 1648. Mais néanmoins du depuis ils avoient pris la liberté de les retracter; & ils l'observoient ainsi, jusqu'à ce que le Roi par une Déclaration l'eut défendu.

CHAPITRE VI.

Si les Sentences renduës les jours feriez du Palais, quoique ce ne soit pas une Fête de l'Eglise, sont nulles.

IL fut jugé qu'oui le 16. Janvier 1651. d'une Sentence du Senêchal de Carcassonne, donnée le 5. Août 1650. jour de notre Dame des Néges, en la cause du sieur Calviere & Perrin.

le Rapporteur condamné à rendre le Rapport, qui étoit de vingt-six écus ; & enjoint à ce Senêchal, & à tous autres Juges du Reſſort, de garder les jours feriez de la Cour. Il y a depuis peu une Déclaration du Roi, qui permet d'executer les Jugemens les jours qui ne ſont pas feriez par l'Egliſe, mais il n'y a rien d'innové touchant les Sentences.

CHAPITRE VII.

Si les Appels des Sentences Arbitrales, quoiqu'il s'agiſſe d'une ſomme de la competence des Préſidiaux au premier chef de l'Edit, doivent être jugez en la Cour.

ON ne doute plus que tels Appels ne peuvent être rélevez qu'en la Cour ; néanmoins je rapporte ici quelques Arrêts ſur ce ſujet, ſçavoir, un du 8. Avril 1641. qui démet des fins de non-proceder l'Appel contre l'Ordonnance de Loüis XIII. *art.* 152. lequel n'a pas été verifié au Parlement de Touloufe. Un autre du 31. Janvier 1645. en la cauſe d'un nommé Raynal, dans laquelle il ne s'agiſſoit que de 13. liv. 10. ſols ; & un autre du 6. Juillet 1651. qui reçut en pareil cas des Lettres d'anticipation en la Cour, & qui fit défenſes de porter ailleurs telles appellations qu'en la Cour à peine de l'amende, quoiqu'il ne s'agit que de 15. liv. La raiſon eſt que les Appels des Sentences Arbitrales ſont atribuées en la Cour ſans diſtinction ; & que les Edits des Préſidiaux ne dérogent pas par exprès à ce droit. Et cela eſt fondé ſur cette raiſon, que telles Sentences étant renduës par des Particuliers, il n'appartient qu'aux Cours Souveraines de leur donner la force de choſe jugée.

CHAPITRE VIII.

Si les Arrêtez des Arbitres, encore qu'ils ne ſoient pas en forme de Sentence, paſſent pour Sentence Arbitrale.

CETTE queſtion fut jugée en Audience le 17. Juillet 1651. entre le ſieur Viçomte de Pujol & le ſieur Baron d'Olargues ſon frere. Car l'arrêté de deux Conſeillers de Beſiers, quoiqu'ils euffent déclaré qu'ils n'avoient point rendu de Sentence Arbitrale, paffa pour Sentence. Et la Cour ordonna par provifion ce que la Sentence avoit auffi ordonné ; fçavoir, que le fieur Baron d'Olargues joüiroit de la Terre d'Olargues, & fon frere d'autres Terres, & regla à bailler par écrit fur diverfes Requêtes. Il s'agiffoit dans le fonds du procès, fi l'inftitution tenoit lieu de nomination, encore que l'heritier eût repudié l'heredité. Mais cela ne fut pas jugé, parce que les Parties s'accorderent ; autrement quand il n'y a point de répudiation, il n'y a aucune difficulté qu'elle n'en tienne lieu. Voyez Cujas, *Confult.* 58. où il tient qu'*inftitutus filius habetur pro electo. Leg. fi quis Prioris. §. Certum. cod. de 2. nupt.* & *Leg. Unum ex familia,* §. *Si duos. ff de legat.* 2.

La même chofe fut ainfi jugée entre Mr. l'Evêque de Valence & la Dame d'Ambres ; & en la caufe du fieur Comte de Clermont de Vertillac, & du fieur Comte de Cailus fon beau-frere. Il faut néanmoins remarquer que tous les principes rapportez ici font entre parens : ce qui pourroit avoir aidé à cette décifion en ce cas.

S E R M E N T.

CHAPITRE IX.

Si un Prêtre peut être obligé de faire ferment fur des Reliques des Saints.

ANCIENNEMENT on obfervoit diverfes fortes de fermens, comme le montre Fevret au traité de l'Abus, *liv.* 7. *chap.* 2. *num.* 45. Voyez Robert, *Rer. jud. lib.* 1. *cap.* 11. & Ferrieres *in quæft.* 615. Guid. Pap. Néanmoins on n'obferve pas aujourd'hui tels fermens, & particulierement à l'égard des Prêtres. Car par Arrêt donné en l'Audience de la Grand'-Chambre le 18. Janvier 1656. un Prêtre fut déchargé de faire

ferment

ferment recifoire à lui déféré par fa Partie fur les Bras &
Reliques de S. Antoine du Pré Montardi : & fut ordonné qu'il
feroit le ferment la main mife fur fa poitrine. Parties, Servans
& Romes ; Avocats, Mes. de Ferriere & de Laffefquiere. Il eft
à noter que les perfonnes de qualité ne font point obligées de
faire ferment fur les Reliques des Saints. La Dame de Frefals
en fut déchargée.

S E R V I T V D E.

CHAPITRE X.

Si celui qui doit fervitude à un autre dans un fonds,
peut la changer.

IL y eut procès devant le Senéchal de Gourdon porté par
appel en la Cour entre les nommez Beyne & Gregori fur ce
cas. Beyne avec un fien frere poffedoient un champ , dans
lequel Gregori avoit droit de paffer avec la charrette pour tirer
du foin d'un fien Pred ; & la fervitude fut établie par fes deux
freres, au milieu de la piéce de terre, parce que par ce moyen
l'un & l'autre des freres fe trouvoient être à un côté de la fervitude. Mais un des freres étant mort fans enfans , fon frere
lui fucceda : & par ce moyen celui là devint proprietaire de
l'entiere piéce de terre qui devoit la fervitude à Gregori. Ce
Bayne fe voyant proprietaire de toute la piéce , & que la fervitude où elle étoit l'incommodoit , la changea dans un autre côté
de piéce de terre. Pour lors Gregori, qui prétendoit que Beyne
ne pouvoit avoir changé la fervitude , fit inftance devant ledit
Senéchal : fi-bien qu'ayant été portée par appel en la Cour, il
fut reprefenté de la part de Gregori , que ce changement de
fervitude lui portoit un très-grand dommage , non-feulement
pour être plus éloignée, mais encore qu'il y avoit danger pour
fes bœufs en paffant avec la charrete ; & Beyne auroit foutenu

N n n

que ce changement de fervitude n'incommodoit ni ne pouvoit incommoder jamais Gregori ; & que par confequent il avoit été en droit de la changer, attendu que là où elle étoit auparavant l'incommodoit, à caufe qu'elle étoit au milieu de la piéce qui lui appartenoit entierement ; & que celui à qui la fervitude eft dûë, doit paffer à l'endroit le moins incommode à celui qui la doit, Charondas en fes obfervations, fous ce mot *fervitudes*.

Sur ces conteftations la Cour rendit Arrêt, par lequel il fut ordonné qu'avant dire droit diffinitivement aux Parties., verification feroit faite par Experts pour fçavoir fi le changement de la fervitude incommoderoit Gregori ; & fi où elle étoit la premiere fois, portoit dommage à Beyne, pour la rélation d'Experts rapportée & vûë, être ordonné aux Parties ce qu'il appartiendroit en execution de cet Arrêt. La verification fut faite ; & les Experts ayant rapporté par leur rélation que le changement de fervitude ne portoit, ni ne pouvoit porter, nulle incommodité à Gregori, & qu'elle porteroit un très - grand dommage à Beyne là où elle étoit auparavant qu'elle ne fût changée. Sur quoi la Cour jugeant l'interlocutoire de fon Arrêt, rendit Arrêt définitif à la Grand'Chambre le 19. Janvier 1672. au Rapport de M. de Caffaniau Glatens, par lequel il fut fait défenfes à Gregori de paffer qu'à l'endroit où la fervitude avoit été changée, avec dépens.

SUBSTITUTION.

CHAPITRE XI.

Sçavoir fi la fubftitution peut aller jufqu'au cinquiéme degré.

IL y a des queftions fi problematiques dans le Droit, que pour les terminer, *lege opus eft non Sententiâ*, comme dit la Novelle de Juftinien. C'eft ce qui a donné lieu aux Cours Souveraines, de faire des Arrêts généraux pour fervir de Reglement, & pour fixer les matieres ambigües & douteufes.

J'en rapporte un exemple ici, quoique cette matiere dût

être traitée ailleurs ; Qui eft, qu'étant conftant que les fubftitutions graduelles, fideicommiflaires, finiffent au quatriéme
degré, fuivant l'Ordonnance, & non pas au fecond, fuivant
l'Ordonnance de Moulins, en ce Parlement.

Il y a néanmoins un cas auquel elle va jufqu'au cinquiéme
degré, fçavoir lorfque celui qui eft au quatriéme degré repudie
la fubftitution ; car alors ce degré n'étant compté pour rien,
celui qui fe trouve au cinquiéme degré peut recüeillir la fubftitution ; parce que fi ce degré étoit compté, il s'enfuivroit que
celui qui auroit repudié feroit heritier, ce qui implique. Et
d'ailleurs la limitation de l'Ordonnance étant contre la nature de
la fubftitution qui n'étoit pas limitée par le droit, on ne doit
pas entendre cette reftriction que lorfque tous les quatre degrez
ont été remplis réellement : Et d'effet, c'eft ce qui fut décidé par
un Arrêt général du 1 3. Août 1 6 6 0. prononcé par M. le Premier Préfident de Fieubet. Et quant à ce qu'on difoit que cette
répudiation avoit été faite *in fraudem creditorum* ; & qu'ainfi
elle ne devoit pas être confiderée.

Il étoit oppofé par le Subftitué, que les Créanciers ne pouvoient pas fe plaindre ; parce qu'il y a de la difference de ne
vouloir pas acquerir, & de relâcher un droit acquis ; ce qui eft
traité fort au long par M. de Cambolas, *liv. 6. chap.* 8. au
raifonnement duquel il n'eft pas befoin de rien ajoûter. Les
Parties étoient Galinié, & le fieur Baron de Vaudreüille.

CHAPITRE XII.

*Si la fubftitution à la charge de s'accorder dans deux mois, depuis
le jour de la mort du Teftateur, eft valable lorfque le Subftitué
ne s'eft accordé que trois femaines après les deux mois expirez.*

JEAN Duverger ayant fait heritier fon fils, dans le même
teftament lui fubftituoit pupillerement Margueritte Duverger fa
fœur, & tante du pupille, à la charge qu'elle s'accorderoit avec fes
enfans dans deux mois ; à faute dequoi il revoque la fubftitution,
& la transfere à une autre parente faute de Teftateur ; & en cas

qu'elle décede fans enfans, il lui fubftituë l'Hôpital par moitié, & la Demoifelle de Carrié ; laquelle de Carrié demanda, après la mort du pupille & de la tante, la maintenuë aux biens à laquelle le Syndic de l'Hôpital fe joignit. Mais au Senêchal elle perdit fa caufe, dequoi elle fut appellante, & difoit qu'il faut fuivre les Loix & les conditions prefcrites par le Teftateur ; & que Marguerite Duverger, loin de les obferver, avoit préfenté deux Requêtes, & avoit fait un autre Acte de Juftice après les deux mois depuis la mort du Teftateur ; & ainfi qu'elle étoit indigne, *Leg.* 5. *in fin. ff. De his quæ ut ind.* & *leg.* 5. *cod. de inft. fub cond. fact. Que conditio quæ femel extitit, non reftauratur, leg. Pater* 101. §. *Hic. ff. de cond.* & *dem.* & *leg. Unicâ*, §. 11. *cod. de cad. toll.*

Au contraire Marguerite Duverger difoit qu'il n'avoit pas tenu à elle : Qu'il faut être deux pour s'accorder, & pour faire voir que pendant les deux mois elle l'avoit voulu faire : Que dans la tranfaction, il y avoit un acte énoncé qu'elle avoit fait au Tuteur de fes enfans : & quoique le nom du Notaire fût omis dans cette tranfaction, qu'on ne lui auroit pas inferé s'il n'eût été vrai : Qu'en effet elle s'étoit accordée trois femaines après ; & qu'un accord en matiere de reddition de compte, ne peut fe faire avec tant de diligence : *Que jus non fuerat factum deterius ex mora. Arg. leg.* & *Si* 8. *ff. Si quis cauf. in jud. fift. cauf.* & *leg.* 21. *ff. de judic.* que *in termino modus adhibendus erat, leg. Continus* 137. §. 3. *de verb. obligat.* Que le Juge doit temperer ces fortes de retardemens, *Argum. leg. Si quis* 135. §. *Seïa, ff. de verb. obligat.* Que Dufrefne, Journ. *liv.* 3. *chap.* 25. rapporte un Arrêt, par lequel un Legat fait à des Religieufes fubfifta, à la charge qu'elles fouffriroient la reforme, quoiqu'elles ne fe fuffent reformées que douze ans après le temps préfix ; & qu'enfin *in omnibus pro facto eft id in quo per alium mora fit, quominis fit, leg. in omnibus* 39. *ff. de reg. jur.* C'eft pourquoi par Arrêt donné au Rapport de M. de Mauffac à la Première des Enquêtes, Marguerite Duverger gagna fa caufe au mois d'Avril 1655.

CHAPITRE XIII.

Si en cas de substitution les enfans des secondes nôces font cesser le cas de la condition s'il decedent sans enfans.

UN nommé Dupuy du Gevaudan fit son testament , par lequel il institua son heritier P. Dupuy son fils unique, qu'il avoit d'une nommée Lafont sa femme , avec cette clause, qu'en cas qu'il decedât en bas âge & sans enfans, il lui substituoit cette Lafont sa mere ; & en cas qu'elle decedât, il lui substitua Dupuy son frere. Ce fils étant mort , cette mere se remaria avec un nommé Carrere, duquel mariage il y eut deux enfans , lesquels demandoient l'ouverture de la substitution contre Dupuy frere du Testateur qui se trouvoit posseder les biens.

Sur quoi y ayant Sentence Arbitrale qui leur ouvroit la substitution, Dupuy fut appellant ; & en l'appel , il disoit que par les termes du testament il n'étoit point parlé d'enfans lorsque le Testateur substituoit sa femme ; & que quand il en auroit parlé, cela ne pouvoit jamais s'entendre des enfans d'un second lit , suivant la disposition expresse du Droit, *leg. Cùm vir* 25. *ff. de condit. & demonstr.* Et parce que quand on parle de mariage, *prima nuptia semper intelliguntur , leg. Boves* 89. §. 2. *ff. de verb. signif.* D'ailleurs qu'encore que cette femme n'eût plus d'enfans lorsqu'elle s'étoit remariée, néanmoins *defuncti animam contristaverat.* Novell. 22. *cap.* 43. Et que c'étoit une chose naturelle d'avoir plûtôt de l'affection pour sa famille que pour des étrangers ; & que quand quelqu'un n'a point d'enfans , *in fratrem judicium conferre videtur , leg.* 40. *in fin. ff. De pactis.*

Au contraire les enfans de cette femme disoient que le Notaire ayant oublié le mot *sans enfans* après ceux-ci, sçavoir, en cas qu'elle decederoit, *Minùs scripserat , cùm Testator plus vellet adscribere, leg. Quoties* 9. §. 2. *ff. de hered. instit.* & qu'autrement ces mots n'avoient pas un sens juste ; car cette femme n'étoit pas immortelle, & qu'ainsi on ne pouvoit les entendre autrement , & que la Loi suppléeroit les mots défectueux ,

*Quamquàm enim dlfit aliquid , tamen fubaudito valebit verbo
aliquo , leg.* 1. *in fin ff. de cond.* & *leg. Unum* 67. §. *Si omiffa*
9. *ff. de legat.* 2. De plus, il difoit que Dupuy n'étoit fubftitué
que *in cafum vulgarem* ; & que le Teftateur entendoit ou au cas
qu'elle decedât fans enfans, ou qu'elle decedât avant fon fils ou
lui , & qu'ainfi ayant recüeilli le fideicommis, elle le tranfmettoit
à fes heritiers, & que cette fubftitution n'avoit aucun effet, *leg.
Poft aditam , cod. de imp.* & *aliis fubftit.* D'ailleurs que le
Teftateur ayant fubftitué à fon fils , en cas qu'il n'eût point
d'enfans, *Prior claufula femper influit in fequentes , leg.* **Cum
pater**, §. *Cùm imperfecta* 12. *ff. de legat.* 2. & que *in legato
cenfetur repetita conditio, leg. Legatum* 95. *ff. de cond.* & *dem.*
Ils citoient M. Cujas, *Confult.* 37. ajoûtans qu'ils devoient fucceder à leur mere *ex quocumque matrimonio ,* fur-tout les enfans
du premier lit étant morts, & ne lui étant pas enjoint par le
Teftateur de vivre viduellement. Mais la Cour voyant que cette
fubftitution, qui avoit trait de temps, n'étoit pas une fubftitution
vulgaire, reforma la Sentence Arbitrale, & ouvrit la fubftitution
en faveur de Dupuy par Arrêt d'Audience du 30. Avril 1647.

CHAPITRE XIV.

Si les enfans d'un mariage contracté par un homme condamné à mort par défaut, empêchent l'ouverture d'une fubftitution.

DUPERIE' Procureur en la Cour par fon teftament inftituä
deux enfans mâles qu'il avoit , fes heritiers égaux, & les
fubftituä de l'un à l'autre, en cas l'un ou l'autre viendroit à
deceder *fine liberis.* Après le decès du Teftateur , l'un de fes
enfans en 1606. tua le nommé Capelle : à caufe dequoi il fut
condamné à mort par défaut ; & s'étant refugié dans la terre de
Morre, qui eft aux Pirennées, il s'y maria quinze ans après le
meurtre ; & eut de ce mariage deux enfans mâles.

Pendant ce temps-là , un de fes Créanciers fit généralement
faifir tous fes biens. Envers cette faifie, divers Créanciers s'étant
oppofez , le décret fut adjugé & expedié à Me. de Lamarque

Avocat & Referendaire à la Chancellerie de la Cour ; non pas comme Créancier, mais comme dernier furdifant pour la fomme de 4000. liv. Long-temps après s'être mis en poffeffion des biens decretez, Duperié condamné vint à deceder en l'année 1646. dans ledit Païs de Morre ; & peu de temps après fon decès, fon frere deceda fans enfans, ayant par fon teftament inftitué fon heritier Me. de Montret Avocat en la Cour, & legüé à chacun de fes neveux la fomme de 3700. liv.

Me. de Montret après le decès du Teftateur impetrà Lettres Royaux en ouverture de la fubftitution, bien que Duperié, fugitif & condamné à mort, eût laiffé des enfans, attendu qu'ils n'étoient pas légitimes, puifque leur pere ne pouvoit point avoir contraâé mariage, après avoir été condamné à mort ; attendu que le mariage eft interdit à ceux qui font morts civilement, parce que tels condamnez ont perdu le droit de la Cité, comme il eft dit des Deportats *in §. Cùm autem inft. quib. mod. jus patr. pot. Sol.* Et de fait, le Parlement de Paris par Arrêt prononcé en Robes rouges le 14. Août 1585. rapporté par Loüet, *lett. E, chap.* 8. les enfans d'une mere condamnée à tenir prifon perpetuelle dans un Cloître, d'où elle étoit fortie pour fe marier, furent exclus de la fucceffion de leur mere. Et par autre Arrêt du même Parlement du 5. Juin 1618. rapporté par Brodeau fur Loüet, *lett. B, chap.* 17. les enfans procréez d'un mariage contraâé par un Condamné au baniffement perpetuel hors du Royaume, furent privez de la fucceffion de leur pere.

Les heritiers de M. Lamarque au contraire repreferent que les enfans empêchoient l'ouverture de la fubftitution, quand même leur pere feroit decedé avant qu'il n'y eût vingt ans du meurtre, temps pour pouvoir prefcrire ; & quoique les enfans fuffent incapables de fucceder à leur pere, néanmoins pour cela ils ne reftoient pas d'être legitimes, à caufe de la bonne foi de leur mere, *cap. Cùm inhibitio, §. Si quis de Cland. deffponf.* Et la Glofe du Chapitre premier *De eo qui duxit in matrimonium quam polluit per adulterium*, obferve que bien que le mariage foit nul de celle qui ignoroit fon mari être incapable de mariage, fi eft-ce que les enfans qu'elle avoit eu de lui, ne reftoient point d'être legitimes, *Propter matris bonam fidem.* Et que fi la mort civile eſt un obſtacle legitime au mariage , ce ne peut être que pour ce qui eſt des effets civils , mais non pas pour ce qui regarde le Sacrement de Mariage , & la legitimation des enfans ; & que bien que Duperié ſe fût marié quinze ans après le meurtre , le mariage étoit bon & valable , tant pour le Sacrement que pour les Effets civils.

Et pour cet effet , il étoit à conſiderer que bien que les Impuberes ne puiſſent pas contracter mariage , *inſt. de nupt. in princ. cap. Tuæ fraternitati, extr. de ſpons. cap. Ubi non eſt conſenſus. Extr. de deſponſ. Impub.* & Novell. *Leonis* 109. Néanmoins il a été jugé par Arrêt rendu par le Parlement de Paris le 4. Novembre 1586. rapporté par Mornac , *in leg. 2. ff. de Sponſal.* que ſi les Impuberes perſiſtent dans le mariage après la puberté , il eſt bon & valable , *Ex leg. Minorem , ff. de ritu nup. & cap. Atteſtationes , Extr. de Deſponſal. Impub.* Ainſi jugé au Parlement de Paris par Arrêt de l'an 1621. rapporté par Montholon en ſes Arrêts , *art.* 138. Or Duperié ayant vêcu vingt-cinq ans après ſon mariage , quarante ans après le meurtre , on ne peut pas dire que ſon mariage ne fût bon , & ſes enfans legitimes , qui ne ſont point intervenus en cauſe pour demander de leur chef l'ouverture de la ſubſtitution apoſée dans le teſtament de leur ayeul par le decès de leur Oncle ſans enfans , eſtimant plus le Legat qu'il leur avoit fait que les biens ſubſtituez. De ſorte que la Cour rendit Arrêt en l'Audience de la Grand'-Chambre le premier jour de Mars 1655. par lequel Montret fut démis de ſes Lettres.

CHAPITRE XV.

Si l'on peut ſubſtituer aux biens donnez ex intervallo, & en quel cas.

REGULIEREMENT on ne peut ſubſtituer aux biens donnez , parce qu'ils ſont demeurez par la donation *Extra cauſam bonorum , leg. Perfecta. cod. de donat. & leg. Lucius Titius. ff. de fidei. libert.* Cujas , *Conſult.* 20. & 58.

Néanmoins

Néanmoins il y a quelques cas aufquels on peut le faire, comme lorfque la donation eft faite aux defcendans du meriage tel que le Donateur élira ; alors on peut fubftituer à l'élû , parce que *videtur potiùs ex nominatione quàm ex donatione rem confequi* , comme dit Fernand, *cap. un. De filiis nat. ex matr. ad morgan. contracto* , & *leg. Unum ex famil. §. Si duos. ff. de legat.* 2. M. Maynard, *liv.* 5. *chap.* 54. dit que cela a été jugé plufieurs fois en faveur des autres éligibles, *Arg. cap. Relatum. de teftam.* Ce qui fut jugé en la caufe de Beffet contre Bergagnoux, le 2. Juin 1646. après Partage, vuidé le 27. du même mois, où le Pere ayant anticipé la reftitution du fideicommis en faveur de fa fille en la mariant, elle eut une fille de ce mariage qui mourut avant l'ayeul, après avoir furvêcu à fa mere.

L'ayeul vouloit varier ; la mari difoit qu'il ne pouvoit. Et en effet il fut ainfi jugé , quant au temps de la vie du mari, fauf aux éligibles après la mort d'agir. Par le même Arrêt, il fut jugé que cette fille furvivant à la mere , n'empêchoit pas le retour en faveur de fon Ayeul pour les biens qui y étoient fujets.

Le pere peut auffi fubftituer aux biens donnez quand le Donataire n'a point d'enfans, & qu'il fubftitue un frere du Donataire, comme il fut jugé le 26. Août 1650. en la caufe de certains appellez Jammes freres , contre des Acquereurs des biens.

Comme auffi telle fubftitution eft bonne, lorfque le Donataire étant auffi heritier, a confondu fa donation avec l'heredité, en ne faifant point d'inventaire, parce qu'il s'oblige envers le Donateur, *Leg. Cùm quis decedens* , §. *Pater emancipato* , *ff. de legat.* 3.

Mais il faut remarquer que lorfqu'il n'a pas confondu il peut répudier l'heredité, & s'en fervir aux biens donnez, même au cas que la fubftitution pourroit être bonne. D'ailleurs comme lorfqu'il n'y a point d'enfans du Donataire, & que c'eft à un des freres du Donataire que le Donateur fubftitue, à moins qu'il ne foit fpecifié qu'il fubftitue expreffement aux biens donnez ; car s'il dit feulement qu'il fubftitue en tous fes biens, cela ne s'entend pas des biens donnez qui ne font plus à lui, comme la Cour le déclara par un Arrêt général de 1582. rapporté par M. Maynard, *ibid.*

La même chofe fut jugée à la feconde Chambre des Enquêtes,

O o o

au Rapport de M. Reſſeguier au mois d'Avril 1665. en la cauſe de Pujo. M. d'Olive, *liv.* 5. *chap.* 15. traite cette queſtion ; Mais au chapitre 16. il rapporte un Arrêt par lequel la ſubſtitution aux enfans du Donataire fut jugée valable. Néanmoins au chapitre 15. il ſemble être d'avis contraire. Et en effet , il ſe juge le contraire, & que le pere ne peut ſubſtituer aux enfans du Donataire : ce qui fut jugé le 23. Janvier 1651. en la cauſe de Sauboy contre Guy & Micalet. Voyez la Loi finale , §. *Filia*, *de legat.* 2. Le fait étoit que Sauboy avoit fait donation des biens à ſon fils en le mariant ; & ſon fils ayant aliené une piéce de terre en faveur de Guy, le Donateur par ſon teſtament ſuſtitua aux biens donnez le premier mâle de ſon fils , lequel premier mâle avoit fait caſſer cette alienation par le Senêchal ; mais la Sentence fut reformée , ſur cette raiſon que le Donateur ne peut ſubſtituer quand il y a des enfans du Donataire. Cet Arrêt fut rendu après Partage en la Premiere des Enquêtes , M. d'Auterive Rapporteur, M. de Fermat Compartiteur. Et la même choſe fut jugée en faveur de la Demoiſelle de Martel contre Jacques Bonnet , Rapporteur M. de Prohenques , le 22. Février 1652.

Et le 26. Novembre 1655. en Audience, la Cour rendit Arrêt, plaidant Me. de Requi pour un nommé Bach , ſur un appel d'une Sentence Arbitrale, qui jugeoit que le Donateur n'avoit pû ſubſtituer aux biens donnez à ſon fils, quoiqu'il eût ſurvêcu au Donataire , parce que le Donataire avoit des filles vivantes.

Or contre ce que nous avons dit, que la ſubſtitution ne s'entend des biens donnez que lorſqu'elle eſt expreſſe , il faut remarquer que lorſqu'on ne peut entendre la ſubſtitution que des biens donnez, comme lorſqu'il y a cinq enfans qui abſorbent la moitié reſervez pour leurs legitimes, la ſubſtitution s'entend des biens donnez , comme il fut jugé ſur l'oppoſition à un Arrêt, qui jugeoit que les paroles équipollentes ne ſuffiſoient pas entre Balac & Meric, le 9. Juin 1646. en Audience à la Grand'Chambre.

Comme auſſi lorſqu'il eſt dit qu'un ſubſtitué aux biens donnez & leguez, quoiqu'auparavant dans le même teſtament ont ait dit : *Je donne & legue* ; & que celui qui défend la donation, veut interprêter les mots *Donnez & leguez*, de ce qui a été dit dans le teſtament, non de la donation précedente , la moindre choſe

qui fasse comprendre l'intention du Testateur, fait que cette
allegation ne passe que pour une cavillation, comme il fut jugé
au mois de Janvier 1643. à la Premiere des Enquêtes, en la
cause de Macellin & Agude, après Partage néanmoins.

On reçut aussi la substitution par paroles équipollentes en ce
cas ici; sçavoir, lorsqu'il s'agit de conserver les biens dans une
Famille noble, comme il fut jugé en la cause du sieur d'Albarel
Seigneur de Saint Clair, contre M. de Marsis son oncle, où le
Testateur ayant confirmé la donation dans son testament, &
divisé ses autres biens aux autres enfans, les autres biens absorbez,
la substitution ne peut s'entendre que de la donation. De sorte
que lorsqu'il y a quelques circonstances qui favorisent, & qui
aident, les paroles équipollentes suffisent, quoiqu'elles ne soient
pas tout-à-fait expresses. Sur quoi il seroit bien difficile de
faire une regle certaine.

CHAPITRE XVI.

*Si la mere peut charger de substitution les enfans de son fils,
Donataire prédecedé.*

AU Chapitre précedent, il à été dit si le pere peut substituer
aux biens donnez; & présentement il est question de
sçavoir si la mere peut substituer à ses petits enfans les biens par
elle donnez à son fils, leur pere prédecedé. Cette question se
présenta avant que les questions ou décisions de M. de Cambolas ne
fussent mises au jour, où il rapporte des Arrêts rendus au Rapport
de M. son Fils: c'est au livre 6. *chap.* 13. Et M. d'Olive au
livre 5. *chap.* 16. rapporte aussi un autre Arrêt, par lesquels
Arrêts il a été jugé que l'ayeul peut substituer à ses petits-fils
aux biens qu'il avoit donnez à leur pere en ses pactes de mariage; & à l'égard de l'ayeule, il a été jugé qu'elle pouvoit
substituer sur les cas suivans.

Demoiselle Anne de Monfrai mariant Dominique Dutil son
fils aîné avec Demoiselle Claire de Gontier, lui fit donation de la
moitié de tous & chacuns ses biens. De ce mariage, il y eut

une fille appellée Jeanne Dutil. Dominique pere étant decedé, la Demoiselle de Monfray sa mere vint à deceder quelque-temps après ; & par son testament, elle confirma la donation qu'elle avoit faite à Dominique Dutil son fils en faveur de la Demoiselle Jeanne Dutil sa petite-fille ; & en cas elle decederoit sans enfans de legitime mariage, elle lui auroit substitué ausdits biens donnez, Me. Jean George Dutil Avocat en la Cour, habitant de Castres, son autre fils, & oncle de ladite Jeanne Dutil. Quelque-temps après le decès de la Demoisellle de Monfray, la Demoiselle Jeanne Dutil seroit decedée sans se marier.

Pour lors Me. Jean George Dutil, comme substituez aux biens donnez à son frere par leur mere, auroit demandé l'ouverture de la substitution. Mais Pierre Gontier, frere & heritier de la veuve de Dominique Dutil, & ladite veuve heritiere de ladite Jeanne Dutil sa fille, lui auroit contesté l'ouverture de la substitution, disant seulement qu'il n'y avoit que le pere & l'ayeul qui puissent substituer aux biens donnez. Mais ledit Jean George Dutil Avocat disoit au contraire que sa mere pouvoit avoir fait cette substitution, attendu que la Loi finale, §. *Filia. ff. de legat.* 2. sur laquelle cette substitution est établie, est generale ; & comme l'enseigne Barthole sur cette Loi, & la Glose, qui dit *Filia potest generari in id quod est ultra legatum à parentibus*; & le mot *Parentibus*, signifie proprement les Peres & les Meres. Si-bien que la Cour par l'Arrêt qu'elle rendit le 26. Mai 1651. au Rapport de M. de Catellan, la substitution fut ouverte, & par consequent confirmée en faveur dudit Me. Jean George Dutil Avocat.

CHAPITRE XVII.

Si celui qui a droit d'élire au fideicommis, peut grever celui qui élit.

QUOIQU'IL semble que le pere ou la mere, qui ont droit d'élire l'un d'entre leurs enfans, n'ayant que *Nudum ministerium, Arg. leg.* 7. §. *Cùm quidam. ff. de reb. dub.* & *leg. si quis* 17. *ff. de legat.* 2. néanmoins il se juge autrement, & l'élû peut être grevé suivant l'opinion de Fernand, *Cap. 9. num. 4. de matrim ad Morg. contr.* & la Loi *Ab eo*, *cod. de fideicomm.* & *Cap. Relatum cum* Glos. *de Elect. & Electi potest.* Et cela fut ainsi jugé le 17. Janvier 1639. en la cause du sieur Lentillac & la veuve de Fournac sa belle-mere ; car ayant impetré des Lettres de Requête civile contre un Arrêt qui avoit jugé cela, il en fut démis.

Mais il faut remarquer que celui qui doit élire ne peut grever à son profit ; mais que s'il veut grever, il faut que ce soit en faveur des autres éligibles. Cela fut jugé en 1643. en la cause de Gauban contre sa mere, qui en élisant, lui avoit fait accepter quelques quittances à son préjudice, sous prétexte qu'elle lui laissoit quelque chose de ses biens ; car ayant repudié ce qu'elle lui laissoit, il fut reçu à contester ces quittances. Cela fut encore jugé en 1651. au Rapport de M. Delong.

Mais si le fils, à qui la mere restituë le fideicommis, a déclaré qu'il a perçu les fruits du fideicommis avant la restitution, cette déclaration est présumée veritable, quoique ce soit au cas que les fruits lui devroient être restituez ; sçavoir, quand le délai de restituer a été aposé en sa faveur, *Leg. Fideicommissi*, §. *Pollidius. ff. de Usur. & fruct.* & *leg. Seius Saturninus, ff. ad Trebell.* & *Leg. Lucius* 78. §. *Heredum*, *ff. eod.* & Maynard, *liv.* 5. *chap.* 65. Ce qui fut jugé contre M. Pivot en faveur de sa sœur heritiere de sa mere, car il ne fut pas relevé de cette déclaration à cause qu'il étoit majeur. L'Arrêt est du 5. Avril 1647. après y avoir eu néanmoins Partage. De sorte que la mere se fit par ce moyen, décharger des fruits qu'elle devoit rendre ; parce qu'on ne pouvoit pas dire que ce fils fût grevé, mais qu'il avoit avoüé la verité.

S U C C E S S I O N.

CHAPITRE XVIII.

Si les enfans de deux Femmes vivantes doivent succeder à leur pere & mere, & être reputez legitimes.

LE Philosophe Talés fut requis pourquoi il ne s'étoit jamais voulu marier. Il répondit, qu'il arrivoit d'ailleurs assez de miseres & de malheurs à l'homme sans s'en procurer par soi-même ; & qu'il croyoit que s'étant marié, il auroit pû troubler la tranquillité de sa vie par l'importunité d'une femme. Or si le nommé Graval avoit eu les mêmes sentimens que ce Philosophe, il ne se feroit pas marié avec deux femmes vivantes, & n'auroit pas donné lieu par sa bigamie à un Arrêt qui fut rendu par la Cour en l'Audience de la Grand'Chambre le 10. Mai 1658. par lequel les enfans de ces deux femmes furent également maintenus en la succession de ses biens. Et cet Arrêt fut rendu sur la bonne foi de la seconde femme, qui ignoroit lors de son mariage, celebré & solemnisé publiquement, & avec toutes les formalitez requises par les Arrêts, par les Ordonnances, & par les Saints Décrets & Constitutions Canoniques, que Graval fût marié, étant certain que lors de tels mariages, la bonne foi étant à l'un des conjoints, les enfans procréez de tels mariages sont déclarez legitimes & successibles, comme au reciproque, la bonne foi cessant, *Cap. Deferente*, & *cap. Ex tenore*. *Extra qui filii sunt legitimi*. *Cap. Cùm inhibitio*, §, *Si quis. de Cland. Despon.* Et la Glosse du Chapitre premier, *De eo qui duxit in matrimonium quam polluit per adulterium*, observe que celle qui ignoroit son mari être marié avec un autre, bien que tel mariage fût nul, les enfans pourtant qu'elle avoit eu de lui, ne laissoient pas d'être legitimes, *Propter matris bonam fidem.*

Comme aussi, si une femme se marioit avec un Prêtre ignorant son état, les enfans qu'elle en auroit seroient legitimes, &

ſuccederoient à leur pere. Ainſi jugé par Arrêt du Parlement de Paris rendu le 24. Avril 1600. Peleus, *liv.* 8. des Actions Forences, *chap.* 72. & l'Hiſtoire fourniſſent de ceci des exemples conſiderables. Car Dutillet en ſes Mémoires ſous le Roi Jean, à l'endroit où il traite de la Branche de Bourgogne, dit que Meſſire Bouchard Daveſne étant Diacre, épouſa Marguerite Comteſſe de Flandres, de laquelle il eut des enfans ; & étant mort, elle ſe maria avec Guillaume de Dampiere, de qui elle eut auſſi des enfans, qui diſputerent l'état à ceux du premier mariage. Sur cela fut donné Jugement par le Roi Saint Loüis, & par le Legat Apoſtolique, par lequel les enfans du premier mariage furent déclarez legitimes. Et par cet Arrêt que la Cour rendit, & par celui que le Parlement rendit auſſi, il fut adjügé aux ſecondes femmes la répetition de leurs dots, & tout ce qu'elles avoient baillé à leurs maris, *Leg. Cùm qui duas. cod. ad leg. Jul. de adult. & Ex argum. leg. Si cum dotem. §. 13. ff. ſolut. matrim. & leg. 3. cod. eod. leg. Si ſponſa 74. ff. de Jur. dot.* Guid. Pap. *liv.* 22. *tit.* 9. *art.* 22.

Nota, que celui qui regla les Arrêts de notre Auteur, ſe méconta ſi fort à la datte, lorſqu'il dit que M. de Loubaſſin plaida en 1653. avec M. de Maſſoc, ce qui ne peut être, attendu qu'audit temps ledit Me. de Loubaſſin n'étoit pas Avocat, & n'en fut même que quelque-temps après.

CHAPITRE XIX.

Qui doit ſucceder à ce qui a été adjugé à un Enfant bâtard pour ſa nourriture, lorſqu'il meurt.

AUDIFRET ayant rendu enceinte Margueritte Quintin, avoit été condamné par Arrêt de la Chambre de l'Edit de Languedoc, à 500. liv. envers elle, & à 500. liv. envers la fille. Cet Arrêt, qui eſt de l'an 1654. ayant ordonné que cette derniere ſomme de 500. liv. ſeroit remiſe entre les mains d'un Marchand juſqu'à ce que cette fille fut en âge, & que le revenu ſeroit employé à ſa nourriture. La mere & la fille étant mortes, les Fermiers du Domaine demanderent cette fucceffion devant M. l'Intendant du Languedoc, qui par une Ordonnance l'adjugea au pere naturel. Mais ces Fermiers demanderent la caffation de cet Ordonnance au Parlement.

Leurs raifons étoient que cette fomme devoit être confiderée comme propre à cette bâtarde, à laquelle le Roi fuccedoit de droit commun, *Cùm neque gentem, neque genus habeat, leg. Ult. cod. de naturali, lib.* Que fi le pere retiroit cette fomme, il profiteroit de fon incontinence. Qu'aux termes de l'Arrêt, l'argent devant être configné jufqu'à ce que cette fille fût en âge de le recevoir, cela faifoit voir que la fomme lui appartenoit, & qu'elle en étoit proprietaire; de forte que, comme dit Bacquet du droit de Bâtard, le Roi devoit lui fucceder, comme aux Aubains, non pas le pere, *Qui nihil habet infpuriis præter peccatum*, fuivant ce que dit faint Jerôme en ces termes : *Tantùm enim culpa ejus qui generavit.*

Le pere au contraire difoit que la feule nourriture de la fille, tant avant l'âge de vingt-cinq ans, qu'après cet âge, avoit été le feul motif de l'Arrêt ; & que les peres naturels étant condamnez à nourrir les Bâtards après qu'ils font morts, ils ne doivent plus de nourriture. Jufques-là que leurs peres naturels ne leur pouvant laiffer que pour leurs alimens, s'ils leur affignent un fonds, ce fonds retourne à leurs heritiers, & non pas au Roi ; & que *Ufusfructus relictus pluribus libertis, uno moriente, portio ejus non adcrefcit cæteris, fed ftatim redit ad proprietatem, & confolidatur.* Que la confignation n'avoit pas été ordonnée pour rendre cette fomme, propre à la fille, qu'en cas de dot, le pere naturel étant obligé de doter les Bâtardes *propter periculum pudicitiæ.* Si-bien qu'étant morte, ce n'étoit plus le cas; & que cette confignation étoit une fimple affurance de cette fomme, & une procuration *Ne effet indotata.*

Le 21. Février 1649. en Audience, la Cour par fon Arrêt ne jugea pas, que veu les circonftances, cette fomme appartint aux Fermiers, ni que le pere non-plus dût la retirer ; parce que ce n'étoit point un immeuble, & que cela tenoit de la nature de peine & de réparation, ou d'amende. De forte que le Château Narbonnois où eft la Conciergerie, & qui eft un édifice

appartenant

appartenant au Roi, ayant besoin d'une réparation pressante, il fut ordonné que cette somme seroit remise entre les mains du Tréforier de la Ville de Toulouse, pour être employée à ces réparations.

Sur quoi il faut remarquer que si la mere eût été vivante, & qu'elle l'eût demandée, elle l'auroit obtenuë aussi-bien que le pere naturel, comme cette somme de 500. liv. assignée pour la nourriture de cette Bâtarde, faisant partie de la réparation du crime du pere. Et en effet, par Arrêt de 1634. en la cause d'un nommé Pouderoux habitant de Besiers, la Cour adjugea à la mere 2000. liv. à quoi Pouderous avoit été condamné envers un enfant bâtard, qui étoit mort depuis la condamnation.

CHAPITRE XX.

Si la mere succede aux Bâtards à l'exclusion du Seigneur Justicier, ou les Bâtards à leur mere.

QUOIQUE la plûpart des Docteurs tiennent que la mere même ne succede pas à son fils bâtard, ni le bâtard à sa mere contre le Droit Civil en plusieurs endroits, & que le Roi succede, ou les Seigneurs Justiciers, quand le bâtard est né, residant & mort dans la Terre de tel Seigneur, suivant les Auteurs des autres Parlemens ; néanmoins en celui de Toulouse, où le Droit Ecrit est gardé, les Seigneurs Justiciers n'ont pas ce droit établi. Car le second Août, plaidant Me. d'Auteserre pour le sieur de Lamartinie, & Me. de Cominihan pour une nommée Bordonne veuve d'un bâtard, la Cour préjugea que le Seigneur ne succedoit pas. Car une femme ayant fait donation de ses biens à un tiers Fermier du Seigneur du Lieu, comme Fermier ; & l'ayant chargé verbalement de les rendre à un bâtard qu'elle avoit (ce que le Donataire avoit executé) ce bâtard joüit dix ans des biens, & se mariä.

Après sa mort, le Seigneur fit instance au Senêchal contre la veuve, disant que cette donation avoit été faite pour son droit de Bâtardise. La veuve au contraire soûtint le fideicommis,

fur quoi le Senêchal ordonna que les témoins feroient réfumez.
De quoi le Seigneur fut appellant en la Cour, où il fut démis
de fon appel, & renvoyé au Senêchal pour faire refumer les
témoins ; Préjugeant par-là que le Seigneur n'avoit aucun droit
aux biens de la mere ni du bâtard, que par cette donation captée
fous faux donné à entendre à cette femme, qu'elle ne pouvoit
faire autrement. Si-bien que la Cour admit le fideicommis
verbal, & confirma une Ordonnance qu'elle avoit rendue pour
proceder à la refomption des témoins nonobftant l'appel, dont
l'Appellant demandoit la caffation. D'où il fe voit qu'elle ne jugea
pas ce fils naturel incapable de fucceder à fa mere, parce que
fi elle l'eût cru incapable, elle n'auroit pas approuvé la preuve
que le Senêchal en avoit ordonnée, laquelle preuve auroit été
contre la Loi *In tacitis, ff de legat*. 1. où l'on n'admet pas le
fideicommis tacite en faveur d'un incapable en fraude de la Loi,
y ayant peine de confifcation en ce cas, *Leg*. 3. §. 5. *ff. de jur.*
fifci. Et en effet, l'on dit pour lors au Barreau, qu'un autre
fils naturel avoit été maintenu en la fucceffion de fa mere contre
le Seigneur du Lieu de Montaut par un Arrêt précedent. Voyez
Guid. Pap. *quæft.* 28.

CHAPITRE XXI.

Si le pere & la mere fuccedent à leurs enfans, quant à la proprieté,
lorfqu'ils fe remarient.

SOIT que les enfans du premier lit meurent devant ou après
le fecond mariage, le pere ou la mere remariez leur fuccede,
même quant à la proprieté s'il n'y a pas d'autres enfans. Ainfi
jugé, quoique la Gloffe fur l'autentique *Ex teftamento, cod. de*
2. *nupt. in verbo filii*, font d'avis contraire. Et Barthole,
Confil. 54. M. Maynard même, *liv. 9. chap.* 30. rapporte un
Arrêt conforme à l'opinion de Barthole. Voyez Olive, *liv. 3.*
chap. 17. qui rapporte un Arrêt conforme à la Novelle 22. *cap.* 2.
& *cap.* 43. en faveur du fubftitué, quoiqu'il eût confenti au
mariage, & par Arrêt du 4. Août 1645.

CHAPITRE XXII.

Si une sœur doit être privée de la succession de sa tante, pour n'avoir pas poursuivi la sœur pour le meurtre par elle commis en la personne de leur dite tante.

QUOIQUE l'heritier qui ne vange pas la mort du défunt, soit privé de la succession, *Leg. Eos qui est seq. ff. de his quæ ut indig. aufer. & leg. Si sequens. 15. ad Senat. Sillan.* Néanmoins une sœur pour n'avoir pas poursuivi sa sœur meurtriere de leur tante, ne fut pas privée de l'heredité de cette tante par Arrêt de la Cour donné en la Chambre Tournelle en Audience le 7. Decembre 1639. parce que ce seroit acheter trop cher une heredité que de l'acheter avec son propre sang ; & que c'est un crime d'accuser son frere, *Leg. Si magnum. 13. cod. de his qui accus. pos.* Voyez Papon, *liv. 12. des Succeff.* & Peleus, *Act. for. lib. 7. act. 4.* La parenté & l'affection, accusent souvent des fautes que l'on fait. Car le 18. Janvier 1627. un mari ayant fait évader sa femme, & une autre parente des prisons, lorsqu'elles alloient être condamnées pour un meurtre, fut relaxé à l'Audience Tournelle, la Cour ayant reformé un Appointement qui le condamnoit à des grosses amendes.

Et quoique le meurtrier soit indigne de succeder à celui qu'il a tué, & ses enfans aussi, comme dit Charondas, *lib. 2. respons.* 80. néanmoins le 15. Juillet 1669. en l'Audience de la Grand'-Chambre, un pere remarié impetrant Lettres de grace pour avoir tué son fils d'un coup de bâton, qu'il lui jetta pour quelque manque de respect envers lui, fut maintenu aux biens de son fils, ses Lettres de grace ayant été interinées.

CHAPITRE XXIII.

Si une femme qui a un fils, ayant malversé l'année du deüil,
ce fils venant à mourir, empêche son pere, par son indignité,
de succeder à son petit-fils.

L'AYEUL maternel est préferé à la succession de son petit-
fils, aux Oncles même paternels, suivant la Novelle 22,
§. *Soluto*, & *ex Novel.* 113. De sorte qu'il semble que succedant
Jure proprio, en ce cas l'ayeul ne doit pas pour la faute de sa
fille, *Alieno odio pragavari*. D'ailleurs les peines suivent les coupables, & ne doivent pas s'étendre. De plus, on peut dire que
l'ayeul n'a pas le droit de succeder par le canal de sa fille, ni
en la representant, mais qu'il succede parce que le petit-fils est
son sang ; de sorte que si la fille succedoit, il ne pourroit à la
verité succeder, mais la fille défaillant : de quelque maniere que
ce soit, la succession va au degré suivant, *Per successorium edic-*
tum. Joint à cela que par la derniere Loi *In princip.* §. 1. *ff.*
de legat. 3. le fils exheredé par son pere, qui a l'heredité par
l'institution que son frere a faite de lui, n'est pas censé avoir
cette heredité de son pere, mais de son frere, quand il ne suc-
cederoit que *ab intestat*. De sorte que l'ayeul en ce cas n'ayant
pas l'heredité par le droit de sa fille, il n'en doit pas subir la
peine.

Au contraire les Oncles representoient que la fille qui avoit
malversé étant encore en vie, & devant par l'ordre de la nature
survivre à son pere, elle auroit *per interpositam personam*, ce qu'elle
ne pourroit pas avoir par elle-même. Et que *in leg. Quæritur,*
ff. de hon. liber. filio exheredato etiam nepotes ex eo à bonorum
possessione liberti excluduntur, ne, dit cette Loi, *qui suo nomine*
à bonorum possessione submoventur, per alias eam consequantur.
Et que par consequent la fille ne seroit pas punie de sa malversation, & qu'elle éluderoit par ce moyen les peines de la Loi.
Ils alleguoient de plus, qu'il y avoit un Arrêt général de 1593.
prononcé par M. le Premier Président de Saint Jori, rapporté
par M. Laroche, qui faisoit une Loi sur ce sujet.

L'ayeul repliquoit que la fille étoit assez punie, puisqu'il pouvoit donner les biens à d'autres ; & que par cette Loi derniere, nonobstant l'exheradition du fils & son indignité, il pouvoit avoir les biens de son pere du chef de son frere heritier, en succedant à ce frere ou par testament, ou *ab intestat ; quia non principaliter, sed per successionem ad eum pervenerunt*, dit le Paragraphe, *plus ego*, de cette Loi. Et qu'ainsi on pouvoit avoir en matiere de succession *Per interpositam personam*, ce qu'on ne pouvoit avoir directement par soi-même : Que l'indignité de sa fille ne venoit pas d'un crime, mais d'une foiblesse. Et il répondoit à la Loi *Quæritur*, que les enfans étoient punis à la verité par la faute des peres ; mais que les peres ne l'étoient pas de la faute de leurs enfans. Que c'est pour cela qu'on a representé la Généalogie par un Arbre : Que les Jardiniers coupent souvent les branches, & que la Souche demeure ; au lieu que quand ils coupent le pied, les branches s'en vont. Comme aussi que quand un Ruisseau est troublé ou infecté en un endroit, l'eau qui descend depuis cet endroit est bien troublée & infectée ; mais que celle qui coule depuis la source jusqu'en cet endroit, ne l'est pas : & qu'enfin les branches se sentent de la pourriture de la racine ; mais que la racine ne se sent pas de la secheresse ou de la mauvaise disposition des branches. De plus, que cet Arrêt Général n'étoit pas une regle si certaine, que le contraire n'ait été jugé en 1635. c'est-à-dire, quatre ans avant cette cause.

Sur toutes ces raisons, la Cour, par Arrêt rendu en l'Audience de la Grand'Chambre le 2. Août 1639. Avocats, Me. de Parisot & Pauliac, fit Partage. Mais il semble que les raisons de l'ayeul sont néanmoins plus fortes, sur ce que le Droit civil préfere l'ayeul maternel aux Oncles. Et en effet, cette Loi est fondée sur la raison qui est que le petit-fils de l'ayeul est préferé aux freres du même ayeul.

CHAPITRE XXIV.

Sçavoir si une femme née en France, pour avoir demeuré trente ans mariée hors du Royaume, perd les droits de succession qu'elle y pourroit avoir.

UN nommé Brias fut marié deux fois. En premieres nôces, il eut deux filles Philippe & Anne, & un garçon appellé Odet, qui moururent avant le second mariage de leur pere, qui après en secondes nôces, eut deux fils ; sçavoir, Pierre & Jean. Comme il étoit d'un Lieu qui fait la Frontiere du Païs de Foix, cette Philippe fut mariée à Puycerda ville d'Espagne qui est tout proche. Cette femme ayant appris le decès d'Anne sa sœur, vint en Foix pour recueillir la succession de cette sœur, au préjudice des freres qui n'étoient freres que de pere ; & ayant intenté procès contre eux, après quelque Jugement, il y eut transaction, par laquelle les freres lui relâchoient tous les biens d'Anne leur sœur, moyennant 8. liv. 3. sols, avec l'habitation d'une petite maison qu'ils se reservoient pendant un an.

Cette femme ayant vendu dans l'an cette maison, voulut les en faire sortir. Laffaire étant portée par appel en la Cour, & ses freres ayant impetré des Lettres en cassation de cette transaction, comme ayant transigé contre le droit public, par lequel les étrangers ne peuvent succeder en France, disant que leur sœur ayant demeuré trente ans hors du Royaume, & que n'ayant pas dessein d'y retourner, *Amiserat jura Civitatis* ; & que *Postliminium non erat, quia animum remanendi non habeat, leg. 3. in fin. ff. de captivis & post. revers.* Que ceux qui s'absentoient de leur Païs volontairement, n'étoient plus Citoyens, *Leg. 19. §. Transfug. 4.* leur sœur ayant été trente ans *sub diverso imperio, leg. In amissione, ff. de cap. minut.* Qu'il apparoissoit, puisqu'elle avoit vendu la maison, qu'elle ne vouloit pas revenir en France ; & que pour être regnicole, il falloit revenir *& corpore & animo. Leg. nihil interest 26. ff. de captiv. & post. revers.*

Cette femme alleguoit au contraire la proximité du Lieu ;

n'y ayant qu'une lieuë de fa naiffance à Puycerda : & que fur
la Frontiere on n'y faifoit pas façon ; car comme les Efpagnols
époufoient de Françoifes, les François auffi époufoient d'Efpag-
noles ; & que c'étoit comme un échange, & une coûtume tacite
pour entretenir la paix entre Voifins ; & que fans les alliances
dans les Lieux qui appartiennent partie au Roi de France, partie
au Roi d'Efpagne, on s'egorgeroit fans ceffe : Que la rigueur
de la Loi des Aubains fur la Frontiere, ne s'executoit pas en
Efpagne à l'égard de ceux qui paffoient en France, & que par
confequent on devoit en ufer de même : Que même pendant la
guerre entre des Voifins de fi près, il y a toûjours treves ; &
que le Commerce dure toûjours pour l'utilité des deux Nations :
Que quoiqu'elle eût demeuré en Efpagne, elle avoit le cœur
François ; & que *per capitis diminutionem non perditur origo,*
quæ non perimit natura veritatem, ff. 6. ff. ad municipalem. Que
pour lors le Roi tenoit la Catalogne pour fa conquête : Qu'elle
n'avoit point quitté la France *animo proditionis,* fuivant le
Paragraphe *Transfuga* qu'on lui oppofoit ; mais en un temps
auquel il y avoit paix entre les deux Couronnes ; & que fi elle
y étoit demeurée pendant la guerre, c'étoit par la neceffité de la
Loi divine, qui commande aux mariez de vivre enfemble :
Qu'elle difputoit *Lares Patrios,* & une méchante maifon qu'on
lui avoit cedée par tranfaction pour 8. liv. Et enfin elle concluoit
par ces paroles de Dedale.

Et quoniam in patria fatis agitatus iniquis
Vivere non potui, da mihi poffe mori.

Néanmoins par Arrêt du premier Juillet 1647. la Cour en
Audience, M. de Bertier préfidant, & M. le Duc d'Epernon en
qualité de Gouverneur de Guienne affiftant, la Cour caffa la
tranfaction, & maintint les freres, quoique du fecond lit, aux
biens de queftion ; & ce qui nuifit à cette femme, fut qu'il
apparoiffoit qu'elle n'avoit pas deffein de revenir en France. Il
y en a un autre exemple en matiere de fideicommis dans les
Arrêts de M. de Cambolas, *liv. 5. chap. 25.* Voyez Bacquet au
droit d'Aubaine, *num. 11 & 12.*

S U R C H A R G E.

CHAPITRE XXV.

Si la surcharge peut être prescrite par un Seigneur.

LA meilleure regle en ce cas est le Titre primordial, sçavoir l'inféodation, *Arg. leg. 1. cod. de impon. lucr. descrip.* & le Seigneur ne peut imposer aucune surcharge à peine de privation du fief, *leg. Cum satis. §. Caveant. cod. de agric. & cens. Leg. Si quis, cod. de omn. Agr. deserto. & cap. Prohibem. de consf.* C'est pour cela que le Seigneur ne peut prescrire les surcharges, comme l'on ne peut prescrire la rente contre lui, *Arg. leg. 1. cod. in quib. caus. cod. cens. dom. accus. post. & leg. 1. cod. de pasc. pub.* & la peine est la privation du tout, si l'on en croyoit au chapitre *Gravis decens.* Et la joüissance du Seigneur ne peut servir de titre à l'avenir, *Arg. leg. Nec si volens 6. cod. de liber. caus.* à cause qu'un tel fait *Libertatis defensionem non excludit, leg. interrogatum 24. cod. eod.*

Mais il faut sur cette différence, sçavoir si les Emphiteotes depuis le premier titre ont deguerpi ; car en ce cas le fief étant retourné aux mains du Seigneur, il a pû être donné sous de nouvelles conditions. Et cela fut ainsi jugé par un ancien Arrêt de 1597. entre le sieur Malroux contre les Habitans de Bastarde en Quercy.

SURVIVANCE.

CHAPITRE XXVI.

Quel des deux, du mari & de la femme, est censé avoir survêcu dans un incendie, ou dans une cheute de maison.

PARISOT Chirurgien de Toulouse, habitoit une maison qu'il possedoit au bout de la ruë Ninaut, qui faisoit bout de coin à cette petite Place qui est à Montelieu vis-à-vis le Puids. Cette maison se brûla de nuit. Parisot, sa seconde femme, appellée Domenge de Carrere, & une fille du premier lit, & la servante, y furent brûlez. De cette seconde femme, Parisot n'eut point des enfans, & lui en restoit trois du premier lit, deux desquels n'étoient pas dans la maison lors de l'incendie, & l'autre se sauva dans une des maisons voisines.

Cela donna lieu à un procès ; car Bernard Carrere Maître Celier de Toulouse, pere de la seconde femme de Parisot, comme étant morte sans enfans, fit instance devant le Senêchal contre les enfans de Parisot, leur demandant le délaissement des biens que sa fille s'étoit constituée en dot, & le droit d'augment, prétendant que sa fille avoit survêcu à Parisot son mari. Cette instance ayant été portée par appel en la Cour, & ayant été plaidée en la Grand'Chambre par Me. de Laroque pour les enfans de Parisot, & par Me. de Gourdou pour Carrere, la Cour rendit Arrêt le 17. Mars 1689. par lequel les enfans de Parisot furent relaxez : Et ce sans doute que la Cour présuma que la femme étoit plûtôt morte que le mari, comme étant plus foible & moins robuste. La présomption du Droit étant que de deux qui ont peri dans un naufrage, cheute de maison, ou incendie, *Eum qui debilior est, prius decessisse præsumitur, leg. Si mulier, & leg. Qui duos, §. Si maritus, ff. de reb. dub.* Mais cette cause fut très-mal défenduë de la part de Carrere ; car si l'on eut soûtenu divers faits veritables, la Cour n'auroit jamais donné l'Arrêt de la maniere qu'elle le rendit.

Car il est à remarquer que le feu commença du côté de la ruë de Ninaut où étoit Parifot dans le lit, où il fut trouvé tout brûlé à la reserve du ventre. La femme fut trouvée avec ses habits du côté de la ruë de Saint Jacques, où il y avoit une autre porte, & par-où fans doute, elle vouloit fe fauver : car elle fut trouvée près de cette porte qui étoit fermée à clef, n'ayant qu'une cuiffe de brûlée. Or fi l'on eût relevé ces faits, & qu'on les eût foûtenus, la Cour n'auroit point jugé la diffinitive ; & pour preuve de cette verité, c'eft que quelque temps après, la Maison de M. de Mulatier étant tombée, où Mulatier & la Demoifelle fa femme & leurs enfans perirent, il y eut procès entre M. de Mulatier Confeiller au Préfidial de Touloufe frere, & Galau pere de la femme, pour raifon de la fucceffion de Mulatier. Cette Sentence ayant été portée du Senêchal en la Cour, Galau mieux confeillé que Carrere, fit voir que Mulatier fon beau-fils avoit été trouvé mort dans les ruines de la muraille qui étoit devant la ruë : Que fa fille, & une de fes petites-filles qui étoit la plus grande, furent trouvez fur le cartier de derriere la maifon ; & on ne trouva point que cette femme eût été bleffée qu'en un feul endroit.

Or Galau foûtint pour fait pofitif & veritable, avec offre de le prouver & verifier, que la muraille de la maifon qui étoit pardevant tomba la premiere ; & que ce devant de maifon par la cheute de la muraille, avoit attiré le quartier qui étoit fur le derriere de là maifon. Il auroit encore foûtenu que fa petite-fille avoit vêcu environ un quart d'heure après la cheute de là maifon ; fi-bien que la Cour ne jugea point la caufe comme elle avoit jugée celle de Carrere. Mais par Arrêt elle mit l'appellation au néant ; & renvoya pour toute l'inftructive de là caufe, devant le Senêchal : ce qui obligea M. de Mulatier Confeiller audit Senêchal, de demeurer d'accord avec ledit Galau. Il faut voir fur cette matiere Duperier, *pag.* 333. Maynard, *liv.* 3. *chap.* 83. & Charondas en fes Réponfes, *liv.* 8. *chap.* 55.

T.

TAILLES.

CHAPITRE PREMIER.

Quel privilege ont les Tailles dans les Diftributions.

LE 2. Mars 1640. par Arrêt après Partage, il fut jugé qu'après la premiere année les Tailles étoient une dette fimple, & que les autres années *abierant in creditum*, M. de Comere Rapporteur, & M. de Cambolas Compartiteur; parce que fuivant la difpofition du Droit, *funt onera fruſtuum*; non pas *Onera fundorum*, comme les Cenfives, *tot. tit. Sine cenf. vel rel. fund. comp. non pof.* Il eſt vrai que ce droit eſt tranfmiffible, lorſqu'il y a fubrogation, *Leg. ult. cod. de Privil. fifc.* autrement *Pecunia definit effe*, *fit Fifcalis*, quand le Roi eſt une fois payé, Peleus, *quæft.* 131. *Arg. leg. Per Curatorem*, *ff. de acq. vel ammit. hered.* & *leg.* 29. *ff. de novat.* Que s'il y a un Edit du Roi de 1554. qui porte que ceux qui payent pour les comptables, font fubrogez aux droits du Roi, cet Edit n'eſt pas verifié: outre que par cet Edit le privilege n'eſt que trois ans. Et fi l'on oppofe la Loi *indiſtiones 3. cod. de ann. & trib.* par laquelle le fonds femble être chargé, & la pratique de la Cour des Aydes, cela ne doit s'entendre que des Tailles courantes, parce qu'il n'a tenu qu'au Collecteur de fe faire payer.

CHAPITRE II.

*Si en fait de Taxe de piéces, les Senêchaux peuvent taxer plus
de demi écu pour de vuidemens de Regiſtre.*

LA Cour par Arrêt donné en l'Audience de la Grand'Chambre
le 4. Juin 1655. Avocats Mes. de Baiſſe & de Tartanac,
fit inhibitions & défenſes à tous Senêchaux du Reſſort, de taxer
au-delà de demi écu pour le Jugement des vuidemens de Regiſtre
ſur les peines portées par ſes précedens Arrêts de Reglement.
Voyez l'Ordonnance de Blois, *art.* 128. qui enjoint aux Parlemens & autres Cours Souveraines, en cas d'exceſſive taxe des
épices faite par les Juges inferieurs, d'en ordonner la répetition,
tant contre le Rapporteur du procès que contre celui qui les
aura taxées.

TESTAMENT.

CHAPITRE III.

*Si le Teſtament du fils non-émancipé avec clauſe de donation,
eſt bon & valable.*

SALERE, fils d'un premier lit en puiſſance de ſon pere, ayant
fait teſtament, avec la clauſe de donation à cauſe de mort,
en faveur d'un fils du ſecond lit ſon frere, quoique le pere eût
approuvé ou ratifié cette donation, non pas *expreſſè*, mais *per
æquipollentia verba*; & que le Donataire ait pris la choſe donnée
en vertu de cette donation ou teſtament, elle fut caſſée par Arrêt
de la Cour du premier Juillet 1658. Voyez Expilly, *Arr.* 229.

CHAPITRE IV.

Si le testament fait en faveur de la cause pieuse sans aucune solemnité, est valable.

ME. de Cardaillac Avocat, habitant de Cahors, ayant cinq sœurs fort pauvres, étant dans son Cabinet, & songeant à la mort, écrivit son testament sur une demi feüille de papier, par lequel il leguoit certain fonds à ses sœurs, qui ne valoit que 12. liv. de rente quitte des charges; & foisoit heritiers les Chartreux. Ayant mis ce papier dans sa poche, il y demeura jusqu'à sa mort qui fut subite peu de temps après. Or il faut remarquer qu'il vouloit par ce testament être enterré chez eux, qu'il priassent Dieu pour son ame, sans pourtaut y regler aucun service. Ce testament étoit daté, mais il n'étoit pas signé. Les Chartreux demanderent néanmoins la maintenuë en cette heredité au Senéchal; sur quoi ayant été appointé à écrire, il y eut appel en la Cour de la part de leur Syndic, qui impetra des Lettres en retention de cause. Les cinq sœurs impetrerent aussi des Lettres en maintenuë, sans avoir égard à ce projet de testament.

Le Syndic representa que c'étoit un testament *ad pias causas*; pour prier Dieu pour son ame : ce qui ne recevoit point d'estimation, *Arg. leg. Si pater* 34. *ff. donat.* Qu'il n'étoit pas besoin de subscription, suivant l'opinion de Tiraqueau, & *leg. fin. cod. famil. ercisc.* & *Novella* 18. ¶ 107. Qu'il n'y avoit ni captation ni subornation, & que leur retraite les éloignoit de ce soupçon : Que s'ils avoient du bien, c'étoit pour les pauvres. Et que Ferrieres sur la question 538. Guid. Pap. dit qu'il suffit que le testament *ad pias causas*, soit signé ou écrit de la main du Testateur, encore qu'il n'y ait point de témoins.

Ses sœurs au contraire disoient que le testament imparfait par le défaut de volonté du Testateur, est nul, *Leg. Si his qui ff. qui testam. fac. potest* bien qu'il soit entre enfans, Guid. Pap. *Conf.* 55. *num.* 3. Boërius, *quæst.* 24. *num.* 5. *Jul. Clar.* §. *testam. quæst.* 9. Et que tel testament est pareillement nul à

l'égard de la cãufe pieufe, Boërius, *Dec. num.* 5. *Jul. Clar. dic.*
§. *teftam. quæft.* 7. Gras, §. *teftam. quæft.* 19. *aliàs* 20. *num.*
2. *& 4.* & *cap. lib.* 3. *de privil. ruft. part.* 3. *cap.* 7. *num.* 9.
Et ce teftament paroit imparfait en la volonté , non-feulement
lorfque le Teftateur n'a point achevé ce qu'il avoit commencé ,
mais auffi lorfqu'il n'appert pas que le teftament par écrit contienne toute la volonté du Teftateur par fon feing ; ainfi on
pouvoit dire que ce n'étoit pas un teftament , mais un fimple
projet de teftament, püifqu'il avoit été trouvé dans la poche de
leur frere , non parmi fes papiers , *Leg. Si is qui* 25. *Leg. Si ea*
Scriptura 29. *ff. Qui teftam. fac. poff.* & *leg.* 11. §. 1. *ff. de leg.* 3.
Que Ferrieres ne rapportoit point d'Arrêt qui appuyât fon
opinion ; & que celle de M. Cujas dans fa premiere Confulte,
étoit plus autorifée , & que tous les Docteurs ultramontains
étoient de fon avis.

Elles repréfentoient encore que les Chartreux , qui avoient
30000. liv. de rente à Cahors, ne d`evoient pas vouloir ôter
ce fecours à leur mifere, puifqu'ils fe vantoient d'être le refuge
des Pauvres : Que les richeffes n'étoient pas *adjumenta virtutum,*
mais *impedimenta* : Que ce peu de bien étoit à ces filles *Refectus*
honeftæ pubertatis , leg. Lucius Titius , §. 12. *ff. ad Senat. Treb.*
Et qu'enfin ce n'étoit pas l'Eglife, mais les Chartreux qui étoient
inftituez. Sur quoi la Cour rendit Arrêt en l'Audience de la
Grand'Chambre le 11. Avril 1658. par lequel les fœurs gagnerent
leur caufe , ayant été maintenuës aux biens de leur frere, fans
néanmoins reftitution des fruits.

Sur quoi il faut remarquer qu'un teftament figné du feul Teftateur, ne fut reçu par la Cour , ni comme Codicille, ni comme
Teftament, mais fut déclaré nul par Arrêt du 2. de Mars 1626.
entre les fieurs Dutils freres du Teftateur. Voyez Cujas ,
Conful. 55. Avocats en la caufe des Charteux , Mes. de Lafef-
quiere, & de Chaffan.

CHAPITRE V.

Si le Teftament fait par un Religieux Novice en faveur de fon Convent, ou d'un autre de fon Ordre, eft nul.

ANTOINE NEBLOU Religieux Novice au Convent des Auguftins de Toulouse, par fon teftament, inftitua heritier le Convent des Auguftins de Cahors. Ce qui obligea Anne Noblou fœur du Teftateur, de demander la caffation de ce teftament, difant que fuivant l'Ordonnance de Blois, *art.* 28. fon frere ne pouvoit avoir difpofé en faveur de ce Monaftere, puifque par cette Ordonnance il n'eft pas permis à ceux même qui ont fait profeffion avant l'âge de feize ans, de difpofer qu'en faveur de leurs parents, ou autres que bon leur femblera, non toutefois d'aucun Monaftere direétement ou indireétement. Et cette caufe ayant été portée en la Cour par Arrêt donné en la feconde Chambre des Enquêtes le 13. Mai 1659. au Rapport de M. de J. Dupuy, le teftament fut caffé, & la fœur maintenuë aux biens de fon frere. Voyez M. de Cambolas, *liv.* 5. *chap.* 28.

CHAPITRE VI.

Si le teftament fait à l'agonie & par interrogation, vaut en faveur de la caufe pie, fur tout lorfqu'il y a dans le précedent une claufe derogatoire.

LA Dame de Saint Julien ayant fait un teftament en faveur de M. Ricard fon Coufin germain, où il y avoit une claufe derogatoire; quelques perfonnes envieufes la voyant à l'agonie, & qu'elle avoit déja perdu l'oüie, en firent faire un autre, dans lequel elle faifoit des legats pieux pour plus qu'elle n'avoit de bien. Et l'ayant fait, lui crierent jufqu'à trois fois fort haut, fi elle ne vouloit pas deceder en cette volonté; fur quoi ils préfuppofoient qu'elle avoit dit qu'oui. Il y eut procès, pour fçavoir

ſi ce teſtament étoit bon ; Mais il fut jugé le 9. Mars 1669.
M. de Papus Rapporteur, que ce teſtament n'étoit pas valable,
& le premier fut confirmé. Et en effet, outre que la clauſe
derogatoire n'étoit pas revoquée, elle n'étoit pas en état de teſter ;
car quoique le teſtament étant dreſſé & recité, le mot *Maximè*
dit par le Teſtateur ſur l'interrogation qu'on lui a faite, ſuffit
pour rendre bon le teſtament, *Leg. Pamphilo*, §. *Propoſitum*, *ff.*
de legat. 3. cela ne s'entend pas des malades qui ſont à l'article
de la mort. Paul de Caſtres *in leg. hac conſultiſſima*, §. *Cùm*
humana fragilitas, Cod. qui teſtam fac. Julius Clarus, §. *Teſta-*
mentum, quæſt. 37. M. Maynard, *liv.* 5. *chap.* 6. Et un
Teſtateur *Non præſumitur ſanæ mentis.* Mantic. *de Conj. ult.*
vol. lib. 2. *tit.* 6. *num.* 8. *& 10.* Et *Arg. leg. Jubemus* 29. *cod.*
de teſtam.

CHAPITRE VII.

Si les Teſtamens des Religieuſes novices ſont bons & valables.

LA Demoiſelle de Porteſſan étant dans le Monaſtere de Sainte
Claire de Beſiers Novice, deux mois avant ſa profeſſion
avoit fait ſon teſtament, par lequel elle inſtituoit le Convent en
tous ſes biens, & donnoit à tous ſes parens, & à chacun, la ſomme
de cinq ſols. Son pere demandant la caſſation de ce teſtament
ſur l'Ordonnance de 1539. *art.* 131. & ſur celles de Blois &
d'Orleans, diſoit qu'une Novice n'étoit pas libre, *Arg. lib.* 1.
cod. de Sacr. Eccleſ.

Au contraire les Religieuſes diſoient que les biens de cette
fille ne valoient pas 2000. liv. & qu'elles les abandonnoient
pour cela, ce qui étoit la moindre conſtitution que les filles ſe
fiſſent dans leur Monaſtere. Mais par Arrêt du 30. Juillet
1643. la Cour en Audience, Préſident M. de Ciron, caſſa ce
teſtament, & déclara cette fille morte *ab inteſtat*, ordonnant
néanmoins que le Convent auroit une conſtitution, à la charge
qu'elle n'excederoit pas le tiers des biens de cette Religieuſe.

Et le 28. du même mois, il fut rendu un pareil Arrêt, après.

Partage

Partage à la Grand'Chambre, vuidé à la Premiere des Enquêtes, Rapporteur M. de Caffagnau, Compartiteur M. de Cambolas, par lequel il fut ordonné, que quoique la Demoifelle de Fagemot entrant au Monaftere de Sainte Claire de Cahors, fe fût conftituée tous fes droits qui alloient à 20000. liv. les Religieufes n'en auroient que 3000. liv. Sur quoi ces Religieufes ayant préfenté Requête en interprétation, & demandant qu'il plût à la Cour déclarer qu'elle n'avoit entendu les priver de la conftitution ordinaire de 2000. liv. outre les 3000. liv. qui leur étoient adjugées, elles furent déboutées de leur Requête par Arrêt rendu en l'Audience le 31. Mai 1644.

Le 2. jour du mois de Mars 1649. la Cour auffi retraignit une Fondation de l'an 1413. faite par une Dame de la Maifon de Lentillac d'un Convent; laquelle Fondation portoit qu'une de Lentillac feroit Abeffe, & qu'il y pourroit toûjours entrer quatre Filles de cette Maifon dans ce Monaftere, à la charge d'y porter tous leurs biens. Car une Demoifelle de Lentillac, fœur de la Dame de Montmurat de pere & de mere, & du fieur de Lentillac, Patron de pere feulement, y étant entrée avoit fait teftament, par lequel elle donnoit fes biens à ce Monaftere; c'eft pourquoi la Dame de Montmurat avoit fait caffer ce teftament par Arrêt, & reduit la conftitution de cette Religieufe à 3500. liv. Envers lequel Arrêt la Dame de Lentillac, Abbeffe du Monaftere, s'étoit pourvûë par Requête Civile, & avoit fait intervenir le fieur de Lentillac Patron fon frere, comme oppofant, qui furent démis de leurs impetrations; parce que cette Fondation ne pouvoit fubfifter en ce qu'elle étoit contraire aux Ordonnances. La Cour caffa encore le 11. Avril 1642. en la Premiere des Enquêtes, le teftament d'une de Sauterel Religieufe au Convent de Sainte Catherine de Sienne de Touloufe, qui avoit donné tous fes biens au Monaftere pour bâtir leur Infirmerie, & le Subftitué fut maintenu; la Cour ordonna auffi le délaiffement de la moitié par provifion, jufqu'à ce que la conftitution fût reglée. Voyez l'Ordonnance de Blois, *art.* 28. & celle d'Orleans, *art.* 19.

Mais lorfque le teftament eft fait hors du Convent par quelqu'un qui n'a pas l'habit, il n'en eft pas de même, comme il fe

R r r

voit en ce cas. Thomas Bruny avoit pris l'Habit de Trinitaire à Touloufe ; mais étant forti pour jufte caufe , parce qu'il étoit infirme, les freres de ce jeune homme fâchez qu'il ne fut pas Réligieux , ne voulurent pas le voir ; de forte que s'en étant allé du côté de Bordeaux , il demeura quelque-temps dans le Monaftere de Saint Laurent dans les Côtes de Medoc : d'où étant parti, il tomba malade fur le chemin, & fit fon teftament, par lequel inftitua le Monaftere de la Trinité de Touloufe. Les freres de Bruny ayant voulu difputer ce teftament le 11. Février 1652. ils furent déboutez en Audience de leurs Lettres en caffation de ce teftament , fur un Appel d'une Sentence Arbitrale rélevé par le Syndic des Trinitaires. Il eft vrai que les freres qui avoient perdu leur procès, fufciterent le Curateur d'un autre frere imbecile du Teftateur, qui fe pourvût contre l'Arrêt par oppofition, & demanda d'être reçu à prouver que le Teftateur étoit imbecille , laquelle preuve il commençoit par fon exemple, ajoûtant plufieurs autres faits. Sur quoi le 15. Avril fuivant , il fut reçu à cette preuve. Voyez la Loi premiere, *ff. de bon, poffeff. fecund. tab.* §. 7. *leg.* 8. *cod. de in integ. reft.* & *leg.* 4. *cod. Si adverfus rem judicatam.*

CHAPITRE VIII.

Si le teftament fait aux champs avec cinq témoins , eft bon & valable.

IL y a divers Arrêts qui déclarent les teftamens faits aux champs , valables avec cinq témoins, conformément à l'opinion des Docteurs , Guid. Pap. *quæft.* 543. *num.* 10. Benedictus , *ad cap. Raynut. in verbo teftamentum* 1. *num.* 12. Jul. Clar. §. *Teftamentum, quæft.* 56. *num.* 6. Papon en fes Arrêts, *liv.* 20. *tit.* 1. *art.* 1. & Notaire 1. *liv.* 7. *pag.* 436. Graff. §. *Teftamentum, quæft.* 54. Chop. *in* 2. *parte, lib.* 1. *de privil. ruft.* Et ces teftamens font bons, non-feulement à l'égard des Ruftiques , mais encore à l'égard de toutes les perfonnes qui habitent aux champs , même à l'égard des Gentilshommes, Fernand *de Succeff. progreff. lib.* 3.

§. 22. *à num. 29. ufque ad* 35. Graff. *dic. quæft.* 54. *aliàs* 56. *num.* 8. Expilly en fes Arrêts, *chap.* 172. où il rapporte un Arrêt du Parlement de Grénoble du 5. Août 1626. par lequel le teftament fait par une Demoifelle qui habitoit aux champs, fut déclaré bon & valable. Et la raifon en eft prife, de ce que le privilege n'eft pas accordé à caufe de la rufticité, mais bien à caufe de la difficulté de pouvoir trouver fept témoins.

Et c'eft ce que l'Empereur Juftinien témoigne fur la fin de la Loi derniere, *cod. de teftam.* où il dit, que lorfque le Ruftique peut trouver aux champs fept témoins, il y doit neceffairement employer ce nombre, autrement fon teftament eft nul, fuivant même le fentiment de Fernand, *dic. loc.* d'où il femble que celui qui foûtient le teftament bon avec cinq témoins, doit prouver que le Teftateur ne trouva pas le nombre de fept témoins, lorfque celui qui débat le teftament de nullité, foûtient que le Teftateur pouvoit avoir fept témoins. Néanmoins la Cour fur pareil cas n'ordonna pas ladite preuve, mais confirma le teftament dont étoit queftion fait aux champs avec cinq témoins, par Arrêt donné en la Seconde Chambre des Enquêtes le 29. Juillet 1675. au Rapport de M. de Maniban Sieur de Cafaubon. Parties, Guibert, Defcargues, & Jean Labouygne.

CHAPITRE IX.

Si un teftament qui ne peut valoir comme teftament par écrit, peut valoir comme nuncupatif.

SI le Teftateur a voulu tefter par écrit, & que toutes les folemnitez ne s'y trouvent pas, comme lorfque tous les témoins n'ont pas figné tel teftament, peut valoir comme nuncupatif, dit Jul. Clar. §. *Teftamentum, quæft.* 4. Et cela fut jugé par un Arrêt donné au mois d'Août 1644. en la caufe d'Hebrard & de Ducaffé en la Premiere des Enquêtes, par lequel il fut ordonné que les témoins d'un tel teftament feront refumez; parce que *Actus debet magis valere quàm perire, leg. Quoties, ff. de reb. dub.* Et Automne en rapporte un du Parlement de Guyenne, *Ad leg.* 25. *ff. qui teft. fac.*

R r r ij

Et cela fut auffi jugé le 7. Juillet 1659. en la caufe de Garepuy
& Depoy contre Baftard, par un Arrêt d'Audience qui confirme
un Appointement du Senéchal d'Auch, lequel Appointement
ordonnoit la refomption des témoins d'un teftament, dont le
Teftateur après avoir expliqué fa volonté au Notaire & aux
témoins, étoit mort avant qu'il fût écrit, l'heritier le foûtenant
comme nuncupatif.

CHAPITRE X.

Si le Teftament comprend les Pofthumes, dont la femme n'étoit
pas enceinte lorfque fon mari le fit, & qui ne nâquirent que
deux ans après ce teftament, le mari n'en ayant point fait
d'autre.

LE nommé Beraud lors de fon teftament avoit trois enfans, &
fa femme enceinte ; & par ce teftament, il inftitua fon fils
aîné fon heritier, & legua à fes autres enfans & aux pofthumes
que fa femme pouvoit porter étant groffe, à chacun d'eux leur
legitime. Après ce teftament, la femme du Teftateur s'accoucha
d'un enfant mâle. Quelque temps après elle devint groffe, &
fit une fille, laquelle après le decès de fon pere, qui mourut fans
faire autre teftament, fit affigner fon frere aîné heritier du pere
en maintenuë de fa portion hereditaire, prétendant que le tefta-
met étoit nul par préterition de fa perfonne. L'inftance ayant
été portée en la Cour, & diftribuée en la Seconde Chambre des
Enquêtes, fur le Jugement il y eut Partage, Rapporteur M.
de Villefpaffans, Compartiteur M. de Sevin. Le fieur Rapporteur
étoit d'avis de déclarer le teftament nul, & le fieur Compartiteur de le déclarer bon & valable.

De la part de la fille, il fut repréfenté que ce teftament ne
faifoit pas mention d'elle, mais d'un fien frere, attendu qu'elle
ne nâquit que quelques années après le teftament, lequel par fa
préterition étoit nul, *Leg. Pofthumo, cod. de bon. poffeff. contra*
tab. où il eft dit que *Pofthumo nato, qui neque heres inftitutus*
à patre, neque nominatim exheredatus eft, teftamentum rumpitur,

le pere étant obligé d'inftituer ou exhereder fes enfans, *leg. inter cætera*, *ff. de lib. & pofth.* Et que quand le Teftateur avoit parlé de Pofthumes, ce n'étoit que de ceux dont fa femme pouvoit être groffe lors du teftament, & que cela ne pouvoit être entendu d'elle, fuivant l'opinion de Barthole fur la Loi *Placet*, *ff. de lib. & pofth.* & de Boërius, *quæft.* 148.

Le frere heritier au contraire difoit que ce teftament étoit bon & valable, dautant que fa fœur n'avoit pas été préterite, puifque le legat ou l'inftitution du Pofthume fe rapporte, non-feulement aux Pofthumes dont la femme du Teftateur étoit groffe au temps du teftament, mais auffi à ceux qui feront après, fuivant la Loi *Placet*, *ff. de lib. & poft.* Jufques-là même que les Pofthumes que le Teftateur a eu depuis fon teftament d'une feconde femme, y font compris, fuivant encore l'opinion des Docteurs, & principalement de Menoch. *De præfumpt. lib. 4. præf.* 27. *num.* 4. *ad* 8. Mantica *De conject. ult. volum. lib. 4. tit.* 8. *num.* 2. & de Graff. §. *Teftam. quæft.* 36. *aliàs* 38. *num.* 22. Et le Partage porté en la Premiere Chambre par Arrêt de la Cour du 4. Avril 1656. le teftament fut déclaré bon & valable. Parties, Beraud & Beraude frere & fœur. Voyez M. de Cambolas, *liv. 6. chap.* 10.

CHAPITRE · X I.

Si le Teftament ou Legat fait en faveur d'un Confeffeur eft valable.

LA Demoifelle Dupuy ayant par trois divers teftamens legué une belle Métairie à Me. Coftes, la Demoifelle de Beaumont fut reçûë au mois de Mars 1654. à prouver qu'il étoit Confeffeur de la Teftatrice ; & l'ayant prouvé, la Cour caffa les Teftamens ou la Donation pour ce qui regardoit Me. Coftes, par Arrêt du 8. Mai 1656. La même chofe avoit été jugée quant à un Legat de trente piftoles fait à Me. Cadariet en faveur d'une nommée de Jordain, par un Arrêt de 1633. parce qu'il étoit Confeffeur, outre qu'il avoit reçu le teftament.

CHAPITRE XII.

Si un des Enfans qui n'eſt pas préterit, lorſqu'il y en a un autre
qui l'eſt, & qui n'agit pas, peut faire caſſer le teſtament
ſous ce prétexte.

UN nommé Eſtival ayant pluſieurs enfans d'un premier lit, fait heritier ſon fils, & legue la legitime à un Poſthume. Mais s'étant remarié, il eut une autre fille de ce mariage, qui étant préterite eût fait caſſer le teſtament ; mais l'heritier s'accorda avec cette préterite, ſi-bien qu'elle n'agit point. Une autre fille du Teſtateur demanda d'être maintenuë en ſa portion *ab inteſtat*, ſuivant un Arrêt général de 1615. rendu en la cauſe de Delmas & de Molinier. Et ſuivant la Loi *à Patre* 28. §. *Si quis, ff. de lib. & poſth.* Eſtival diſoit qu'elle ne pouvoit pas alleguer le droit d'un tiers. Mais cette fille fut reçûë à demander ſa portion *ab inteſtat*. Et la Cour caſſa ce teſtament par Arrêt du 16. Juillet 1643. en Audience, cet Arrêt étant fondé ſur la Loi *Si poſt mortem, ff. de bon. poſſeſſ. contra. tab.*

CHAPITRE XIII.

Si un Teſtament poſterieur eſt nul, lorſque le Teſtateur a dit dans
ſon teſtament précedent qu'il ne veut point, que s'il fait autre
teſtament qu'il ſoit bon, ſi telle perſonne n'y eſt inſtituée ſon
heritier.

UN homme par ſon teſtament dit qu'en cas il viendra à faire un autre teſtament, il veut qu'il ſoit nul, & qu'il le déclare tel, ſi dans icelui une telle perſonne, qu'il nomma, n'étoit par exprès inſtitué ſon heritier. Quelque-temps après le Teſtateur fit un autre teſtament, par lequel il revoqua tous autres teſtamens qu'il pouvoit avoir ci-devant faits, & n'inſtitua point ſon heritier la perſonne qu'il avoit nommée dans ſon précedent teſtament, mais bien un autre.

Après le decès du Teſtateur, l'inſtitué heritier dans le premier teſtament, demanda la caſſation du ſecond, & la maintenuë aux biens de l'heredité du Teſtateur, comme contraire à ſa volonté, en ce qu'il auroit ordonné par ſon premier teſtament, que s'il venoit à en faire un autre il fût nul, ſi la perſonne qu'il avoit nommée en ſon premier n'y étoit inſtituée ; & que telle clauſe, qui tenoit lieu de clauſe dérogatoire, n'étant pas revoquée par le dernier teſtament, il étoit nul, attendu qu'une autre perſonne y avoit été inſtituée, que celle qu'il avoit nommée dans le premier.

L'heritier inſtitué par le dernier teſtament diſoit au contraire qu'il étoit le veritable heritier, puiſque le dernier teſtament étoit bon & valable, non le premier, attendu qu'il ſe trouvoit revoqué, nonobſtant la prétenduë clauſe dérogatoire ; veu que par cette clauſe, le Teſtateur n'avoit pû s'impoſer cette Loi, que de ne pouvoir diſpoſer en faveur d'autre perſonne que de celle qu'il avoit nommée dans ſon premier teſtament : *Teſtator hanc ſibi legem non poteſt imponere, ut teſtandi libertate privetur, leg. Si quis in princip. ff. de legat.* 3.

L'heritier inſtitué par le premier teſtament diſoit pour réponſe, que par le moyen des clauſes dérogatoires les volontez des Teſtateurs étoient conſervées ; & que le Teſtateur ne s'étoit point donné une Loi pour ne pouvoir diſpoſer en faveur d'autre perſonne que celle qu'il avoit nommée par ſon premier teſtament ; puiſqu'il ne dépendoit que de lui de revoquer cette clauſe par ſon dernier teſtament ; & que ne l'ayant point revoquée, le premier teſtament devoit ſortir à effet, & le dernier devoit être déclaré nul : Etant enfin certain que le premier teſtament qui contient clauſe dérogatoire, n'eſt pas revoqué par un poſterieur, ſi la clauſe n'y eſt revoquée, Faber, *in ſuo codice, lib.* 6. *tit. de teſt.* 5. *defin.* 9. Benedictus, *Ad cap.* Raynut. *in verbo Teſtamentum* 2. *num.* 16 & 17. Mantica, *De conject. ult. vol. lib.* 12. *tit.* 8. *num.* 7. Guid. Pap. *Conſil.* 64. *num.* 1. & *ex leg Si quis* 22. *in princ. ff. de legat.* 3. Sur quoi la Cour rendit Arrêt en l'Audience de la Grand'Chambre le 12. Juillet 1655. par lequel le dernier teſtament fut déclaré nul. Parties, Montanié ſa femme, & la femme d'un nommé Caſaledes.

CHAPITRE XIV.

Si l'inſtitution qui eſt faite , à la charge d'épouſer un parent,
oblige l'heritier de l'épouſer.

SUR ce ſujet voici un Arrêt général du 14. Août 1626.
prononcé par M. le Préſident de Gragniague. Une Ayeule
appellée Caſtelbay , inſtitua en 1624. ſa niéce Niquet, à la
charge d'épouſer Caſtelbay ſon autre néveu ; & ſi elle ne l'épouſoit
pas, elle revoquoit ce teſtament, & inſtituoit ce néveu, & ſubſ-
tituoit à ſes enfans mâles : & confirma cette volonté par un
Codicile. Caſtelbay ayant ſommé ſa couſine de vouloir l'épouſer,
elle le refuſa ſur la proximité qui étoit entre eux. Sur quoi il
prit des Lettres en maintenuë aux biens de la Teſtatrice ; & ſur
un appel du Senêchal, & des Lettres en reſomption de cauſe,
il diſoit que cette condition étoit juſte , ſuivant le Droit , *Leg.*
Uter ex fratribus , & ſeq. ff. de cond. inſt. Que la proximité
n'étoit pas ſi grande , & qu'il avoit diſpenſe : Que c'étoit une
condition poteſtative qui obligeoit l'heritier, *Leg Si cui purè* 31.
ff. ad Senat. Trebell. & *Leg. Si ejus* 64. *ff. eod.* Que l'intention
de la Teſtatrice étoit, que ceux qui portoient ſon nom ſe pré-
valuſſent de ſes biens, comme il apparoiſſoit de la ſubſtitution
des enfans mâles.

L'heritiere diſoit au contraire que cette condition étant contre
les Loix, elle n'obligeoit pas , *leg. conditiones* 14. *ff. de condit.*
inſt. Qu'elle ne devoit pas ſouffrir une peine, pour ne vouloir
pas ſe marier contre les Saints Canons : Que c'étoit avec raiſon
qu'elle avoit été préferée à Caſtelbay, parce qu'il n'étoit que
Collateral, & fils du frere de la Teſtatrice ; au lieu qu'elle en
étoit petite-fille & deſcendante. Que quant à la diſpenſe, elle
étoit nulle ; parce que l'on avoit expoſé faux ; ſçavoir, qu'elle
conſentoit à ce mariage, ce qui n'étoit pas vrai. Si-bien que
par cet Arrêt, prononcé en Robes Rouges, Caſtelbay perdit la
cauſe.

Mais quand il n'y a pas de parenté, il n'en eſt pas de même,
comme

comme il fut jugé en pareil cas en Audience dans la caufe du fieur Rahou & de la Demoifelle de Vaifere, qui étoient néveux de la Teftatrice ; fçavoir, la fille par alliance ; & le fieur Rahou *jure fanguinis.* Car le 20. Mars 1645. il fut ordonné que dans trois mois la Demoifelle Vaifere l'époufexoit ; autrement le délai paffé, Rahou feroit maintenu aux biens : *Quia aliud eft matrimonii pæna metu libertatem abftringi , aliud certa , leg. Cùm ita legatum* 63. *ff. de cond. & dem.eft.* &. *leg. Titio centum* 17. §. *Titio, ff. eodem.*

CHAPITRE XV.

Si le teftament clos d'un illiteré eft valable.

SUR cette queftion, il faut diftinguer fi l'heritier eft nommé dans la fubfcription ou non ; car s'il n'y eft pas nommé, le teftament eft nul, comme il fut jugé le 25. de Mai 1648. en la Premiere des Enquêtes, au Rapport de M. de Rabaudi en la caufe de Gay & de Turgaut, quoiqu'il y eût huit témoins, fuivant la Loi *Hac Confultiffimâ, cod. Qui teft. fac. poff.* Voyez *Novella Leon.* 69. La même chofe avoit été jugée le 26. Août 1647. en la Premiere des Enquêtes, au Rapport de M. de Madron, en la caufe des Barons de Verdun, l'un fils, & l'autre mari de deux filles de la Teftatrice, quoique ce ne fût qu'entre enfans, & qu'elle fut morte depuis vingt ans, & le teftament executé.

Mais lorfque dans la fubfcription le Teftateur illiteré nomme l'heritier, alors, comme en cela, il n'y peut avoir de la tromperie, le teftament eft valable, comme il fut jugé le 13. Juillet 1650. fur un Appel en la caufe d'une nommée Scvée veuve de Pierre Mothe, & de Barthelemy & de Jeanne Mothe freres & fœur, en la Grand'Chambre, au Rapport de M. de Tourreil.

CHAPITRE XVI.

*Si le Teftament clos d'une femme qui fçavoit lire & écrire , eft
valable avec fept témoins à la fubfcription , la Teftatrice
n'ayant figné ni le teftament ni la fubfcription.*

IL y eut procès devant le Senêchal de Carcaffonne entre
Demoifelle Ifabeau Dauftry , veuve & heritiere fiduciere
de Me. Loüis Boufquet & Geraud Boufquet fon beau-frère. En
ce procès Geraud Boufquet demandoit la caffation d'un teftament
clos fait le 27. Novembre 1655. par la Demoifelle de Lucie
de Sicard fa mere à la maintenuë aux deux tiers de la fucceffion ;
l'un de fon chef, & l'autre du chef d'un fien autre frere appellé
Jacques. Sur quoi le Senêchal auroit rendu Sentence le 6. Juin
1690. par lequel le teftament fut caffé , & Geraud Boufquet
maintenu aux deux tiers des biens de l'heredité de fa mere ,
avec dépens.

De cette Sentence la Demoifelle Dauftri fut appellante en la
Cour, où elle fit voir que fon beau-frere n'étoit pas venu dans
les dix ans pour demander la caffation du teftament , lequel même
il avoit approuvé par deux Polices paffées entre lui & ledit Loüis
fon frere les années 1673. & 1675. Et que quand même il
n'auroit pas approuvé le teftament , & qu'il feroit encore venu
dans les dix ans, néanmoins le Senêchal ne l'auroit pû caffer ,
dautant que fa feuë mere fçavoit lire & écrire ; & pour preuve
de cette verité , elle reprefenta que feu François Boufquet , & la
Demoifelle de Sicard fes beau-pere & belle-mere , firent un
teftament mutuel le 16. Septembre 1651. écrit de la main du
mari, & figné en toutes les pages par les Teftateurs ; & ainfi
Boufquet fa Partie adverfe ne pouvoit nier ni contefter avec
pudeur, que fa mere ne fçût lire & écrire ; fans dire en même-
temps que fon pere étoit un fauffaire & méchant homme ; & que
fi-bien elle n'avoit pas figné fon teftament clos en queftion ni la
fubfcription, c'eft qu'elle étoit impotante de fes mains ; mais
qu'après l'avoir cacheté de vingt-quatre cachets , elle y auroit

fait mettre la fubfcription par un Notaire en préfence de fept témoins, & leur auroit déclaré que c'étoit fa derniere volonté, & qu'elle revoquoit tous autres teftamens qu'elle pourroit avoir ci-devant faits; & enfuite elle l'auroit remis au pouvoir de fon mari pour le faire executer après fon decès.

De plus, elle auroit dit que puifque la Teftatrice fçavoit écrire, qu'on pouvoit dire avec raifon qu'elle fçavoit lire, puifque *facilius legimus quàm fubfcribimus*, comme remarque Godefroi fur la Loi *Hac confultiffimâ, cod. de teftam.* Et que n'ayant point figné fon teftament, elle l'avoit fans doute lû, & par ce moyen évité le danger de fraude & de fuppofition, dont celui qui l'écrivit auroit pû ufer : *Et hoc modo voluntas teftatoris in folo tabulario non fluctuat*, comme il eft dit dans la Novelle de Leon 69. étant même à confiderer que celui qui avoit écrit le teftament, n'auroit pas voulu ufer d'aucune fuppofition, quand même la Teftatrice n'auroit fçû lire ni écrire, puifque ce fut un Prêtre de probité & homme de bien qui l'avoit écrit, & qui étoit le Confeffeur ordinaire de la Teftatrice, & la perfonne du monde à laquelle elle avoit le plus de confiance.

Mais pour un dernier, il fut dit que par cette Loi *Hac confultiffimâ, cod. de teftam.* les Empereurs Theodofe & Valentinien, après avoir prefcrit la forme du teftament clos de celui qui fçait écrire, ou du moins figner, ajoûtent que *Quòd fi litteras teftator ignoret vel fubfcribere nequeat, octavo fubfcriptore adhibito, eadem obfervari decernimus.* De maniere que dans la fubfcription dudit teftament y ayant fept témoins, & le Notaire qui tient lieu du huitiéme, comme remarque la Glofe fur la Loi *Adhibitis feptem teftibus cum fcriptore.* Il s'enfuit aux termes de la Loi, & de la Glofe fur icelle, que quand la Teftatrice n'auroit fçû écrire ni figner, néanmoins il feroit toûjours vrai de dire que fon teftament ne feroit pas moins valable, & par confequent qu'il devoit être confirmé : & que le Senêchal ne pouvoit avoir maintenu Geraud Boufquet aux deux tiers de la fucceffion de la Teftatrice ; car de fon chef, il ne pouvoit avoir que ce que la Teftatrice lui avoit legué par fon teftament, ni non plus par confequent prétendre l'autre tiers, comme heritier de Jacques Boufquet fon autre frere, veu même qu'il avoit executé & approuvé le teſtament en ce qu'il avoit reçu le Legat qui lui avoit été fait. Si-bien que la Cour par Arrêt donné en la premiere Chambre des Enquêtes le 16. Février 1690. au Rapport de M. de Comere, la Sentence du Senêchal fut reformée, & le teſtament fut déclaré bon & valable, & la Demoiſelle Dauſtry comme heritiere fiduciere de ſon mari heritier de la Teſtatrice ſa mere, fut maintenuë aux biens de la ſucceſſion.

M. de Cambolas, *liv. 5. chap.* 16. traite amplement la queſtion, ſi le teſtament clos fait par un qui ne ſçait pas lire ni écrire, eſt bon, bien que les témoins ignorent le contenu d'icelui : & rapporte un Arrêt de la Cour donné en la ſeconde Chambre des Enquêtes au Rapport de M. de Laterraſſe le 21. Juin 1624. par lequel le teſtament clos fait par Geraud Martin, qui ne ſçavoit lire ni écrire, fut déclaré bon, bien que les témoins ignoraſſent le contenu d'icelui.

Néanmoins Mademoiſelle de Curier, veuve de feu Me. François Gabiole Procureur en la Cour, ayant fait ſon teſtament clos le 15. Septembre 1676. par elle ſigné à la fin de chaque page, & encore l'acte de ſubſcription, après ſon decès M. François Gabiole Avocat en la Cour, un de ſes enfans, après avoir fait proceder à l'ouverture du teſtament, il l'auroit approuvé & executé. Si eſt-ce pourtant que long-temps après il ſe feroit pourvû par Lettres en caſſation du teſtament, diſant que ſa mere ne pouvoit avoir fait un teſtament clos pour ne ſçavoir lire ni écrire : Et bien que Me. Arnaud Gabiole auſſi Avocat & Referendaire en la Chancellerie de la Cour ſon frere, fit voir que ſa mere ſçavoit écrire : qu'elle avoit ſigné ſon teſtament à chaque fin de page, & l'acte de ſouſcription, & que ſon frere avoit approuvé & executé le teſtament ; néanmoins la Cour par Arrêt donné en la Grand'Chambre, au Rapport de M. de Catellan le 19. Novembre 1690. M. de Gabiole Avocat fut reçu à prouver & verifier dans certain delai, que ſa mere ne ſçavoit lire de lettre de main, & Me. Gabiole Referendaire le contraire ſi bon lui ſembloit. Les Parties enſuite firent leurs Enquêtes, & le Referendaire ne prouva pas ſeulement que ſa mere ſçavoit lire de Lettre de main, mais encore qu'elle ſçavoit écrire.

CHAPITRE XVII.

Si un Codicille ôte l'effet du Teftament entre enfans.

UN nommé Cafalede faifant fon teftament , inftitua fon heritier le Pofthume ou les Pofthumes dont fa femme étoit pour lors enceinte ; mais n'étant pas mort de cette maladie , outre la fille dont fa femme accoucha , il eut encore un fils. Trois ans après , vingt-un an après ce teftament , il fit un Codicille devant un Prêtre , par lequel il confirme fon précedent teftament ; Et parce que , dit - il , que fon fils eft en âge de regir fon bien , il lui en donne l'adminiftration , & legue à fa fille trois ou quatre cens livres. La fœur fans fçavoir , à ce qu'elle difoit , qu'il y eût un teftament , avoit tranfigé ; mais elle s'étoit pourvûe contre la tranfaction , & demandoit la maintenuë en la moitié des biens , & outré cela , les trois ou quatre cens livres comme un prélegat.

Sur l'appel du Senêchal y ayant des Lettres en retention de caufe , le fils difoit que quoique le pere n'eût pas difpofé avec toutes les formes , *Rationem animi potius fequutus , quàm nimiam & miferam diligentiam* , *Leg. Lucius* 88. *ff. de Legat.* 2. l'on devoit confiderer fa volonté ; & que bien que *hereditas non detur , nec adimatur codicillis* , la claufe de donation à caufe de mort , ou celle de fideicommis , y devoit être entenduë. Il ajoûtoit la Loi *Paula Callinico* §. *Pompeïus , de legat.* 3. par laquelle le pere en faifant ce legat à fa fille , *à priore voluntate receffiffe videbatur.* Que les peres ont plus d'inclination pour les mâles que pour les filles ; & que l'adminiftration des biens qu'il lui avoit donnée pendant fa vie , étoit une explication réelle de fa volonté ; & il ajoûtoit la Loi *Placet* , & la Loi *Ideoque* , *ff de lib. & pofth. hered. inftit.* & que la fœur avoit bien reconnu la volonté du pere , puifqu'elle avoit tranfigé.

Au contraire fa fœur difoit qu'elle avoit tranfigé fans fçavoir ce teftament , & étant en puiffance de mari , & que ces deux raifons rendoient la tranfaction inutile : qu'elle étoit inftituée , que le pere avoit par le Codicille confirmé le teftament ; & qu'outre

S f f iij

cela, il lui avoit fait un prélegat de 300. liv. Sur quoi la
Cour maintint le frere aux biens ; & nonobstant la renonciation,
maintint la fille en sa legitime, si elle n'aimoit mieux prendre
le legat : ce qu'elle opteroit dans certain temps, après lequel
elle n'y seroit pas reçüë. L'Arrêt est du 9. Février 1645. donné
en l'Audience de la Grand'Chambre, Avocats, Mes. de Parisot
& Vaisse.

CHAPITRE XVIII.

Si le Posthume né d'une autre femme que de celle du temps du
testament le rompt, & si la clause codicillaire en empêche.

RAYMOND PAITAVIN, marié en premieres nôces, avoit
une fille appellée Magdelaine ; s'étant marié en secondes
nôces avec Jeanne Bartissol, il en eut un fils appellé Jean. Il
testa ; & ayant laissé quelque chose à Magdelaine, il institua heritier Jean de ce second lit, avec cette clause : *Qu'en cas que cette*
femme fût enceinte d'un mâle, il le faisoit coheritier de Jean ;
& si c'étoit une fille, qu'il lui donnoit 600. liv. Mais Jeanne
Bartissol mourut sans être enceinte ; & Paitavin ayant pris une
troisiéme femme, en eut une fille, & il mourut sans faire d'autre
testament. Cette fille du dernier lit, long-temps après la mort
de son pere, demanda la cassation de ce testament comme nul,
disant qu'elle étoit préterite. Au contraire Jean soûtenoit qu'il
étoit valable ; non-seulement en soi, mais à cause de la clause
codicillaire qui y étoit apposée, disant que quand elle seroit
heritiere *ab intestat*, elle seroit chargée de lui rendre sa portion.

De sorte qu'il y avoit deux questions. La premiere, si ce qu'il
avoit dit de la Posthume d'une seconde femme, pouvoit s'appliquer à celle d'une troisiéme. La seconde question étoit de
sçavoir si la clause codicillaire donnoit l'effet du fideicommis à
cette institution, quoique le Posthume préterit fût né après le
testament.

Or quand le Testateur a parlé générallement des Posthumes,
il n'y a point de préterition à la vérité, *Leg. Placet. ff. de liber.*

& Posth. Mais *Si Posthumus ex certa uxore est institutus , & nascatur ex alia , est præteritus , leg. Filius , §. Si quis ex certa , ff. eod.* De forte que cette Posthume du troisiéme lit étant préterite , il s'ensuit qu'elle rompt le testament.

Quant à la seconde question, il est vrai que le fils étant né lors du testament, la clause codicillaire le soûtient ; mais s'il est né après, il le rompt, comme il s'induit clairement de la Loi *Qui gravi* 11. *& seq. ff. de Jur. Codicill.* où il est dit que le pere ne peut l'avoir chargé de fideicommis par une clause codicillaire : d'autant plus que *Non fuit honoratus , ergo non oneratus est , leg ab eo , cod. de fideicom.* sans qu'on puisse objecter que l'on peut par un Codicille charger les heritiers *ab intestat ,* parce qu'ils sont préfumez honorez, en ce qu'en pensant à eux , le défunt ne les a pas privez de la succession legitime *ab intestat , leg. conficiuntur, ff. de Jur. Codicill.* De forte que fi le Testateur n'a pas penfé au Posthume , il ne vient pas à la succession *ex tacito judicio Testatoris ,* mais *jure proprio ,* & par conféquent il ne peut être grevé, Cujas *ad dic. leg. Qui gravi.* Il est vrai que quelques Docteurs ont fait difference, fi la clause Codicillaire est comme en termes *De tempore præfenti vel de futuro ,* ou fi ayant vêcu long-temps il a vû les préterits ou non : comme aussi ils font de la difference fi l'heritier du pere étoit fils ou étranger. Et Guid. Pap. *quæst. ult.* dit que cette clause Codicillaire ne s'étend pas aux Posthumes ; & Ferrieres *ibid.* dit que c'est l'usage de ce Parlement , lorsque les Posthumes ont été inconnus au pere ; & il en dit la raison , Jul. Clar. *lib.* 3. §. *Testamentum , quæst.* 46. *num.* 2. *in fin.* Et Peleus , *act. for. liv.* 8. *chap.* 60. font de cet avis.

Outre les Arrêts qui font rapportez par les Auteurs , il en fut rendu un le 16. Juillet 1643. en la cause d'Estival en Audience ; & le 30. Août 1646. en la cause de Combe , où la clause Codicillaire étoit conçûë *de futuro tempore,* & où le pere avoit vû le Posthume préterit.

On alleguoit en cette cause un Arrêt général rapporté par Ferrieres, *ibid.* Mais cet Arrêt est d'un préterit , *Scienter à patre.* On alleguoit encore un Arrêt de la Chambre de l'Edit, mais il étoit d'un cas auquel les enfans qui n'étoient pas préterits , vouloient faire casser le testament par la préterition des autres contre la Loi *Filio* , *ff. de injusto rupto.*

Au contraire Paitavin disoit qu'il falloit regarder la volonté du Testateur, *Leg. cùm quæstio. cod. de legat.* qui apparoissoit clairement, puisque le Testateur avoit si-bien pensé aux Posthumes, qu'il avoit fait distinction du mâle ; & bien que le Posthume rompe le testament, cette maxime n'a pas lieu, lorsque *Cogitavit de liberis futuris* ; & que quand un Testateur parle du Posthume d'une femme qu'il a, cela s'entend de ceux qu'il pourra avoir d'une autre femme, *Leg. Placet* 4. *ff. de lib. & Posth.* qui est formelle, ainsi que la Loi *Ideoque* 5. *ff. eod.* où celui qui naît d'une autre femme, est censé heritier. Que le Paragraphe *Si quis ex certa*, de la Loi *Filius à Patre*, ne dit pas formellement que le Posthume né d'une autre femme, rompe le testament, mais que *in periculum deducit* : la Loi voulant dire par-là, qu'il faut que le Juge l'empêche, en faisant valoir autant qu'il se peut, l'intention du Testateur. Que celui-ci qui avoit pensé pour les mâles, n'a pas crû qu'il dût rien changer à cause de cette fille ; & que s'il l'avoit refait, il n'auroit pû le faire autrement qu'il l'a fait. De sorte que cela présupposé, il n'avoit que faire du secours de la clause codicillaire.

C'est, quand il faudroit s'en servir, que cette clause est conçûë du temps futur : Que bien que le Posthume rompe le testament, il ne rompt pas le Codicille, *Leg. Si quis cum.* 3. §. *Sed & si*, & *Leg. Conficiuntur* , *ff. de jur. Codicill.* & qu'on ne peut dire que *ignoranter præterit Posthumum* , puisqu'il l'avoit vûë sans changer sa volonté, *Arg. leg. Tractabatur. ff. de test. milit.* à moins que l'heritier ne fût étranger ; au lieu qu'en ce cas c'est le fils unique qui doit soûtenir le nom de Testateur ; & que c'est avec cette raison que l'on combat l'opinion de ceux qui soûtiennent que l'institution directe, *Non potest trahi ad fideicommissum per clausulam Codicillarem* , *quandò testamentum per præteritionem rumpitur.* Car lorsqu'ils disent qu'alors *Fideicommissa videntur quasi à demente facta. Leg. Titia* 13. *in fine* , *ff. de inofficios. testam.* On leur replique, que si c'est en faveur d'un fils, on ne peut présumer qu'il y ait de la folie à induire un fideicommis en sa faveur.

Néanmoins

Néanmoins nonobstant ces raisons, au Rapport de M. de Saint Hypolite en la Premiere des Enquêtes le 21. Mars 1648. après un Partage vuidé le 3. Avril, Compartiteur M. d'Aliez, le testament fut cassé. Et en effet, le Paragraphe *Si quis ex certa*, décide la premiere question. Car, comme dit Godefroy, *ibid. Verba specialiter præfata non possunt ad aliud prorogari.* Ce qui est expliqué par la Loi *Commodissimè, de lib. & posthum.* Et pour la seconde question, l'Arrêt général de 1603. étoit d'un Posthume, fils de la fille decedée du Testateur, qu'il nourrissoit dans sa maison lorsqu'il fit son testament. Et la Loi *Tractabatur* n'est pas de ce cas ; car il est vrai que la volonté du Testateur qui n'a pas été changée doit subsister, si celui qui lui faisoit obstacle meurt avant lui ; mais elle ne subsiste pas lorsqu'il lui survit.

CHAPITRE XIX.

Si l'Ayeule préterite rompt le testament, & si les peines des secondes nôces s'étendent contre elle.

IL faut remarquer que l'on casse aussi le testament où l'Ayeule est préterite par ses petits-fils, comme il fut jugé le 6. Février 1655. au Rapport de M. de Rech. Un nommé Labros avoit fait son testament ; & quoiqu'il eût son Ayeule paternelle nommée Boussagues qui s'étoit remariée, il avoit substitué Roques son Cousin germain sans faire mention d'elle, qu'en instituant tous les autres Parens en la somme de cinq sols ; car ce testament fut cassé à cause de cette préterition ; mais le Donataire de cette Ayeule fut condamné de restituer le fideicommis des biens du pere de Labros incontinent sans déduction de Quarte trebellianique ; parce que la Cour étendit les peines des secondes nôces contre l'ayeule, lui adjugeant seulement sa legitime sur les biens du pere Testateur ; & quant aux biens qu'il avoit d'ailleurs que de son pere, sçavoir du chef de sa mere, ce même Donataire y fut maintenu. Par lequel Arrêt il se voit que l'Ayeule fut privée de tout ce qu'elle eût pû avoir du chef de son fils *jure proprio.* Elle fut maintenuë, elle ou son Donataire, en tout ce que ce petit-fils avoit de biens d'ailleurs. De plus , il fe voit par-là que la claufe générale par laquelle l'on inftituë tous les Parens , en la fomme de cinq fols, n'eft pas fuffifante pour empêcher la præterition.

CHAPITRE XX.

Si l'inſtitution pœnæ causâ , ſi l'heritier ne veut ſatisfaire à la volonté du Teſtateur , revoque un teſtament anterieur , l'heritier ſe trouvant mort lorſque le teſtament a été fait.

UN Marchand de Touloufe appellé Lalaufe en 1600. avoit fait fon teftament, par lequel il inftituoit Maîtres Etienne & Jean Dufolié freres , faifant feulement un legat à Gafton Lalaufe fon frere, qui étoit pour lors en Efpagne. Trois ans après le teftament étant à Nogaro en Armagnac , il fit un autre teftament qui revoque le précedent , où il inftituë Gafton fon frere pour l'amour fraternel qui l'oblige à le préferer ; & fit divers legats, avec cette claufe, qu'*au cas que fon frere ne vou-droit pas fatisfaire au teftament, en ce cas il veut que l'Hôpital Saint Jacques de Touloufe le faffe , lequel il inſtituë en ce cas fon heritier, en payant fes dettes & legats.*

Mais au temps qu'il faifoit ce dernier teftament, Gafton fon frere étoit déja mort en Efpagne. C'eft pourquoi le Teftateur étant decedé, il y eut procès avec les deux Dufolié & l'Hôpital , qui difoit qu'il étoit appellé *Per vulgarem , quæ de uno caſu ad alium extenditur*; fçavoir, *Si heres non erit , vel eſſe non poterit fortè morte præventus , leg. Jam hoc jure , ff. de vulg.* Et que l'un des effets de la fubftitution vulgaire eft que fi l'heritier meurt avant le Teftateur, elle prenne fes forces.

Les Dufolier au contraire difoient que le fecond teftament étoit comme non-avenu , *Leg. ult. ff. de hered. inſtit. quo poſte-riore teſtamento priùs rumpitur , ſi ex illo aliquis heres poteſt exiſtere*, §. *Poſteriore, tit. inſt. quib. mod. teſtam. infirm.* Et qu'il faut que l'heritier vive au temps du teftament pour rendre le premier ce qu'on appelle *irritum*, *Leg. Cùm quidam , ff. de his quæ ut ind.* & *leg. Si quis cum* 16. §. *Si suo. ff. de vulgar. cum Glossa.* D'ailleurs que l'Hôpital étoit inftitué *pænæ nomine, quæ non inducit vulgarem, leg.* Pænam *, ff. de his quæ pæna nom.* Et que quand ce feroit une condition, elle étoit impoffible, puifqu'un mort ne peut contrevenir à la volonté du Teftateur. C'eft pourquoi il fut déliberé en l'Affemblée de l'Hôpital, affiftans M. le premier Préfident de Verdun, M. d'Affefat Doyen, & plufieurs autres, que le premier teftament n'étoit pas revoqué: & que néanmoins Dufolier freres bailleroient trente piftoles à l'Hôpital, moyennant quoi l'Hôpital quitteroit toutes fes prétentions : ce qui fut autorifé par un Arrêt d'expedient de 1608.

CHAPITRE XXI.

Si le Teftament d'un pere vieillard qui fait un heritier étranger, eft valable.

CASAUBON âgé de quatre vingts dix-huit ans, avoit quatre enfans ; fçavoir, Jacques, Bernard, & deux filles mariées. Ayant donné fon Office d'Huiffier à Jacques, il s'étoit obligé de 300. liv. à un Créancier pour avoir fes Provifions ; & pour payer cette fomme, il avoit vendu une piéce de terre pour 900. liv. voyant que Jacques le negligeoit depuis qu'il avoit fon Office: Que Bernard étoit abfent, tenant une Ecole en Bigorre, & que fes filles n'en faifoient pas plus de cas, il s'étoit retiré chez un nommé Treil Hôte de Touloufe, qui le tenoit chez lui : où étant devenu malade, on prétendoit que fes enfans en étant avertis, ils avoient refufé de le venir voir. De forte que ce pere auroit fait fon teftament, dans lequel il inftituoit Treil heritier ; & pour les enfans, à caufe de leur ingratitude, & de leur indignité, il donne l'Office à Jacques à titre d'inftitution ; à Bernard, les frais qu'il avoit faits à le faire étudier à même titres ; & à fes filles, ce qu'il leur avoit conftitué. Après quoi étant mort, Treil s'empara de la maifon ; enfin il y eut procès qui fut porté en la Cour.

Où les enfans demandoient la caffation du teftament, & du

Contrat de vente de la piéce de terre , difant que Treil s'étoit prévalu de l'infirmité & de l'âge décrepite de leur pere : Que *naturâ pater & filius funt cadem perfona , Leg. ult. Cod de imp. & aliis fubft.* Que *filius eft pars corporis patris , leg. Cùm fecimus* 22. *Cod. de Agric. & Cenf.* Et qu'ainfi le pere fait contre la nature, quand il fait un heritier étranger au préjudice de fes enfans, qui, fuivant la Loi *In fuis, ff. de lib. & pofth.* Domini funt, *vivo patre.* Et que Juftinien, *tit. de adopt. §. 7* dit que *filii adnafcuntur heredes.* Qu'il n'y avoit point eu d'ingratitude en eux, mais que leur pere s'étoit retiré chez Treil par un pur chagrin de fon âge ; & que s'il ne l'avoit pas retiré, c'é oit parce qu'on le fâchoit quand on ne lui laiffoit pas tout faire à fa fan-taifie. Et d'ailleurs que c'étoit un Teftament capté & caffable par la préterition de Bernard à qui il n'avoit rien laiffé en lui laiffant les fraix de fon éducation. Qu'on ne pouvoit lui oppofer la Loi *Quæ pater* 50. *ff. famil. ercifc* puifque le pere doit l'édu-cation & la nourriture à fes enfans.

De forte que Treil n'ayant pas de fi bonnes raifons , & fe tenant ferme fur la Loi *Servium* 3. *Cod. Qui teftam. fac.* & fur la Loi *Sumptus* 17. *Cod. de Donat.* par lefquelles les Vieillards peuvent tefter, & faire des donations, perdit fon procès ; car le teftament fut caffé par Arrêt donné en Audience le 29. Avril 1642. Et quant au chef qui concernoit la vente, les Parties furent appointées, contraires en leur fait.

CHAPITRE XXII.

Si un pere par fon Teftament fait fes deux filles heritieres , avec prohibition que rien de fes biens ne parvienne à leurs maris, cela induit fideicommis en faveur de l une lorfque les enfans de l'autre font morts.

ME. CLAUSEL Avocat avoit fait fes deux filles heritieres, lefquelles é oient alors toutes deux mariées , avec cette claufe qu'en cas qu'elles décedaffent fans enfans, il ne veut pas que rien de fes biens puiffent parvenir à leurs maris directement eu indirectement, ni a leurs parens ni aliez. Il arriva que l'une de ses filles mourut, laiſſant des enfans qui moururent après elle en pupillarité, leur pere leur ayant ſurvêcu. Sur quoi il y eut procès entre leur tante & pere : Elle diſoit que cette prohibition, que rien ne parvint aux Maris directement ni indirectement : *Fideicommiſſi mandatum intelligitur ex prohibitione alienationis*, leg. *Qui filium* 74. *ff. ad Senat. Trebell.* Qu'on ne pouvoit pas dire que cette clauſe fût *Nudum præceptum*, *Argumen leg. Cum pater.* §. *Mandato* 24. *ff. de legat.* 2. veu le ſoin que le Teſtateur avoit eu d'exclurre les Maris de rien avoir directement ou indirectement, juſqu'à prohiber leurs parens & aliez : ce qui étoit une marque évidente qu'il vouloit conſerver les biens dans la famille.

Au contraire le mari diſoit que la prohibition n'étant pas faite en faveur *certæ perſonæ*, comme dans le cas de la Loi *Lucius Titius* 88. §. *Mater* 16. *ff. de legat.* c'étoit un précepte, non une Loi, *Argum.* §. *Mandato*, qu'il devoit avoir montré les perſonnes *in ſpecie*, & non pas parler *in genere*. Et fortifioit cette raiſon de la Loi *Filius familias* 114. §. *Divi* 14. *ff. de legat.* 1. & de la Loi *Pater* 38. §. *Ult. Jul. ff. de legat.* 3. Et il ajoûtoit encore, que la prohibition n'étoit faite qu'au cas que les filles décedaſſent ſans enfans ; & que le cas n'étoit pas arrivé, puiſque ſa femme en avoit laiſſé. Sur quoi il y eut Partage le 23. Février 1639. en Audience, Avocats Mes. de Marmielle & de Pariſot, qui fut après décidé en faveur du Mari.

CHAPITRE XXIII.

Si la déclaration que le Teſtateur fait, qu'il a fait un ſecond Teſtament par importunité, & contre ſa volonté ; & qu'il veut que le premier ſoit valable, & revoquant le ſecond, ſuffit.

LA Demoiſelle de Brugelles veuve de Germinot, avoit un néveu nommé Brugelles, & une niéce de même nom, mariée avec Malard, en faveur de laquelle elle avoit fait un teſtament. Mais ſon néveu ſçachant cela la preſſa tant, que pour mettre la paix entre ſes Parens, & ſe délivrer de ſes importunitez, elle en fit un autre en fa faveur. Mais par une déclaration devant un Notaire & deux témoins, elle revoque ce teftament en faveur de fon néveu, ajoûtant qu'elle l'a fait contre fa volonté, & par importunité, & veut que le teftament fait en faveur de la Demoifelle de Malard eût fon effet.

Or y ayant procès, Brugelles difoit que cette déclaration n'étoit pas fuffifante pour revoquer un teftament folemnel. Et en effet, *Nudâ voluntate teftamentum non rumpitur*, comme il eft dit dans la Loi *Qui liberis*, *ff. de bon. poff. fec. tab.* Mais auffi dans cette même Loi il eft dit, que *non de jure teftamenti quæritur, fed de jure exceptionis* ; laquelle exemption eft que *teftamentum deficit voluntate Teftatoris*, contre la Loi premiere, *ff. de teftam. leg. Cùm quaftio, cod. de legat. & leg. Ex facto. §. Rerum, de hered. inftit.* De forte que la Teftatrice difant qu'elle n'avoit pas cette volonté, il l'en falloit croire ; au lieu que la fimple revocation fans cela ne fuffiroit pas ; autrement on peut dire : *ô turpem humano generi fraudis ac nequitiæ confeffionem, plus creditur annulis quàm animis !* comme dit Tacite. Mantica, *lib. 2. cap. Ult. num.* 18. dit que *quandò voluntas Teftatoris eft manifeftiffimè explicita*, on doit s'en tenir à cette volonté. C'eft pourquoi Brugelles perdit fa caufe par Arrêt du 9. Septembre 1647. au Rapport de M. de Tourreil en la Grand'-Chambre, & la niéce fut maintenuë aux biens.

CHAPITRE XXIV.

Si le Teftament retenu par un fimple Praticien eft valable.

LE nommé Aftrus Païfan démeurant dans une Métairie, & étant malade fit fon teftament, par lequel il legua à fa femme l'ufufruit de fes biens, & fit un de fes fils heritiers. Vingt ans après y ayant eu conteftation, on oppofoit contre ce teftament qu'il avoit été reçu par un fimple Praticien Procureur Jurifdictionnel du Lieu : Que les témoins avoient été refumez le lendemain incompetament devant le Juge du même Lieu ; & qu'ainfi *Petitio hereditatis* étant *centumvirale judicium*, *leg. Cùm here-*

ditatis 12. *Cod. de petit. hered.* on demandoit la déclaration de nullité contre ce teftament, & la caffation de la Procedure du Juge ordinaire. Mais ayant été reprefenté que ce teftament étoit entre enfans & nuncupatif, & que l'écriture n'y faifoit rien que pour en conferver la mémoire, l'impetrant Lettres en fut débouté, & le Teftament jugé valable par Arrêt d'Audience du 30. Mars 1643. La veuve s'appelloit de Jammes. Voyez Laroche, titre des Teftamens, Arrêt 11. *Du Teftament fait devant un Juge & fon Greffier, quoique non recité.*

Mais il faut remarquer qu'en ce cas tels teftamens ont befoin de refomption, comme il fut jugé en Audience à la Grand'-Chambre en Février 1646. Avocats Mes. de Parifot & Courtois, d'un teftament reçu par un Juge nommé Combettes. Il faut auffi que les témoins des teftamens reçûs par les Curez ou les Vicaires, foient refumez, autrement ils font déclarez nuls. Car étant requis par une perfonne privée, le Notaire en les expediant ne peut pas les rendre autentiques, comme il fut jugé le 16. Janvier 1623. au Rapport de M. de Paule Grandval. C'étoit le teftament d'un nommé Piqué, où il y avoit fept témoins.

＊ Ce défaut de refomption joint à ce qu'il n'y avoit que cinq témoins, fit auffi caffer celui d'un nommé Pratviel du Lieu de Granague; car ce Teftateur s'étant fait porter chez le Notaire; & ne l'ayant pas trouvé, le Vicaire du Lieu avoit reçû fon teftament figné de la main du Teftateur en préfence de cinq témoins. Vingt ans après la validité de ce teftament, étant conteftée par des gens qui avoient été pupilles depuis le teftament.

Ceux qui le conteftoient difoient que fi l'article 63. de l'Or-donnance de Blois permet aux Prêtres de recevoir les Teftamens, c'eft avec les folemnitez requifes, & fans déroger à la Coûtume des Lieux; de forte qu'il falloit fept témoins, outre que cette Ordonnance n'avoit pas lieu en ce Parlement. Que le Chapitre *Cùm effet, extra de teftam.* où il n'en faut que deux, n'avoit pas lieu en France, comme dit M. Maynard, *liv. 5. chap. 6.* qui dit que les Religieux n'en pouvoient point retenir. Que fi fuivant la Coûtume de Touloufe, titre *des Teftamens,* il ne faut que le Prêtre & deux ou trois temoins, cela ne regarde que la Ville de Touloufe; & que nonobftant cette Coûtume, il faut, suivant l'usage rapporté par Cayron, qu'ils prennent plus grand nombre des témoins, & qu'enfin ces témoins n'avoient pas été resumez. De sorte que sur cette contestation y ayant eu Partage en la Grand'Chambre le 15. Février 1648. encore Partage en la Premiere des Enquêtes, il fut vuidé à la Seconde, où le testament fut jugé.

CHAPITRE XXV.

Si le Testament fait par un Soldat en faveur de son Sergent, est valable.

CLAVERE Sergent d'une Compagnie, ayant été institué heritier par un Soldat de cette même Compagnie en une Ville du Païs Basque, dans un testament fait en présence de trois témoins, suivant la Coûtume de ce Païs-là ; par Arrêt ce testament avoit été cassé comme capté : de sorte qu'ayant impetré des Lettres en forme de Requête civile, il en fut démis par Arrêt du 15. Mai 1660. parce qu'il peut se faire que le Sergent étoit son seul Commandant lorsqu'il fit ce testament.

CHAPITRE XXVI.

Si une Fille est obligée de rendre aux heritiers d'un Soldat decedé ab intestat, ce qu'il lui avoit donné sous esperance de mariage.

UN Soldat de la Garnison de Montpellier avoit donné certaines choses, allant en Campagne, à une fille, sous esperance de mariage par une Lettre. Mais ce Soldat étant mort ab intestat, Jacques Jaculu son heritier ab intestat, ayant contesté à cette fille ce que son parent lui avoit baillé, elle perdit sa cause par Arrêt donné à la premiere Chambre des Enquêtes, au Rapport de M. de Prohenques après-Partage ; & cette fille ayant donné Requête en interprétation, elle en fut démise par autre Arrêt du 14. Août 1636. Et ce parce que son interprétation ration tendoit à renverfer l'Arrêt, attendu qu'il n'y avoit lieu de l'interpréter, comme n'y ayant point d'ambiguité : *Cùm in verbis nulla ambiguitas eft, non debet admitti voluntatis quæftio,* dit la Loi. Mais à préfent telles Requêtes ne font point reçûës, quoiqu'il y ait ambiguité dans des Arrêts.

CHAPITRE XXVII.

Si le Teftament olographe fait par un Capitaine, eft bon.

UN Capitaine appellé de Lefançon ayant fait un teftament olographe, par lequel il faifoit heritier le fieur Turgis fon néveu, l'ayant caché & remis entre les mains d'un Notaire de Pezenas, difant dans ce teftament qu'il l'avoit ainfi fait à caufe du danger auquel font fujets les Gens de Guerre, & qu'il prioit toutes les Cours d'y avoir égard. Par Arrêt donné en l'Audience de la Grand'Chambre, ce teftament fut déclaré bon & l'heritier maintenu contre fon frere, qui difoit qu'il en avoit un autre, que le Teftateur en mourant avoit laiffé à des Soldats. Mais il faut encore remarquer que ce premier teftament avoit été fuivi d'une Lettre écrite à la mere de l'heritier, qui déclaroit fa volonté. Cet Arrêt eft du 11. Février 1637. Voyez Papon, titre *des Teftamens,* art. 7 & 8. Cujas, *Confult.* 49. & Maynard, *liv.* 5. *chap.* 17.

CHAPITRE XXVIII.

Si le Teftament d'un Soldat qui eft dans une Ville, fait en préfence de cinq témoins, deux defquels furent refumez en préfence d'un Notaire, eft bon.

UN Soldat auroit tefté dans la Ville de Cerbere en Catalogne en préfence de cinq témoins, & l'Aumônier du Gouverneur avoit reçu le teftament. Mais de ces cinq témoins, l'un étant Capitaine, & les autres quatre Soldats, il n'y eut que deux de refumez : & ce ne fut encore qu'en préfence d'un Notaire qu'on difoit être Greffier de l'Armée ; de forte qu'il y eut deux Partages, Rapporteur M. d'Olive , Compartiteur M. de Vignes. Et par Arrêt rendu en la feconde Chambre des Enquêtes le 16. Avril 1648. ce teftament fut déclaré nul par le feul défaut de la refomption qui devoit être faite devant un Juge non devant un Notaire : car l'on tombe d'accord que ce Soldat auroit pû tefter ainfi en garnifon.

CHAPITRE XXIX.

Si un Teftament non - cacheté , & enveloppé feulement dans une enveloppe comme une fimple Lettre , reçû par un Notaire de la Ville de Condé en préfence de deux Bourgeois , eft valable.

LE fieur de Laplume de Miferi, & Capitaine au Regiment des Gardes , étant bleffé d'une moufquetade , fit fon teftament dans la Ville de Condé en préfence d'un Notaire , & de deux témoins, difant qu'il vouloit qu'il fût ouvert en préfence de la Dame de Vilargois fa tante. Ayant été ouvert en préfence de cette feule tante, & de la Demoifelle de Miferi fa fœur, inftituée heritiere par fon frere , il fut jugé valable contre la Dame de Bretagne leur fœur aînée, par Arrêt donné en l'Audience de la Grand'Chambre le 17. Juillet 1657. Car cette claufe d'ouverture, quoiqu'il ne fût pas cacheté dans les formes, ne faifoit rien, fur tout dans le teftament d'un Soldat, & fait à la guerre.

CHAPITRE XXX.

Si un Teftament fait en temps de pefte eft bon avec cinq témoins, & s'il peut revoquer un teftament fait avec fept témoins.

IL fut jugé par Arrêt du 2. Avril 1644. en la caufe de Viancz & Aufieres , qu'un teftament fait en temps de pefte , où il n'y avoit que cinq témoins, étoit bon & valable , quoique le

Notaire n'eût pas dit pourquoi les témoins n'avoient pas figné. L'Arrêt fut donné au Rapport de M. de Labroüe ; car quoique l'Ordonnance d'Orleans, *art.* 84. déclare nuls tels teftamens où le Notaire n'a pas dit pourquoi les témoins n'ont point figné, la Cour jugea que cela ne devoit s'exiger en temps de pefte, puifque la raifon en eft affez évidente, à caufe que les témoins n'ofent s'approcher : Et d'ailleurs quoique la Loi difpenfe les témoins de la préfence de tous enfemble en temps de pefte, néanmoins elle ne difpenfe pas du nombre de fept   Mais la derniere Loi, *Cod. de teftam.* n'en exigeant que cinq aux Lieux où il ne s'en trouve pas ; c'eft une confequence qui peut s'induire en temps de pefte, où il eft difficile d'en trouver.

La même chofe fut jugée en la Grand'Chambre par Arrêt du 9. Juillet 1654. au Rapport de M. G. de Comere, d'un teftament fait en temps de pefte, où il n'y avoit que cinq témoins, deux femmes, & un Réligieux ; & qu'un tel teftament rompoit le premier teftament où il y en avoit fept, & la fubftitution fut ouverte en faveur d'un nommé Sixte.

Et cela fut encore jugé en un cas moins favorable en la Seconde Chambre des Enquêtes après Partage, Rapporteur M. de Caulet Roques, & M. de Sevin Compartiteur ; car le teftament d'une de Colomiou frappée de pefte fut déclaré bon, quoique le Réligieux qui l'avoit écrit n'eût pas inferé dans les Mémoires qu'il en fit, les témoins qui y étoient, lefquels on fit venir lors de la refomption : car on difoit que cela avoit été fait à caufe qu'on vouloit avoir du temps pour fuborner les témoins.   De plus, dans ce teftament les témoins *Non erant rogati* ; & même il y en avoit trois qui n'avoient pas vû la Teftatrice, mais entendu feulement qu'il y avoit des femmes pour témoins, & il y avoit même un précedent teftament en bonne forme.

Mais on répondoit que fi le Réligieux qui avoit réduit ce teftament en mémoires n'avoit pas fpecifié tous les témoins, il avoit reparé cela lors de la refomption ; & que les teftamens nuncupatifs ne tirent leur force que des témoins, non de l'écriture : que cinq fuffifoient, le teftament étant comme celui qui eft fait aux Champs, *Leg. fin. cod. de teftam.* & que par la Novelle de Leon 42. il n'en falloit que trois : Que les témoins ne doivent pas être *Rogati* en temps de pefte, ou bien que *Cen-fentur rogati, quia præfentes*, comme dit Mantica, *lib. 6. chap.* 11. D'ailleurs que même les paffans peuvent être témoins, Boerius, *quæft.* 228. Et que fi le Vicaire n'avoit pas reçû le teftament, qu'il y étoit néanmoins préfent. Et fi l'on n'avoit pas exprimé la caufe pourquoi deux témoins n'avoient pas figné, la pefte en étoit caufe : Que les femmes pouvoient être témoins en ce cas, fuivant l'Arrêt rapporté par M. d'Olive, *liv.* 5. *chap.* 3. n'étant pas befoin que les témoins viffent la Teftatrice, fuivant un autre Arrêt rapporté par le même Auteur, *liv.* 5. *chap.* 4. Et bien que la revocation ne fût pas expreffe, néanmoins le dernier teftament prévaloit, fuivant ledit d'Olive, *liv.* 5. *chap.* 1.

Que fi on oppofoit un Arrêt du 29. Novembre 1644. par lequel le teftament d'un nommé Perget Maréchal riche de 30000. liv. fut déclaré nul ; ce ne fut pas parce qu'il n'étoit pas dit expreffément que le Teftateur fût frappé de pefte, ni parce qu'il n'étoit pas exprimé pourquoi les témoins n'avoient pas figné, mais parce que le teftament ayant été contefté deux ans après qu'il fut fait, fçavoir en 1630. le fils n'avoit pourtant pas ofé faire refumer les témoins. Cet Arrêt fut rendu fur une Requête civile impetrée envers un Arrêt de la Seconde des Enquêtes ; laquelle ayant été admife, le procès y fut rejugé le 26. Novembre. Sur quoi y ayant eu Partage, il fut vuidé en la Premiere le 29. du même mois.

CHAPITRE XXXI.

Si le Teftament nuncupatif peut être écrit par l'heritier.

LE 4. du mois de Mai 1646. à la premiere Chambre des Enquêtes, au Rapport de M. de Boiffet, il fut jugé par Arrêt qu'un teftament nuncupatif écrit de la main de l'heritier, & figné de plufieurs témoins, étoit valable. Le cas étoit qu'un nommé Delmas étant malade, Boufou fon néveu fut le trouver avec plufieurs témoins, & un Notaire nommé auffi Boufou ; & ce néveu écrivit de fa main le teftament de fon Oncle, par lequel il le faisoit son heritier pour la moitié de son heredité ; & la femme de ce Testateur étant aussi instituée heritiere de l'autre moitié par le même testament , & chargée de rendre sa portion après sa mort à ce même néveu. Ensuite le néveu & la veuve ayant partagé cette heredité sans faire resumer les témoins , cette division avoit été confirmée par Arrêt. Ensuite de quoi cette veüve cessa de demander toute l'heredité au Senêchal de Gourdon , disant que celui *Qui sibi adscribit in testamento* , est non-seulement privé de ce qui lui est laissé , mais même qu'il encourt la punition de faux : ce qui est de la disposition du Droit. Sur quoi le Senêchal rendit Sentence, qui privoit Bousou de l'heredité, & qui maintenoit la veuve en tous les biens : de quoi Bousou étoit appellant.

Il cotoit grief de ce qu'ayant demandé la resomption des témoins devant le Senêchal, cela lui avoit été refusé mal-à-propos : Que les textes du Droit contre ceux qui écrivent les testamens , où il leur est laissé quelque chose, ne sont que des testamens par écrit , non de nuncupatif ; & que sur la premiere Loi du titre , *Cod. de his qui si adscrib. in testam.* le déclaroit assez : Que c'étoit ainsi qu'il falloit aussi entendre l'Ordonnance d'Orleans , *art.* **27.** contre les Prêtres qui écrivent les testamens où il leur est laissé quelque chose : qu'il étoit néveu du Testateur. Qu'automn. *Ad leg.* 1. §. *Inter. ff. ad legem Cornel. de fals.* rapportoit un Arrêt où le testament écrit par le Clerc d'un Procureur, où ce Procureur l'avoit institué, fut jugé valable. Que Faber *in suo cod. ad tit. de his qui sibi adscr.* 14. *de fin. unic.* tient que l'heritier peut écrire un testament nuncupatif : Qu'il étoit constant que la volonté du Testateur lui avoit été lûe & rélûe ; & qu'enfin elle avoit partagé par Sentence Arbitrale, autorisée par un Arrêt, après quoi elle ne pouvoit plus contester ce testament.

Au contraire la veüve disoit que c'étoit un testament par écrit, non un testament nuncupatif, & exageroit les peines portées par le Droit contre ceux qui écrivent les testamens faits en leur faveur. Elle ajoûtoit, que par Arrêt de 1633. rendu en Audience, le testament écrit par un nommé Cardarieu Prêtre , Intendant de peste, où il y avoit pour lui un legat de 300. liv. avoit été cassé. De plus, que le 23. Janvier 1645. la Cour en

Audience aussi auroit privé d'un legat de 1000. liv. les Capucins ; parce qu'un Capucin de la Grace avoit reçu le testament,
quoique les témoins de l'un & de l'autre testament eussent été.
resumez : Que la qualité de néveu n'étoit pas considerable, puisque par un testament précedent le Testateur ne lui avoit rien
laissé : Que Faber étoit le seul dans son opinion contre les Arrêts.
de la Cour : Que le préjugé du Clerc avoit été rendu, à cause
que le Clerc écrivoit d'ordinaire sous son Maître, & qu'il ne
pouvoit refuser de faire ce qu'il lui commandoit. Que si le
Senêchal avoit adjugé toute l'heredité en consequence de ce testament, ce qu'on lui opposoit aussi, c'est que l'Adversaire étant
privé de sa portion, elle devoit avoir tout *jure adcrescendi*. Et
qu'enfin quant à la Sentence Arbitrale, elle n'avoit point vû le
testament lorsqu'elle y avoit acquiescé, de quoi elle devoit être
relevée : Et que l'Arrêt qui avoit été consenti, & contre lequel
elle se pourvoyoit, n'étoit pas sur le differend dont il étoit pour
lors question, mais une surprise & un artifice ; ce qui ne pouvoit
autoriser le dol de Bousou d'avoir écrit ce testament, ni le
garantir de la peine : de quoi l'Arrêt n'avoit pas jugé ; mais
néanmoins, comme il a été dit, elle perdit son procès sur la
qualité de néveu ; & sur ce qu'aux testamens nuncupatifs, l'écriture n'y étant que *Memoriæ causâ*, elle ne doit pas venir en consideration, suivant l'opinion de Faber.

CHAPITRE XXXII.

Si le Testament, qui n'est pas signé par le Testateur, est bon.

PAR Arrêt du 15. Mars 1631. après Partage, M. de Car-
lincas Rapporteur, & M. de Lestang Compartiteur, il fut
jugé qu'un testament qui n'étoit pas signé par le Testateur, mais
par les seuls témoins, étoit valable, quoiqu'il ne fût pas dit
pourquoi le Testateur n'avoit pas signé, suivant la Novelle 42.
de l'Empereur Leon.

Et le 12. Juillet 1646. en Audience en la cause de Raynaud
& de Julien, la procedure de resomption des témoins, sur un

reftament que le Teftateur n'avoit pas figné, fut confirmé, quoiqu'il fût foûtenu que le Teftateur étoit mort, quand le Notaire
y arriva, Avocats Mes. de Parifot & de Courtois. Mais il en
eft autrement d'un Codicille lorfqu'il y a teftament ; car par
Arrêt du 4. Juillet 1663. Avocats, Mes. de Tartanac & Mafloc,
en la caufe de Tremoulet & de Roger, la Cour reforma un
Appointement de refomption, & ordonna que le teftament que
ce Codicille revoquoit, fortiroit à effet.

CHAPITRE XXXIII.

Si le Teftament où les Capucins font inftituez ou fubftituez, eft
valable ; & fi l'on peut leur laiffer des legats.

CETTE queftion fut jugée par Arrêt du 15. Janvier 1645.
en la caufe du fieur de Cyran de Cabanac, & les Capucins,
où M. le Procureur Général. La fœur de ce Gentilhomme ayant
pour Directeurs les Capucins, & étant afiliée, pour ainfi dire à
leur ordre, inftitua fon frere par fon teftament de 1635. & fon
néveu appellé de Montfaucon, à qui, en cas de decès fans enfans,
elle avoit fubftitué les R. P. Capucins de Limoux pour la moitié
de fon heredité, & cela pour leur acheter des Livres. Et outre
cela, elle leur avoit legué 2000. liv. pour dire des Meffes pour
elle dans tous leurs Convents, comme pour un Capucin mort
de leur Ordre ; & encore 1000. liv. pour être employées à ce
que leur Provincial trouveroit à propos, prohibant la falcidie à
fon heritier, qui n'étant pas content de ce teftament en demanda
la caffation.

Il difoit que ces Réligieux, & fur tout les Capucins, n'étant
pas capables de fucceder, ni d'être inftituez, *Arg. Can. Cui portio*
12. *quæft.* 1. ils ne pouvoient par confequent être fubftituez :
Cùm fubftitutio fit altera inftitutio. Que ce teftament avoit été
fuggeré à la Teftatrice par fon Directeur, qui étoit fon Superieur,
comme étant aggregée à leur Ordre ; & qu'ainfi il étoit nul,
& par confequent caffable, *Leg. Per impreffionem, cod. de his*
quæ vi mot. cauf. Que par l'Edit de Châteaubrian, les Réligieux

ne peuvent accepter des hereditez, ni par la Clementine, *Exim.*
de Paradiso, *tit. de verb. signif.* Qu'il y en avoit un Arrêt
général de la Cour du r 4. Août 1602. Que ces legats abfor-
boient fon heredité, au lieu que cette filiation *Debet effe gratuita*
& Sancta Can. Diligere 30. *quæft.* 3. Que le 23. Janvier 1645.
un teftament en faveur des Capucins de la Grace, avoit été jugé
nul en Audience, & les heritiers du Teftateur rélaxez du legat
de 1000. liv. laiffez aux Capucins : Que c'étoit une chofe honteufe, comme dit Severus Sulpicius, que les Réligieux *Sedentes*
munera fpectent, *& venalem præferant fanctitatem.* Sur quoi
la Cour fans avoir égard à la fubftitution confirma le legat.

CHAPITRE XXXIV.

Si le Teftament d'une mere qui n'inftituë fa Fille qu'en la fomme
de cinq fols, & qui fait heritier un étranger, eft bon.

QUOIQUE l'inftitution faite de la fomme de cinq fols,
Detracta rei mentione, foit cenfée inftitution en la legitime,
Leg. I. §. *Si ex fundo*, *ff. de hered. inft.* & fuivant Graff. §.
hereditas, *quæft.* 33. & que M. de Cambolas foit de cet avis,
liv. 2. *chap.* 15. ainfi que M. Maynard, *liv.* 5. *chap.* 11. &
liv. 10. *chap.* 6. néanmoins quand un étranger eft inftitué, la
Cour préfume qu'il y a de la captation, & ne fouffre pas que
les parens ayent cette dureté pour leurs enfans, comme il fut
jugé par Arrêt d'Audience en faveur de la Demoifelle de Martial,
femme de M. Cauffines Avocat, contre Saporta heritier inftitué
par la mere de cette femme, le fujet de mécontentement qu'elle
avoit contre fa fille, n'étant pas jufte ; fçavoir, que Me. de
Cauffines fon Mari les avoit fait plaider long-temps : Car ce
mari avoit raifon, puifque pour payement de 6000. liv. de la
conftitution dotale de la femme, fon beau-pere lui ayant baillé
des Parties ou infolvables, ou qui avoient payé ce qu'ils devoient,
il avoit eu jufte fujet de fe faire payer. De forte que la Cour
par fon Arrêt du 11. Janvier 1650. caffa le teftament fait en faveur
de Saporta, & maintint en tous les biens la fille de la Teftatrice.

CHAPITRE

CHAPITRE XXXV.

Si le Testament où sept Capucins sont témoins, est bon.

ANTOINE DAVID mineur de vingt-cinq ans, ayant fait une donation en faveur de sa sœur, fit depuis un testament dans la Ville du Saint Esprit dedans le Convent des Capucins, retenu par un Notaire & sept Capucins pour témoins, par lequel il instituoit son Oncle le sieur de Penbenq, Capitaire dans le Regiment de Normandie. La sœur voyant que sa donation ne valoit rien, demanda la cassation du testament, disant que *Testes debent esse cives Romani* ; & que les Capucins *sunt servi, nam sunt mortui in corpore vivente, leg. Deo nobis, cod. de Episc. & Clerc. qui non habent testamenti factionem* ; & qu'ainsi ils ne peuvent être témoins, §. *Testes inst. de testam.* Que c'étoit une illusion, que dans une Ville il eut choisi des Capucins pour témoins, & que cela étoit de trop grande conséquence.

Au contraire on disoit que suivant Guyd. Pap. *quæst.* 517. ce testament étoit fait *Coram septem viris probis.* Que Harmenopule disoit que là où il n'y avoit que des femmes, comme aux Bains, huit femmes étant témoins, le testament étoit bon ; & qu'à plus forte raison en un Lieu où il n'y avoit que des Capucins, le testament devoit valoir. Que la Cour avoit confirmé un testament où il y avoit sept Recolets pour témoins fait dans Avignon, & où il y avoit des legats en leur faveur, en la cause du sieur de l'Isle de la Bartalasse, contre Parnau Notaire, par Arrêt du 16. Mars 1643.

Néanmoins la Cour à cause des conséquences, par Arrêt du 26. Janvier 1647. en la premiere Chambre des Enquêtes, Rapporteur M. de Fermat, déclara nul ce testament. En effet, ce testament fait en présence de sept Recolets sur une Requête civile, fut dépuis déclaré nul le 7. Septembre 1649, au Rapport de M. de Fresals. Et au mois de Mai 1650, la Requête civile qu'avoit impetrée Panau envers le second Arrêt, fut jugée, & l'Arrêt cassé : car on disoit que c'étoit la coûtume en Avignon, que les

Réligieux pouvoient être témoins, les Avocats déclarant le contraire ; & quatre autres témoins qu'il y avoit, étoient tous légataires.

CHAPITRE XXXVI.

Si dans un Teſtament nuncupatif les Parens peuvent être témoins.

IL eſt certain qu'ils le peuvent, parce que la parenté n'eſt pas un empêchement de droit qui rende les témoins objectables en ce cas : dautant plus que les témoins d'un teſtament nuncupatif ne peuvent être objectez, parce que le Teſtateur qui les a fait venir, ne va pas faire une enquête ſur la vie des témoins. Et en effet, le 10. Juillet 1634. en Audience en la cauſe de Lanes, il fut jugé qu'il n'étoit pas beſoin d'Adjoint en fait de reſomption des témoins d'un teſtament nuncupatif, ni par conſequent d'objets. C'eſt l'opinion de M. Ferron ſur les Coûtumes de Bordeaux, *tit. de Feud. §. 16. infin.* Et quoique M. Maynard, *chap. 5. livre 5.* diſe qu'il a été jugé qu'on pouvoit objecter les témoins en ce cas, il n'en rapporte pas des Arrêts.

Au lieu que dans la cauſe d'Aymerics, il fut jugé depuis que l'on ne pouvoit objecter de tels témoins. Et en la Premiere des Enquêtes, au mois de Février 1644. M. de Boiſſet Rapporteur, il fut jugé en la cauſe de Dame Camille de Poſtel, Marquiſe de Moncla, contre la Dame de la Baſtide, que les témoins d'une Tranſaction ne pouvoient être objectez. La raiſon pourquoi l'on ne devoit pas recevoir tels reproches en matiere de reſomption, ſur tout de teſtament, eſt le grand nombre que la Loi exige, & que le teſtateur ne peut pas deviner les défauts d'un témoin : Ce qui eſt fondé ſur l'exemple d'un Eſclave crû libre, *Apud Juſt. tit. de teſtam.* Et quant aux Parens, autres que les peres & les freres, il n'y a point de Loi qui les excluë d'être témoins dans les teſtamens ; ce qui ne ſeroit neceſſaire, *Leg. Qui teſtamento in prin. ff. qui teſt. facer.* où même les intereſſez, ſçavoir les Legataires, peuvent être témoins.

CHAPITRE XXXVII.

Si ces mots : Je vous recommande mes enfans, *mis dans un testament, induisent fideicommis.*

RAYNAUD par son testament fit sa femme heritiere absoluë, pour disposer des biens à ses plaisirs & volontez ; & ayant legué 2 0 0 0. liv. à son fils, & 2 0 0 0. liv. à sa fille, il avoit ajoûté qu'*il lui recommandoit ses enfans.* Et il faut remarquer que cette femme, qui s'appelloit Tarabuste, avoit des enfans d'un premier lit. La fille étant mariée avec Lagarrigue, & y ayant 14000. liv. de dettes actives dans cette heredité, Lagarrigue & elle demandoient qu'elle fût tenuë de bailler des cautions. Tarabuste au contraire avoit impetré des Lettres en maintenuë, & à ce qu'il fût déclaré n'y avoir point de fideicommis, & par consequent qu'elle fût relaxée du Bail des cautions : & disoit que la recommandation n'induisoit point fideicommis, *Leg. fideicommissa* 11. §. *2. de legat.* 3. & *leg. de verbo* 12. *cod. de fideic. liber.* Que par les termes du testament, elle étoit heritiere absoluë, *Arg. leg.* 41. §. *Lucius 6. ff. eod.* Qu'en pareil cas entre Reboul & Loüis Medecin, au Mois de Mars 1 6 4 6. il avoit été jugé qu'une simple recommandation n'emportoit pas fideicommis, au Rapport de M. de Laroche en la Premiere des Enquêtes, & qu'ainsi elle n'étoit pas obligée de bailler des cautions étant mere, *Leg. Jubemus 6. cod. ad Senat. Trebell.*

Au contraire il étoit répondu que *Ex novis constitutionibus omne verbum utile est ad fideicommittendum, ex Cujac. in lib.* 4. *Pauli, tit. de fideic.* §. *Fideicommittere 6.* Que ces mots, je *lui recommande,* suivoient immediatement l'institution : Qu'aux fideicommis on ne regardoit que la volonté du Testateur, *Leg. cùm res 47. ff. de legat.* 1. Et que le mot *Commendo,* est pris pour *rogo in leg. Verba 5. ff. de alim. & cib. leg. & Glos. in verbo commendo.* Que le Testateur n'avoit pas oublié ses enfans, en faveur desquels le fideicommis est toûjours présumé, sur tout leur mere ayant des enfans d'un autre lit : Que lorsque le Testateur

X x x ij

lui recommandoit fes enfans , elle avoit répondu qu'elle ne les oublieroit pas ; & qu'ainfi on en étoit aux termes de la Loi *Pamphilo* 39. *de legat.* 3. & par confequent qu'elle étoit tenuë de bailler des cautions , *Leg.* 1. *cui* 31. *ff. ad leg. falcid. & Arg. leg. Imperator. ff. ad Trebell.* Sur quoi la Cour le 18. Mai 1646. rendit Arrêt en Audience , par lequelle elle déclara y avoir fideicommis en faveur des enfans du Teftateur , & même en faveur des enfans du premier lit de cette femme, le cas y écheant , & ordonne qu'elle baillera des cautions.

CHAPITRE XXXVIII.

Si le Teftament d'un fils de Famille fait en faveur de fon pere ou d'autre , eft bon.

LE fils de Famille ne peut pas tefter , *Leg. Qui in poteftate , ff. Qui teftam fac. poff.* ni donner fon heredité à caufe de mort, *Leg. tam is. ff. de donat. cauf. mort.* & *leg. Licet , cod. de pact. cum Gloff.* Néanmoins il n'eft pas fans effet , quand le teftament eft fait du confentement du pere , & que la claufe Codicillaire & de donation y·eft inferée , & l'heritier préfent ; je dis l'heritier ou le Donataire préfent, qui acceptât, fuivant Jul. Clar. §. *Teftamentum, quæft.* 12. & 14. auquel cas *Donatio valeret tanquam fideicommiffum* , comme difent Ranchin , Matthieu *ad quæft.* 223. Guyd. Pap. Faber *ad* §. *Mort. cauf. inftit. de donat.*

Et ce que nous difons de ces claufes dans le teftament du fils de Famille , a été jugé par plufieurs Arrêts , Expilly , *chap.* 208. M. Maynard, *lib.* 3. *cap.* 2. *num.* 3. & Cujas, *Confult.* 43. ce qui fut jugé au mois de Mai 1641. en la Premiere des Enquêtes , d'un fils qui ayant des enfans, inftitua fon pere, à la charge de rendre à celui qu'il voudroit des enfans , petits-fils de ce pere , quoique le pere fût abfent. Mais il ratifia après ce que fon fils avoit fait. Néanmoins il fut rendu un Arrêt contradictoire au mois de Janvier 1647. au Rapport de M. de Papus , quoique le Teftateur eût les qualitez ci-deffus. Mais fans doute qu'il y avoit quelque autre raifon de nullité.

Pour ce qui eſt de la fille, elle ne peut pas teſter quoiqu'étant mariée, elle ait vécu dix ans ſeparée de ſon pere ; parce que pendant ce temps elle n'eſt pas cenſée émancipée, à cauſe que ce n'eſt pas une ſéparation volontaire, mais neceſſaire, puiſque le pere ne pourroit la retenir avec lui quand il le voudroit, *Leg.* 3. *cod. de emancip. liber.* quoique le fils ſoit émancipé en ce cas, *Leg.* 2. *cod. de incol.* Si-bien que le teſtament que font telles femmes, eſt nul, comme il fut jugé le 3. Decembre 1646. à la Grand'Chambre, Rapporteur M. Lenoir, du teſtament d'une femme qui avoit demeuré mariée vingt-trois ans, & qui avoit inſtitué ſa mere ; car les ſœurs furent maintenuës *ab inteſtat.* Et un tel teſtament où le pere avoit été préterit par ſa fille, fut déclaré nul, quoique le pere fût mort avant elle, comme il fut jugé par Arrêt donné en l'Audience de la Grand'Chambre le 8. Janvier 1665. Avocats Mes. Daſſe & Dayral.

La même choſe fut jugée au mois de Mars 1641. par Arrêt rendu après Partage, Rapporteur M. d'Olivier, Compartiteur P. Olivier ; d'un teſtament fait par une fille en préſence de ſon pere, quoiqu'elle eut été mariée plus de dix ans, & ſeparée de ſon pere. Et le 25. Juin 1646. la même choſe fut jugée en Audience, Avocats Mes. de Laſſeſquiere & de Lafont, d'un teſtament d'une fille qui avoit inſtitué ſon mari. Et au mois d'Août 1653. Rapporteur M. de Catellan en la cauſe de Mrs. Lavergne & Pujol, il fut jugé que le teſtament d'une fille autoriſée par ſon pere, par lequel elle liquidoit ſes droits avec lui, fut caſſé contre l'avis de M. Maynard, *liv.* 5. *chap.* 3.

Néanmoins le contraire a été jugé touchant une donation faite par Claude Maſet qui avoit été treize ans mariée, & ſeparée de ſon pere, en faveur d'une nommée Saval veuve de Blanc, contre les freres de la Teſtatrice. Et le 8. May 1646. en la Seconde des Enquêtes, au Rapport de M. de Caulet après Partage, Compartiteur M. de Chambart en la cauſe de Rigalde pere, dont la fille avoit demeuré treize ans veuve, *Seorſim à patre*, étoit émancipée, parce que la ſéparation du pere & de la fille étoit pour lors volontaire.

Sur quoi l'on peut ici ajoûter un Arrêt du 27. Mars 1580. rendu en la cauſe de Fregeville & de Beruch, par lequel il fut

X x x iij

jugé que la fille féparée du pere après dix ans, étoit cenfée
émancipée, ou pouvoit tefter ; mais c'étoit peut-être entre des
Gens de la Ville de Touloufe. Voyez Laroche, *Arrêt, tit.* 54.
art. 1.

CHAPITRE XXXIX.

Si l'on peut être reçû contre ce qui eft porté dans un teftament,
que le Teftateur eft en fon bon fens, à prouver au contraire
qu'il étoit imbecile.

HONORE' CASALAC ayant été nourri & entretenû par
François Carretié fon parent, avoit fait teftament en fa
faveur, par lequel il difoit que Carretié l'ayant nourri & entre-
tenu, tant fain que malade, lorfqu'il étoit abandonné de fes
parens ; par cette confideration, puifqu'il étoit le feul de fes
parens qui l'avoit fecouru charitablement, il le faifoit heritier.
Mais Jeanne d'Arnaud plus proche parente ayant demandé fes
biens devant le Senêchal, & ayant été reçûë à prouver que le
Teftateur étoit pupille & imbecille par Appointement, confirmé
par une Sentence du Senêchal, Carretié étoit appellant en la
Cour.

Et difoit que pour la pupillarité, c'étoit une chofe notoire qu'il
n'étoit pas pupille, & fon Adverfaire ne s'opiniâtroit pas à le foûte-
nir ; & que quant à l'imbecillité, elle n'y devoit pas être reçûë ; tant
parce que cela étoit injurieux à la mémoire du défunt, qui n'avoit
jamais eu cette reputation, & qui avoit fait tout fon teftament
en homme de bon fens, que parce que le Notaire & les témoins
l'avoient trouvé fain de mémoire & d'entendement ; & que l'on
ne doit pas être reçû à de telles preuves contre les actes : Que
d'ailleurs cette inftitution étoit *Genus quoddam permutationis,*
puifqu'il avoit nourri ce jeune homme depuis la mort de fon pere
& de fa mere, *Leg. Sed etfi*, §. *Confuluit*, *ff. de Pet. hered.* Que
le Teftateur avoit caufé dans ce teftament, pourquoi il nedonnoit
que 20. liv. à certains autres parens ; fçavoir, parce qu'ils l'avoient
abandonné dans la neceffité ; & qu'ainfi ils ne pouvoient avec

raifon lui difputer la fucceffion : *Quia perfpicuis rationibus ma-*
ligna fufpicio extat, *leg. Penult. ff. de cond. inft.* Que fi M.
d'Olive, *liv. 5. chap. 9.* rapportoit deux Arrêts par lefquels
cette preuve fut reçuë, cela pouvoit provenir des commence-
mens de preuve qui fe trouvoient dans le procès ; & qu'il y
avoit des Arrêts contraires rendus depuis, lefquels Arrêts font
remarquez ci-deffus ; & qu'à moins qu'il n'y ait de grandes
préfomptions, on ne doit point ouvrir cette porte pour renverfer les volontez des Teftateurs. Néanmoins au mois de Mars
1649. en la Seconde des Enquêtes, au Rapport de M. de Caftan, la preuve fut admife. Quand on allegue l'imbecillité, ordinairement la Cour admet à prouver, jufqu'à ce que par Arrêt
du 15. Mars 1660. en la Seconde des Enquêtes, au Rapport
de M. de Nicolas, la Cour ordonna cette preuve pour prouver
l'imbecillité d'un Teftateur, lorfqu'il fit fon teftament en 1614.
quinze ans après fa mort, en la caufe des Raymonds contre
Debugis.

TIERS ACQUEREUR.

CHAPITRE XL.

Si un tiers Acquereur peut prefcrire par l'efpace de quarante ans
un fonds affigné pour dire des Meffes à perpetuité.

CETTE queftion s'étant préfentée en la caufe de Befferbe,
Aygues Partes & Savari, par Arrêt du 13. Juillet 1645.
au Rapport de M. de Gargas en la Seconde des Enquêtes, le
Poffeffeur de quarante ans fut relaxé.

Et le 26. Février 1647. Befferbes s'étant pourvû par interprétation, tendante à ce que, puifque les heritiers du Fondateur avoient alicné le fonds, ils fuffent tenus d'en fubftituer, &
d'en affecter un autre en la place de celui qu'ils avoient alicné ;
mais ils en furent relaxez avec dépens, moderez à 20. liv. parce
que l'Affignat ne donne pas l'action *in rem* à l'Eglife fur tel

fonds, fauf à contraindre les heritiers à payer la penfion annüelle du Service, s'il eft perpetuel, pour laquelle l'Eglife a une hipoteque générale fur les biens du Teftateur.

Conformément à cet Arrêt de 1645. le 29. Mai 1646. la Cour en Audience à la Grand'Chambre, rélaxa une Partie pour laquelle M. de Parifot plaida, & cette Partie s'appelloit Chrefletis, contre Me. Efcarrillon Chapellain, & Limofin ayant droit de lui ; car le fonds ayant été legué par teftament de 1547. pour dire certaines Meffes, il avoit été aliené par les heritiers du Teftateur depuis feptante ans. Ainfi il faut conclurre que le fonds affigné ou legué prefcrit, Authent. *Quas actiones*, cod. *de Sacr. Ecclef.* au lieu que la rente ou penfion ne prefcrit pas ; parce que *renafcuntur quotannis*, & que le fervice perpetuel le fait revivre. Et il n'importeroit d'objecter à cette décifion, & à l'Arrêt de Savari, un Arrêt de la même Chambre ; fçavoir, en la Seconde des Enquêtes du mois d'Août 1645. rendu en faveur de Meyla contre Chaubart & Meyla mariez ; parce que, bien qu'il n'apparût pas de la Fondation, il y avoit plufieurs énonciations réïterées dans divers actes, qui appelloient une vigne la vigne *de Lotie* : ce qui faifoit voir que le Chapellain ou l'Obituaire en avoient joüi ; & d'ailleurs Chaubart avoit fait des acquifitions. Joint à cela qu'il n'apparoiffoit pas qu'il fût tiers Acquereur, lui ou fes auteurs.

TITRE CLERICAL.

CHAPITRE XLI.

Sur qui doit fe prendre le Titre Clerical, lorfque le pere & la mere l'ont fait confufément.

LOR SQUE le pere & la mere font un Titre Clerical à leur fils en termes vagues, tant pour les droits paternels que maternels, la Cour juge que le pere & la mere doivent chacun en payer la moitié. Cela fut jugé par Arrêt, donné au Rapport de de M. de Turle après Partage, Compartiteur M. de Madron, le 7. Septembre 1640. & fut rendu à la Chambre des Enquêtes.

CHAPITRE XLII.

Si l'on peut saisir ou executer un Prêtre sur son Titre Clerical.

BRODEAU sur Loüet, *lettre D, chap.* 26. rapporte un Arrêt, par lequel un décret sur un quart de Moulin, baillé à un Prêtre pour son Titre Clerical, fut cassé. Et Fevret traite amplement cette question, *liv.* 3. *chap.* 3. *num.* 21. où il dit entre autres choses, que le Titre Clerical a le même privilege que les distributions quotidienes, & labeurs journaliers, qui ne peuvent être saisis, Barthole *Ad leg. Commodis præd. ff. de judic.* Guismier *Ad Pragm. tit. de Armatis. in verbo fructus.* & Chopin sur la Coûtume de Paris, *liv.* 3. *chap.* 3. *num.* 16. Et l'Ordonnance d'Orleans, *art.* 12. est expresse : que le Titre Clerical ne peut être saisi de telle maniere, qu'un Prêtre pendant sa vie ne peut être depossedé par décret de son Titre Clerical. Sur quoi Rebuffe dit, *In prax. tit. de rescript. in forma communi,* & Chopin *de morib. andium, tit. de Collat. Benef. art.* 5. tiennent que le Titre Clerical est inalienable ; & ce Titre est appellé *Stipendium, cap. Episcopus, de præb. & dign.* & que *Stipendia non possunt capi, leg. Stipendia, cod. de execut. rei jud.* Et il a été jugé par Arrêt donné en la Premiere des Enquêtes, au Rapport de M. de Lafont en l'année 1662. que le Titre Clerical ne peut être saisi. De plus, il y a divers Arrêts qui l'ont distrait des saisies contre les Créanciers Anterieurs, & principalement entre Me. Carriere Prêtre & Curé de Rieux, & le Syndic des Carmes en 1661. encore même que le Prêtre ait un Bénéfice, parce qu'il peut le perdre.

TRANSACTION.

CHAPITRE XLIII.

Si la Tranſaction portant échange des Rentes appartenant à l'Egliſe
paſſée avec un Laïque, doit ſubſiſter.

LE Sacriſtain de Beaumont Religieux de Saint Auguſtin,
échangea des Rentes dépendantes de la Sacriſtie avec le
ſieur de Roquete ; & ce Sacriſtain lui ceda certains arrerages
pour la ſomme de 300. liv. Enſuite dequoi il demanda la caſſation de ce Contrat, & fit intervenir ſon Abbé, diſant que l'é-
change eſt une alienation, *Cap. Nulli liceat*, §. *Alienationis, de*
reb. Eccleſ. non alien. Qu'il avoit quitté pour 300. liv. des
arrerages qui valoient beaucoup davantage, & que la faveur de
l'Egliſe fait que le Bénéficier même qui aliene, peut venir contre
ſon fait.

Mais le ſieur de Roquete diſoit que l'échange n'étoit pas proprement une alienation, puiſque une choſe repreſentoit l'autre :
Que la Tranſaction étoit avantageuſe à l'Egliſe, puiſque le Sacriſtain ne lui avoit baillé que de Rentes de ſeigle ; & que celles
qu'il avoit données, étoient la plûpart de froment : Que du
moins cet échange devoit ſubſiſter pendant la vie du Sacriſtain,
à cauſe que c'étoit un Contrat paſſé, plus avec le Sacriſtain
qu'avec l'Egliſe ; & faiſant une déclaration, comme quoi il ſe
contentoit que cet échange ſubſiſtât pendant la vie du Sacriſtain,
& des Arrerages échus depuis la poſſeſſion de ce même Sacriſtain,
ſans prendre à ceux de ſon dévancier ; par Arrêt du 7. Avril 1655.
la Cour demeurant les déclarations, demit l'impetrant, & le
ſieur Abbé adherant de ſes Lettres, contre l'avis de ceux qui
tiennent que les Bénéficiers peuvent eux-mêmes revoquer les
aliénations qu'ils ont faites.

CHAPITRE XLIV.

Si l'on peut transiger de l'évenement d'un Arrêt avant qu'il soit rendu.

JEANNE DURIEU, veuve d'un nommé Sabatié, ayant des enfans, convola en secondes nôces sans leur demander des Tuteurs, & sans rendre compte de son administration. Elle étoit morte, & ses enfans aussi ; de sorte que y ayant procès entre Sabatié frere du premier Mari, & Durieu pere de cette femme, qui étoit pendant en la Cour ; & comme il y avoit des grands obstacles pour empêcher le Jugement pendant long-temps, les Parties passerent une Police ou une Transaction, par laquelle Sabatié promettoit de bailler 2000. liv. & certaine autre chose à Durieu pour la dot & pour l'augment de sa fille, moyennant quoi Durieu donneroit tous ses consentemens pour accellerer l'Arrêt : & que ce soit que l'Arrêt fût à l'avantage de Sabatié, il donneroit toûjours les 2000. liv. & que s'il étoit à l'avantage de Durieu, il ne pourroit prétendre que cette somme. L'Arrêt ayant été rendu, parce que Durieu avoit levé les obstacles, & à l'avantage de Sabatié, il vouloit se dedire, sur ce que disoit-il, cette Transaction n'étoit pas parfaite, parce qu'elle n'étoit pas reduite en forme publique comme il avoit été convenu ; de même qu'une vente où l'on a convenu de l'écriture, n'est pas parfaite avant qu'elle soit écrite. De plus, qu'il avoit transigé sur l'infamie de cette femme qui s'étoit remariée pendant l'an du deüil : ce qu'on lui nioit, & ce qu'il ne prouvoit pas ; & qu'il y avoit une espece de dol, puisque Durieu avoit extorqué cette Police pour se départir de ses chicannes.

Mais sur ce qui fut representé par Durieu, que ce n'étoient pas de chicannes, mais des justes contestations : *Que iniquum & supervacuum est, si quod semel remissum quis conetur destruere, leg.* 7. §. 10. *ff. de pact.* que l'Adversaire avoit profité des acquiescemens au Jugement, *Quo licet sui juris persecutionem aut spem perceptionis futurâ constituere, Leg. Pactum* 46.

ff. cod. Que *res non erat integra, dic. leg.* 7. §. 17. & que l'on peut donner quelque chose *Ut à lite difcedetur.* Sur quoi la Cour par Arrêt d'Audiénce du premier Mars 1650. ordonna que la Police fortiroit à effet.

CHAPITRE XLV.

Si les Enfans pour le bien de paix, peuvent tranfiger entre eux pour raifon de la fucceffion de leur pere, avant leur mort.

DEUX fils du fieur de Melet de Beaupuy, fçavoir l'aîné & le jeune : ce puîné ayant en fa faveur le teftament de leur mere, où il y avoit une claufe derrogatoire ; & l'aîné étant affuré de toute la faveur du pere de fon côté, & ayant même un teftament pofterieur de la mere fans revocation de cette claufe ; comme l'aîné s'étoit oppofé à trois divers mariages du puîné, & comme il y avoit une grande animofité entre eux, ils s'aviferent pour le bien de paix de tranfiger enfemble ; fçavoir, quelle que fût la volonté de leur pere & de leur mere, l'aîné auroit telle chofe, & le puiné telle autre. Mais enfuite y ayant differend entre eux, & le puîné ayant obtenu une provifion de 1000. liv. au Senêchal de Caftelnaudarry, il y eut appel de la part de leur pere, qui demanda à la Cour la caffation de la Tranfaction, difant qu'elle étoit *De hereditate viventis*, & par confequent vitieufe, *Leg. Ult. cod. de pact* & *Arg. leg. Si in emptione* 34. §. *Liberum. ff. de Contrah. empt. Leg. Inter* 83. §. *Sacrum. ff. de verb. obligat.* & *Leg.* 1. *ff. de vulg. fubft.* Et que d'ailleurs l'on ne peut renoncer à un droit qui n'eft pas encore arrivé, *Leg. Is qui in prine. ff. de reg. jur.* Voyez Maynard, *liv.* 2. *chap.* 69, 70 & *feq.*

A cela l'aîné répondit que leur Tranfaction n'avoit point les qualitez pour lefquelles toutes les Loix ne fouffrent pas de telles Tranfactions, & qu'elle n'étoit pas d'une augure mauvaife contre eux, mais que c'étoit feulement un reglement entre eux pour le bien de paix, & pour éviter des fuites dangereufes. Que pour la premiere fois, *Cod. de pact. fuper incerta conditione tranfigi poteft.*

inter fratres. Que chacun peut renoncer *juri quæsito*, & *quærendo*, *Leg. 46. ff. de pactis.* & *leg. de fideicommisso*, *cod. de transact.* Que les freres ne sçavoient lequel des deux seroit élû. Que l'un étoit appellé en deux cas, & que l'autre ne l'étoit qu'en un : Que ces freres avoient voulu assurer leur repos & l'amitié fraternelle, quelque sujet de differend qu'il y eut entre eux ; mais néanmoins le 27. Janvier 1650. la Cour cassa la Transaction en Audience.

C H A P I T R E XLVI.

Si un Mineur peut être relevé d'une Transaction en matiere criminelle sur la remission de l'action qu'il avoit.

LE premier jour du mois de Juillet 1641. il fut jugé qu'un nommé Samuel Tribes du Païs du Gevaudan, ayant renoncé à la poursuite du meurtre de son pere, moyennant la somme de 1500. liv. contre Ticier, présent seulement à ce meurtre, ne pouvoit, quoique mineur, demander cassation de l'acte qui contenoit ce traité, & la quittance, *Leg. Quæritur,* §. *Venditor. ff. de adit. Edict.* & suivant la Loi *Destitiisse* 21. *ff. de min.* & *Arg. Can. Sic. ille.* 23. *quæst.* 4. Et les Lettres de grace obtenuës par Ticier, furent interinées en Audience.

C H A P I T R E XLVII.

Si un Mineur peut être relevé d'une Transaction passée par son Curateur réel sur un procès douteux en présence des plus proches parens du Mineur.

LES Docteurs font cette difference, lorsqu'un Tuteur ou Curateur réel transige sur un droit clair & liquide, ou bien s'il transige sur procès, & sur un droit douteux. Au premier cas, ils demeurent d'accord que lorsque le Curateur réel transige sur un droit clair & liquide au préjudice de son pupille ou mineur, il peut être restitué envers la Transaction passée par son Tuteur ou Curateur ; parce qu'alors ce n'est pas tant une Transaction qu'une donation : *Tutor non potest donare vel diminuendi causâ transigere*, comme il est dit par le Jurisconsulte Paulus, *In Leg. Lucius Titius*, §. *Tutoribus*, *ff. de administ. & pericul. Tutor.* Ce qui est aussi confirmé par la Loi *Pactum Curatoris*, *cod. de pact.* Mais au second cas, lorsqu'il s'agit d'une Transaction passée de dé bonne foi par un Tuteur ou Curateur réel sur un droit douteux, & sur un procès perdu devant le Juge Subalterne, il est certain, suivant le sentiment des Docteurs, que la Transaction en ce cas est valable ; & que le mineur ne peut jamais en être restitué, dautant que la lezion ne peut être jamais présumée dans ce second cas, *Tutor bonâ fide transigere potest de re pupilli*, comme remarque la Glose, tant sur ce Paragraphe *Tutoribus* de la Loi *Lucius Titius*, que sur ladite Loi *Pactum Curatoris*. C'est ce qui est formellement décidé en la Loi *Si Pignore*, §. *Ult.* & en la Loi *Interdum* 56. §. *Qui Tutelam*, *ff. de furt.*

Cette distinction est encore établie sur la Loi *Præses provinciæ* 12. *cod. de Transact.* où il est parlé d'une Transaction passée, & consentie par un Administrateur d'une Communauté, *Quæ minorum jure uti solet*, suivant la Loi *Respublica*, *cod. Quib. ex cauf. major*, *&c.* Et suivant le sentiment de Mornac, de Dumoulin, de Jason, & de plusieurs autres Docteurs qui étendent & appliquent la disposition aux Transactions & Traitez au sujet des differends, & procès, qui regardent les Mineurs, lesquels ont moins de raison de demander la cassation & restitution envers les Transactions passées par leurs Tuteurs ou Curateurs réels, par l'avis, conseil, présence & assistance de leurs plus proches parens ; puisqu'il est constant que telles Transactions, suivant les Loix, prennent une nouvelle force, & une nouvelle autorité, attendu que cette présence purge & fait cesser toute sorte de soupçon, de dol, de fraude, & de lezion ; ainsi qu'il est textuellement décidé en la Loi *Transactionem* 35. *cod. de Transact.*

Godefroy sur cette Loi dit, que *Non præsumitur decipi minor, si præsentibus amicis transigit.* Et c'est ce que fait encore bien voir Dumoulin dans son Conseil 20. *num.* 5. par ces mots : *Et adhuc cum interventu consanguineorum amicorum & illustrium*

Principum, unde vel omnis fufpicionis caufa ab inteftato fublata eft. Et c'eft auffi l'opinion de Balde & de Salicet fur ladite Loi *Tranfactionem*, & d'Alexand. fur la Loi *Cùm detem*, §. *Eo autem tempore*, colum. tertiâ, *Solut. matr.* Et de Barthole fur la Loi *Frater à Fratre* 38. colum penult. *ff. de condict. indeb.* Et c'eft ce qui eft encore décidé en la Loi *In fumma* 65. §. I. *dic. tit. de condic. indeb.* Et Mornac fur la Loi *Tutor pupilli* 35. *ff. de jure jurando*, Rapporte un Arrêt du Parlement de Paris, par lequel une Tranfaction paffée par un Tuteur fur un procès, où il étoit queftion des biens de la fortune de fon pupille, fut confirmée.

Tous les Docteurs tiennent que quoiqu'il foit intervenu Sentence durant le procès, le Tuteur & Curateur réel peut valablement tranfiger, *Si ab ea appellatum fuerit, vel appellari poterit.* Et c'eft l'opinion de Godefroy fur la Loi *Imperator*, *ff. de pact. Quia in dubio præfumitur pro Sententia*, fuivant la Loi *Minor*, & la Loi *Pupillus*, *ff. de arb.* Enfin ces fortes de Tranfactions font auffi valables, que fi de Majeurs les avoient confenties, fuivant qu'il eft formellement décidé dans la Loi *Cùm plures* 12. §. I. *ff. de adminift. & pericul. Tutor.* Et les raifons en font rapportées par Antonius Faber *in Jurifprudentiæ Papinianæ fcientia*, tit. 12. *Princip.* 6. Et en la Loi *caufas*, cod. de *Tranfact* où les Empereurs Diocletien & Maximien, difent que *caufas vel lites Tranfactionibus legitimis finitas imperiali refcripto, refufcitari non oportet.* Et la même chofe eft décidée en la Loi *Non minorem* d'un même titre, où les mêmes Empereurs autorifent fi fort de femblables Tranfactions, qu'ils veulent qu'elles ayent la même force & autorité que la caufe jugée, *Non minorem autoritatem tranfactionum, quàm rerum judicatarum effe rectâ ratione placuit.*

Etant de plus à confiderer, que fi telles prétentions des Mineurs avoient lieu, ce feroit inutilement que les Loix, les Docteurs, & les Parlemens par leurs Arrêts, auroient autorifé les Tranfactions confenties de bonne foi par leurs Tuteurs ou Curateurs réels fur les procès & differends de leurs Mineurs de l'avis de leurs parens; parce que les Mineurs ne manqueroient jamais, pour donner atteinte à de femblables Tranfactions, de relever leur minorité ; & prétexter d'être lezez : ce qui viendroit même à leur préjudice ; puifque , comme il eft dit au Paragraphe *Non femper.* de la Loi *Quod fi minor* 24. *ff. de minorib.* perfonne ne voudroit jamais contracter avec les Tuteurs , ni avec les Curateurs réels, ne pouvant jamais le faire en aucun cas , quand même ils auroient tranfigé avantageufement pour leurs Mineurs. Auffi la Cour fur ces raifons auroit rendu Arrêt le 7. Août 1684. à la Grand'Chambre au Rapport de M. de Lafont , par lequel le fieur Jacques de Reganeau, en une caufe évoquée du Parlement de Guyenne , & renvoyée en la Cour , fut démis d'un appel par lui rélevé d'une Sentence renduë par le Senêchal de Guyenne , par laquelle il fut démis des Lettres par lui impetrées en caffation & reftitution en entier envers une Tranfaction paffée pendant fa minorité par M. Jean Danial fon Curateur réel, par l'avis, confeil , préfence & affiftence de Meffieurs de Gourges & de Latrefne Préfidents à Mortier au Parlement de Guyenne, & de Meffieurs Denis & de Tortati Confeillers en la Grand'Chambre dudit Parlement fes proches Parens ; & cette Tranfaction fut paffée avec M. Duval Confeiller en la Cour du Parlement de Touloufe, fur un appel relevé par le Curateur réel d'un Jugement rendu par Meffieurs des Requêtes dudit Parlement de Guyenne, par lequel le Mineur avoit perdu fa caufe, avec dépens ; & par l'Arrêt de la Cour , cette Tranfaction fut confirmée comme étant très-avantageufe au Mineur, en ce que par icelle M. Duval lui quitta pour 12000. l. les interêts de cette fomme à lui dus depuis deux ans, & les dépens, le tout à lui adjugé par ledit Jugement des Requêtes, pour la fomme tant-feulement de 7000. liv. & c'eft à remarquer que le frere de Ragueneau ne voulut point fe pourvoir, & qu'il avoit vingt-cinq ans lorfqu'il fe pourvût contre la Tranfaction ; la Cour reconnoiffant fa mauvaife caufe , voyant qu'étant condamné aux dépens comme il fut, M. Duval ne pourroit prendre les dépens du féjour , ni d'aller & de revenir, comme étant Confeiller en ladite Cour ; & au Confeil, il donna les mains au renvoi en ce Parlement , pour montrer qu'il agiffoit de bonne foi, & qu'il ne vouloit point accabler fa Partie de fraix ni de dépens.

CHAPITRE

CHAPITRE XLVIII.

Si l'on peut ſe pourvoir contre une Tranſaction qui regle la portion congruë d'un Vicaire perpetuel.

LA maxime qui porte que *Non poteſt tranſigi de alimentis futuris, leg.* 8. *cod. de Tranſact.* s'applique avec raiſon à la portion congruë des Vicaires perpetuels ; parce que cette portion congruë étant affectée pour les alimens du Prêtre, toutes les fois que la Tranſaction n'en donne pas de ſuffiſans, le Prêtre peut ſe plaindre ; & quoique cette maxime ne s'entende proprement que des alimens leguez ou laiſſez par une derniere diſpoſition, ſuivant la Loi *Cùm te*, §. 2. *ff. de Tranſact.* Néanmoins la Cour l'a étenduë pour une autre raiſon aux alimemens des Prêtres, qui de neceſſité doivent ſubſiſter honnêtement dans l'Egliſe qu'ils deſſervent ; & c'eſt ce que veut dire le vieux Teſtament, en diſant *Boni trituranti os non alligabis.* C'eſt pourquoi cela fut jugé à la Premiere des Enquêtes au Rapport de M. de Labrouë le 29. Février 1650.

Le fait étoit que le Prieur de Saint Quentin dans le Velay, avoit paſſé une Police avec ſon Vicaire perpetuel en 1603. par laquelle le Vicaire perpetuel de ce temps-là avoit quitté la Congruë pour quatre ſetiers de bled par an, meſure du Païs ; & les Prieurs & les Curez avoient vêcu ſous la foi de ce traité juſques en l'an 1648. lorſque Gague Curé ſe plaignit au Prieur, qu'il n'avoit pas dequoi vivre. Sur quoi ils paſſerent une Tranſaction, par laquelle M. Coulom Prieur augmenta cette portion de fruits de quelques ſetiers par Tranſaction de la même année 1648. Mais le Curé ne s'en contentant pas, ſe pourvût contre cette Tranſaction, alleguant les raiſons ci-deſſus, l'Ordonnance de Loüix XIII. & un Arrêt qui avoit été rendu quelques jours auparavant ; ſçavoir, le 18. du même mois de Février 1648. en faveur de Me. Laſcombes âgé de cent cinq ans, contre Portal ſon néveu ; quoique le réveu fît une offre à ſon Oncle, qui faiſoit aſſez voir qu'il avoit dequoi vivre ſans la penſion qu'il lui avoit

Zzz.

relâchée; ajoûtant que le Curé étant l'époux de la Cure; pour
ainſi dire, *Cauſam dotis non potuerat facere deteriorem.* Une
Tranſaction à peu près ſemblable n'étant pas valable dans le
chapitre *Veniens de Tranſact.* & que Charondas *Pand. liv.* 1.
chap. 13. rapportoit des Arrêts de cela.

Le Prieur au contraire diſoit que tous les fruits du Prieuré
n'étoient que de ſeize ſétiers; & que s'il falloit qu'il baillât la
portion congruë, il falloit qu'il abandonnât le Prieuré, & repreſentoit encore que Me. Gague avoit dequoi vivre d'ailleurs.
Néanmoins la Cour condamna le Prieur à payer 200. liv. ſuivant
l'offre que fit Gague de ſe contenter de cela, s'il n'aimoit mieux
lui délaiſſer tous les fruits; & après l'Arrêt le Prieur l'ayant
caché au Curé, le fit adroitement tranſiger une ſeconde fois,
ayant fait artificieuſement mention dans cet Arrêt de cette ſeconde
Tranſaction. Sur quoi le Curé s'étant encore pourvû en caſſation de cette Tranſaction réïterée, par laquelle le Prieur ne ſe
reſervoit que deux ſétiers de bled de tous les fruits : elle fut
encore caſſée en Audience par Arrêt du 29. Mars 1642 Avocats
Mes. de Laſſeſquiere & Cayras. La Cour ayant ordonné que le
Curé auroit 200. liv. à la charge toutefois qu'il ne prendroit
rien du dedans de l'Egliſe; c'eſt-à-dire, du caſuel, que l'on
appelle ici *le Verroüil ou les Oblations.*

Or la Cour a jugé differemment du Caſuel; car par des Arrêts,
elle l'a compris dans la ſomme de 200. liv. ou de 300. liv.
Voyez M. de Cambolas, *liv.* 5. *chap.* 32 Et dans d'autres,
elle ne l'y a pas compris, comme il ſe voit par l'Arrêt rapporté
ci-deſſus contre M. Colom & M. Gague; Et d'un Arrêt du 2.
Avril 1658. rendu en Audience entre M. Molinet de la Salvetat,
lors duquel le Curé demandoit deux ou trois cens livres, ou la
moitié des fruits, la Cour lui ayant adjugé 300. liv. à la charge
de rendre compte du Caſuel. La difference du revenu des fruits
& du Caſuel, a fait cette differente maniere de juger; car au
premier Arrêt de Gague, le peu de revenu du premier fit que
la Cour laiſſa le Caſuel; & dans celui de Molinet, le revenu
conſiderable du Caſuel fit que la Cour ne voulut pas le lui adjuger
outre les 300. liv.

CHAPITRE XLIX.

Si les Transactions ou autres actes signez sans voir, sont nuls & cassables.

L'ORDONNANCE de François I. de 1535. art. 4. enjoint aux Notaires de lire les Contrats aux Parties avant de le signer. Et Papon, des Notaires, *liv. 4. tit. 14. art. 11.* rapporte un Reglement du Parlement de Paris, rendu en consequence de cette Ordonnance. De sorte que puisque les Contrats doivent être recitez, & qu'il est de l'essence du Contrat qui est fondé sur le consentement, de sçavoir ce qu'on fait. Tous les actes qui sont passez sans être recitez aux Parties, ne devroient avoir aucun effet.

Néanmoins la Cour ayant consideré que les Parties consentent assez, lorsqu'ils s'en sont rapportez à la décision de leurs amis, & qu'ils ont encore suffisament consenti, en signant ce qu'ils n'ont pas vû, à ce qu'en ont jugé leurs Arbitres ou leurs Mediateurs. Et d'ailleurs que ces Transactions, qui tuent pour ainsi dire les roces, sont favorables à soûtenir de tels Contrats, & ne les assent que *Ex magna causa.*

C'est pourquoi en Audience le 30. Juillet 1651. elle ordonna l'execution d'un accord signé sans voir, par M. de Lartigue Avocat en la Cour en faveur de sa belle-sœur. Elle en confirma aussi un autre le 8. Juin 1657. en la cause des sieurs de Montfaucon, & de Saintes Cameles, où les Arbitres n'avoient fait que remplir le blanc, laissé pour mettre le prix des grains.

De plus, le 23. Mai 1647. elle démit un Fermier du sieur Baron de Jouqueniel de ses Lettres, en cassation d'une semblable Transaction accordée par des Gentilshommes pris par les Parties. Et même la Cour a confirmé de tels accords entre Marchands ; car Boyer Marchand Boutonnier ayant impetré des Lettres pour demander la cassation d'un semblable accord, contre un autre Marchand nommé Dubois, il en fut démis aussi en Audience le 24. Avril 1646. Et le 24. Juillet 1663. Avocats Mes. de

Parifot pour Fermineau, & M. de Requi pour un nommé Rois; quoique Termineau offrît de prouver par le Notaire & témoins numeraires, qu'il avoit figné une Tranfaction fans voir, il fut démis de fes Lettres. Il eft vrai qu'il en avoit fouffert l'execution : ce qui eft remarquable.

Néanmoins quelquefois la Cour caffe de telles Tranfactions. Ce qu'elle fit par Arrêt donné en l'Audience de la Grand'Chambre le 18. Juillet 1658. par lequel elle dit droit fur de Lettres impetrées par le fieur de Manfencal Sieur de Venerque, pour lequel M. de Laffefquiere plaida, M. de Requi pour la Dame de Caftagnac, & Me. de Chaffan pour le fieur de Ledain. Et le 3. Février 1651. la Cour rendit autre Arrêt en l'Audience de la Grand'Chambre entre la Demoifelle de Mailhac & de Lagraille, par lequel ladite Demoifelle de Mailhac fut reçûe à prouver & verifier les faits par elle foûtenus, d'avoir figné fans voir, & fans fçavoir ce que l'acte contenoit. Ainfi vrai de dire, que cela dépend des circonftances que la Cour confidere avec fa prudence ordinaire.

CHAPITRE L.

Si la reprefentation de la Tranfmiffion a lieu entre les Collateraux.

LA reprefentation de la tranfmiffion n'a pas lieu entre les Collateraux. C'eft pourquoi le 3. Juillet 1659. en Audience en la caufe de Caftel contre un autre Caftel, il fut jugé qu'un arriere-néveu ne fuccedoit pas avec un néveu à l'Oncle decedé; parce que *Poft fratres fratrumque filios non eft locus reprefentationis.* Par l'Arrêt, la Cour ordonna que Caftel, Partie de de Me. de Tartanac, prouveroit qu'il étoit en même degré que fa Partie adverfe.

TRANSMISSION.

CHAPITRE LI.

Si la Tranfmiffion a lieu en faveur des defcendans contre un autre defcendant plus proche du Teftateur.

JEAN ARNAUD ayant trois enfans mâles fit fon Teftament, par lequel il inftitua fon fils aîné fon heritier ; & en cas il decederoit fans enfans de legitime mariage , il lui inftitua fon fecond fils ; & en cas ce fecond viendroit auffi à deceder fans enfans , il lui fubftitua le troifiéme appellé Claude Arnaud. Le Teftateur étant décedé fans faire autre teftament , fon fils fecond feroit décedé quelque-temps après , ayant laiffé deux enfans mâles , appellez Aymar & André Arnauds. Peu de temps après le fils aîné du Teftateur & fon heritier feroit décedé fans enfans , à caufe de quoi il y auroit eu procès entre les deux enfans du fecond fils du Teftateur , & le troifiéme fils dudit Teftateur leur Oncle, pour raifon de la fubftitution appofée dans le teftament dudit Jean Arnaud pere & ayeul des Parties.

Les enfans du fecond fils appellez Aymar & André , auroient demandé à leur égard & à leur profit , l'ouverture de ladite fubftitution, & la maintenuë aux biens de leur ayeul. Cette inftance ayant été portée en la Cour, ils dirent , pour le foûtien de leur caufe , que les biens de leur ayeul leur appartenoient *in vim* de la fubftitution, prétendant qu'ils étoient appellez difpofitivement ; bien que regulierement *Liberi in conditione pofiti non cenfentur effe in difpofitione nec difpofitione vocati.*

Cela néanmoins recevoit quelques exceptions , comme quand le Teftateur a fait un progrez de fubftitutions, & une fubftitution graduelle. Car en ce cas là fans difficulté *Liberi cenfentur difpofitione vocati* , fuivant M. Maynard , qui en rapporte des Arrêts au livre 5. *chap.* 23. Papon en rapporte un formel donné par la Cour le 27. Avril 1548. au titre des Subftitutions,

Arrêt 13. Et ledit Maynard le rapporte au livre 8. *chap.* 91. Mais quand leur Oncle voudroit dire qu'ils y doivent être reçûs *in conditione . non verò in dispositione*, néanmoins ils y devroient être toujours reçûs par le bénéfice de la transmission, laquelle a lieu *in favorem descendentium*. Et bien que leur pere soit décedé avant l'ouverture de la substitution, si est-ce pourtant que la transmission ne laisse pas d'avoir lieu.

Sans que leur Oncle puisse leur opposer qu'elle n'a lieu, lorsqu'il y a des descendans du Testateur dispositivement appellez qui empêchent la transmission, puisque cette maxime n'est veritable que lorsque le Testateur a appellé & substitué à ses biens plusieurs de ses enfans conjointement, comme si leur ayeul avoit substitué a son fils aîné son heritier, ses autres enfans. En ce cas la veritablement ils ne pourroient se servir du bénéfice de la transmission, parce qu'ils seroient en concours avec leur Oncle; mais la substitution étant conditionnelle, & leur Oncle n'étant appellé qu'après leur pere, *& sub conditione*, si les freres venoient à déceder sans enfans; & que leur pere les ayant laissez heritiers, leur Oncle ne pouvoit prétendre les biens de leur ayeul; parce qu'autrement ce seroit choquer directement la volonté du Testateur, qui a témoigné grande volonté en leur faveur, en ce qu'il n'a appellé leur Oncle qu'en cas leur pere n'auroit point d'enfans; & par-là il a témoigné vouloir conserver les biens dans la Famille de leur pere avant de pouvoir venir à leur Oncle, *Sed plus dictum, minùs scriptum*.

L'Oncle au contraire représenta que les néveux n'étant pas dispositivement appellez, attendu qu'il est certain que *Liberi in conditione positi, non censentur in dispositione*; & qu'il n'y avoit point dans cette hypothese aucune des circonstances pour les faire croire *in dispositione*, dautant que ce n'étoit point une substitution graduelle, ni un progrez des substitutions, en ce qu'elle ne comprend pas plusieurs degrez, ni plusieurs generations; au contraire elle est taxativement restrainte aux enfans du Testateur dans le premier degré, & ne va pas au-delà; & ainsi on en est au cas convenu, les néveux ne pouvant pas se servir au cas présent du Bénéfice de la transmission, lui étant un des enfans du Testateur dispositivement appellé.

La transmission n'a été introduite en faveur des descerdans, que contre les étrangers ; & que quand des descendans concorrent avec d'autres descendans, ce passe droit cesse, & faut ven r au Droit commun, qui ne permet pas, que celui qui est dispositivement appellé, soit exclus par ceux qui sont seulement *in conditione*, comme au cas present, lui étant plus proche du Testateur. Il est bien vrai que la substitution est conditionnelle, *Si sine liberis*, mais que l'existence de ses néveux n'empêche pas le fait de la substitution, attendu qu'il ne reçoit pas le fideicomm's des mains de leur pere pour ne l'avoir jamais recueilli, mais de son frere aîné heritier grevé *Sine liberis*. D'où s'ensuit qu'on en étoit aux termes du testament, suivant lesquels ses néveux ne pouvo ent avoir les biens de son pere leur ayeul, suivant les Arrêts de la Cour, & l'opinion des Docteurs, Olive, *liv. 5. chap. 23.* Guyd. Pap. *quast. 232. & cons. 22. & 27.* Benedictus, *in cap. Raynut. in verb. Si absque liberis 2. num 71.* Faber *In suo Cod. lib. 16. tit. Qui aut. tab. apert. de fin. 2.* Sur quoi la Cour rendit Arrêt en la seconde Chambre des Enquêtes au Rapport de M. de Catellan, le 29. Août 1656. par lequel l'Oncle fût maintenu aux biens dépendans de la substitution.

CHAPITRE LII.

En quel cas la Transmission du fideicommis a lieu.

PIERRE LA COSTE habitant de Montpellier fit son testament en 1576. par lequel il fit quelques legats à Raulin Lacoste son fils, & fit heritiere Anne de Seguier sa femme & ses posthumes mâles ; & en cas que les Posthumes vinssent à mourir sans enfans mâles, il substitua Raulin son fils à ces mâles ; & en cas que Raulin vînt à mourir sans enfars, il substitua ladite Seguier, & toutes ses filles. Il y avoit deux filles ; sçavoir, Delphine & Françoise. La mere mourut sans Posthumes après son mari. Delphine mourut aussi, & laissa un fils appellé Mage Sieur de Salsac. Ensuite dequoi Raulin mourut sans enfans.

Sur quoi Françoise Lacoste seule survivante, demanda la

maintenuë aux biens par la mort de Raulin , & l'oüverture de la fubftitution ; & par Arrêt, elle y fut maintenuë. De Salfac s'étant pourvû par Lettres en oppofition contre cet Arrêt, difoit qu'étant defcendant de Lacofte fon ayeul , Delphine fa mere , quoique prédecedée à Raulin , lui avoit tranfmis le fideicommis , & en demandoit la maintenuë en la moitié. Sur quoi il y eut Partage en la Premiere des Enquêtes, M. de Madron voulant démettre de Salfac de fes Lettres , & M. de Labroüe Compartiteur le voulant maintenir , quant à la moitié , avec Françoife fa tante.

Lequel Partage ayant été long-temps agité en la Seconde des Enquêtes, de Salfac fut démis de fes Lettres , ayant été jugé que la tranfmiffion n'a lieu que lorfque les defcendans font en concours avec des étrangers, non quand ils concourent , & quand ils difputent le fideicommis avec d'autres defcendans, fuivant les Arrêts que rapporte M. d'Olive, *liv.* 5. *chap.* 23. qui furent le motif de celui-ci, la Cour voulant éviter la diverfité des Jugemens. M. d'Olive dans fes nouvelles Additions, rapporte auffi cet Arrêt.

CHAPITRE LIII.

Si la tranfmiffion a lieu en fait d'une donation.

IL faut fçavoir fi la donation faite par un pere en faveur des mâles, l'ordre de primogeniture gardé , & en défaut des mâles aux filles, peut être tranfmife à la petite-fille, à l'exclufion de la fille fa tante. Cela fut jugé au mois d'Août 1655. au Rapport de M. de Catellan en la Seconde des Enquêtes , après un Partage, Compartiteur M. de Vignes , en la caufe de la Demoifelle de Ponfin contre une nommée de Mourguet fa tante ; laquelle difoit , que *Spes fideicommiffi non tranfmittitur, Leg. Subftitutio , ff. de Acq. vel Amit. poffef.* Et qu'en matiere Teftamentaire la tante exclüoit la niéce, comme étant fille du Teftateur, & fa néice n'étant que petite fille , *Leg. heredes mei.* §. *Cùm ita ff. ad Senat. Trebel.* Sur tout s'agiffant d'une donation qui étant *ftricti juris tranfmitti non poteft.*

An

'Au contraire la niéce, difoit qu'il en étoit ainfi des donations, ou à-dire contractûs, tempus fpectatur, *Leg. Si filius* 78. *ff. de verb. oblig.* & *ex.* §. *Conditionali, tit. de verb. oblig. ubi fpes ad heredes tranfmittitur, fi fit fpes debitum iri : Si priufquàm conditio exftet, mors contingat.* Sur quoi Fernand, *de Matr. ad Morgan. cap.* 8. *num.* 3. tient pour le néveu contre l'oncle, & *Arg. leg.* 3. *ff. de interd.* Ce qui a été jugé pour la maifon de Marcaffus au Rapport de M. de Boiffet en la Premiere des Enquétes, en la caufe de Piques tante & niece, en faveur de la niece.

T U T E U R.

CHAPITRE LIV.

Si un homme qui a quatre enfans, & fa femme enceinte, eft exempt de Tutelle.

LE 12. Mars 1641. Avocats Me. de Parifot & de Burta, il fut jugé par Arrêt donné en l'Audience de la Grand'Chambre, que celui qui a quatre enfans, & fa femme enceinte, étoit excufé de Tutelle contre la difpofition du Droit, *Leg. Qui in utero, ff. de ftatu hom.* où *qui in utero eft, aliis non prodeft.* & *Leg.* 2. §. *Qui in ventre, ff. de excufat.* où l'enfant qui n'eft pas encore né, ne profite pas à fon pere pour faire le nombre de cinq ; car celui qui en a cinq eft excufé, *Leg.* 1. *Cod. Qui num. lib. fe excufant jufte de excufator. in princ.* Ainfi jugé par Arrêt d'Audience du 9. Mars 1672. Avocat Mes. de Chaffan & Pujou.

CHAPITRE LV.

Si le Créancier du Pupille peut être fon Tuteur.

QUOIQUE l'Authentique *Minoris, cod. Qui dat tutor,* défende la Tutelle aux créanciers & aux débiteurs du Pupille, néanmoins M. Mengau Avocat en la Cour fut préferé.

à la Tutelle de son cousin & son filleul de même nom, suivant la déliberation des parens, contre Merviel ayeul du Pupille, quoiqu'il fût son créancier de 3 6 o o. liv. l'ayeul ayant fait donation de tous ses biens, & par consequent étant insolvable : d'où il s'ensuit qu'en ce cas la Novelle & l'Authentique ne furent pas observées ; & depuis Me. Maingaut plaidant, il fut rendu un même Arrêt. L'Arrêt de Me. Maingaut est du 26 Novembre 1669. en Audience.

CHAPITRE LVI.

Si un Voisin nommé Tuteur par le pere, est obligé d'administrer par provision jusqu'à ce que les Parens en ayent nommé ; & si un Soldat & un Chirurgien de peste sont exempts de Tutelle.

LE 22. Decembre 1649. en la cause de Corouzet Marchand, un Appointement qui ordonnoit qu'il administreroit pendant que les parens s'assembleroient, fut confirmé en Audience, quoiqu'il ne fût parent ni alié : Qu'il soûtint qu'il n'étoit pas habitant de Toulouse, & qu'il suivoit l'Armée de Catalogne ; mais il residoit principalement à Toulouse. Voyez *Leg. Amicissimos. ff. de accusat.*

Le 1 o. Decembre 1 6 4 6. il fut aussi ordonné que Me. Constànci Prêtre, Oncle du Pupille, qui avoit administré un mois la Tutelle, continueroit ; & cependant que les parens s'assembleroient pour en nommer un autre.

Le Senêchal ayant ordonné qu'un nommé Druillet, Halebardier de la Morte-paye de Carcassonne, administreroit au peril des Parens, à cause que sur une contrainte par corps, obtenuë sur pied de Requête, il avoit prêté le serment, néanmoins par Arrêt d'Audience donné le 2 9. Avril 1 6 4 7. il en fut déchargé sans avoir obtenu des Lettres. *Ex leg. 8. §. Veteranus, & §. 9. ff. de ex us.* car il suffit que c'est un Soldat, *Qualiter cumque militet, etiam in cohortibus urbanis.*

Les Chirurgiens de peste sont aussi dechargez de la Tutelle, jugé par Arrêt, donné en l'Audience de la Grand'Chambre le 1 3. Mars 1 6 5 o. en faveur de Trusse, nommé Tuteur d'un Pupille appellé Cavalade.

V.

VARIATION.

CHAPITRE PREMIER.

Si l'heritier grevé de rendre à celui de plusieurs qu'il voudra,
peut varier.

UN nommé Laudes, habitant de Montpellier fit sa femme
heritiere, à la charge de rendre à ses enfans, ou à tel
qu'elle éliroit, quand bon lui sembleroit. Elle rendit
à tous le fideicommis.   Mais depuis ayant revoqué cette restitution, elle rendit à un seul par une donation entre vifs, où elle
jure que son mari lui avoit dit de rendre à celui-là, & fit insinuer
la donation, & cette donation fut executée par la joüissance du
dernier élû.   Sur quoi y ayant procès, le Senéchal auroit cassé
cette seconde élection, & confirmé la premiere. Mais par Arrêt
du 9. Juin 1653. la Sentence fut reformée, & le dernier nommé
maintenu quant à présent ; & par-là il se voit que la femme
pouvoit encore varier. Voyez Cambolas, *lib. 6. chap. 20.*
Olive, *liv. 5. chap. 25.*   Cet Arrêt est de la Premiere des
Enquêtes, Rapporteur M. de Madron.

VASSAL.

CHAPITRE II.

Si un Vaſſal ou Emphitéote eſt tenu de tenir la Maiſon en bon état.

MR. de Laroche traite cette queſtion au Chapitre 11. des
déteriorations d'un Fief, art. 1. où il rapporte un Arrêt
de la Cour du premier Juillet 1602. par lequel Pierre Prat
Marchand de Toulouſe, fut condamné à remettre dans ſept
mois un bâtiment qu'il avoit démoli, à peine dé privation du
fonds. Néanmoins le ſieur Manſencal, Sieur de Venerque,
ayant demandé à Linas ſon Emphitéote qu'il rebatit une maiſon
de ſa Directe qu'il avoit laiſſé tomber, fut relaxé par Arrêt
donné en la Grand'Chambre au Rapport de M. de Beauregard
le 11. Avril 1665. Et lors de cet Arrêt donné en Sabatines,
il y eut Partage ; mais un Juge ſe réduiſit. Et il eſt vrai que
par cet Arrêt la Cour déclara n'y avoir lieu quant à préſent de
rebâtir la maiſon ruïnée ; & lors de cet Arrêt, le ſieur de
Venerque diſoit que ſi Linas venoit à vendre la place, ſon droit
de Lods en ſeroit diminué.

CHAPITRE III.

Si un Vaſſal peut bâtir un château avec des tours qui montent
plus que le toit, dans la Terre d'un Seigneur.

LE ſieur Goudon Vaſſal du Chapitre de Vabres, après vingt
ans, qu'il eut fait bâtir un Château avec des tours, fut
aſſigné par le Syndic du Chapitre, pour ſe voir condamner à
démolir ces Tours. Cette inſtance ayant été portée en la Cour,
il fut repreſenté par le ſieur Goudon, qu'il étoit permis à un
chacun de faire dans ſon fonds ce qu'il vouloit, comme de faire

bâtir, ainfi qu'il avoit fait, un Château avec Tours, pourveu que cela ne porte point de préjudice à perſonne, *Leg. Altiùs, cod. de ſervitutib. & aqua.* Et pourveu que ce ne ſoit dans les Frontieres du Royaume, ſuivant la Loi *Quicumque, cod. de Fund. limit.* Et cita M. de Cambolas, *liv. 6. chap. 40.* & Loüet, *lettre F, chap. 13.* & *ibi* Brodeau.

Le Syndic au contraire dit qu'on n'en étoit pas aux termes des Arrêts rapportez par les ſieurs de Cambolas, Loüet & Brodeau ; & que ſi-bien il étoit permis au Vaſſal de bâtir dans ſon fonds, ce n'étoit ſeulement que *Ad Tutelam vitæ corporiſque defenſionem*, non pas y bâtir un Château avec Tours contre le gré de ſon Seigneur, Boërius, *quæſt. 320. num. 4. & 6.* Sur quoi la Cour par Arrêt donné en la Seconde Chambre des Enquêtes, le 7. Juin 1670. au Rapport de M. Valette ; le ſieur Goudal fut condamné de démolir ſes Tours qu'il avoit fait bâtir, ce qui ſe trouveroit monter plus que le toit de la maiſon.

VENTE.

CHAPITRE IV.

Si la vente faite par écriture privée eſt parfaite, lorſque l'on a convenu qu'elle ſeroit redigée en contrat public dans un certain temps.

LE ſieur de Fermat, Bourgeois de Toulouſe, avoit acheté une Métairie de la Demoiſelle d'Arcombat au prix de 9000. liv. par écriture privée, avec clauſe que l'acheteur payeroit les premieres hipoteques des biens du feu d'Argombal, & que cette vente ſeroit miſe en contrat public dans huit jours. Enſuite dequoi cette Demoiſelle vendit d'autres biens à d'autres par contrat public. Le ſieur de Fermat diſoit qu'il n'étoit pas obligé de tenir cette vente, parce que *Nondùm erat in mundum redacta*, ſuivant la Conſtitution de Juſtinien ; & que la Demoiſelle d'Arcombal avoit changé les conditions, en ce qu'ayant vendu par contrat public les fonds fur lefquels il pouvoit avoir fa garantie, il fe trouvoit qu'il n'avoit plus aucune affurance.

La veuve au contraire difoit que la vente étoit écrite & fignée par acte privé, ce qui fuffifoit. Car ce n'étoit pas le cas de la précaution de Juftinien, puifque la vente étoit écrite, & que la claufe de la reduire en contrat public, n'étoit que *Ad perpetuam rei memoriam.* Sur tout en ce cas auquel l'acheteur avoit une précaution fuffifante, puifqu'il avoit été convenu que du prix de fon achat, il ne payeroit qu'aux premiers créanciers. Mais néanmoins par Arrêt du 21. Decembre 1646. donné en l'Audience de la Grand'Chambre, Avocats Mes. de Parifot & Requi, la Cour fans avoir égard à la Police, rélaxa l'acheteur. Et il y a apparence que ce fut à caufe des ventes pofterieures que la Demoifelle d'Arcombal avoit faites par Contrat public, qui privoient cet acheteur de fon hipoteque ; car la Cour en 1637. plaidant M. de Cayras en la Grand'Chambre, avoit jugé autrement d'une écriture privée.

CHAPITRE V.

Quand la vente par écriture privée, prevaut à celle qui eft faite par contrat public.

UN nommé Martin avoit vendu à trois perfonnes une même maifon, & étoit par confequent tenu de ftellionat, *Leg. Qui duobus, ff. ad leg. Corn. de falf.* Mais il y avoit conteftation entre les deux acheteurs ; l'un defquels, qui étoit le premier acheteur, n'avoit acquis par écriture privée ; & le fecond, avoit acheté par Contrat public : auffi par Arrêt il fut préferé. Mais le premier acheteur fe pourvût contre l'Arrêt, n'ayant d'autre moyen que l'erreur de fait, prife de ce que la Cour en préferant fon Adverfaire, n'avoit pas fçû qu'il fût en poffeffion de la chofe venduë depuis la vente qui lui en avoit été faite ; & qu'ainfi la tradition lui avoit acquis le plein & la proprieté de la chofe, *Leg. Traditionibus, cod. de pact.* Et en effet, ce premier acheteur l'emporta par cette raifon de poffeffion, fuivant la Loi *Quoties, cod. de rei vind.*

'Autrement quand toutes les ventes font en même forme , la premiere eft preferée , comme il fut jugé par Arrêt du 7. Mai 1655. rendu à la Premiere des Enquêtes au Rapport de M. de Theron en la caufe du fieur de la Reule , du fieur de Viel Caftel , & de Roques Apoticaire de Gourdon, quoiqu'il y eût des Lettres poffeffoires du Pred vendu de la part de l'un & de l'autre des Acheteurs.

Sur quoi il faut remarquer qu'il eft plus fûr d'acheter par contrat public ; non-feulement à caufe des inconveniens qui ont été dits ci-deffus, mais parce qu'un tel achat eft fujet à être inutile par le retrait de ceux qui ont droit de retirer, comme il fut jugé le 28. Juin 1650. en la même Chambre, & par le même Rapporteur, contre Jean Grimal acquereur d'un fonds , quoiqu'il eût paffé aux mains de trois diverfes perfonnes depuis la vente qui en avoit été faite par un nommé Tamie en 1640. & qu'il refultât du payement de 340. liv.

CHAPITRE VI.

Si la vente des biens dotaux faite par l'un des Fiancez , eft valable.

MARIE PUILHON âgée de vingt-cinq ans, ayant paffé contrat de mariage avec Bernard Mayeul, lui avoit donné pouvoir dans ce Contrat de vendre les biens qu'elle s'étoit conftituez. Mayeul avant le mariage les avoit vendus à un nommé Gimac Apoticaire du Lieu de Marciac , & la Fiancée avoit ratifié la vente ; mais Mayeul ayant diffipé l'argent, s'en étoit allé à l'Armée après le mariage. Cette femme demandant la caffation de cette vente, fuivant la Loi *Lex Julia* , *ff. de fundo dotali*, qui s'étend, fuivant les propres termes, au Fiancé , la Cour en la Premiere des Enquêtes, au Rapport de M. d'Aliez, le 3. Septembre 1642. confirma la Sentence de caffation & la vente , fauf à Gimac fon recours fur les biens de Mayeul. Il eft vrai que Gimac produifoit un atteftatoire pour preuve que la femme joüiffoit des biens du mari. Mais outre que cet atteftatoire étoit contefté fous prétexte de cette joüiffance dont elle avoit befoin pour vivre, elle ne devoit pas perdre fon droit, dautant qu'elle offroit de les abandonner.

Mais il n'en eft pas de même lorfque la vente des biens conftituez en dot a été alienée par la Fiancée, même avant le mariage. La raifon en eft, qu'outre qu'en tel cas elle vient contre fon propre fait, la Loi *julia* ne parle que du Fiancé, non de la Fiancée. C'eft pourquoi en la même Chambre, au Rapport de M. de Richard, le 13. Février 1645. en la caufe de Corville contre Faugoufe, il fut jugé qu'une telle vente étoit legitime.

V E U V E.

CHAPITRE VII.

Si la Veuve qui repete fa dot dans l'an du deüil, doit pendant l'an avoir fa nourriture & fes habits de deüil.

MARIE RANEURE fe mariant avec Vital Counil, fe feroit conftituée tous fes biens & droits, qui confiftoient aux biens de feu Jacques Raneure fon pere. Counil étant decedé fans enfans, & *ab inteftat*, Margueritte, Catherine & Claude Counils frere & fœurs, lui fuccederent. Claude Jouffoni, comme ayant le droit de Margueritte Counil fa mere, & encore celui de fon oncle & de fa tante, refufa la nourriture & habits de deüil à Raneure veuve de Vital Counil : ce qui obligea cette veuve de faire affigner Jouffoni devant le Senéchal du Puy, en co damnation de fa nourriture & habits de deüil. Mais par Sentence du 18. Août 1686. Jouffoni fut relaxé. Raneure releva appel en la Cour de cette Sentence.

Pour le foûtien de fon appel, elle reprefenta qu'il étoit conftant que les heritiers du mari font obligez pendant l'an du deüil, de fournir à la veuve à leurs depens, tout ce qui lui eft neceffaire pour fa nourriture & enterrement, Faber *in fuo Cod. lib. 5. tit. de rei uxor. act. 3. de fin o.* & les habits de deüil.

Faber,

Faber, *dic. loc.* Bacquet au Traité des Droits de Juſtice, *chap.* 21. *num.* 38. & ce ſuivant la faculté des biens du mari , & la qualité de la veuve. Loüet, *lettre V* , *chap.* 11. Laroche en ſes Arrêts , *liv.* 2. ſous le mot *Dot* , *tit. 6. art.* 5. Guid. Pap. 296. & Maynard, *liv. 5. chap.* 4.

De la part de Jouſſoni , il fut dit que l'appellante étoit non-recevable en ſon appel ; car ſi quand bien on dit que la veuve doit être nourrie pendant l'an du deüil , & avoir ſes habits , c'eſt lorſqu'elle ne répete point ſa dot , ſoit qu'elle conſiſte en argent ou en meubles où immeubles ; mais que ſi elle la repete imédiatement après le decès de ſon mari , comme Raneure a fait , ayant pris poſſeſſion de la conſtitution qui eſt en biens immeubles , ſi-tôt après le decès de ſon mari , elle ne peut avoir la nourriture & habits de deüil. Mais la Cour par Arrêt donné en la ſeconde Chambre des Enquêtes le 21. Juillet 1647. au Rapport de M. de Vignes , la Sentence fut reformée , & Jouſſoni fut condamné de payer à Raneure veuve ſa nourriture pendant l'an de deüil , & les habits de deüil.

VICAIRE GENERAL.

CHAPITRE VIII.

Si le Vicaire Général peut faire Titre jus juri addendo *en matiere de Patronat Laïque.*

LATILLE Prêtre, diſputant une Chapelle avec un nommé Roger, prétendoient tous deux avoir titre des Patrons. Sur quoi Roger prit encore titre *jus juri addendo* du Vicaire Général de Montauban : dequoi Latille fut appellant comme d'abus. Son premier moyen étoit de ce que le Vicaire Général, qui ne jugeoit que par la voye ordinaire, ne pouvoit *jus juri addere* ; & que cela étant de *plenitudine poteſtatis* , il n'y avoit que le Saint Pere qui pût le faire. Et le ſecond étoit , que quand il auroit eu ce pouvoir , il ne pouvoit l'exercer en ce cas *Spreto*

B b b b

Patrono. Sur quoi Roger ne repondant autre chofe , fi - non que ce Titre étoit fuperflu , qu'il ne s'en fervoit pas , mais qu'il s'en tenoit à celui du Patron. La Cour néanmoins le 15. Juin 1657. déclara en tel Titre y avoir abus avec dépens , & condamna le Vicaire Général ent cinq livres d'amende.

VICE-LEGAT.

CHAPITRE IX.

Si le Vice - Legat d'Avignon peut donner des difpenfes en France entre Parens , avant que fes Provifions foient enregiftrées en la Cour de Parlement.

LE 21. Janvier 1627. cette queftion s'étant préfentée en Audience fur une appellation comme d'abus des Parens d'un nommé Peyffon , de la célébration de fon mariage avec fa coufine germaine fur une telle difpenfe , contre Apoli mari de la fille d'une fille de ce mariage : tous les moyens fe reduifoient à celui - là. Mais fur ce qu'on reprefenta que les Parties avoient une jufte caufe d'ignorance de cette formalité : & que dans le Diocefe d'Agdé , & par tout le Bas Languedoc on étoit dans cette erreur ; tellement que les Vicaires Généraux n'avoient point fait de difficulté d'executer de telles difpenfes. La Cour déclara n'y avoir point d'abus , maintint la petite - fille de ce mariage aux biens de fon ayeul : & néanmoins fit inhibitions & défenfes à tous les Sujets du Roi , d'obtenir ci - après pareils Refcripts du Vice-Legat d'Avignon ; & aux Evêques , Archevêques , & à leurs Vicaires Généraux , & autres , de les executer ou fulminer. ci - après , que préalablement fon pouvoir ne fût verifié & enregiftrè aux Regiftres de la Cour , fous peine d'abus. Voyez Maynard , *liv.* 1. *chap.* 47. jufqu'au chapitre 53.

CHAPITRE X.

Si l'on peut se retirer au Vice-Legat d'Avignon, pour commettre un Prêtre, pour benir une Chapelle en France.

LE SIEUR DE CHATEAUNEUF, habitant dans le Vivarez, Païs montagnieux, ayant son Château éloigné de l'Eglise Parroissielle, demanda à M. l'Evêque de Viviers de vouloir benir un Chapelle qu'il avoit fait faire dans son Château, pour pouvoir faire dire Messe. Sur le refus de Mr. l'Evêque il se retira au Vice-Legat d'Avignon, lequel par un Rescript donna pouvoir au premier Prêtre requis de benir cette Chapelle. Dequoi Mr. l'Evêque ayant eu connoissance, il fut appellant comme d'abus en la Cour, laquelle par Arrêt du 17. Juin 1655. Avocats Mes. de Ferrier & de Barthez, déclara y avoir abus, condamna le sieur de Chateauneuf en cinq livres d'amende envers le Roi, & aux dépens ; & la Cour fit les mêmes défenses qu'au capitre précedent. Voyez Fevret traité de l'Abus, *liv.3. chap.2. num.* 16. Maynard, *lib.* 1. *chap.* 51. & les suivans. Et Chopin de *Sacra Pol. lib.* 2. *tit.* 4. *num.* 3.

UNION.

CHAPITRE XI.

Si l'Evêque peut unir une Cure.

MONSIEUR L'ARCHEVEQUE D'AUCH ayant uni une Cure qui étoit d'environ cent Communians, le Curé en fut appellant comme d'abus ; & le Syndic de cette Communauté adherant, les Habitans disoient qu'il n'y avoit lieu d'unir leur Paroisse à une autre ; & qu'il y avoit du revenu suffisant, puisque depuis long-temps ils avoient accordé, outre la dîme, un droit de Prémice au Curé ; & que Mr. l'Archevêque d'Auch ne l'avoit unie, que parce qu'il étoit obligé de payer à ce Curé de tout temps 62. liv. de pennon : d'ailleurs que cette union n'avoit pû être faite fans les appeller. Sur quoi la Cour, voyant que c'étoit une union où il n'y avoit ni neceſſité ni autre utilité, que celle de Mr. l'Archevêque, déclara y avoir abus par Arrêt du 2. Mai 1662. Et en effet, il y avoit un autre moyen d'abus, qui étoit que cette union dépoſſedoit le Titulaire fans fon confentement, & fans l'avoir appellé contre la Seconde Clementine, *de reb. Ecclef. non alien.*

Autrement s'il y a neceſſité & utilité, les Cures peuvent être unies par les Evêques, *cap. expofuiſti. de jur. Patron.* & même à des Dignitez des Eglifes Collegiales, & aux Canonicats, fuivant le Concile de Trente, *Seff.* 24. *de reform. cap.* 15. & aux Dignitez des Eglifes Cathedrales. Si-bien que Mr. l'Archevêque d'Auch ayant uni quatre Cures au Doyenné d'Auch, à la charge que le Doyen defferviroit lui-même Vic, qui eſt la principale ; & qu'il mettroit des Vicaires amobiles aux autres : cette affaire ayant été cenfultée par cinq des plus fameux Avocats de Touloufe, ils trouverent qu'il n'y avoit point d'abus, fur tout parce qu'il fe trouvoit qu'elles avoient été unies autrefois. Voyez Fevret de l'Abus, *liv.* 2. *chap.* 3. *num.* 26.

CHAPITRE XII.

Si les Unions peuvent être fulminées par un Etranger, & hors du Royaume.

L'UNION de trois Cures ayant été faite au Chapitre de Beaucaire depuis plus de feptante ans, Me. Pelegrin ayant impetré celle de Pafillargues, étoit appellant comme d'abus de cette union ; & difoit, 1º Que la Bulle d'Union avoit été fulminée par l'Evêque de Nicaſtre, qui étoit Italien ; & que par la regle *de unione*, il falloit que ce fût un fujet du Roi. 2º Qu'elle avoit été fulminée hors du Reſſort. 3º Que ceux qui avoient dépoſé lors de la fulmination, étoient le Notaire & les Fermiers de ce Chapitre, & qu'ils étoient de la Réligion Pré-

tenduë Reformée. 4° Que par la Regle 28. de *union.* *debent*
vocari quorum interest, ce qui n'avoit pas été fait. 5° Que le
Vice-Legat n'avoit pas fait enregiftrer ſes Facultez en la Cour,
ſuivant les Arrêts de la Cour, & du Parlement de Paris, rapportez par Maynard, *liv.* 1. *chap.* 37.

Au contraire l'on répondit qu'il y avoit des Lettres Patentes
du Roi pour faire executer cette Bulle d'**U**nion de 1605. Que
telles Lettres tenoient lieu de Regiſtre : que la Cour l'avoit
ainſi jugé en 1610. quant à des bénéfices uuis au College des
R. P. Jeſuites de Tournon. Et que Fevret en rapporte un
autre du Parlement de Grenoble, *liv.* 3. *chap* 4. qu'il n'y avoit
que deux maiſons Chatholiques dans cette Paroiſſe ; & qu'y
ayant eu une autre appellation de la même union, le Chapitre
avoit offert à l'appellant la Vicairie perpetuelle de Fondeneres,
qui eſt l'une de ces trois Paroiſſes ; & qu'il offroit à Pelegrin le
même avantage quant à la Cure de Paſſilargues. Néanmoins
la Cour déclara en cette union y avoir abus., condamna le Vice-
Legat, mort depuis longt-temps, en cent livres d'amende, &
le Syndic du Chapitre en l'amende de cinq livres envers le Roi,
& aux dépens.

❀❀❀❀❀ ❀❀❀❀❀❀❀ ❀ ❀❀❀❀ ❀❀❀

U S U F R U I T.

C H A P I T R E XIII.

Si l'Uſufruit laiſſé par le mari à ſa femme, lui eſt entierement acquis.

C'EST une choſe conſtante, que quand le mari laiſſe l'uſufruit
de tous ſes biens à ſa femme, ayant des enfans inſtituez
heritiers, cela ne s'entend que de la nourriture ou alimens, &
de la prérogative dans la maiſon. Et M. Maynard, *liv.* 5.
chap dernier, en rapporte les Arrêts. Néanmoins il ſe trouve
deux Arrêts contraires ; l'un du 9. Septembre 1627 rendu au

Rapport de M. de Papus en la caufe d'Anne Cafel, contre Jeanne Garidel ; & l'autre, au Rapport de M. Madron, le 15. Juillet 1651. en la caufe de Jacques Jehy & Boiffel, par lefquels Arrêts les fruits laiffez à une marâtre ne furent pas réduits à cela ; mais fans doute il falloit qu'il y eût quelque circonftance, qui fit rendre ainfi ces Arrêts. Voyez Glof. *In Authen. Quod locum. Cod. Si fecund. empt. mul. &c.* Et Capell. Tolofan. *quæft.* 462.

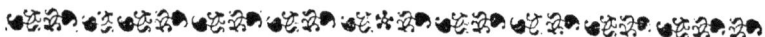

V O L E U R.

CHAPITRE DERNIER.

Quelle peine merite un Voleur & coupeur de Bources, furpris dans l'Audience de la Grand'Chambre.

UN nommé Goudal ayant été furpris coupant des boutons d'or d'un manteau dans la Salle de la Grand'Chambre de la Cour l'Audience tenant, le 18. Decembre 1656. le procès lui fut fait à même temps à la Requête de M. le Procureur Général. Et par Arrêt prononcé en l'Audience, il fut condamné au Foüet & au baniffement pour dix ans hors du Reffort de la Cour : & il y eut plufieurs de Meffieurs les Juges qui opinerent à la mort. Le Doyen des Avocats lui fut donné pour Confeil, après avoir été oüi, & le Doyen des Procureurs pour Procureur : & la Cour ordonna qu'un Huiffier le garderoit pendant qu'il parleroit à fon Confeil.

F I N.

TABLE
DES MATIERES
Contenuës en ce Livre.

A.

ABBE' SI un Abbé Commandataire peut agréger le Monaftere duquel il eft Abbé, à une Congregation reformée fans aucune formalité. *Page* 1

Si un Abbé Commandataire a les mêmes droits qu'un Titulaire pour aller feul après le Chanoine Officiant à la Proceffion, pour porter le Rochet & le Camail, préfuppofé que l'Abbé anciennement ait eu tels droits. 8

Abfolution. Si on peut executer une abfolution après la mort de l'abfous, qui s'étoit marié avec la coufine de fa premiere femme. 9

Abus. Si les moyens d'Abus doivent être libellez. 10

Accaptes. Si les Accaptes & Arriere-Captes font dûs fans titre ni Coûtume. 11

Achat. S'il eft permis d'acheter le Bled en herbe. 12

Si l'Achat eft valable, quand il eft fait fur la nouvelle de la cherté future. 13

Acheteur. Si l'Acheteur d'un fond peut demander que le Vendeur foit tenu de réprendre les biens vendus, fi partie lui ont été évincez, & lui demander la reftitution du prix de la vente de tout le fonds. 14

Adultere. Si le Mari peut tuer celui qu'il trouve en adultere avec fa femme. 16

Alienation. Si les Bénéficiers peuvent aliener l'ufufruit de leurs Bénéfices jufqu'à la mort. 21

Si un débiteur qui a obtenu le rabattement d'un décret, peut aliener les biens décretez avant d'avoir rembourfé le Décretifte; & fi le Décretifte peut demander d'être preferé à l'Acquereur. *Ibid*

Alimens. Sçavoir fi le pere du remarié peut être obligé de donner les alimens à fes enfans du premier lit hors de fa maifon. 22

Allocation. De quel jour les Créanciers du pere peuvent être alloüez fur les biens du fils, heritier de fon pere. 23

Si la femme qui s'eft conftituée tous fes biens, préfens & à venir,

TABLE DES MATIERES.

doit être allouée par préférence à tous créanciers de son mari pour une somme provenant des interêts que son mari devoit à une Demoiselle sa créanciere qui les lui donna ; & son mari après la donation faite, les avoit reconnus sur les biens de sa femme. 24

Lorsqu'un Juge ordonne les allocations des Créanciers, comment doit-on adapter les payemens que le débiteur en fait de partie des obligations à l'un de ses Créanciers ; si c'est sur les plus anciennes, ou sur les dernieres obligations. 25

Amende. Si un Conseil de Santé en temps de peste, a pû condamner un homme à 600. liv. d'amende, pour être sorti de sa maison contre la défense qui lui en avoit été faite. 26

Appel comme d'Abus. En quel cas on peut être appellant comme d'abus. 27

S'il faut se pourvoir par appel comme d'abus envers un décret, ou pour mieux dire, envers un déliberation de l'Université. 29

Si un Chanoine ou autre Prêtre d'un Chapitre, peut être appellant comme d'abus d'une déliberation prise par le Chapitre. 30

De l'origine des appellations comme d'abus. 31

Appel en Cour de Rome. Si on peut être appellant en Cour de Rome de la permission accordée par un Vicaire Général de publier un Monitoire pour raison d'une cause pendante en la Cour. 32

Arbitres. Si un Arbitre peut retenir les Actes sous prétexte qu'il n'est pas payé de sa Partie. 33

Si les Arbitres doivent être de profession à juger le fait pour lequel ils sont pris par les parties. *Ibid.*

Archidiacre. Si l'Archidiacre est obligé de venir prendre à genoux de l'Evêque ce qu'on appelle, *Osculum*, & autres points de ceremonie. Et si l'on peut mettre un Prêtre contre son Evêque sous la protection & sauvegarde de la Justice. 34

Arrerages. De combien sont dûs les arrerages de la rente constituée. 35

Si les arrerages de la dîme abonnée sont dûs depuis trente ans. *Ibid.*

Artisans. Si un Artisan qui est Maître d'un Métier par Lettres, peut assister en toutes les Assemblées & Visites, comme un Maître de Chef-d'Oeuvre. 36

Les Monopoles entre Marchands & Artisans sont défendus. 37

Si un Maître de Chef d'Oeuvre de Paris, est obligé de faire Chef d'Oeuvre dans une autre Ville où il veut habiter, & y exercer son Métier. 38

Augment. Si la mere est privée de l'usufruit de l'augment, qui s'est remariée sans faire pourvoir de Tuteur à ses enfans, & sans rendre compte. 40

Si la mere agée de vingt-cinq ans, est privée de l'augment si elle se remarie sans avoir fait pourvoir de Tuteur à son fils decedé en pupillarité. 41

A qui appartient la portion virile de l'augment gagné par la mere. *Ibid.*

Avocat. Si un Avocat peut faire la fonction de Procureur, & celle d'Avocat tout ensemble. 17

Sçavoir, si un Avocat a une action pour l'Honoraire de son travail. 19

B.

B.

BAIL-A-FIEF. LA difference qu'il y a en baillant en fief, de commencer par nombre ou par corps. *Page* 42

Banc. Si les Magistrats doivent avoir Banc dans l'Eglise de leur Jurisdiction. 43

Si un Evêque peut ordonner, faisant sa visite, qu'un Particulier aura un Banc dans l'Eglise. 44

Si un Evêque a droit de faire ôter un Banc lorsqu'il fait sa visite. *Ibid.*

Banalité. Si celui qui a le droit de Four Banal, peut empêcher les Hôtes de debiter du Pain cuit ailleurs que dans le Four Banal. 45

Si le Seigneur qui a droit de Banalité, peut empêcher les Habitans d'acheter du Pain ailleurs pour leur nourriture. 46

Si la trop longue distance des maisons des Habitans d'un Lieu au Four Banal, doit obliger le Seigneur qui a la Banalité, d'y faire un Four exprès. 47

Sçavoir si un Seigneur qui n'a pas un titre universel sur toute la Communauté, mais seulement des titres particuliers, comme des condamnations contre plusieurs Habitans, peut établir, & être maintenu au droit de Banalité. 48

Bâtards. Sçavoir si le Bâtard d'un homme marié peut avoir de son pere naturel quelque chose au-delà des alimens. 49

Les enfans d'un mariage entre deux proches parens ne sont pas bâtards, quoique la Dispense ne soit fulminée, qu'après la mort du pere. 50

Beneficier. Si le Beneficier est obligé de tenir le Bail à-ferme de son prédecesseur; & s'il en est de même des Baux des Commanderies de l'Ordre de Saint Jean. 51

Benefices. Sçavoir si les Benefices dépendans de l'Ordre de Saint Jean de Jerusalem, doivent être remplis par des Prêtres de l'Ordre. 54

Par quelle sorte de crime le Benefice vâque *ipso jure.* 56

C.

CAS FORTUIT. SI un Fermier peut demander d'être relevé d'un cas fortuit, après la renontiation expresse qu'il en a fait dans le Contrat de Ferme. 61

Si quand il y a renontiation au cas fortuit, le premier peut demander d'être déchargé de la Ferme, ou de la diminution du prix, lorsque le cas fortuit vient du fait du Locataire. 62

Si le Fermier peut demander diminution du prix de la Ferme pour le bled, qui étant dans le champ coupé, non lié, & pour le foin non amassé, & mis en monceaux, que l'inondation a emportez. 63

Cas privilegié. Sçavoir si l'adultere joint à des bruvages pour faire avorter, est un cas privilegié pour refuser à un Prêtre son renvoi devant le Juge d'Eglise. 64

Lorsqu'un Prêtre a voulu forcer sa Penitente. 66

Caution. Si le débiteur de la femme en la payant, peut exiger caution du mari quand la somme est dotale. *Ibid.*

Si la mere Tutrice de ses enfans, peut être obligée de donner caution au débiteur de ses enfans, lorsqu'elle veut être payée de ce qui leur est dû. 67

Si celui qui a cautionné d'une rente constituée, peut obliger en certain cas le débiteur principal de le sortir d'obligation. 68

Si le pere qui en matiere criminelle a cautionné de représenter son fils tant seulement, & le mari de representer sa femme avec cette clause taxative, doivent être condamnez à payer le Juge. 70

Cession des biens. Qui sont ceux qui ne sont pas reçûs à faire cession des biens. 71

Cession des droits. Si la Loi ab Anastasio, & la Loi Per diversas, cod. Mandati, qui regardent la cession, doivent être suivies. 73

Si le cessionnaire, qui, au lieu de se faire payer au débiteur delegué, a reçû de plus les interêts, peut après recourir sur son cedant en cas d'insolvabilité du débiteur. 76

Chapitre. Si le Chapitre peut par ses déliberations subroger à un Théologal, sous prétexte qu'il n'a fait ni Lectures ni Prédications ; & si c'est au Chapitre de lui prescrire l'heure des Leçons. Ibid.

Clause dérogatoire. Sçavoir si la clause dérogatoire peut être renduë inutile sans la repeter dans le testament posterieur, & sans exprimer le nom de l'heritier du premier testament. 77

Si la clause dérogatoire est considerée aux testamens des femmes & des Artisans. 79

Clause testamentaire. Si la clause testamentaire contenuë dans le testament d'un pere, qui donne l'education de ses enfans à sa femme leur mere, à la charge qu'elle residera à Carcassonne, doit être observée. 82

Clerc. Si un Clerc tonsuré peut joüir du privilege Clerical. 83

Comptes. Si la reddition des comptes des Hôpitaux, qui ne sont pas de fondation Royale, doit être faite devant les Juges Royaux. Ibid.

Sçavoir si un compte particulier fait préjudice à une promesse anterieure. 84

Concession. Si conceder est la même chose que donner. 86

Concile. Les endroits principaux du Concile de Trente, qui sont contraires aux Libertez de l'Eglise Gallicane. 90

Condition. Si les enfans des secondes nôces font cesser le cas de la condition s'il decede sans enfans. 96

Congruë. En quoi consiste la congruë portion des Vicaires Perpetuels. 97

Condamnation. Si la condamnation d'abstenir d'entrer dans la Ville de Toulouse, est la même que d'abstenir d'entrer dans Toulouse sans parler de Ville. 98

Si les condamnations civiles renduës hors du Royaume, peuvent être executées. 99

Consuls. Si un Magistrat Présidial peut être Consul dans le lieu de son Siége. Ibid.

Contrats. Si les Contrats passez hors du Royaume peuvent être executez en France. 110

Quand le contrat d'engagement d'un fonds est pour dix ans, si le débiteur peut recouvrer le fonds avant le temps expiré & fini. 101

Si lors d'un contrat d'engagement d'un fonds, le Créancier est obligé de précompter sur la somme par lui baillée, la valeur des fruits qui excedent les interêts. 102

Créancier. Si le Créancier qui prête par un contrat la somme de 1000. liv.

avec pacte que le débiteur lui payera annuellement dix fétiers de bled, est obligé de précompter sur le capital ce qui excede les interêts de la valeur du bled. 105

Si c'est une contre-Lettre lorsque le beau-fils donne un délai à son beau-pere pour payer la constitution, plus long que n'est contenu dans le pacte de mariage. *Ibid.*

Si le Créancier qui reçoit une des sommes qui lui est dûë par un contrat ou autrement, sans se reserver les autres qui lui sont dûës par le même débiteur par autres actes ou autrement, se fait préjudice. 106

Curateur. Qu'est ce qu'il faut faire pour donner un Curateur à celui qu'on dit être incensé. 108

Crime. Si un jeune Enfant peut être criminalisé. 184

D.

DECLARATION. SI la déclaration du mari portant qu'il a reçû 1500. livres de biens paraphernaux de sa femme, faite à l'article de la mort, est valable. 109

Si depuis la Déclaration du Roi qui regle la Congruë à 300. livres, & au cru de l'Eglise, cette Congruë peut être demandée contre le Resignant qui a été reçû Prêtre, *sub titulo illius Beneficii.* 110

Decret. Si un décretiste peut être condamné à la restitution des fruits des biens decretez. *Ibid.*

Si le rabattement du décret peut être cedé par celui qui a le droit de le demander. 111

Si un décret sur un Office peut être rabattu. 112

Si un décret peut être jugé d'autorité de la Bourse lorsqu'il n'y a point d'opposition. *Ibid.*

S'il faut rembourser au Decretiste, non-seulement les sommes pour lequel il a obtenu le decret, mais encore les autres sommes, réparations, méliorations, & loyaux-coûts. 116

Deguerpissement. Sçavoir si un homme peut deguerpir un fief, avant que d'avoir payé les arrerages de la rente, & que l'on ait fait verifier les deteriorations. 117

Si l'Emphiteote en deguerpissant, peut pretendre des ameliorations. 118

Denonce. Si les Inquans des biens du mari saisis, tiennent lieu de denonce contre la femme. 119

Devolutaire. Si le Devolutaire en tout état de cause, est obligé de bailler caution. 120

Diacre. Si un Diacre condamné aux galeres pour six ans, peut prendre l'ordre de Prêtrise après avoir servi le temps. 121

Distribution. Si dans une distribution les Enfans du premier lit sont alloüez; non-seulement pour la dot de leur mere, mais encore pour les interêts, plûtôt que les Enfans de la seconde femme pour la dot de leur mere. 122

Si la mere heritiere de sa fille premiere femme, doit être préferée dans la distribution du mari à la seconde femme. 123

Dîme. De quels fruits sont dûs les Dîmes, *Ibid.*

Si la Dîme des Olives est dûë, & si elle est dûë, comment elle doit être payée, 126

Sçavoir si la Dîme des menus grains doit être payée au Sol, c'est-à-dire, à l'Aire, ou au Grenier. 129

Si les Religieux de l'Orde de Saint

Jean, font exempts de payer la Dîme. 130

Dommages. Si le proprietaire qui a les fruits de la chose loüée ou affermée, est tenu aux dommages & interêts envers le Locataire ou Fermier, si l'Acquereur ne veut pas entretenir le Bail jufques à la fin. 131

Si les dommages & interêts font dûs par un homme fiancé faute de vouloir époufer. Ibid.

Si un Mineur qui demande d'être relevé d'un contrat de mariage fous prétexte de l'inegalité des biens, doit être condamné à des dommages & interêts. 132

Si un Fiancé peut fe garantir des dommages & interêts envers une Fiancée, fous prétexte d'impuiffance furvenuë. 133

Si les Filles doivent être condamnées aux dommages & interêts envers les Fiancez. 134

Si un homme qui a reçû du pere de fa Fiancée la fomme de 1500. liv. qui est la moitié de la conftitution, l'autre moitié payable avant la celebration du mariage, le pere de la Fiancée venant à faire diftribution des biens ; & fi le Fiancé ne voulant accomplir le mariage fans être préalablement payé, peut être condamné aux dommages & interêts. 135

Donataire. En quel cas le Donataire est tenu aux charges des biens du Donateur. Ibid.

Donation. Si le fils de Famille peut faire donation à caufe de mort, le pere y donnant fon confentement exprez. 139

Si le fils de Famille peut faire donation à caufe de mort à fon pere abfent. Ibid.

Si une donation à caufe de mort,

peut être faite par un billet laiffé par un Donateur, écrit de fa main. 140

Si la donation non-fignée du Donateur ni du Donataire, ni d'aucun témoin, est bonne & valable. 141

S'il est neceffaire que le Donateur, qui fait donation de tous fes biens, préfens & à venir, fous la referve de l'ufufruit, fe referve dans ladite donation ledit ufufruit. 143

Si la donation est caffable lorfque le Donatare n'a point fatisfait à la charge & à la condition y appofée. 144

Si un pere qui a fait donation à un de fes Enfans, peut en demander la caffation fi le fils le criminalife. 145

Si la claufe d'irrevocabilité dans les donations, leur donne un plein effet pour les faire paffer pour donation entre vifs. 147

Si la donation faite par le pere à fon fils qui est en fa puiffance, est valable ; & fi elle peut être caffée & revoquée. 150

Si l'on peut venir contre une donation faite à une perfonne, en intention qu'elle épouferoit fa coufine. Ibid.

Si la donation entre vif non-acceptée, est bonne & valable. 152

Si le mari peut accepter une donation pour fa femme. 153

Si une femme peut faire donation de la conftitution dotale pour la fondation d'un Obit. Ibid.

Si la donation faite par le beau-pere à fon gendre lui appartient en particulier, ou fi elle est cenfée faite à fes enfans. 156

Si la femme, qui pendant fon mariage a donné à fon fils une partie de fa dot, peut s'en dedire. 157

Si la donation d'une chofe particuliere peut être revoquée quand il furvient des Enfans au Donateur, & que le Donateur lors de la donation a fongé aux Enfans. *Ibid.*

Si la donation faite par le pere à fon fils pour le marier avant que de l'émanciper, lui acquiert quelque droit, quoiqu'il ne fe marie que long-temps après. 158

Si la donation faite à une fille pour fon mariage, qui ne s'en eft pas enfuivi, eft cenfée pour le mariage qu'elle contracte après. 159

Si une donation faite par une mere de fon fils dans le Contrat de mariage de ce fils âgé de onze ans, & en cas qu'il vint à mourir à la fiancée de ce même fils, peut être revoquée, le fils étant mort avant la confommation du mariage. 162

Dot. Si les Religieufes peuvent avoir de dot. *Ibid.*

Si une fille après l'âge de vingt-cinq ans, peut demander à fon pere de la doter, & une portion eu égard au nombre de fes Enfans de la dot de fa mere decedée, le pere s'étant remarié. 164

Si la fille dans fon Contrat de mariage peut promettre à fon pere de ne demander la dot qu'après fa mort, & fi telle promeffe eft valable. 166

Si un pere naturel eft obligé de doter fa fille bâtarde. 168

Sur quels biens la fille peut prétendre fa dot lorfque fon pere l'a lui conftitué, tant pour les droits paternels que maternels; & quand le pere & la mere conftituent conjointement. 169

Si la dot peut être prife par la femme fur les biens du mari, lorfqu'il a negligé de fe l'a faire payer après plus de dix ans. 170

Comment la dot doit être partagée entre les Enfans, lorfque la mere n'en a pas difpofé expreffement. 171

Si la belle fille pour fa dot, a privilege fur les biens de fon beau pere, ou de fa belle-mere. 173

Si une fille pauvre qui s'eft mariée après l'âge de vingt-cinq ans, & après avoir fait trois actes de refpect à fa mere, peut demander qu'elle foit tenuë de la doter. 174

Si une femme pour fa dot eft obligée de difcuter les derniers Acquereurs des biens de fon mari, fur l'indication des premiers Acquereurs. 205

Si la femme peut prendre fa dot fur les biens donnez à fon mari, le cas de retour échéant, & s'il en eft de même de l'augment. 206

Si le fonds acheté de la fomme dotale, eft dotal pour pouvoir être vindiqué par la femme, par fon heritier. 215

Si la femme peut être reçuë contre les Créanciers du mari, à vendiquer les biens dotaux, quoique eftimez dans le Contrat de mariage. 216

Si la femme peut aliener fa dot pour retirer fon mari de prifon. 217

E.

EDUCATION. QUi doit avoir l'éducation des Enfans pupilles, ou la mere ou l'oncle paternel. 176

Si un oncle Tuteur de fon néveu, doit être préféré à la mere pour l'éducation de fon fils pupille. *Ibid.*

Si l'éducation du fils peut être deniée à fon pere remarié, l'ayeule maternelle demandant d'être préférée; & fi l'ayeule doit être préférée à la mere qui s'entremarie. 177

Si l'oncle Tuteur, doit être préféré au frere pour l'éducation d'un pupille. *Ib.*

Par qui doit être élevée une fille bâtarde, par le pere ou par la mere. 178

Election. S'il y a des cas auſquels une mere perd le droit qu'elle avoit d'élire un de ſes enfans. 179

Si la mere qui s'eſt remariée, perd le droit qu'elle avoit d'élire un de ſes enfans par ſon Contrat de mariage, en cas que le mari ſoit mort ſans élire. 180

Si en éliſant on peut gréver. 181

Emancipation. Si un Curé eſt cenſé émancipé tacitement pour avoir demeuré plus de dix ans hors de la maiſon de ſon pere ſervant ſa Cure. *Ibid.*

Si l'émancipation peut ſe faire devant un Notaire. 182

Si une fille mariée pendant plus de dix ans, eſt cenſée émancipée. 184

Enquête. Si après l'acception de l'Enquête, on eſt reçu à la continuer. 185

Combien de témoins on peut faire oüir ſur chaque article, & ſur chaque fait, quand on fait une Enquête: 186

Epices. Si l'on peut ordonner que les épices ſeront priſes ſur les fruits des biens ſaiſis. 187

Evêque. Si un Evêque peut enjoindre à une femme ſeparée, de retourner à la compagnie de ſon mari, à peine d'excommunication. *Ibid.*

Si les Evêques peuvent refuſer le *Viſa* aux Pourvûs de Benefices. 188

Si l'Evêque peut enjoindre à un Prêtre de quitter une maiſon honnête, & le ſuſpendre pour ce ſujet. 189

Si un Evêque peut empêcher qu'un Chapitre ne confere *Pleno jure*, lorſqu'il a titre. *Ibid.*

Si un Evêque peut viſiter le Chapitre de ſon Egliſe comme les Paroiſſes, & s'il peut laxer décret contre une perſonne Laïque à la requiſition d'un Promoteur ſeculier, & condamner les Chanoines à une amende: 190

Si un Evêque peut decreter *Per ſe ipſum*, & condamner à l'amende un Prêtre. 192

Si l'Evêque peut pour la non-reſidence, declarer un Benefice vacant & y pourvoir. *Ibid.*

Si l'Evêque peut connoître de la rente établie ſur un fonds pour dire des Meſſes; & ordonner que les Egliſes ſeront garnies des Croix, des Chandeliers, & d'autres Ornemens. 193

Si un Evêque revenant de ſa Viſite, peut ordonner que les quatre plus anciens Chanoines ſe fairont oüir; & enſuite, faute d'avoir repondu, les ſuſpendre *ab Officio & Beneficio*, & appliquer les revenus de leurs Bénéfices à la réparation de l'Egliſe. *Ibid.*

Si la diſpenſe des deux dernieres Anonces, peut être donnée en blanc par l'Evêque. 195

Si un Evêque peut donner la diſpenſe de la publication de trois Anonces. *Ibid.*

Si l'Evêque dans la Viſite, peut faire empriſonner un Prêtre ſans autre formalité; & ſi ſur un ſcandale notoire, il peut le ſuſpendre ſans information. 197

Si l'Evêque peut diſpenſer de la reſidence un Chanoine qui eſt à ſa ſuite, de telle maniere que le Chapitre ſoit tenu de lui donner les diſtributions quotidiennes. 198

Si le *Viſa*, ou le *Forma dignum*, doit faire mention de l'examen. 199

Exoine. Que ſignifie *Exoine*; & ſi toute ſorte de perſonnes peuvent être porteurs d'exoines. 200

Exploit. Si un exploit fait à un Fer-

mier est valable, comme s'il avoit été
fait au Proprietaire, ou à son veritable
domicile.   202

F.

FEMME. SI en matiere Civile
la femme peut être
contrainte par corps.   203

Si une femme Marchande mineure,
qui s'est obligée pour des Marchandises prises par son mari, peut être
contrainte par corps.   Ibid.

Si la femme est obligée de suivre son
mari.   207

Si la femme peut être obligée de
retourner en la maison de son mari,
lorsqu'elle s'en est retirée.   209

Si une femme peut être relevée d'une
obligation par laquelle elle s'est obligée en son propre, & comme mere
legitime administreresse de ses enfans.
                                             210

Si la femme pauvre peut avoir la
quarte des biens de son mari qui est
mort riche.   212

Si la femme peut se remarier sans
preuve expresse de la mort de son
mari ; & si le certificat du Capitaine
sous lequel il étoit enrollé, suffit.   213

Si la femme qui a fiancé avant l'an
du deüil, doit être privée de tous les
avantages qu'elle a eu de son mari,
lorsqu'il n'y a point des enfans, mais
des néveux.   214

Fête. Si un acte de Justice peut être
fait un jour de Fète ou un jour ferié.
                                             217

Fondation. Si l'on peut appliquer
une Fondation faite pour une Vile, à
une autre Ville.   218

S'il peut être derogé à une Fondation Laïque, qui porte que les Patrons nommeront un Prêtre pour servir une Chapellenie, lorsque celui qui
a été nommé par le Fondateur sera
mort.   219

G.

GAGEURES. SI les Gageures
sont permises.
                                             226

Garantie. Si la garantie a lieu à raison
des biens donnez.   227

Si l'heritier est obligé de garantir un
Moulin emporté par l'eau, sur lequel
un Testateur avoit établi un Obit.
                                             228

Si la garantie est toûjours dûë lorsqu'un bien a été vendu allodial, &
qu'il se trouve être mouvant de la Directe d'un Seigneur.   229

Gendre. Si le Gendre est obligé de
nourrir son beau pere, sous prétexte
qu'il a reçû la dot de sa fille.   230

Gens de Main morte. Si les Gens
de Main morte sont obligez toûjours
de bailler homme vivant & mourant
au Seigneur directe.   231

Si les Gens de Main morte doivent
bailler l'homme confiscant au Seigneur Haut Justicier.   232

Gentils hommes. Si les Gentils hommes doivent trafiquer.   234

Géolier A quoi est reglé le droit de
Garde d'un Géolier.   235

Grains. En quel temps les grains
prétez doivent être estimez, quand il
n'est pas dit en quel temps ils seront
payez.   Ibid.

H.

HERMAPHRODITE. D'UN Prêtre
Beneficier
accusé d'être hermaphrodite.   236

Hipoteque. Si l'on peut avoir

hipoteque fur un fonds fur lequel une Eglife a été bâtie. 240

I.

INCENDIE. SI une incendie qui eft arrivée à l'occafion du definfectement d'une maifon par la faute du definfecteur, le Locataire doit la payer. 242

Ingratitude. Si l'ingratitude du pere nuit aux enfans, 244

Infinuation. Si la donation faite pour dot, a befoin d'infinuation. Ibid.

Inftitution. Si l'inftitution tient lieu de nomination au fideicommis, lorf-que le Teftateur a ajoûté qu'au cas il ne nommât pas, l'aîné feroit tenu pour nommé. 245

Si l'inftitution remife au dire d'un Tiers, ou de l'heritier que fera un Tiers, eft valable. Ibid.

Si une déclaration d'un Tiers peut detruire une inftitution. 246

Interêts. Quels interèts doit payer l'acquereur d'un fonds, lorfque dans le Contrat il a été ftipulé, qu'il payera le capital dans un an avec l'interêt au denier vingt pour les années fuivantes qu'il avoit à payer après l'an expiré. 248

De quel jour les interêts de l'augment font dûs. 250

Si les interêts de la dot de la premiere femme font dûs, plûtôt que la dot de la feconde femme. Ibid.

Si les interêts de la dot refervez par le mari en recevant la fomme principale, ont le privilege de la dot. 251

Comment fe reglent les interêts pupillaires à l'égard du Tuteur. Ibid.

Si les interêts font dûs des deniers du pupille prêtez par le Tuteur, depuis le prêt. 252

Les interêts des interêts ne font pas dûs. 253

Si les interêts des interêts font dûs au pupille pour vente des Marchandifes. Ibid:

Depuis quel temps les interêts de la fomme de 500. liv. deftinée pour les robes d'une fiancée, font dûs; ou du jour de la conftitution, ou du jour de l'interpellation. 254

Interêts des Lettres de Change. 255

Inventaire. Si un inventaire doit être fait lorfque le Teftateur l'a prohibé, n'ayant Créanciers ni Legataires. Ib.

Joüiffance. Si le pere qui a reftitué un fideicommis à fon fils, à qui il devoit le rendre, doit avoir la joüiffance des biens reftituez, le fils étant mort. 256

Juge. Si un Juge peut élargir de fon autorité privée un prifonnier. 257

Les Juges Subalternes doivent juger felon la rigueur des Loix & des Ordonnances. 258

Si les Juges Banrerets doivent connoître des Maintenuës & des Caufes réelles. 259

Si un Juge peut être deftitué par l'Evêque qui l'a établi. 260

Si le Juge qui achete une Action pendante en fon Siége, eft fujet à l'amende. Ibid.

Judex inferior in fuperiorem non habet imperium. Ibid.

Si un Juge Banneret peut connoître d'un hommage dû au Seigneur du Lieu où il eft Juge. 261

Si l'acquereur du Domaine peut dépoffeder le Juge Royal. Ibid.

Si le Juge Banneret peut connoître de la caufe d'un Prêtre en un cas privilegié. 262

Si les Juges peuvent donner une Sentence, un Jugement, ou Appointement,

ment, hors de leur Siége.   *Ibid.*
Si quand il s'agit d'une diftribution,
le Collecteur des Tailles peut infifter
à fins de non - proceder.   263

L.

LEGATS. SI deux teftamens Pies faits dans deux Teftamens font dûs , quand par le dernier
teftament le legat fait au premier n'eft
point par exprez revoqué.   264
   Si dans le legat des meubles les grains
y font compris.   265
   Si un Legataire peut repudier un
legat onereux pour en accepter un autre lucratif.   266
   Si lorfque le Teftateur legue une
fomme , à prendre fur un tel fon débiteur, le Legataire peut obliger l'heritier à lui payer la fomme leguée. *Ib.*
   Si le Legataire peut être obligé de
compenfer le legat qui lui a été fait
avec ce que le Teftateur lui devoit ,
lorfque le Teftateur a dit dans fon
teftament, que moyennant le legat il
vouloit que le Legataire ne pût prétendre autre chofe, ni demander fur
les biens.   268
   Si le legat doit être payé au Legataire avant l'âge de 25. ans , lorfque
le Teftateur a dit qu'il fera payé lorfqu'il aura atteint l'âge de 25. ans , ou
qu'il fera en métier, & y étant.   270
   Si le legat eft dû au Legataire qui
prend un autre métier que celui qui
lui a été prefcrit par le Teftateur. 271
   Si après une conftitution le Teftateur
fait un Legat , tous les deux font dûs,
ou s'ils doivent être compenfez à concurrence.   272
   Si l'on peut leguer à la fille d'un
Procureur, ou à fon Clerc.   273
   Legitime. Si l'on peut demander une

legitime de grace.   274
   Comment la legitime eft dûe aux
petits fils fur les biens de leur ayeule ,
fi c'eft *in capita*, ou *in ftirpes.* 275
   Lezion. Si la lezion a lieu à l'égard
d'une vente faite d'autorité de Juftice.
                                     Ibid.
   Si le Vendeur peut oppofer la lezion
quand la vente a été faite au dire d'Experts , quoiqu'elle ne foit pas d'outre
moitié.   276
   Si la lezion d'outre moitié a lieu en
fait d'entreprife de Bâtiment.   277
   Si la lezion a lieu en faveur de l'a-
cheteur.   278
   Livre de Raifon. Si un Livre de raifon d'un Marchand , fait foi contre
un Tiers.   278
   Locataire. Si le Locataire peut fur-
loüer contre la volonté du Proprietaire.   280
   Lods & vente. Si les lods & vente
font dûs d'un decret mal pourfuivi ,
& y ayant mife de poffeffion.   *Ibid.*
   Si le Seigneur qui a reçu les lods &
vente d'un decret nul, peut être obligé
à les reftituer.   281
   Sur quel pied les lods & vente doi-
vente être pris.   *Ibid.*
   Si les lods font dûs au Seigneur de
fon Arriere - fief noble.   284
   Si les lods entiers doivent être rembourfez à celui qui n'en a payé qu'une
partie.   285
   Si les lods de l'engagement qui paffe
dix ans , font dûs au Fermier du temps
du contrat , ou à celui de dix ans
échus.   *Ibid.*
   Logement. Si le Juge Royal Chef de
Juftice , peut avoir logement des
Gens de Guerre.   287
   Si les Magiftrats Préfidiaux font
exempts de logement de Gens de
Guerre.   *Ibid.*

M.

MARCHANDISE. SI l'on peut alleguer après quatre mois, que la Marchandise qu'on a achetée n'est pas de la qualité requise. 288

Marchand. Si le Marchand qui a promis de remettre une Lettre de Change, peut être contraint par corps faute de remettre comme pour une Lettre même. 289

Si les Marchands Forains peuvent être contrains par corps après les quatre mois, ou leurs Agens trouvez dans Toulouse. Ibid.

Si un Marchand qui ne fait que signer une Lettre de Change, peut être obligé. 290

Mari. Si un Mari, qui a fait quittance dans son contrat de Mariage de plus qu'il n'a reçu, est recevable à opposer l'exception Non numerata peccunia de dix ans ; & si l'on peut faire jurer sur ce fait, celui a qui l'on l'a faite. Ibid.

Mariage. Si un frere peut s'opposer au mariage de son frere, sous prétexte qu'il dit qu'il est impuissant. 292

Si un Mariage fait sur une condamnation au foüet faute d'épouser, est abusif. 293

Si un imbecille peut se marier. 294

Si un Mariage doit être cassé par impuissance. Ibid.

Si un Septuagenaire qu'on soûtient imbecille, peut se marier ; & si les promesses verbales sont reçûës en fait d'oppositon au mariage. 295

Sçavoir si le mariage à l'article de la mort, est bon. Ibid.

Si le mariage d'un homme qu'on va passer par les armes, & que le Conseil de Guerre qui la condamné, donne pour mari à telle fille qui le demande, est nul & abusif. 296

Si une femme veuve qui se remarie, peut faire déclarer son second mariage nul après vingt cinq ans, & avoir eu cinq enfans, sur ce qu'elle prétendoit que les formalitez n'avoient pas été observées. 298

Mineur. Si un mineur fils de Famille peut être relevé envers l'obligation qu'il a passée, ou du cautionnement pour tirer son pere de prison. 301

Si un Mineur Gentil-homme peut être restitué envers l'achat d'un Cheval auquel il a été lezé. 302

Si un Mineur peut être relevé de la vente que sa mere a faite d'un Office de Notaire. Ibid.

Si un Mineur non-défendu par son Curateur, peut être restitué envers l'Arrêt qui l'a condamné. 303

Si un Mineur Conseiller, Avocat ou Notaire, peuvent être relevez. 304

Si un Mineur peut être relevé d'une Lettre de Change. Ibid.

Si un Mineur peut être relevé des ventes que sa mere a faites pour payer les dettes du pere avec les solemnitez de Justice. 305

N.

NOTAIRES. SI les Notaires peuvent faire des Statuts entre eux. 306

Si un Notaire condamné aux Galeres pour malversation en sa charge, peut rentrer dans l'exercice de cette Charge sous prétexte des Lettres qu'il a de Rapeau. 307

Novale. A qui appartient les Novalles. Ibid.

O.

OBLAT. SI un Oblat peut agir pour sa pension sur ce qui est assigné pour la portion des Religieux. 309

Quand il y a plusieurs Oblats dans une même Abbaye, lequel doit être préferé. 310

Oblations. A qui appartiennent les Oblations. *Ibid.*

Obligation. Si une Obligation pour argent prêté, met en necessité le créancier de prouver l'emploi lorsque le débiteur est Mineur. 313

Si un Syndic ou Procureur d'une Communauté, qui s'est obligé avec les Consuls, tant en qualité de Syndic qu'en son propre & privé nom, peut être obligé de payer. 314

Official. Si l'Official peut condamner un Laïc en l'amende. 315

Si l'Official ou ses heritiers peuvent demander ses appointemens. 316

Si les Officiaux après la mort de l'Evêque, peuvent être destituez par le Chapitre. *Ibid.*

Si la preuve faite d'autorité de l'Official, sert *in foro civili.* 317

Les Evêques doivent établir des Officiaux Forains dans le Ressort des Parlemens, & les Archevêques ou Primats des Juges Metropolitains. *Ibid.*

Si l'Official peut ordonner qu'un Prêtre qui a chanté une Chanson qui choque l'honneur d'autrui, fera reparation dans le Greffe de l'Official, & que la Chanson fera rompuë en présence des Parties ; & s'il se peut condamner en 10. livres & aux dépens. 318

Si l'Official peut fulminer un Rescrit que le Pape lui adresse, pour informer de la violence d'un pere, qui a forcé son fils a prendre le Soudiaconat sans appeller le pere. 320

Si l'Official a droit de saisir sans implorer le Bras seculier. 321

Si les Officiaux peuvent connoître de la reddition des comptes des Marguilliers, & les contraindre de les rendre. 322

Ordonnance. Comment s'étend l'Ordonnance qui défend d'acheter le bled en herbe. 323

P.

PACTE. PActe *de quota litis.* 325

Partage. Si l'on peut partager les biens d'un homme absent depuis long-temps, sans sçavoir s'il est mort. 326

S'il faut partager les biens d'un frere absent depuis plus de trente cinq ans, un des freres en ayant joüi pendant ce temps-là en vertu d'une procuration. 328

S'il ne reste à une femme que des petits enfans de ses fils morts, les petits-fils partagent l'augment de cette ayeule *in capita* ou *in stirpes.* 329

Quand il y a deux fils, la femme venant à malverser pendant l'an du deüil du dernier mari ; sçavoir si l'augment qu'elle a eu de ce dernier mari, à cause qu'elle le perd par indignité, le partage entre les enfans du premier & second lit également ; & comment en ce cas la legitime d'un fils d'un second lit mort, doit se partager. 330

Comment doit se faire le partage entre freres. *Ibid.*

Si le partage fait par le pere doit

tenir entre les enfans quand il n'a pas tout divifé. 331

Patron. Si le Patron pauvre doit être nourri fur fa fondation, & quelle portion on lui adjuge. 332

Si l'execution d'une fignature eft abufive, qui prévient le Patron Laïque, & pourvoit d'une Chapelle. 333

Payement. Si l'on peut être reçû à faire un payement en monnoye décriée un jour auparavant que le décri doit commencer. 334

Peine. Si celui qui menace un Magiftrat Municipal, peut fe garantir de peine. 336

Si on peut établir aucune peine contre celui qui eft accufé par une fille de l'avoir renduë enceinte, ne s'en étant pas trouvée après une verification faite d'autorité de la Cour. 337

Peines des fecondes Nôces. Si la veuve fe remariant, doit être privée des biens de fon défunt mari à elle laiffez vivant viduellement, & à la charge de rendre fon heredité lors de fon decès, à une fille qu'ils avoient, 338

Propriété. Si la femme qui fe remarie perd la propriété du legat que fon mari lui a laiffé, pour le porter à un fecond mari. 340

Penfion. Si la penfion fur une Cure d'un tiers de fruits eft valable. 341

Si un Prêtre en permutant s'eft chargé d'une penfion, à caufe que la Cure qu'il donne en devoit une, doit être dechargé, le penfionnaire de cette Cure venant à mourir. 342

Pere. Si le pere perd l'ufufruit des biens de fa fille quand il s'eft remarié. *Ibid.*

Peremption. Si un procès fur lequel il a été conclu en Cour Souveraine, perime dans trois ans. 343

Si un Arrêt, ou Sentence interlocutoire, perime dans trois mois. 344

Si les inftances devant Meffieurs des Requêtes du Palais periment dans trois ans. 346

Si l'inftance en actions annales perime dans l'an & jour. *Ibid.*

Proprietaire. Sur qui doit tomber la perte d'une chofe prêtée lorfqu'elle perit, fi c'eft fur le proprietaire ou fur celui à qui la chofe a été prêtée. 347

Prefceance. Si les Confuls doivent préceder le Lieutenant du Juge & le Procureur du Roi, dans les Affemblées ou le Juge préfide. 348

Si le Syndic d'un Chapitre doit préceder le Lieutenant & le Subftitut de Monfieur le Procureur Général, lorfque le Juge préfide. 349

Si le Seigneur ou Coffeigneur Directe d'un Lieu homagier du Roi, doit preceder les Confuls. 349

Si la prefcription doit être oppofée en fait de prefceance. 350

Predicateur. Si les Confuls fondez en Coûtume, font en droit de nommer les Prédicateurs. 351

Preference. Sçavoir fi le Confort eft preferé en la chofe indivife à l'acheteur de la portion de leur Confort. 352

Si le proprietaire d'une maifon eft preferé à tous les créanciers du Locataire fur le prix de la vente des meubles faifis trouvez dans la maifon. 353

Si les heritiers par benefice d'inventaire font preferez à tous les créanciers hereditaires pour les fraix de l'inventaire. *Ibid.*

Quel des deux Fermiers d'une Métairie de l'Hôpital doit être preferé, l'un étant ancien & l'autre nouveau. 354

Quel de deux doit être preferé à un Office, ou celui qui l'achete du fils heritier de l'Office, ou le frere du

TABLE DES MATIERES.

Vendeur second fils dudit Officier. 355

Si le fils d'un Conseiller qui a vendu son Office, doit être preferé à celui qui l'achete au pere. 356

Si le Locataire est preferé à un acquereur des fruits d'une maison, en rendant les fruits de l'acquisition. Ibid.

Si le substitué peut être preferé au Locataire d'une maison dependante du fideicommis. 357

Si le Decretiste peut être preferé à l'acquereur des biens decretez, le débiteur les ayant vendus après avoir été reçu à recouvrer les biens decretez. 358

Prejudice. Si un Notaire se préjudicie en passant les actes d'alienation ou d'obligation d'un sien débiteur, les biens lui étant hypotequez. 359

Si celui qui signe un acte se fait préjudice. 360

Prelation. Si le droit de Prélation a lieu, quand la vente a été faite à pacte de rachat. 361

Si le Seigneur qui dit vouloir un fonds par droit de Prélation, est obligé de se purger par serment qu'il le veut pour lui. Ibid.

Si lorsqu'il y a deux Seigneurs, l'un peut prendre par droit de Prélation malgré l'autre. 362

Si le Seigneur qui veut user de son droit de Prélation, peut être obligé de prendre tout ce qui a été acheté à un même prix, lorsque tout n'est pas de sa Directe. 363

Si le droit de Prélation a lieu dans le Gardiage, & dans la Viguerie de Toulouse. 364

Pension. Si les Pensions annuelles en faveur des Religieux ou de l'Eglise, sont prescriptibles. 365

Prescription. Si la Loi Querela touchant la prescription des crimes, a toûjours lieu. 366

Si un Criminel condamné peut prescrire dans vingt ans, tant pour le Criminel que pour les Condamnations. 367

Si l'Eglise peut prescrire contre le Roi le Droit d'Amortissement, de maniere qu'après trente ans elle ne soit pas obligée de vuider les mains. 369

Si le droit d'indemnité à l'égard des Seigneurs se prescrit. 371

Si le don fait à l'Eglise pour une fois payer, est imprescriptible. 373

Si l'Emphiteote peut prescrire la quotte de la Rente fonciere. 374

Sçavoir si un Seigneur peut prescrire contre son Cosseigneur. 375

Si le Roi peut prescrire un Arriere-Fief contre son Vassal. Ibid.

Si le Roi peut prescrire un Arriere-Fief contre l'Eglise. 376

Si le temps de peste & de guerre est compté dans le temps de la prescription. Ibid.

Si ceux qui sont de different Ressort, & qui ne sont pas éloignez que de trois ou quatre lieuës, sont censez absens; & s'il faut vingt ans pour prescrire contre eux. 377

Si un Curé peut prescrire la Dîme contre un autre Curé. 378

Présidiaux. Si les Présidiaux peuvent juger au premier chef de l'Edit des fins de non-proceder. Ibid.

Si les Présidiaux peuvent juger Présidialement en matiere d'usure. 379

Si les Présidiaux peuvent juger d'un Obit de soixante livres de pied, ou d'un de dix de rente. Ibid.

Si les Présidiaux peuvent juger Présidialement qu'un Avocat rendra

D d d d iij

TABLE DES MATIERES.

un procès. *Ibid.*

Prêtre. Sçavoir si un Evêque ou autre Juge d'Eglise, peuvent excommunier un Prêtre faute de payer ses dettes. 380

Si un Prêtre est tenu des cautionnemens qu'il fait pour des condamnations en matiere criminelle. 381

Si un Prêtre est obligé de déclarer quelles personnes lui ont baillé en confession des choses derrobées pour les vendre. *Ibid.*

Si un Prêtre peut renoncer à son privilege. 382

Si un Prêtre peut être emprisonné pour dette. *Ibid.*

Presence. Si un Ecolier Beneficier doit avoir la presence en faveur des Etudes. 383

Si l'Official Chanoine doit avoir la presence pendant qu'il tient son Siege, & si le même Official peut être Président. 385

Si les Conseillers aux Requètes de Bordeaux ont la présence. 386

Si les Conseillers au Senéchal étant Chanoines ont la presence. 387

Si le Theologal peut être un des deux Chanoines, qui étant à la suite de l'Evêque, ont la presence. *Ibid.*

Preuve. Si on peut être reçû à prouver qu'un Testateur a verballement augmenté un legat par lui fait dans son testament. 388

Si une femme doit prouver à l'égard des Créanciers de son mari, que la dot a été réellement payée lorsque la quattiance ne le porte point. 389

Si on peut être reçû à prouver qu'un Testateur ne pouvoit point parler lorsqu'il a fait testament. 390

Si la preuve peut être admise contre un Contrat. 391

Si l'on peut être reçû à prouver un

Fideicommis verbal. 392

Prisonnier. Si un Fermier ou un Sequestre peuvent demander les alimens lorsqu'ils sont prisonniers, pour ne rendre pas compte, ou pour ne payer le prix de la Ferme. 395

Privilege. Si la Fiancée qui a payé sa dot à son Fiancé qui l'a reconnuë, peut être privilegiée pour la repetition, le mariage ne s'en étant pas ensuivi. 396

Prieur. Si le Prieur & Consuls de la Bourse sont competans pour connoître des dommages & interêts soufferts par un Marchand par la rencontre d'un Rocher contre lequel le Vaisseau s'est brisé, étant chargé de Marchandises. 397

Prieuré. Sçavoir si un Prieuré Claustral est un Benefice, & s'il est perpetuel ou amovible. 398

Police. Si les Consuls pour droit de Police, peuvent condamner quelqu'un en trois livres d'amende pour dommage porté au Bois de la Communauté, pour y avoir coupé du bois; & en pareille amende pour n'avoir pas attaché les chiens en temps de vendange. 400

Procureur. Si un Procureur mineur de vingt-cinq ans, peut être baillé pour Curateur à un mineur. 401

Si un Procureur est sujet à la remise d'un procès après dix ans. 402

Si un Procureur qui a été revoqué, peut decouvrir le secret de la Partie qui l'a revoqué. *Ibid.*

Production. Qui doit produire un acte impugné de faux, ou si c'est celui qui s'en sert, ou celui qui l'impugne. 403

Promesse. Si la promesse d'instituer est une donation ou une institution. 404

Si la promesse d'instituer , qui n'est pas dans le Contrat de mariage qui est fait en consideration du mariage qui va se traiter , vaut donation. 405

Proxenete. Si celui qui baille aux Pro-xenetes ou Courtiers quelque chose sans engager , peut reprendre la chose sans payer le prix de l'engagement,lorsqu'il n'a pas eu raison du Proxenete. 408

Pupille. Si un pupille de dix-sept ans peut être criminalisé. 409

R.

RACHAT. SI le rachat *Toties quoties* , se prescrit dans trente ans. 411

Rapport. Si le legat doit être rap-porté en cas que la mere ayant plu-sieurs enfans , fit heritier son mari , les enfans venant à succeder égale-ment. 412

S'il faut que l'exemption de rappor-ter soit expresse. 413

Retour. Si le Droit de retour a lieu en faveur de l'ayeul. 414

Si le retour stipulé par un oncle constituant la dot à sa niéce en cas qu'elle mourut sans enfans , a lieu lorsque la niéce a laissé un enfant qui est mort après elle , contre le pere de cet enfant. *Ibid.*

Si de Brebis constituées en dot , non-estimées par une mere à sa fille , lui font retour. 415

Rapt. Si des depens , dommages & interêts pour un Rapt , peuvent être demandez , le mariage s'en étant en-suivi. 416

Redoter. Si le pere est obligé de re-doter sa fille , l'ayant mariée avec une personne insolvable. 417

Si le frere est obligé de redoter sa sœur. 418

Sur quel pied la redotation doit être faite , & si l'on doit redoter , quant à ce que la mere a constitué. *Ibid.*

Regrez. Si l'instance en regrez peut être jugée par Rapport. 419

Si l'on peut obtenir de regrez , faute par le Resignataire de payer la pen-sion. *Ibid.*

Si un Senéchal pourroit en une ins-tance en regrez , ordonner une remise de piéces. 420

Si le Beneficier qui a resigné sous pension , & dont la maladie n'est pas exprimée dans la procuration , peut demander le regrez. 421

Si un mineur peut demander le re-grez lorsqu'il a resigné dans sa mino-rité. 422

Si celui qui a resigné en temps de peste , peut demander le regrez com-me celui qui resigne *in infirmitate* ; & si le Resignataire , pour empêcher le regrez , peut être reçû à offrir tous les revenus du Benefice , moyennant une pension pour vivre. 424

Si le regrez est recevable lorsque le Benefice resigné a servi de titre Cleri-cal ; & si l'on peut se pourvoir par Requête civile contre les Arrêts qui adjugent les regrez. *Ibid.*

Si l'on peut être reçû à demander le regrez après avoir reçû les arrerages de la pension , & après une transac-tion. 425

Si celui qui entre en Religion , peut rentrer dans son Benefice lorsqu'il en sort par maladie pendant son Noviciat par la voye du regrez. 426

Si le regrez peut être demandé par le pensionnaire , sous prétexte que la Déclaration du Roi & l'Arrêt du Conseil cassent les pensions. 427

Religieux. Si autres Religieux que les quatre Convents Mandians de

Touloufe , peuvent porter leur caufe en la Cour , fous le nom de Monfieur le Procureur General. *Ibid.*

Si ce que le Re'igieux a acquis de fonds fur les referves de fa Place Monachale lui demeure , lorfque tout le Monaftere vient d'être fecularifé. 428

Si un Religieux peut avoir la préfence *ratione ftudiorum* , contre le confentement de fon Prieur Clauftral , & la déliberation de tout le Monaftere. 429

Religieufe. Si une Religieufe fortant de fon premier Monaftere pour aller en un autre , peut demander ce qu'elle a apporté dans le premier. 430

Renonciation. Si la renonciation que la fille a faite à tous fes droits paternels & maternels dans fon Contrat de mariage moyennant certaine fomme , peut la priver de demander le fupplement. 432

Si lorfqu'une fille a renoncé à fa legitime moyennant fa dot , fes enfans après fa mort peuvent demander le fupplement *Jure proprio* fur le bien de leur ayeul maternel. 433

Si fous prétexte de la renonciation qu'un frere ou une fœur ont faite aux droits paternels & maternels , le frere heritier peut s'exempter de payer le fupplement de legitime à fon frere , ou à fa fœur. 434

Si on peut renoncer à une fubftitution avant le cas arrivé. 435

Rente. Si celui qui demeure deux ans fans payer les arrerages d'une rente conftituée , peut être obligé de payer le pied. 436

Si les Rentes conftituées à prix d'argent fur un fonds , quoiqu'allodial , font prefcriptibles , encore qu'elles foient conçûës en forme d'Emphiteofe. *Ibid.*

Reparations. Quels Juges doivent connoître des reparations des Eglifes. 438

Si le Vicaire Perpetuel eft obligé de participer , pour la portion des fruits qu'il prend , aux réparations de l'Eglife. 439

Requête civile. Si les mineurs doivent être toûjours reçus à fe pourvoir par Requête civile contre des Arrêts donnez , fans leur avoir fait pourvoir de Curateur. 440

Si la Requête civile peut être reçûë envers un Arrêt de relaxe en matiere criminelle. 441

Si la Requête civile peut être reçûë envers un Arrêt qui condamne à peine afflictive. 443

Refidence. Si un Evêque peut ordonner que des Chanoines & des Dignitez d'un Chapitre , refideront dans les Cures unies à leurs Benefices , autrement que leurs Benefices feroient déclarez vacans. 444

Refignataire. Sçavoir fi un Refignataire , la procuration étant revoquée par le Refignant *rebus integris* , après néanmoins que le Courier eft parti , peut prétendre un Benefice contre un autre qu'il a impetré en Cour de Rome , fous prétexte que dans les provifions de ce Refignataire , la claufe *Per Obitum* , fe trouve. 445

Si les Places des Collégiats de faint Martial de Touloufe peuvent être refignées. 446

Reftitution. Si le mineur ayant fait delaiffement dans les dix , & qu'il n'ait impetré des Lettres pour être relevé des Contrats qu'après les dix ans , il y a prefcription contre lui. 448

S'il faut avoir impetré des Lettres en reftitution d'une obligation dans les dix ans. 449

TABLE DES MATIERES.

Si celui qui figne un acte fans l'avoir lû, peut être reftitué. 472

Si le Beneficier qui fe marie, eft obligé a reftituer les fruits. *Ibid.*

Retrait lignager. Si un Office de Notaire & de Greffier des Inventaires, peut être retiré par Retrait lignager. 453

Si le delai d'un an au Retrait lignager, fe compte depuis la ratification du Mineur, ou depuis le Contrat de vente. 454

Si le Retrait a lieu lorfqu'il manque quelque chofe à la confignation. *Ibid.*

Retranchement. Si l'enfant du premier lit, peut demander le retranchement contre le fecond mari de fa mere & fa legitime. 456

Revocation. Si la prohibition faite à un Hôpital d'aliener une Métairie leguée ; & en cas qu'il l'aliene, le Teftateur revoquant le legat, & le donnant aux Religieux de Saint François, elle fait revoquer le legat. *Ibid.*

S.

SEIGNEUR JUSTICIER S Cavoir fi une feule reconnoiffance fuffit au Seigneur-Jufticier pour prouver fa Directe fur un fonds. 458

Si le Seigneur qui abufe de la Juftice contre fon Vaffal, eft privé de fon fief. *Ibid.*

Si un Créancier eft obligé de jurer que fon débiteur a reçû l'argent, & qu'il ne l'a point emprunté pour fon Seigneur. 439

Sentence. Si l'on peut demander le chef d'une Sentence de l'Official qui ne font point abufif, fortent à effet. 461

Si les Juges Subalternes peuvent retracter des Setences contradictoires. 462

Si les Sentences renduës les jours feriez du Palais, quoique ce ne foit pas une Fête de l'Eglife, font nulles. *Ibid.*

Si les appels des Sentences Arbitrales, quoiqu'il s'agiffe d'une fomme de la competance des Préfidiaux au premier chef de l'édit, doivent être jugez en la Cour. 463

Si les arrêtez des Arbitres, encore qu'ils ne foient pas en forme de Sentence, paffent pour Sentence Arbitrale. *Ibid.*

Serment. Si un Prêtre peut être obligé de faire ferment fur les Reliques des Saints. 464

Servitude. Si celui qui doit fervitude à un autre dans un fonds, peut la changer. 465

Subftitution. Sçavoir fi la fubftitution peut aller jufqu'au cinquiéme degré. 466

Si la fubftitution, à la charge de s'accorder dans deux mois, depuis le jour de la mort du Teftateur, eft valable lorfque le fubftitué ne s'eft accordé que trois femaines après les deux mois expirez. 467

Si en cas de fubftitution les enfans de fecondes nôces font ceffer le cas de la condition s'il decedent fans enfans. 469

Si les enfans d'un mariage contracté par un condamné à mort par défaut, empêchent l'ouverture d'une fubftitution. 470

Si l'on peut fubftituer aux biens donnez *Ex intervallo*, & en quel cas. 472

Si la mere peut charger de la fubftitution les enfans de fon fils, donataire prédecedé. 475

Succeffion. Si les enfans de deux femmes vivantes, doivent fucceder à leur pere & mere, & être reputez legitimes. 479

TABLE DES MATIERES.

Si la mere fuccede aux Bâtards à l'exclufion du Seigneur Jufticier, ou les Bâtards à leur mere. 481

Si le pere & la mere fuccedent à leurs enfans, quant à la propriété, lorfqu'ils fe remarient. 482

Si une Sœur doit être privée de la fucceffion de fa tante, pour n'avoir pas pourfuivi le meurtre par elle commis en la perfonne de leur dite tante. 483

Si une femme qui a un fils, ayant malverfé l'année du deüil, ce fils venant à mourir, empêche fon pere, par fon indignité, de fucceder à fon petit-fils. 484

Sçavoir fi une femme née en France, pour avoir demeuré trente ans mariée hors du Royaume, perd les droits de fucceffion qu'elle y pourroit avoir. 486

Surcharge. Si la furcharge peut être prefcrite par un Seigneur. 488

Survivance. Quel de deux, du mari ou de la femme, eft cenfé avoir furvêcu dans une incendie, ou dans une chûte de maifon. 489

T.

TAILLES. Quel privilege ont les Tailles dans les diftributions. 491

Taxe. Si en fait de taxe des piéces, les Senêchaux peuvent taxer plus de demi écu pour le vuidement de Regiftre. 492

Teftament. Si le teftament du fils non émancipé avec caufe de donation, eft bon & valable. Ibid.

Si le teftament fait en faveur de la caufe pie fans aucune folemnité, eft valable. 493

Si le teftament fait par un Religieux Novice en faveur de fon Couvent, ou d'un autre de fon Ordre, eft nul. 495

Si le teftament fait à l'agonie & par interrogation, vaut en faveur de la caufe pie, furtout lorfqu'il y a dans le précedent une claufe derogatoire. Ibid.

Si les teftamens des Religieufes Novices font bons & valables. 496

Si le teftament fait aux champs avec 5. témoins, eft bon & valable. 498

Si un teftament qui ne peut valoir comme teftament par écrit, peut valoir comme nuncupatif. 499

Si les teftament comprend les pofthumes, dont la femme n'étoit pas encore enceinte lorfque fon mari le fit, & qui n'âquirent que deux ans après ce teftament, le mari n'en ayant point fait d'autre. 500

Si le teftament ou legat fait en faveur d'un Confeffeur, eft valable. 501

Si un des enfans qui n'eft pas préterir, lorfqu'il y en a un autre qui l'eft, & qui n'agit pas, peut faire caffer le teftament fous ce prétexte. 502

Si un teftament pofterieur eft nul, lorfque le Teftateur a dit dans fon eftament précedent qu'il ne veut point, que s'il fait autre teftament qu'il foit bon, fi telle perfonne n'y eft inftitue fon heritier. Ibid.

Si l'inftitution qui eft faite, à la charge d'époufer un parent, oblige l'heritier de l'époufer. 504

Si le teftament clos d'un illiteré, eft valable. 505

Si le teftament clos d'une femme qui fçavoit lire & écrire, eft valable avec fept témoins à la fubfcription, la Teftatrice n'ayant figné ni le teftament ni la fubfcription. 506

Si un Codicille ôte l'effet d'un teftament entre enfans. 509

Si le Pofthume né d'une autre femme que de celle du teftament le rompt, & fi la claufe Codicilaire l'empêche. 510

TBALE DES MATIERES.

Si l'ayeule preterite rompt le testament , & si les peines des secondes
nôces s'étendent contre elle.   513

Si l'institution *pæna causâ*, si l'heritier ne veut satisfaire à la volonté du
Testateur, revoque un testament
anterieur, l'heritier se trouvant mort
lorsque le testament a été fait.   514

Si le testament d'un pere viellard
qui fait un heritier étranger, est valable.   515

Si un pere par son testament fait ses
deux filles heritieres, avec prohibition que rien de ses biens parvienne
à leurs mariez, cela induit fideicommis en faveur de l'une, lorsque les
enfans de l'autre sont morts.   516

Si la déclaration que le Testateur
fait, qu'il a fait un second testament
par importunité, & contre sa volonté,
& qu'il veut que le premier soit valable, & revoquant le second, suffit.
                                    517

Si le testament retenu par un simple Praticien, est valable.   518

Si le testament fait par un Soldat en
faveur de son Sergent, est valable. 520

Si une fille est obligée de rendre aux
heritiers d'un Soldat decedé *ab intestat*, ce qu'il lui avoit baillé sous esperance de mariage.   *Ibid.*

Si le testament olographe fait par
un Capitaine, est bon.   521

Si le testament d'un Soldat qui est
dans une Ville, fait en présence de
cinq témoins, deux desquels furent
sommez en présence d'un Notaire,
est bon.   *Ibid.*

Si un testament non-cacheté, &
enveloppé seulement dans une enve-
loppe de papier, comme une simple
Lettre est reçu par un Notaire de la
Ville de Condé, en présence de deux
Bourgois, est valable.   522

Si un testament fait en temps de
peste est bon avec cinq témoins, &
s'il peut revoquer un testament fait
avec cinq témoins.   *Ibid.*

Si le testament nuncupatif, peut
être écrit par l'heritier.   524

Si le testament qui n'est pas signé
par le Testateur, est bon.   526

Si le testament où les Capucins sont
instituez ou substituez, est valable ; &
si l'on peut leur laisser des legats. 527

Si le testament d'une mere qui n'institué sa fille qu'en la somme de cinq
sols, & qui fait heritier un étranger,
est bon.   528

Si le testament où sept Capucins
sont signez, est bon.   529

Si dans un testament nuncupatif les
parens peuvent être témoins.   530

Si ces mots, *Je vous recommande
mes enfans*, mais dans un testament,
induisent fideicommis.   531

Si le testament d'un fils de famille
fait en faveur de son pere ou d'autre,
est bon.   532

Si l'on peut être reçû contre ce qui
est porté dans un testament, que le
Testateur est en son bon sens, à prouver au contraire qu'il étoit imbecile.
                                    534

Tiers-Acquereur. Si un tiers-Acquereur peut prescrire par l'espace de quarante ans, un fonds assigné pour dire
des Messes à perpetuité.   535

Titre Clerical. Sur qui doit se prendre le titre Clerical, lorsque le pere &
la mere l'ont fait confusement.   536

Si l'on peut saisir ou executer un Prêtre sur son Titre Clerical.   537

Transaction. Si la transaction portant échange des ventes appartenant
à l'Eglise passée avec un Laïque, doit
subsister.   538

Si l'on peut transiger de l'évenement d'un Arrêt avant qu'il soit intervenu.   539

Si les enfans pour le bien de paix, peuvent transiger entre eux pour raison de la succession de leur pere avant leur mort. 540

Si un Mineur peut être relevé d'une transaction en matiere criminelle sur la remission de l'action qu'il avoit. 541

Si un Mineur peut être relevé d'une transaction passée par son Curateur réel sur un procès douteux en présence des plus proches parens du Mineur. Ibid.

Si l'on peut se pourvoir contre une transaction qui regle la portion congruë d'un Vicaire perpetuel. 545

Si les Transactions ou autres actes signez sans voir, sont nuls & cassables. 547

Transmission. Si la representation de la transmission a lieu entre Collateraux. 548

Si la Transmission a lieu en faveur des descendans contre un autre descendant plus proche du Testateur. 549

En quel cas la transmission du fideicommis a lieu. 551

Si la transmission a lieu en fait d'une donation. 552

Tuteur. Si un homme qui a quatre enfans, & sa femme enceinte, est exempt de Tutelle. 553

Si le créancier du Pupille peut être son Tuteur. Ibid.

Si un voisin nommé Tuteur par le pere, est obligé d'administrer par provision, jusques à ce que les parens en ayent nommé; & si un Soldat & un Chirurgien de peste, sont exempts de Tutelle. 554

V.

VARIATION. SI l'heritier grevé de vendre à celui de plusieurs qu'il voudra, peut varier. 555

Vassal. Si un Vassal ou Emphiteote est tenu de tenir la maison en bon état. 556

Si un Vassal peut bâtir un Château avec des tours qui montent plus que le toit, dans la tetre d'un Seigneur. Ibid.

Vente. Si la vente faite par écriture privée est parfaite, lorsque l'on a convenu qu'elle seroit redigée en contrat public dans un certain temps. 557

Quand la vente par écriture privée, prévaut à celle qui est faite par contrat public. 558

Si la vente des biens dotaux faite par l'un des fiancez, est valable. 559

Veuve. Si la veuve qui repete sa dot dans l'an du deüil, doit pendant l'an avoir sa nourriture & ses habits de deüil. 560

Vicaire Général. Si le Vicaire Général peut faire titre jus juri addendo en matiere de Patronat Laïque. 561

Vice Legat. Si le Vice Legat d'Avignon peut donner des Dispenses en France entre parens, avant que ses Provisions soient enregistrées en la Cour de Parlement. 562

Si l'on peut se retirer au Vice Legat d'Avignon, pour commettre un Prêtre pour benir une Chapelle en France. 553

Union. Si l'Evêque peut unir une Cure. Ibid.

Si les Unions peuvent être fulminées par un étranger hors du Royaume. 564

Usufruit. Si l'usufruit laissé par le mari à sa femme, lui est entierement acquis. 565

Voleur. Quelle peine merite un Voleur & coupeur de bourses, surpris dans l'Audience de la Grand'Chambre. 566

FIN.

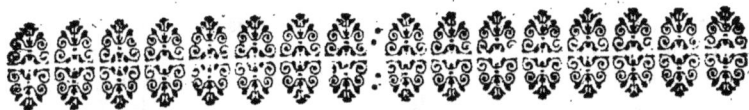

PRIVILEGE DU ROI.

LOUIS PAR LA GRACE DE DIEU, ROI DE FRANCE ET DE NAVARRE: A nos Amez & Féaux Confeillers les Gens tenans nos Cours de Parlement Maîtres des Requêtes ordinaires de notre Hôtel, Grand Confeil, Prévôt de Paris, Baillifs, Senéchaux leurs Lieutenans Civils, & autres nos Jufticiers qu'il appartiendra : Salut. Notre cher & bien Amé le SIEUR SENAUX notre Confeiller en Notre Cour de Parlement de Toulouse, nous a fait expofer qu'il fouhaitteroit faire imprimer & donner au Public un Ouvrage qui a pour Titre : *Recüeil d'Arrêts du Parlement de Toulouse, par Albert*, s'il Nous plaifoit lui en accorder Nos Lettres de Privilege fur ce neceffaires. A CES CAUSES, voulant traiter favorablement ledit fieur Expofant, & reconnoître fon zele, Nous lui avons permis & permettons par ces Préfentes, de faire imprimer ledit Livre en tels volumes, forme, marge, caractères, conjointement ou feparemment, & autant de fois que bon lui femblera ; & de le vendre, faire vendre & débiter par tout notre Royaume pendant le temps de huit années confecutives, à compter du jour de la date defdites Préfentes ; Faifons défenfes à toutes fortes de Perfonnes, de quelque qualité & condition quelles foient, d'en introduire d'impreffion étrangere dans aucun Lieu de Notre obéïffance : Comme auffi à tous Libraires, Imprimeurs & autres d'imprimer, faire imprimer, vendre, faire vendre, debiter ni contrefaire ledit Livre en tout ni en partie, ni d'en faire aucuns extraits fous quelque prétexte que fe foit, d'augmentation, correction, changement de Titre, ou autrement fans la permiffion expreffe & par écrit dudit Expofant, ou de ceux qui auront droit de lui, à peine de confifcation des Exemplaires contrefaits, de quinze cens livres d'amande contre chacun des contrevenans, dont un tiers à Nous, un tiers à l'Hôtel Dieu de Paris, l'autre tiers audit Expofant, & de tous dépens, dommages & interêts ; à la charge que ces Préfentes feront enregiftrées tout au long fur le Regiftre de la Communauté des Libraires & Imprimeurs de Paris, & ce dans trois mois de la date d'icelles ; que l'impreffion de ce Livre fera faite dans notre Royaume & non ailleurs, en bon papier & enbeaux caractères, conformement aux Reglemens de la Librairie; & qu'avant que de l'Expofer en vente, le Manufcrit ou Imprimé qui aura fervi de copie à l'impreffion dudit Livre, fera remis dans le même état où l'aprobation y aura été donnée, ez mains de Notre très-cher & Féal Chevalier Garde des Sceaux de France le Sieur Fluriau Darmenonville ;

ã ij

& qu'il en fera enfuite remis deux exemplaires dans notre Biblioteque Publique, un dans celle de notre Château du Louvre, & un dans celle de notredit très-cher & Féal Chevalier Garde des Sceaux de France le Sieur Fluriau Darmenonville, le tout à peine de nullité des Préfentes. Du contenu defquelles Vous mandons & enjoignons de faire joüir l'Expofant, ou fes ayans caufe, pleincment & paifiblement, fans fouffrir qu'il leur foit fait aucun trouble ou empêchement ; Voulons que la copie defdites Préfentes qui fera imprimée tout au long, au commencement ou à la fin dudit Livre, foit tenuë pour düëment fignifiée ; & qu'aux copies collationnées par l'un de nos Amez & Féaux Confeillers & Secretaires foi foit ajoûtée comme à l'Original. Commandons au premier notre Huiffier ou Sergent, de faire pour l'execution d'icelle tous actes requis & neceffaires fans demander autre permiffion, & nonobftant Clameur de Haro, Charte Normande, & Lettres à ce contraires ; Car tel eft notre plaifir. DONNE' à Paris le neuviéme jour du mois de Decembre l'an de grace mil fept cens vingt-cinq, & de notre Regne le Neuviéme.

Par le Roi en fon Confeil, NOBLET.

Regiftré fur le Regiftre V. de la Chambre Royale & Syndicale de là Librairie & Imprimerie de Paris, N°. 711. fol. 412. conformément au Reglement de mil fept cens vingt-trois, qui fait défenfes, art. IV. à toutes perfonnes de quelque qualité quelles foient, autres que les Libraires & Imprimeurs, de vendre, débiter, & faire afficher aucuns Livres pour les vendre en leurs noms ; foit qu'ils s'en difent les Auteurs ou autrement, & à la charge de fournir les exemplaires prefcrits par l'Article CVIII. du même Reglement. A Paris le 20. Decembre 1725.

BALLARD, Syndic.

Je cede & tranfporte le préfant Privilege au fieur Gafpard Henault Imprimeur & Libraire de la Ville de Touloufe, pour en joüir conformement audit Privilege pendant l'efpace & temps porté par icelui, par lui fe conformer à ladite teneur, fuivant les conventions faites entre nous. A Touloufe ce 10. Sembre 1726. DESENAUX.

RECUEIL

www.ingramcontent.com/pod-product-compliance
Lightning Source LLC
Chambersburg PA
CBHW031723210326
41599CB00018B/2484